U0673132

1989年8月到北京大六部口街14号寓所见夏衍 / 沈宁 摄

1985年9月11日，文化部电影局举行祝贺夏衍从事文艺工作65周年茶话会。前排左起：刘厚生、黄宗江、凤子、沈祖安、张颖、司徒慧敏、夏衍、曹禺、水华、谢铁骊、汪洋，后排左五：作者

1996 年 12 月在香港皇后大道中 18 号八路军新四军香港办事处旧址

1996 年 12 月在香港九龙山林道寻觅雄鸡酒家及夏衍住地

1995 年 11 月在上海同济大学访问夏衍夫人蔡淑馨中学大学时代同学钱青教授

1998 年夏在重庆曾家岩 50 号周公馆南面阳台

1997 年在南京梅园新村中共代表团原址，与彭耀春合影

1987 年摄于上海虹口多伦路 201 弄 2 号中华艺术大学旧址边门（左联成立大会在此秘密举行）

1983 年 6 月在浙江义乌出席冯雪峰学术研讨会与唐弢先生合影

1998年冬，杭州大学邀请谢铁骊到校讲学后合影。左起：夏越炯、童芍素、谢铁骊、作者、王文宾、谢逢松

2006年11月参加杭州江干夏衍研讨会。左起：干海禾、沈旦华（夏衍之子）、作者、杨建新（时省文化厅长）

2000 年 10 月在纪念夏衍百年诞辰学术研讨会作专题发言 / 刘浩源 摄

2000 年 10 月中国影协和浙江省文联在杭州萧山举行夏衍诞辰百年学术研讨会，全体与会者合影。二排左一作者、左二王迪、左四袁鹰、左五谢铁骊、左六黄宗江、左八陈播、左十一张瑞芳、左十二程季华、左十三于蓝、左十四阿部幸夫、左十七黄会林

中国社会科学院文学研究所

陈坚同志：

我刚从烟台、大连讲课（鲁迅、比较文学）回来，读8月2日来信，迟复为歉。承询两事：1、《建国日报》我是在上海徐家汇图书馆（原以报刊藏书会馆，据说现在并入徐家汇藏书楼）读到的，记得有个补白，以后我曾托出版社去查，据说也不全，但尚只得（与《救国日报》一起）一些，不过未查补白，因为他们为了借阅；2、为姚溱代笔我也是听夏公自己说的，未查时间。至于《世界晨报》与《救亡日报》时间似乎不会。

大概如此，余俟面谈，草草，不详！

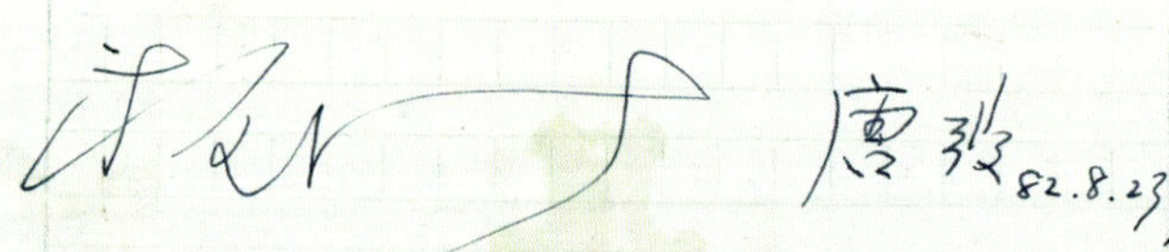

唐弢 82.8.23.

注：为夏衍以“秦上校”化名在《时代日报》代姚溱被捕后续写军事述评，笔者曾向唐弢先生问询，后又经他介绍向徐达先生了解，两位先生都认真做了回忆和函复。此为唐弢先生复函手迹

渠水轩文存 ③

夏衍传（上）

◎陈　坚　陈奇佳　著

浙江大学出版社
ZHEJIANG UNIVERSITY PRESS

本书抉幽探微，时有发现。考订细致，论述颇多新意。洵为人物传记之佳作。

——中央文史研究馆馆员，中国社会科学院学部委员：陈高华

夏衍的一生牵动着半部左翼文艺史，其身世折射着时光的明暗。作者以史家之笔，纵横驰骋之间，苍润淋漓，情思万种，道出人间隐秘。

——中国鲁迅研究学会常务副会长，中国图书评论学会副会长：孙郁

如果要以讲个人故事的方式来了解和认识中国现代史的一个重大侧面，夏衍的人生算得上难得的故事，并非爱好文学的青年才值得听这个人的故事。

——中国比较古典学会会长，著名文化学者：刘小枫

目　录

第一章　钱塘之子（1900—1920）…………………………… 3

第一节　时世·家世 …………………………………… 3
第二节　伴着涛声和潮汐的童年 ……………………… 20
第三节　“甲工”时代 ………………………………… 30

第二章　樱花之国的求索（1920—1927）………………… 59

第一节　“顽张”和迷惘 ……………………………… 59
第二节　初涉政治漩流 ………………………………… 69
第三节　爱的漫游 ……………………………………… 88

第三章　步入左翼文坛（1927—1930）………………… 107

第一节　绍敦电机公司 ………………………………… 107
第二节　翻译生涯 ……………………………………… 120
第三节　衔命筹建左联 ………………………………… 146

第四章　为中国戏剧和电影开辟新路径（1930—1934）
……………………………………………………………… 173

第一节　艺术剧社与左翼剧联 ………………………… 173

第二节　从“东方旅社”事件到“九一八”事变 …… 197
第三节　“半路出家” …… 224
第四节　影坛的“文化领导权”之争 …… 239

第五章　高擎文学救亡的火炬（1934—1937） …… 285

第一节　大搜捕的日子 …… 285
第二节　重整旗鼓 …… 305
第三节　“两个口号”的论战 …… 333
第四节　告别“上海屋檐” …… 366

第六章　《救亡日报》的风雨岁月（1937—1942） …… 403

第一节　羊城复刊 …… 403
第二节　漓江苦守（上） …… 426
第三节　漓江苦守（下） …… 447
第四节　港岛“避难” …… 471

第七章　驰驱在雾都重庆（1942—1945） …… 500

第一节　由桂入川 …… 500
第二节　剧运支柱 …… 533
第三节　时论高手 …… 560
第四节　心怀“芳草” …… 582

7岁的夏衍与家人合影。
后排左起：大姐、母亲、二姐、三姐/自藏

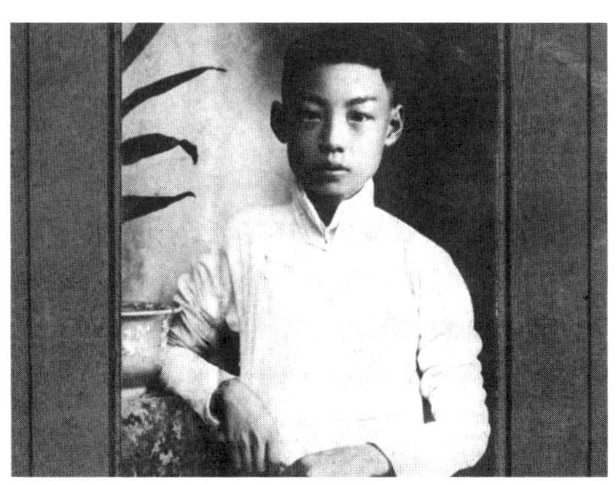

1916年7月，夏衍在浙江省立甲种工业学校读完第一年，两次考试都名列前茅/自藏

1920 年夏《浙江甲种工业学校校友会刊》第 1 期所载《泰兴染坊底调查》，系夏衍的第一篇报告文学 /自藏复印件

夏衍署名“宰白”在改刊第 1 期《浙江新潮》（民国 8 年 11 月 1 日版）上发表的两则“随感录” /自藏复印件

第一章

钱塘之子（1900—1920）

第一节　时世·家世

1900 年，照中国传统的纪年法，叫做庚子年，或者是大清光绪二十六年。

这是一个不同寻常的年份。倒不是说，这仅仅作为公元纪年中 20 世纪第一个年头的关系，而是因为，在中国历史上，这是一个最让人痛苦、耻辱、绝望的年份。

是年 8 月，八国联军打着保护驻外使节与传教士的旗号，从天津大沽口登陆，一路进逼北京。面对这支不足 2 万人的乌合之众，清王朝调集了北部中国所有的精锐部队，加上几十万号称“刀枪不入”的义和拳拳民进行阻截，结果却是一败涂地。尊贵的慈禧皇太后和光绪皇帝只得西逃西安。首都北京在短短的 40 年中，第二次沦入外国侵略军之手。

经此一役，中国各界精英人士形成了普遍的认识：满清政府的存在实际上已成为中华民族救亡图存的最大障碍。因此，“庚子事变”后，清廷虽为苟延残喘作了一些三心二意的改革，但许多人还是“转而向往革命。孙中山主张暴力推翻清朝的活动日益得到同情和支持”。[①] 从某种意义上说，人们完全可以把1900年作为中国从传统型社会走向现代化社会的真正起点，虽然这开端是来得太晚了，又伴随着如此沉重、血腥的民族记忆。

在这风雨飘摇的年代里，公元1900年10月30日（旧历九月八日），浙江杭州庆春门外严家弄27号沈学诗家，第8个孩子呱呱落地了（之前有两个孩子已夭折）。因为是儿子，所以一家人还是高兴的，给这孩子取名叫沈乃熙，字端轩。从名字上看，沈家夫妇对这个新诞生的宁馨儿并未寄予太高的厚望，大约只是希望他日后能做一个读书人家的体面子孙，操行端正，生活美好吧。

沈乃熙出生的时候，杭州城分为仁和、钱塘二县辖制。两县大致以钱塘门、义和坊一带为界。[②] 故沈乃熙确切的出生地应为杭州府仁和县。1990年，其孙女沈芸在给笔者的一封信

---

① 费正清、刘广京：《剑桥中国晚清史》（下），中国社会科学院历史研究所编译室译，北京：中国社会科学出版社1985年版，第156页。

② 清《杭州府志·卷四疆域》。

里说：

> 关于爷爷的出生地，他讲应该是出生于浙江仁和。辛亥革命以后才将上城钱塘、下城仁和合并为杭县。去年冬他所捐赠的字画，我去杭州看了一部分，都盖有“仁和沈氏曾藏”的章。[①]

据史载，宋太平兴国三年（公元 978 年），“因钱氏纳土，乃改钱江县为仁和县”[②]。仁和县建县的时间不算很长，但它的发展及在杭州一带的中心地位一直十分突出。南宋初年，宋高宗赵构南奔至杭州一带，见县名“仁和”，就说“此故都城门名也”，“而建都之意遂决”。[③] 仁和县此后实际成为了杭州府城的政治、经济、文化中心。在明清二代，更被称为“郡首邑”，“首县”。[④] 清朝年间，布政司、按察司、巡抚部院、总督部院等政府核心部门，皆设仁和县中。1911 年辛亥革命后，取消了仁和县的建制，与钱塘古县合并为杭县。“仁和”从此成了历史名词。但仁和原辖地如下城、上城（部分）、江干等区域，仍为杭州城中较为繁盛的地带。

---

① 沈芸：1990 年 9 月 16 日致陈坚信。

② 明《仁和县志·卷一》。

③ 明《仁和县志·卷一》。

④ 清《杭州府志·卷一图说》。

几百年来，仁和一直精英荟萃，名士巨卿层出不穷。清代著名诗人厉鹗、龚自珍，便是仁和人氏。龚自珍是清代数得着的大思想家，他和魏源等人一起，在绝大多数人尚沉浸在乾嘉盛世歌舞升平的气氛时，便对封建体制作了尖锐的批判，影响很大。降及晚清，在西方文化由南向北、由沿海向内地侵入的过程中，杭州的知识分子也颇有特色地表现出了他们对于西式文明的回应态度。杭州处在中国海岸线南北居中的位置，是京杭大运河的起点，航运发达，近代开埠以后，海运发展也很迅速，使得这一带的知识阶层思想开通，较快、较深入地吸收了近代西方文明。而由于经济上、地理上以及文化传承上较为优越的地位，此间的知识阶层对于当时风起云涌的革命形势变化，表现出的大抵是无甚偏倚的态度。他们也颇有要求改革的呼声，但这呼声主要以倡导文化建设、精神启蒙、经济发展为首要任务，与孙中山等人所倡导的暴力政治革命，自有径庭；但对吸收外来的新鲜事物，亦无过重的传统文化包袱，没有很多的关于“体用”的玄学争辩。这一种中庸温和而不失进取朝气的人文风气，在杭城一带汇聚，就形成了“科学救国”“实业救国”的一股思潮。这便对包括沈乃熙在内的杭州城那一代青少年的人生准则产生了影响。实际上，自洋务运动而至近世的民族革命运动，以杭州为中心成长起来的浙江一带的知识分子，后来都呈现出了某种近似的精神气质。

在这样一个变动的时代，沈乃熙的童年大致可称安定。他家祖籍为河南开封，宋室南渡时移居临安。沈家在仁和县是大族，沈乃熙这一支的祖上想必有过一番风光岁月，在城内骆驼桥有一所宅子，为日常居所，而严家弄的房子原本只是沈家祖上下乡祭祖时的临时公馆，到了他祖父这一代，因家道中落，才由城内举家迁去居住。沈家这间乡下的房子名叫“八咏堂”。[①] “我家的堂名叫‘八咏堂’。”[②] 沈乃熙（端轩、端先）后来回忆说：

> 那是一所五开间，而又有七进深的庄院。地点是在杭县太平门严家弄，离城三里，这屋子造于洪杨之前，所以一切都是老派，我懂得人事的时候，我们的家是凋落了，全家人不到十口，但是这一百年前造的屋子，说得毫不夸张，至少可住五百人以上，经过了洪杨之劫，许多雕花的窗棂之类是破损了，但是合抱的大圆柱，可以做一个网球场的大天井，依旧夸示着它昔日的面貌，我在这破旧而大得不得体的旧家，度过了十五个年头。辛亥革命之后，我的哥哥因为穷困，几次要把这屋子卖掉，但是在那时候竟

① 直到20世纪90年代，艮山门严家弄一带都算是远离杭城主城区的“乡下”。现属于杭州市江干区。“我是杭州乡下人，所以我讲话时带有明显的绍兴乡音（可能外省人不了解，杭州城外三五里的地方，一般人都是讲绍兴话的）。”（夏衍：《秋瑾不朽》，“夏全1”第143页。）

② “夏全15”，第1页。

找不着一个能够买下这大屋子的买主，哥哥瞒了母亲，从城里带一个人在估看，我只听见他们来讨价还价，一会儿笑一会儿争之后，哥哥愤愤地说："单卖这几千块尺半方的大方砖，和五百九十块青石板，也非三千块钱不可！"

我才知道了这些我日常在那里翻掘起来捉灰鳖虫的方砖，也还是值钱的东西。

据母亲说，这屋子是我们祖上"全盛时代"在乡下建造了而不用的"别邸"，本家住在艮山门内的骆驼桥，这是每年春秋两季下乡祭祖时候用的临时公馆，出太平门不远，就可以望见这座大屋子的高墙，那高得可怕的粉墙，将里面住的"书香子弟"和外面矮屋子里的老百姓们分开，所以不认识的人，只要一问沈家，那一带的人立刻就会知道："啊，墙里。""墙里"变了太平门外沈家的代名，据说已经是近百年以来的事了。

但是，辛亥革命前后，我们的家衰落到无法生存的田地，这屋子周围的田地池塘都渐渐的给哥哥押卖了，只有这屋子，却因为母亲的反对，而保留着它破旧得像古庙一般的形态，夏天的黄昏会从蛀烂了的楼板里飞出成千成万的白蚁，没人住的空房间里也会白昼走出狐狸和鼹鼠，但是墙里和墙外的差分，却因为"墙里"人的日益穷困，而渐渐地撤废了，墙外的野孩子们也做了我的朋友，我记忆中也还鲜明地留着一幅冬天自己拿了篮子到乡间去拾枯柴的图画。[①]

抗战时期，“八咏堂”被日寇征用，抗日游击队纵火烧毁了这座庄院。大火整整烧了三天三夜。后来人们来到沈家故居，便只能看到一堵残存的风火墙及轿厅耳房的一点遗迹了。

沈家在杭城传承的谱系以及其由盛转衰的原由，在沈乃熙童年的时代，已经模糊不清。他晚年在记述家世的时候，只从他爷爷这一辈说起。不过近来的出土文物则提供了一些更为久远的信实材料：2008 年秋，杭州市江干区彭埠镇一农居点的一位农民在拆迁时无意间发现了一块旧时的井圈。这是用石材制作的井口上的栏圈，高约 50 厘米，厚约 6 厘米，直径约 50 厘米，上面刻有文字（刻度不深），尽管年代久远，模糊不清，经仔细辨认，尚能依稀看出。从右到左，横着的是四个大字：“古月塘寺”；竖着的是落款：“道光十五年，八咏堂沈沺”。

这件出土文物证实了许多原来仅限于口头流传的沈氏的家世传言。关于“古月塘寺”，1980 年秋，笔者在上海访问沈乃熙二姐——92 岁的沈云轩老太太时，她曾说到严家弄是一条狭长的街弄，其两头有两座寺庙，东边是中兴庙，西边是月塘寺。沈乃熙在谈及他家世时则更明确地说：19 世纪初，在仁和县骆驼桥及艮山门外严家弄曾有相当大的房产，祖坟也占很多

① 夏衍：《旧家的火葬》，“夏全 9”，第 102—103 页。

土地，并出资修建了一个寺庙，在严家弄西名月塘寺。[①]

“沈泏”当为沈乃熙的曾祖父（其祖父沈文远在道光十五年尚未出生）。此前极少有人提及沈泏。沈乃熙（沈端轩）在《浙江公立甲种工业学校学籍簿》“曾祖”一栏，曾用毛笔填写了“古琴”，祖父则为“文远”。但后来他在自传《懒寻旧梦录》中则完全未提及曾祖父的名讳，而径从祖父沈文远一辈谈及自己的家世：或许在他少年时代，沈家人已不知“泏”字的准确训读了，因此他已无法得知曾祖“沈泏公”的更多信息。“泏”字今已少见，在古文献中，“踧泏”，指水汶蹙聚，如晋·木华《海赋》：“葩华踧泏”，李善注曰：“葩华，分散也；踧（音 cù）泏，蹙聚也”。此“泏”，音 nù（女，去声），见《广韵》。夏衍曾祖以“泏”为名，可能用前一音义，即取其蕴含流水波纹之意，或更据此而得表字。沈泏的表字（或号？）“古琴”可能由“高山流水遇知音”之典故而来。[②]

沈泏于清道光十五年即公元 1835 年捐资修建月塘寺，此时沈家的家境可见是非常殷实的。但经过太平天国战争，沈氏家族迅即衰败，沈乃熙祖父沈文远十七八岁时（1860—1861年）遭攻打杭城的太平军俘虏，且成了太平军将领陈玉成的

---

① “夏全 15”，第 3 页。

② 可参见陈坚《井圈引出的夏衍家族史》（《大公报》2015 年 2 月 10 日）。

“记室”（秘书）。他后来在回忆录中说，陈对沈文远颇为礼遇，在寿州战败前夕，还特地派一个“小把戏”（小鬼）护送沈文远回杭州。[①] 读书人而“从逆”，在当时是一件很失面子的事。左宗棠率军收复杭州后，对于沈文远这类“从逆”之人的反攻倒算手段是很激烈的，沈文远虽然逃过了战争劫难，但终于不能应试，白衣终身。

在那个兵燹遍地的年代里，沈乃熙的童年虽未痛尝饥寒交迫、颠沛流离之苦，但灾难还是接踵而至。三岁那年，沈乃熙接受了他人生道路上第一个重大打击：父亲沈学诗在除夕祭祖时突然中风去世。

沈学诗，字雅言，是个不第秀才，学问不多，却写得一手好字，家里的楹联、神匾，都出自他的手笔。他酷爱读书，书房的橱架里堆满了经史子集及《水浒》《七侠五义》《三国志》等各类杂书，这些书籍以后便成了乃熙最初的课外读本。父亲

---

① “夏全15”第1页。

罗尔纲《太平天国史》第2册（北京：中华书局1991年版）、茅家琦主编《太平天国通史》中册（南京：南京大学出版社1991年版）均指出：太平军曾于1860年3月和1861年9月两次攻打杭州，指挥者均为李秀成。陈玉成兵锋从未到过杭州。据《懒寻旧梦录》介绍，沈氏入太平军当为李秀成第一次攻打杭州时所挟走。因为陈玉成1861年时期均在安徽作战，1862年春败亡。而陈玉成直到1862年3月误中苗沛霖之计被捕前，对太平天国事业一直是抱有极大信心的。因此，沈氏何以从李军而入陈氏麾下，陈氏又何以独独遣走沈氏，仿佛已预知失败之事，甚费解。夏衍这段回忆根据他儿时从大人听来的传说，不一定准确。

长得白白胖胖，为人忠厚老实，并长于医道，时常为乡人无偿诊脉治病，在乡间甚得人缘。虽然他在世时，沈家的各类开销已日见拮据，甚至乃熙出世前一年，他就不得不将自己的长子乃雍送到德清作学徒，但他 48 岁盛年辞世给沈家带来的打击乃是致命的。

这个变故注定了沈乃熙从小就要对贫寒生活多有体验，对人间炎凉之态也将早有感触。原来沈文远从安徽带来的“小把戏”是连姓都没有的，是在沈家做长工时才给他取了个名字叫“沈应才”。然而，当沈学诗去世后，沈应才的子孙居然就敢打算赖掉沈家租给他们的三亩坟头地了。这件事使沈学诗的遗孀徐绣笙十分生气，也给乃熙留下了极深的印象。[①] 沈乃熙虽然

---

① 这件事情一定给童年夏衍以非常深的刺激，让他幼小的心灵就对所谓“人情冷暖”有所体验。在他晚年写作的自传中，他深情地回忆了旧家园中的坟头树：“我家还有‘一笔遗产’，就是……祖坟上的几株大香樟树和一株大楠树，其中最大的一株香樟，我七岁那一年和三个赤脚小朋友勉强才合抱得拢，这肯定是百年以上的老树了。”（“夏全 15”第 5 页。）他在《一年间》这部剧中曾写到，一个流氓为了抽烟片，居然威胁要砍坟头树去卖。这个流氓“故作从容”地说：“本来，也有点可惜，那几棵树怕已经有一百多年了吧，风水先生说，左手的那株石楠树，是管这儿的大房的，那棵石楠树本来像把大的伞，近来两边横阔开来，正像两只大翅膀，所以，瑞春做了飞行家啦。哈哈！”“别的我们三房没有份，祖宗，总该轮到一份吧，嘿。”（“夏全 1”第 257 页。）除了日本侵略者，夏衍成熟时期的作品并不常写这样穷形恶相的下流胚子（这家伙在后来的剧情中当然地做了汉奸）。在这里，他刻画这个恶人的典型情境就是“卖坟头树”。夏衍此种情结，值得玩味。

对于父亲没有“任何印象”①，但根据母亲、姐姐们的介绍，他构建了心目中的一种相当鲜明的父亲形象。而这种情绪在他以后的文艺创作中就曲折地表现了出来。后来他笔下的“父亲”形象，总有一些特定的气质：善良、仁厚、正直，在大是大非的问题上尤有决断力，但有时又常常为一些琐事、个人身体的疾病所困扰等等。其实，当沈乃熙正式登上文坛时，他大约就有一种告慰亡父的想法吧。他以父亲的字“雅言”的杭州方言谐音“夏衍”为笔名，并以之行世，恐怕不一定完全是出于无意的。② 顺便提一句，为了行文的方便，接下去我们就用沈乃熙后来更为人知的笔名“夏衍”来行文了。

沈学诗去世后，其妻徐绣笙便独立承担了支撑这个家庭和抚养幼年夏衍的重担。徐绣笙，浙江德清人。她是一个自立、自强、有教养、温厚、慈爱、开朗的传统中国女性。夏衍后来写道：

> 在那个时代里，她算得是一个性格奇特的人，四十五岁死了我父亲之后，从不念一句佛，从不烧过香。出嫁了的姐姐送她一串念珠，她都丢在抽斗里从来不去理会，不

---

① “夏全 15”，第 2 页。

② 夏衍：《旧家的火葬》，“夏全 9”，第 103 页。

信佛，当然不信耶稣。[①]

在丈夫遽然亡故后，她坚强地面对着现实：长子只是学徒，四个女儿尚未出嫁，最小的儿子还刚能走路，田地大多典卖，日用匮乏。但她不信神，不认命，茹苦含辛，以她并不强硬的臂膀，养护着孩子们成长。她决然辞掉家中原先雇着的长工，一日三餐、缝补浆洗等日常家务一应由自己承担，在后园种菜、种豆、种笋，还养蚕、养鸡、养鸭等。这其中，最重要的活计是养蚕。1910 年前后，由于家庭过于贫困，夏衍有一段时间辍学在家，自学之余，还要帮着做一些农活。其中最主要的工作就是养蚕。

根据后人的研究，蚕业的发达和严家弄的地理环境有关：

> 严家弄座落在艮山门外，西邻华家池，东靠新塘老街；从新塘老街蜿蜒而来的一条卵石古道穿村而过，在村西端的老樟树下一分为二：一条沿捍海老石塘往西南，经景芳亭，可达庆春门、菜市桥；一条经华家池，到机神庙、来鹤楼至艮山门。这一带是杭州蚕丝业的发源地，周围桑园成片，桑陌田园，古道恰好将这些蚕桑产地串了起来，很有点像杭城的丝绸之路。从晚清年间开始，艮山门

---

① 夏衍：《旧家的火葬》，“夏全 9”，第 103 页。

外的织机渐渐地多了起来。木制织机作坊的兴起带动了周边的养蚕。缫丝和络丝，差不多人家都以栽桑养蚕、采茧、络丝为业……故而老杭州一向就有“艮山门外丝篮儿”之说。严家弄地处中心位置，自然成了蚕桑的主要产地，村坊里的人以此为业。……

夏公从小身体瘦弱，但他很懂事，又极孝顺，到了五六岁时就学会了养蚕，和几位姐姐一起，成了母亲养蚕的小帮手。

养蚕不但是一门苦生活，而且还有很多讲究。比方说：养头蚕前，蚕房要用烟熏一遍；蚕匾都要浸到池塘里去洗过；夏公还是个孩子只能做些辅助劳动，糊板壁就是由他干的。沈家的蚕房设在厢房，把板壁缝糊上纸，既避光又通风，还能防止虫害钻进蚕房。糊好板壁再在墙脚屋角撒上石灰，这是母亲教的土法消毒，很管用。一过清明就要掸蚁了，所谓“掸蚁”就是用鹅毛把幼蚕从蚕纸上掸到小竹匾里，这是个细活，每逢掸蚁，夏公都做得很认真，总能得到母亲的称赞。从“清明”掸蚁到“谷雨”头眠，这段时间的蚕宝宝还是幼蚕，到了二眠三眠蚕宝宝越长越大，吃桑叶的胃口也越来越大。连晚上都要添几次桑叶；沈家没有男劳力，采桑叶要雇短工，这段时间，桑园里总能看到夏公的身影……

采桑叶也是有规矩的：要等露水干了之后才能采，因为蚕宝宝不能吃湿桑叶的；下过雨的桑叶必须晾干了才能喂蚕，沈家房子多，摊场大，用不着担心；但却苦了那些房子狭窄的蚕农，每当下雨天，母亲让小夏衍打开墙门，把厅堂让出来，给左邻右舍摊桑叶……

“大眠”之后，蚕宝宝就要“上山”，何谓“上山”，就是把变得胀鼓鼓、亮晶晶的蚕宝宝撒到扎好的草篷上，让它爬在上面作茧子；几天之后草篷上结满了白灿灿的茧子，一季蚕的心血全在这里，收下来就能卖钱了。这是养蚕人家最有盼头的日子……

养了头蚕，还得再养一季二蚕，这时天气热了，沈家墙门外总是放着一只大钵头，冲满了凉茶供过路人解渴，这份差事就是小夏衍干的，他知道施凉茶是善事，不仅把茶冲得满满的，还到后院去摘来薄荷叶子泡在茶水里让大家消消暑气……

严家弄西侧有座寺庙叫“月塘寺”颇具规模，庙前建有戏台。这里每年都要演“蚕戏”、烧“蚕香”，还要办“提灯会”，以求蚕神保佑地方上风调雨顺，家家蚕花茂盛。旧时严家弄一带对每年的清明、七月半、冬至这三个“鬼节”特别注重，焚香点烛，供饭供酒，以求祖宗庇佑，对于“元宵”、“中秋”等人节倒反而淡薄了；只有端午才比较讲究，但不讲究吃什么，而是每家每户门口挂菖蒲，菖蒲能驱邪，端午适逢二蚕季节，养蚕人家怎能不挂，好

> 在菖蒲在严家弄附近并非稀罕之物，池塘边水沟里均有生长，就连沈家墙门后院的池塘里，也能拔到菖蒲。[①]

对农事的熟稔以及对于农民心境的体察、同情后来都成了夏衍无尽的精神财富。

养蚕之余，母亲还从手工作坊里揽来了钉纽扣、绕边头、摇纱、络丝、磨锡箔等活计，以微薄的收入贴补家用。其中，络丝可能是最繁重的活了。一副丝如果质量差，要络好常常要十天半月时间。油灯下，每天都要做到半夜12点光景，手臂酸痛，手指磨出一道道裂纹，磨出了血。交到机坊，如果做工不均匀，就要退回重做，或扣钱，甚至被“回报”[②]。在如此沉重的家务和手工劳作的重压下，徐绣笙心情的凄苦可想而知；但她并不怨天尤人，更不打骂孩子出气。

尽管身处逆境，徐绣笙从未忽视夏衍的读书和教育。夏衍后来曾多次谈到，母亲平日对他十分慈爱，然而有一次也是唯一的一次竟用板子打了他的手心。其原因是因为他在练习毛笔字时不用心，写得潦草马虎。从这个事例不难看出，母亲对儿子在学习上的期望是如何殷切！

---

① 沈树人：《严家弄旧事》，夏衍研究会：《巨匠光华映钱塘：夏衍研究文集》，杭州：浙江大学出版社2012年版，第17—19页。

② 杭州方言，此处大略是“解聘”的意思。

仿佛是一种宿命的安排，徐绣笙晚年不慎在河埠头摔了腿骨，由于医治不善竟从此不能独立行走了。后来只能靠双手撑着一张凳子一步一步地向前挪动；而夏衍晚年由于“文革”迫害，亦极苦于膑足之累。

徐绣笙是对夏衍成长影响最大的一个人物。[①]

夏衍本有四个姐姐，但在沈学诗去世后，由于家境日趋败落，大姊丽轩给娘舅家做了儿媳（是不大光彩的“填房”），而夏衍的四叔领养了他的三姊琴轩。对寡嫂，四叔大致还算是相当照应的，他在苏州衙门做事，每年都要寄一些零用钱。有一年，他回来说：“阿嫂，二哥没有了，这许多女儿，我领走琴轩，就算是我多生了一个女儿吧。”他自家也已有一儿一女，话里难免有些无奈，不过说到底，还是帮了徐绣笙一个大忙了。

此时，夏衍的四姊明轩还小，因此，能管夏衍的，便只有二姊云轩了。二姊对夏衍也特别好，常常教他折纸马纸羊，做各种游戏。对他的顽皮胡闹，例如钓鱼掉进水里，捉蟋蟀被蜈蚣咬肿了手指之类，她总给小弟弟打掩护，不让母亲知道。这一对姐弟的深厚感情一直延续到他们的晚年。沈云轩活到百岁

---

① 对“夏衍”笔名的来历，笔者两次问过夏衍本人，他起初回答是取自父名“雅言”的谐音，后又称母亲姓徐，按“百家姓”的说法，徐氏一族“生于夏、衍于商”，“夏衍”即由此而来。看来，此一笔名与父母双亲都有关，含有对他俩的纪念吧。

后于 1986 年在上海去世。

夏衍唯一的长兄沈乃雍（字霞轩），却和夏衍自小感情颇为疏离。他年长夏衍十八岁，十四岁时便入当铺当学徒了，大约在生意人中待久了，凡事比较看重实利而不太讲感情，因此对于夏衍的出生，他多少抱有一丝芥蒂。当笔者 80 年代初访问夏衍二姊沈云轩时，她便率直地说："阿哥勿大要看小弟的，有时他不高兴就讲他是关门狗。"① 不仅如此，沈乃雍对母亲也是不够孝顺的。② 到夏衍上学时，要他以长兄身份尽点心力，却又颇多推托之辞。凡此种种，在童年及少年夏衍心中的印象大约都不会是愉快的。

夏衍虽然生长在外人看起来尚体面的"沈家"，但他的青少年记忆却一直为贫穷所困扰。许多年后，他回忆自己的青少年生活仍然是：

> 穷还是紧紧地缠着我，杭州多雨水，特别是黄梅天，可是直到二十岁毕业，我始终买不起一双"钉鞋"（当时还没有皮鞋，更没有胶鞋，下雨的时候，除了赤脚，就穿钉鞋，这是牛皮做成而在底上有铁钉的雨具）。因此，每

① 陈坚：沈云轩谈话记录，1980 年 4 月 2 日。"关门狗"为杭州方言，大略是指"专为分家财出生的小兄弟"之意。

② "夏全 15"，第 17 页。

逢下雨，布底鞋总是浸透，又没有换替，要一直穿到它自我干燥为止。这种又湿又冷的滋味是十分难受的。大概这件事对我印象太深，所以直到老年（到“十年浩劫”时），每逢伤风感冒，或者别的毛病发高烧的时候，我总是反复地做同一个梦，就是穿着湿透了的鞋子在泥泞里走路。①

第二节　伴着涛声和潮汐的童年

当时的严家弄是一个小村子，南面是庆春门（初名太平门），北面是艮山门（初名坝子门），严家弄距旧时杭州这两处城门均为三里路。由严家弄向东四五里，便是浩瀚奔腾的钱塘江。这条我国东南沿海的著名河流全长为500多公里，流域面积在浙江省境内约为3万5千多平方公里，占全省总面积三分之一以上。它虽然不比长江、黄河那样源远流长，流域宽广，却素以“潮来溅雪欲浮天，潮去奔雷又寂然”的钱江潮，“日出江花红胜火，春来江水绿如蓝”的旖旎风光而传名遐迩。

严家弄一带原先便是钱塘江大堤。由于历年泥沙淤积，不断开垦江涂，陆地逐渐向东延伸，堤坝便变成了公路。如今，

① “夏全15”，第17页。

僻静的街弄仍不时可以听到不息的涛声和江潮的呼啸声。在石板路小街的四周是田地、河塘和村落，葱茏翠绿的桑园、麻地、菜畦，阡陌交错。清代诗人厉鹗、萧彦毓等都曾吟咏过这一带的风景：

吴天入时凉似水，袂衣山城四三里。
城角远山青半环，分得浓岚落渔市。

厉鹗：《艮山门外远眺》

江头杨柳暗藏鸦，江上鹅儿浴浅沙。
早起一风如此恶，路傍落尽刺桐花。

萧彦毓：《清明早出太平门》

就在这一片山青水秀中，夏衍交识了许多农家孩子。他们到河塘捉鱼摸虾，到荒坡野地拾枯柴，到河坝上赶庙会，到老东岳（寺庙）看东岳大帝审疯子。更令他们快活的是穿过庆春门、望江门碧绿的菜地、竹园，到钱塘江岸边的沙滩上去看江潮起落，看江上帆影片片，听欸乃声声，追赶潮水退时留下的浪沫……

这几位同住在附近的邻家男孩，从小都在附近一个剃头摊上剃头，为了便宜和方便，他们从小都剃光头，几个小光头从小在一起玩耍，很像灵隐寺和海潮寺里的一群小和尚。所以他们在自己的家里，都有一个“和尚”的雅号。根据年岁长幼，便有大和尚、小和尚、三和尚和四和尚的称号。后来都到了青少年的年纪，有的都梳起了西式小分头，但是“和尚”的绰号一直沿用下来。[①] 直到 1981 年春天，夏衍阔别杭州大半个世纪回到严家弄后，一位八旬老农还这样与他招呼：“和尚哥，还认得否?”夏衍仔细打量了他一阵，惊喜作答：“认得，认得，是春芳老弟，你属虎，比我小三岁。”二位老人就此畅叙了许多童年欢快的事情。经过 70 余年的悠长岁月，夏衍还能记起儿时“赤脚朋友”的名字、年纪、生肖，可见当年他们关系何等亲密无间，也可见这段记忆是多么美好而深刻。

六岁那年，母亲便让夏衍进私塾“破蒙”，念了一年的《三字经》。8 岁左右，母亲又让他入新式学堂“正蒙小学”就读，念《论语》《孟子》、算术，成绩都很不错。对于文学，夏衍从小就表现出浓厚的兴趣。他二姊回忆说，夏衍小时，读书很专心，哥哥爱叉麻将，他就喜欢读书。他记性好，别人家读书读不进，他一读就记住了。[②] 11 岁时，他已经读完《天雨花》《再生缘》《双珠凤》《文武香球》《三国演义》《水浒》等弹词、小说，并且常常将书里的故事绘声绘色地向姊姊们转

① 沈祖安：《夏衍故乡行》，夏衍研究会：《巨匠光华映钱塘：夏衍研究文集》，杭州：浙江大学出版社 2012 年版，第 6 页。

② 陈坚：沈云轩谈话记录，1980 年 4 月 2 日。

述。在上小学时，国语课有“对课”这门作业。有一次老师出了个题目：“福桔”，夏衍很快对以：“寿桃”。老师听罢十分惊喜。

1909 年，夏衍 9 岁，浙江发生了一件不同寻常的事：由浙江省著名立宪党人汤寿潜等策划建造的沪杭铁路杭嘉段通车了！这事在我国近代史上的“实业救国”思潮中具有里程碑式的意义。仅仅在 30 年前，当洋务派重镇李鸿章筹划铁路的时候，朝野大臣纷纷群起攻之，一些人还煞有介事地捶胸顿足说，欲造铁路必发人坟冢，坏大清江山风水，如今坟中枯骨暴露于野，则为官者又心中何忍？于是，造铁路之议遂废。曾几何时，这一类以虚言惘人的振振之论，却如流言一般，被时间轻轻地拂去了。铁路，作为西方现代文明的一个重要标志，作为中国近代工业发展的一个不可或缺的环节，其重要性不但为那些进步人士，也为广大平民百姓所认识和理解。

杭嘉铁路通车的这一天，成了铁路沿线人民的盛大庆典。夏衍在时隔 70 多年后，仍带着激动的心情回忆了这一天的场景：

> 艮山门是从杭州到上海的第一站，通车的那一天，整个杭州——包括沿路乡村都轰动了，我母亲也很高兴地带了二姊、四姊和我，背了长条板凳，带了干粮（南瓜团子），走了两里路，到艮山门车站附近沿线的空地，排着

队去看火车这个从来没有见过的“怪物”。沿线挤满了人，连快要收割的络麻也踏平了。在盛夏的烈日下晒了两个多钟头，好容易看到一列火车从北面开来，隆隆的车轮声和人们的呼喊声融成了一片，这个大场面，尽管事隔七十多年，到现在依旧记忆犹新。①

沪杭铁路的通车，意味着杭州这个传统都会不可避免地开始转变为具有工业化气息的现代城市。夏衍正是从这一天起，感觉到了外面世界的精彩，感觉到现代化机械工业的巨大力量。这一事件给他幼小心灵的印象是如此深刻，使他不自觉地对一切被认为是阻挡此种大势发展的事物，都开始抱有一种厌恶之情。夏衍后来尽管成了一个著名文艺家和职业革命家，其人生发展路向表面上与现代机械工业建设全然无关，但仔细推敲，他人生的全部努力又何尝不与这一种对历史命运的体认息息相关！

1911年中秋过后不几天，辛亥革命爆发了，大清小皇帝的龙座摇摇欲坠。杭州也充满了革命前的躁动气息。夏衍回忆说：

乡下人对于这种“换朝代”的事情，素来是不敢多管

① “夏全15”，第8页。

的。大家闷在肚里，没有动静，不过风声一天天地紧了。杭州是省会，人们便开始了“逃难”。我们一家在重阳前一天晚上离开杭州，到有一水路的德清母亲家去避难，重阳这天是我的生日，在船上点蜡烛过生日，所以三十年后的今天还依稀有一点回忆。

浙江“光复”是哪一天，不查书本子也早已记不清了，在一个孩子的眼里，只觉得表兄们都有一种说不出的兴奋。在宣布光复那天一早，我们跟着大家到街上去看热闹，当铺、酱园——比较大一点的店铺门口都挂了一面四方或者三角形的白旗，杂乱得很，有的写“光复”两个大字，有的莫名其妙的画上一个黑白的太极，也有人随便撕一块旧衣服上的白布条子挂在门上，就算宣布与“满清”脱离关系，“光复汉土”了。大家争着问为什么要“挂白”？有人出来说明是替崇祯皇帝戴孝，也有人说这是表示要替徐锡麟、秋瑾“伸冤”。这两位英雄，是革命前震动了东南一带的。

奇怪的是知县老爷大门口的情况，那儿贴着一张很大的告示，白纸黑字，官衔和年月日换了一个地位，官名下照例点着朱红的大“为”字也革掉了，上面写着“黄帝纪元四千六百零九年”，后面是“浙江都督”——大约是汤寿潜吧，已经记不清了。“四千六百零九”这个奇怪的数字，到现在我还记得很熟，大约是印象很深的原故吧。它

> 明确的认识是直到后来查了“历代大事年表”之类的书才知道的，黄帝纪元是西历纪元前二千六百九十八年，辛亥那一年是纪元一千九百十一年，两者相加，那便是纪元四千六百零九年了。[①]

旧历九月十四日，杭州宣布光复。革命军推举汤寿潜为浙江省都督。一日，夏衍在与表哥李幼甫玩耍时，李问道：“杭州开始剪辫了，你敢不敢？”他居然一刀就剪下了辫子。这种当出头椽子的行为受到他母亲极严厉的呵责。要知道，当时连革命政府都督汤寿潜都未剪辫子！“因此母亲便和那位表兄大大地闹了一阵，结果表兄说着‘要杀头我陪你’，生了气便一剪刀将自己的辫子也剪掉了。”[②]

据说，夏衍是严家弄第一个剪辫子的人。这件事虽说不上有什么重大意义，甚至可以解释成为是少年人的一时冲动，但从夏衍的成长历程来看，却是颇具意味的。一方面，夏衍对于重大事件的独立判断和决然态度于此已露端倪。早年的夏衍一向拘谨、内向（母亲戏称他“洞里猫”），一向很听妈妈的话，但在剪辫这样的大事上，他却不打招呼就作出了独立判断——尽管这一举动在当时看起来还有点少年不识愁滋味的负气意

① 夏衍：《辛亥杂忆》，“夏全 9”，第 150—151 页。

② 夏衍：《辛亥杂忆》，“夏全 9”，第 151 页。

味。另一方面，夏衍从一开始就对推翻清王朝的革命军政府抱有好感。夏衍回忆说：

> 大概是民国元年（1912 年）的元宵节，听说城里在剪辫子，我就跑到庆春门看热闹，果然，有四五个臂上挂着白布条的警察，两个手里拿着大剪刀，堵在城门口（当时杭州还有很厚的城墙），农民出城，就被强迫剪掉辫子，那情景十分动人，路旁的一只大竹筐里，已放着十来条剪下的辫子。我赶到城墙边的时候，一个老年农民正跪在地上哀求，但是一个警察按住他的脖子，另一个很快剪下了他的辫子，老农放声大哭，而一群小孩则围在警察身边起哄。①

革命激情的时代种子在夏衍心中已悄然发芽。

剪辫事件后不久，经过舅舅的介绍和安排，夏衍到德清县高等小学念书。德清县是浙江北部的一个历史悠久的古城镇。唐天授二年（公元 691 年），此地正式设县，初名武源县，后又更名为临溪县，唐玄宗天宝元年（公元 742 年），乃正式定名为德清县。这里地处杭嘉湖平原，西部为天目山余脉，群山连绵，东部则为平原水乡。“碧水翻从城里过，青山直到县前

① “夏全 15”，第 11 页。

来。鱼商酒肆晴遍集，钓艇莲舟共晚回。”这是明代诗人张羽（《登百谅山》）对德清县城的写照。

德清不仅山河毓秀，物产富庶，而且文化事业也相当发达。到了清代，德清一度被视为浙江西北“文风鼎盛之地”。徐、胡、俞、蔡四姓被誉为“四大家族”。徐家五世入翰林，蔡家历康熙、雍正、乾隆朝三出状元，胡家的胡渭精通舆地学，俞家俞樾是晚清第一流的经学大师。到晚清、民国时期，德清一县，尊师重教，蔚然成风。1901 年，德清人许炳堃和蔡焕文在德清城关镇内创办了一家用“新法教授”的“务本学塾”，在湖州一带号称得风气之先。1904 年，在当地士绅蔡焕文、程森、施涵、徐士骏的呈请下，“务本学塾”正式改设为“官立两等小学堂”，即现在的德清城关镇第一完全小学的前身。夏衍就是在舅父徐士骏的照拂下，才得以进这家小学念书的。

德清县高小校长曹绪庄是夏衍遇到的第一位恩师。他的办公室设在三个教室的走廊上，一张方案除文房四宝外，就是一摞摞学生的作业。除了上课、巡视，整天就坐在方桌边批改作业。他坐的地方，三个教室的动静都能听见，只要他一到，立即秩序井然，肃然无声。据一位年逾古稀的老学生回忆，曹校长平时少有笑容，只在批改作文时偶有例外。他常将学生们叫到方桌旁，边改边讲。一次作文题为《施茶亭序》，一同学作文中用了“寸水难觅”四字，曹先生认为用得恰当又不落俗套，在这四字旁打了双圈，摇晃着脑袋，脸上露出了笑容。

曹老师十分重视利用乡贤事迹教育学生。学校左侧有一座保持明代建筑风格的大殿——明伦堂，是当地祭孔的地方。凡本县出身考中状元、探花、榜眼的人，在这里都有一块匾额，写着“状元及第”及某某人在某年中试之类的字样。曹老师常常带着夏衍等学生到明伦堂来，向他们历数德清在清代出的状元和大学者的名号。夏衍记得最后一个状元即为朴学大师俞樾(曲园)，他是后来白话诗人俞平伯的曾祖父。[①]

先贤的事迹对于少年夏衍无疑是有力的鞭策。在念高小时，夏衍一直“谨言慎行”，勤奋读书，是十分聪慧听话的好学生。这一点曹校长印象很深，后来夏衍高小毕业回到杭州，因无力升学进染坊当了学徒，曹校长得知后连声说：“可惜，可惜。”后经他极力推荐，才被保送入省立甲种工业学校。进校不久，家境困窘，缴不起学杂费，夏衍几乎辍学。曹校长闻

---

① “夏全15”第11页。

此当为夏衍的误记。俞樾在道光三十年（1850）庚戌科，中进士第十九名。在朝考中（清代跟进士考试有关的，有会试、复试、殿试、朝考四种，殿试一等前三名即所谓的状元、榜眼、探花直接入翰林院为官，不参加朝考），以一句“花落春仍在，天时尚艳阳”破题，得主考官之一、礼部侍郎曾国藩激赏，授朝考一等第一名，非殿试第一名“状元”。[可参见商衍鎏《清代科举考试述录》（北京：三联书店1958年版）。]但是否是状元根本不影响俞樾在晚清文化史上的地位。俞樾对群经诸子、语文训诂、小说戏曲等均有精深研究，著名弟子有孙诒让，章炳麟等。他一生著述不倦，有《春在堂全书》500卷。

讯后，又在自己经济也不宽裕的情况下，每月抽出四元大洋，悄悄地寄给夏衍，资助他度过难关。1986 年 5 月 27 日夏衍回到德清母校，对当年的校长兼国文老师深为怀念。当他讲到了上面这件事后，参加会见的许多老教师说从未听曹先生谈起过，连他的子女也不知道。

德清距离杭州不远也不近，坐“脚划船”要七八个小时，每年寒暑假可以回家，但在德清上学时，夏衍常常感到寂寞和孤单。本来，他年少远游，缺乏母亲的照顾，内心就够凄惶的了。他的舅父徐士骏是一个相当老式的家长，表兄们又比他的年龄大得多，玩不到一起，因此他常常独居后院。到晚上，就在油灯下独自看书，或是帮着舅舅家开的“赏发档”“德和酱园”记记流水账，抄写一张张会帖。这时，舅舅家的小花猫便成了他形影不离的伙伴。后来，他的夫人蔡淑馨说他脸型像猫，有时就干脆用日语叫他“ねこ”（日文，即猫）。他一点也不生气，因为他觉得自己和猫是有特别缘分的。

夏衍在德清读书三年半，到 1914 年夏天毕业，母亲把他接回了杭州。

第三节 “甲工”时代

1914 年，沈家陷入了全面匮乏困顿之中。回到杭州后不久，一天深夜，夏衍倚在床头，凭着一盏豆油灯的微光，正看着从表哥处借来的《鲁滨逊漂流记》，却听到了寂静中传出的母亲在被窝里啜泣的声音。

母亲的眼泪在夏衍童稚的心灵引起了从未有过的震动：自己已长成一个半大人了，还能全靠母亲和兄长抚养么？想了一夜，第二天早上他决定进城去找工作。经过几天的寻觅奔走，终于在太平桥附近的泰兴染坊店找到了做学徒工的工作，没有工钱，但管饭。不管怎么说，少了一张嘴巴，就能给家里减轻一份负担，何况学徒工满师后就能赚钱呢！

夏衍到泰兴染坊上工了。由于他老实勤快，聪明好学，再加上受过正式的教育，染坊里的老板和账房对他有些另眼相看。给他派的活，总是相对干净些、轻松些，因此夏衍倒也未觉得做学徒工有多大辛苦。但他却看见了手工操作的染色工人的劳苦："当时的作坊根本没有机器，练棉纱就在一口大锅里把碱水煮滚，然后把生纱搭在一根木棍上反复煮练。练工是不带手套的，他们的手掌长期和高温碱水接触，整个手掌就逐渐结成了一块大趼，而且由于强碱的腐蚀，厚趼上就发了蜂窝似的孔点。"① 这种工作引起了夏衍的同情之心，再加上这一时期他对自己穷愁生活的感触，不自觉中他开始追问这样一些问题：劳动者遭受如此的折磨是必然的吗？大多数人能摆脱这种

---

① "夏全15"，第13页。

贫困吗？

夏衍在泰兴染坊待了大约八个月左右的时间。[①] 1915 年春，一个人生转折的机会从天而降：他被保送到浙江甲种工业学校读书了。原因是这样的，甲种工业学校这一年晋格为公立学校，浙江省每个县都有选送两名公费学生的机会，学费由各县政府支付。因为夏衍在德清高小品学兼优，成绩突出，受到校长赏识，大约徐家又施加了一定影响，他便幸运地被列入了保送生的名单。

1915 年 9 月，夏衍进了浙江省立甲种工业学校，开始了他五年的中学生涯。

浙江省立甲种工业学校的创办人是德清人许炳堃，时任校长。夏衍就读的德清高小，许氏就是主要创始人之一。这段香火之情对夏衍来说是很重要的。“甲工”是浙江省“实业救国”思想的大本营。当时，浙江省是全国近代工业发展较快的几个省份之一，沪杭铁路的营造成功，预示了民族资产阶级可以在一定程度上与帝国主义殖民化经济相抗衡，在思想上也坚定了一部分人的信念：中国人完全可以逐步建立起与整个近现代世界文明体制相符合的国家体制，并进而争取成为世界强国之一，永不再受人欺凌。许炳堃就是笃信这种“实业救国论”的人。他办学十分严肃认真，制定了严格的规章制度和考试制

---

① 沈芸：《夏衍年表》，“夏全 16”，第 424 页。

度，还聘请了许多优秀教员，如关振然、陈建功、谢迺绩、徐守祯、钱昌祚、杨杏佛等。其中，国文教员谢迺绩日后对夏衍的影响最大。

许氏办学，确有成效，当时浙江、上海一带的纺织专业人才，多毕业于“甲工”。“甲工”最早开办于1911年3月，当时名为浙江中等工业学堂，设机械、纺织二科，修业期限为三年。辛亥革命期间一度因经费断绝而停课。1912年3月复课，改称浙江公立中等工业学校，至1913年始改名为浙江省立甲种工业学校，增加了染色、化学等专科，修业期限为四年，另设一年预科。

“甲工”校址设在蒲场巷场官弄报国寺（今大学路）。校舍四周护城河环绕，河畔有两座小山，有一面连着旧城的城墙，林木苍翠，流水悠悠，环境幽静，风景优美。

学校开办之初，利用停办的铜元局现成楼房改为学生和教员宿舍；又将原有动力、金工、木工、锻工等车间改为学校工厂，作为学生实习场所。工校课程（包括体操、图画）每周上课14小时，实习18小时，实习成绩与课堂知识并重。规定的课程比一般中学既多且深，像数学，为赶上或超过日本中等技校的水平，已教至微分和大代数。主要课程用的也几乎全是外文原版教科书。学生成绩分操行、学科、体育三项，一课不及格，而平均分数及格，毕业时只给修业完毕证书。“实习不合格就不能毕业”是“甲工”又一个颇有特色的校规。由于学校功课繁重，学生中途退学者不在少数。

在“甲工”最初的两年中，夏衍学习勤奋，成绩很好。期间，他遇到了一位他终生难忘的“最好的老师谢迺绩”。谢迺绩，字印三，出身绍兴的书香世家，曾东渡日本早稻田大学留学，于1907年归国。他早年受革命思想影响，参加过光复会，崇敬革命领袖人物徐锡麟、秋瑾。他认为秋瑾是“女界豪杰，千古一人”。1915年，谢经友人介绍到“甲工”任教。大概学生和老师之间也有一个气质、情感相投的缘故，谢本人博学方正，具有爱国思想，是五四运动前“甲工”教员中极少数同情进步学生的一位老师。夏衍在“甲工”读书期间，深深敬爱着这位师长。

谢迺绩对夏衍的影响，主要在两个方面：一是谢先生的爱国热情和进步思想。1918年的一天，谢先生在讲堂上离开课本，向同学们讲解了“秋风秋雨愁煞人”的诗，并讲述了秋瑾殉国的故事。当时，他用严肃的口气对同学们说：“秋瑾是为中国革命第一个被砍头的女性。秋瑾的死，不单是为女界的自由，也是为了全中国人的自由。”这一年，已经是“五四”运动的前夕，谢先生的这番话特别使夏衍不能忘却。他日后的剧作《秋瑾传》第一次发表时原名《自由魂》，即受了这句话的影响。[①] 二是谢先生授课评文，注重言之有物，平实明确。他

① 夏衍：《秋瑾不朽》，“夏全1”，第143页。

十分推崇《古文观止》，像其中王禹偁《黄冈竹楼记》那样叙事生动、用语凝练的好文章，一定要学生反复阅读，并且全文背诵出来。谢先生还主张写文章文风要舒张淡雅，反对剑拔弩张。夏衍记得，民国五六年，正当复辟和军阀战争时期，当时有一种风气，一到两派军阀打仗，双方都先要发表一篇洋洋洒洒的讨伐宣言，这类由各自幕客所写檄文骈四俪六，写得有声有色，不知不觉，也对夏衍产生了影响。这年冬天，杭州隆重追悼黄兴、蔡锷去世，事后夏衍在作文中写了一篇追悼黄、蔡，反对专制政治的作文，情感激涌，自以为写得痛快，谁知道谢先生看后，却加了这样一个评语："冰雪聪明，惜锋芒太露。"在课后，谢先生单独告诫夏衍：要多读《史记》的《伯夷列传》《屈原列传》之类的文章，少受报上那些坏文章的影响。

谢迺绩的教导令夏衍终生难忘，对他日后清淡简明文风的形成有着十分重要的作用。夏衍在60年后回忆这一幕时还说："这位恩师的话，我还是常常想起，引以为戒的。"①

谢道绩任教于"甲工"同时，还在浙江笕桥甲种农业专门学校任教。后来有"现代茶圣"之称的吴觉农教授亦曾从学于谢先生，他对于谢老师的学问人品有着很深刻的印象。他回忆说："谢先生教课有自己的特点，一般选文都事先刊印分发，只对重点作解释，而着重启发学生思考。他强调好文章不在于

① "夏全15"，第16页。

辞藻的华丽，首先是要言之有物。”[1]

然而，像当时许多有头脑的年轻人一样，夏衍并没有完全沉浸在书堆里，在他内心里更有不能排遣的对国家前途的关切之情。尽管在教师眼中他一向是个好学生，但实际上他从来也不甘心做一个只管课业、求田问舍的好学生。即使在家境极度困难、自己甚至不免在泰兴染坊做学徒工的时候，他有时也与好友讨论“中国出路”这样一类大问题。一次他和表兄李幼甫为“中国会亡国吗”之类问题激辩，李幼甫嘲笑他再考虑这类问题只好像陈天华一样跳海了。夏衍输了辩论只能悻悻归家。[2]不过，这样的争辩对李幼甫来说可能只是一时口舌之快，但对夏衍来说却是一颗潜藏于心的思想种子。1917 年时局的变化催醒了夏衍心中的这颗思想种子，这使得他的眼光迈出了书斋，开始自觉地投向激烈多变的社会现实。

辛亥革命以后，民国建立。但中国社会却丝毫未因民国的建立变得有序——事实上，随着袁世凯政权的崩溃，这社会比较晚清似乎更显得杂乱无章了。这种混乱在 1917 年达到了高峰：该年初段祺瑞与黎元洪的“府院之争”达到高潮，6 月，张勋借口调停却试图恢复清王朝，旋即失败。接着爆发了护法

---

① 谢德铣：《夏衍与谢迺绩》，《浙江师范大学（衢州进修部）学报》1989 年。

② “夏全 15”，第 12 页。

战争。该年 11 月，浙江的宁波、温州、处州、绍兴、台州、严州诸地区，响应护法号召，先后宣布过独立。这一场场政坛的风云变幻，军阀之间尔虞我诈的权力争斗，不能不使夏衍这样的正直少年，对民国政权的革命性和有效性产生极大的怀疑；而在国势危殆的局势下，他所笃信的“实业救国论”，也显得苍白无力。他因此开始关注学业功课之外的各种社会文化讯息。

1917 年也是一个西方各种思潮如潮水般涌入中国的年份。学校图书室里的报刊有限，除了《之江日报》《浙江民报》之外，只有一份上海的《申报》，但在学生宿舍里，却可以见到上海出版的《时事新报》《民国日报》。这些报纸的副刊《学灯》《觉悟》十分活跃，不断地发表介绍各种新潮和报道俄国革命真相的文章，它们所宣传的“科学”和“民主”的口号及十月革命后劳农当家作主的新制度，像磁石一样把夏衍吸住了。尽管这类文章不太好懂，对各派新思潮如无政府主义、共产主义、工团主义等等的解释也不一致，但它们却震动了夏衍敏感的神经末梢：原来还有这样思考问题的方式！夏衍大有兴趣地阅读各类时文，并时常似懂非懂地与周围同学热烈地展开议论。

到了 1918 年暑假，夏衍从已自“甲工”毕业的汪馥泉和褚保时那里，看到了《新青年》《解放与改造》，这就使他更加倾心于新思想和新学说了。“说也奇怪，我那时正在用功读古文，同时还在背诵唐诗三百首等等。可是看了《新青年》这类杂志之后，学古文的劲头就消失了。”① 李大钊、陈独秀、胡适之这些新文化运动前驱者的名字，开始闯进他的脑际，他感到在他面前展开了一片新天地。

从这年冬季起，汪馥泉就经常约夏衍和他的同班同学蔡经铭谈话，谈话的地点是设在西湖湖滨平海街的浙江省教育会和贡院前的浙“一师”（即现在杭州市高级中学的前身）。省教育会是全省教育界的一个民间组织，成立之初会长是章太炎先生，其时正由“一师”校长经亨颐主持。② 经先生是著名的教育改革家，他以教育会名义邀请新文化进步人士来讲演，并主

① “夏全15”，第18页。

② 虽未直接受教于经亨颐，但夏衍毕生保持着对经先生崇高的敬意。经先生去世后，夏衍曾撰文痛悼之：“一代的完人，中国国民党的伟大的先觉经子渊先生，在漫天烽火的抗战中，静静地在上海终止了他斗争的生涯……在‘五四’的反封建反帝运动中，经先生是浙江——也可以说是整个南中国——革命势力的代表者。他主持的浙江第一师范，和北方的‘北大’遥相呼应，不仅以他崭新的世界观，在思想上领导了千百万青年，同时还以他凛不可犯的骨气和大无畏精神，领导了南方实践的革命的力量。‘浙师’是江南革命运动的摇篮，经先生是‘五四’‘五卅’乃至今日的一切革命势力的保姆。到今天为止，差不多没有一个浙江籍的青年战士（大部分已经是烈士了!）不受过经先生的精神上的熏陶和思想上的影响，单就这一点就够表明他的伟大了。”［夏衍：《悼经子渊先生》，《救亡日报》（桂林版）1938年9月24日，“夏全9”第75页。］在其他忆旧的文字中［如《知公此去无遗恨》（《人民文学》1978年第7期）、《故乡之忆》（《浙江日报》1980年6月22日）、《回忆杨贤江同志》（《人民日报》1981年8月13日）、《日记一则》（《人民日报》1987年8月6日）等］，夏衍也常提及经亨颐先生。

编《教育潮》，介绍和宣传《新青年》《每周评论》《湘江评论》等进步书刊。省教育会大楼已成为传播新思潮的一个据点，各校的进步学生便常常到这里见面和开会。参加这类谈话的人有时3至5人，有时则6至7人不等。谈话的主题是当时政府秘密签订中日军事条约，当局的卖国行径激起了谈话者的极大愤慨。在这样的场合，夏衍又结识了第一师范的学生领袖俞秀松、宣中华、施存统（“一师”的教师刘大白、夏丏尊、陈望道在当时都是宣传新文化、提倡白话文的代表人物），省立第一中学的查猛济、阮毅成等人。① 这样，这一群还是中学生的热血青年，便在反帝爱国的旗帜下互相熟识并很快集结到一起，成为浙江学生运动的一支中坚力量。1918年的杭州，也和整个中国一样，已经是“山雨欲来风满楼”了。

1919年5月4日，北京最富革命精神的北大学生率先冲出校门，喊出“废止二十一条”、“还我青岛”、“内惩国贼、外争国权”的口号，革命的烈火从天安门很快燃遍神州大地。过了两天，5月6日消息传到杭州，青年学生情绪十分激昂，纷纷起来响应。当天晚上，之江大学学生会召开师生大会，决定在校内组织一个委员会来领导这场运动，并派代表跟全市中等学校联络共同行动。法政学校、工业学校、省立第一中学、省立第一师范等校学生积极地行动起来，沉寂的校园开始沸腾了。

---

① “夏全15”，第18页。

5 月 8 日，杭州中学以上的学生举行了第一次示威游行。到 12 日，示威更有组织，规模更大了。这一天上午 8 时，14 所学校共 3000 余人，聚集在湖滨公园，举行学联成立大会，“一师”宣中华被推举为理事长。会后，以“浙江省垣中等学校以上救国团联合会”的大幅横标为前导，进行了声势浩大的游行。“甲工”机械科的方兆镐和染织科的夏衍，事先出席了在宗文中学和之江大学召开的预备会议，会议一结束便立即回校连夜进行发动，编印传单，制作标语。游行这一天，工校大部分学生都上了街。同学们手拿小旗，上面写着“国家兴亡，匹夫有责”“毋忘国耻，同胞速醒”等各种标语，有的还举着手绘的山东省地图和曹、章、陆三人的漫画像。当游行队伍进到督军公署和省长公署门前时，军警站满岗哨，步枪都上了刺刀，一派杀气腾腾。同学们喊出“不怕流血”的口号，毫不示弱。最后到达省议会宣读了请愿书，将近傍晚游行队伍才散去。

“五一二”大会把各校爱国力量汇成了一股洪流，然后这股洪流又分成许多支流，涌向各处。这时工校方兆镐已担任市学联会长，大部分精力在学联方面，夏衍和孙敬文、蔡经铭等成为主要骨干。他们带领同学深入大街小巷，广泛开展了抵制日货的宣传活动。工校是检查日货最活跃的一支主力军。他们组成了小分队，在清和坊、城隍牌楼、湖墅等处，贴满“中国人不用仇货”的标语；到高义泰、孔凤春等大商店和南洋烟草公司门前演讲和警告；还到拱宸桥、城站等水陆码头，对过境的商品、客商行李进行检查，凡是印有“登陆商标”（当时日货均有这四个字）的货物一经查获，一律没收。5 月 18 日，各校检查到的日货都堆集在湖滨公众运动场，连同同学们自己平时使用的日本货如雨伞、手帕、皮包等，一起当众烧毁，万余群众一齐拍手，高声欢呼。当然，也有较为自私的小市民绝不肯焚毁自己店中的日本货，坚决抵制，夏衍与伙伴们有时就不免动武：“五四运动时，我才十九岁，上街查日货，也拿棍子打过奸商。”①

夏衍的组织才能大约正是在这个时候得到了培养。三年之后夏衍在日本撰写的自传体小说中这样谈到过自己：“在少年的时候，中学校的王国，我如火如荼的事业，受同学们狂热的欢呼，痛烈的攻击，多是我现在憧憬不堪的往迹。”② 从中不难窥见夏衍当年在学潮中意气风发的身影。

检查日货这件事激怒了官厅，浙江省督军杨善德训令警务处，对学生结社集会一律予以禁止。工校参加游行和抵制日货的学生出动最多，因此出现了“甲工”学生会要被强令解散，方兆镐要被勒令开除的传闻。不过，许炳堃在杭城各校校长

---

① 夏衍：《在中国电影工作者协会第三次代表大会上的讲话》，“夏全 7”第 57 页。亦可参见夏衍《1979 年在全国故事片厂厂长会议上的讲话中》（“夏全 7”第 28 页）。

② 沈宰白：《圣诞之夜》，“夏全 9”，第 17 页。

中，虽是出了名的保守派，但保护学生的立场是坚定的。他召集了夏衍这一批学生运动积极分子，以过来人的身份给予了规劝，态度是和蔼的。尽管夏衍等人明显没有接受许校长的意见，但官方的惩罚也没了下文。

1919年的夏天，期终大考结束后，受“五四”新思潮的激发，夏衍回到他做过学徒的泰兴染坊，做了一个月的调查，写出了《泰兴染坊底调查》，发表在1920年出版的《浙江甲种工业学校校友会会刊》。这是杭州“五四”学生运动留传至今仍然具有历史意义的实绩之一。在这份调查报告中，可以比较充分地看到夏衍当时的思想认识水平和个性。由于工科学生出身，夏衍即使在热火朝天的学生运动中，也十分关注切实的民生问题；同时，由于受到五四运动的洗礼，他又能用科学的方法分析民族手工业面临现代化大工业挑战所造成的根本性问题，从而在他原来的“实业救国”思想中，又透出对于民族科学思想建立重要性的认识。他在《调查》中写道：

> 下一句断语：旧式染坊的内容究竟怎样？便是：他们虽则没有相当的学识，却有极经济的方法和极熟练的技艺。种种工作都含有科学的意味，但是都是因为没有学识，所以只有死守旧法，没有积极的进步。①

① 沈乃熙：《泰兴染坊底调查》，“夏全8”，第3页。

染坊调查不久，暑假转眼就要结束了。五四运动过后，新旧势力的决裂和分化更趋剧烈。夏衍这时 19 岁，受到新文化的影响之后，他就一直在苦苦思索今后的出路。一天，孙敬文介绍夏衍见到了当时浙江有名的新派人士沈玄庐。沈玄庐，原名沈定一，玄庐是他的笔名，浙江萧山衙前村人，时任浙江省议会议长。因他倾向于孙中山，受到顽固保守的浙江省长齐耀珊的监视，不得不避居上海。他于 1919 年 6 月在沪创办介绍社会主义和中国劳工运动的《星期评论》，风行一时，每期销数达 3 万份。这一日，孙敬文打听到他潜来杭州，便带夏衍到省教育会去见他。

沈玄庐三十六七岁，中等身材，留着小胡子，身着西装，风度翩翩，讲起话来雄辩滔滔，有人称他为“勇敢的炮手”。他在讲了一通废除私人财产，实现土地公有的主张之后，着重指出年轻人有知识有血性，要组织起来和旧社会斗争，给旧社会看看“颜色”。临别时，他将俄国无政府主义革命家克鲁泡特金著的一本书《告少年》送给夏衍。此书对资本主义制度的猛烈控诉，折服了年轻的夏衍。他后来回忆：“在当时，我只是对现状不满，自己穷，又不想向有钱人低头，但根本想不出也找不到改变这种现状的出路，而这本小册子，才使我想到，问题的症结就在于改造社会。”[①] 克鲁泡特金的思想是夏衍最终走上无产阶级革命道路的一个必要环节。在那个时代，不少有志青年最初都是通过无政府主义而开始接触社会主义思想的。

1919 年 9 月间，省立一中的查猛济、阮毅成与“甲工”的汪馥泉、蔡经铭和夏衍等一共十来个同学，经过不到十天的筹备、编稿，出版了一份铅印的八开小报。因为是 10 月 10 日(中华民国国庆日）出版，取名《双十》。报纸一出，立即引起各方面特别是一同从事过学运的“一师”同学的关注。施存统、傅彬然来信希望加入这个团体。宣中华、俞秀松等也参加进来。在一次商议报社改组的会议上，组成了包括三校 27 名进步学生的编辑部。虽然没设主编，但俞秀松、宣中华实际上成为刊物的领头人。经过共同讨论，原来的刊名与传播新思潮的宗旨不相符合，因而改名为《浙江新潮》。半月一期太慢了，又改成四开一大张的周刊。改版后的《浙江新潮》创刊号遂于 11 月 1 日正式问世。

夏衍对于刊物的编辑出版，一直十分热心活跃。刊物的纸张印刷经费由同学和“一师”教员们自由捐助。夏衍与工校的三位同学，每人拿出一元钱，这对于当时的中学生并非很小的数目。连同“一师”的“四大金刚”陈望道等先生慷慨解囊，才凑足了开办资金。在编辑班子里，夏衍年纪最小，每当刊物

① “夏全 15”，第 21 页。

印好，他立即装封发至各地。省教育会楼下的耳房窄小，夏衍与阮毅成的弟弟常常工作到夜深才离开，步行回到报国寺宿舍。

更能表现夏衍作为青年革命者的战斗姿态的，是他在报上撰写的文章。他在《双十》上以宰白为笔名发表了一篇评论杭州四家报纸的文章，文笔犀利，见解不凡，这使得他与发表《非孝》而名噪一时的施存统齐名，受到了新文化运动领袖陈独秀在《新青年》上的点名彰扬。可惜的是，这篇文章现在找不到原文了。这里将他另一篇发表在《浙江新潮》上的《随感录》摘录于下：

> 印刷物也要管理么？我今天在报纸上，看见北京通信，说什么内务部定了一种印刷管理规则。他的规则，对于报纸杂志，统统监视得非常严厉，说出版物在排印之前，必定要把原稿交给警察厅查阅，他准你印，你才可去印，否则照章处罚。咳！中国究竟是什么政体？在清朝专制时代，尚且没有这种办法。中华民国约法上说明的人民言论自由，莫非已经消失了么？咳！你们要是卖国，少不得有人要骂的。怕人家骂，那么也不必卖国了。又要卖国，又要不准人家骂，你也想得太便宜了呢。[①]

---

① 宰白：《随感录》，《浙江新潮》1919 年 11 月 1 日。

这时期夏衍的文字还远谈不上成熟，但的确是虎虎有生气，恰如陈独秀当时所赞许过的那样：断不是“乡愿”们所能写就的。①

除了施存统的大胆立言之外，《浙江新潮》还有一些文章也是值得注意的。像创刊号上的发刊词提出要“谋人类生活的幸福与进化”“改造社会”“促进劳动者的自觉和联合”“对于现在的学生界劳动界，加以调查、批评和指导”。从这“四种旨趣”可以看到，他们已开始认识到改造社会的责任已落到劳动阶级身上，知识分子必须与劳动者联合一致。创刊号上还原图照印了一份日本《赤》杂志的“社会新路图”，在这张图中，“Bolsheviki”（布尔什维克）被当作与“民主”一样美好的人类社会图景，“Bolsheviki”在这批青年们看来，就是“过激”的意思。② 又有一篇褚保时的《为什么要反对资本家》，作者显然具有了初步的阶级理论知识，在论文中他用马克思的“剩余价值理论”对资本剥削作了批判分析。这些文章虽然见识有高下，立论有不同，但批判的矛头却又是一致的。他们认为“革命”就是这一时代的脉搏和方向。

---

① 陈独秀对《浙江新潮》的评论文字《随感录七十四〈浙江新潮〉—〈少年〉》可参见“夏全15”，第25—26页。

② “五四”青年们对“过激”的热情，可参见夏衍《走过来的道路》（“夏全9”第371页）、《“五四”杂忆》（“夏全9”第464页）等文。

面对着《浙江新潮》的挑战，杭城的保守分子们不肯服输。他们推出了浙“一师”一名叫凌荣宝的学生（此人绰号“凌独见”，因其眇一目故也）办的一份《独见周刊》，对施存统连篇累牍地加以谩骂。进步学生当然也不会示弱，立刻还以颜色。当时浙“一师”的学生曹聚仁后来回忆这一幕时说：

他的独见，好似专门为攻击施兄而刊行，一期、二期、三期，一直骂下去（那时，施存统兄已离开一师，到北京参加工读互助团去了），这就激起公愤。大家疑心这位战士，乃是夏敬观厅长派到一师来的奸细，于是众怒所归，看作非我族类。但是，他还是“独见”下去。那时，我正在主编《钱江评论》，便和他对立起来，对骂了好久。[①]

夏衍在晚年对这位“凌独见”也有所记忆：

凌独见写的文章说，这一刊物上的所有文章都由他一人执笔，表明一切文章都由他个人负责；但是事实是很清

① 曹聚仁：《我与我的世界》，沈自强、中共浙江省委党史资料征集研究委员会、中共杭州市委党史资料征集研究委员会：《浙江一师风潮》，杭州：浙江大学出版社1990年版，第416页。

> 楚的，办这份刊物的决不是一个人，所谓“独见”也不是他一个人的见解。看到这份刊物的人都知道，“校长团”就是凌独见的后台。[①]

凌荣宝的面目既被人识破，在理论上又不能战胜对手，他的后台老板们按捺不住，遂从后台跳至前台。从《浙江新潮》第二期发表施存统的《非孝》以后，当局立即派人到“一师”查办，要校长经亨颐交出《浙江新潮》社学生名单，立即将积极传播新文化的陈望道等四位国文教师解职，并将学生施存统开除。省长齐耀珊、督军卢永祥还联名密电北京北洋政府，请求在全国范围内禁止《浙江新潮》发行。北洋军阀政府于是在1919年12月15日，通电查禁《浙江新潮》，电文罗列的罪名是“主张社会政造，家庭革命，以劳动为神圣，以忠孝为罪恶”。《浙江新潮》第二期出版后即被全数封存，正在排印中的第三期版子也被勒令拆毁，编辑者不得不将稿件带到上海，由《星期评论》社代印后再带回杭州发行。

镇压的风声传来，气氛十分紧张。据说27人的黑名单已送到省警察厅，警察厅就要动手逮捕。施存统和傅彬然这时不得不潜离杭州，去北京参加了工读互助团，工业学校的几个同学虽秘密商议去日本或苏联，可是路费一时难以筹集，夏衍他

① “夏全15”，第23页。

们便决定准备“硬挺”，决不在专制的镣铐面前退缩。在一个冬日的傍晚，这几个年轻人穿上破旧的大衣，在校门口的会客室里等待官厅前来搜捕，准备为真理去尝铁窗风味！大概是军阀政府慑于舆论的压力，害怕事情无法收场，最后指令校长加一番“训诫”而告结束。

1920 年 2 月 9 日，在浙江省长齐耀珊的授意下，省教育厅又悍然宣布解除经亨颐浙“一师”校长职务，以期在进步学生中造成群龙无首的局面。这便激发了震惊全国的“浙一师风潮”即“挽经风潮”。经过一个多月的斗争，当局不得不取消开除学生、解聘教员的决定，“一师”学生运动虽未达到“留经”的目的，也算是靠斗争获得胜利了。《浙江新潮》在这场斗争中无疑起到了引发先声的作用。施存统、俞秀松在《浙江新潮》被查封后，于 1920 年 1 月离校去了北京，后又为寻求马克思主义于同年 3 月回到上海，在 1920 年 8 月与陈望道等人同为上海党小组的发起者，与浙“一师”学生宣中华、叶天底等人一起成为中国共产党在上海早期重要的领导人。

《浙江新潮》遭查禁之后，夏衍离开了当时新文化斗争的前沿，回到“甲工”的课堂，又去念书做学生了。在毕业考试的时候，他的成绩名列染色科第一。这和他后来能自费留学日本实在关系极大。在这段时期，他离开了思想斗争的前哨，是有他的家庭和个人思想根源的。从家庭影响来看，夏衍从小受到伦理观念的教育，爱子的母亲、怕事的哥哥当然会竭力阻止他再去参加那些“不务正业”的学生运动。就夏衍来说，他当时回校继续做“好学生”还有另一种思想因素的作用。五四时期他接受最多、领悟较深的除了革命民主主义和社会主义思想，还有无政府主义思想。常常是这样，他日间参加学生运动，罢课游行，晚上却悄悄地阅读无政府主义的读物。在当时吸引他的是克鲁泡特金这类人道主义者对劳苦人民的同情和力图推翻旧制度的决心。另外，克鲁泡特金一些对于中世纪的留恋，把农业和手工业的结合当作理想社会经济模式之类的思想，可能颇对夏衍那时的脾胃。少年夏衍，出于一种对祖国的挚爱和排击外侮的心理，对于中国保持了传统格调却又显得相对落后的东西还抱有一定的偏爱之情。他在《泰兴染坊底调查》中，频频称道泰兴染坊的染制工艺“价廉物美”，“是很经济的法子”不是偶然的。

但无政府主义到底过于耽于幻想了，对于那时饱含着炽热民族主义情感的中国知识分子关于“救亡图存”的问题，其实并不能作任何切实的答复。就当时的中国实际情况来说，帝国主义势力的入侵造成了全民族的贫困已是一个不争的事实，不解决国家政权的问题，对贫苦人民之爱便也不免失之于空泛。“决定社会斗争成败的是组织能力而不是社会幻想。”[①] 夏衍没

---

① 德里克：《中国革命中的无政府主义》，孙宜学译，桂林：广西师范大学出版社 2006 年版，第 266 页。

有机会遭遇到这样能够有效展开社会斗争的组织，便只能暂作缄默了。他在革命的大门口还将徘徊一段相当长的时间。

夏衍这时期还见过几次胡适，何时何地何种情境则已不可详考。夏衍对胡的印象并不好，“道不同不相为谋”嘛！他后来回忆说：

> 胡适这个人是反派，不过是相当高明的反派；这个人的浅薄是肯定的，“我是胡适”这句话还是可以讲的。……他有洋气，又有市侩习气。五四运动之后，我和他有过几次接触，我的印象是他有迷惑人的一面，也有容易被人看破的一面，在当时，印象最深的是他对群众运动——游行示威、罢课等等，他真可以说得上是惟恐沾上，怕得要死。四十几年后的今天，我还清楚记得和他谈话之后的一句愤激语，我说，“这个人真是又霸又怕”。对这个人，当然不必美化他，但也不要过分夸张把他写成漫画化的滑稽角色。要着重写内在的东西，不要从形象、动作、语言上来滑稽化。任何一个反面人物，都有他一套迷惑人、欺骗人的外衣，如进步的外衣，博学的外衣等等。这些外衣，他们是决不会在人前轻易脱下的。写反面人物，也要写得真实可信。谩骂不是战斗，表面的丑化不一定能打中反面人物的要害，最重要的，是要刻画出这些人物的历史

的真实。[①]

这段回忆是写在清算胡适的资产阶级学术思想之后，有一些“左”的说法是难免的。不过即使是这样，我们也还能看出他对胡适还是有一些客观上欣赏的地方：如不失高明、博学、随和、有个人魅力（“迷惑人、欺骗人的外衣”）等。[②]

夏衍在生命的最后阶段对胡适问题还有一个回忆：

> 前几天我在《解放日报》上看到了一封胡适致陈独秀的信，胡适写道：“这几年以来，不容忍的空气充满了国中”，“最不容忍的乃是一班自命为最新人物的人……我这回出京两个多月，一路上饱读了你的同党少年丑诋我的言论。……我实在有点悲观，我怕的是这种不容忍的风气造成之后，这个社会要变成一个更残忍更惨酷的社会。”（3月15日《解放日报》，朱文华《晨报事件与胡适的右倾》）胡适是地道的自由主义者，又是陈独秀的“老朋友”，在

① 夏衍：《塑造性格与历史真实》，“夏全6”第579—580页。夏衍对胡适的“全盘西化”论从来就不赞成则是明确的。可参见其《“全盘西化”了》（《华商报》1941年4月28日）等文。

② 抗战及抗战结束后的一段时间，夏衍还是尊重胡适的。1946年5月，他在一篇惋惜周作人附逆的短文中，将胡适与郭沫若并提，还是持很尊重态度的。可参见朱儒《知堂南行》（“夏全9”第242页）。

“五卅”事件前后，他还是站在反帝反封建这一边的，他从右倾转到公开反共，则是在1927年以后，从这封绝交信中可以看出，是和当时年少气盛的左派对他“丑诋”有关系的。①

可惜的是，我们不知道夏衍这番言论完全是他晚年反思的结论，还是掺杂了一些当年可能就有的心情（惋惜胡适与共产党方面的决裂）。

轰轰烈烈的五四运动，到了1920年夏开始退潮。而在当时那种社会大环境里，对于夏衍这批学运积极分子来说，首先碰到的是一个求职的问题。“甲工”本来就是保守派人士的主要阵地，许校长在学潮期间，出于外界的影响和对学生的爱惜之情，对参加学运的学生用的是“安抚”的一手，而不是镇压的一手，但内心对方兆镐、夏衍等人的“乖张行为”是深为不满的。夏衍虽然毕业成绩好，但品行却被打了“丁”。按常规操行得“丁”的学生是不能毕业的，但学校考虑到“五四”影响余威仍在，夏衍这样优秀的学生不能毕业未免说不过去，因此，勉强让夏衍拿到了毕业证书。但这勉强拿到的毕业证书对夏衍找工作于事无补：他想继续求学，却无恰当的办法，家里

① 夏衍：《一个过来人的回忆与反思——五四运动七十周年答〈求是〉记者问》，“夏全11”，第572页。

是不可能供他上大学的；勤工俭学又没有路子。这期间，表兄李幼甫给了他一笔相当慷慨的资助，让他到上海寻找陈望道与俞秀松“碰碰运气”，但结果是没什么运气可言。

事情的转机仍然是来自“甲工”。夏衍满怀沮丧地由上海返回杭州后，他梦寐以求的官费留学生资格居然有了指望。1920年9月中旬，“甲工”校役带来一封短笺，通知夏衍次日到校见校长。

经过五四运动期间的对峙，夏衍对许炳堃内心不无抵触之意，以为校长这次约谈，又是一些老生常谈的教训。他已准备了许多回应的话语，不料许校长草草教训了他一番后，径直问：如果学校愿意提供学费，直到获得“官费”留学生资格，你是否愿意去日本留学？

去日本留学一直是夏衍的梦想。但如要去日本，制装、船票、进补习学校，至少半年，然后才能改“官费”，这样一算最少也得几百块钱，对当时的沈家来说，这无异于白日做梦。幸福来得太突然，夏衍有些反应不过来，因此他只是呐呐地说：“愿意去。可是——我得和母亲商量……”

这位不苟言笑的校长此时破颜一笑：“和你母亲商量？哈，你们这些青年人，你们不是主张‘非孝’的么？好了，不谈这些，两天前，霞轩（夏衍大哥）来过，谈了你的前途，你母亲是不会不同意的。”随后，他便站了起来，脸色也变得严峻起来：“学校保送，钱是国家出的，为的是培养人才，培养工业人才……你可以和蔡经铭他们一起走，要好好用功，不要再干那些与学业无关的事了。"①

对于许校长的这一番谈话，夏衍后来回忆道："我想不出用什么话来形容我当时的心情，可以说又惊又喜，但是校长最后几句话，又像一根无形的绳子，缚住了我的手脚。工业救国、科学救国的思想依然支配着我，把我培养成为一个工业人才，我一点也不感到勉强。可是，不管怎样，我总算被五四运动的激流冲洗了一下，并不觉得'干那些与学业无关的事'，是大逆不道的事。我下了一个幼稚的决心，熊掌与鱼，都要，试试看吧。"②

---

① "夏全15"，第30页。

② "夏全15"第30—31页。

夏衍青年时代与老年时候对许校长的印象是有很大差别的。1920年代，他虽然也感谢许校长的帮助，但也抱着一种年轻人的逆反心理，对许的强势作风大有抵触情绪，并偷偷地称呼他为"暴君"。可参见其《圣诞之夜》（"夏全9"第17页）。

1921 年 3 月在日本东京
（东京龟甲馆摄）/自藏

夏衍 1924 年在日本/自藏

1923 年与“明专”同学留影。前排左起：蔡金铭、何野义礼（班长）、桢井信也（副班长），后排左起：夏衍、刘肇龙、庞大恩、张黄钟、吴振川/自藏

卒業證書

中華民國浙江省
沈乃熙

本校電氣工學科ノ課程ヲ履修シ正ニ其業ヲ卒ヘタリ仍テ之ヲ證ス

大正十五年三月七日

明治專門學校長正五位勳四等大場成實

第三二六號

卒業成績表

中華民國
沈乃熙

76 75 70 71 71 363 73

右之通候也

明治專門學校長 大場成實

1926 年 3 月夏衍从“明专”电机科毕业时的成绩表与毕业证书 /自藏

1924 年在日本（西装）/自藏

夏衍与蔡淑馨在日本 /自藏

第二章

樱花之国的求索（1920—1927）

第一节 “顽张”和迷惘

1920年9月13日，[①] 夏衍一行数人终于登上了东去的客轮，从上海起航，驶向了那个依稀梦里寻见、感觉上又是那样遥远的樱花之国。

船出了黄浦港，阵阵海风便迎面扑了过来。夏衍站在船舷旁，本想多看几眼远去的上海背影，却被风呛得有点喘不过气来，只能退回舱中。但三等舱五六十号人混在一处，还有把鸡鸭也带上船来的，使原本污浊不堪的空气，更加让人无法忍受。

夏衍觉得胸口发闷，勉强躺到自己的铺位，却又闻到了刺

① 夏衍到日本的确切日期，这里依据沈乃熙（夏衍）填写的学生登记表（今存九州工业大学）。

鼻的船壁新漆的味道。这一下，他再也忍不住了，便大吐特吐起来。所幸的是同船的友人蔡昕涛等人对此颇有经验，赶快拿出晕船药片让他服下，又向茶房要来开水让他喝，夏衍才勉强止住了恶心。过了一阵子，药力上涌，他便沉沉睡去，等他完全清醒时，船已抵日本近海了。

自上海起程航行三天后船到达长畸，夏衍整理好行李，准备由这儿下船，转乘火车去东京。不料，到了海关检查口却不让他们这批人上岸，说上海有时疫，他们要在隔离所过一夜，观察无碍后才可入境。然而，在隔离所等候的时候，夏衍却分明瞧见，住一二等舱的西洋人、日本人和高级华人们，手拎大包小包，毫无阻挡地离去了。原来所谓的“隔离”“观察”仅仅是对付住三等舱客人的！

这一段船上的经历，夏衍后来写进了他第一篇见诸于文字的小说《船上》。其中有几节文字可见出他当时的感受：

——为什么单有三等舱客要隔离呢？坐了一二等，便不至于染疫了吗？

——为什么朝鲜人，可任意地逮捕的呢？他亡了国了！那么我们能够不被逮捕，是不是还感谢我们那残破不全、干戈遍地的祖国呢？

——为什么日本人可以使唤茶房；宁波人可以使唤茶

房；劳动者不能使唤茶房呢？[1]

这一连串发问，凸显了夏衍对阶级和民族国家问题独有的关切之情。事实上，对这三个问题的求索贯穿了他整个留学阶段。而对这三个问题的回答则完全颠覆了他东渡日本的初衷。

1920年9月下旬，夏衍和他的好友蔡经铭一起到达东京，进了为中国留学生开设的预备学校，专攻日语。三个月的预备期很快就过去了，随后就要报考专业学校。二人一合计都填报了以难考而著称的明治专门学校（以下简称“明专”）。明专是私立学校，在当时是不接受官费留学生的。但明专的创始人安川敬一郎和松本健次郎对中国人都很友好（据说安川和清朝洋务领袖张之洞有过往来），因此明专愿意和各地帝国大学直属的高等学校和少数公立专科学校一样，接收中国的官费留学生。不过，明专每年招收的学生名额很少，有时一年只取一二名，考题难度也大，考中很不容易。——以夏衍当时的基础，“一击而必中”考中明专并不是一件容易的事情，但夏衍当时的一个隐秘愿望是去法国勤工俭学，因此不能被明专录取在心理上反而不是一件不能被接受的事情了。[2] 不过他的运气似乎不坏，这一年明专招生名额比往年有所扩大，一共招了7名全

① 沈宰白：《船上》，“夏全9”，第7页。

② “夏全15”，第33页。

额官费的留学生。夏衍以总分473分，平均79分的好成绩赫然在榜，进入电气工学科，蔡经铭考入了应用化学科。

这一年，明专还招收了另外两位少额官费的留学生庞大恩（广西人）和崔铁（四川人）。庞大恩后来成为夏衍的挚友，可惜在长征时牺牲在了祁连山脚下。

1921年2月，[①] 夏衍和蔡经铭一道，从东京来到位于北九州户畑町的明专报到，正式开始了一年预科、四年本科的留学生涯。

北九州在历史上，一直是日本与中国文化交流的重要门户，从隋唐直到明清，日本的遣隋使、遣唐使、遣明使，都是从北九州的门司和下关港出发的。许是有了这层渊源关系，这里的民风质朴，居民对待中国留学生态度都很友好，不像日本其他一些地方到处是军国主义者的趾高气扬的神气。

明专还规定，中国留学生必须分开来与日本学生混住。一般6人一间的宿舍，只能有一个中国留学生。像夏衍这样一路应付考试上来的学生，大多学的是“哑巴日语”，笔试、阅读之类还过得去，但开口说话，听别人讲话，那就十分费劲了。有些日本学生讲话又有极重的方言口音，就更难听明白了。

开始，夏衍的确是受了不少罪，结结巴巴地与同学讲话，

---

① 这是夏衍回忆录中的说法，按明专的入学规矩，夏、蔡二人“3月底”报到似更可靠。

十分费劲地听同学讲话，有时还会弄错。不过，他知道这样强化训练对自己是很有好处的，因此他说话时对于日本同学善意的哄笑，便也不以为意了。过了一两个月，他的语言关也就过了。日本青年与中国青年在一起，共同语言还是很多的。两国间的文化血缘关系毕竟是很深厚的，因此在对待西方文明的态度上，在一种现代技术条件下道德文明的追求目标上，都有着许多极为相似的地方。比如明专为学生们倡立的国民精神，一开始就是“国尔忘家，公尔忘私”，而独不取“主尔忘身”，这自然是大有深意的。日本自“明治维新”以来，资产阶级民权思想一定程度上深入人心，但传统精神中重集体、重奉献这一面，又被充分肯定了下来。而这些对夏衍这样受过五四新文化运动洗礼，内心里正隐隐为新旧思想交替而思索的年轻人来说，自然是很有启发意义的。再加上北九州一带本来就是舜水学说流行的地方，明末思想家朱之瑜（1600—1682，晚年去日本后乃号舜水）的“经世致用”的儒学思想，对于夏衍这样一个从小在旧式家庭长大，本人却又思想活跃开放，受到时代潮流强烈冲击的青年来说，不会一点影响力也没有。这样，夏衍与室友之间情感沟通的谈资便很多了。

除了专业课之外，明专还有十分严格的军事训练。每天清晨的体操之外，还有一门军事课，学的是“步兵操典”“筑城教范”，由一名退役的佐（校）级军官指导。每个学生都发一支三八式步枪、背囊、绑腿、水壶等等，和正规的步兵一样。

最紧张的是每次出操，都必须在接到命令后5分钟内扎好绑腿，背上背包，拿着枪支到操场集合，迟到半分钟就会受到训斥。[①] 留学生们初来乍到，一下子要适应这种生活，开始一段时间不免叫苦连天。

对于这样的生活方式，夏衍后来回忆说：

> 现在回过头来想，尽管这种训练也许可以说有点捉弄人的味道，但是对我来说，不论在体力上，心理上，都还是有好处的。我从小身体很弱（夏衍是所谓“老来子”，据说是养不久长的——引者注），在国内也没有受过严格锻炼，通过这种强迫训练，总算把松垮的、不守时间的习性改过来了。我后来经得住吃苦，不怕困难，做事不苟且的性格，都是从这时候形成的。……我从日本人那里学到了两个字，就是“顽张”。顽张这个日本特有的词很难译，Can-baru 就是坚持，不松劲的意思。[②]

夏衍这段自我概括说得十分到位。年轻时代的严格锻炼，为后来夏衍的体质尤其是坚韧的意志，打下了基础。十年浩劫时，他身受非人折磨却能挺过，出狱后又能度过20余年康健

① “夏全15”，第46页。

② “夏全15”，第46—47页。

的晚年生活，未尝不是得益于此！

在日本，当时有一些正直的知识分子，觉得几千年来，日本一直是从中国吸收先进的文化，现在日本走到中国前面了，应有责任还一份“债”，尽一切力量帮助中国变得富强起来。明专有这样的老师，他们经常为中国留学生“开小灶”，好让一些原来程度较差的同学跟上功课。夏衍在“甲工”打下的基础很好，无需开小灶，他便用更多的时间学习外语。几年下来，夏衍的英文、德文达到相当水平，阅读原版著作较为轻松，搞点翻译也不是什么难事，甚至可以比较熟练地运用英德文写作。他的毕业论文便是用英文写的，题目为：*On Insulating-oil*（日文原名为《变压器用绝缘油じ就し》，直译当是《关于变压器用的绝缘油问题》）。后来夏衍在上海搞地下工作时，手头拮据，便经常搞点翻译贴补家用，也救助过一些经济困难的革命者。

夏衍自己都感到有些惊异的是，在明专待的时间越长，他就越来越感觉到自己的个性、追求，离明专的现实越远。当年在许炳堃校长面前许过的誓言，进明专时暗下过的决心，对自己的约束力也越来越小。对于电气工程力率、能率云云，他越读越觉兴味索然。他后来在自传体小说中就感叹过：“力率能率、正弦曲线，做了我的终生伴侣，是何等可悲的不幸！”“我现在从事着的学问，实在和我的天性相去太远。"[①] 而真正令他激动不已的，还是诸多世界文学名著在他眼前展示的奇妙天地。明专的图书馆很大，有许多外国原著。他所以苦学外语，主要是想读一些外文原著。

这时，最令夏衍崇敬和感动的，是英国小说家 R. L. Stevenson（今译斯蒂文生）。夏衍"对他的浪漫主义色彩和人道主义精神有好感，特别是他为了同情麻风病人，举家远离故园，到英国放逐麻风病人的南太平洋上的一个小岛西萨莫亚去定居那一壮举"[②]。夏衍赞扬他是"文坛空前的作家"，是一个"献身于 virginibus（纯真——引者注）的人"。并欢呼说："我爱歌德，我爱 Wordsworh（今译华兹华斯），我更爱 Stevenson。"[③]

除了斯蒂文生，华兹华斯、雪莱、白朗宁等人也是夏衍喜爱的诗人与作家。这时，他虽然也看到了狄更斯、莫泊桑、托尔斯泰、左拉等不少现实主义、自然主义作家的作品，但真正能打动其肺腑的，还是华兹华斯等人。在现在看得到的夏衍的早期作品如《童心颂赞》《新月之下》《圣诞之夜》中，他对于雪莱、华兹华斯的诗常常是顺手引用，深得妙谛的。如："伟

① 沈宰白：《圣诞之夜》，"夏全 9"，第 17 页。

② "夏全 15"，第 40 页。

③ 沈宰白：《童心颂赞》，《狮吼》1924 年第 11、12 期合刊，"夏全 9"第 13 页。笔者怀疑"夏全 9"中所采用者非该文初版文本，故保留原始信息，供查考。

大的诗人便是童心未泯的成人，Common things wake him more serious（对普通事情更感兴趣——引者注）的人，See every things more brightly, to find more pleasure and joy and beauty in world than we do（在这个世界上对一切比我们看得更清楚，因而能发现更多的快乐和美——引者注）的人。”[①] ——这里引用的华兹华斯的文句，对于诗人的感觉天赋，诗人与一般人不同的见解，是很独到的。今天来看，这种汉英夹用的表达方式未必值得称道，但夏衍对于浪漫诗人的熟悉可见一斑了。

在人的一生中，青春岁月是一个诗的时代。这个年龄段的年轻人往往特别钟情于浪漫，酷爱文艺作品。不过，夏衍知道，自己的心情波荡，情感体验，和一般意义上的“爱好”是有所不同的。他是用着一颗纯朴而真诚的心去感受这世俗浮沉、人事变迁的。而他又是一个沉默寡言、不爱说话的人，因此，那心灵中许多炽烈的狂想便只能像玫瑰花露一般，一次次地飘扬，一次次地沉降。而每次心灵兴奋过后，留下来的却是更为沉重的压抑感受。有时——尤其是在寂寥的冬夜，他会感到异常的悲伤：“我这几年来，既没有病痛，更没有重大的不幸，我尽怪自身为什么消瘦到这种地步，本来呢，像我这般平庸的人的生死，值不得世人的注意。死了，只当是

① 沈宰白：《童心颂赞》，《狮吼》1924 年第 11、12 期合刊，“夏全 9”，第 13 页。

园子里少开了一朵野花，墙脚下多烂了一枚钉子。但是，再一想，假使这一朵野花真个美了的时候，你必能为之洒下一掬同情泪，那么，能够博得处女的眼泪的‘萎谢’，我何必当作畏途呢！”[①]

在春天，他看到片片樱花的凋落，凝声追问的也是：

一片片的残樱，
蝶儿般地向春泥去。
被时光逼走的么，
还是伊自己不愿长存？
我问。[②]

《残樱》一诗1922年4月1日作于户畑，夏衍写回忆录时已经把它遗忘了。这首诗仿佛带着一丝预言的气息，不经意间流露了他的心曲：在那样的时代，那样的生活处境中，青春的美丽只能在痛苦的毁灭和牺牲中才能得到吧！

是服从于力率能率、正弦曲线，还是服从于他自己内心的那份隐秘的渴望？历史没有底稿，人生的沉浮往往寄寓于某种偶然性，然而这其中确有着内在的、不可改易的必然性。在日

① 沈宰白：《圣诞之夜》，“夏全9”，第19页。
② 宰白：《残樱》，“夏全9”，第1页。

本的三四年间，他无意中一只脚踏进了他大半生将要从事的文学之门，然而，由于主客观的许多条件准备得还不充分，另一只脚竟十分遗憾地晚迈了许多年。

第二节　初涉政治漩流

许多事情得回溯到1923年那个多事的暑假开始说起。

按规定，留学生每隔三年可以领到一百元左右的参观旅游费。在领到在当时说来是一笔不小的款项后，夏衍带了一只手提箱，便从日本下关动身去朝鲜的釜山，然后再由釜山经平壤到了中国东北境内。

夏衍此时孑然一身，原是想效仿斯蒂文生的“携驴旅行”，飘然远游一番。但这一路行程却给了他莫大的刺激，五四时代在心中埋下的诸多思想的种子，又在他心头悄然复活。这股力量是如此强大，将他自然地从一位机械工科学生的既定学习模式中拉拽了出来。

首先是在朝鲜旅行途中朝鲜人民敌视的目光。夏衍不会朝鲜语，穿的又是一套明专的制服，朝鲜人便以为他是日本人，处处敌视。在釜山到平壤的火车上，与夏衍同座的是一位十五六岁的朝鲜女学生。她身着粉红色长裙，戴着白色头巾，美丽异常。旅途本来就很寂寞，夏衍忍不住想与她攀谈一番。不料两人目光方一对视，还未来得及张口，这少女幽冷的目光只在夏衍脸上一转，便断然扭转过头，不屑再看一眼。这是把他看成一个虎狼一般可怕的对象了，又夹杂了些看到毛毛虫一般可厌的味道。活了二十多岁，他还未被人以这样的目光打量过，一时觉得十分无趣。直到下车前，少女忽然从他手提箱上的名刺发现他是一个中国人，态度立刻发生了180度的大转弯，不但主动与他攀谈，临别前，甚至还给夏衍留下她在平壤的地址，邀请他在方便的时候去玩。

而当他踏上故国的土地时，国人的态度却给了他截然不同的另一番印象。

当时的南满，几乎已经是日本国的殖民地了。日本宪兵为了显示他们的威武，可以纵马践踏菜市，一个日本路警可以随意把一个中国苦力推下火车急驶的轨道……对待这一切，我们国人的态度却显得异样的平静。走在奉天（今沈阳市）的大街上，经常可以听到小贩这样的吆喝“Hakusai 喔白菜，Kuyri 喔黄瓜”，Hakusai 和 Kuyri 是日本语白菜和黄瓜的发音，看来一些同胞竟迫不及待地进入亡国奴角色了。

在奉天待了两天后，夏衍北上去了哈尔滨。哈市号称是白俄的势力范围，日本势力也多有插足，于是，他很快便领略到不俄不日、唯中国气息在逐日消退的地域风情了。晚上他住进一家中国人开的小旅馆，第二天早上女佣竟是这样来招呼她的同胞的："要里巴（俄语，面包）呢还是梅西（日本话，米饭）?"[①] 干脆连中国话都尽量省去不说了。

面对这一幕幕场景，夏衍感到了一种无以言说的悲哀，不由反躬自问：倘若国人的精神状态果然如此愚劣，那自己学来的本事又能派上什么用场呢？"科学""实业"又救得了什么国家呢？思念及此，他只觉得心乱如麻，游山玩水的兴致再也没有了，当即收拾好行李便返回关内。

回到杭州，本想找人倾诉一下自己的感觉，不料回到家中，哥哥全然不给他开口的机会，抢先把他这次"擅自"旅行的事数落了一遍。夏衍懒得与他分辩，自去拜谒许校长。而许校长所关心的，则仍是专业成绩、科学技术、丝绸业前景等等。夏衍心中的苦痛与烦闷根本无法得到疏解。

1923 年 9 月 1 日，日本发生了有史以来损失最为惨重的关东大地震。尽管中国此时的国计民生决不能与日本相提并论，日本又是近代以来加诸祸害于中国最盛的列强之一（另一个自然是俄国），但在这巨大的自然灾害面前，中国社会各界还是毫不犹豫地伸出了救援之手。夏衍积极参加了救援工作。在救灾的过程中，除了震惊于损失的惨重，夏衍也为朝鲜人民的悲惨遭遇痛苦：在日本，最底层的朝鲜民众几乎成了暴民们理所当然的情绪发泄对象，生命财产全无保障。夏衍的熟人郝东才

---

① "夏全 15"，第 41 页。

夫妇就因为不能用日语自如表达而被暴民疑是朝鲜人活活打死。① 少年时代“中国会不会亡”的巨大忧思不能不因此重上心头。②

暑假结束回到明专，谈吐之中，他把心中的困惑告诉了挚友郑汉先。郑汉先是1922年考取明专的两名中国留学生之一，后来化名陈德辉，成为中国共产党早期活动家；1932年在汉口主持湖北地下省委工作时牺牲。郑与夏衍都是学电机专业的，这时已是一个马克思主义者了。他看到朋友的思想转向当然很高兴。经过他的介绍，夏衍加入了九州帝国大学的“社会科学研究会”。

当时的日本，处于所谓“大正法制时期”。由于劳资矛盾日趋尖锐，工农阶级日渐觉醒，日本统治者采用了一些让步措施以缓和国内阶级矛盾，因而革命思潮的传播有一个相对宽松的环境。不少中国留学生就是在日本最先接触到民主主义、共产主义思想而成为革命斗士的。像李大钊、周恩来、鲁迅、郭沫若等，他们思想革命的起点就是在日本。夏衍也将走上这样

① “夏全15”，第43页。

② 救亡图存之精神焦虑一直是青年夏衍政治理想追求的主要动力。夏衍1925年5月在日记中所写的一段话颇可作为旁证：“中日非协力不足以图存，我亦信之，但屈辱的协力，是亡国之别名也，段政府唯日本之鼻息是听，以家奴杀同胞，令我热血如沸，段不得不倒！段之伪善已完全流露，国内已洋溢失望与愤懑之气，压迫国人以博外人欢心，直自促灭亡而已。”（“夏全16”第228—229页。）

一条道路。

社会科学研究会是日本帝国大学里松散的、自由研究学问的组织，实际上，它并不讳言其政治倾向是宣传马克思主义与科学社会主义。夏衍所在的这个小组有 5 个成员，除郑汉先、庞大恩和他之外，还有两个日本中学教师。这个小组在小仓的咖啡馆和中原的松林多次聚会，有时还请经济学教授来作辅导。在这个小组里，夏衍阅读了《社会主义从空想到科学的发展》《自然辩证法》等等。多年来积压在他心头的重重迷雾渐渐散去：为什么中国老是受人欺侮、压迫呢？为什么中国的劳苦大众甘于贫弱蒙昧的现状呢？为什么辛亥革命后中国的命运一点也没有得到改变？为什么"科学救国""实业救国"的道路越走越窄？……他开始有意识地接受科学社会主义的基本学说并将之作为人生道路的基本指向。

对此，夏衍自我评价说：

> 我还是利用这个时期读了一些作为一个求进步的中国人应该读的书——尽管不完全读懂，更谈不上理论联系实际，但是我总算认识了一个方向，就是人类社会向前发展的大方向。①

① "夏全 15"，第 45 页。

夏衍是知行统一的人，在接受马克思主义信仰的同时，还参加第一线的工人运动。和明专的两位密友庞大恩、郑汉先一起，夏衍曾偷偷参加过水平社在小仓大街上举行的群众示威运动；他还到过离明专不远的八幡钢铁厂，了解工人的工作、生活情况，因而对于工人阶级受压迫的惨苦景况，有感同身受的真切体验。这挚诚的热情在后来他翻译高尔基《母亲》有关工人生活的章节时，有充分的表达。

正课以外的阅读和社会活动，占去了大量时间和精力，如何处理眼前的这个矛盾呢？夏衍较为冷静，考虑到自己毕竟是个学生，若学习成绩太差，会给中国人丢脸。怎么办呢？他制订了一个“七十分方针”：考五六十分，在班中垫底，未免难堪；但若要考八九十分，便需“目不斜视”，一点参与社会活动的时间都没有，也非所愿，因此把学习目标定在 70 分上下，较为合适。四年下来，他第一学年总评分 76，第二学年 75，第三学年 70，第四学年 71。“七十分方针”可谓得到完满的实现。在明专这样课业繁重的工科学校，夏衍居然能够较为自如地“控制”自己的学业成绩，可见他的天资确实不同寻常。

1924 年夏衍与两个重要人物的会见，给他留下了不可磨灭的印象。这年春天的一个早晨，夏衍和蔡经铭一起，拜访了当时寄寓在博多的郭沫若。[①] 郭年龄虽比夏衍大不了几岁，但无论从文名还是学历上，都是他的学长了。

郭沫若于 1923 年 3 月在九州帝国大学毕业后，偕日籍夫人安娜及孩子返回上海，一度与成仿吾、郁达夫等出版《创造周报》，后因幼子生病付不起医药费，安娜先返回日本，不久妻儿的生活无着落，郭被迫放下创造社的工作到日本以笔耕维持生计。当时郭沫若心境的郁闷可想而知。

郭一家仍住在毕业前租住过的福冈市外箱畸博多湾海边纲屋町一所房子里，前面临海，屋后是大片的松树林。见面之后，郭先谈到了他这段在日本的生活。他告诉夏衍，这里的房租每月 20 元，一家 5 口的生活费在百元以上。现在靠的是一笔意外财源：归国时不曾领取的留学生归国费，数目是 300 元，但须“亲领”。他到东京去拿，路费就要花去 50 元。说不定以后付不出房租，会被撵出来。

夏衍他们是以文学爱好者的身份来向他请教的，然而他却很少谈到文艺，谈的多是国内直系和奉系军阀在华北、江苏和浙江之间进行的战争，战祸造成的种种惨相，以及地主剥削农民的酷烈，江南农村的凋敝等等。看得出来，这位曾经主张文学应“表现自我”的大诗人，已经将目光投向社会人生，而要与丑恶的社会宣战了。

---

① 夏衍在回忆录中说，与郭沫若的首次见面在 1923 年。疑不确。

郭沫若的夫人安娜美丽而且温厚，早已习惯丈夫的谈天说地。到开饭时间，便做好了一桌日式饭菜邀请夏、蔡二人吃饭。吃过午饭，郭沫若兴致不减，又邀请客人到屋后的松林散步。这时，郭的长子博生和幼子和生也要同去。走在小路上，郭沫若一时兴起，要同孩子们竞走。于是父子三人在一串笑声中，迈着大步跑进了松林，留下夏衍、蔡经铭跟在后面看得发呆。夏衍感受到了郭沫若身上那旺盛的生命激情，那是来自阳光、森林、大海的活力。

这是郭、夏二人交往之始。在《童心颂赞》中，夏衍特别提到了这个场面："今春到博多湾看沫若的时候，同博生和生在松林的竞走，令我深深印着沫若还是一个孩子的印象!"夏衍终生敬重郭沫若，其感情原因或可追溯至此。

1924年10月，著名的"倒戈将军"冯玉祥在北京发动了政变，囚禁了贿选总统曹锟，并电邀孙中山先生北上共议国事，主持大计。孙先生欣然接受了邀请，于11月13日从广州启程去香港，在港改乘日本轮船"春阳丸"至上海。在沪停留数日后又于11月22日，搭乘"上海丸"至日本，期间在门司稍作停留。听到孙中山先生到达日本的消息，夏衍和郑汉先、庞大恩都觉得十分兴奋，他们作为留日学生代表专程赶到门司谒见孙先生。

孙先生当时坐在一把摇椅上，左边是宋庆龄女士，右边是李烈钧将军，十分和蔼地接受了这几位热血青年的真心祝福。

夏衍呈上了几天来苦心收集的一大叠报刊，上面刊载了英、美、日各主要国家的通讯社关于冯玉祥北京事变和孙中山北上的消息及评论。孙中山略略翻了几页，很满意，连声说：“好，好，有用，有用。”

当时世界各国对孙中山这次北上的态度不一。英国的《字林西报》就连篇累牍地发表社论，反对孙中山进入上海租界。也有的认为在北方时局安定之前，孙将在沪观望形势，中止北上。有的甚至发出种种威胁。究其原因，当然是害怕孙先生宣传反帝和废除不平等条约。而在此时，北京执政府里，冯玉祥处于从属地位，与孙中山政见大不相同的段祺瑞、张作霖等却是主政者。因此，对于这次北上，国内国外的反响，孙先生急欲知悉。如今夏衍送上的这些报刊，正是他所急需得到的。

孙先生于是问夏衍是不是国民党党员，当他得知夏衍等人还是“党外积极分子”时，便当场指定李烈钧为夏衍的入党介绍人。这样，夏衍就在这位当代的伟大人物面前加入了中国国民党。这是夏衍一生的骄傲。

夏衍加入的国民党，是国共合作时期的国民党。夏衍热爱的孙中山先生，是最终提出了“联俄、联共、扶助农工”的孙先生。尽管在组织上，他首先加入的是国民党而不是共产党，但他的政治倾向无疑是在共产党这一边。夏衍后来写的一篇《从日本来的消息》很能反映这种思想倾向，文中有这样的话：

“糊涂种子，被人多作觉悟分子……东北方面的华人头脑，可不用我来介绍了。京都呢，不用说，是独立青年党的大本营，人物是国家主义者，反共产派，国粹主义者，富国强兵的梦想家……和自命超然派的大器晚成的英雄，群而不党的君子，特产是中国料理店，京腔，胡琴。”①

此时乃是国共合作处于良好的发展阶段，共产党的组织独立性未被强调。夏衍加入国民党后，中共旅日支部大约便因此而未再行发展夏衍入党，夏衍也未提出加入中共旅日支部的请求。

当然，年轻人的思想求索从来不是一次完成的。1923 年至 1925 年间，夏衍虽然颇为自觉地明确了社会主义的思想转向，但这时期无论从哪个方面来说都不能认为他已经是一个成熟的马克思列宁主义者了。尤其按照当时占据主流地位的苏联式马克思主义者的标准来说更是如此。年轻的夏衍在社会主义理论之外还热情地吸收各种思想学说。一段时间里，他似乎对宗教理论产生过一些兴趣。他琢磨过基督教思想：

> “人生究竟为什么？”
> 基督教思想教人
> “敬畏上帝”

① 沈宰白：《从日本来的消息》，“夏全 10”，第 2—3 页。

异教思想教人
“知道你自己”！
我们究竟为充实自己而生呢？
为援助他人而活呢？[①]

他似乎还动过学习佛教思想的念头：

佛教｛论藏—哲学
　　　经藏—宗教[②]
　　　律藏—伦理

当然，夏衍的这些思考明显都是无关于宗教信仰的。

在某日的日记中，夏衍还做过这样的自我反省：

我这个人自然有很多缺点，自然有偏见，难以虚以待人。然而，我一直这样认为：我是一个理性相当发达的人。支配自己的一切的是理性和热情。但是，我认为热情决不会与理性发生冲突。因为我从来没有体验过这种冲突。我总是在自己认为“好”、“然”的时候，才倾注热

① 夏衍：1925年3月11日日记，“夏全16”，第217页。
② 夏衍：1925年7月12日日记，“夏全16”，第233页。

情，拼溅心血而战斗，并为此献出生命。

我虽不厌恶修养本身，却恐惧流弊。我等享受最大的物质文明的恩惠，却依然想保持原人之本性。尽管有法律之习惯、群众之黄金，但不能剥夺我等之“童心”，即原始人之赤裸裸的态度。我以为，唯具有此童心之人，才能恋，才能爱，才能创作。

伪善乃人类之大敌，难道它不正是世纪一切争斗之原因吗？

因为伪善，人崇尚妥协。然而，破坏妥协比达成妥协更是深刻残酷之争斗。

人们想逃避大争斗的深仇大恨！

人们希望恋爱、热情、公正、忠诚！

打破妥协，讨伐伪善！以温暖的原人之胸怀对待社会！①

这番议论，有着五四一代青年激扬文字、愤世嫉俗的时代特征，但在其中又明显掺入了卢梭“自然”学说的某些因素(似乎还有一些李贽学说的影响痕迹)。这就是夏衍的个性见解了。此后，人们再不容易见到夏衍字面上关于“童心”、“原始人之赤裸裸的态度”的议论了，但考其一生，他确是以行动一

① 夏衍：1925年4月14日日记，“夏全16”，第223页。

以贯之地实践着“打破妥协，讨伐伪善！以温暖的原人之胸怀对待社会”这份青年时代的自我期许。

需要指出的是，服膺于苏联式的社会主义学说对夏衍自我精神的求索、构建，影响并非全然是正面的。他对当时外蒙古独立的问题曾发表过如下评论：

> 余对蒙古问题之意见，汉蒙两族古来即为不和睦的兄弟，现在老大将死，不能禁止老二不分家，一方攻击外国的帝国主义，一方却想学外国的方法去征服蒙古，真太矛盾，我想中国——汉人——只要自己努力，求自由，一朝成了一个大大的自由国家，那么那些分了家的小兄弟自然会再聚拢来的，同父母生的亲兄弟尚要分家，何况民族间，我如此想！①

这些议论或者也有可能是受到了日本学界在当时竭力倡导的“满蒙藏非支那固有领土说”的影响。当然，对夏衍来说，“那些分了家的小兄弟自然会再聚拢来的”终究才是他真正的国家理想，这是他和那些激进人士立场根本不同之处。

相对来说，1925年是夏衍较为游离于政治活动的一个年份。这其中，除了个人生活的原因，一个现实的原因是做毕

① 夏衍：1925年7月30日日记，“夏全16”，第235页。

业论文的关系。工科学生的毕业论文非经大量的实验不能得到可靠数据。因此，该年4、5月间，他虽接到东京国民党驻日总支部特派员何兆芳的信函，何要求他去东京接上组织关系，他却回复说：此时正临近毕业了，学位论文不能做得太差，不宜参加太多的社会活动。事实情况也是如此：在当年的日记中，夏衍留下了不少关于“卒业论文选题”“做实验”[①]的纪录。

1926年3月，夏衍以《关于变压器用的绝缘油问题》顺利取得学士学位，自“明专”毕业。该论文长达60余页，全英文写作。经过此番训练，他的英语水平有了一个切实的提高，为他今后的翻译家的生涯奠定了良好的基础。关于“绝缘油”的话题，在夏衍漫长的人生中似未再见提起，但英语的运用，却是他日后文艺工作和家庭收入的重要保障，这也可谓是“失之东隅，收之桑榆”了。

“明专”毕业后，为更好地从事革命工作，也为建设未来的家庭（夏衍的未婚妻蔡淑馨已于1925年来到日本），他又考入九州帝国大学工业部。这样他就可以继续官费留学生的资格。当时政府给官费留学生的补贴大概是在80元—120元（大

① 夏衍1925年11月2日日记：“卒业论文题已选定为‘论绝缘油料’……本日起，每晚拟在图书馆用功。”（“夏全16”第245页）；12月日记：“试验自18日起24日止。”（“夏全16”第249页）。

洋）之间，尽管时有折扣，也经常因为军阀混战中断，但按照当时日本的物价水平，这已是一笔相当丰厚的补助了。由于夏衍已有“明专”的工学士学位，进帝大很方便，只要浙江省的留学生监督写一份“保证书”就可以。事情办得很顺利，1926年4月，夏衍便搬到博多郊区，租到一间四席半的渔民房子，准备到九州帝大念书。[①]

夏衍虽是以求学为名来到东京，但实际上，随着他告别“明专”，他也作别了“好学生”“实业救国”的思想惯性。他开始步入了职业革命家的人生旅程。这种人生道路抉择看起来是突然发生的，不少人在青年时代都会经历过一场在外人看起来是“断裂式”的人生转向，但对夏衍来说其实已有很长时间的酝酿。

来到东京，繁重的党务工作立刻压到了夏衍肩上。1926年下半年是国共两党裂痕明朗化的时期，在北伐军节节胜利的进军声中，已经隐藏了巨大的危机。夏衍到东京之前，国民党右派在东京巢鸭设立了一个伪总支部与左派相对抗。左右两派在日本的留学生和华侨中都拥有一定势力，争斗相当激烈。夏衍一到东京，就被委任为总支部常委、组织部长，让他具体分管日本各地的留学生与华侨的组织工作。11月上旬，又让他到神

① 夏衍回忆录中关于其1925年至1926年行止的记叙，事件的年份与日期略有讹误。

户、大阪等地区，宣传国民党左派的“联俄、联共、扶助农工”三大政策，发展新党员。夏衍这次活动一个重要收获是他结识了冯乃超、彭康等人，这为他30年代与后期创造社的合作打下了基础。

1926年12月下旬，遵照国民党旅日总支部的指令，夏衍回到东京，参加了与日本劳农党领袖大山郁夫的会晤。

大山郁夫（1880—1955），日本著名的律师、教授、民主人士和社会活动家，在群众中享有崇高的威望。他出身于大地主家庭，却对普通劳动者充满了同情，对共产党的许多主张也是赞成的，但对共产党的路线方针缺乏了解，因此他要求与中国国民党旅日支部作一次会面，希望吸收中国国民党与共产党合作的经验，以作为劳农党与日本共产党合作的借鉴。

12月27日，何兆芳、何恐、夏衍与大山郁夫举行了会晤。见面寒暄过后，大山直截了当地提了许多问题，何恐与何兆芳一一回答。何恐还告诉大山，国共合作的目的是为了加强民族民主革命，中共党员以个人身份参加国民党，两党是合作关系而不是合并。何恐在当时显然对国共合作前景已有所隐忧了。他说，国共两党的团结精神十分牢固，不会分裂的；但假如蒋介石破坏共同纲领，则中共必将采取以眼还眼、以牙还牙的手段。

大山对这次会晤的成果非常满意。分别时他拉着夏衍的手（夏衍这次主要担任翻译工作），用带着眼泪的声调说：“中国同志应加紧反对日本帝国主义，使日本帝国主义不能从容地吸取中国的膏脂，来维持对日本劳苦大众的统治，这是中国同志的责任；日本的同志不加紧反对日本帝国主义，使日本帝国主义能够无所顾忌地侵略中国，这是日本同志的羞耻。”[①] 大山郁夫诚恳的态度给夏衍留下了很深刻的印象。抗战时，当他听到误传大山去世的消息，还特地写了一篇文章来悼念他。

1927 年 2 月，国民党右派的智囊人物戴季陶跑到了日本。这个人向来以反共著称，而今在国共两党分歧公开化的微妙时刻，突然离开反共大本营而来日本，居心何在呢？旅日支部决定派精通日语的夏衍去做他的随员，一方面是照顾他的生活，另一方面也可监视他的动静。

夏衍初次面对一个重要的政治对手，有一点紧张，但很快便适应了。戴原籍浙江吴兴，其夫人钮有恒说一口流利的湖州话，夏衍便用德清话与他们交谈。他们将夏衍视为同乡，虽未完全取得信任，但彼此距离缩短了，接下去的工作好做了许多。

戴到东京的时候，发生了一桩意外事件。日本一群极右翼分子拿了一个黑飘带的花圈，想趁戴季陶下车时给他戴上，后来由于警察阻拦才未得逞。戴季陶的名言是“举起左手打倒帝

① 夏衍：《悲剧中的悲剧》，《血写的故事》，上海：上海生活书店 1938 年版，第 48 页。

国主义，举起右手打倒共产党”，他虽反共，但并不甘心做帝国主义势力在华利益的代言人，因此，日本极右翼分子对他不感兴趣、甚至想要折辱他也是自然的事情。“大正法制”时代结束后，极右派军国势力的莽撞、无法无天以及妄自尊大在这个时候就已经表现得非常充分了。戴发现自己这次来日本，在政治上不大可能有太多作为（夏衍后来估计他是作为蒋介石的军师来日本，试探国共如果分裂，日本官方对蒋政权可能的态度），便宣布自己来日本只是“静养身体”而已，让夏衍作为“代表”会见记者，替他抵挡了一阵。

戴逗留日本期间，夏衍事实上成了他的“临时秘书”。于是，夏衍每日到戴下榻的帝国旅馆“上班”，晚间便向总支部常委作汇报。过了两周，戴准备动身到疗养胜地箱根“静养”，夏衍觉得再跟戴季陶做随员也没什么意思了，向戴告辞。戴季陶却对这个做事认真、性格沉稳的青年产生了好感，挽留夏衍，希望夏衍真的成为他的秘书：“你是学工程的，何必搞政治，我可以推荐你到中山大学去工作，朱家骅不安心，过一个时候，你可以接替他。”①

这是相当露骨的收买。夏衍当即婉言谢绝了戴的这一番“好意”。

这次做戴的随员，夏衍还见到了头山满（黑龙会的创立者

① “夏全15”，第60页。

之一)、犬养毅（后曾任日本首相）等人，与这些名人有了近距离的接触。这些人据说都是对中国特别友好的人士，对孙中山革命曾有过重大帮助。不过 1927 年前后是他们较为失势的时期，他们似乎未能给予戴季陶什么实质性的帮助。

夏衍回到东京总部后，国内形势的变化已急转直下。国共分裂势成定局。先是上海工人第三次武装起义，紧接着就是蒋介石发动的“清党”与“四一二”大屠杀。在这突如其来的动荡时局中，东京的年轻人不免感到惶惑。他们原来对于革命的乐观估计，一夜之间被无情地粉碎了。到底应该采取怎样的对策呢？4 月 17 日巢鸭总支部纠集一伙人，袭击和捣毁了神田总支部，左派常委们在何恐寓所开会，计议了一番后，总支部决定派夏衍先潜回上海，察看风向，何兆芳则带着总支部所属党员名单和空白党证隐蔽起来，等接到夏衍的通知后，再定行止。于是，这一年 4 月下旬，夏衍便离开东京，准备从长崎坐船回国。

这时，夏衍已是一位相当活跃的社会活动家了，日本特高科把他看成了危险人物。他由东京到长崎途中，每到一个大站，他们就必换一个特高监视他。这些特高或礼貌客气，或精神紧张，或态度凶暴，不过都只是为了防止这个赤色分子影响大日本帝国的安全。如此一站接一站，直到他登上“上海丸”为止。

第三节　爱的漫游

1923年的暑假，对夏衍来说，是一个“多事之秋”。所以这么说，不只是因为在这个夏天他开始产生巨大的精神迷惘，还因为，在这个夏天，他经历了一场巨大的感情痛苦，充分品尝了初恋失败的苦涩滋味。

当年杭城有一所名媛荟萃的女子学校，这就是创办于1904年的浙江省立女子师范学校（创办时初名“杭州女学堂”，即今杭州市第十四中学的前身）。校舍在东城横河桥许家花园内。省女师以对抗封建礼教、倡扬男女平等、争取妇女解放为宗旨。在校内就读的女学生多思想先进，具有独立意识，性情开朗活泼，富于文学才华。杭州城内，省女师的女生一时成为不少有新思想的男青年向往和追求的对象（王映霞此时也就读于此，她后来与郁达夫的婚恋关系成为了一个长久的话题）。

夏衍返家省亲的时候，女师已放了暑假。不过，一些家在外地的女生因讨厌家里的约束，假期里便设法留在杭城。当时物价低廉，她们结伴在西湖边随处可见的庵堂里，以三四元租金找间房子租下，读书、避暑，颇为自在。一个偶然的机会，夏衍结识了家在桐乡的女师学生钱青，从她口中知悉正与她同住在一起的另一位女师学生符竹因，不仅资质清秀、性格温柔，且多才多艺，弹得一手琵琶、月琴和曼陀铃，还会唱歌、写诗（笔名绿漪），是难得的才女。在钱青的帮助下，夏衍得到了与符竹因约会的机会并几乎是立即坠入了爱河。一时间，平素“理性”的他竟成了“维特式”爱情故事中的主人公，结识符竹因不久，夏衍便写信向她倾诉了自己的满腔爱意，并隐约流露出求婚的意思。

符竹因如何回应夏衍求爱的细节今已不可考，但结婚明显是不可能的事情。此时她已同一位男青年有了非同一般的关系。他就是省立第一师范学校的学生，以出版爱情诗集《蕙的风》而名噪一时的青年诗人汪静之。汪身材矮小，其貌不扬，论外形无法与年轻的夏衍相比，其才情也未见得就胜过夏衍。可是处于恋爱中的少女的心思是难以猜度的，往往不能用一般的功利眼光来衡量。一则符与汪结识在先；二则汪诗书不断，最多时一昼夜发出 13 封信，这一“诗歌攻势”赢得了姑娘的芳心。

当符竹因不无歉意地告知夏衍自己与汪静之之间的关系已定后，夏衍尊重对方的选择，悄然从符竹因身边离开。然而这份绝望的痛苦一时间又怎能排遣呢？心灰意冷之下，他病倒了，茶饭不思，在家一躺就是十多天。他完全从这份感情中走出，可能已经是一年多后的事情了，这时，未婚妻蔡淑馨给着他最大的甜蜜心灵安慰，使他有勇气作别前尘往事：

怀旧是人类的天惠也是人类特有的苦痛的源。总之，人是喜欢抚膺疮痕的动物。我今晚上拿出许多竹英（夏衍一向将竹因写作“竹英”——引者注）给我的来信看了一回，真好像是一个梦——一个噩梦！我本来想在去年日记里写的话，现在也将他写在这里吧！——我对竹英，虽则有了半年书信上的交际，她的一切，我依然不知道，我所知的不外她是一个情热的伤感性的自矜的女性而已。……她和静之间的恋爱，成立在和我认识之前，当亦奋为我们介绍的时候，她曾和亦奋说“我们愿永远做一个朋友！”那是我须得郑重地自白的，所以她后来回答（拒绝），亦奋代我（?）半公式的求婚（?）时，她说“我早已说过我们愿永远做一个朋友！”却有十分充分的理由的。所以有人为我抱不平，说“她既然有了情人，为什么还要和另外的男性交际?”那的确是可以责备她的一个片面的理由，但是我却要说，（并不是我为她辩护，）“你用看寻常女性的眼光去看竹英，实在是先人的错误，竹英，据我的观察，是富有反抗精神的人，但一面却有日本人所谓‘无顿着’的特色，不注意这一点，都免不了‘逸的’的批评的”，我想她的所以受学校的干涉，同学的讥笑的原因，大部分是根据于这两种性质的。至于她和静之间的起因和程度，那是我不必研究，也不用我研究，他们现在同居后感情依然良好，便是一个立证，所以我对于她，一点也没有恶感，——纵然当时免不了因为有先天的报复的天性，以为她拒绝了我，是伤了我的自尊心，发生了不少“绅士的复仇”的冲动，例如“我一定努力做一个有名的人物，远胜于静之的人物”。或者是“我一定要求得到一个胜于竹英的爱人，使她发生较量上的羡慕而微微的生悔意”！……但是这种多不过是一时孩子气而已，光明的理智的镜子，情热的浓雾也奈何不得他的！……我现在对于她和静之，我表示相当的敬意，因为他们确是在恶社会上奋斗，为恋爱而奋斗而成功的勇士，尤其是竹英拒绝了我更痛快，我想非有此种拒绝诱惑的勇气是不配谈恋爱的。这是一个无辜的无自觉的诱惑者，真觉得太可怜而已！世间的青年男女呀！要恋爱吗？那么不要看电流的样吧！因为它是向最低抵抗的回路走的！我想这样大声的叫！

最后，我须得将这些感想告诉爱的淑——我的白百合！[①]

看到夏衍痛苦的模样，最难过的自然是母亲徐绣笙。当夏衍满腹失落地回日本后，她开始精心筹划儿子的终身大事了。她虽然未曾受过新式教育，却很能明白儿子选择对象的标准。

---

① 夏衍：1925年2月28日日记，“夏全16”，第215—216页。

经过一段时间的物色和努力，终于还是在德清老家，她为夏衍找准了一门亲事。她选中的未来媳妇是杭州纬成丝织公司驻沪总账房（经理）蔡润甫的长女蔡淑馨。

说来也巧，蔡淑馨原本在杭州省立蚕桑女子学校念书，校址与女师许家花园相毗邻。出于对女师开放风气的羡慕，她不久便转学到省女师，插班入师范本科 1921 级西级班就读，恰好与钱青、符竹因在同一个班。对夏衍苦恋符竹因的故事，她是颇有耳闻的，不过，她对此并不介意，对夏衍在爱情上的执著追求可能还有些欣赏，因此，当父亲征求她的意见时，她没提什么意见。终身大事，就这样定了。

1924 年暑假，夏衍再次回到杭州。这回，他便不仅仅是回家探母了，也许主要目的还是为了相亲！夏衍在《懒寻旧梦录》中说："从 1920 年 9 月到 1927 年 5 月，除去三次暑假回国之外，在日本待了六年八个月。"① 据我们了解，除了他回忆录中写到的 1923 年的一次归国，和他人回忆文章中的 1925 年一次回国，他的另一次回国时间不详。而在《懒寻旧梦录》第 163 页，讲到他和田汉首次见面，是"1924 年在上海"，因此余下一次"暑假回国"，当是在 1924 年。

回到日本后，夏衍无法按捺住他的相思之情。他一面与蔡淑馨频繁地通信，一面则在自传体小说中写下了许多寄寓自己

① "夏全 15"，第 62 页。

炽烈而深沉的情感的文字：

> 凝视着半轮新月，他微微的太息。几个秋虫，慢慢地唱起他们的悲调来，海边的光景反添了一层寂寞。他的影子，被月光射在沙滩上，愈觉得瘦的可怜，从他的深深陷在眼坑里的灰黄的眼里，不知不觉地流出了许多清泪，一行行地，流遍了他被烦恼剥蚀了的颊肉。[①]
>
> 我将你给我的信整理了一下，在这一年内，给我六十五封信，在他人眼中，似乎太多，在我呢只嫌太少！因为这些信是我沙漠旅行般的人生的唯一安慰，我有一星期不接得你的信，便令我狂也似的渴念，死也似的颓废。在这些时候，曾有许多很可笑的幻想的恐怖来吓我！有时在梦里哭了出来，引得旁人说我疯子。[②]

在日记中，夏衍更几乎每天都记下了“爱淑”“爱的淑”“淑妹”的信息。蔡淑馨每一封来信，都给夏衍带去了最大的喜悦：“淑妹喜用淡紫色信笺及深青信封，紫为高贵之征，青为纯洁之象，与余素好符合可喜，信笺于默诵时每有幽香尤令

① 沈宰白：《新月之下》，“夏全 9”，第 8 页。
② 沈宰白：《圣诞之夜》，“夏全 9”，第 18 页。

神往，此种幽香与邮花后的口脂，皆吾爱人赐我的慰藉也。"[①]年轻恋人彼此的相思牵挂之情如此炽烈，以至于偶有通信不畅、数日未收到对方信笺便会急切到“自弃”[②] 的地步。

读着这些文字，隐去作者署名，人们会以为这作者当是郁达夫一类创造社作家了。实在很难将它们与后来夏衍质朴平实的文字风格联系起来。一位哲人说得好：“真正的爱情，是在理智与狂热的那些陌生而又迷人的羊肠小道上的浪漫主义的漫游。”[③] 被别离的忧伤折磨着的夏衍，在此时的作品中也染上浪漫抒情的气息，实在是正常不过的事了。

1925 年夏，蔡淑馨将女师毕业。按照杭州人的习俗，与夏衍成婚，然后安安稳稳地做一个家庭主妇似乎是一种合理的安排。但蔡淑馨不愿意这样。她的生母很早就去世了，后母对她并不坏，父亲也还开明，从不逼迫她做什么，但待在家里总感到缺乏一种亲切感，离家太近也有一种压迫感。她愿意远离家庭开始一种新的生活。在信中她告诉夏衍，她想听从当时女师校长叶墨君先生的鼓励，到东瀛进一步深造。夏衍完全赞成她的想法，写信向蔡父恳求。

女孩子不好好在家相夫教子而要“摩登”出洋留学，未来

---

① 夏衍：1925 年 5 月 15 日日记，“夏全 16”，第 227 页。

② 夏衍：1925 年 11 月 5 日日记，“夏全 16”，第 246 页。

③ 瓦西列夫：《爱的哲学》，王永军编译，北京：中国工人出版社 1985 年版，第 125 页。

的女婿居然还对此种“奇可怪也”的想法大加赞赏，有些守旧的蔡父可能因此不悦了。他于是致信沈家，令沈家“筹款千元为余（指夏衍——引者注）结婚，余款即为淑留学费”[①]。沈霞轩自然不大可能代出此笔款项，夏衍一时间也不可能筹齐这一大笔钱（他每月官费不过 80 元左右）。拜托各位亲戚长辈沟通无果后，该年 8 月，他只得再回杭州，希望当面沟通取得蔡父谅解。

此次杭州之行对夏衍来说是一次既甜蜜又充满焦躁情绪的历程。这是他和蔡淑馨别后一年的重逢。鸿雁传书怎抵得当面诉相思？8 月 8 日，夏衍日记记载：“下午访淑于小粉墙，……遂至西大街谈许久，伊以渡日事多障碍颇伤感，余慰之，又以失言故伊为之泪下，余亦黯然！6 时同往访陈石民君同游西湖9 时返，余送淑归校，临别余不禁吻之，此余与淑妹之第一吻也。”[②] 8 月 21 日，两人又乘船共访友人程国敫。虽然旅途并不顺利，但恋人的独处极为融洽愉快，夏衍承认“此日诚余生平最 Romantic 之一日也”[③]。但此种恋情，在当时人看来，毕竟是过于大胆激进了一些。很多人甚至对夏衍提出了直接的批评，其中就包括夏衍青年时代的好朋友蔡昕涛。好友的守旧做

① 夏衍：1925 年 6 月 8 日日记，“夏全 16”，第 229 页。
② 夏衍：1925 年 8 月 8 日日记，“夏全 16”，第 236 页。
③ 夏衍：1925 年 8 月 21 日日记，“夏全 16”，第 238 页。

派动摇了两人的友情。而各种批评的声音对于蔡淑馨的赴日留学当然是不利的。蔡父一直到9月5日，也就是夏衍回日本的前两日，仍未允许蔡淑馨的日本之行。

事情的转折定然是出现在9月6日。蔡父回心转意的具体原因今已不可知。不过，根本的原因大约还是因为：父母总是愿意成全儿女的心愿吧。据说，蔡父还给了女儿五百大洋，作为她留学的费用。

9月7日，夏衍、蔡淑馨以及叶雅棣、程国勠、陈稹、高耐玉、钱青等一行人终于登上了东渡轮船。钱青多年后回忆说：

> 我们同学6人随夏衍乘长崎丸赴日。送行的人很多，有我小学同学茅盾夫人孔德沚、沈泽民夫人张琴秋（后为红军女将领），还有同学的亲属友人，我们和岸边的送行者拉着红绿纸条，依依不舍地挥手相别。
>
> 到了船上遇到张闻天之弟张健尔、浙江杭州画家张屏南、后来成为名导演的沈西苓，他们在船上，有的写文章，有的作画，有的唱歌，很是活跃。我们女同学却多人晕船，呕吐不止，夏衍送水送药，多方照料。他为了减轻晕船同学的思想精神不安，便想方设法带领我们到甲板上，为我们讲述日本的政治、经济，日本人的风俗与生活习惯，尤其是日本妇女的情况，以分散我们对晕船的思想

心理负担。他又气愤地讲述当时日本欲侵略中国的野心。他说日本的孩子要求家长购买零食、糖果，父母总说：你长大了到“支那满洲”去，那里什么都有。日本敌视中国、侵略中国的野心，早已深入民心。他对人和蔼、待人以诚，且寓教于细微处，在不知不觉中增强了我们对祖国与自然界的爱心。

船到神户，我们上岸步行，女同学手中的小包零物，都推给夏衍，他肩上手中都挂满了小物件，我笑着说沈先生真像一头骆驼，任重道远。这句戏言，直到解放后，我去他家时，他还记得，意味深长地说：你以前叫我骆驼是不是？我就是要做骆驼，哈哈。[①]

蔡淑馨一行到了日本，各自分手自谋前程。蔡淑馨、程国敭、钱青等人决定到奈良女子高等师范学校的特设预科念书。这个预科是专为中国人和朝鲜人设立的，入学很方便。1925 年

① 钱青：《随夏衍赴日留学》，《忆夏公》第 620—621 页。

钱青文中还记载：“事前，蔡淑馨的好友，我们的同班同学程敭（原文如此，当为程国敭——引者注）迫于父命，将与一不相识的男子结婚，不许她远去日本，程敭急得终日哭泣，病卧不起。夏衍知道后深为气愤，他便与淑馨即日赶赴程家，多方规劝交涉，将程敭接到杭州治病，为此程敭才得与我们同行。”这一记述在细节上恐有值得商榷之处。该年程氏似已结婚生子，蔡淑馨曾感叹：“她的青春，已换了一个孩子。”（夏衍：1925 年 8 月 22 日日记，“夏全 16”第 238 页。）

前后，时任日本外务大臣的币原喜重郎主张“协调外交”，积极鼓励中国学生赴日留学，甚至可以由外务省提供经费，因而奈良女师为中国学生新设了特别预科。预科的时限为一年，每周要学习道德课1节，国语16节，数学6节，英语4节，体操2节，音乐1节，合计30课时，修完全课程的便可以作为本科生或旁听生进入奈良女子高等师范学校学习。[①] 父亲临别时给的钱根本不够几番折腾，不过好在夏衍是官费留学生，一个月可领取80元生活费，按当时日本的物价水平，也够二人日常的花销了。

特设预科的入学十分便当，大约在9月中旬，蔡淑馨正式入学。[②] 她的顺利入学对夏衍来说是一个很大的安慰，使得夏衍的心灵感到了异常的平静，因此在1925年到1926年的一段时间，他除了一心一意准备毕业论文之外，较少涉足社会活动，也不再写那些激动而略显狂躁的感情文字了。这时他写的文章所表露的思想情感，就和后来人们印象中的夏衍较为契合。菊池宽的《戏曲论》（上海良友图书公司1927年6月初版印行，译者署名“沈宰白”）就译在此时。在《语丝》上他发表过一篇《关于〈狂言〉及其他》的短文：

---

① 见《奈良女子大学六十年史》第68页，（日）昭和45年3月。

② 见奈良女子大学图书馆提供的《关于外国人特别入学文件》。

在《语丝》上看见了岂明先生译的“狂言十番”的广告，我也来说几句关于“狂言”和日本戏剧的话。

本来日本戏曲，可以分作三种不同的形式，第一是“能”（NO），第二是“操”，（Ayatsuri-即傀儡戏，或称人形芝居），第三是“歌舞伎”（Kabuki）。狂言是“能”的一种。三种之内，“能”发达得最早，大约可算是日本戏曲的开祖吧！其次是人形芝居，歌舞伎发达得最晚。但是，这三种虽有发达先后的关系，前面的两种，并不是消灭了，到现今还是演着，譬如东京九段上的能舞台和大阪的文乐座多是。

“能”可以区别作“谣”和“狂言”两种，“谣”是“能”的本曲，而“狂言”是“谣”在甲曲终而乙曲始的中间演的。“谣”的主题，大多是历史上的大事，“狂言”所演则不过是民间琐事；一方面“谣”是用音乐伴奏着大家合唱的，而“狂言”师所说的却是散文的科白而非韵文的歌曲。题材方面，也有点不同，“谣”所唱的大部是庄严悲壮的故事，而“狂言”所演的和明先生所说一般，是轻快的喜剧；所以我们综合起来，可以说“谣”是歌剧、史剧、悲剧；“狂言”是科白剧、社会剧、喜剧。我喜欢“狂言”的缘故，是“狂言”和“现代”剧的距离非常接近，有许多地方，令我们惊异，这样古时的戏曲，竟能适合于现代剧的规范。

在舞台上说来，有趣味的是“能”的戏子，只打扮衣装而不“打脸”，而用假面具代之，演时俳优和叫“地谣”的合唱团交互的唱，所唱的词句中，也有对话，也有叙事。“操”是傀儡戏，当然不能开口，须得操傀儡者代做，而另外合以所谓“净琉璃者”。至于歌舞伎，则已经是一种完全成形的歌剧，所以戏子既扮装，又打脸，剧中的叙事和对话，也由戏子口中说出，而不假乎于合唱团，——虽然有一二例外。①

这篇短文对日本戏剧的特征、源流给予了扼要的说明，直到今天，人们也难改易其中的知识性介绍文字。这说明夏衍的文字功夫已趋于成熟了。

我们虽然无法确切知道作为一位戏剧家的夏衍对戏剧的热爱源于何时，但是联系《戏曲论》的翻译，可以肯定的是1925年前后，他已是一位相当地道的接近专业水平的戏剧爱好者了。据《懒寻旧梦录》，1923年他沉溺在图书馆里读文学名著时，却意外地被易卜生、沁孤、契诃夫的剧本“迷住”了。又有人回忆说，夏衍到东京后，在参加革命活动之余，经常去东京小剧场，与日本的进步剧作家、导演和演员一同研讨过戏剧创作。1930年6月他在《大众文艺》月刊上发表

① 沈宰白：《关于“狂言”及其他》，“夏全3”，第1—2页。

的《我的文艺生活》中称，他在“明专”时期最喜欢的作家是斯蒂文生、狄更斯、屠格涅夫和高尔基。[①] 前三者是他在日本时期一直喜爱甚至是迷恋的作家。而他对高尔基的热爱则始于1925年。[②] 30年代，夏衍能打进电影圈并很快站住脚，且以组织家的身份一跃而为杰出的戏剧家，与他这段时期的锻炼、积累不无关系。

蔡淑馨入学后，夏衍经常前往奈良探望恋人。北九州与奈良往来不便，他通常借住在沈西苓在京都的寓所。沈西苓是浙江德清人，与夏衍的母亲是同乡，也在省立甲种工业学校读过书（比夏衍低三级），于1923年毕业并考取官费留学生，东渡留学，就读于京都高等工业学校染织图画系。沈也参加了当地的社会科学研究会。在沈西苓这所简陋却富有日本风味的小木楼里，他们畅谈社科研究会，谈创造社和郭沫若，谈《洪水》和《创造》，谈日本无产阶级文艺理论家藏原惟人，非常投机。

---

① 沈端先：《我的文艺生活》，“夏全8”，第290页。

② 夏衍回忆说：“应该回溯到1925年的秋天，那时候我以一个工科大学生的身份，在日本九州著名的八幡制铁厂实习，在隆隆的发电机旁边，我耽读了契诃夫、托尔斯泰和屠格涅夫的作品。一个暑假之后，我对于那些软弱，懒散，而又充满了哀愁的人物，渐渐的感到厌倦了，当时我开始知道了一些苏联大革命中的英勇出奇的英雄，于是我很想追觅一些介在这两个时代之间的俄罗斯人民的典型与性格，我找到了高尔基，读了《夜店》，读了《太阳儿》，终于读完《母亲》而深深地感动了。一年半之后我被逐归国，在简单的行囊中我把村田的日译本《母亲》带回来了。”（夏衍：《〈母亲〉在中国的命运——纪念革命大文豪高尔基七十八诞辰》，“夏全8”第365页。）

由于京都、奈良不过一个小时的火车路程，每到节假日，蔡淑馨、程国勷，有时还有钱青也一起过来。女学生们对做菜烧饭的事情总感到特别的兴奋，这时夏衍便以主人的身份，指导这些弟弟妹妹操练家务。蔡淑馨的性情偏于忧郁而急躁，尤其当热恋的时节过去之后，符竹因的阴影便会浮现在她心头。要是夏衍偶有照顾不周，蔡淑馨借机发作，让他下不了台的场景也是有的。这时，沈西苓便出来打圆场，而程国勷、钱青则只能面面相觑，默不作声了。

大多数情况下，自然是夏衍温语劝慰，但若蔡淑馨有些无理取闹时，夏衍有时也会发脾气的。他发火时是一言不发，只是转过身，顺便拿起一枝笔，画起人头像。左画一个，右画一个，怎么看都像是符竹因的头像轮廓。蔡淑馨看到这情况，不免又气又急，扑上去要捶打夏衍，夏衍赶快挡住。两人目光一对，往往便不禁笑了起来。一场风雨就此过去。

1927 年 4 月底，由于大革命失败，夏衍要匆匆赶回上海寻找组织关系。而且，由于这时夏衍已成为日本警察机关注意的对象，为减少麻烦，夏衍让蔡淑馨不要送他。临别以前，蔡淑馨告诉夏衍，她认为奈良培养教育的一套，只是让一个女孩子成为花瓶而已，于她个人素质的提高并无益处。她想去东京学画。夏衍赞成她的意见。于是，在 1927 年下半年，蔡淑馨便离开了奈良女师，只身一人到东京学习油画。所幸夏衍这时在东京还有不少朋友，他们待她都颇为照拂。尤其她在浙女师的同班同学沈兹九（后来的胡愈之夫人）此时也到了东京，两人为伴，消除了不少寂寞。在这时期，她和沈西苓、司徒慧敏、周起应（周扬）、蒋光慈都有过来往，还加入了“艺术家联盟”，[1] 显示了一位时代女性参与社会活动的勇气。

① 可参见蒋光慈《东京之旅》（《拓荒者》第1卷第1期）、许幸之《在东京画的一幅画》（《我们青春的日本》，东京：日本东方书店1982年版）。

夏衍从日本回国后留居上海。
此系 1930 年留影 /自藏

30 年代初与绍敦电机公司老板兼技师蔡叔厚（左）在上海 /自藏

第三章

步入左翼文坛（1927—1930）

第一节　绍敦电机公司

1927 年 4 月下旬，和煦的阳光洒满了黄浦江面。眼前的上海对于夏衍来说，既熟悉又显得陌生：外滩至江西路一带，矗立着鳞次栉比的银行大楼，静安寺路的跑马厅和它对面 22 层的国际饭店闪闪烁烁的霓虹灯光，西藏路“大世界”游乐场前面川流不息的人潮，从提篮桥到外白渡桥叮叮当当的有轨电车……只是，和这一切不相协调的是荷枪实弹的中西巡捕在街头逡巡，时不时有警车从大街上呼掠而过。

徘徊在福州路一家浙江人开的小旅馆的门厅里，夏衍觉得心绪坏透了。他觉得国内局势还是一片乱糟糟的，理不出个头绪来。从报纸上可以看到，上海还在“清匪”，大肆拘捕、通缉、枪杀“赤色分子”。蒋介石集团的狰狞面目已彻底暴露，那么，把希望寄托在“著名的国民党左派”、武汉的汪精卫身上么？去武汉投奔汪精卫的国民政府？武汉，当时几乎已成为革命志士们最后的希望之地了。汪精卫还在以“左派”自居，频频发表演说攻击蒋介石背叛革命，高喊讨蒋；中共总书记陈独秀则与他联名发表“告两党同志书”，北伐军事照常进行；另外，3 月中旬国民党三中全会通过的“统一革命势力案”和全会选出的中央常委名单，直接领导驻日总支部的还是左派彭泽民……

但究竟是不是该去武汉呢？然而，夏衍还是犹豫不决。他是一个谨慎的人：毕竟，这些消息都是从报纸上读到的，且大抵已属旧闻，有些还是一个多月前的事了。3 月中旬，蒋介石还是北伐军总司令呢！一个月不到的时间里，他就变成了昔日盟友最凶恶的敌人！

在夏衍拿不定主意的时候，就在这家小旅馆的门口他偶然邂逅了经亨颐。经先生对这位五四时期杭州学生运动的骨干人物是有印象的，交谈中，他暗示夏衍“千万不能去杭州，那里杀人不比上海少，宣中华也牺牲了”。经先生说到“杀人”两个字语气特别重。他又暗示说，武汉“那里的形势也很乱”。夏衍这时还穿着“明专”的学生制服，非常抢眼，经先生又指点说，“住旅馆也不保险”[①]。

---

① “夏全 15”，第 64—65 页。

经亨颐还从一本线装书中取出一张登载着郭沫若《请看今日之蒋介石》一文的报纸，指点夏衍欣赏这篇新鲜出炉的讨蒋雄文。夏衍看到文中的“蒋介石是流氓地痞、土豪劣绅、贪官污吏、卖国军阀所有一切反动派、反革命势力的中心力量了”这些诛心之论，既对郭沫若的勇气感到佩服，又对他的安全感到担心。[①]

夏衍读出了经先生话中的言外之意，决定先留在上海看看时局的变化。然而，留在上海，不能住旅馆，又该到哪里落脚呢？夏衍想到了蔡叔厚。

蔡叔厚，浙江诸暨人，1918 年毕业于浙江省立甲种工业学校，是夏衍的学长。夏衍去日本后，他也在日本电机专业学校念书，二人都是浙江同乡，往来较多。1923 年关东大地震后，日本一些地方发生了排华事件，蔡叔厚遂放弃在日本继续读书的机会，只身回到上海。在亲戚朋友的帮助下，他找到一个技工陆久之和一个姓张的会计，还有个学徒，办起了绍敦电机公司。蔡叔厚人极能干、正直，技术好，商业经营亦有办法，很快就在上海立住了脚跟。

在日本读书期间，蔡叔厚的慷慨仗义就是出了名的，当了老板以后，往昔旧友登门求助，更无一不解囊乐捐，有“小孟尝”之称。蔡老板思想左倾，但在 1927 年前后政治立场还没

① 夏衍：《知公此去无遗恨——痛悼郭沫若同志》，“夏全 9”，第 446 页。

有定型。他的朋友中有杨贤江夫妇、张秋人夫妇和徐梅坤、袁文彬等中共地下党员，也有汤恩伯、张公达、徐逸樵等右翼人物，还有左右摇摆的第三种人如楼秋泉、范新度、张一林等。①

夏衍想，依他们之间的老交情，在蔡叔厚这里求得一些援助想必是不成问题的。

绍敦电机公司在吴淞口有恒路一号，双开间门面，两层楼房。夏衍找到时，蔡叔厚正和陆久之在修一只烧坏了的马达。看到夏衍进来，他喜出望外，不顾双手油污，便与夏衍紧紧握手。问明夏衍来意后，热情邀请夏衍住进电机公司，并干脆聘请他做公司的兼职工程师。第二天，夏衍就搬进了电机公司，他没有想到，在这里他一住就是两年多，直到1929年底蔡淑馨回到上海，他才迁出。

这时，借宿在绍敦公司的还有两位夏衍虽不认识却闻名已久的人物：杨贤江和张秋人。

杨贤江，浙江余姚人，浙江省最早的共产党人，也是中国最早的马克思主义教育家之一。20年代初，他和胡愈之、沈雁冰一起在商务印书馆工作，他主编的《学生杂志》，对大革命前后的学生运动，对传播马克思主义思想起过不小的作用。1930年“社联”成立后，他是其中的核心成员。

---

① 可参见吴腾凰《陆久之究竟是什么样的人——访陆立之先生实录》（《江淮文史》2001年第3期，第132页）。

至于张秋人，在当时更是一位很有声望的共产党人，曾在黄埔军校担任过教官，学生很多。毛泽东后来曾如是评价他："张秋人同志是一个好同志、好党员，很有能力，很会宣传，很有群众基础，可惜他牺牲得太早了。"① 1927 年 9 月下旬，张秋人被分派到浙江重组中共浙江省委。张秋人知道自己在浙江熟人太多，去了一定很危险，但他还是义无反顾地走了。结果到杭州后的第四天，就在西湖的湖滨被两个反动的黄埔学生发现。张的水性很好，他跳入西湖，将身上所携带的秘密材料埋入了西湖的淤泥中，而后从容被捕。不久，他便被杀害于浙江陆军监狱。

张、杨两位都是大革命失败后暂时避居于蔡叔厚处的，张秋人是国民党政府的"通缉要犯"，身份更属秘密。但两人却都很达观，在夏衍面前也不太避嫌，有时还会跟夏衍聊起一些党内掌故。比如，张秋人对陈独秀执行右倾机会主义路线不满，有时就会在夏、蔡面前直呼陈独秀为"老头子""老糊涂"。杨贤江虽较谨慎，不大在人面前臧否别人，可每到晚上，就常常有些夏、蔡都不认识的人来找他，而且一直谈到深夜。对这些，夏衍心里当然很明白，但他从不说破。对张、杨的这份信任，夏衍晚年回忆说，是因为"蔡叔厚已经把我的情况向

① 浙江省委党史资料征集研究委员会：《先驱的足迹·张秋人传略》，杭州：浙江人民出版社 1988 年版，第 51 页。

他们介绍了”，“大家都是浙江人，在反对蒋介石这一点上，有共同语言”。①

同张、杨二位相处的时间虽不长，特别是张秋人，加起来也不到四五个月时间，但他们对时局的洞察力，对革命事业的坚贞和牺牲精神，都给夏衍留下了深刻的印象。夏衍后来曾多次谈及张、杨对自己思想的重要影响。1949 年解放后，夏衍署名“夏衍”的第一篇散文就是献给杨贤江的。他回忆说，大革命失败之后：

> 这一年 4 月中旬我回到上海，宝山路商务印书馆门前工人纠察队的血迹还没有清扫。在当时满天都是乌云，碰到的同年辈的知识分子朋友不是孤愤暴躁，就是悲观消极，和这些朋友们谈论时事，似乎除去孤注一掷和消极等待之外，中国革命已经再没有明确的出路了。直到这一年盛夏我……遇见贤江同志的时候，我才从知识分子的革命者中间，发现了一种能够在最险恶的环境中认清中国革命的光明远景，坚持对党的信仰和忠贞，既不焦躁又不悲观的坚韧踏实的品质。他讲得不多，谈到一些在困难中退婴却步的朋友他也只淡淡的付之一笑。可是即使在他极简短的谈话中，使我们明确地感到了他对革命事业的信心，和

① “夏全 15”，第 66 页。

一切反动派加之于我们的暴压，必然的会在全人民的反击前面失败。在白色恐怖笼罩着整个中国的时候，我从他的这种安详镇定的态度中，深切地感到了一个作为共产党员的革命知识分子的气概与庄严。[①]

1927年5月初，夏衍留学时的熟人何恐、何兆芳等人相继从日本回国，与他们接上关系后，夏衍又通过他们与郑汉先、庞大恩恢复了联系。这时，郑已化名陈德辉，庞则化名吴永康，正在上海沪东、闸北、法（租界）南一带从事地下工作。

然而，这时夏衍虽然已回到革命群体之中，但还只是所谓“革命的同路人”。一方面他还没有加入共产党，一方面却又被国民党开除了党籍。因此，尽管他往来的朋友都是共产党员，大家也把他看成是一个非常可靠的朋友，但有关革命活动的事情，却还是不让他插手。一天，夏衍终于按捺不住，对老友郑汉先抱怨说：“你们忙，我却闲得发慌！”郑汉先早等着夏衍的这句话了。他反问：“你为什么不正式加入到我们这边来呢？”

当天晚上，夏衍就写了入党申请书。几天以后，由郑汉先、庞大恩为入党介绍人，中共上海闸北区委正式批准夏衍加入中国共产党，并且不需要候补期。[②]

① 夏衍：《追忆与告慰》，“夏全9”，第321页。

② “夏全15”，第67页。

多少年以后，夏衍向笔者回忆起这入党的一幕，仍然感慨万分。他尤其怀念他的革命引路人郑汉先和庞大恩同志。当笔者问这两人的名字怎么写时，他旋即提起笔在我们的笔记本上写了“郑汉先（陈德辉），1931 年汉口；庞大恩（吴永康），长征”这些字，特地指明了两人后来牺牲的时间地点。写毕，他还很动情地说：“忘不了这些名字啊！”

而对于自己在最危难时刻加入中国共产党这一历史事实，解放后，夏衍无论在回忆文献抑或闲谈中，则从未提及。对他来说，加入共产党仿佛是一个自然而然、必定发生的事件。毫无疑问，正是由于像夏衍这样具有牺牲、奉献精神的一代理想志士的加入与坚持，共产党才度过了那危难岁月并取得了最终的胜利。后世的人们无论站在什么样的立场评断这一代人的努力，都必须以真诚的心灵来体认他们在危难年代以生命作为代价的意志决断。那些喝着牛奶、坐在舒适沙发中的评头论足，其实都是不值一驳的轻慢之词。

入党以后，夏衍的组织关系编在闸北区第三街道支部。支部的成员是大革命失败以后从各地转移到上海的知识分子，多数是作家和艺术家。夏衍所在的这个小组有 5 人：孟超、戴平万、童长荣、孟超夫人及钱杏邨，几乎全是太阳社的成员。起初孟超为组长，后改由钱杏邨担任，代表区委和支部领导这个小组的是洪灵菲。小组当时的任务是到沪东、杨树浦一带从事工人运动。

在这个小组里，孟超等人都搞过工农运动，童长荣还是“东京特支”（中国共产党东京特别支部的简称，它直属中国共产党中央，纯粹是“秘密组织”，成员只有郑汉先、童长荣两人）的成员，没有群众工作经验的只有夏衍一人。但除了夏衍，他们要么是广东潮州人，要么是山东、安徽人，都不会说上海话，有时连听都听不懂。因此搭配上夏衍，他们的活动就方便了不少。

当时的工运，对钱杏邨、夏衍、孟超这批知识分子的要求还是比较严格的。要他们脱下长衫、西装，每周三次深入到群众中，和工友们接触，了解他们的思想、生活，有可能的时候，还要做一些宣传鼓动工作。

为了做好工作，夏衍特地把头发推成平顶，还从旧货店买了一套粗蓝布短衫裤，和孟超、戴平万等一起到工厂区去。直到 1929 年初，夏衍才从工运中抽身出来，但他和彭康、孟超等人的关系始终非常密切。后来，他的家搬到了沪东塘山路业广里，因为这儿是工人区，几位从事工运的朋友便常常到他家去“落脚”。他们把蓝布工人服就放在夏衍家。他们穿了长衫或者西装到他家，换上工人装到工厂去，工作完了之后，再回来换回原来的衣服。

夏衍等搞工运主要是在下海庙向东一带。日本人开的“内外棉”、英国人开的“怡和”纱厂，都在这一带，地下党把它叫做“纱区”。

正如夏衍后来在《包身工》所描写的，“纱区”的工人遭受的压榨和迫害，在上海的产业工人中是特别严重的。夏衍在日本北九州时曾经到过一些工厂实习，体验过工人的劳动和生活。然而拿日本工人与上海纱厂女工的生活水平和劳动条件一比，那就无异于天堂和地狱了。每当他在提篮桥到杨树浦这一带的马路旁、电车上、茶馆里，和这些衣着褴褛、疲惫不堪的工人接近时，便强烈地感受到工人群众的屈辱、痛苦，以及深深埋藏在他们灵魂深处的反抗情绪。

一次，夏衍与孟超等人向工人们了解情况，不料，孟超一口浓重的胶东口音激起了茶馆里几个工人强烈的反感，那几个工人差点对他动了拳头。夏衍用接近上海口音的浙江话，才把他们劝开。原来，租界工部局的巡捕多为山东人，工人们痛恨狗仗人势的巡捕，有时便迁怒到了“北佬儿”山东人身上。[①] 虽然是场虚惊，但这事给夏衍、孟超等的刺激和震动不小。

在这里，夏衍结识了不少工会干部，有一个工人补习夜校的教员冯秀英给了他难忘的印象。冯原来是沪西一所大学的学生，因为交不起学费而丢了学业，白天在一家私立小学教书，晚间就在青年会办的夜校为女工们补习文化。当时她是共青团员，短小的身材，有一双善良的、微微上斜的眼睛。夏衍曾多次到她所住的一间小小的过街楼上，听她对纱区女工受剥削受

① “夏全15”，第68页。

凌辱的种种不幸遭际的讲述。“在别的娇生惯养的小姐们还拿看电影和写情书当作日常功课的年纪，她已经是一个坚定的，以自己的劳力养活自己的职业战线上的斗士了。”[①] 夏衍一直称呼她为“冯先生”，对于这位富于正义感和进步思想的少女十分尊敬，并且也通过她在纱区结识了内外棉纱厂的工人积极分子，找到了一个立脚之地。

从1928年到1929年底，绍敦公司实际上已经成为许多流亡的革命者的集散地，后来又成为中共闸北区委的秘密接头点。夏衍在这段时间除了参加工会工作外，还参与了不少隐秘的组织和联络工作，这给他增长地下斗争才干提供了很好的机会。

一天，郑汉先悄悄踅进绍敦公司，找到蔡叔厚和夏衍说：“实在没有办法，想借公司楼上开个会。”郑汉先说：“这次来的人不少，最少20个，估计要从天黑开到晚上12点。你和端轩得给我们把风。”

蔡叔厚干脆地应承了下来。郑汉先走后，他很快装了一个从楼下店堂通到楼上的电铃，约好了一有情况就按电铃通知，与会者可以从后门撤走。在约定的那一天，夏衍和蔡叔厚守在楼下店堂，全神贯注地注视着周围的动静。会议开得很顺利，到后半夜始散。

---

① 夏衍：《〈包身工〉余话》，“夏全8”，第21页。

1928年9月间，在绍敦电机公司，夏衍与廖承志重新恢复了联系。这次是时任闸北区委书记的郑汉先（陈德辉）带来找他的。他们原来在日本就见过面，这时他已经西装革履，很神气的样子，夏衍打量了他一下之后就对他说："为什么不穿和服了？到这儿来，穿和服最保险，因为这一带的巡捕最怕日本人。"后来一段时间廖几乎每星期都到绍敦电机公司来，海阔天空地聊天，有时他还带些日本点心、寿司之类来请客，渐渐熟了，就和夏衍成了无话不谈的挚友。夏衍非常喜爱廖承志的性格，但有时却也不免觉得他还少经世事，缺乏社会经验，知道日本的事情多，知道中国的事情少，便和蔡叔厚一起，"传授"廖防止特务盯梢的办法。如果不是在正式场合，夏衍招呼廖承志通常都直呼其绰号"胖子"（或"胖仔"），即使后来廖承志当上了人大副委员长成了"党和国家领导人"也是如此。

廖承志达观、开朗，即使从事最为残酷的地下斗争有时也不能掩饰他的此种天性。1933年3月底他和罗登贤在上海被捕，押在老闸捕房，宋庆龄和柳亚子设法营救，请了一位叫唐鸣时的大律师给他辩护。开庭那一天，特科还派人去旁听。在法庭上他很潇洒，还对法官做了鬼脸。由于宋庆龄的营救，和他母亲何香凝逼着吴铁城给蒋介石打电话——再加上其父廖仲恺生前对蒋有大恩，蒋介石也只能招呼手下对廖承志的事情不了了之了。保释后，廖承志就去了鄂豫皖苏区。在张国焘搞"肃反"的时候，他曾数次处于生死边缘，但他对中国共产党忠诚之心从未动摇，他的乐观天性在夏衍交往的近60年间也从未改变。夏衍后来曾充满感情地说："他诚恳、坦率、乐观，他历尽艰险，受过不止一次冤屈，可是在工作之余，他的那种习惯性的爱开玩笑、逗人笑乐的习性不变，有人说他年逾古稀而不失赤子之心，我看这也就是他得到群众爱戴的高尚的性格品质。"①

在绍敦电机公司，夏衍和蔡叔厚一道，还接待过共产党的许多重要领导人物，如叶剑英、李维汉等人。不过限于当时严格的纪律，有时他们连来人的真实身份也搞不清。

可能就在夏衍离开绍敦公司的前后，绍敦公司已成为中共在上海重要的情报站，1930年代，又和共产国际远东情报局发生了直接的组织联系。学者指出："到1929年夏，中共的第一个电波便从大西路（今延安西路）福康里9号蔡叔厚寓所传出。周恩来闻讯后决定，将第一台无线电设备送往江西根据地，从此沟通了上海党中央和苏区的无线电通信联系，以后蔡叔厚与李强又制作数台收发报机，送往洪湖贺龙、鄂豫皖徐向前领导的红军根据地。1932年，蔡叔厚被左尔格看中，也成为一名红色国际特工。我们所知道的，蔡叔厚除了完成通讯方面的本行，还根据左尔格的指示，利用各种社会关系，为小组购

① 夏衍：《哭承志同志》，"夏全9"，第550页。

买武器。”①

蔡叔厚为中共和共产国际隐蔽战线做出了杰出的贡献。共产国际远东情报局负责人曾说他应当得到列宁勋章。②

杨贤江大概与夏衍同时搬离绍敦公司，他去了日本。但他在日本只待了很短一段时间，又回到了国内。组织派夏衍通知他：绍敦公司这个地方不能去了。他听了有点惊奇，但夏衍也不能对他做任何解释。夏衍从此再也没有见到过他。1931 年，杨贤江因胃癌去世。③

第二节　翻译生涯

1927 年初冬，夏衍在绍敦电机公司迎来了一位稀客——后来被称为“茶圣”的吴觉农。

吴与夏衍不但早就熟识，且有着特别的交情：吴觉农夫人陈宣昭是夏衍未婚妻蔡淑馨在浙江女子师范的同班同学、好友。因此，两人彼此之间很少客套，讲起话来没什么拘束。吴

---

① 苏智良：《左尔格在上海（1930—1932）》，苏志良：《左尔格在中国的秘密使命》，上海：上海社会科学院出版社 2014 年版，第 13 页。

② 可参见夏衍《我与“茶圣”》（“夏全 9”第 620 页）。列宁勋章为苏联的最高勋章，授予在社会主义建设和国防中建立特殊功勋的个人、集体、机关、社会团体和部队。

③ 夏衍：《回忆杨贤江同志》，“夏全 9”，第 523 页。

觉农发现夏衍在沪处境贫困，又没有什么固定职业，于是建议夏衍不妨向开明书店投一些译稿。他与那儿主事的章锡琛（雪村）、夏丏尊都有很好的私交。

夏丏尊是五四运动时期浙一师的“四大金刚”之一，对夏衍有很深的印象。因此吴觉农一开口推荐，他便爽快地答应可以给夏衍一个机会。他让夏衍先翻译本间久雄的《欧洲文艺思潮论》[①] 试试。过了几天，夏衍把译出的几章拿给他审阅，很快就通过了。

而开明书店的资方代理人章锡琛，对夏衍似亦青睐有加。他不但爽快接受了明显具有“赤色”背景的夏衍参加到开明书店的翻译队伍中来（在1920年代末期这是需要很大勇气的），还主动帮助夏衍联系别的工作，如介绍他去立达学园教书等。夏衍译完早期马克思主义者倍倍尔的《妇女与社会主义》[②] 后，章锡琛不但认真校阅了一遍，还写了一篇“付印题记”，其中说：“本书的付印，朋友中颇有恐发生意外加以阻止的。因为本年正处于反共反赤的呼声的高潮，这样的好意，固然不能视为过虑，但我敢信现在的政府决不会比德皇统治下的政府更专

① 该书译者署名“沈端先”，上海开明书店1928年8月初版，1949年前共有6版。

② 此书原文为德文，夏衍从日译本转译。上海开明书店1927年12月初版，书名为“妇人与社会”，译者署名“沈端先”。1939年该书第三版时改名为“妇人与社会主义”，1955年三联修订版改名为“妇女与社会主义”。

制，所以终于谢绝了他们的好意，决心把这本书出版了。”

正是通过本书的翻译，夏衍确立了一种以女性为本位的观察社会问题的视角。至少在 1949 年之前，[①] “妇女所处的地位是衡量民族的文明最好的尺度”、“妇女的完全解放和男女平权的确立，是世界上一切权力所不能阻其实现的一种文化的发展的最终目的”，[②] 是其评价社会问题的基本价值向度之一。

夏衍与进步书店如开明及后来的良友的亲密关系也始于这一时期。

由于译笔的信实、流畅、文采斑斓，由于选题的前卫、新潮且富有吸引力，夏衍一下子便成了翻译界中一颗显耀的新星。1927 年至 1934 年间，夏衍即有 500 万字左右的译著问世，这其中，1927 年至 1930 年尤其是夏衍翻译生涯的高产时期。除了上面提到的几部作品，据不完全统计，夏衍这一时期的译

---

① 1948 年 3 月 7 日，他在《华商报》上还这样写道：“历史的墨迹显示得清清楚楚：妇运的方向就是革命的方向……为妇女所衷心拥护的一定会胜利，为妇女所衷心反对的一定要失败。”（朱蕙：《强者啊，你的名字叫女人》，“夏全 11” 第 172 页。）

② 夏衍：《妇女与社会主义》，“夏全 12”，第 137、407 页。

述还有以下这些：[①]

《芥川龙之介的绝笔》，［日］芥川龙之介著，沈端先译，《一般》1927 年 9 月第 3 卷第 1 号；

《诗与散文的境界》，［日］木村毅著，沈端先译，《一般》1927 年 11 月第 3 卷第 3 号；

《地狱》，［日］金子洋文著，沈端先译，全书共收《地狱》《晚上的水车》《女》《被杀了的火鸡》《梦》（儿童剧），上海春野书店 1928 年 7 月初版；

《恋爱之路——中短篇小说集》，［苏］柯伦泰著，沈端先译，全书共收《三代的恋爱》《姐妹》，上海作新书社 1928 年 11 月初版；

《露莎的短简》，［德］露莎·罗森堡著，若沁译，《海风周报》1929 年 3 月第 13 期；

《北美印象记——随笔集》，［日］厨川白村著，沈端先译，

① 以下夏衍的译著按发表时间排列，译者名即为夏衍发表译文时所用笔名，个别俄文文献转译的来源不详，估计均转译自日文。有关资料的搜集、考证得到吴笛先生的重要帮助，特致谢忱。

夏衍还有多少重要译稿是亡佚了的，今亦难以确考，如高尔基的《底下层》（柯灵等译作《夜店》）。夏衍说："说起来这出戏也着实和我有过一些因缘。1930 年我曾编译过它，当时直译《下层》，和高尔基其他两个剧本《太阳儿》、《敌人》合成高尔基戏曲集，由西谛兄介绍在商务印书馆出版。排校将竣，一·二八战事爆发，这书的原稿遭了火葬，就一直没有和读者见面的机会。"（夏衍：《〈夜店〉回忆》，"夏全 3" 第 219 页。）

上海金屋书社 1929 年 4 月初版；

《恋爱与新道德》，［苏］柯伦泰著，沈端先、汪馥泉合译，上海北新书局 1929 年 6 月初版；

《牺牲》，［日］藤森成吉著，沈端先译，全书共收《牺牲》（五幕剧）、《光明与黑暗》（三幕剧），上海北新书局 1929 年 7 月初版；

《初春的风——日本写实派作品集》，［日］中野重治等著，沈端先译，全书共收《抛弃》《初春的风》《印度的鞋子》《油印机的奇迹》《铳火》（剧本），上海大江书铺 1929 年 9 月初版；

《载着废兵的最后电车》，［日］金子洋文著，沈端先译，《语丝》1929 年 9 月第 5 卷第 29 期；

《母亲》，［苏］高尔基著，据日译本参照英译本转译，沈端先译；该书分一二部分，上海大江书铺 1929 年 10 月、1930 年 11 月初版，1936 年 9 月上海开明书店改书名为“母”，译者署名改为“孙光瑞”再版，1949 年开明书店改排新版时，译者署名改为“夏衍”；

《眼》，［日］金子洋文著，沈端先译，《语丝》1929 年 11 月第 5 卷第 37 期；

《新兴文学论》，［苏］柯根著，据日译本转译，沈端先译，上海南强书局 1929 年 12 月初版，上海杂志公司 1939 年重版，译者署名改为“夏衍”；

《莫斯科印象记》，［俄］高尔基著，沈端先译，《新流月报》1929 年 12 月第 4 期；

《别离》，［日］叶山嘉村著，沈端先译，《现代小说》1929 年 12 月第 2 卷第 6 期；

《金融资本的一断面》，［日］桥木英吉著，沈端先译，《现代小说》1929 年 12 月第 3 卷第 3 期；

《死的列车》，［俄］N. V. N-V 著，沈端先译，《拓荒者》1930 年 1 月第 1 卷第 1 期；

《露莎·罗森堡的俄罗斯文学观》，［德］露莎·罗森堡著，沈端先译，《拓荒者》1930 年 1 月第 1 卷第 1 期；

《特别快车》，［日］藤森成吉著，沈端先译，《现代小说》1930 年 1 月第 3 卷第 4 期；

《伊里几的艺术观》，［苏］列裘耐夫著，沈端先译，《拓荒者》1930 年 2 月第 1 卷第 2 期；

《乱婚裁判》，［苏］台米陀耶基著，沈端先译，上海水沫书店 1930 年 2 月初版；

《沉醉的太阳》，［苏］格拉特科夫著，据日译本转译，沈端先、杨开渠译；最初发表于《萌芽》月刊 1930 年 2、3 月第 1 卷第 2、3 期，题名为《醉了的太阳》。上海现代书局于 1933 年 5 月改名《沉醉的太阳》出版单行本，上海复兴书局 1937 年 4 月再版；

《革命十二年间的苏俄文学》，［日］唯森茂士著，沈端先译，《大众文艺》1930 年 3 月第 2 卷第 3 期；

《〈艺术论〉〈艺术与社会生活〉——蒲列哈诺夫与艺术》，［俄］普列汉诺夫著，沈端先译，《文艺讲座》1930 年 4 月第 1 期；

《败北》，［日］菊池宽等著，沈端先译，全书共收《齿轮》《富美子的脚》《败北》《橇》，上海神州国光社 1930 年 4 月初版；

《关于游艺会的几个实际指示》，转译自日本《战旗》杂志，沈端先译，《沙仑》月刊 1930 年 6 月第 1 卷第 1 期；

《俘虏》，［日］金子洋文著，沈端先译，《现代文学》1930 年 7 月第 1 卷第 1 号；

《伟大的十年间文学》，［苏］柯根著，系《新兴文学论》续编，据日译本转译，沈端先译，上海南强书局 1930 年 9 月初版；

《戈理基文录》，鲁迅、雪峰、沈端先等译，上海华光书局 1930 年出版；

《战后》，［德］雷马克著，沈叔之译，上海开明书店 1931 年 3 月、8 月分两卷出版；

《报告文学论》，［日］川口浩著，沈端先译，《北斗》1932 年 1 月第 2 卷第 1 号；

《在第聂泊洛水电厂》，［匈］倍拉·易烈希著，沈端先译，《文学月报》1932 年 12 月第 1 卷第 5、6 合刊；

《电影导演》,[苏]普特符金著,1932年6月18日起在上海《晨报》“每日电影”副刊连载,署名“黄子布”;上海晨报社1933年2月将它与郑伯奇所译《电影脚本》合并成一书出版,并附有夏衍所作剧本《狂流》;

《从莫斯科到上海》,[苏]基许著,沈端先译,《东方杂志》1933年4月第30卷第8号;

《时间的“特写”》,[苏]普特符金等著,黄子布译,《明星月报》1933年5月第1卷第1期;

《生路》,[苏]尼吉拉·爱克著,丁谦平译,《明星月报》1933年6—7月第1卷第2—3期;

《外国语和本国语》,[德]巴比塞著,沈端先译,《社会月报》1934年10月第1卷第5期;

《有岛五郎集》,[日]有岛武郎著,沈端先译,上海中华书局1935年2月初版。

夏衍精力旺盛的译介活动令人惊叹。一位日本学者说:“作为党的文艺工作干部的沈端先,真是三头六臂,拼命地工作;他翻译介绍日本的小说,重译介绍苏联的艺术论、文学论,并引用它们来论述无产阶级文学和性意识的问题等等,完全是废寝忘食地在工作。”①

---

① 阿部幸夫:《沈端轩的翻译》,会林、陈坚、绍武:《夏衍研究资料》,北京:中国戏剧出版社1983年版,第783页。

夏衍翻译涉及的面虽然很广，其中亦自有规律可寻。在当时的青年文艺家中，他明显对女性、家庭伦理问题有着特殊的关注（这也许和吴觉农、章锡琛等人有关，当时他们都是妇女运动的同情者）。他对戏剧的爱好是明显的。随着1932年进入电影界展开工作，他又翻译了普特符金（今通译作“普多夫金”）的一些作品。普多夫金是与爱森斯坦齐名的电影大师，他对“蒙太奇”理论有着很深的理解与开掘。“蒙太奇”理论是当时最前卫的电影理论之一。夏衍翻译普多夫金的作品，潜移默化，受益定然很大。当然，介绍左翼文艺作品、理论观念以及苏联的社会文化建设成就，则是其翻译工作的重中之重。——需要指出的是，由于夏衍自身的教育背景，他有关思想问题的介绍，很大程度上不能不借重于日本无产阶级文化运动的经验与成果。日本的无产阶级文化运动从1921年《播种人》发刊算起，到20年代末，已有了十年的战斗经历，取得了很多成果，但不可否认，也产生了一些具有日本风格的偏差。夏衍的译介，有时不免将日本无产阶级文艺运动的偏差当做榜样一并采纳了。这是当时年轻一代的左翼知识分子同有的局限，事实上是不足为奇的。但他们的这种认识偏差却引发了左翼思想界内的一些不必要的冲突，并产生了长久的持续影响，这一点我们稍后再作详细的描述。

真正为夏衍赢得翻译家声誉的，是译作《母亲》。翻译这部被称为无产阶级第一部巨著的作品，夏衍倾注了极大的心力，光开头便尝试了十多种译法。几经修改，《母亲》最终改定的开头是这样的：

> 每天，在工人区的上空，在充满煤烟和油臭的空气里，工厂的汽笛颤抖着吼叫起来。那些脸色阴郁、睡过觉却还没有消除筋肉疲劳的人们，听见这吼叫声，像受惊的蟑螂似的，立即从灰色的小屋子里跑到街上。在寒冷昏暗的晨曦中，他们沿着没有铺修的道路，向工厂一座座高大的笼子般的砖房走去。工厂睁着几十只油腻的四方眼睛，照着泥泞的道路，摆出冷淡自信的样子等着他们。泥浆在人们的脚下发出噗哧噗哧的响声。不时可以听见刚睡醒的人们嘶哑的喊叫声，粗野愤怒的咒骂声划破了晨空，而冲着这些人传来的却是另外一种响声——机器粗重的轰隆声和蒸气的怨怒声。高高的黑色烟囱，酷似一根根粗大的棍子耸立在工人区的上空，阴沉而威严。[①]

《母亲》的翻译为夏衍赢得了文体家的声名。曹禺曾赞美夏衍的《包身工》“每一个字都是不能动的”[②]，这个评价差堪

---

① 高尔基：《母亲》，夏衍译，“夏全 13”，第 3 页。

② 曹禺：《从夏衍那里学到了什么——在纪念夏衍同志从事文学创作 65 周年暨戏剧与电影创作 55 周年座谈会上的发言》，《忆夏公》，第 7 页。

也可以用到对《母亲》译笔的评价上。

他根据日本村田春男的译本，又参照了英译本译出了全文。为了最恰当地表达一句话的意思，他常常不惮其烦地捧着俄文本的原著跑一大段路去请教精通俄语的蒋光慈。蒋光慈对人虽常常傲不为礼，但对夏衍的认真和钻研劲头却颇欣赏。他看见夏衍进来，便会立即放下手头工作，和夏衍一起坐在一张旧沙发上说翻译的问题。有时，还顺便介绍一点俄罗斯文学的掌故。可以说，《母亲》的成稿也凝聚着蒋光慈的一番心血。

《母亲》的出版，对当时渴望进步的青年来说，是一份宝贵的精神食粮。著名现代文学研究家唐弢曾深情地回忆：

> 我最初读到夏衍同志的作品，还在他用沈端先署名的时候，读的不是他的创作，而是他翻译的小说——被称为世界第一部社会主义小说的高尔基的《母亲》……我们五六个不满二十岁的青年，有工人、有店员、有学徒，聚集在一间小屋的昏黄的电灯光下，一个人朗读，其余屏息静听着。当我们的朋友读到巴威尔在法庭上宣言：“一个党人的我，除出党的处分之外，不承认任何的裁判……”五六双眼睛突然亮起来。我们的年轻朋友一手举书，一手挥拳，挺起胸脯站着，庄严得自己就像是巴威尔在法庭上演说一样：“我们是革命家！直到地上消灭支配阶级和劳动阶级为止，我们永远是革命家！我们，对于你们非拥护不

可的社会，坚决的开始斗争。对于你们和你们的社会，我们永远是不能和解的敌人。……”

这说得多好，多坚定，多勇敢，对我们这些年轻的心又是多么有力的鼓舞呀！[①]

鲁迅对夏衍翻译的《母亲》有过评价：“高尔基的小说《母亲》一出版，革命者就说是一部‘最合时’的书，而且不但在那时，还在现在。我想，尤其是在中国的现在和未来。这有沈端轩君的译本为证，用不着多说。”[②]

质量兼备的翻译也从根本上改变了夏衍的生活处境。夏衍对此回忆说：

译书就成了我的公开职业。我自己规定每天一清早起来就译书，每天译二千字，译完之后，还有充分时间做别的工作。当时译稿费大概是每千字二元，我每天译二千字，我就可以有每月一百二十元的收入，这样，在文艺界一帮穷朋友中，我不自觉地成了“富户”。附带一说，从1928年到1934年间，我坚持每天翻译二千字的习

① 唐弢：《夏衍剧作集·序》，北京：中国戏剧出版社1984年版，第1页。

② 鲁迅：《〈母亲〉木刻14幅·序》，鲁迅：《鲁迅全集》第8卷，北京：人民文学出版社2005年版，第409页。

惯……[1]

翻译的不菲收入，不仅使夏衍生活安定下来，而且还有余钱帮助那些“穷朋友”，像沈西苓，后来的周扬、于伶等人在手头缺钱的时候，有时就到夏衍这儿来“吃大户”。

由于从事翻译的缘故，夏衍常常出入于书店。从 1927 年底开始，他便多次到过开设在四川北路魏盛里的内山书店，于是不经意间他便获得了结识鲁迅先生的机会。

内山书店的主人是著名的内山完造先生。内山氏是个很有头脑的日本商人，他把书店布置得很有特色：双开间店面的书店，店堂里东西北三面都是一人高的书架，房子中间还有一排书架，中间的书架后面有一张小桌子，四面摆着一套藤制的沙发。顾客累了，或是想要就地欣赏一下新买的书籍，都可以坐在沙发椅上稍事休息。如果是老顾客，内山先生有时还会端出一盘日本的生果子招待。当时内山书店在上海很有名。他同情中国人民，在他这儿，往往有许多一般书店没有也不敢卖的禁书（他的书店国民党特务轻易不敢来捣乱）。鲁迅几度在内山书店大量地购书，引起了内山的注意，并由此引出了一段中日友谊的佳话。

夏衍慕名来到内山书店，发现这儿果然有不少好书。限于

① “夏全 15”，第 70 页。

财力，一次他只能买上几元钱的书。但就这样不多几次，内山便记住了这个瘦瘦的、爱好左翼文艺的年轻人。好心的内山先生便有心安排了一个夏衍与鲁迅见面的机会。

那是1928年初一个严寒的日子，夏衍走进内山书店，正准备到书架上找书，内山先生走过来，拉了拉他的衣袖，顺手指了指中间书架后椅子上坐的一个中年人，一边轻声说："鲁迅先生。"鲁迅背靠着门坐着，夏衍看不清他的面容，只觉得他的头发很长。内山走到鲁迅先生身边，俯身低声说了几句话，大概是为夏衍作介绍。鲁迅听着，点了点头。内山便点头示意夏衍过去。

夏衍坐在鲁迅先生对面，紧张得有些说不出话来。鲁迅隔着火钵，抽着烟，静静地也不说话。

很多青年和鲁迅初次见面，都被先生这份不同寻常的肃穆惊呆了，最终只能一言不发地来，一言不发地走。但夏衍这时已有了一些社会活动的阅历，便鼓足了勇气，以绍兴话作了一番自我介绍，并说："先生，你在主编《语丝》的时候，我还常往《语丝》投稿的。"

谈话于是轻松了起来。夏衍甚至以年轻人特有的率直向先生问道："现在老百姓有两句话：青天白日满地红，白日青天杀劳工，先生，您听说了吧？"鲁迅则有些讥讽意味地回应说："愈接近灭亡，便愈要杀人。抓人，杀人，也就是他们的把戏喽。"

这次会晤，在夏衍与鲁迅的记忆中，都留下了较深的印象。在很长一段时间内，鲁迅对夏衍的沉稳又不乏热情和才华的个性，显然有着相当的好感。

1928 年夏衍在《一般》杂志 4 卷 4 期发表了一篇《说翻译之难》的文章，其中点到了鲁迅的名字：

> 日本人喜欢用假名来译普通名词的音，正像广东人用“燕梳”来译 Insure，用“杯葛”来译 Boycott，乃至最近电影界用“拷贝”来译 Copy 一样。这种办法好坏姑不具论，实际上，因为日本人用这种办法，中国人之译日本文者，实在已经吃苦不少。加之日本假名中 B V 的发音不分，所以有些地方更令你莫名其妙。鲁迅先生在《新罗马传奇》中发现了译者将希腊女诗人 Sappho 的名字译成“萨芷波”，就知道了这本书是根据日文译本的重译，但在所谓《怀疑主义者》（日本鹤见祐辅著）的译文中，先生自己似乎也上了这种假名注音的当（见莽原合本第一卷下，页 565—页 570）。
>
> 假使不是排字工人的 misprint，那大概是鲁迅先生看错了。那篇文章中的 sketch-book（小品集子——引者注）似乎应该改为 skeptic（怀疑主义者）的。——虽则我找不到《思想·山水·人物》的原文，不知道原文上的假名有没有误植，因为 skeptic 和 sketch-book 的假名注音，确是

非常相像，不过假名的顺序，稍稍有点不同，所以不论谁也容易看错。

在此文的最后，夏衍进而下结论说："译书确是一种冒险，在现在的中国译书，更是一种困难而容易闹笑话的危险。"①

夏衍此文是汉语翻译界一篇较早的翻译纠谬的文章，其中不乏精当之见。比如说，"本来，一国的语言严格地说来是不能译为外国的"等等，现代语言学的发展似乎越来越证明这个道理了。但文章也有不够老练的地方。比如最后一句话，不管行文者有意无意，看起来总像是把鲁迅先生也归入因"冒险"而"闹笑话"之列了。

鲁迅大度地接受了夏衍的批评（以及批评中无意的小小冒犯）。他在同年 7 月 17 日致钱君匋的信中这样写道："《思想·山水·人物》中的 sketch-book 一字，完全系我看错译错。最近出版的《一般》里有一篇文章（题目似系《论翻译之难》）指摘得很对的。"接着，鲁迅还以他特别的思路和对翻译事业的理解，批评了夏衍文章中立论不够周全的地方："但那结论以翻译为冒险，我却以为不然。翻译似乎不能因为有人粗心或

① 端先：《说翻译之难》，"夏全 8"，第 236 页。

浅学，有了误译，便成冒险事业，于是反过来给误译的人辩护。”①

但就在夏衍与鲁迅友好往来的时候，他的朋友如钱杏邨、蒋光慈、冯乃超等却和鲁迅爆发了激烈的论战。

由于钱、冯等人在日本留学时都曾受到过流行一时的左翼内“福本主义”的影响，回国后又受到当时在党内普遍抬头的“左倾”思潮的支持，再加上盲目崇拜苏联理论等若干心理因素，他们在倡导普罗文学运动时竟然选择鲁迅作为他们的祭旗。1928 年 1 月，冯乃超在《文化批判》的创刊号上发表了《艺术与社会生活》，一连点了鲁迅、叶圣陶、郁达夫、张资平四位作家的名进行“批判”。接着，成仿吾发表《从文学革命到革命文学》《毕竟是“醉眼陶然”罢了》，蒋光慈发表《关于革命文学》，钱杏邨发表《死去了的阿 Q 时代》，杜荃（郭沫若）发表《文化战线上的封建余孽》等文章，以排炮的形式，对鲁迅发动了全面的攻击。

鲁迅此时的愤懑可想而知。本来，他和创造社曾有过合作的动议，而且与这批围攻他的“青年革命文艺家”中不少人，还曾有过一面之缘。1927 年 10 月 19 日，鲁迅到上海后，曾与钱杏邨、蒋光慈、潘汉年等一起，出席了中国济难会为出版一

① 鲁迅：《致钱君匋》，《鲁迅全集》第 12 卷，北京：人民文学出版社 2005 年版，第 121—122 页。

个刊物而召集的一次聚会。[①] 创造社也曾有过“联合”鲁迅的动议，并公开刊登了启事。[②] 这多少可算是有过同志之谊了吧？可是，现在这些他原以为可以引为同道的青年，突然向他发难了。而且语多轻薄，有不少无聊的人身攻击。这种源自于苏联党内斗争的“残酷斗争，无情打击”风格，是鲁迅无法接受的(事实上也没有什么人能够坦然接受)。

鲁迅决定展开反击。1928 年 3 月 12 日，鲁迅在《语丝》上发表了《“醉眼”中的朦胧》，首先回击了成仿吾、李初梨两人对他的攻击。接着，他又在《我的态度气量和年纪》《“硬译”与“文学的阶级性”》一系列文章中，或正面迎击，或旁

---

① 北京鲁迅博物馆鲁迅研究室：《鲁迅研究资料》第 14 辑，天津：天津人民出版社 1984 年版，第 88 页。

② 冯乃超辩解说，他们这几位后期创造社成员“回国前后都没有听说过这段准备联合的消息”。（冯乃超：《鲁迅与创造社》，《新文学史料》1978 年第 1 辑，第 37 页。）这是完全可能的。在当时时代条件下，信息送达的延误、误读、遗漏都是经常发生的事情。而论战开始后，曾有过的联合之声在创造社这边估计不会再有人提起了。

敲侧击，或顺笔带及，与创造社和太阳社展开了激烈的论战。①

在这场长时间的笔仗中，夏衍并没有写文章明确地加入到创造社或太阳社一边，但他当时的思想观念无疑同他们是相一致的，以至多年后人们自然地把他当成了太阳社的一员——在私下交往中，他与太阳社的钱杏邨（阿英）、蒋光慈的来往委实是太密切了。夏衍曾坦率地“自我招供”：“在这一年多的时间里，和创造社、太阳社的朋友朝朝夕夕相处，不谈论到这场论争是不可能的。钱杏邨、冯乃超写的几篇文章我都看过，还有钱杏邨不懂日文，他文章中引用的藏原惟人等人的理论文

① 夏衍晚年曾强调指出，如果重新评价当年这场不必要的论战以及“左联”的某些过“左”姿态，应当着重考虑客观原因而不是个人恩怨之类：“从20年代末到30年代初，是国际共产主义运动在世界范围内蓬勃兴起的年代，共产国际的第六次代表大会提出所谓‘第三时期’的理论，‘世界已进人资本主义总危机’，‘世界无产阶级革命正处于决战前夕’，这决定不仅影响到中国，也影响到西欧、北美和日本。无产阶级很‘左’，知识分子——包括西欧、美国、日本的知名作家也‘左’倾了，因为当时苏联有一个‘拉普’，日本有一个‘纳普’。我还记得，1930年11月初在苏联哈尔科夫召开的国际革命作家会议，还批评过法国大作家巴比塞的右倾。‘左联’初期的‘左’，一是受国际大气候的影响，二是我们这一些人都还年轻……我们这些人年少气盛，不了解中国，又缺乏实际斗争经验，‘左’风一来，就身不由己地卷进去了。”（夏衍：《“左联”六十年祭》，“夏全9”第690—691页。）

章，是我翻译后向他提供的。”[①][②]

夏衍提供的是什么样性质的理论文章呢？我们转引钱杏邨文中所提到的藏原惟人的主要论点就清楚了。藏原惟人在《再论普罗列塔利亚写实主义》中说：

> 普罗列塔利亚写实主义和像这样表面的琐屑的写实主义根本上是不同的。唯物辩证方法是把这社会向怎样的方向前进，认识在这社会上什么是本质的，什么是偶然的事教导我们。普罗列塔利亚写实主义依据这方法，看出从这复杂无穷的社会现象中本质的东西，而从它必然进行着的那方向的观点来描写着它。换句话说，普罗列塔利亚写实主义是握着在这进行中的这社会，把它必然的向普罗列塔利亚的胜利方面前进的这事，用艺术的，就是形象的话描写出来，以外没有别的。而在这意味上，假使把过去的写实主义说是静的写实主义，那么，我们可以称这是动的或力学的写实主义。

---

① “夏全15”第76页。

研究者还指出，夏衍所翻译的日本左翼作家平林泰子、金子洋文、藤森成吉的文字，“一般都没有译本序之类的评介文字。但似乎和作家、评论家钱杏邨约好似的，两人在翻译和评论方面做了很好的配合。钱杏邨对沈端先的每一个译本，都写专门文章加以评论”。（王向远：《二十世纪中国的日本翻译文学史》，北京：北京师范大学出版社2001年版，第156页。）

② 钱杏邨：《茅盾与现实》，《中流月报》1929年第4期。

藏原惟人强调文艺创作必须“用无产阶级前卫的眼光看世界”，看上去不错，但其出发点不是现有的现实，而是各种先入为主的观念。在他这里，作为生活过程的现实的描写被忽视了，文学事实上不过成为某种社会发展本质的观念的载体，或宣传口号式的辞藻而已。钱杏邨在与茅盾的争论中批评后者支持的应该把现实作为文艺最根本的认识和反映对象，而不能把自己主观意志强加于现实，是“守着自然主义的消极推动法”，是“属于不长进的——革命的小资产阶级的，是幻灭动摇的”。[①] 对这类用所谓“唯物辩证法的创作方法”取代现实主义的机械理论，夏衍在当时除了竭力加以理解和接受之外，事实上不可能有太多不恭的念头。

夏衍自己在这一时期写的关于文艺观的文章，也免不了有许多“纳普”（日本无产者艺术联盟的简称）气。如在《文学运动的几个重要问题》一文中他就这样写道：

> 普洛文学，第一就是意特渥洛奇的艺术。所以，在制作（这“制作”一词甚堪玩味——引者注）大众化文学之前，我们先该把握明确的普洛列塔利亚观念形态。这种观念形态，就是一切宣传鼓励和暴露文学的动力。在这种普

① 钱杏邨：《茅盾与现实》，《中流月报》1929 年第 4 期。

洛列塔利亚意识形态统一之下，应用简明的手法，不单从理论方面把握现存秩序的生产和剥削的机构，而且要抓住流动的现实世界，适应各种特殊状况，将资本主义的魔鬼，如何在背后活跃的事实，具体而如实地描写出来；于是，将这种作品送进群众里面，从布尔乔亚的精神麻醉中间，夺取广大的群众，使他们获得阶级的关心，使他们走上阶级解放的战线，这才是普洛列塔利亚大众文学的目的。作品的鼓励和宣传的力量（注意，这儿再次把作品的力量与宣传的力量相混同了——引者注），能够广泛的影响大众，能够有效地变成他们自身的血肉，——换句话，这种意特渥洛奇的被摄取百分比，也就是这种大众文学的价值的 scale（标准——引者注）。当然，我们所期待的，是这种观念形态的一百 percent（百分比——引者注）的解消。……①

稍后的《到集团艺术的路》一文里，夏衍更明确地提出了“艺术价值=文学在普洛运动中的效果”公式：

在现今工农大众争斗长足进展的时候，一种作品的是否具有艺术基础条件，以及他的艺术价值的大小，我们绝

① 沈端先：《文学运动的几个问题》，“夏全 8”，第 263 页。

> 对不能再用从来布尔乔亚的艺术规定来估量，而应该根据这种作品对于解放运动所及的实际效果来评价。假使，我们肯定了上述的见解，那么，我们可以说明，对于从来艺术形态，以及一切被现今知识阶级以为落后的方式，我们决不是固定地采用，而是一定要适应着目前普洛列塔利亚政×（原文如此，疑为“权”字——引者注）所规定了的当前任务，而辩证法的创造出新的艺术的外形。①

由上可以看出，夏衍此时的文艺思想是很矛盾的，一方面，他对于艺术创作本身的规律有了一定的认识。他说“适应各种特殊状况”“具体而如实地描写”，更说，“我们所期待的，是这种观念形态的一百 percent 的解消”，都足以证明，在自觉意识里，夏衍是试图将艺术品与非艺术的宣传品作一个区分的。然而，这种自觉意识一开头，就被其所接受的、另一种代表了集体无意识的政治话语给淹没了。一种过分乐观的情绪使他同时又以为，艺术家无须艰苦卓绝的努力，就能轻松地把“意特渥洛奇”的追求与艺术的表达完整地统一。自然，对他们所把握到的“意特渥洛奇”有多大的准确性和在中国有多少可能的实践性，他就更是未作进一步深思了。这就使得他有些轻率地断言说：“这种意特渥洛奇的被摄取百分比，也就是这

---

① 沈端先：《到集团艺术的路》，“夏全 8”，第 285—286 页。

种大众文学的价值的 scale。”

此类议论一定程度上可视作中国现代“文艺从属论”的开端。“中国的现代文艺是深受了日本的洗礼的。而日本文坛的毒害也就尽量地流到中国来了。”[①] 在无意识中，郭沫若、钱杏邨、成仿吾、冯乃超、李初梨、夏衍、潘汉年、周扬等，一定程度上还包括冯雪峰、胡风、丁玲等左翼知识分子，都是这种从属论的接受者和始作俑者。然后，他们又要花上数十年的时间反思、探索，最后打破它的约束。为了打破这种“文艺从属论”的束缚，他们中不少人甚至付出了青春与自由的代价。然而，在提出这观点的当年，他们是真诚的并试图身体力行。

只是，让后来人感到惊异的是，夏衍的思想在当年与钱杏邨他们并无二致，又与他们有很好的私交，何以竟然连一篇从普罗文学方面来批评（即使在言语中稍稍带到）鲁迅和茅盾的文章也没有呢？“文革”时期夏衍作为“文艺黑线”的代表人物被“打翻”在地，造反派们“上穷碧落下黄泉”却也没有能够找到与此相关的材料，不由大为气恼。造反派们气急败坏的情形，是此时夏衍少有聊以自慰的笑料了。

个中原因其实是很简单的。夏衍有关茅盾的一段回忆，大致回答了这个问题。

---

① 麦克昂（郭沫若）：《桌子的跳舞》，《创造月刊》1928 年 1 月第 1 卷第 11 期。

> 当1928年冬，茅盾发表了《从牯岭到东京》之后，大家对《动摇》、《幻灭》有反感，钱杏邨就写了一篇《从东京回到武汉》，洪灵菲也要我写一篇批评文章，我答应了。但是，当我仔细读了茅盾的文章之后，对于他对小资产阶级知识分子的看法我有同感，觉得很难下笔，结果没有写。这也许还有另一个原因，这时茅盾的夫人孔德沚和我同在一个小组，经常见面，还不时一起去散传单，写了文章怕伤感情。①

夏衍这里说的两个原因均很重要，实际表达了他个性中的某些不合时宜。一是对知识分子的态度。夏衍在知识分子的精神独立方面一向有自己的见解，他自愿服从党的决定、组织的安排，但他似乎从来也没有把自己当成“驯服工具”，并不认为外在的力量，尤其是政治权力以及缺乏文化素养的群体有资格对知识分子的精神世界指手画脚。这种执拗的信念他自己也许都从来没有自觉地体察，因此他在后来的人生中便需要为这种信念不断地付出代价。二是他性格中温情主义的因素。夏衍性格平和、沉稳，不愿意与人展开“残酷斗争，无情打击”的正面敌对冲突，对同志更是如此。不能说

① “夏全15”，第76页。

夏衍在30年代就对当时党内那种不健康的过分严厉的斗争风气有自觉抑制意识，但因为私交，因为对人情关系的处理方式，都使他不能忍心用很重的话语批评茅盾（自然也包括鲁迅）。但反过来，如果对方，尤其是原来认作朋友的那些人突破了夏衍的温情底线，那他们也就很难获得夏衍的宽宥。也可以说夏衍个性中归根到底是保留了不少书生意气的成分，它们从来也没有很好地被"改造"。

需要指出的是，我们在前面以较多的笔墨分析评价了革命文学论争所造成的一些消极后果。而这决不意味着对普罗文学建设的必要性与积极性的否定。事实上，无论从理论把握，还是从历史背景来说，普罗文学家所倡导的无产阶级革命文学的根本方向都是具有重大价值意义的，在那时所具有的震撼力和吸引力不应被忽略。在当年的中国文坛，不少作家习惯于描写和反映小资产阶级知识者细琐卑微的生活与情感，缺乏恢弘的时代关怀，和对国家民族命运的关注。而经过先行者们的呼吁，不少有艺术良知的作家，开始注目于劳苦大众的生活命运，开始有意识地体验社会的矛盾与骚动，描写大众的痛苦与崛起。他们真诚面对社会矛盾、为底层劳动人民痛苦而作担当的勇气，直到今天还是照亮文艺家们前行不灭的精神火炬。

第三节　衔命筹建左联

1929年春，根据夏衍的表现、特长和能力，地下党组织决定让他较多地进入文化教育界展开活动。1928年12月，上海艺术大学被反动当局强行关闭，地下党组织随即着手组建华南大学。1929年2月，华南大学成立，沈端轩、王学文、董绍明被聘为该校教授。一大批原来工作在上海艺大的左翼人士即准备转移到华南大学任教。

但当局的嗅觉也很灵敏，就在华南大学发布招生广告的同时，他们即以“上海文化促进社”“中国文化促进协会”的名义在报上发表文章，称华南大学是“创造社一班共产党徒”，因“去年上海艺术大学包办蛊惑宣传事业之失败”“总宣传机关创造社出版部被封闭”而组织的“共产党宣传机关”。[①] 结果，不过50天，华南大学又遭查封。

经历了接连数次失败，地下党组织也开始改变斗争策略了。反动当局不是以“左倾”查封上海艺大吗？江苏省委便决定把那些左派身份较明确的作家、艺术家从上海艺大撤出，同时派进了另一批较为陌生或变换了名字的左翼作家，如华汉

① 《关于“华南大学”》，《民国日报》1929年3月9日。转引自方育德：《有关艺术剧社史实的几点辨正》，《新文学史料》1991年2期，第193页。

(阳翰笙)、黄药眠等；再利用上海艺大校长周勤豪赚钱心切的心理，让他到处活动，使上海艺大重新开张。这样，左翼力量又一次悄悄地夺回了上海艺大这块阵地。不久，党组织通过将近六七个月的努力，又将夏衍和大部分从原上海艺大撤下的作家如冯乃超、郑伯奇等人转进了中华艺术大学。

中华艺大表面上是由一批政治色彩不浓的知识分子主持，陈望道任校长。但夏衍等人来到这里后，中华艺大便渐渐成了左翼人士活动的中心。

中华艺大位于窦乐安路233号，东近四川北路，南临横浜路，西靠宝山路，是中国地区和“越界筑路”[①] 区域的交界处。地处荒僻，实际上是“不管区”。学校是一幢砖木结构三栋合一的花园洋房，坐北朝南，红砖红瓦，清水墙，墙砖灰白色勾缝。楼上和底层，各有四个房间，用木板相隔，每间20多平方米。3楼是个假3层，无法开会办公。屋前有一花圃，种植花草、树木，环境很幽静。左翼人士来到这里，可以较为从容地讨论问题，进行理论宣传。国民党文化特务的嗅觉虽灵敏，此时尚不至于伸到这儿来。

1929年9月5日，上海《民国日报》在《学校消息》栏内报道说：“中华艺术大学，现已聘定沈端先氏为文科主任。”左翼文化力量已成功地从上海艺大转入了中华艺大。同时也可看

---

① 指租界当局超出租界修筑马路的地段。

出，由于在翻译领域迅速崛起的声望，夏衍在文化界内，已被视为一个颇有实力独当一面的人物了。

进入中华艺大后，为充实左翼人士在各方面的影响，夏衍便又以个人名义给在日本东京美术学校的许幸之打电报，邀请他来校任教。接到夏衍的电报，许幸之立即动身回国，在上海地下党领导下参加了中华艺大的教学工作，任副教授兼西洋画科主任。

以夏衍为代表的左翼文化人士在中华艺大的活动，为即将到来的无产阶级革命文艺运动的高潮，做了许多干部方面的准备工作。在左翼戏剧人才培养方面，成绩尤为突出。

1929 年冬，中华艺大开办了为期两个月的戏剧讲习班，学员人数在一百人以上，每晚 7 时到 9 时上课。课程有戏剧史略、戏剧概论、导演论、舞台装置学、化妆学、音乐初步、舞蹈概论、演技实习、化妆实习等。讲授的人有郑伯奇、冯乃超、叶沉、许幸之、陶晶孙、鲍铭强、王一榴等。

正当夏衍在教育界和戏剧界打开局面的时候，1929 年 9、10 月之间，他却接到了来自上级组织的命令：他将作为主要负责人，直接参与中国左翼作家联盟（简称“左联”）的筹建工作，并承担与鲁迅先生的沟通联系工作。

“左联”的酝酿、成立过程，其中还有若干因素直至今天都不是非常清晰。不过，没有疑问的一点是，的确是中国最高领导阶层注意到了后期创造社、太阳社与鲁迅之间的论战，并要求立即停止这种论战。中共领导人认识到，需要团结以鲁迅为首的一批与共产党战斗目的相同或者基本相同的要求进步的作家，共产党与他们的关系，应当是一个广泛的、联盟的关系。

李立三①、李富春②等都对这方面问题做出过明确的指示。当时负责中共中央军事工作的周恩来从中或许起过关键性的作用。“1928年中共六大前，周恩来已发现上海进步文化阵营出现了裂痕，创造社、太阳社和鲁迅之间发生了论战，回国后决心解决这一问题。这是中共中央抓文艺工作的开始。”③ 在莫斯科开完“六大”后，周恩来于1928年11月上旬“回到上海，参与中共中央领导”。④ 当时，党正处在很困难的时期，既有陈独秀问题，又有和共产国际远东局的争论。周恩来回国后日以继夜地工作。他从潘汉年和冯雪峰处了解到文艺界矛盾有了新的发展，于是下决心解决这个问题。到1929年4、5月间，稍有空暇，他便示意潘汉年代表中央和一些左翼文艺的主要人士商讨成立联合左翼文艺界组织的有关事宜。

根据阿英的回忆，“潘强调要吸取中国著作者协会告吹的教

① 吴黎平：《长念文苑战旗红——我对左翼文化运动的点滴回忆》，《文学评论》1980年第4期。

② 阳翰笙：《中国左翼作家联盟成立的经过》，《文学评论》1980年第2期。

③ 中共中央文献研究室：《周恩来年谱（一八九八—一九四九）》（修订版），北京：中央文献出版社1998年版，第183页。

④ 中共中央文献研究室：《周恩来年谱（一八九八—一九四九）》（修订版），北京：中央文献出版社1998年版，第149页。

训，这次准备工作做得要充分一些，并说打算以创造社、太阳社和鲁迅周围的一些作家为基本队伍，再扩大一点。潘汉年还同创造社、太阳社其他几位成员也说过类似的话。当时开会不方便，有事常是个别碰头。我曾听太阳社的洪灵菲（洪是我们社的，我们社后并入太阳社）和创造社的朱镜我（朱有时也参加太阳社支部的会议）说起，潘汉年同他们也进行过上述内容的谈话。”①

可见，在党的领导人心目中，“左联”的雏形已经有了一个轮廓。但1929年5月至7月，国民党接连发动了两次大逮捕，不少左派作家被捕，包括像阿英这样的重要作家，“左联”的成立只能往后推了。不过，更重要的也许还是周恩来直到1929年秋，才能安排出较多的时间来处理文化界的事情。潘汉年就是在周恩来的直接领导下，担负起了筹组“左联”的牵线工作。与此同时，周恩来还以他特有的深入与细致，直接过问了筹组“左联”的人选问题。夏衍得以进入筹备小组，除了他没有参加过与鲁迅的直接论战，以及钱杏邨、洪灵菲等人力荐等因素外，也许还有周恩来干预的因素。

夏衍最早引起周恩来注意，是他翻译了早期马克思主义者倍倍尔的《妇女与社会主义》。看了沈端先的一些翻译作品，又从潘汉年那里知道了一些作者的情况，认为沈端先“可能是个条件较为好的文艺骨干”；他指示潘汉年作进一步了解。潘

---

① 吴泰昌：《阿英忆左联》，《新文学史料》1980年第1期，第15页。

找到当时的闸北区委书记赵容（康生）。[①] 赵将夏衍在日本的经历写成文字交给潘汉年时说了一句："这样的文艺人才，放在闸北区搞工运，跑跑纱厂是可惜的。"当时周恩来并没有立即调动夏衍。待他和邓颖超从莫斯科回到上海，决定整顿文艺界时，夏衍便被推举了出来。[②]

到1929年秋，筹组"左联"的各种主客观条件已经成熟。创造社与太阳社中的许多年轻人，通过一年多的认真思考，已经开始认识到鲁迅思想的独特深刻性及巨大价值所在。他们通过各种关系，向鲁迅表达了捐弃前嫌的意愿。而鲁迅本人，通过这一年多的潜心研读普列汉诺夫、卢那察尔斯基的著作，在思想上也更加靠近和认同无产阶级文艺了。因此，他乐于接受冯雪峰、冯乃超、彭康、李初梨这些年轻人的善意。当冯雪峰受命找他谈话，商量成立"左联"的时候，他便完全赞同成立这样一个革命的团体。

本来，潘汉年对鲁迅的态度多少还有点担心。他再三要冯雪峰征求鲁迅的意见，并说"中国左翼作家联盟"的"左翼"两个字用不用，取决于鲁迅。鲁迅如不同意用这两个字，那就

---

① 康生与夏衍可能有过的工作联系，可参见何炎牛、马福龙《周恩来与潘汉年》（《上海党史研究》1998年第2期）。另可参见"夏全15"，第313页。

② 《周恩来年谱》记载，"周恩来决定将夏衍（沈端先）从闸北街道支部调出"参与筹组"左联"。［中共中央文献研究室：《周恩来年谱（一八九八—一九四九）》（修订版），北京：中央文献出版社1998年版，第184页。］

不用。结果鲁迅态度很明朗地说：“左翼”两字还是用好，比较明确一些，旗帜可以鲜明一些。

对于这样的历史背景，夏衍当时自然是不可能了解的。因此他更多地看到筹组“左联”的困难：吵架吵得那么凶的人，怎么可能捏到一起来呢？他对自己在文艺界能起到怎样的作用，心里也是没数的。他觉得这任务很棘手，只好去找好朋友，同为“左联”筹备小组成员之一的钱杏邨谈心。

钱杏邨坚决主张夏衍参与筹建“左联”：

> 为了争取鲁迅对左联的巨大支持，必须有人经常与鲁迅打交道。当时党组织领导下几个主要从事筹备工作的大都是原创造社、太阳社的。像乃超和我都与鲁迅有过文字之争，夏衍没有参加“革命文学”论争，不存在这个问题。而且，他与鲁迅已有点往来。同时，他虽是太阳社支部的，同太阳社人员自然很熟，与后期创造社的几位也熟（他们在日本时就认识了），太阳社与创造社（主要从日本回来的几位）文字上也交过锋，记得第三街道支部还为此将双方召集在一起开过会，解决了一些问题，但彼此思想意识上都有毛病，互不服气，所以，增进团结问题仍然存在。党一再提醒我们要搞好党内这些同志的团结。我想，代表创造社、太阳社一些同志去做鲁迅工作，夏衍更能发挥作用，同时也有利于进一步调整两个社团之间的关系。

> 加上我同夏衍住得很近，常常交谈，他经常在创造社、太阳社的刊物上写文章，彼此比较了解。①

夏衍于是打消了最后的一丝顾虑，全身心地投入到“左联”的筹建工作中。

10月中旬的一天下午，潘汉年跟筹备组人员分别谈妥后，在公啡咖啡馆召开第一次小组会议。冯乃超、彭康、阳翰笙、钱杏邨、蒋光慈、戴平万、柔石、洪灵菲、冯雪峰、夏衍再加上牵头人潘汉年共11人到会。两位非党小组成员鲁迅与郑伯奇未曾出席。②

公啡咖啡馆位于北四川路998号，在一个有轨电车终点站附近，是一家不大的茶室，没有特别引人注意的地方。而且采用这类店名的，在那条街上也不只它一家。这儿是租界，国民党当局若不经过一定的手续，得到租界占领者的许可，是不能

---

① 吴泰昌：《阿英忆左联》，《新文学史料》1980年第1期，第15—16页。

② “左联”筹委会的成员有多种说法，此处我们采用的是夏衍的回忆：“因为当时采取的是创造社、太阳社、以及其他不是太阳社、创造社的，三个方面各出四个人组成筹委会。创造社四个人是：郑伯奇、冯乃超、彭康、阳翰笙；太阳社：阿英（钱杏邨）、蒋光慈、戴平万、洪灵菲；其他方面：鲁迅、柔石、冯雪峰和我。一共12个人，我记得很清楚，不会错。三方面各出四个人，最后决定是潘汉年，潘汉年代表‘文委’领导我们。他说：‘你们十二个，加上我算十三个。我这个人没有洋迷信，不怕十三。’这个我记得很清楚，连潘汉年说这话时的神情我都记忆犹新。”（周健强：《夏衍谈“左联”后期》，《新文学史料》1991年第4期，第130页。）

随心所欲攫住它所想捕获的猎物的。而公啡咖啡馆又是犹太人开的，中国人一般不去，外国人对喝咖啡的人又不太注意，因此在这儿开会比较安全。①

这天的筹备小组会议放在二楼的一个小统间举行。大家围着一张长餐桌，由潘汉年主持会议。他很谦逊地说明，会议之前，李富春同志（当时江苏省委宣传部长）与华汉（即阳翰笙）谈过一次话，因此先请华汉把党组织的意见向大家传达。阳翰笙把党团结鲁迅、尊重鲁迅的意见正式传达之后，夏衍及大部分的小组成员纷纷表态，拥护李富春的意见。钱杏邨等人作了自我批评，说自己对鲁迅态度不好。自然，也有人对此持保留意见。他们分辩说，鲁迅只是一个激进的民主主义者，不是马列主义者，为什么不能批评呢？

那时的党员们非常讲究组织原则，最终大家达成了共识。潘汉年在会上代表中央为小组规定了两个最重要的任务：一、拟定"左联"发起人的名单；二、起草"左联"纲领。会上决定，这两个文件拟出初稿后，先请鲁迅审阅，得到他的同意后，再由潘汉年转送中央审定。

这次小组会同时还作出了两个决定：一、创造社、太阳社

---

① "为了筹备左联，我们经常在北四川路底的一家名叫'公啡'的咖啡店里集会。"（夏衍：《难忘的 1930 年——艺术剧社与剧联成立前后》，"夏全 3"第 293 页。）

所有的刊物一律停止对鲁迅的批评，即使鲁迅的文章中还有论战的言语，也不反驳，对鲁迅要尊重；二、分派夏衍、冯乃超、冯雪峰三人专门负责筹备小组与鲁迅的联络工作。鲁迅目标太大，不宜太多参加筹备小组会议，因此夏衍等三人需经常把小组会议的情况向他报告。

从这以后，历时近两年的“革命文学论战”终告结束。

潘汉年与李初梨的两篇文章是论战结束的标志。潘汉年1929年10月15日发表在《现代小说》3卷1期上的《文艺通信》有这样的文字：“与其把我们没有经验的生活来做普罗文学的题材，何如凭各自身受与熟悉一切的事物来做题材呢？至于是不是普罗文学，不应当狭隘的只认定是否以普罗生活为题材而决定，应当就各种材料的作品所表示的观念形态是否属于无产阶级来决定。”

李初梨在《创造月刊》2卷6期上的《普罗列塔利亚文学应该怎样防卫自己》写道：“普罗列塔利亚文学的作家，应该把一切社会的生活现象，拉来放在他的批判的俎上，他不仅应该写工人农民，同时亦应该写资本家、小市民、地主豪绅。”

既然大家在思想认识上已基本趋于一致，筹备小组的工作也就好做了。在这期间，夏衍、二冯（雪峰、乃超）等，曾不止一次地到景云里17号寓所面见鲁迅先生，向他通报每次筹备会议的情况。鲁迅对于年轻人的做法是谅解的，一再表示愿意团结起来。

一个冬日的午后，半空里挂着的太阳，显得苍白无力，寒风瑟瑟，街上冷冷清清。夏衍和冯乃超带着拟好的两个文件（“左联”纲领、发起人名单）来到景云里。

鲁迅戴上眼镜，费劲地逐字逐句地读完那份像是从外文翻译过来的文件：

> 社会变革期中的艺术，不是极端凝结为保守的要素，变成拥护顽固的统治之工具，便向进步的方向勇敢迈进。作为解放斗争的武器，也只有和历史的进行取同样的步伐的艺术，才能够唤取它的明耀的光芒。
>
> 诗人如果是预言者，艺术家如果是人类的导师，他们不能不站在历史的前线，为人类社会的进化，清除愚昧顽固的保守势力，负起解放斗争的使命。……

读完纲领，鲁迅没有立刻表态，而是沉吟了片刻。以他的睿智，大概也需要一些时间来予以消化此种语言表述。他最终表示同意这份纲领，但在看过发起人名单后，他指出：为什么发起人里没有郁达夫的名字？

其中的原因并不复杂，当时有不少左翼作家认为郁达夫“意志消沉，情调灰色”。听了夏衍、冯乃超的解释，鲁迅并不同意这种明显过左的意见，他坚持说：“达夫消沉，那是一时的情况。我认为他应当参加，他是一个很好的作家。”

夏衍和冯乃超当即表示同意。谈完了正事，鲁迅心情很好，破例留住夏衍、冯乃超又闲谈了一阵，还为他们讲了绍兴家乡的一些笑话。其中说两个农民，一个说皇帝这么有钱，这么舒服，不知怎么过日子的；另一个很有把握地回答：皇帝的生活嘛，一只手元宝 nian nian（捏捏），一只手人参 jia jia（嚼嚼）。最后两句话完全是用绍兴方言讲的，听起来别有风趣。[①]

把鲁迅的意见带给筹备小组的其他成员，大家都说，既然是鲁迅的意见，那就按他的意思办。于是，2 月下旬的一个雨天，夏衍和陶晶孙一起去看郁达夫。郁达夫正病卧在床上，夏衍简单地介绍了筹组“左联”的情况，并邀他参与发起。

郁达夫看了夏衍、陶晶孙诚恳的面容，干脆地回答：“你们要我参加，我就参加吧。不过——”他又流露出一些意兴阑珊的表情：“我正在‘冬眠’，什么事情也做不了。”对着夏衍，他苦笑了一下，一副抱歉的神情。但实际上他对左翼文化活动还是很热心的。——后来尽管不知因为了什么莫名其妙的原因被开除出了“左联”，但他也没有退出“自由运动大同盟”“互济会”“人权保障大同盟”这些共产党支持的团体。[②]

一切差不多都准备停当了，最后还有一个“左联”成立大会的开会地址问题。选来选去，最后还是选中了中华艺大。中

---

① “夏全 15”，第 80 页。

② 夏衍：《忆达夫》，“夏全 9”，第 581 页。

华艺大除了具备地理环境和自身条件各种有利因素外，还有一点是它离鲁迅的住所景云里不远。

选好了地址，3 月 1 日下午，潘汉年便和夏衍、戴平万等人一起，仔细地察看了会场情况。从北四川路到窦乐安路的交界，到艺大二楼的进口处，直到全校的房间，都仔细作了观察。有几个门可作出口，有没有后门，经过后门可以从哪条路出去，都作了周密安排。但就这样，潘汉年仍觉不太放心，第二天开会前，他又悄悄地把夏衍从主席台上叫了出去，说："你可以事先和冯雪峰讲明，万一有紧急情况发生，让他和柔石先陪着鲁迅先生从后门撤退。在会场中我们布置了四个身强力壮的工人纠察队员，他们会一直保护鲁迅先生的。"同时他还告诉夏衍，从北四川路到中华艺大门口，一路都有安全布置。

春天的脚步已经来到黄浦江畔，虽然气温仍然偏低，但马路两边的法国梧桐已绽出了嫩绿的新叶。寒风从行人身边掠过，已不觉得过于凛冽刺骨了。上海已是脱去大衣穿光身西装的季节了。对这一年上海的 3 月，夏衍满怀着喜悦和憧憬。他曾这样描写道：

> 3 月来了！——充满了欢喜和希望，我们拥到街头去吧！周围还是很冷，但是正在萌芽的新绿，已经报告我们，春天已经到了目前。稚嫩的新芽，变成了翠绿的叶子，她，——已经冲破了长时间重压着的灰色的地壳，已

经接触着料峭的春风。[①]

1930 年 3 月 2 日下午，中国左翼作家联盟成立大会在中华艺大如期举行。

会场设在艺大底层右边靠马路的一间长方形大教室。室内没有特别布置，前面是一块大黑板，黑板之前有一只矮矮的小平台，很像过去学生上课的课桌，充作了主席台。原来教室内的课桌都移出，参加会议的人都坐在咖啡色的长板凳上。因到会的人多，教室的两旁还有一些人站着，连主席台旁也站着不少人。他们中有工人纠察队员，也有一些是事先得到消息赶来的艺大学生。

在主席台上，鲁迅穿着布长衫、西装裤，夏衍和钱杏邨则穿着整洁的西装。下午 2 点左右，夏衍估算了一下与会的人数，觉得已差不多到齐。有些代表，像郭沫若，此时远在日本，不可能赶回来开会；还有蒋光慈、叶灵凤、杜衡、郁达夫等，则迟迟不见身影，看来也不会来了。他和鲁迅、钱杏邨统一了一下意见，决定准时开会。

这一天参加“左联”成立大会的正式代表，除了鲁迅、郑伯奇、冯乃超、彭康、华汉（阳翰笙）、阿英（钱杏邨）、戴平万、柔石、洪灵菲、画室（冯雪峰）、夏衍、潘汉年外，还有

① 若沁：《革命的三月》，“夏全 9”，第 29 页。

龚冰庐、叶沉（沈西苓）、孟超、莞尔（余怀）、丘韵铎、王洁予、冯润璋、顾凤城、许峨、冯铿、王任叔、周全平、冯宪章、姚蓬子、韩侍桁、吴贯中、黄素、鲁史、朱镜我、田汉、王一榴、刘锡五、陶晶孙、戴望舒、李初梨、林伯修（杜国痒）、殷夫、徐迅雷、程少怀、陈正道、许幸之、沈起予、李伟森、潘漠华、庞大恩、童长荣等，共有50人左右。[①] 他们一起见证了一个历史性的时刻。

大会开始，由代表们举手表决，推定鲁迅、夏衍、钱杏邨三人为主席团。然后，冯乃超、郑伯奇报告筹备经过；接着，是中国自由大同盟代表潘漠华和鲁迅、田汉、彭康、阳翰笙的讲演。

鲁迅的讲演题为《对于左翼作家联盟的意见》，在大会上引起了不小的震动。鲁迅指出，“对于旧社会和旧势力的斗争，必须坚决，持久不断，而且注重实力”，“我以为战线应该扩大”，“我们应当造出新的战士”，“要在文化上有成绩，则非韧不可”。

鲁迅的讲话，尖锐有力，语重心长，充满了现实主义的、

---

① 关于参与“左联”成立大会的人员名单，历来有多种说法。需要指出的是，某些未见诸于正式参会名单的人，如李伟森（李求实），其实是“‘左联’发起人之一，参加了‘左联’成立大会，只是为了安全，没有发表他的名字”。而有些人士未参加“左联”是出于更复杂的斗争策略的考量，他们事实上与“左联”有着密切的关系往来。如陈望道是甘愿做一个党外“布尔什维克”，叶圣陶是组织上有意不让他暴露“左”的身份（他是开明书店的总编辑，当时开明书店是唯一一家和左翼作家有联系的大书店了）。（周健强：《夏衍谈“左联”后期》，《新文学史料》1991年第4期，第130—131页。）

恳切的批评与自我批评精神。多年以后，参加大会的人还能十分清晰地回忆起当时的场景：先生是站着讲的，他身穿长衫，就像老师一样，从容不迫地侃侃而谈。当他说到革命文艺家要不懈努力时，随手拿起粉笔，在黑板上大书了一个“韧”字。[①]

下午4点，开始“左联”常委选举，夏衍得票最多。7个候选人排名第一，接下来是冯乃超、钱杏邨，然后是鲁迅、田汉、郑伯奇、洪灵菲。周全平与蒋光慈是候补执委。

这明显存在对鲁迅的压票现象了。个中原因并不难理解：鲁迅在讲话中对太阳社、创造社的一些人的意识、作风提出了严肃的批评，因此有人便认为他仍然“没有改变”，只是“老生常谈”，不足为训。在许多党员作家心中，鲁迅仍然是同路人、统战对象（尽管当时并没有这一名词）。“左联”虽然已经成立，但要转变此种偏狭自大的心理、要真正认识鲁迅在革命文学运动中的位置和价值，还有很长的路要走。后来的历史证实了这一点。

选举完毕后，代表们开始向大会提案，计有17项之多。主要有：组织自由大同盟的分会、发展左翼文艺的国际关系、组织各种研究会、与各革命团体发生密切关系、发动左翼艺术

① 周国伟、史伯英：《“左联”成立大会史实寻踪》，“左联”成立会址恢复办公室：《中国三十年代文学研究》，上海：上海社会科学院出版社1989年版，第32页。

大同盟的组织、确立各左翼杂志的计划、参加工农教育事业等。提案通过前，先由夏衍和钱杏邨将题目写在黑板上，然后以举手的方式一一通过。

会议足足进行了五个小时，直到晚上 7 点才在低沉又热烈的欢呼声中，宣告结束。代表们互道祝贺后，开始逐渐散去。

收拾完了一切，夏衍和潘汉年等很晚才离开会场。

可能也正是通过这一段时间的接触，夏衍与潘汉年开始由一般的工作关系发展出了具有更为密切交往的私人关系，而后，两人间相互支持、相互理解、积极互动，在极度危险和错综复杂的地下斗争中以鲜血结成了牢不可破的友情。1955 年潘汉年因冤案入狱后，两人相互不通音讯但彼此间依然肝胆相照。1977 年潘汉年去世后，夏衍仍然强烈地坚持这份友情，直到去世前仍然操心着电视剧《潘汉年》的拍摄问题。潘汉年无儿无女，他的英名正因为是拥有了像夏衍、廖承志这样的朋友——不可忘却的，还有像陈云这样的领导，才得以广泛流传。

潘汉年大约在 1925 年前后进入文坛。开始的时候，他主要在创造社干打杂的活：捆书，跑印刷厂、邮政局之类，被称为“创造社的小伙计”之一。但他的发展极快。1926 年 4 月与叶灵凤等一起创办了《A11》周刊、《幻洲》周刊等。[①] 同年，

① 潘汉年在创造社内的活动，可参见咸立强《创造社研究》（复旦大学博士论文，2005 年，打印稿）第 41 页及其他相关各处。

潘秘密加入中国共产党。1927 年初，潘应郭沫若的召唤，赴南昌参加北伐工作，被任命为《革命军日报》主编。不久，蒋介石开始清党，潘汉年回到上海继续从事革命工作。1928 年夏天，22 岁的潘汉年被调到中共江苏省委宣传部，负责将创造社、太阳社几个文化组织中的党小组合编为一个支部，即上海文化工作者支部，即“文化党组”，他被指定担任党组书记。该年冬，“文化党组”改属中共中央宣传部直接领导。1929 年 6、7 月间，中共中央六届二次会议决定成立中央文化工作委员会，负责“指导全国高级的社会科学的团体，杂志，及编辑公开发行的各种刊物和书籍”。潘汉年被任命为第一任文委书记。这一年，他才 23 岁。[①] 正是在他担任“文化党组”书记期间，太阳社、创造社与鲁迅爆发了“革命文学”论战，于此，他应当负有一定的领导责任。[②] 当然，他也是较早从“左”倾关门主义情绪中觉醒过来的一位左翼文化战士，这一点，在其运筹领导建立“左联”的过程中已经可以看得很清楚了。

潘汉年来到上海后不喜欢穿长衫马褂，也不愿穿被人指称

① 可参见王焯《潘汉年如何成为党的文化统战先锋》（《党史纵横》2009 年第 3 期，第 37 页）。

② “在这场论战中，作为创造社的一名成员，潘汉年尽管没有过多的参与，但也发表过对鲁迅不够理解和不够尊重的文字。在他主编的党内机关刊物《战线》周刊第 1 期上，对鲁迅的“态度”、“气量和年纪”等说三道四。”（孟冬：《潘汉年与鲁迅和左联》，《文史精华》2003 年第 6 期，第 59 页。）

为“赤化”的中山装，喜欢西装革履，这种富家子的打扮为他赢得了一个“小开”的绰号。[①②]“小开”是上海话小老板的意思。后来，他索性用“小开”做了自己的笔名，并由这个笔名引申出了其他一些笔名如“开”、“小K”、“K”等。在他之后

---

① 什么是“小开”式的打扮呢？现在的人们已经不容易凭空想象了。袁殊的一番描述很有参考价值：“他在一个春天的寒冷季节的时候，戴在头上一顶灰色丝绒礼帽，是在上海英商惠罗公司买的，可能高达二十四五元吧。当时上海的米价，每担最高也不过五元；而无产阶级的、纱厂青年女工，月工资不过在十元以下，一个童工的工资，就更比其低廉得多了。他以资产阶级的生活外貌，伪装他为人民大众的利益而进行的工作。所谓绣花枕头，里面装着黄金的财富，也可用来写照他的本质。”

另外，由于潘汉年悲惨的结局，人们回忆他的革命历程和业绩时，一般都比较强调他悲情、严肃的一面。夏衍也不例外。但这样就不容易看到潘汉年个性的一面了，他好像和一般的无产阶级老革命家形象别无二致。还是袁殊的回忆较有个人特点（也许不全面）：

小开这个人，从外表上，比较地说，是带了些文绉绉气息的、“阔绰”的小老板式的、倜傥风流气派的才子，有些潇洒姿势，风流的外表。但他不是一个纯粹的文化人，虽然也写过一点文字，但不很多；有着一种轻巧尖刻的口齿，讽刺或略带幽默气味的口才作风。他在文化界中的熟人很多。“条条大道通罗马”，这方面的联系，是极其广泛的。对于人，他有丰富的鉴貌辨色的深沉功夫，有一种一眼就可以看到你的心底里去的本领，是一个有秘密工作的才能，在很多方面起着有影响的煽动性的作用；但又是一个不具有八股形式的、不完备的、有修养的、理论上的指导者，或公开的、正面的宣传家。他是一个有政策手腕的人，是一个纵横裨阖、巧妙的权术家，是个现代化了的红色的苏秦、张仪式的人物之一。这不过是我个人对他的看法——或者说是个人的偏见吧。（袁殊：《十字街头上的文化骑士——关于潘汉年的一些文化活动的回忆》，上海鲁迅纪念馆：《上海鲁迅研究》，上海：上海社会科学院出版社1996版，第128—129页。）

② 尹骐：《潘汉年传略》，《新文学史料》1992年第4期，第145页。

长期的秘密工作中，这些笔名也成了他的化名。此外，他较重要的化名还有“潘健行、严陵、彭一清、萧淑安、胡越明”[①]等。老朋友和他来往，一般都乐意称他的诨名“小开”。

在1929年，潘汉年应当已经涉足中共隐蔽战线的工作。杨度就是经潘汉年介绍，由周恩来批准，于1929年秋成为中国共产党的秘密党员的。之所以由潘汉年介绍，有材料说是因杨度与潘汉年的姐夫路家相识，通过这一层关系，潘与杨也熟悉了。——至少在1931年4月前，潘汉年已经在相当长的时间里大量涉足隐蔽战线的事务，不然就难以理解，在顾顺章叛变后这一万分危险的时刻，中共特科一个直接的重大举措即是调潘汉年负责特科的情报工作。[②]

杨度（1874—1931），字皙子，湖南湘潭人，是20世纪初的文化名人。他的政论与诗作在辛亥革命前后非常有名。他的《湖南少年歌》一度传唱极广：

中国如今是希腊，湖南应作斯巴达；
中国将为德意志，湖南当作普鲁士。
诸君诸君慎于此，莫言事急空流涕。
若道中华国果亡，除非湖南人死尽。

①② 刘客：《周恩来是何时决定由夏衍作为与杨度的单线联系人的？——《〈周恩来年谱〉一则史实之我见》，《上海党史研究》1998年第2期，第31页。

尽掷头颅不足痛，丝毫权利人休取。

……

陈毅元帅时隔数十年后仍能随口背出上述诗句。[①]

杨度一生最受诟病的事情是鼓动袁世凯称帝，并成为“筹安会六君子”之一。袁世凯死后，他还颇有些嚣张地对新闻记者说：“宁受审判，不能认错。”

但杨度终究是一个真诚爱国的知识分子，他主张袁世凯当皇帝，主要是受了乃师王闿运的“帝王之学”的影响，以及对孙中山有一些成见，他不是那种利欲熏心专谋私利的官僚。当他晚年目睹了张勋复辟的失败，目睹军阀混战给中国带来的深重灾难，他便很自然地从现代国家学说来认真地思考中国的前途与命运，进而接受了马克思主义学说。1927 年，李大钊被奉系军阀张作霖逮捕后，杨度与胡鄂公、章士钊一起全力营救，但无效。1928 年，杨度移居至上海，加入了“中国互济会”。其后，他与共产党方面的人士开始接触，并提出了入党申请。经过一段时间的考察，由潘汉年介绍，经周恩来直接批准，他

① 杨云慧：《从保皇党到秘密党员——回忆我的父亲杨度》，上海：上海文化出版社 1987 年版，第 151—152 页。

成为了中共秘密党员。潘汉年负责与他单线联络。[①]

经过一段时间的考察，并征得周恩来的同意，大致在1930年秋，潘汉年将杨度的关系转给了夏衍，由夏衍负责与杨度的秘密联系。[②]

这是一个深秋的夜晚，潘汉年突然找到了夏衍。见面之后，他就要了一辆出租汽车，风驰电掣开到法租界的薛华立路（今建国中路）的一幢小洋房，把夏衍介绍给一位50出头的绅士。潘与这位绅士很熟悉，见了面没什么寒暄客套。潘汉年一开口就说："过几天后，我要出远门了，什么时候回来也难说，所以……"他指了指夏衍，"今后由他和您单线联系，他姓沈，是稳当可靠的。"

这位老先生和夏衍握了握手。潘汉年又补充了一句："他比我大六七岁，我们是老朋友。"接着，他便与老先生聊起天来，讲的内容，特别是涉及到人的名字，是夏衍所完全不熟

---

① 夏衍：《纪念潘汉年同志》，"夏全9"第527页。又，根据杨度女儿的回忆：其生母徐粲楞告诉她，1929年，陈赓曾代表共产党方面考察杨度入党的诚意。（杨云慧：《从保皇党到秘密党员——回忆我的父亲杨度》，上海：上海文化出版社1987年版，第112—113页。）这个回忆应当有很高的可信度。它与后来潘负责与杨度"单线联系"的说法并不矛盾。

又，"夏全9"《纪念潘汉年同志》一文的题注中说该文原载于"《浙江日报》1982年11月23日"，误，当为"《人民日报》1982年11月23日"。

② 对于夏、杨见面的时间，除了沈芸，一般研究者均持"1931年夏或秋"说。但此种可能性极小：杨度于1931年9月逝世。

悉的。

临别的时候，这位老先生把一盒雪茄烟交给了潘汉年。潘收下后，连谢谢都没说。夏衍马上便猜出，这雪茄肯定也不是什么临别的礼品了。

出了门，潘汉年告诉夏衍："这是一位知名人物，秘密党员，一直是我和他单线联系的。他会告诉我们许多有用的事情，你绝对不能怠慢。"停了一会，他又说："这座洋房是杜月笙的，安南巡捕不敢碰。所以你在紧急危险的时候可以到这儿来避难。"

开头，夏衍连老者的名字都不知道，大约来往了半年之后他才坦然相告："我叫杨皙子，杨度。"夏衍对他的大名也是闻之久矣，但做梦也想不到有一天居然会与他以"同志"相交。夏衍后来说："当时我也的确大吃一惊。"①

根据组织的要求，夏衍每月跟杨度联系一次，送给他一些党内刊物和市上买不到的"禁书"，也和他谈些国内外形势——主要是中央苏区的战争情况。杨度知道许多北方军阀、国民党内部的派系矛盾，谈到这些问题时，常常高谈阔论，奇语惊人。夏衍虽不一定完全赞成，但对他纵横家式的思路还是很佩服的。杨度曾不止一次地把他亲笔写的国民党内部情况，装在用火漆封印的大信封内，交夏衍转给上级组织。

① 夏衍：《杨度同志二三事》，"夏全 9"，第 450 页。

在中共隐蔽战线中，杨度的密级非常高，他的功勋或许只有周恩来才真正掌握。夏衍尽管做过一段时间的单线联系人，但他对其中内情是完全不了解的，但他知道周恩来经常想念这位在最危难时刻毅然加入到中国共产党阵营中的文化名人、秘密党员：

> 杨度同志在军阀、官僚、政客中，度过了大半生，一旦觉悟，可以反戈一击。但是，他的道路是崎岖的，在思想作风等方面，还是有许多矛盾的。例如，他入了党，还相信佛教，写过一部篇幅很大的研究佛理的书，有时，还和我谈过所谓“禅悦”之类的问题；又如，他在同志间从不互称同志，不必说像我这样年轻的联络员，谈起周恩来同志，他是十分敬佩的，但也还是开口翔宇兄，闭口伍豪先生，习之难改也如此。
>
> 周恩来同志对我不止一次地谈起过他，解放后当我告诉他杨度同志的女儿杨云慧同志回国后，已在电影厂工作，周总理很高兴，说：她有困难可以直接找我。……
>
> 总理病重期间，还想起杨度同志，让后人知道他是共产党员……①

① 夏衍：《杨度同志二三事》，“夏全 9”，第 451 页。

夏衍与杨度的秘密联系直到杨度 1931 年猝然去世才告终止。

与杨度的联系可能是夏衍成为中国共产党情报战线外围人员的开始。在很长的一段时间里（主要是解放前），他尽管没有直接参与共产党的情报工作，但不时会接受相关委托发挥中介联系的作用。他所以能被托付此种重任，应当与他稳重、细致与谨慎的作风有关。当然，介入情报工作，则更培养、发展了他这方面的性格作风。这帮助他避过了地下工作期间诸多的不测险浪。

1930 年 3 月下旬，艺术剧社在北四川路横滨桥一家带转台的戏院——上海演艺馆作第二次公演。图为夏衍与剧社同人陶晶孙在演出地点合影 /自藏

1930 年 4 月在上海与蔡淑馨女士结婚 /自藏

1933 年的一张“全家福” /自藏

第四章

为中国戏剧和电影开辟新路径（1930—1934）

第一节　艺术剧社与左翼剧联

1929年6月10日，上海《申报》本埠增刊第二版《剧场消息》栏，刊登了一则“艺术剧社”成立的消息：

> 又有剧社成立，艺术剧社宣称，本社为著名文学家郑伯奇、沈端轩、陶晶孙等及努力戏剧运动者发起筹备以来，进行不遗余力，现已于前日（5日）下午在北四川路本社社址内，召开全社社员大会，计到男女社员六十余人，举行正式成立大会。选举结果，当场推定郑伯奇为社长，沈端轩、毛文麟为文学部委员，陶晶孙、陈波儿为音乐部委员，王一榴、沈学诚为美术部委员，郑伯奇、王一榴、陶晶孙等为演剧部导演部委员，俞怀为总务部主任。

本社发起目的，在提高戏剧运动，养成演剧人才，唤起群众对戏剧之同情与理解，乃促进我国文化为宗旨。本社各部业均成立，并定每星期敦请戏剧专家演讲戏剧之基本学识，冀于最短时间内，一俟练习纯熟后，即作第一次公演云云。

这个剧社主要领导人之一是郑伯奇。他曾在北四川路永安里办过一个“文献书房”，他同热心戏剧的学生们商议过成立剧团。陶晶孙、冯乃超、沈学诚等人也对建设所谓“普罗列塔利亚戏剧”的问题特别感兴趣。而夏衍虽然已经译过一些剧作和剧学理论著作，但对演剧本身却没有特别的兴趣，甚至有些排斥成分。他介入其中，一个主要原因是潘汉年的指示：“话剧运动在上海很活跃，不仅学生，青年店员也爱看，群众性很大……给那些很少关心政治的剧团打打气，你参加一下好不好？”①

艺术剧社刚成立的时候，社员并不固定，“文献书房”不久也停了。郑伯奇主动将这套房屋移给了剧社。入社的除创造社、太阳社的部分社员外，大多是上海艺术大学的学生，总共约六十（后达到八九十）人之多，女生占十分之一。夏衍回忆说：

---

① “夏全15”，第85页。

> 艺术剧社倒是一个进步戏剧工作者的统一战线组织，有创造社的冯乃超、郑伯奇、陶晶孙；有太阳社的钱杏邨、孟超、杨邨人，有方从日本回来的叶沉、许幸之①；也还有一大批爱好戏剧的文艺青年，如朱光、石凌鹤、李声韵、陈波儿、王莹、易杰、刘卯（刘保罗）、屈文（司徒慧敏）、吴印咸、侯鲁史、唐晴初、陈劲生等等。当时把话剧叫做“爱美剧”，这个名词是英文Amateur的译音，意思是非专业的演剧，而在日本，Amateur一般译作“素人”，素人的意思是“外行”。这样，我觉得把艺术剧社的演剧叫做Amateur的演剧，倒是很恰当的，因为一则我们是非专业的，二则我们之中的绝大部分人都是话剧的外行。②

然而，剧社虽然宣告成立，第一次公演却遥遥无期。因为像夏衍、钱杏邨这样的骨干人物手头有许多事情一时放不下，钱杏邨还因参加飞行集会被巡捕房抓进去关了一个多月，把剧社的活动给耽搁了。另外，他们毕竟大都是外行，缺乏舞台经

---

① 许幸之或许在稍晚些的时候才加入艺术剧社，可参见方育德《有关艺术剧社史实的几点辨正》（《新文学史料》1991年第2期，第192页）。

② 夏衍：《难忘的1930年》，“夏全3”，第294页。

验，对话剧活动的业务还有一个熟悉的过程。剧社开始是以法朗士的《堪克宾》一剧作为社员排演练习的。这时负责排演的导演是王一榴，因为社员们练习不严肃，排演时而缺席，不见有什么成绩。第二个剧本是郑伯奇的《抗争》，排演仍不见进步，特别是要小姐们去扮咖啡店的女招待，往往提不起劲来，因而也没有结果。

过了两个月，许幸之、屈文（司徒慧敏）这批戏剧活动积极分子回国并加入到艺术剧社中来，剧社离开文献书房而独立，先是在施高塔路恒盛里及北四川路余庆坊租下了房子，入秋以后又迁移到窦乐安路 12 号楼上。恰好这时田汉在“梨园公会”第二次公演（洪深、欧阳予倩也上了台），剧目是《名优之死》《苏州夜话》《古潭的声音》等。他们都去看了，大家批评田汉“太罗曼蒂克”，“不合乎时代”，田汉听到了颇不高兴，说是“你们不光讲，也演演看”。这一“激”倒使艺术剧社的社员们来了劲头，当下便决定找剧本排戏，筹划首次公演便提上了议事日程。

演话剧不同于写小说，是要公开在广大观众面前上演的，工部局又要审查，所以，尽管是搞“普罗”戏剧，但“左翼”的色彩不能太明显。郑伯奇、冯乃超、陶晶孙计议之后，“艺术剧社选定了三个首次公演的剧目，这就是德国米尔顿的《炭坑夫》，美国辛克莱的《梁上君子》，法国罗曼·罗兰的《爱与死的角逐》。为什么演的都是翻译剧本？“第一是我们还没有适当的创作剧本，第二是当时白色恐怖很厉害，在租界上演外国剧本比较保险一些。”①

决定了剧目之后，就开始了排戏，这次公演的工作人员和演员名单，大致如下：

《炭坑夫》：导演：沈端先（夏衍），演员：石凌鹤、王莹、唐晴初。

《梁上君子》：导演：鲁史，演员：陈波儿、刘卯、鲁一史。

《爱与死的角逐》：导演：叶沉，演员：李声韵、易杰、凌鹤。

装置：许幸之、吴印咸。

效果：陶晶孙。

夏衍第一次排戏，心里未免有些紧张，经常手拿一本书，口中念念有词，大概是背诵“导演秘诀”之类。王莹有时打趣他：“沈先生，今天准备对我们运用导演法则第几条？”夏衍只能冲她尴尬一笑。当然，排戏时真正出了问题，还是得请沈西苓过来救场。如是救了几次场，夏衍对话剧导演，慢慢也看出了点门道。从这一年10月份开始，他开始参与筹建“左联”，自然是忙得要命。但即便这样他也没有放下剧社的事务，只要一有时间，他就“泡”到剧社。说也奇怪，在剧社待得久了，夏衍开始感到话剧对他越来越产生了一种奇异的吸引力。在日

① 夏衍：《难忘的1930年》，“夏全3”，第294页。

本期间，他曾经对易卜生、沁孤、契诃夫的剧本着过迷，但那大抵是兴趣爱好的关系；而现在，话剧便似乎有了一种神秘的魔力，在声声召唤着他投入戏剧的艺术创造，几乎令他欲罢不能。

剧社的生活是很艰苦的，演出的经费完全由许多人节省饮食或零用钱凑起来。大家都很穷，常常靠大饼充饥。有时，排完戏大家拥到施高塔路口一家叫“白宫”的广东小饭馆，吃上一顿两角小洋的客饭，就很满足了。

夏衍性格直率而又随和，虽年龄略大点（也不过年近 30），但与这些 20 上下的年轻人完全融成一片，同他们不分彼此，甘苦与共，十分亲密融洽，而且他还很注意从周围友人的身上，吸取长处。他与王莹的深厚友谊就是从这时开始的。王莹来自安徽芜湖，当过童养媳，受尽折磨。这次她扮演的是《炭坑夫》中煤矿工人的女儿。她时常身着一件惹人注意的红色旗袍，“当时年纪还很轻，但完全没有革命低潮时期常见的那种悲观消极的情绪……带着发自内心的炽热的革命激情，散发着随时准备为革命而牺牲的浪漫气息。”① 这是夏衍 50 年后写的《不能忘记的纪念》中所记下的当年印象。刘保罗，原名刘奇声，湖南人，是艺术剧社另一个活跃人物。他在《梁上君子》中扮演一个迫于生计而到厂主家去行窃的失业工人，后来又在

① 夏衍：《不能忘却的纪念》，“夏全 9”，第 533 页。

《西线无战事》中扮演一名德国士兵。他以惊人的毅力学习台词，排练动作。为了把握台词的节奏，他甚至用简谱记下台词的快慢，语调的长短，然后一遍遍地加以练习。

公演需要一笔相当可观的经费，剧社十分拮据，到哪里能筹措到这笔钱呢？一是靠社员倾囊相凑。夏衍额外赶译了日本的一篇短篇小说，请潘汉年去换了二十元捐了出来，潘本人及郑伯奇、陶晶孙等也各捐了二三十元。但临公演前夕，费用仍不够，夏衍与潘汉年商量，又从郭沫若的一笔稿费中扣下两百元，总算凑足了数目。另一个办法是预先推销戏票。这件事也不简单，向社会上推销，没有多少社会关系，又怕透露了公演消息而遭到破坏，因此只好向上海艺大等学校同学联系，进步同学自不必说，就是不大热心革命运动的理工科、美术音乐专业的熟人也去推销。还有便是找经济较优裕的南洋华侨同学资助，拿到钱后再将戏票送到工厂，组织工人来看戏。

这是一个紧张热烈而又欢快的冬天。夏衍和青年们的满腔热情融化了冬天的寒冷，他们心中的光明照耀着充满荆棘的道路。

为了能够给 1930 年 2 月成立“中国自由大同盟”和 3 月成立“左联”大造声势，艺术剧社的三出戏都在 1929 年底赶着排好了，于 1930 年 1 月 3 日、4 日两天举行剧社第一次公演。

公演的地点在西藏路宁波同乡会礼堂。这个礼堂可容六七百人，观众席上空荡荡的。舞台原是讲台，不够大，后台的化妆室更是小得可怜，严格说起来，这礼堂并不适合演戏。然而，当时又到哪里去找合适的剧场呢？后来，在租界当局的压力下，剧团演戏连这样的场地都租不到了。

这一次公演，前幕用的是一块大红布，幕布太薄，台上布景人员活动台下都看得见。开幕是鸣锣，不像其他剧团吹哨子开幕的。第一个剧目是《梁上君子》，奥斯丁夫人由陈波儿扮演，着一件黑色天鹅绒连衣裙，裙边一直拖到地板。鲁史扮演奥斯丁律师，高高的个子，鼻尖下一撮小胡子。刘保罗饰小偷，戴一顶鸭舌帽，帽檐下还勒上一条白布。第二个剧目是《爱与死的角逐》，三个女性分别由陈波儿、王莹、李声韵扮演，石凌鹤饰革命者佛雷。看得出来，这个剧目的排列是有计划的，即从小资产阶级的恋爱与革命问题开始，经过穷苦工人生活的局部反映，转到工人阶级的群众力量与革命精神的展示。①

舞台上的三人，新学乍练，彼此磨合不熟，自不必说了，最要命的是普通话实在糟糕。凌鹤一口江西话，王莹则是满口徽腔，唐晴初也好不到哪里去，时不时露出一两句地道的四川话，有时把台词弄得非常可笑。不过，戏到精彩处，观众还是为演员们对资产阶级丑恶的痛快淋漓的暴露热烈地鼓起掌来。

① 赵铭彝：《回忆艺术剧社》，《新文学史料》1980年第1期，第261页。

公演结束后，由艺术剧社出面牵头，邀请田汉、洪深、应云卫、朱穰丞等上海话剧界的头面人物与夏衍、冯乃超、沈西苓等人一起，举行了一次座谈会，探讨此次公演的得失。

这次来看公演之前，田汉、洪深等人心里是有些忐忑的。他们以为这些外行懂什么戏，肯定是演不出什么名堂的；同时，也对所谓“普罗文学”不免心存疑虑。尤其应云卫，他的正式职业是虞洽卿办的“三北”轮船公司的协理，算得上是上海滩的“场面上人”，顾虑就更多。

因此，听到夏、冯、沈等人就公演而谈公演，语颇内行，而且口气谦逊，田、洪、应等都觉得很高兴，感到左翼人士并不如传说那样严肃不可亲近，心下的距离感缩短了许多。他们很愉快地从艺术的角度，对公演提出了许多中肯的意见和建议。到分手的时候，洪深紧握着夏衍的手：“现在我们大家都是 Colleague（同行）了，都是朋友了。”

通过这次座谈会，夏衍与田汉恢复了交往，并日益成为了有生死之谊的挚友。

早在 1923 年，夏衍还在日本读书的时候，就以文学爱好者的身份去拜谒了田汉。而后，他又将所译的《戏曲论》寄给田汉，请他代为介绍出版。过了一些时候，夏衍见到他，问及此事，他却说根本没有这回事。夏衍以为译稿是寄丢了，便也没有多说什么。可是不久，他却在书店里看到已经出版的“沈端先译”的《戏曲论》，心里真感到既怪异又高兴。到良友公司一问，在他们的本子上分明写着：此稿由田汉介绍，翻译者所在不明。

这可算作是夏、田之间的第一次交往。这也是夏衍第一次领教田汉式的“粗心”。虽然中间有所波折，但夏衍内心里是非常喜欢田汉的忠厚、真诚又有些大而化之名士气的才子性格的。

后来夏衍到上海有空总还要去看看田汉。但 1927 年之后，夏衍的主要精力放在工运上，行动颇有不便，与田汉便断了往来。这回故人相见，两人都倍感亲切。在剧场里看戏的时候，田汉便拍着夏衍的肩膀向他的南国社的同志们介绍说：“这是沈端先，我的小老弟。在日本学的是电机，现在搞戏剧了。你们看看，他们搞得比我们好。”

艺术剧社的这次公演对田汉来说意义重大。这时他正处于思想转折时期。通过十多年的艺术活动，他逐渐认识到，艺术的批判不能替代社会的批判，可是茫茫中国，改造社会的出路到底何在呢？戏剧运动的出路到底何在呢？自己原来也讲“民众戏剧”，可是与广大民众的距离却越来越远，乃至有观众写信正告他“莫要自命清高、温柔、优美”，这是什么原因呢？观看了艺术剧社的演出，田汉更强烈地感到，戏剧运动不能再有气无力地守在小剧场的试验室里了，必须摆脱“唯美的残梦”，洗去“青春的感伤”，而要“准备着粗野而壮烈的啼声报告东方的晓色”。通过与夏衍、郑伯奇、钱杏邨、冯乃超等人的交往，这位本有自由性格的激进的小资艺术家，终于蜕变成为了领导无产阶级戏剧的中坚人士。在 1930 年他公开发表长文《我们的自己批判》，震动了文坛。

田汉的左转在当时戏剧界无疑昭示了一个新的方向。他不仅是一个极具戏剧天才的人物，夏衍后来说他“是现代的关汉卿，我私下把他叫做中国的‘戏剧魂’”[①]，而且，他还颇具个人魅力，在整个上海滩都有不少不同性质、不同营垒的人物奉他为旗帜，称他为“老大”。争取到他的转向，对整个左翼戏剧活动的开展，是个极大的推动。

夏衍与洪深也在这时交上了朋友。洪深是一位戏剧的全才，编、导、演各方面都有很高的造诣。夏衍后来多次将他与田汉、欧阳予倩称为中国话剧的“三个奠基者”。洪深自 1930 年 1 月初看了艺术剧社的公演后，与夏衍等左翼人士的联系便越来越紧密。3 月他入“左联”，“而因参加‘左联’，友人们不断地加以教导，我个人的思想，对政治的认识，开始有若干改变”。

在艺术剧社的第一次公演中，到场观摩的还有史沫特莱、尾崎秀实、山上正义等外国记者。艺术剧社的成员杨邨人后来在一篇文章中写道：“艺术剧社出现了这三个剧，不但于中国戏剧运动中树立了她的地位，而且影响了一般有思想的艺术

① “夏全 15”，第 89 页。

家，促进了中国戏剧运动的革命的动向，打下了中国戏剧运动的基础。由于德、美、日各国驻沪新闻记者的参观而发通讯至德、美、日各国的报纸杂志登载，艺术剧社这一次的公演还得了国际上的荣誉。”①

对于夏衍来说，在这次活动中他结识了几位支持左翼、支持国际共产主义运动的国际友人，也是一个重要收获。夏衍是第一次与史沫特莱打交道，她看来约莫 40 多岁，人精悍灵活，身材不高，头发剪得齐耳根，服装简单，短衣短裙，很像一个十四五岁的外国男童，一点没有一般在上海的外国妇女的那种娇气。这次公演过后，夏衍在很长一段时间里与她保持着密切来往。夏衍后来和她熟络起来，甚至还在她家里碰到过徐志摩——著名的自由派才子与激进的左翼女知识分子相谈甚欢。这是他毕生唯一的一次与徐志摩的见面。他后来因此非常反对以政治立场简单地划分人际关系。②

尾崎秀实 1928 年 11 月作为《朝日新闻》的特派员来到上海。幼年的时候，他在台湾住过，亲眼目睹了许多殖民地本土民族的痛苦。因此，到了上海，他便主动与左翼文艺人士交往。1928 年尾崎初到上海，夏衍便与他认识了，观看艺术剧社公演之后，两人的接触才开始频繁起来。后来，胡也频、冯铿

---

① 杨邨人：《艺术剧社小记》，《矛盾》1934 年 1 月 1 日第 2 卷第 5 期。

② 夏衍：《忆达夫》，“夏全 9”，第 583 页。

参加了在上海举行的苏维埃区域代表大会之后，“左联”决定向全体盟员作一次传达，会场问题就是通过夏衍请求尾崎联系才得以解决的。当时在上海要找一个容纳四五十人的会场是很难的。由尾崎帮助，这次大会是在虹口驻沪日本记者俱乐部举行的。山上正义于1925年来中国，任上海日文报纸《上海日报》记者，他曾多次访问过鲁迅，十分关心中国左翼文艺运动，在《中国近代剧运动》《今日中国剧坛》中对左翼戏剧给予了很高的评价。夏衍与他的联系也不少，在“左联五烈士”事件中与他有多次接触，得到了他的热忱支持。

经过第一次公演，艺术剧社的青年们确立了信心。大家都觉得应当乘胜追击，抓紧再排几个戏，争取在最短的时间内举行第二次公演。夏衍、郑伯奇、冯乃超等人也很赞成这个意见，并鼓励大家争取在三四月间能把戏排好。他们知道，这是艺术剧社对于即将成立的“左联”的一份最好的献礼。

第二次公演决定上演的剧目是冯乃超创作的《阿珍》，与日本剧作家村山知义根据雷马克原名小说改编、并由陶晶孙最后改定的《西线无战事》。剧目虽然比第一次公演少了一个，但《西线无战事》实在是一个很难排的“群戏”，群众演员很多，且全剧3幕11场，中间还需换景，技术要求和工作难度很大。第一次公演三出戏加起来也许还没有这一出戏费事。艺术剧社的年轻人“初生牛犊不怕虎”，他们以对戏剧的虔敬与热爱，使得剧社的艺术档次在一个很短的时间内便前进了一大步。

接下来，又是剧场问题。如果没有专业舞台的转台装置，在3个小时内要完成《西线无战事》11场的换景是不可能的。找来找去好容易在横浜桥附近找到了日本人开的一家“上海演艺馆”。不料老板同意出租，日本领事馆却不答应。本来嘛，日本帝国主义怎么能允许在自己的地盘内上演宣传反战内容的戏剧呢？就在第一天开幕前，日本领事强令停止公演。剧社派了代表陶晶孙跑到日本领事馆，据理力争，同时又拍了胸脯，作了不少保证，这才把剧场租定。

“我们以奋斗的精神，争得出演的自由，我们更应该以奋斗的精神来争得出演的成功。”社员们这样地策励自己。1930年3月21日至23日，[①] 接连三天，艺术剧社在上海演艺馆举行了第二次公演。这次公演组织了上海艺大及浦江、泉漳两所中学的同学来看戏，还邀了祥昌、法商电车等几个工厂的工人免费进场。台上演员、台下的工作人员十分紧张和忙碌。剧场虽然解决了舞台的换景问题，但它的转台是人力而不是电力操纵的，因此全体后台人员——包括导演、演员在内，换景的时

---

① 艺术剧社第二次公演的日期有多种说法。据尾崎秀树的《鲁迅与尾崎秀实》，这次公演的日期是在3月1日，第二天就是“左联”成立的日子。但从实际情况来看，夏衍、郑伯奇、陶晶孙、冯乃超等人都是左联的主要成员，在“左联”成立前夕恐怕无暇分心来搞演剧。因此，此说虽然令人动心，现实中却不甚可靠。此处我们采用赵铭彝说。

候就不得不到台下去推转舞台了。转台不轻，通常要十多个人才能推动。

比起第一次公演，这次艺术剧社显然成熟多了。有许多新手法让行家们也大加赞赏。例如《西线无战事》开幕之前先放映了一段从外国影片中翻印出来的反映欧战的电影，同时，用字幕作了说明，陶晶孙的音响做得也好，他为本剧作的一首《摇篮曲》一时传唱极广。夏衍主要任务是管照明，他发挥学过电机的特长，试行了灯光的“暗转”。这是用一块铁片浸在一个盐水桶里进行的。剧中许多道具是从日本东京筑地小剧场借来的。台上的布景给人以身临其境的感觉，满台沙包，持枪士兵跑来跑去，气氛很紧张。

出了漏子的创新也有。这次演出的舞台监督还尝试了红绿灯指挥的办法，传达有关灯光、音乐以及演员准备等方面的指示。设计本来是很好的，为当时上海各剧团所没有。可惜时间匆促，各部门没有经过实习、彩排试演便上场了。临时上阵，乱作一团。后台帮忙的人员，像夏衍、赵铭彝等人，被一片乱哄哄的场面搞蒙了，手足无措。

演出结束后大家展开了认真的检讨：陶晶孙自告奋勇提出除管理“效果”之外，还管理灯光，他将各方面的电灯线总集在他固定座位的旁边，安了许多开闭的机关；冯乃超也自己提出管理服装的进出；其他的如鲁史、叶沉、白薇、郑伯奇以及夏衍诸人的职责重新确定，各有专责。大家相互叮嘱和保证第二天的戏一定要演好。

果然，第二天的演出大有改进。到第三天就更有条理，更加精彩了。战场的炮火连天场面与恐怖气氛被表现得十分充分。看到动情处，史沫特莱灵感大发，在观众席上用上了镁光灯拍照。观众本已情绪激动，台上台下这爆炸的闪光和轰响更使他们惊心动魄。大概情景太逼真了，连洪深也误以为台上失火，连忙离开观众席要奔到台上去救火，也有部分观众吓得站了起来，要逃出剧场。

演出获得了出人意料的成功。"《西线无战事》这一剧的演出，外国新闻记者参观的更多，由他们发通讯稿，轰动了全世界的剧坛。无产阶级的工人成群到剧场看戏（工人门票小洋两角），满意而归，又创造了中国戏剧运动史的新记录。刘卯君在《西线无战事》中因为饰主角保罗的成功，上海的前进青年——学生及工人——从此认识刘君，保罗这名字被人们叫成他的正名，刘卯反而被忘记，也就足见这戏给观众的印象是如何的深刻了。"①

演出《西线无战事》后，剧社便全力筹备第三次公演。剧本定为高尔基的《夜店》。王莹在《几次演不出的戏》一文中写道："社员们每个人都十分的努力和热心，有几个朋友甚至抛弃了维持生活面包的职业，而发狂似地为着演出而奔波。

① 杨邨人：《艺术剧社小记》，《矛盾》1934年1月1日第2卷第5期。

《夜店》里的一只歌曲，每天在北四川路的临街面的一间小楼上传出来：‘从朝到夜，监狱里是个黑暗，朝朝暮暮睁着鬼眼，窗门外面射进来……’”①

然而，就在第三次公演迫近期间，意想不到的事发生了，反动当局对艺术剧社的左翼战旗早已难以容忍，兼之临近“红五月”，于是在4月28日晚8时，警察、包打听在华界租界一起出动，20余人前后包围了窦乐安路12号剧社社址，逮捕了社员8人。他们一个个虎狼似的手持凶器，在屋内强行搜查，结果搜出了些演剧用的破衣服、草帽等。剧社人说这些东西是预备化装到工厂去演出的。还有两粒假子弹、木枪与学生军装，都是二次公演《西线无战事》时从学校里借来的，破衣服及草帽则是公演《炭坑夫》《阿珍》等所用过的化装道具。但当局认为这足以成为“暴动”的证据了，于是连社内的纸屑都掳掠一空，查封了剧社。从此，艺术剧社的活动转入了地下。

当局的镇压激怒了上海戏剧界。1930年6月1日，《新地月刊》发表了上海戏剧运动联合会为艺术剧社被封《告国人书》，向社会发出呼吁：“从来兔死狐悲，物伤其类，我们是干戏剧运动的人，岂能缄默旁观？我们应以满腔的同情与正义，反抗当局对文化运动之虐杀！我们要得到文化运动的自由！我

① 王莹：《几次演不出的戏》，《光明》1936年5月第2卷第12期。

们要得到戏剧的自由!”

艺术剧社尽管存在时间不长，但它在中国现代话剧运动史上却留下了浓彩重墨的一笔。夏衍评价说：

> 假如艺术剧社在中国话剧运动史上还值得一提的话，那么它的意义只在于这是中国共产党直接领导，并且首先提出了“普罗列塔利亚戏剧”这一个口号。在这之前，应该说，“五四”以来，中国话剧早已有了一个反帝反封建的革命传统，可是，当时的所谓民众戏剧或者革命戏剧，还缺乏一个明确的阶级观点。由于艺术剧社是党直接领导的剧团，在这一点上就比较明确而坚定了。冯乃超同志在艺术剧社编辑出版的《戏剧论文集》中说：“民众戏剧的革命化，根本地，若不站在民众自身的社会关系上，代表他们自己阶级的感情、意欲、思想，它永远不会成为民众自己的戏剧。”这很明白，已经不同于过去一个时期的革命的知识分子从小资产阶级的立场来“同情”民众，而是要求革命的知识分子下决心站到无产阶级的立场来了。①

当然，以后来者的眼光看，夏衍的自评明显是过谦了。艺术剧社的活动至少还有两个方面的意义：一，为中国左翼戏剧

---

① 夏衍：《难忘的1930年》，“夏全3”，第294页。

及文艺运动储备了大量的人才。前文提到的包括夏衍在内的大部分艺术剧社的成员，后来都成为左翼文化运动独当一面的将才；二，有效地将大量的戏剧界人士团结到左翼剧运的周围。这第二点尤其有必要略加叙说。

当时的话剧界特别涌动着一股向着左翼思潮的激情。夏衍1957年在回忆这段剧运历史时强调指出，“两头小，中间大”是中国社会结构和政治分野的一般状况，就是说政治立场明确“左倾”或“右倾”的都不会太多，中间立场者较多才是常态。但话剧界的情况却有点特殊，在中国话剧史上，“我们看到的是绝大部分知识分子从中到左的过程，并没有一个稳定的中间状态。……当然，政治上接受共产党的领导，跟着共产党走，并不等于在思想上都已经接受了马克思列宁主义，但是无论如何，30年的历史证明，整个话剧运动一直是‘左大右小，中间层不断向左转化’，这毕竟是一个无可否认的事实。”①

艺术剧社刚登上上海剧运舞台的时候，其艺术实践方面谈

---

① 夏衍：《中国话剧运动的历史和党的领导》，“夏全3”第290页。

我们认为，剧运的此种左翼倾向，除了共产党人出色的号召、组织工作外，也许和话剧独有的形式功能有关。毕竟20世纪以来，戏剧界的各种革新运动很多时候都是西方前卫现代派艺术运动的弄潮儿，剧运因此自然地包含着较多革命、颠覆既有价值观念的色彩。从事话剧运动的人士因此对社会革命运动抱有较为强烈的同情之心——但苏联布尔什维克执政后，反过来却认为诸现代派戏剧运动是“资产阶级极端腐朽堕落意识形态”的表现，则属另一个话题了。

不上有多高成就。但它鲜明的意识形态立场和社会批判意识，却迅速把当时中国剧运最重要的领袖人物田汉、洪深等团结到了自身的周围，这当然和特殊的时代需要紧密相关：

> 当时在上海有五六个较具规模的话剧团体，它们是：田汉同志领导的南国剧社，洪深先生领导的复旦剧社，应云卫先生领导的戏剧协社，朱穰丞、罗鸣凤诸先生领导的辛酉剧社，以及在1929年从南国分出来的，以陈白尘、左明、郑君里等同志为首的摩登剧社。这些剧团都已经有了一段相当长的历史，舞台艺术都已经达到了一定的水平。而这些剧团的负责人和大部分成员又都是忧时爱国的知识分子，他们都不满现状，他们都想通过戏剧，到人民群众中去进行宣传教育工作。但是，正如田汉同志后来在一篇文章中所说“我们都是想尽力作民众剧运动的，但我们不大知道民众是什么，也不知道如何去接近民众”① 的。②

对精神处于极度苦闷状态的田汉等人来说，艺术剧社的“普罗列塔利亚戏剧”实践不啻是黑暗中的一道亮光。随着艺术剧社影响的扩大，田汉、洪深等人思想的转向，上海话剧界

① 田汉：《我们的自己批判》（《南国月刊》二卷一期）。——原注

② 夏衍：《中国话剧运动的历史和党的领导》，“夏全3”，第286—287页。

有意识地开始组成有共同思想倾向的联合组织。1930 年 3 月 19 日，上海南国社、上海艺术剧社、复旦剧社、新艺剧社、剧艺社、辛酉剧社、摩登社、大夏剧社、青鸟剧社等话剧团体成立“上海戏剧运动联合会”，并在章程上明确规定：“宣扬社会的戏剧，使民众正确认识戏剧与人生的关系”，“反抗一切妨碍戏剧运动的恶势力”。显而易见，艺术剧社的努力方向已成为上海进步剧人共同努力的方向。

继艺术剧社被查封后，1930 年夏，田汉的南国剧社因为上演《卡门》，被指为“内容过激，揭露黑暗”，勒令停演。就这样，国民党上海市党部犹嫌不足，接着干脆宣布南国剧社为反动团体，予以查封。应云卫的戏剧协社迫于压力，首先退出“戏剧运动联合会”，接着紫歌剧社也发生类似情况。

“戏剧运动联合会”是名存实亡了。如何继续保持共产党在剧运中的领导地位，以及如何应对“戏剧协社”此类中途退出的社团，潘汉年所领导的“文委”内部并非没有争议。经过讨论，潘汉年、冯雪峰、田汉、夏衍等决定（事先征得了洪深、朱穰丞、左明等人的同意），不公开发表声明地让戏剧运动联合会自然解体，把立场坚定的剧团组织起来，组成“中国左翼剧团联盟”。

不过，“剧团联盟”虽告成立，活动却依然难以开展。这其中原因不少，但根本的原因可能是：这个联盟的左翼色彩太浓，即使复旦剧社、辛酉剧社的某些成员对之也是有所顾虑的；应云卫退出联盟后，左翼剧运的实力受到很大削弱（艺术剧社、南国社此时已被查封），联盟事实上已不容易组织有规模、有影响的戏剧活动了。[①]

潘汉年、夏衍、田汉等经过讨论，在取得“文委”同意后，1930年7月间，“左翼剧团联盟”改名为“中国左翼戏剧家联盟”。经过了这番调整，一些政治色彩不太暴露的剧团如“复旦”“大夏”“辛酉”被保护了下来，得以继续存在。与此同时，上海戏剧界的领袖人物如洪深、朱穰丞等，则顺利地成为“剧联”的秘密成员。应云卫也欣然同意以个人身份加入到“剧联”中来。[②] 这样，“剧联”成立一开始，就团结到了上海剧坛优秀分子的绝大多数。

经过艺术剧社直至“中国左翼戏剧家联盟”一番的组织、领导工作，夏衍不但和田汉、洪深这样一类思想左倾的知识分子成为了很好的朋友，也开始和一些中间状态甚至是中间偏右

---

① 赵铭彝：《左翼戏剧家联盟是怎样组成的》，《新文学史料》1978年第1期，第201页。

② 赵铭彝有一段回忆颇可揭示应云卫等人在时代浪潮冲击中的矛盾处境：“应云卫……是‘三北轮船公司’的高级职员，自己也坦承‘我是买办’。直到1928年至1929年间，他率领的‘戏剧协社’还反对和政治发生关系、例如1929年上海‘左翼剧团联盟’成立时，‘戏剧协社’正式声明退出。但他从内心里，又舍不得和当时进步的戏剧界的交往。凡有进步演出的场合，他一定向人表示他的不得已，申诉苦衷。”三北轮船公司为虞洽卿所创办，是宁波帮在上海的大企业之一。（赵铭彝：《涓流归大海》，北京：中国戏剧出版社2004年版，第47页。）

的知识分子打交道、交朋友，乃至主动学习对方身上的优点。在当时的左翼青年中，夏衍这种“人性”、“人情”的自觉是比较早的。这其中，他和应云卫、朱穰丞的交往是两个很好的例子。

朱穰丞原是一位艺术至上主义者，本为洋行高级职员，生活富裕。他组织剧社，是出于单纯地热爱艺术、热爱戏剧的目的，他发起的“难剧运动”（意谓剧社要排演难度较大的剧目之意）在话剧界具有相当的影响。而通过与艺术剧社的往来，他的艺术观念与政治态度都发生了急剧的转变。最后，他毅然决然抛妻别子，放弃一切社会功名地位，只身前往苏联去探求艺术的真理。最后惨死在苏联。[①] 夏衍十分尊重他的艺术探求精神，在他的声名已渐为后人忘却的时候，多次在回忆文章中强调说：“在中国近代话剧史上，不要遗漏这个先驱者的名字。”[②]

应云卫是一个更具典型意义的个案：

> 20 年代初，他在上海组织戏剧协社（业余剧团），不惜倾家荡产，还不得不到处借债。以他当时的社会地位、

---

① 朱穰丞近乎天真的艺术追求及悲惨的人生际遇，可参见朱可常《朱穰丞：消失在西伯利亚的中国人》（《炎黄春秋》2015 年第 5 期）。

② “夏全 15”第 93 页。相关问题，可参见杨新宇《朱穰丞、袁牧之与辛酉剧社》（《新闻学史料》2012 年第 1 期）。

> 声誉，本来可以不必干这种事的，他的穷，他的困难，为的是什么？这在今天的年轻人看来是难以理解，难以想像的。有一次他来找我，说是要借钱，让我介绍××人，这个人现在还在香港，是个银行家。我看他手上戴着个金刚钻戒指，我就对他说："你把它卖了不就行了。"他说："不能卖，我现在借钱就靠这个钻石戒指，假如我这个戒指没有了，别人就会说，老应不行了，连金刚钻戒指都卖掉了。所以戴着这个东西才能借到钱。"他对我讲，"我不择手段，不择手段做坏事不行，做好事也不容易。"云卫就是用这种办法来搞戏剧运动的。[①]

按照当时党内的流行做法，像应云卫这种"场面上人"的做派自然是应当予以指斥并展开坚决斗争的。但夏衍和他具体交往的过程中，却懂得了如何尊重他人的现实处境，并如何从大节处判断一个人、欣赏一个人。

正是因为团结了剧运中各位最优秀的分子，尽管当局施以了最严酷的镇压，左翼剧坛一度显得沉寂，但夏衍及其同志们绝不灰心。《文艺新闻》这样掷地有声地宣告："黑暗决不是凝静着、固滞着的；在这儿，洒着热灼灼的热血，动着巍颤颤的痛号，世界是震荡着的，演剧的运动也一样，除非文盲或闲心

---

① 夏衍：《怀念应云卫》，"夏全3"，第472页。

的人，才会认为盛极一时的新演剧运动已经完全失踪。我们知道这决不是消失而是沉潜，在酷寒的严冬之下，昆虫们是蛰息着了，不，不是蛰息，它们正在战向未来的春天。”[①]

还值得提上一笔的是在筹组“剧联”的过程中，夏衍还参加了“中国左翼美术家联盟”的筹建工作。“美联”的二位领头人物许幸之与沈西苓都不是党团员，他们通常都通过与夏衍（还有于海）的联系，接受党对“美联”运动的指示。

1930年7月中旬，受“文委”的委托，夏衍来到旧法租界环龙路的一间双开间二楼，参加“美联”的成立大会。会上，夏衍代表“文委”，代表“左联”，对“美联”的成立表示了祝贺，并提出了希望与建议。许幸之、沈西苓（叶沉）、于海、胡以撰、姚馥、张谔、陈烟桥、刘露、周熙等30余位艺术青年认真听取了夏衍的发言。

第二节　从“东方旅社”事件到“九一八”事变

1930年的仲夏，夏衍忙完艺术剧社公演和成立剧联的大事，现在该完成他自己的一件早该办的终身大事了。婚礼是按新式文明结婚仪式进行的，隆重而热烈。宾客中除了一些亲朋

---

① 《文艺新闻》1931年10月16日“公演特刊”。

世姻之外，还有不少上海的名流大亨，如金融界头面人物胡笔江（时任中南银行总经理），徐新六（时任兴业银行总经理），丝织界的权威人物朱梅轩等，都应邀前来庆贺，气氛显得融洽和愉快。

夏衍此时不能不感慨万千。他之同意举行如此盛大的婚礼，出于两种考虑。一是对蔡淑馨的爱情的回报和抚慰。从1923年到1930年，多么漫长的恋爱岁月啊。都是因为他，他那骇浪惊涛中搏斗着的事业，才把这场早该举办的婚礼拖延了这么久。第二个考虑则是为了以此表明自己同上流社会的关系十分密切，从而掩护自己地下革命者的身份。这一点，夏衍做得相当成功。在上海的十年间，不只外人，就是对他很熟悉的亲友，都以为他只是一位有学问的翻译家和教授，而不知道他真正的职业却是在做这个社会的掘墓人（到后来，几位至亲的亲人当然是有所感觉的）。

1930年代的上海，到处笼罩着白色恐怖的阴云，狰狞的特务、警探们织起了一张血腥的密网。但申城仍然赤潮翻卷，斗争浪潮此起彼伏。令人扼腕痛惜的则是：由于经验不足，由于青年们向反动派复仇的愿望太过强烈，[①] 特别是左倾机会主义

---

① 今天的人们已经不大容易理解当时那一代革命者似乎总是过激的“左倾”立场了。但人们如果对“四一二”反革命政变后国民党对共产党人残酷捕杀的历史事实有所了解，就容易明白这种具有强烈时代烙印的自卫性的心理特征。

路线一度在共产党内占了主要的地位，这使得当年地下党的革命斗争带有很大的盲动性和冒险性，有时简直就是“赤膊上阵”。如每年的5月份都要搞成“红五月”，纪念“五一”“五四”“五七”“五九”，还有马克思生日纪念，“五卅”纪念等等，结果敌人每到5月份，守株待兔，就可以稳稳地将一大批革命群众送进监狱，将中共党组织一年里辛苦发展起来的相当一部分力量瓦解掉。

江苏省委1931年5月12日的《关于上海“五一”工作总结》，实在是对当年左倾盲动的一份相当生动的写实记录：

> 沪东28日飞行集会，事先经过三个支部会两个群众谈话会的准备，组织上动员并集中了四十人以上，虽没有做到讲演，但有十七人散了五六千份传单，七个人喊了口号，张开了红旗，影响放工及路过群众都比较深刻。沪东1日行动虽然准备太差，集中人数较少，但散了三千份传单，喊了一声口号，张开了两面红旗，也给群众以深刻的影响。29日岳州路集中二十六人，散了四百份传单，喊了两声口号。1日星虹桥动员六十人喊了反对国民会议，纪念“五一”的口号，以及其他各区“五一”前及“五一”公开散发传单。这些都证明了党和党内机会主义，以为现在不能示威不能飞行集会，以至于不能公开散发传单的观念的斗争是有相当成绩的。

现在看起来，这种游行示威和散发传单，除了向世人证明革命力量的存在外，其他恐怕再无什么积极意义。但那时的青年们的确是以极虔敬的态度来对待这一切的。他们不少是含笑走向牢狱，走向刑场，他们为自己的牺牲而感到自豪。①

在当年，夏衍曾是这群热血青年中的一个。所幸的是，他以他的勇敢和机智（也加上一点运气），度过了 30 年代初那段严酷而冲动的岁月。他在这段时间的经历，后来反而成为他从事文艺创作一笔难得的财富。比如，在《革命家庭》的电影剧本中以下一段，便是对当年场景的艺术再现，非身历其事是不可能写得栩栩如生的：

马路上，工人群众聚集在一起，人愈来愈多。

——警戒着的外国巡捕、中国巡捕。

---

① 夏衍对所谓的“红五月”恐怕在很长一段时间里都保持着一定的矛盾态度：一方面觉得莽撞的游行、撒传单有点不够明智，但另一面却又为这种革命的激情深深感动。而后一种感情可能更占据上风。在 1950 年，他还这样写道：“红色的五月又到了，特别是在中国，因为五月充满着革命斗争的纪念，一向是反动统治战怵畏惧的一个月份。……劳资协商，维持生产，是当前上海顶顶重要的工作，是克服困难的主要环节，这个五月，也就是我们克服困难争取好转的重要开头，那么就让我们集中力量，搞好这件工作来纪念红五月吧！……贯彻三届人民代表会的决议，战胜困难，扭转局势，不就是对于敌人的严重打击么？不就是发扬传统的五月革命斗争精神的最充实最有内容的方式么？”（春森：《迎接红五月》，“夏全 11” 第 391 页。）

——在人丛中钻来钻去的包打听。

——大群女工往前闯；其中有正纹、祝三妹。

——巡捕断绝交通，与工人冲突。

——一个外国巡捕在搜查一个女工，一个女学生走上去交涉。

忽然，从三四层的高楼上撒下一批小传单，大人、小孩在拾传单，巡捕来抢，起哄。

一个穿长衫的男子很快地爬上一张从店家借来的条凳，举手高呼："全上海工人联合起来，纪念三八节，打倒帝国主义！打倒国民党……"

巡捕、包打听涌上去。纠察队拦阻、冲突。巡捕用警棍打人，有人受伤，有人被捕。群众从巡捕手里抢回被捕的人。其中理安很勇敢，被巡捕撕破了他妈妈给他的那件新衬衫。额上挨了一棍。

一队印度巡捕的骑兵冲了上来。

有人喊："反对巡捕打人！"

"妇女解放万岁！"

一群女工正和巡捕冲突，祝三妹在演说：

"姐妹们，帝国主义和国民党不准我们纪念三八节……"

被巡捕抓住了胸口的衣服，另外几个女工冲上去打巡捕，巡捕一松手，祝三妹挤入人群中。正纹要挤上去，被大个子的巡捕拦住了，挨了一个耳光。

在不远的地方，有枪声，人惊散了一些。巡捕把被捕的人押上警车。继续有人撒传单。

漫天的传单。①

夏衍当时尚不可能对来自于中央的“极左”路线展开真正的反思。但通过一些具体的事件，他内心深处不能不对单纯撒传单、呼口号、党同伐异的“过左”的作风产生一些怀疑。不过在一个较长的时间段内，他内心深处的这种怀疑是战战兢兢的，有时还试图通过更严格的革命道德的自我检查及对同志的批判来加以克服。

一次，夏衍所在的党小组到三角地小菜场附近去写“武装保卫苏联”“打倒国民党”之类的标语。当时下雨路滑，同一小组的孔德沚（茅盾夫人）不小心滑倒，弄得满身泥水，夏衍和几位同志送她回家。路上孔德沚发牢骚说：“连自己也保不住，还说什么保卫苏联?”听了孔德沚的抱怨，夏衍未必没有同感，但他与同志们对孔的牢骚抱怨的情绪又不能认同，于是在党小组会议上大家便批评了孔德沚的灰色情绪。1985 年在北京举行的夏衍从事文艺创作 55 周年座谈会上，夏衍自己还检讨说：“我不也‘左’过吗？有一次在南京路示威，田汉没参

① 夏衍：《革命家庭》，“夏全 5”，第 259—260 页。

加，我和孟超就对他提出过警告。”

给夏衍带来较大精神冲击的是“左联”五烈士事件。在当时的中共党内，文艺界中的李伟森（李求实）、胡也频、冯铿等人是属于较早清醒地认识到左倾危害，并且在行动上进行抵制和抗争的共产党员。

李伟森，湖北武昌人，很早参加革命，在担任团中央南方局书记时，便从当时革命遭挫折的事实中体会到，白色恐怖下沿用大革命时期武装暴动和占领城市的方法是不可取的，因此受到取消团中央执行委员资格的处分。一天，在南京路举行飞行集会，闸北区委负责人布置了一二百人去“占领”山东路附近的一个慈善机关（这是商会办的一间冬季对贫民施粥的院子），结果20余人被捕。夏衍在摆脱了侦探的盯梢后，在外滩碰到李伟森。李伟森很气愤地对夏衍说：“这不是等于把同志们主动地送进巡捕房吗？”

1931年1月7日，中共在上海召开了扩大的六届四中全会。这次全会是在极不正常、极不健康的情况下进行的。如此重要的会议只匆匆开了一天，共产国际代表米夫在大会上几乎包办了一切，将他的私人亲信陈绍禹（王明）等多人塞进了政治局。王明的小册子《两条路线——拥护国际路线，反对立三路线》[①] 成为这次全会的主导思想。自此，比李立三的“左倾

① 王文于1932年增改后出版，更名为《为中共更加布尔什维克化而斗争》。

盲动”更为精致、更有危险性的王明左倾机会主义路线统治了全党。对纠正“立三路线”有重大功绩的维它（即瞿秋白）却被指责为“调和主义”，勒令退出了政治局，只能参加文艺方面的领导工作。

米夫的霸道行径当时人们知之甚少（当时组织关系十分严格，基层党员对于高层人士的变动与斗争往往一无所知），王明的德才也难以服人，他的极左的理论与骄横的新贵行径，激起了许多略知内情的党员的反感。1 月 16 日①下午 2 时，“左联”在南京路的“文委”机关——王盛记木器店楼上召开“左联”“社联”“剧联”的全体党员会议。会上，胡也频等人对中央的路线进行了激烈指责。会后，冯铿、柔石与夏衍、阳翰笙、钱杏邨等人交流，敦请他们参与到党内斗争中来。阳翰笙没有应承，待冯、柔走后，才开口说：“中央全会作出了决议，我们基层党员，未经组织许可，就开会议论好不好呢？我看冯铿他们太兴奋了。”夏衍和钱杏邨接受阳的说法。

但完全不等夏衍再深入地思考柔石等人提出的问题，突然的大事件发生了。1 月 17 日下午 7 时，原江苏省省委、时任上海沪中区委书记的何孟雄到东方旅社探听情况，被埋伏在那里的特务逮捕。从这天起至 21 日的 5 天中，巡捕房在 13 处逮捕

① 夏衍回忆录中开会的日期是 1 月 17 日，但根据现有的材料分析，似以“16 日”的日期更为准确。

35五人，其中还有林育南（中华全国总工会执委兼秘书长）、蔡博真（历任上海闸北、沪中区委书记）、龙大道（上海总工会秘书长）、阿刚（上海总工会组织部长）、欧阳立安（上海总工会青工部长）、李求实（党中央宣传部《红旗报》编辑）和柔石、胡也频、冯铿、殷夫等。

令人不解的是，何孟雄等同志被捕前，“当时工部局潜伏有我党特科的敌工人员，得到情报，立即通知了组织。可是，王明这时已酝酿将何孟雄等激烈反四中全会的同志开除出党……王明早已视他们为反对中央、分裂党的右派敌人。结果，林育南等同志没有得到敌人即将进行逮捕的通知，他们全部被捕了。”[①] 何、林等同志被捕后，王明又有意拖延时间，未布置任何营救措施。1931年2月7日，何孟雄等23人被秘密杀害于国民党龙华警备司令部。上海30年代的地下斗争，在此写上了惨痛的一笔。

由于与蔡叔厚有工作上的联系（蔡此时已参加中央特科的工作），夏衍1月19日知道了“东方旅社”事件。蔡叔厚再三叮嘱夏衍这期间千万要小心，不要随意外出。

夏衍刚听说消息时还有些将信将疑，当时报纸上这类新闻常常真假掺半，有时根本是国民党当局有意放出的空气。但

---

① 李海文、余海宁：《东方旅社事件——记林育南、李求实、何孟雄等二十三烈士的被捕与殉难》，《社会科学战线》1980年第3期，第9页。

“左联”五烈士牺牲的确讯很快传来。

为反击国民党大小报纸制造的各种谣言（如共党内部分裂，一部分“匪首”已向国府投诚），更为了表示左翼文化战士不屈的战斗性格，争取国际上的同情和援助，“文委”在当时的书记冯雪峰主持下，召开了扩大会议，郑伯奇、许幸之等人列席参加。会议决定起草一份抗议宣言，向国外发表文告，并尽快出版“左联”的机关杂志《前哨》，使上述重要文件尽早得以发表。为了纪念亡友，为了表示对于当局彻底的蔑视与反抗，夏衍一段时间里全身心地投入到了这一工作中。

《前哨》的宣言与声明都由冯雪峰委请鲁迅与茅盾起草，对国外的宣传则由夏衍去找史沫特莱商定。夏衍考虑到自己的英语口语不太行，临时拖了尾崎秀实到卡德路一家公寓楼上找到了史沫特莱。

他们商定，所有“左联”有关此次事件的宣言、消息，都由史沫特莱和尾崎两人负责翻译，并通过各自熟悉的途径发往北美、欧洲和日本。不久，美国《新群众》第6卷第8期迅速刊出《中国左翼作家联盟致所有国家的我们的同志们的信》，由茅盾和史沫特莱共同译成的“左联”《为国民党屠杀同志致各国革命文学和文化团体及一切为人类进步而工作的著作家思想家书》，又在《新群众》7卷1期发表，这是“左联”第一次在国外发表的文献，争取到国际舆论强有力的声援。

夏衍这边问题虽已解决，冯雪峰所联系的《前哨》出版事宜却出现了反复，原来说定的出版社突然悔约了。冯雪峰为之气恼不已，夏衍建议说：印《前哨》的事不如暂且搁一搁，把可以做的工作先做起来。文件定稿后，就可以先拿到国外去发表，扩大国际影响。

冯雪峰同意了夏衍的意见。夏衍于是又找到尾崎秀实与山上正义，由他们分头翻译了有关文件，并很快发表在日本左翼文艺杂志上。与此同时，山上正义还提议编辑、出版一本《五烈士作品选集》。夏衍、尾崎都认为这构想很好，愿意全力襄助此事。译稿很快就拿出来了。但定稿、编辑成书的时候，尾崎考虑到《五烈士作品选集》这题目可能会招惹日本当局，便又将书名换成了《阿Q正传》，在《阿Q正传》后面加上五烈士的作品。费了一些功夫，这本书在日本由东京四六书院顺利出版了。书的封面上印着《支那小说集：阿Q正传》的黑体美术字，左下角画着两个用黑红色套印的工人的形象，其中一个工人右手拿着铁锤，高举左臂作呼唤状。书背顶端用小字印着《国际无产阶级文学选集》，下面是书名和“鲁迅著，林守仁译”的字样。林守仁是山上正义的中国名字。书的名字虽是叫《阿Q正传》，但书前印有李伟森等人的遗像和悼念他们的献词，山上正义又附上了胡也频、柔石、冯铿等的小传，选译了胡也频的《黑骨头》，柔石的《伟大的印象》，戴平万的《村中的黎明》，冯铿的《女同志马英的日记》，共计占了全书一半的篇幅。尾崎秀实还以白川次郎为笔名为此书写了《谈中国左翼文艺战线的现状》的长序，介绍了中国左翼作家联盟成立的时代背景和战斗历程，全文引录了“左联”的呼吁书，还介绍了这本书的编选是在当时中国“左联”领导人之一的沈端先协助下进行的。

不出夏衍所料，《前哨》的出版被拖了很久。直到 4 月中旬才找到白克路一个姓杨的小印刷厂商承印。但杂志内容印好后，杨老板却有些后怕，不管出多少钱，死活不肯在封面套印“前哨”两个红字和六位烈士的照片（除了“左联”五烈士外，还有一位牺牲于 1930 年的“剧联”成员谢宗晖的照片）。于是，只能用手工办法来解决问题。楼适夷、应修人、江丰等费了好大劲把一捆捆杂志搬到雪峰家，后来又转移到老靶子路的公道书店，连夜用木头刻的“前哨”两字蘸着红墨水一份份印上去。六位烈士的照片也设法在别处印好，再一份一份贴上去。有时红墨水用完了，情急之下，为了赶时间，便用蓝墨水来印，如是又费了许多功夫，到 5 月下旬，《前哨》这份“纪念战死者专号”才得以问世。夏衍最先从雪峰处拿到几本，在其中一册的左角，郑重地用毛笔写上“T. S.”这两个字母保存起来——这一珍本可惜在“文革”时期佚失了。

国民党的法西斯暴行，激起左翼作家极大的愤慨，他们在刊物上用各种形式进行反击和抗议。1931 年底 1932 年初，夏衍发表的一些文章情辞异常激烈，可以看到特定时代条件下“左倾”教条主义思想的明显烙印。比如那篇化名“突如”，刊载于《文艺导报》（前身便是《前哨》）的《劳勃生路》，采用“壁报号外”的形式，记叙沪西万余群众集会进行反日示威的现场情景：

这一天上午10时45分，人们在劳勃生路大自鸣钟下自动召集反日大会。大自鸣钟四周，挤得人山人海，十六路电车完全停驶。曹家渡小沙渡路电车工人及康脑脱路长途车厂职工纷纷结队参加。

一时反帝空气，异常热烈。10时55分，人数愈聚愈众，一部分工友拥至小沙渡路马白路对面草地，分别集会演讲，其时适有四厂看门日捕大仓经过，胆敢勾结该地一百六十一号印捕及二百九十二号西捕，上前干涉。西捕被群众挤至草地角上，大呼救命，印捕见西捕被窘，亦即往马白路逃走，日捕势孤力竭，逃入小沙渡路劳勃生路口之晋泰纸烟店内，旋被群众赶入拖出，在某布店前面饱以老拳，一时“打倒日本帝国主义”、“打倒东洋人”之声，震天动地。

该捕平日在四厂门口调笑女工，搜查工友，极为苛刻，故此时一呼百应，立即将该捕打得半死。……此时一部分群众已拥至第五厂门口，公开演讲日本帝国主义残暴行为，及国民党政府南北合作压迫民众反日运动，藉以取好帝国主义之黑幕。“打倒枪杀反日民众的国民党!”“为

> 宝山路永汉路牺牲者复仇!”“拥护红军!”“拥护苏维埃!”之声风起云涌。内外工友齐声响应，厂内日本人吓得屁滚尿流，立刻指挥走狗，将内部铁门关闭，以防厂内工友拥出。但五厂六厂门口，已为示威群众占领，五色传单纷飞，反帝情绪高涨。第六工厂前面运货汽车夫赵小宝不服群众指示，强欲将汽车开入，当即被工友拖下，拳足交加，女工们用拿饭的搪瓷罐子乱掷乱打，拍手高喊“打倒走狗”。（正午12时）据报，厂内日人已打电话请兵，将有大批日本海军陆战队开来屠杀，工友们，我们一定要团结起来，冲破东洋人的恐吓手段！值班工友要立刻在工房宣布罢工，用大众的力量冲出厂来！下班的工友不要回去！立刻在大自鸣钟下面集会！在大众的示威之下，帝国主义敢撒野吗？起来起来!! 让东洋矮鬼们知道我们工友们的厉害。①

这篇文章把工人们的反帝爱国情绪，把“九一八”事变之后上海工人阶级对国民党卖国政策的强烈不满，表现得淋漓尽致。不过文章鼓吹“赤膊上阵”的地方也不少，特别最后号召工人们用肉体去抵抗日本海军陆战队的枪弹，并说日本人的军队只是

① 《劳勃生路——日商内外棉纱厂“壁报第十号”号外》，“夏全8”，第4—5页。

“恐吓手段”而已，却是“左倾盲动”一类的过头宣传了。

夏衍这时的文艺思想也还有些“左”。如他这样评价茅盾《子夜》的“冰山上”这一章：

> 只是支配着这一群的阶级心理，还不是革命的无产阶级的观念；在描写金融资本家的糜烂生活的时候，作者还是留恋着自然主义作家的方法，有几处，甚至于可以看出对于那种病态生活的宽容和偏爱，……而忘却了明确的阶级意识，这种意识薄弱乃至缺如的暴露作品，非特对无产阶级没有好处，反而客观上可以产生有害的影响的。[①]

1931年是王明路线在我党内部开始逐渐占据支配地位的一年。从1931年到1935年之间很长的一段时间里，由于王明左倾机会主义肆虐一时，党在苏区的根据地和在白区的组织虽然经过了艰苦卓绝的斗争，也获得过一些进展，但终于纷纷被暴露，被破坏。但其中以上海为中心的左翼文艺运动却是个例外。如果说1930年“左联”建立时各项组织活动还显得粗率幼稚，但1931年开始，“左联”就开始脚踏实地地展开左翼在文学艺术各个部门的活动，并及时抓住了时代大潮的变动的脉搏，使左翼的触角伸向大时代文艺运动的各个层面。而且，从

① 沈端先：《创作月评》，“夏全8”，第295页。

1931年开始相当长的一段时间里，“左联”内部也保持了团结战斗的局面。这一切，瞿秋白起了重要的作用。夏衍说：“没有瞿秋白的威望和睿智，没有他和鲁迅、茅盾的亲密合作，要在王明路线时期在文化界扭转这个局面是不可能的。”[①]

瞿秋白是夏衍最早遇上并在一起工作和战斗过的党的高级领导人。他的文艺思想和工作作风对夏衍都产生了很大影响。多年后夏衍回忆说：

> 从仪表、从谈吐，乃至从他日常生活来看，秋白同志是一个典型的“书生”。常常穿一件灰色的哔叽袍子，平顶头，举止斯文得很，善于欣赏各种美好的东西，读到一篇好文章他会反复背诵，逢人介绍，可是，当接触到工作，接触到理论斗争，他就一变而为一个淬砺无前的勇猛的斗士。他的文章辛辣锐利，又是娓娓动人而富于说服性和逻辑性。他有几篇短文化名在杂志上发表，许多读者都认为是鲁迅的作品。……
>
> “一·二八”战争前后，环境险恶，他搬了几次家，很难有一个安定的写作时间，可是他不仅翻译了大部的著作，写了许多指导性的论文，并且还利用一小时半小时的时间写了许多配合当前斗争的杂文、山歌和“小调”。记

① “夏全15”，第109页。

得有一次他到爱文义路普益里的我的寓所来接洽工作，我不在家，他就利用等我的半小时时间，写了一首通俗的山歌。当我回来的时候，他指着当天报上的一条社会新闻很愉快地和我说："这是每天在报上都可以看到的很普通的新闻，可是，只要改几个字，安排一下，就是一篇控诉性的文艺作品。"

开会的时候，听旁人发言的时候，他常在小本子上或者纸片上写上一些奇怪的文字。最初我以为他写的是俄文，后来他告诉我，这是他一贯主张的汉字拉丁化拼音。他说："这有两种好处，其一是记得快，其二是包打听不认识。"说着，他禁不住笑了。他笑得那样的悠闲，那样的天真！①

瞿秋白以中央领导人的身份关注文艺运动，他高屋建瓴看待问题的深刻性，及其把时代文艺问题与时代最要紧的革命问题联系起来的思维的宽阔和灵活性，使得夏衍这批文艺战线的年轻骨干受益匪浅。1932 年初夏瞿秋白决定派夏衍、钱杏邨、郑伯奇三人率先打入电影界，而这正是"左联"一定程度上摆脱左倾条条框框束缚的一个重要举措。

自然，从浑朴的信仰到具有深刻的理性辨别力和洞察力，

① 夏衍：《追念瞿秋白同志》，"夏全 9"，第 347—348 页。

从一个观念较“左”的热血青年，成为一个尊重时代抉择、尊重生活实际的革命作家，最终推动夏衍思想发展的决定性因素还是时代条件的转变。

“九一八”事变尤其是“一·二八”淞沪抗战之后，夏衍从生活实践中深切地感到“人心变了”。后来的回忆文章中，夏衍总是把“一·二八”抗战当作上海左翼文艺生态发生决定性变化的主要时间节点：

> 老百姓反对蒋介石对东北的不抵抗和对十九路军的不支持，这就使他们知道共产党是主张抗日的。过去，我们地下党人租一个亭子间，假如房东察觉到你这个人有左派的嫌疑，他会把你赶走，甚至向捕房告密。但是“一·二八”之后，就有了很显著的改变，一般人对左派和共产党就不觉得那样可怕，反而把我们看做是爱国抗日的人了。[①]

在“九一八”事变之前，中国的文艺界出版界总的说来，对左翼文艺是有些敬而远之的。一般大的出版商总喜欢出一些利润高又不犯忌的书。但事变之后，“一夜之间，全国人民所关心的只有两个字——东北。读者迫切需要知道东北事变的原因何在？东北现状如何？是否会引起中日战争？第二次世界大

① “夏全15”，第110页。

战会不会因此而发生?”[①] 而一些很好销的娱乐图书，由于与抗日全无关系，一夜之间，就变得无人问津了。

原来是出版公司的人躲着左翼作家，深怕染上“赤色嫌疑”，现在情况倒转了过来，他们要求左翼作家赐书稿了。这时候，只有左翼作家的书籍才在群众中享有威信。夏衍的《高尔基评传》就是在这种情况下，被推荐到良友图书公司的“一角丛书”中出版。而从此之后，夏衍、郑伯奇等人就和良友建立了相当亲密而牢固的关系，有时甚至可以把良友暂时当做躲避风头的落脚点。

这些朋友的思想也促使夏衍从“极左”思潮中逐渐脱身而出。这其中，胡愈之对夏衍思想的影响尤其深刻。

“九一八”事变后，夏衍的大女儿沈宁出生了（“宁”就是为了纪念这场发生在辽宁的事变）。当时，夏衍与蔡淑馨夫妇搬出了塘山路业广里（今塘山路 685 号），暂时借居在吴觉农家。出生于浙江上虞的胡愈之是吴家常客，夏衍 1927 年时与他就相识，知道他至少是属于与蒋介石反动政权作对的知识分子，一些问题特别是国际国内政治关系问题与这位同乡谈得较多，也颇投机。

---

① 赵家璧：《回忆我编的第一部成套书》，《新文学史料》1983 年第 3 期。吴海勇《“电影小组”与左翼电影运动》（上海：上海人民出版社 2014 年版）第 66—71 页对“一·二八”事变前后上海文艺界风向的转变有较详实的介绍，可参看。

是时，胡愈之在《东方杂志》任主编，他在《尚欲维持中日邦交乎》等一系列文章中呼吁广大群众共赴国难，联合抗日。在上海青年会筹备苏联之友会的座谈中，他又勇敢地发表自己的独到见解："中苏友好，就是要促成中苏两国建立抗日同盟，实现联苏抗日……可以对日形成有效的威慑，也可以促使蒋政权'改弦更张'，放弃不抵抗政策。"这类言论受到"左倾"教条主义者的不满，他们认为当务之急是宣传群众，"武装保卫苏联"，"完成中国革命"。1931 年 10 月党刊《红旗日报》23 期《满洲事变中各反动派怎样拥护着民国政府》一文中，居然点名批判了胡愈之，把他看作是第三党改组派的人物。①

就在"九一八"事变后不久，10 月下旬，夏衍在内山书店遇见夏丏尊先生，他约夏衍到开明书店去吃饭。同席的都是开明书店的同人，有胡愈之、叶圣陶、章锡琛、吴觉农、徐调孚、宋云彬等。夏衍后来回忆道：

> 当时愈之已经是著名的国际问题专家了。国民党实行不抵抗政策，把东三省拱手送给了日本，而西欧和美国还处在经济大萧条之中，席间谈到国事，难免会流露出一些

---

① 事实上胡愈之是共产党重要的友人。1933 年秋，他被吸收为中国共产党特别党员，参加特科工作，直接归共产党中央领导。可参见夏衍《中华民族的脊梁——胡愈之》（"夏全 9"第 660 页）。

悲观情绪，愈之却非常敏锐地指出罗斯福的新政已初见成效，欧美和日本帝国主义之间的矛盾必然会日益加剧……早在半个世纪之前他就预见到东西方帝国主义的矛盾，他的远见卓识，给了我很大的启发。

事实是最有说服力的。不久后的“淞沪抗战”就充分证实了胡愈之的观点：在日本帝国主义的进攻中，民族资产阶级将开始对国民党产生不满，国民党内部也有“不愿做奴隶的人”。当政的国民党决不是铁板一块。而美国经济复苏之后，西方资本主义国家决不会甘心让日本独吞中国，所以资本主义世界之间的矛盾也将逐渐暴露。夏衍原来满脑子还是“王明”路线的“武装保卫苏联”，对照胡愈之的理论是既惊讶又佩服。既然事情的发展果如胡愈之所预料的那样，这就在理论上，也逼得夏衍不得不换一个角度来看问题了。

1932 年淞沪之战后，夏衍在爱文义路（今北京西路）普益里找到了新居。夏衍原来的房子是虹口塘山路广业里 41 号，隔壁是他二姐的家，上二楼中间亭子间边上的板壁是活动的，如有情况可以进入二姐的家中。抗战前搬到爱文义路普益里 38 号，这所房子格局很特别，像是特地为从事秘密工作的地下工作者所设计的。正门是一扇乌漆大门，门牌号为 38 号，通爱文义路，另外右侧还有一扇边门，门牌号也是写的 38 号。巡捕要来捕人，如事先未来打探过，进正门，边门就可走人，反之则然。更要紧的是，这幢房子有一个后门，这扇后门开在吉祥里8号人家右侧的隐蔽处，一般会以为是8号这一家的侧门。出了后门，七拐八弯，熟悉地形的人很容易甩脱跟踪，融入到麦特赫斯特大街（今为泰兴路）的拥挤人流中。这房子还有一樁好处，就是方便照顾老人。夏衍的儿子沈旦华回忆说，“由于地下工作，不是每天都能回家，所以普益里和重华新村（夏衍抗战后在上海的居所——引者注）离我外公外婆家很近，不足500米，可以有照应”。① 对自己的这处寓居之所，夏衍颇为自得，许多年后他这样说道：

> 这幢一开间半的二楼弄堂房子，是蔡叔厚给我介绍的，“顶费”二百五十元，在当时不算太贵，而其好处，则在于它有一个前门和两个后门，就是这所房子的门牌在爱文义路，而另有一个后门却在麦特赫斯特路，所以虽非狡兔，却有了三穴，万一有事，可以从后门溜走。由于有这一点好处，所以这地方就成了“文委”几个成员碰头的地方，除周扬、钱杏邨、杜国痒、田汉之外，瞿秋白也来过两次。②

---

① 沈旦华：《回忆老头》，杭州市江干区夏衍研究会、江干区夏衍旧居管理办公室：《夏衍研究文集》2007年编，第79页。

② “夏全15”，第119页。

夏衍平生，很少以这样不无“炫耀”的口气来谈论自己的日常生活。

在这里，夏衍一住就是五年多，直到抗战爆发。在这个普普通通的弄堂里，夏衍得到了最好的掩护，同时也可直接观察体验到底层市民群众的生活境况。据夏衍女儿沈宁告诉笔者，那时她家附近的住户生活大多很落拓，收入菲薄，生计窘困。有小摊小贩，有小职员，也有“吃白相饭”的。就在她家后门边，住着两个成天吸白面的乞丐，瘦得皮包骨头。这些人使我们会想起《上海屋檐下》剧中的黄家楣、林志成、李陵碑等角色。夏衍十分热悉这群灰色的小人物，因而才塑造出那些成功的艺术形象。

夏衍在上海从事地下工作前后十多年，从没负过伤，更没有被捕过。这除了一定的运气因素，更和他这种谨慎、细密的作风有关系。

据袁宗灿（夏衍二姐之子，曾与夏衍一家毗邻而居）告诉笔者，夏衍那时在家人面前从不透露他所从事的革命工作，平时出入，一身整洁西服，外面套上风衣，头戴铜盆帽（西式礼帽），还有一副玳瑁眼镜，一派教授绅士风度。人家怎么会想到他是“赤党分子”？家中人后来隐隐猜到他所做的是秘密工作，时刻为他担着心，尤其是舅妈（蔡淑馨）。如晚上迟迟不回，她便焦急万分。可他进得家门，不管发生过什么事，都像往常一样，面带微笑，镇定自若。

夏衍的挚友于伶也说过，那时，夏衍身上风衣的袖口不知为什么总是爱卷上去一大截。后来夏衍告诉他，这袖口里是有文章的。原来里面藏着几张大票面的钞票。有时碰到有特务盯稍，他便拐进一个僻静小巷，看得旁边无人，便从袖口取出两张钞票，塞到这警探的手里，再用一口标准上海话说一句："兄弟，我们交个朋友啦！"这伙小喽罗见到眼前有钱可进，也就放他走开了。有时被逼到巷尾墙角，夏衍便只能利用灵活的身手逾墙而走了。

金山有两段回忆很能说明问题：

> 有一天，"文总"的组织委员许涤新同志匆匆赶来通知我，要我下午几点钟到霞飞路一家白俄咖啡馆去参加"文总"的会，我准时到达，许涤新已经在座，和他坐在一起的，还有一位我从来没有见过面的人，他就是沈端先同志。接着欧阳山来了，阿英来得稍晚。那时沈端先化名黄子布，领导左翼电影和其他各"联"工作。他是一位三十开外的白面书生，穿着一套很整洁的西服，头发也梳得整齐，戴着玳瑁眼镜，坐在那里严肃地看着一份报纸，很像一个大学教授的样子。一个白俄少女服务员走了过来，黄子布稍稍转头，对她用英文说了一句："五杯咖啡。"少顷，几杯咖啡端来了。这是我第一次参加夏衍代表党的"文委"领导"文总"举行的会议。他一边看着手中的英

文报，好像是在认真读报的样子，其实他正在对我们做政治形势的报告。随后，许涤新、阿英、欧阳山以及我，各自做了有关工作的汇报，然后又都轻声做了一些议论。最后，夏衍做了简要的结论，大家先后离去……当时我……还有一点事不明白，为什么他穿得那么考究（其实谈不上什么考究，只是给人一种整洁之感而已）。后来我才明白，这种整洁、庄重的仪态，正是当时当地的政治上的一种保护色。……

有一次，许涤新来通知我，要我第二天到金门饭店开会。我接到通知以后就考虑怎么个去法。因为坐落在英租界的金门饭店不像过去我们常去的法租界白俄小咖啡馆，那是阔佬们进出的高级大饭店。我想我必须打扮得"帅"一些，有点派头才不会引起特务的注意。可是我一身破西装，怎么办呢？灵机一动，我就从电影公司搞了一身拍电影用的考究的西式猎装，手里还拿着一条漆皮的马鞭子，大模大样、神气十足地走进了金门饭店。我站在雅座的门口向里面扫视，发现夏衍和许涤新等同志已经坐在一个角落里。我刚想走进去，不料夏衍突然站了起来，头也不回地向外走，并且理也不理我。好像素不相识的样子。紧接着阿英等也先后离座而去，都好像不认识我。当时我以为我们的集会已经被敌人发现，所以转移阵地。我就装着没有找见人的样子，转身走出大门，向左右一望，夏衍他们

> 连影子也没有了，真是神速呀！许涤新正好付了帐，走出大门，从我身边经过，头也不转，只是轻声连说两句“散会！散会！”事后许涤新告诉我，那次夏衍老远见我的特殊打扮，怕引起敌特分子注目，所以当机立断，决定马上散会。①

夏衍这种似乎过分了的谨慎当然不是个人神经质紧张所致。这是危机四伏、生死难测的地下斗争中，多少生命换来的血泪教训！

夏衍这段时期主要在文艺界活动，但也肩负了一定的中央特科的工作，上级有时仍会交给他某些特殊的使命。1932 年秋，当他搞电影运动时，突然接到一个指令，命他立即到日本东京与陆久之（此时已是特科成员）晤面。这是一项极为机密的任务，除了蔡叔厚之外，其他人都没有通知，他悄悄地就搭船到了东京。这期间电影小组的人有事找他却怎么都找不着了。

这时，陆久之在东京受命筹建中央特科东京情报站。考虑到他第一次单独主持工作，经验上或许有所不足，因此组织上决定先让夏衍去东京实地考察一下情况，见机还可代表特科给予陆久之一些工作上的指示——在绍敦电机公司，陆久之还在

---

① 金山：《回忆片段》，《忆夏公》，第 356—357 页。

做技工的时候，他们就熟识了，并通过蔡叔厚有一定工作上的来往。

来到东京，找到陆久之，夏衍首先便告诉他：我是替叔厚打前站的。他太忙，一时过不来。大概要二三个月后才能来吧。交待了一些工作上的问题后，夏衍不客气地指出："老陆，你的房子太小了。房子要租大一点，四周不要有什么邻居。租房子的费用，组织上一定会想办法解决的。"

就在夏衍为陆久之布置工作的时候，有一天，陆宅来了一位不速之客陈修良。陈修良与她的丈夫沙文汉（化名"张登"）当时也在东京，与陆久之保持有工作上的联系，突然来找陆久之，本也不是什么稀奇的事。但夏衍这时并不知道陈修良的身份，一看有外人进来，便收起了谈笑风生的谈吐，一副冷漠的样子。陈修良那时也年轻气盛，只觉得陆久之这位穿西装的客人既矜持又傲慢，心中有气，坐不多久便走了。过了许久，她才在陆久之那儿了解到夏衍的身份，当然也就理解他多重身份的苦衷了。1935 年，受到上海中央局书记盛忠亮叛变的影响，东京情报组织撤回国内，沙文汉、陈修良一时失去了组织关系，第一个想到的便是夏衍，想请他帮忙与中央接上关系。无奈这时上海党团组织已被彻底破坏了，夏衍只能明确地告诉他们：他自己也已经失去了党的关系，不能转达外地来的关系给任何组织。事情虽没能办成，沙文汉、陈修良夫妇对于夏衍的忠诚、坚定和献身精神还是留下了难忘的印象。①

第三节　“半路出家”

1932年是中国电影开始大转变、大革新的一年。

作为一门崭新的艺术形式，电影来到中国，并不算太晚。但在20世纪10年代到30年代这20年间，西方的电影思维、编剧艺术、摄制技巧飞快地进步，中国的影人们却似乎满足于那些迎合城市小市民阶层庸俗口味的噱头片的制作。他们只是把电影当做一种新的赚钱手段。只要有钱赚，海淫海盗亦无所顾忌。1928年上海历史最久规模最大的电影厂家明星电影公司拍了一部《火烧红莲寺》，大发其财，接下去电影界投机商人便一窝蜂地大拍武侠片，《火烧白雀寺》、《火烧百花台》、《火烧白莲庵》、《火烧剑峰山》之类不下数十部之多。但到了1932年，情况就很不一样了。“九一八”事变以后，全国人民反日情绪普遍高涨，对老一套的武打片、伦理片失去了兴趣。“明星”公司为了争取买断《啼笑因缘》的拍摄权，与顾无为的大华公司大打了一场官司，双方各运动了杜月笙、黄金荣等背景

① 陆久之个人情况较复杂，争议较多。本书的描写主要根据陈修良《旧梦依稀哭夏公》（陈修良：《陈修良文集》，上海：上海社会科学院出版社1999年版）中的说法。

人物，开销极大，但像这样用巨资拍摄的影片却根本不能卖座。人们对这种公子多情、佳人薄命情调的言情片以及那些飞檐走壁张弓拔刀的武侠片感到了厌倦，纷纷提出批评，要求电影界“猛醒救国，拍制抗日影片”。

面对这种情形，即使像“明星”“联华”“天一”这三大电影公司也不得不在经营策略上做一个相当大的变动，否则就要被市场淘汰了。

较早开始转向的，是张石川、郑正秋、周剑云“三巨头”主持的“明星”电影公司。“明星”在1931年拍出了中国第一部有声片《歌女红牡丹》，本来形势一片大好，但这时也遭遇了上座率的挑战。这“三巨头”中的郑、周二位萌发了与左翼人士合作以打开市场的念头。不过，“三巨头”中拥有最后决策权的核心人物张石川，却是一位政治上“中间偏右”的人士，对之有些不置可否。但张石川非常信任洪深，问计于洪深后却得到了完全肯定的答复。他到底是一位商人，商业利润对他的诱惑比什么都来得大，政治立场如果能够折换成金钱，那么他也不惮于与左翼人士合作（尽管当时“红帽子”还是一个极其可怕的罪名）。

得到了张石川的首肯，周剑云找到了他的安徽同乡好友钱杏邨，托他找三位左翼文艺工作者到“明星”去当“编剧顾问”。钱杏邨则找到了夏衍。

夏衍早在1930年就对电影艺术表现出一定的兴趣，参加过《艺术》月刊有关“有声电影的前途”的讨论。1932年的6月或更早，他已动手翻译普多夫金的《电影导演论》，自6月18日起在上海《晨报》“每日电影”副刊连载，署名“黄子布”。因此，他对参与“编剧顾问”的事情是有兴趣的，不过他坚持说：这可是件大事，需得到“文委”的批准。

钱杏邨同意他的意见，就在夏衍家起草了给“文委”的报告。由于电影界的名声实在不好，当夏衍把这个问题提到文委的会议上讨论时，不少人反对：“左翼作家怎么能跟张石川那种人搅到一起？”

瞿秋白起初也有迟疑，对于电影圈内的黑暗和腐败，他是知道的。但夏衍强调的“投石问路”说服了他。瞿秋白指出：“我们自己真应该有电影，可是现在还有困难。将来一定要有！现在他们主动来邀请我们，那好吧，不妨试一试。认识一些人，做一些工作，培养几个干部。不要急于求成，困难是很多的。”旧时电影界里各种诱人堕落的花样很多，斗争会特别复杂。他再三叮嘱夏衍、钱杏邨、郑伯奇：“但是，你们要当心。”

夏衍点点头，牢牢记住了这句话。

1932年初秋的一个晚上，夏衍三人约了周剑云到DD咖啡馆晤面，最后敲定合作事宜。钱杏邨事先已向周剑云简略介绍了夏、郑二人在左翼文坛的地位，见面时，周剑云对夏、郑二人便十分客气，说了许多恭维话。

既然都有合作意向，双方很快就敲定了基本合作的框架：

“明星”为三人的身份保密，顾问的聘书因此不署三人的名字；公司尊重三人特殊的政治立场，如当局试图删改他们的作品，公司将尽力周旋；三人每月的顾问费是50元，稿酬另算等等。会谈是顺利的，周剑云最后要求三人下星期就能参加明星公司的编剧会议。

这样，夏衍三个就算正式加盟明星公司了。夏衍算是第一次面对面地与资本家打上了交道。

第一次编剧会议似乎可算是明星公司最高级别的会议了，除了“三巨头”，到场的还有明星的智囊人物洪深及三个主要导演程步高、李萍倩和徐欣夫。夏衍三人则分别化名为黄子布（夏衍）、张凤梧（钱杏邨）、席耐芳（郑伯奇）与会。

这次碰头会上，洪深显然唱主角。一方面，他以滔滔不绝的口才替双方人物互为引见，有时用一二句俏皮话，把场面搞得活跃，使初见面时的陌生与隔阂很快就消解了。一方面，他又大谈电影必须革新的道理，特别说到工部局、市党部要审查电影一节时，更放大了声音，用英文讲道：“没有一个定律没有例外，没有一个条例没有空子可钻！”他接着又很随便地说道：“黄先生，张先生，席先生，你们在这方面经验都很丰富啦，可以先研究一下审查条例，然后想点办法来对付它。”

这种说法，几乎把夏衍三个的底牌全兜了出来。对张石川他们来讲，是不是太交浅言深了？夏衍有些紧张。但张石川等人对洪深的言论却似乎毫不介意，反而微笑着频频点头称是。

这次碰头会“三巨头”似乎也只是为了熟悉夏、郑、钱而已。宾主间虽然言笑甚欢，但当夏衍等人径直提出讨论剧本时，主人方面却拿不出切实的设想进行讨论。夏衍最大的收获就是得知程步高有一些1931年在汉口拍到的五省大水灾的素材。这是他后来与程合作拍摄故事片《狂流》的缘起。

尽管这场碰头会开得很顺利，资方很客气，但夏衍决定还是谨慎从事，不急于在公司中表明自己的政治身份。但初步的情况既然不错，可以建议组织加大对电影界的人力投入。过了几天，他们找到了田汉、阳翰笙等人，经过了一番商议，确定了介入电影界的大致方案。首先通过当时已有的戏剧评论队伍，把重点逐渐转到电影评论，对于吹嘘资本主义、帝国主义威慑力量的外国电影和宣传封建礼教、黄色低级的影片开展批评，以为进步电影张目；其次，把当时在话剧界已经崭露头角的、有进步思想的导演演员，通过不同的渠道，输送到电影界去，培养新人，扩大阵地；再一个便是翻译和介绍外国（在当时主要是苏联）进步电影理论和电影文学剧本，来提高电影从业人员的思想素质和艺术水平。

夏衍进入“明星”之后，“三巨头”对他们非常友好，特别是郑正秋，更是降尊纡贵，把他新写的一部《姊妹花》的本子拿去请他们指点。郑正秋是电影界的前辈，一向支持拍摄进步电影，编剧委员会成立后，他还写了一篇叫做《如何走上前进之路》的文章，呼吁电影界结成联合战线，为发展国产影片共同奋斗。

夏衍等人看到这是一个接近电影艺术家的好机会，不敢怠慢，尽全力帮郑正秋出点子。郑正秋也尽他的理解，在片子里竭力体现新的思想内容。

《姊妹花》写了一对姊妹，一穷一富，富者如何奴役穷者的故事。虽然还是以妇女的遭遇为题材，而且还没有割掉大团圆的尾巴，但此刻郑正秋描写的这一对嫡亲姊妹之间的关系，就不再像他从前写的那样，只是善与恶的分野，而是开始努力表现阶级关系了。同时，这部影片在艺术处理上保持了郑正秋一贯的细腻、委婉、层层入扣的风格，又是由胡蝶一人分饰两角，结果取得了成功，在社会上产生了轰动。

这部片子前后在 18 个省 53 个城市和香港、南洋群岛 10 个城市上映，票房价值达到 20 多万元，创下了当时的最高记录。“明星”公司财政上的困难由此一举扭转。①

《姊妹花》的成功，乐坏了张石川。从此他也更明白人心所向，“明星”与左翼文化人之间的合作就更加顺利了。

虽然“明星”十分看重夏、钱、郑三位在编剧方向上的把关作用，但他们显然是不能满足于此的。经过几年的风霜经历，夏、钱也不是早几年锋芒毕露的青年了，他们开始懂得，

---

① 可参见何秀君《张石川和明星影片公司》（《文化史料》1980 年 8 月第 1 辑）。

在电影界，思想的进步是一回事，艺术上是否动人是另一回事。进步的思想如果不能用符合电影特点的手法艺术地表现出来，人们还是会对电影的进步方向产生怀疑。假如因此影响到卖座率，那原来一些与我们合作或有合作愿望的老板也是会打退堂鼓的。

夏衍后来不只一次地说过："中国电影'先天不足，后天失调'。在不足中，主要的一点就是缺乏专业的电影文学作家。在30年代，我们这些人并没有受过这方面的专业训练，可以说都是'半路出家'。"① 夏衍在跨进电影界之后，便十分注意学习电影的艺术特点和拍摄技巧，努力掌握电影特殊的艺术规律。

如何学习呢？一是和有经验的编剧、导演交朋友，虚心地向他们请教；二是到摄影场看拍戏，就是当一个"场记"的角色，因为许多事不在现场观察，是很难理解的。在初步懂得了一些基本知识之后，他还借了一个秒表，带着小手电，在摄影场记录了一些他认为重要的镜头的长度。因为要恰如其分地表现一件事，一个表演的镜头的长度，不仅对导演而且对编剧也是很重要的。②

最重要的老师还是影片本身。夏衍抽出大量时间想方设法

---

① 夏衍：《就电影编剧问题答读者问》，"夏全7"，第212页。

② 夏衍：《写电影剧本的几个问题》，"夏全6"，第490页。

看了许多影片。司徒慧敏回忆说，当苏联影片《生路》《金山》等在上海大戏院上映的时候，他和夏衍曾多次通过一个熟悉的朋友与放映技师的关系去看电影。等到散场之后，又到放映间，用倒片机一个一个镜头地把要学习的地方记录下来。[①] 确实，对于影片他不是随便看看欣赏欣赏而已，而是大动脑筋，反复研究。他把自己也假想成为一个编剧（或导演），而后在看片子时，就在构思上、处理手法上，与电影编剧、导演展开直接的心灵对话。他说：

> 我首先把影片的说明书拿来（那时的说明书是用文言文写的），我先看故事，然后设想，这个故事假如叫我来编戏，我怎样着手？怎样介绍人物、介绍时代背景，怎样展开情节？对人物性格，用什么形象和语言来刻划，对时间地点，用什么方法来表现。我就先设想出一些方案，在心里打了一个底稿，然后再去看电影。这样做对我很有好处，有些导演的处理，比我设想的要好得多，我没有想到的，他都表现出来了。一部好影片，我总要反复研究好几次，这部片子是怎样表现这个时代的背景的（比如十八世纪的英国、法国，民国初年的上海等等），对于影片里所

① 司徒慧敏：《往事不已 后有来者——散记“左联”的旗帜下进步电影的飞跃》，《电影艺术》1980年第6期。

表现的地方色彩、风土人情，以及社会风气等等，都分门别类地来研究，分门别类地来作笔记。在人物性格描写，气氛，哪个地方摆伏笔等等，也专题来做研究。要是学会了一点东西，就觉得很高兴。比如有一次我拿到说明书，上面头一句是“春天，下午。”就是春天下午这四个字，别的什么也没有。我想春天应该怎样表现？下午又如何表现？看了影片以后，使我很高兴。开始时，画面是明媚的阳光照在一树繁花上，镜头推近，一座房子，一个人推门出来，打了一个呵欠。人出来打呵欠，就把春日下午情景、气氛很好地表达出来了。这样很简单的一组镜头，导演就把作者的意图形象而恰当地表达出来了。①

就这样，在不长的时间里，经过如此刻苦的钻研，夏衍对于电影艺术便已略窥门径。

1932 年初秋的一日，夏衍在摄影棚内做完场记，和程步高导演一起吃工作午餐——当时影片公司的工作餐也是等级森严，按说场记并无与导演共同进餐的资格，但夏衍的身份特殊，破格予以照顾。程步高邀请夏衍为他即将上马的反映武汉大水灾的故事片写一个剧本，但需要是分镜头剧本。

程步高感慨地说：这是很可悲的呀。拍了这么多年电影，搞

① 夏衍：《写电影剧本的几个问题》，“夏全 6”，第 489—490 页。

的还是幕表制。导演和演员的随意性都太大。但导演有时的确也照顾不过来。楼台少女，脉脉含情，不拍近而拍远，观众要的东西一点都没了。又例如拳师武术表演，只拍面部，却不拍全身。胶片洗出来一看，才知道完了，补救也来不及，如果有分镜头剧本，导演处理整出戏时，每一个细节便可以心中有数了。

夏衍则既是慰藉又不无揶揄地道：你们用幕表制能够拍出《孤儿救祖记》之类片子，也很难了。对你们的随机应变能力，我们都很佩服，没有剧本，演员们排片时也很少 NG（NO GO），真是难得。

程步高保证说：剧本你怎么写，我保证就怎么拍。请你们来做编剧顾问，就不但要在思想上指导我们进步，艺术上也希望由你们带个头，领我们开开眼界。

夏衍为之十分感动，不再推辞，爽快地接下了任务。经过二十多天的努力，中国电影史上第一部完整的分镜头剧本《狂流》就此交到了程步高手中。经过程步高忠实的演绎，1933 年 3 月，电影《狂流》问世了。

《狂流》以“九一八”事变后长江流域波及十六省的大水灾为背景，反映了发生在汉口上游傅家庄农民反抗地主大发水灾财的惊心动魄的斗争，影片揭露了地主阶级对贫苦农民的残酷压迫，也真实反映了农民的反抗情绪，富有时代的表现力。影片在体现进步思想内容的同时，也较为注意了观赏效果的一面。影片中穿插的那对青年知识分子——地主女儿秀娟和小学教师刘铁生的恋爱故事，颇有生活气息，他们的恋爱波折被渲染得婉转动人。

《狂流》的出品是中国现代电影史上的一件大事。它不仅表明了以“明星”为代表的中国老式的电影圈子开始注入了新的血液，它还是中国电影艺术家较早进行电影艺术探索的范本之一。恰如后人评论的那样：“《狂流》在环境构成上，很强调空间的表现力。作者多次重复‘蜿蜒的长堤’，并注意汪洋之中的屋脊、枯树等空间形象，以加强情节和动作的表意。除了雨中抗灾、以身护堤和逐浪抢险等高潮场面以外，剧作还注重画面和细节的对比。比如在喜宴大厅是农民的泥足和席上的鸽蛋，武汉公馆中光滑地板上草鞋和高跟鞋的并列，饥民的抢食和傅柏仁家桌上的点心和牙签——便是例证。这表明《狂流》虽然不属于苏联学派的蒙太奇电影那种类型，但已在注重情节叙事的结构里，十分注意蒙太奇思维和视觉语言的因素，这是中国30年代初期电影剧作很值得指出的历史贡献。”①

对待《狂流》，“明星”公司的演职员们也表现出了前所未有的认真态度。夏衍在剧本中设计了一些很有意味的细节，如“倦游归巢的飞鸟”“鸡鸣”等等。这些细节当然不会直接影响剧情的发展，拍得好了，却很能烘托、渲染气氛。然而这种细

① 倪震：《〈狂流〉——中国左翼电影的卷首篇》，《夏衍电影创作与理论研讨会》材料之九，1985年12月。

节一时找不到合适的镜头，实景拍起来又很费时费力，怎么办呢？程步高一时找不到夏衍，和同仁们计议了一番后决定，完全尊重作者的原创意图。

许多年后，程步高饶有兴味地回忆了“倦游归巢的飞鸟”细节的拍摄花絮：

> 花了几天工夫，去了很多地方，在江湾大场乡下，找到一棵几丈高的大树，树叶尽脱，枝头鸟巢累累，傍晚倦鸟飞返，满树乌鸦，甚合理想。可惜连雨数天，一筹莫展。待到天晴，架摄影机，匿伪装内，希望一拍即成，不期乌鸦倦归，不是成群结队，热热闹闹的，没法拍得时间短（影片尺寸拍得短）而内容（镜头内）丰富。三三两两的飞回，冷冷落落，时间长（影片尺寸长），而内容贫乏，完全不合要求。如是者又七八天，依旧每天往拍，决不放弃，终于一个下午，乌鸦成群结队飞回，栖止树头，当然摄入镜头，有志者事竟成了。[①]

这个镜头，放映时间不到一二十秒，但花了许多的时间与人力，在原来的“明星”是难以想象的。1933 年 3 月，《狂流》首映，轰动了浦江两岸，佳评如潮。舆论界认为该片是“中国

① 程步高：《影坛忆旧》，北京：中国电影出版社 1983 年版，第 12 页。

电影有史以来的最光明的开展”，“明星公司划时代的转变的力作”。就连原来一些对左翼文艺持有偏见的人士，也不能不正视《狂流》所获得的成功。与上海国民党党部潘公展关系密切的《晨报·每日电影》栏目的主笔姚苏凤，撰写了一篇专评《新的良好的收获》，评价《狂流》说，“它的可贵的一点，就是编剧者能够把这一角落的描写来代表地说明了人祸的主因，那一种勇敢的、反抗的精神，毕竟是有力地被启示着了。”姚文认为，《狂流》的出现说明“中国的电影从业员已经相当的觉醒了，中国的电影事业也已经相当的抓住了时代的意义了”，“希望整个中国的电影事业都冲向光明中去”。①

当然，《狂流》的缺点也是比较明显的。除了艺术上较粗糙，有不少文明戏的痕迹外，还有太多苏联电影模式的气息。《狂流》在中央电影院首映后，张石川出来就说：“很像苏联电影。”他倒是无心之言，不过司徒慧敏等人听了就不是滋味。这话传出去很不安全，另外，“这样的话对一些人来讲，当时也很不顺耳，很不舒服。这倒让我们明确了一点，不能完全照抄外国电影。可以学它，但不能跟它一模一样，要有中国特色，搞出中国自己的电影来。”②

---

① 姚苏凤：《新的良好的收获》，《晨报·每日电影》1933年3月6日。

② 司徒慧敏：《左翼电影的经验与教训》，中国电影资料馆等：《百年司徒慧敏》，北京：中国电影出版社2010年版，第279页。

左翼进步电影的局面很快就打开了。随着夏、钱、郑在明星工作的展开，大批进步文化人士紧随其后，纷纷也进入了电影界：郑君里、金焰、王人美等加入“联华”，沈西苓、司徒慧敏、柯灵（高季琳）、王莹、陈凝秋（塞克）等加入了“明星”，田汉、阳翰笙（还有夏衍）加入了“艺华”，旧电影圈子的风习，为之一变。

1933 年 2 月，一个团结了上海电影界绝大部分人士的进步的中国电影文化协会成立了。黄子布（夏衍）、陈瑜（田汉）、洪深、郑正秋、聂耳、沈西苓等著名文艺人士全部当选为执行委员、候补执行委员。执委会还决定由黄子布、聂耳、沈西苓分别主持文学部、组织部、宣传部的工作。

这个“电影文化协会”团结了最大多数的人，从执委会的组成名单中就可以看出，其中不但包含有国民党 CC 派潘公展派来的人，连一向只问赚钱不问其他的天一公司的邵醉翁、邵邨人都加入进来了。

随着这股新兴电影运动的潮流，中共于 1933 年 3 月成立了“电影小组”，[①] 它直属于中共中央宣传部的“文化工作委员会”（简称“文委”）。夏衍担任“电影小组”组长，其他成员

① 对这一时间司徒慧敏有保留意见。他基本持“1932 年 9、10 月说”。不过按照我们以上的介绍，夏衍的“1933 年 3 月说”比较令人信服。只有当夏衍、阿英等人打开了局面，组织上才有可能向其中投入较多人力。当然，“电影小组”在成立之前有一个酝酿期也是很自然的。

则有钱杏邨、王尘无、石凌鹤和司徒慧敏。从此后，夏衍就基本解除了“左联”的工作，集中力量从事电影工作了。田汉、阳翰笙其时虽也在电影界活动，但由于阳翰笙已任“文委”书记，田汉时任“剧联”党团书记，所以除了田汉仍分管一部分影评小组的工作之外，他们都没有参加“电影小组”。①

之所以成立的是“电影小组”而不是像文学、美术、戏剧领域那样成立“影联”，主要还是考虑到在电影领域中共力量过于薄弱的关系。在文学、美术、戏剧领域，可以单兵作战，并且发挥很大的影响，而电影界，如果政治旗号过于鲜明，吓跑了老板、电影明星，工作就没有办法开展了。所以左翼力量在电影界活动，其政治口号不能提得太高，这是由电影业特殊的行业性质所决定的。夏衍后来回忆说：“当时……就有人指责我们和资本家合作。但当时我们是寄人篱下，国民党反动派掌握政权，所有的电影制片厂又都是资本家办的。我们参加电影工作，一方面国民党、租界工部局把住了思想政治关，另一方面，资本家掌握了经济关，你的剧本不卖座就不让开拍。……假如我们的剧本不卖钱，或在审查时通不过，那么资本家就不会采用我们的剧本，所以要学会和资本家合作……”②

---

① “夏全15”，第131页。

② 夏衍：《〈中国新文学大系（1927—1937）·电影卷〉序》，“夏全7”第333—334页。另可参见程季华《党领导了中国左翼电影运动》（《电影艺术》2002年第5期）。

——这可能也是后来夏衍在从事革命活动时不那么“左”、较多考虑统战方面因素的根源之一。

除了田汉、夏衍这批剧作家，左翼力量在电影界的另一支重要力量是影评小组。影评小组最早来自“剧联”的“剧评小组”，后来独立开展工作。影评小组最初只有田汉（负责人）、王尘无、夏衍（在参与影评工作时他多用的笔名是“蔡叔声”）、鲁思、石凌鹤、徐怀沙等。后来郑伯奇、阿英、沈西苓、施谊（孙师毅）、聂耳、柯灵、陈鲤庭、唐纳、毛羽、李之华等陆续参加。1933 年后，舒湮、尤兢（于伶）、宋之的、赵铭彝、张庚等也纷纷加入了进来。左翼影评实力的增强对引导电影制作、观赏习惯的变化发挥了重大作用，也是左翼力量在进入电影业不久就能够掌握业界之文化领导权的根本原因之一。当然，由于当时极“左”思想的影响，影评小组的批评也存在着党同伐异（对苏联电影评价过高，这一点夏衍很长时间里也不能免俗）、对中间力量批评过苛、意识形态性太强的弱点。这些弱点有时激化乃至生产了一些不必要的矛盾。

第四节　影坛的“文化领导权”之争

1933 年 4、5 月，《狂流》激起的余波尚未散去，夏衍却已把他的全副精力投向《春蚕》的改编。茅盾的短篇小说《春蚕》于 1932 年 11 月发表，在社会上引起了激烈的反响。当收入这篇作品的小说集于次年 7 月出版不久，北方“左联”主持的文学刊物即有这样的评论：《春蚕》“代表了现代中国一切小农和中农的呼声”，“意识上是很正确的”，在人物的配置和描写上“也是很合适的”。[①] 夏衍对它产生了浓厚的兴趣，决心把它搬上银幕。

《春蚕》的摄制是中国电影与“五四”以来中国新文学运动的第一次结缘，夏衍的改编严格忠实于原著的精神和风格，竭力地展现出 30 年代在帝国主义侵略下农村经济破产的真实情况，而导演程步高对剧本的拍摄要求亦是“绝端的忠实”、“不走样”，试图使影片达到“素朴的乡村素描画”[②] 的要求。

明星公司对于《春蚕》的拍摄倾注了空前的热情，作了精心的谋划。公司当局特地从苏州请来了三位专家，专司养蚕之责，买蚕纸 6 张，以供应用。当时明星厂在蒲石路有大小摄影棚两个，每天最少有三组戏拍摄。为了《春蚕》，特意把小棚让出来，专供养蚕之用。前后计一个半月，损失亦在所不计。摄制工作安排，全按养蚕程序。蚕养到什么程度，片子就拍到

---

① 该文署名“罗浮”，但并非夏衍所作（虽然“罗浮”亦为夏衍曾用笔名之一），可参见陈坚《时捧尺牍寄长怀——怀夏公（上）》（《大公报》2015 年 2 月 1 日）。“罗浮”是谁？陈坚亦曾当面请教时任北方“左联”领导的孙席珍教授，孙说年代久远，实在想不起来“罗浮”究竟为何人了。

② 《程步高就导演〈春蚕〉后发表谈话》，《电影时报》1933 年 7 月 8 日。

什么程度。第一次拍小蚕刚从蚕卵孵化出来，用灯光照拍，热死了一张蚕纸。头眠又拍死了一张蚕纸。蚕小体弱，抵不住强光，一照便死了。到了大眠过后，蚕已成熟，停止食叶，满肚白丝，预备作茧。这时仿照民间旧法用稻柴扎成捆，俗称山头；把蚕放在柴上，让蚕爬住柴枝吐丝，徐徐作茧。为了拍摄蚕吐丝作茧，棚内预备摄影机一架，对准一条蚕，开好灯光，一直不关，把棚关起来，不准闲人出入，以免影响作茧。每三个小时，摄影师与导演悄悄进棚一次，拍一个“化入化出”。摄制组住在公司内等候，大约花了一天两夜，进进出出，拍了好几组画面，结果在银幕上，片子很短，时间不长，但效果颇为精彩。从银幕上可以清楚地看见一条蚕，爬到山头上，昂头吐丝，吐出一条一条雪白的细丝，茧一层一层的圆起来。还有一个小桥流水的乡景，戏多，有日景，有夜景，有晴天，有下雨天，搭在公司里空地上。小桥两岸柳树成行，树身用枯树本身装置，再用真柳叶枝按上。拍摄时，凌晨先从沪郊北新泾向农民买两大卡车带叶柳枝回来，由美工人员接上树头，再用救火水龙头放水润湿，摄入镜头。时值盛夏，夏日炎炎，上午拍过，虽有水洒，已经枯萎，下午续拍，又从北新泾载回新鲜柳枝两大卡车。这么一来，影片里确是一片柳树成行柳枝飘荡的景象。①

---

① 程步高：《影坛忆旧》，北京：中国电影出版社1983年版，第2页。

程步高与《春蚕》中的演职员对农村的生活和农民的感情都不太熟悉，一些较难磨合的细节，便要请小说原作者和改编者来现场指导：

> 在摄制中剧作者常来探望我们，我们有不懂或不明白的情况，亦常向他请教，他就给我们说个清楚，循循善诱。有一个晚上，正在拍摄老通宝家，布置时，剧作者陪着以茅盾为笔名的沈雁冰先生来参观，跟我们谈了一会儿，细致地看了一会儿。①

《春蚕》的拍摄，也是夏衍和茅盾数十年友谊的开始，并为日后《林家铺子》的摄制预伏了契机。茅盾回忆道：

> 1933年上半年，沈端轩（夏衍）化名蔡叔声把《春蚕》改编成电影剧本，并由明星影片公司摄制成影片《春蚕》。导演是程步高。这是中国第一次把进步的文学作品改编为电影。记得夏衍还陪我同去明星影片公司摄影场参观了影片的拍摄。此后，夏衍就成了我家的常客。②

---

① 程步高：《影坛忆旧》，北京：中国电影出版社1983年版，第3—4页。

② 茅盾：《〈春蚕〉〈林家铺子〉及农村题材作品》，《新文学史料》1982年第1期。

影片再度引起了轰动。穆木天发表专评《看了〈春蚕〉影片之后》指出，“中国电影文化之进步，中国新文化之进步，从这一点（《春蚕》的拍摄——引者注），可以被反映出来了。”他还说：“这一种电影的进步，同时也是反映着中国社会的进步。”

鲁迅也很关心《春蚕》电影的拍摄情况。在六马路中央大戏院第一次看试片的时候，鲁迅就曾冒着危险悄悄前往观摩。后来，在《电影的教训》一文中，他更把《春蚕》看成是严肃的进步的国产影片的代表之一：“幸而国产电影也在挣扎起来，耸身一跳，上了高墙，举手一扬，掷出飞剑，不过这也和十九路军一同退出上海，现在是正在准备开映屠格涅夫的《春潮》和茅盾的《春蚕》了。当然，这是进步的。”[①] 鲁迅对文学名著改编成电影一般持审慎态度，很少作出肯定性评价。《春蚕》能得到这样的评价是不容易的。

前已述及，上海“一·二八”事变之后，广大民众开始真切地感受到我们民族在内忧外患煎熬下的艰难处境，他们热切地寻找民族、社会的出路和自我心灵困惑的解答。因此，在观赏文艺作品中，那些真实反映他们在现实社会生活中处境的作品，自然便容易得到他们亲切的认可。《春蚕》等作品的出现，

① 鲁迅：《电影的教训》，《鲁迅全集》第5卷，北京：人民文学出版社2005年版，第310页。

标志着在电影中直接透视时代、社会，以真实反映民众生活和心灵愿望为己任的作品，开始成为中国电影文化运动的主潮。中国电影的现实主义传统从此开始确立。

《春蚕》是夏衍个人冷静的现实主义风格形成的开始。《春蚕》中，除了生活现实逼真的展现外，很少夸张的冲突，更没有人为的建构曲折迷离情节的痕迹。所有的心灵对抗、斗争、现实生活的压抑，都被有意安排到了平静生活的背后。这平静生活有时间或泛起一两轮涟漪、一两个泡沫，像多多头与荷花，多多头与老通宝的关系。但夏衍还是惜墨如金，并不多作停留，只留下一二个细节让观众品悟。这种清隽冷静的风格在日后夏衍的戏剧创作中，有着很道地、很有意味的展现；但在这里，他未来戏剧美学的追求，已初见轮廓。

值得重视的还有，《春蚕》中，夏衍有意识地强调了中国的电影叙事要与中国戏曲的传统接轨，像有头有尾、叙述清楚、层次分明，每个人物都有交待，每件事都有结果，等等。《春蚕》从头到尾是单一线索发展，环环相扣，没有刻意用时间倒错、平行叙事之类，很符合中国观众的胃口。虽然夏衍不喜欢电影中有许多火爆的冲突场面，但这并不表示影片就缺少戏剧性了。事实上，他通过情节内部节奏的把握，气氛的渲染，照样把戏剧悬念设置得寓有意味。直到最后，老通宝辛苦反而破产这题眼的揭示，剧情的发展可谓一泻千里，给人造成了很大的冲击。所以，夏衍后来总结说，中国电影“不同于小说、诗歌、散文，要有比较完整紧凑的情节，要有一个比较完整的故事，即有矛盾、有斗争、有结局”[①]。

《春蚕》镜头语言的特色也值得重视。早有学者关注到左翼电影的长镜头特色，《春蚕》不再像张石川导演的影片那样机位近乎固定，以缓慢的摇或跟镜头捕捉演员在近乎舞台的空间里的动作，而是有了灵活的焦点转移。比如，影片开场不久，当了东西买了粮回来的老通宝坐在塘路边，镜头将他置于银幕的右面，长杆烟管斜搁在他的身边，老通宝觉得有点热，镜头渐渐拉远，塘路出现在画面的中央。纤夫从塘路的尽头隐现，吃力地走向镜头，接着消失在银幕的左面。另一个纤夫在塘路的尽头出现，镜头重新回转正在擦汗的老通宝，他解开棉袄纽扣，吐了一口唾沫，痴痴地望着河面。镜头停在一艘小木船上，水面微澜，但很快恢复平静。农村的生活正是如此。在这一组长镜头中，主人公并未移动，是移动的镜头在交代周边远近的环境，人物在暖春的燥热，农村生活的老旧落后，皆在此得以显露，果真是“拥有复杂的摄影机运动的长镜头可以令人物的感情涌现出来”。[②]

当然，就镜头语言的创意、突破而言，《上海二十四小时》

---

① 夏衍：《电影论文集》，北京：中国电影出版社1979年版，第133页。

② 可参见黄爱玲《试论三十年代中国电影单镜头的性质》（香港中国电影学会：《中国电影研究》1983年版）。转引自吴海勇：《“电影小组”与左翼电影运动》，上海：上海人民出版社2014年版，第214页。

(编剧署名为“沈西苓”，实为夏衍，导演沈西苓）的成就最高。该片近乎全由对比蒙太奇的思维构想而成：

△成群的女工放工回家。

买办太太高卧未起。

△童工受伤倒下血流地上。

买办太太把吃厌了的鸡汁泼在地上。

△女仆拭抹泼翻的鸡汁。

工人正在擦去地上童工的血迹。

△陈大家里，因为童工重伤而一筹莫展。

周公馆里，买办太太正对着镜子悠闲地涂脂抹粉。

△陈大没钱为受伤垂死的童工请医生。

买办太太付兽医院的账一掷就是20两银子。

△工厂里，买办将纱包换上“安全国货”商标，借此起死回生。

陈大家里，童工伤势过重，濒临死亡。

△女工上工去的小车子。

买办太太跳舞归来的汽车。

△急速转动的机器。

幽沉静穆的周公馆。

△陈大因弟死、妻失业、朋友入狱而黯然神伤。

买办太太正盘算着如何消遣这又一个夜晚。[①]

作品特殊的美学价值在于编剧与导演对蒙太奇这一电影语言都有着深入的理解和自觉的意识，作品有意摆脱传统戏剧的曲折布局，直接以一个童工的生死为情节发展的总纲，“以之贯串起贫富悬殊的两个阶级的24小时经历，由此将代表劳资双方的周买办夫妇与陈大一家生活作了鲜明对比，资产阶级的骄奢淫逸与劳工阶级的走投无路，浓缩于一昼夜的时光流转”[②]。是完整、坚定、一气呵成而直逼问题中心的镜头语言，将一个本已有点落入俗套了的阶级斗争故事表达得异常富有视觉冲击力。

这个作品集中体现了夏衍对蒙太奇电影语言的理解，是他译介普多夫金电影理论后的一个爆发。有研究者认为，这是夏衍笔耕不辍，“在编剧经验渐趋成熟之际的神来之笔”[③]。

1933年12月，《上海二十四小时》在明星公司非正式招待试映，深深震撼了在场的每一位观众。郑正秋对沈西苓大加赞赏：“西苓！谨祝你伟大的成功，这是一部国产影片中具有世

① 此段镜头分析来自程季华《中国电影发展史（第一卷）》（北京：中国电影出版社1963年版）第219—220页。吴海勇《“电影小组”与左翼电影运动》（上海：上海人民出版社2014年版）第211页有较好的整理。

② 吴海勇：《“电影小组”与左翼电影运动》，上海：上海人民出版社2014年版，第180页。

③ 吴海勇：《“电影小组”与左翼电影运动》，上海：上海人民出版社2014年版，第179页。

界性的作品。”[①] 影片公映时，尽管遭到国民党电影检查部门的大加删剪，[②] 但影片的对比蒙太奇还是给观众留下了深刻印象，署名“黑婴”的影评文章盛赞《上海二十四小时》运用对比的画面，抓取五花八门的现象，表现复杂的上海。[③]

后来的电影研究家经常喜欢谈论的一个话题是 1930 年代上海左翼电影和 1950 年代意大利新现实主义电影的关系以及美学风格对比的问题。在 20 世纪 50 年代，法国著名电影史学家乔治·萨杜尔观赏《马路天使》后，认为该片与让·雷诺阿或新现实主义电影在美学精神上极为相近，但又是“典型中国式”的。[④] 1982 年在意大利都灵展映时，意大利电影评论家乌·卡西拉奇更是从史学的高度指出意大利新现实主义诞生于上海。[⑤] 电影史家们的这种感觉不能说是空穴来风。人们如果

---

① 吴海勇：《“电影小组”与左翼电影运动》，上海：上海人民出版社 2014 年版，第 181 页。

② 该片与《女性的呐喊》共计被国民党电影检察官剪掉了“一二千呎”。夏衍看到被损毁的作品不禁“黯然神伤，沈西苓、王莹则流了泪”。（夏衍：《“中国电影回顾”随感》，“夏全 7”第 313 页。）一气之下，沈西苓有段时间离开了“明星”。

③ 黑婴：《上海二十四小时》，《晨报·每日电影》1934 年 12 月，陈播：《三十年代中国电影评论文选》，北京：中国电影出版社 1993 年版，第 292 页。

④ 萨杜尔：《世界电影史》，徐昭、胡承伟译，北京：中国电影出版社 1995 年第 2 版，第 561 页。

⑤ 有关报导，可参见何振淦《中国电影回顾展在意大利》（《电影创作》1982 年第 5 期）、马石骏《意大利都灵中国电影回顾展随笔》（《电影通讯》1982 年第 4 期）、北莓《“中国电影回顾展”在都灵》（《电影评介》1982 年第 6 期）。

同时都看过《上海二十四小时》与《罗马风情画》（费里尼作品，尽管费里尼拍摄这部作品时早已别离“新现实主义”了），也会诧异于两部作品美学构思上一种遥远的呼应关系。两者都试图通过一种镜头语言来酣畅淋漓地展示一种城市性格：《上海二十四小时》是对比蒙太奇，《罗马风情画》是长镜头；《上海二十四小时》揭露的上海的基本城市性格是朱门酒肉臭，路有冻死骨；《罗马风情画》揭示的罗马的城市性格是处在历史与现代交融中的狂欢、肉欲以及烦闷。两者甚至在用隐约的故事将情节主线连串起来的方式都有点近似（《罗马风情画》是个文体很难归类的作品，但肯定不能归入纪录片中）。《上海二十四小时》内涵的丰富程度与《罗马风情画》相比当然是有所差距的，但两部作品跨时空地在艺术构创上的灵犀相通，已足以让人们回味不已。

夏衍在1933年改编或创作的电影剧本还有《时代的儿女》(与钱杏邨、郑伯奇合作，夏衍署名“丁谦平”，导演李萍倩)、《前程》(编剧署名“丁谦平”，导演张石川)、《脂粉市场》（编剧署名“丁谦平”，导演张石川、程步高）等。

在中国电影史上，1933年被称为“电影年”。这一年左翼电影全面出击，取得了引人瞩目的辉煌成果。除了夏衍的作品，田汉的《母性之光》《三个摩登女性》，沈西苓的《女性的呐喊》，郑伯奇和钱杏邨改编的《盐潮》，阳翰笙的《铁板红泪录》等进步影片也都在同年上映，获得了观众的好评。可以认为，经过1933年一年的努力，进步电影作为一种不可抗拒的时代要求在电影界扎下了根，造成了愈来愈大的影响。郑正秋当即表示：“电影负着时代前驱的责任”，迂就环境的办法已行不通了，必须改变方针，“替中国电影开辟一条生路。”[①] 连张石川也说：“《红莲寺》时代我也不会忘记，《啼笑因缘》时代我更不会忘记——它们曾经给我以劳忙和痛苦……然而现在呢？这过去的时代除了给我以懊恼的回忆之外，是不能给我以些微的满足了。”他表白他的转变不是出于投机，而是“有着他的必然性的”[②]。

1933年9月，司徒逸民、龚毓珂、马德三人合办成立了电通股份有限公司，主要经营“三友式”有声电影录音放音设备。司徒逸民是司徒慧敏的堂兄，司徒慧敏因此自然地进入到公司中。夏衍、田汉、许幸之、孙师毅、应云卫、陈波儿、王莹、贺绿汀、吕骥、张云乔、万籁鸣等人也纷纷加入进来。1934年4月电通影片公司成立。这是一支汇集了编剧、导演、表演、摄影、动画、音乐、美工人才的强大创作队伍的左翼电影阵地。左翼电影的力量进一步得到了壮大。电通公司是中国共产党人获取电影装备和电影专门技术人才的开始，充分说明那一代左翼电影人的远见卓识。中国左翼电影技术方面的领导

① 郑正秋：《如何走上前进之路》，《明星月报》1933年5月1日第1期。
② 张石川：《传声筒里》，《明星月报》1933年5月1日第1期。

人司徒慧敏回忆说：

我参加电影工作是1932年初。除了白天担任影片的布置设计工作之外，晚上有时参加左翼“剧联”的舞台装置活动，我另外以更多的时间进行电影录音技术的学习和研究工作。我向一些无线电和机械专家学习，并且和他们合作，在自己家里把录音技术研究室装设起来。在左翼文化运动中，我们“左联”和党的电影小组对于科学技术工作，特别是对于电影技术工作十分重视。电影录音在20年代中期才在西欧和美国开始，七八年以后，至1932年、1933年垄断我国电影的录音技术工作的还是美国人。有声电影输入我国以后不到七年，我们研制自己的录音系统就开始了，党的电影小组的成立和我们“左联”党组织支持了我。1933年的秋天，我所试验制作的电影录音系统还没有完成，仅在试录的阶段，田汉、夏衍、于伶就曾多次组织任光、安娥、聂耳、袁牧之、李丽莲等人到我们录音试验室来试录。……我们三年上下的时间内就完成了我们自己的录音系统，并且发展到了实用阶段。1933年田汉还陪同参加反帝国主义战争运动的英国进步人士马莱爵士到我们的试验室来参观。马莱看到我在自己家里进行科学研究工作，他高兴地称赞说：“你们不但注意到进步的文艺、进步的电影，你们还注意掌握进步文艺的科学技术的武器，这是我到中国之前所没有想到的。”[1]

然而，当权者的政治嗅觉还是异常灵敏的。《狂流》《铁板红泪录》的上映，令上海国民党党部主管宣传的CC派头子潘公展，直觉地意识到了明星公司已有左翼人士渗入。1933年5、6月间，他打电话给明星公司，冲着张石川、周剑云发了一顿脾气，并且威胁要停止对明星的银行贷款了。潘公展是上海银行界“恒社”俱乐部的实际负责人，他有能力做到这一点。张石川、周剑云听罢不敢怠慢，专门抽了时间联袂拜访潘公展，“检讨”之余，还“附赠”了明星公司的股票。[2]“附赠品”的威力巨大，潘公展的虎威因此大有收敛。不过他还有他的“底线”：虽然可以对明星的做法睁一只眼闭一只眼，但要把他的朋友姚苏凤安插到明星的编剧委员会来。

在当时“左”、“右”不能两立的情势中，潘公展以为，这大概可以将左翼势力比较自然地逐出明星公司了。但出乎他意料的是，当夏衍等得知来人是姚苏凤后，却觉得事情仍有转圜的可能（这期间，周剑云为了挽留阿英、夏衍等，当然已做了许多低姿态的沟通工作）。因为姚苏凤虽然是潘公展的朋友，

---

① 司徒慧敏：《往事不已 后有来者——散记“左联”的旗帜下进步电影的飞跃》，中国电影资料馆等：《百年司徒慧敏》，北京：中国电影出版社2010年版，第258页。

② “夏全15”，第128页。

却对左翼文艺抱有同情心，也曾撰文赞扬过《狂流》。电影小组因此专门开会讨论是否可能与姚苏凤合作的问题。在会上，王尘无介绍了姚苏凤的背景。姚是苏州人，老牌的鸳鸯蝴蝶派，近年来颇为关心国事，对时局有所忧虑，有进步的要求。但另一方面，他与潘公展私交甚好，潘很信任他。

电影小组于是产生了两种行动方案：一是夏衍三人同时退出明星公司，并在报刊上发表声明；二是在公司当局保证他们写的剧本不受干涉的条件下，同意姚苏凤参加编委会，经过一段时间的考察，再决定去留。

赞成第二种方案的人较多，洪深是力主夏衍等人留在“明星”的，钱杏邨后来也转变了态度，他了解了姚苏凤的情况后，认为姚是可以合作的。但反对的人也不少，理由仍不外乎是左翼人士怎么能和CC派的人共事呢？在夏衍等的坚持下，后一个方案最后获得了通过。不过，在提交明星公司时还附加了一个条件：假如姚苏凤在编剧会议上反对乃至否定夏、钱、郑的剧本的话，夏等三人就集体离职。周剑云当即拍着胸脯答应了。

斗争看来是不可避免的了。

完全出乎夏衍等意料的是，在参加编剧委员会前夕，姚苏凤便分别找到了洪深、王尘无、夏衍再三诉说他的心曲。他表示在编剧委员会内，决不会充当反派角色，愿意和夏衍等人通力合作。为了表示诚意，他还对夏衍说，他所主编的《晨报·每日电影》的主要编辑权，可以交给王尘无，发表什么文章全由尘无负责，他决不过问，“为了对付上面，我可以依旧挂一个主编的虚名”。他并且力邀夏衍等人与洪深一起在《每日电影》创刊一周年之际发表一封读者的公开信，表明这个副刊的编辑方针。1933 年 6 月 18 日，在《晨报》副刊《每日电影》上，洪深、王尘无、柯灵、朱端钧、陈鲤庭、鲁迅、沈西苓、蔡叔声（夏衍）、席耐芳（郑伯奇）、张凤吾（钱杏邨）等联合发表了《我们的陈诉，今后的批判》。这则“通启”实质上宣告了潘公展计划的失败。

事实上，除了右翼气息过于明显的《时报》的《电影时报》，影评小组在其他的电影报刊如《新闻报》的《艺海》，《申报》的《电影专刊》，《中华日报》的《银座》，《时事新报》的《新上海》，《大晚报》的《剪影》等副刊，以及《现代演剧》及《电影画报》《影迷周报》《联华画报》《电通画报》和《明星半月刊》等杂志上都是很活跃的。[①]

忙完明星公司编剧委员会的人事调整工作，从 1933 年 6 月下旬开始，夏衍的全部精力就转到了迎接世界反对帝国主义战争大会代表团的工作上。这是时任“左联”党团书记的周扬交付的任务。

---

① 可参见鲁思《关于“剧联”影评小组》［中国社会科学院文学研究所《左联回忆录》编辑组编：《左联回忆录（下）》，北京：中国社会科学出版社 1982 年版］。

1932 年 8 月底，荷兰的阿姆斯特丹召开了一个有好几千人参加的世界反对帝国主义战争大会，罗曼·罗兰任大会主席，巴比塞等人任大会副主席，宋庆龄是大会的名誉主席。大会坚决反对“九一八”事变后李顿调查团那份混淆黑白的调查报告，根据宋庆龄的意见，由反战大会派出一个调查团，来调查满洲事变的真相，再在上海召开一次反战的远东会议。

中国知识界极为欢迎这个代表团，《申报》1933 年 2 月 7 日第 15 版还专门发表了《杨杏佛说明反帝国大同盟组织》的消息。中国共产党也很重视这个代表团，准备搞几个盛大的活动来欢迎反战调查团。因为巴比塞可能也来，“左联”策划搞一个以鲁迅先生为首的欢迎委员会，以群、周文等负责筹办此事，人手不够，需要夏衍的帮助。

夏衍爽快地答应了周扬的请求，并建议要突出茅盾在欢迎委员会的地位，并请他写一篇欢迎反战大会代表团的文章。两人又进一步商量文艺界欢迎代表团的事宜，决定要为此专门排一个话剧，这样气魄大，声势足，水平高，但又要不致引起当局的干涉。只是要找一个规模大，又要求进步的剧团却并不容易。思忖再三，夏衍认为应云卫的戏剧协社最为合适。

夏衍先找到于伶，了解了应云卫近来的思想情况。于伶于 1933 年初由北平调来上海，分配担任剧联组织工作。夏衍在春秋剧社为田汉祝寿时与他初次见面后便常有往还，十分投契。据于伶说，应云卫原来是个艺术至上主义者，最近正处于思想的蜕变期，面对民族危机深重的局面，他已不甘于为艺术而艺术，想要排一些配合救亡热潮，适合当前形势的大戏。夏衍很高兴应云卫这种思想转向，便约定了一个时间，与郑伯奇、于伶、孙师毅一起，找到了应云卫，希望他能以最快的速度排出一个反映中国人民反抗帝国主义侵略内容的大型话剧来。

这个命题“作文”是不好做的，可是应云卫没说二话就答应了下来。他找到张云乔等人，先确定一个合适的剧本。他们的运气不错，不久，就从美国《生活》(*LIFE*) 杂志的剧照和文字介绍中，发现了苏联人塞格·米海洛维奇·铁捷克编的一个剧本 *ROAR · CHINA* (后译为《怒吼吧，中国!》)，内容是反映列强侵害中国的实况。找到英文本子一看，真是大喜过望，这出戏似乎是专门为应云卫等人要求而写的。

《怒吼吧，中国!》是以 1924 年英国海军炮舰炮击万县这一真实的历史事件而展开的：列强的军舰停在万县长江中，耀武扬威。一次，一个美国洋行老板搭小船过江时，为了船费和船夫争执起来，竟动手打人，却因体肥失重落水淹死，英国海军舰长借机大发淫威，要求中国方面必须处死两名船夫来赔偿一个白人的性命，并限令 24 小时之内答复，否则就要炮轰城市。但由于船夫已逃走，软弱的中国官府只能在码头工人中抽签，挑出两个无辜的人去替死。次日，在码头行刑时，群情激愤，忍无可忍，一片怒吼，以致“暴乱”。英舰立即炮轰万县

城……[1]

正当应云卫等人兴致勃勃地开始排演的时候，却接到了夏衍传过来的通知，请应云卫暂缓排戏，至9月份再说。原来在7月底夏衍接到史沫特莱的消息，说会议已经推迟到9月，而且巴比塞因病不能来了。夏衍把消息传给周扬、应云卫等人后，便忙着帮助孙师毅写《新女性》的分场剧本了。

然而当时的形势瞬息万变，以夏衍的身份和地位，不能知道许多幕后的情况。这次反战大会在上海召开，中间经过了无数曲折。先是朝鲜代表被逮捕，继而日本代表受日本当局阻挠不能与会。8月18日，国际反战委员会代表马莱（英国勋爵，工党议员）、哈密尔敦（英国人，身份不详）、伐扬·古久列(法共机关报《人道报》主编)、马尔度（比利时社会民主党人）抵沪。8月19日，马莱与马尔度东渡日本，拟与日本代表接洽。8月25日，无功而返。随后，反战委员会四人陷入了工部局和国民党特务的重重监视之下，不能自由行动。更有许多谣言，说马莱等人乃是共产国际走卒云云。这种情况下，马莱等人表面上也装出了无所用心的样子，多次放出空气，说反战大会将不在上海召开，他们也将在较短时间内离沪。

就这样折腾了一个来月，国民党大小特务也被弄得疲惫不堪了，江苏省委才决定立即采取行动，秘密召开反战大会。9

① 张云乔:《应云卫和话剧〈怒吼吧，中国!〉》,《上海滩》1995年第7期。

月28日，在洪深的帮助下，夏衍等人避开了包打听的监视，顺利地接到了下榻在华懋饭店的马莱等三人（哈密尔敦已先行离沪了），把他们带到了大连湾路指定的开会地点。这一指定地点是地下党为召开这次大会而特地租下的一幢楼房，由周文、郑育之夫妇假扮新婚夫妇搬进那幢房子，事先为代表们准备了大量面包和开水。然后，大会代表们分批地秘密地陆续到来。

洪深和夏衍陪着马莱一行上了楼梯，向守在门口的一个中年人讲了一句约定的暗号，中年人就很高兴地与马莱等握手。马莱也向他介绍自己的伙伴。可是一看，古久列却不见了踪影。

原来古久列没有跟他们一起上楼，而是在楼下另一个房间里。夏衍寻到这里，看到在暗淡的烛光下面，古久列正与几位工人攀谈。古久列西装笔挺，工人大都衣衫褴褛，坐在一起，很不协调。古久列的汉语又很不高明，说起来磕磕巴巴的，但他说得很用心，很有激情。人们大半听不懂他在说什么，但也都为他的热情所感染，都怀着激动的心情，用心地捕捉着他话语中的“工人阶级”“穷苦”“反对帝国主义”等片断字词。

反战大会顺利举行过后，10月3日，田汉与洪深找到了夏衍，说由艺华电影公司的老板严春棠出资，召开一次文化界的欢迎反战大会代表的集会。电影界文化界许多知名人士如严春棠、舒绣文、许幸之、周剑云、郑正秋、胡蝶、史东山、卜万苍、陈瑜（田汉）、黄子布（夏衍）、叶灵凤、林庚白等 40 余人出席了这次集会。严春棠是黄金荣的徒弟，靠贩卖烟土起家，由他出资来办这么一场充满着进步意义的文化人集会，有些不伦不类。所以夏衍说这是一次“奇特的集会”。

在地下党组织的周密安排下，《怒吼吧，中国!》恰到好处地也赶上了这段时间进行公演。公演的第二天，田汉、夏衍就陪着马莱、古久列观摩了这场代表中国话剧水平的表演。夏衍出于身份保密的考虑，有意未坐在为贵宾留座的前排，而由田汉陪伴马莱一行。

这天晚上，气氛极为热烈。幕前序曲破天荒地放了《国际歌》，听到这雄壮乐曲奏响，马莱等人脱帽肃立，直到乐终才坐下。表演到最后的场面，魏鹤龄扮演含冤替死的码头工人，十分逼真。大幕落下，他突然从绞刑架上一头栽下，瘫痪在场，闭目不语如同休克。大家惊慌起来，正商量着要把他送医院，他却慢慢睁开眼皮说：“大家不要惊慌，我没有绞死，为了表演逼真，我使劲把绞绳往自己脖子里勒，差一点真的喘不过气来了。”

看完演出，古久列十分激动，强烈要求进行现场采访。考虑到古久列的安全问题，夏衍找了几个可靠的同志，就在戏院的后台举行了一个小规模的座谈。虽然语言交流上存在着障碍——夏衍的英语口语不是太好，但古久列听得十分认真，在采访本上不断地记呀写呀，不愿意漏掉一个字，一句话。当一位年轻的姑娘向他介绍中国波澜壮阔的革命运动时，他是一边流着泪，一边记述着这古老大地上所发生的事情。他大声反复地说："这是一部伟大的史诗，可惜工作不让我常住中国！"[①]

在中共地下党精心安排下，这次远东反战大会总的说来是十分成功的。但在当时"左"的历史条件下，上海进步文化界有些举动也略有暴露力量之嫌。

《怒吼吧，中国！》演出成功，一批年轻人还想把它搬上银幕。一位年轻人兴冲冲地来征求夏衍的意见，夏衍却给他泼了一盆冷水。他当即表示："资本家哪肯投资拍这个，别费那个心思了。"果然，电影公司老板们听说这是苏联作家写的剧本，便一个个如避虎蝎了。

国民政府虽然臃肿、笨拙而反应有些迟钝，对待许多国家、民族重大利益有时也有些无是非的态度，不过，它对于镇压共产党人倒从来是立场坚定、绝不手软的。尽管它较晚才比较清楚地意识到左翼力量在影坛的茁壮成长，但它一旦意识到这一点，也就断然采取了步步紧逼的攻击性姿态。1933 年底，"上海影界铲共同志会"成立，这是一个有很强蓝衣社背景的组织，主要成员多为特务流氓，它的任务就是跟左翼文化人士捣乱。11 月 12 日，先是冲击了艺华影业公司的摄影棚，对左翼电影家进行威胁恫吓，后又制造了一系列暴力事件，如捣毁

---

① 夏衍：《哀悼之辞》，"夏全 9"，第 40—41 页。

了北四川路良友图书公司的大玻璃窗。“铲共同志会”的行动很有些闹剧性质，它在12日冲击艺华影业的时候，居然和一位艺人豢养的狼狗混战起来，且未能取胜。[①] 11月15日，上海各影院还收到了“铲共同志会”发出的警告信，内称：

> 敝会激于爱护民族国家心切，并不忍电影界为共党所利用，因有警告红色电影大本营艺华影片公司之行动，查贵院平日对电影业，素所热心，为特严重警告，祈对于田汉（陈瑜），沈端先（即蔡叔声，丁谦之），卜万苍，胡萍，金焰等所导演，所编剧，所主演之各项鼓吹阶级斗争贫富对立的反动电影，一律不予放映，否则必以暴力手段对付，如艺华公司一样，决不宽假，此告。[②]

一个掌握了全部国家机器的政党居然落魄到只能用黑社会的手段来对付一批手无寸铁的文人！这事说来也是极可悲的。

上海文化界气氛紧张了起来。接着，潘公展、范争波等就冲到了前台，对“明星”“联华”的老板威逼利诱施加压力。潘公展还批评了姚苏凤。4月9日上海《晨报》报道《陈立夫

① 吴蔚云口述，杨代琇、陈杰记录整理：《摄影机旁忆往昔》，《上海电影史料》编辑组：《上海电影史料》第2、3合辑，上海：上海市电影局史志办公室1993年版，第183—184页。

② 转引自“夏全15”，第228页。

谈民族主义为艺术中心》。这是陈立夫 2 月初的一次官方讲话，公开提出不准映出“煽动阶级对立”“挑拨贫富斗争”的“普罗意识作品”。[①] 陈立夫的讲话与《晨报》的报导都释放出了一种足够强烈的信号。

在这种背景下，刘呐鸥等人的“软性电影”论突然流行了起来。刘呐鸥等人的理论是，“电影的胶片是软片，所以电影也应当是软性的”。什么是“电影的软性”呢？他们借用了“诗怪”李金发的一句名言，说电影的作用应当是“给眼睛吃冰淇淋，给心灵坐沙发椅”。其理论的实质是反对电影的教化作用，要淡化电影的政治思想性。

“软性电影”论兴起的历史背景已不可考。不能说持这种观点的人都是接受当局的豢养、单纯从政治意识形态的角度反对左翼电影，不过，这种观点背后实际有着官方力量的支持——或者说有人试图通过这种论调来博得官方青睐以加官进爵，恐怕也是一个历史事实。如“软性电影”论的代表人物黄嘉谟在《电影之色素与毒素》中就这样说：“在近今，中国的导演先生抱着过分的‘虚怀若谷’的态度，上了庸医的大当，给他们注入了一种红色素”，他批评影片中的各种“主义”“往往包含着毒素的物料，其遗害观众者至大，可惜公安局都不曾

① 吴海勇：《“电影小组”与左翼电影运动》，上海：上海人民出版社 2014 年版，第 430 页。

注意到”。[1] 穆时英则在1935年8月11日至9月11日《晨报》上连载的《电影艺术防御战——斥掮着“社会主义的现实主义”的招牌者!》中说：“起来！黄帝的子孙，肃清那些不要祖国、出卖民族的‘文化红军’！匍伏于第三国际之下，奴隶样的‘文化红军’!”并自作注称：“甲种罗宋老三在四川（当指工农红军——引者注），乙种是左翼的干部人物，至于摇旗呐喊的左翼小喽啰自然算是丙种”，且明确点名：“唐纳为丙种第一号，尘无为第二号，鲁思为第三号。”这无异于向国民党当局告发唐纳、鲁思等人的政治身份。[2] 在当年，这种指控足以断送一个人的生命!

正因为如此，左翼文化力量在一开始就不能不把“软性电影”论者视作敌对的力量而痛加贬斥。我们因此也不难理解为什么1949年后穆时英、刘呐鸥何以长时间被视为反派人物。当前的学界一般只强调他们的艺术主张不能见容于无产阶级文艺阵营，这其实只是问题的一个方面，甚至不是主要方面。真正的恩怨纠结可能是在这种艺术观念之争背后带有杀机的政治冲突。

---

① 转引自秦翼：《对电影“软硬之争”的再认识》，《南京艺术学院学报（音乐与表演版）》2013年第3期。

② 转引自吴海勇：《“电影小组”与左翼电影运动》，上海：上海人民出版社2014年版，第318页。有关“软性电影论”者非常“硬”的政治立场的介绍，可参看该书第317—321页的介绍。

我们因此在根本上不能同意当前某些学者的论调。有研究者根据国民党的《电影检查委员会查禁国产影片一览表（1931年6月15日—1934年2月20日）》中所列影片得出结论说：在1933年前后，“国民党当局虽然制定了一些防范策略，在电影审查尺度上却并未出现明显变化。此间查禁的六十余部作品，所谓的左翼电影所占份额极小，倒是《荒江女侠》、《乾隆游江南》等古装、武侠、神怪电影受到了查禁，明确指出因‘提倡鼓吹阶级斗争’而被禁的仅有联华公司出品《出路》一片（而该片后改为《光明之路》，又于1933公映）。当前为我们所公认左翼电影，也并未出现在名单中。即便这些影片有些是遭遇了‘剪刀’而得以公映的，一些明显存在政治意图的段落仍然直接间接地存留在了影片中。这至少说明，揭示黑暗不公、披露贫富矛盾等内容在当时的环境下有其社会响应力，并因此而面貌暧昧，对此，国民党当局所颁布的粗略的检查法案也并未有严格的禁止标准。”他们于是得出结论说：“在1933年‘软性电影论’者正式登场之前，无论是业已轰轰烈烈展开的左翼电影评论或是初步进行的左翼电影实践，均未受到官方或民间的严厉打压。不过，左翼影评一味强化‘意识’的评价体系十分强势地造成了电影评价过于单一的标准，而左翼电影报刊一味为属于其阵营的创作者的影片做正面的宣传，打击其他一切创作力量，这也势必会引发起被打压者的‘应战’，‘软性电影论’终于在这样的情势下登场了。”①

这种说法显然是有问题的。首先，以 1931 年 6 月至 1934 年 2 月间被禁影片来衡量国民党方面对“提倡鼓吹阶级斗争”话题的宽容度本身就不太合适。国民党政府对此类问题的反映一般都是比较迟钝的，“提倡鼓吹阶级斗争”毕竟是 1933 年的新现象，它未能作出及时反应是正常的。其次，国民党政府在意识形态上的严厉控制绝不仅仅体现在“禁片”一点上。以禁片之多少来论证“官方”“严厉打压”的程度，是不周全的。再次，“左翼电影报刊一味为属于其阵营的创作者的影片做正面的宣传，打击其他一切创作力量”也是极不妥当的表述。按照这种说法，左翼文艺倒是当时的官方标准意识形态了。就现实的存在来说，左翼文艺在当时其实是相当弱小的（它们在历史进程中产生了巨大影响则是另一回事）。

在这场“软硬之争”中，夏衍当然是左翼阵营的重镇。他的《软性的硬论》《“告诉你吧”——所谓软性电影的正体》《白障了的“生意眼”——谁戕害了中国的新生电影》《玻璃屋中投石者》等，都是这场论战中的重要文献。他从多个方面展开了对电影本质问题的思考，并从根本上揭露了“软性电影”论的悖谬。

---

① 秦翼：《对电影“软硬之争”的再认识》，《南京艺术学院学报（音乐与表演版）》2013 年第 3 期，第 167 页。

其一是所谓左翼电影无“利润”论。

刘呐鸥等人主张“少摄揭示惨苦生活的影片”，希望“国片多得利润”。针对这种论点，夏衍在文章中以“一般周知的事实”来揭发他们的“假面”：“两年以来，从续映日期和卖座记录看来，最多得利润的影片是下列的几部：《姊妹花》《都会的早晨》《三个摩登女性》《狂流》《母性之光》《小玩意》等等”，而从上海放映的外国影片来看，“软性论的形势依旧是惨淡的”，因为观众们所爱看的，“两三年来卖座最好的外国影片是《城市之光》《西线无战事》《亡命者》”。在列举了大量事实之后，夏衍进一步指出，这些片子的内容，“在软性论者本是一个重大的不幸”，都是“暴露了贫民的惨苦生活”，“这一切都是非常生硬而绝不是软绵绵的东西”。可见“真正为群众所需要的作品才能受群众的欢迎，受群众拥护的作品才能保证制作者的利润！”为此，作者发人深省地写道：“我们该努力的是在增进从业员对于作品的理解，和从失败中间来获得技术上的成就；将一二失败作品的责任全加在‘硬性’身上，而硬着头皮地主张制作荒唐淫乐的软性影片，这才是真正的企图杀害‘新生’的中国电影的生命！”①

其二是所谓电影的“现代性”和“娱乐性”。

电影是需要娱乐元素的。但娱乐元素却不是没有内容属性

① 罗浮：《白障了的“生意眼”》，“夏全6”，第30页。

的。时代、民族、阶级等都会决定娱乐的趋向。尤其在国难当头的时刻，强调纯形式化的娱乐，实际不可能有什么娱乐，甚至是资敌。夏衍讽刺说：

> 回答唐纳先生追击最剧烈的“软性论者”对于中国现实的态度经过一番忸怩之后，他说，“今日中国人民的反帝的气焰（?）早给压下去了”，所以在这儿，“要顾到现实”（!）而不必摄制“包你大吃剪刀”的“以东北血战的背景的反帝影片”，回转头来，用罗帕掩着白鼻子下面的嘴唇，轻轻地说，“关于这个问题，属于政治和社会的范畴，问题复杂得很，这儿不必多论”。看到此地，他们好像早已忘记了自己是中国民族，早已经超然于“政治和社会的范畴”以外。可是事实并不这样。瞧着，他接着说：“帝国主义和封建制度有着根深蒂固的壁垒，决不是微弱的新生中国电影所能单独打倒。”所以他们主张对于这些中国民族生死存亡的问题“不硬作不自量力的”“冒险而无谋的激烈行动”！读者们，这是软性论者黄嘉谟的名文。谁在帮助帝国主义戕害中国民族电影，谁是“汉奸”，在这儿已经不用加注了！①

① 罗浮：《请看这“软”洋洋的媚态——追击戕害中国民族电影的正凶》，“夏全6”，第32页。

在那样的一个时代，自娱自乐的“软性”并无现实的可能性。夏衍曾一针见血地指出：“那么借问软性论者，现代的事情都是软性的吗？国际间政治经济冲突是很硬性的，日本帝国主义侵略中国的‘九一八’、‘一・二八’总也不是软性的吧！”[①] 因此，“真正的娱乐和安慰，应该是互助的精神，团结的意识，争战的热情和胜利的呼喊！这一切是年轻的，健康的，进步的，向上的，所以也就是胜利的，有未来性的。”[②]

其三，单纯的“软性”“娱乐”是电影艺术自身的大敌。

在那个时代的许多知识分子看来，资本主义、商业性本身即电影艺术之大敌。在他们的观念中，政治的进步与艺术的高明具有非常强烈的正相关性（虽然不能说绝对如此）。因此，对“软性电影”论的批判本身即是对中国民族电影的艺术特性的构建。夏衍在这方面具有相当深邃的理论自觉，他对“软性电影”论的批判相当程度上也集中在这一点上。对这一点研究界似尚未引起足够的重视，我们在此就略多费些笔墨加以介绍。

夏衍从来对电影艺术的本质特性有着自己的思考和探索。早在论战之前，他已在论文中对相关问题展开了较为深入的讨

---

① 罗浮：《软性的硬论》，“夏全6”，第22页。

② 罗浮：《“告诉你吧”——所谓软性电影的正体》，“夏全6”，第25页。

论。在《一个电影学徒的手记》中他如是写道："电影艺术的基础既然是视觉的形象的言语，那么，电影艺术家当然应该用绘画的表象的方法，来表现和传达一切的感情和思想。"[①] 以往电影界往往从戏剧的角度去理解电影，夏衍则将中国电影从戏剧的包围中分离出来，重视电影的视觉造型，强调用镜头去刻画人物形象；而在叙事性方面，夏衍更明确的认为，电影在文体上与其说接近戏剧，倒不如说它更多的靠拢小说。因为电影能打破戏剧以场面为单位组接剧情的局限，能"像小说一样地驱使那回想的方法来进行时间的转换"，这便突破了"亘古以来被认为无可更改的以时间为函数而发展故事的叙述法"。[②]

而他对"软性电影"论及其实践者的蔑视很大程度上也本于此。在他看来，如将"软性""娱乐"当作电影的本质，只能培养从业者的懒惰思想，毁掉中国民族电影的未来。他曾以一贯走唯利是图路线的天一公司的一部电影为个案写了篇犀利的影评：

《吉地》的技巧及其他

一、两个公式

① 蔡叔声：《一个电影学徒的手记》，"夏全6"，第8页。

② 沈宁：《〈权力与荣誉〉的叙述法及其他》，"夏全6"，第100—101页。

（公式一）FI[①]（字幕），（全景），（中景）左右 Pan[②]，（大写）甲乙对话，（全景）丙入，（近景或大写）对话，（全景）丙出，FO[③]。

（公式二）（外景）远景，（近景）人物往高处走（以上默片，虽做手势亦不发言）。（大写）开口对话（但后面系白背景，前后是否连接，及 Sport light[④] 影子是否看出，毫无问题）。（全景）默片。

以上两个公式，反复了不知多少次。据说，"这样的处理一片的进展，果然，简单了不少！"计，FI、FO 共二十九次，说明字幕二十一。朋友，这是声片！

二、人物及背景

人物，在说明字慕之后姗姗地出场了，但是，他们和他们的家庭、环境有什么关系？菱花村是什么样一个地方？观众始终不会知道。单讲阿大一家，前后门的构造，方向，一点不使观众知道，外景背景，差不多每场不同，当然，前后毫无联系。

三、表情，对话，音乐

第一，当然应该讲到陈玉梅了，据说，她是善演悲剧

① FI，fade—in 的缩写，渐显。
② Pan，摇镜头。
③ FO，fade—out 的缩写，渐隐。
④ Sport light，聚光。

的，但是，她的表情好像也有了公式，一样的笑，一样的哭。全剧最令人发噱处，在香姑私逃之前夕，为此特介绍如下：

1.（字幕）

2.（全景）香姑出得门，愁容满面。

3.（特写）阿良悲苦的表清。

4.（全景）香姑看见阿良，突然笑面添花，轻轻定上，遮住阿良眼睛。阿良挣开。

5. 阿良："你快要做许家的姨太太了。"

6.（大写）香姑大怒，挣开。

7. 香姑："我不愿意做笼中的小鸟！"

这儿从忧到喜，从喜到怒，大有瞬息万变之妙。最后一句对话，尤为特色！

对话，果然，已经没有了"你来了吗？"那一句，但是那气派，那方式，依旧原封未动。尤妙者，女仆在许志将死时，"老太爷！""你怎么啦？"两语，反复者六十次，其"好对话不妨多听"之谓乎？

音乐，前半本附有音乐，但说话时音乐时断时续，如啜泣然，小孩向父母乞食时，泣声亦复如此，即一句话，一段音，再一句话再一段音之配置也。当然，音乐和剧情无关，西乐，香调，丝竹，无往来不宜。[1]

① 夏衍：《〈吉地〉的技巧及其他》，"夏全6"，第98—99页。

套用当前的文论观念，夏衍此文当归入典型的形式批评。不过他的议论绝无繁琐分析的毛病，而是一语破的，雄辩地揭示出“为娱乐而娱乐”在电影艺术方面巨大的潜在危害。

正是基于这一点，夏衍的电影批评绝不是党同伐异之作。他尽管较多赞美苏联电影的成就，某些观点现在看起来不无溢美之嫌疑，但对苏联电影中艺术成就确实比较差的那些作品，他会直言不讳地指出其问题所在。他在评论苏联根据古典戏剧题材改编的电影《循环》时，曾这样说道：“我们只能赞赏导演的这种处理古典题材的制作的态度，而不能说这是一部艺术上达成了的作品。作品残余着多量的舞台剧的成分，这妨害了电影特有的速度，破坏了统一的印象，失掉了苏联电影特有的那种紧张而锋锐的情调。”① 在那个时代，大部分革命者是很难摆脱盲目崇拜苏联的思维定势的（不然，牺牲中国的国家利益去“武装保卫苏联”就不会成为革命者一时的心声了），夏衍说出这些直接的批评言辞，是需要一定勇气的。这也说明夏衍对艺术独立自主的维度在内心深处一直有着自己的坚持。

对左翼或具有左翼倾向的电影人作品中的瑕疵，他的批评从来直截了当。他和郑伯奇合作的评孙瑜的《火山情血》就这样坦率地写道：

① 韦彧：《〈循环〉及其他》，“夏全 6”，第 106 页。

孙瑜是联华的名导演，他的手法果然不错。他不像卜万苍那样故意弄巧，更不像蔡楚生那样照顾不周。不过他还犯着联华的一个共通的毛病，就是摹仿西洋病。……

演员都很卖力，郑君里的力量是始终不懈。这值得称赞。他的面貌和动作，都很和戏中人物适合。神经质的反抗性的青年，是他最适宜的角色。袁丛美的反角很神似。后半较前半还好。黎莉莉并不如宣传的那样好，不过那样大胆的表情，在中国的女演员是值得称赞的。[①]

而对那些政治态度不尽一致的电影人的优秀作品，夏衍在明确指出其政治倾向问题时，也总是能客观地指出其艺术上的优劣长短。费穆是公认的中国现代电影艺术大师，而在他刚登上电影舞台之际，夏衍就高度评价他的处女作《城市之夜》。夏衍特别欣赏影片不过分重视和迷信戏剧的成分，“全部电影中，没有波澜迭起的曲折，没有拍案惊奇的布局；在银幕上，我们只看见一些人生的片断，用对比的方法很有力地表现出来。其中，人和人的纠葛也没有戏剧似的夸张。这样的编剧，在中国的电影史上，是可注意的”。夏衍还特别分析了其形式探索的创新价值：

① 黄子布、席耐芳：《〈火山情血〉评》，“夏全6”，第49页。

> 再谈到导演。这样非戏剧式的故事，若没有好的导演一定会失败的。然而费穆先生的导演却异常成功。他很大胆地让这一些人生片断尽量在银幕上发展。他的手法非常明确而素朴，这给全片添加了一种特别的力量。我们回忆的时候感觉一种特殊的味道。他并不是不用小巧，但是他并不故显聪明，使人感觉厌倦。譬如，小车碾破石块的一个特写，导演明明是在用象征手法，而看去并不觉得故意。全体的调子很匀，因为 Montage 很好。小的动作方面是有几点破绽，当然是“瑕不掩瑜”，我们可以不必故意搜求了。导演在这部处女作上有这样的成功，对中国电影前途来说是可喜的事。不过，光线不清，有时失之太暗，有时失之太明，这表示他支配摄影师还不很够，将来总可克服的。①

朋友归朋友，艺术归艺术，夏衍等人给中国现代影坛树立了一个良好的批评风气。司徒慧敏曾很准确地评价过这一点：“我们左翼电影运动，除了靠我们自已的虚心、诚恳、仔细、认真地学习之外，还要靠我们尽可能地在电影界中争取更多的朋友，尽量扩大我们的团结范围。评论电影正是我们打开电影

① 黄子布：《〈城市之夜〉评》，“夏全 6”，第 61—62 页。

大门的一个重要的途径。在评论中国电影的时候，有时也会引起我们有经验的导演或者编剧朋友的争议，观点的不一致当然难免。……引起一些争论，经过商讨研究，往往我们相互之间的认识会推进一步，争论的过程也常常使我们和电影界的朋友之间加深了了解，使我们的友谊更加真诚和密切。”①

其四，夏衍在论战的同时，还积极地从事建设方面的工作。他的影评，很多是介绍当时世界影坛的最新动态，评点苏联、好莱坞、欧美电影人著名作品的优劣短长。其笔触所及，涉及电影名著或流行电影如《爵士歌王》（*The King of Jazz*）②《哥萨克》《循环》《裘莲夫人》《生路》《重逢》《铁骑

---

①　司徒慧敏：《往事不已 后有来者——散记“左联”的旗帜下进步电影的飞跃》，中国电影资料馆等：《百年司徒慧敏》，北京：中国电影出版社2010年版，第259页。

夏衍这一代左翼电影人之所以推崇左翼文艺，很大程度上就是从艺术角度的考量，而不是基于政治意识形态的党同伐异。夏衍对那些他不能认同的左翼艺术家的观念，即便是出于某种考量的妥协，也总是很“顽张”地要透示出某些个人的艺术旨趣。司徒慧敏有一段回忆很有趣：“我和夏衍同志为了《桃李劫》陈波儿死的那场戏跟袁牧之争论很激烈。袁牧之一定要在那场戏把一大段话讲完。一段戏就从他进门跑到她床边，蹲下来一直讲了一大段话。波儿讲得很少，袁牧之讲得最多，讲到最末了扑在波儿身上那段话他说是舞台演员的本事，非要那样不可。本来拍一百多呎就行，结果拍下来七百多呎。电影有剪接和其他各种手段，非用这办法不可吗？夏衍同志也跟他争了半天，最后还是按照他的做法，我们‘投降’了，因为当时他非要坚持。实际上正式上演时，我们还剪掉一点呢。”（司徒慧敏：《左翼电影的经验与教训》，中国电影资料馆等：《百年司徒慧敏》，北京：中国电影出版社2010年版，第282页。）

②　一般认为这是世界电影史上第一部有声片。

红泪》（《静静的顿河》）《大饭店》《制服的处女》《伏虎美人》《乱世春秋》《吉诃德先生》《凌霄壮志》（*Night Flight*）《医国之圣》（*One Man's Journey*）《自由万岁》（*Viva Villa*！）《亡命者》《浮生若梦》等百余部，著名电影人如萨冈、嘉宝、玛格尔、刘别谦、茂瑙、朗、帕勃斯德（*Pabst*）等数十位。在那个信息极度匮乏的年代，他的世界电影的眼光与意识无疑为那一代电影人打开了一扇重要的窗户。这也从侧面有力地回击了某些“软性电影”论者闭门造车的论调。尤其值得指出的一点是，在希特勒刚上台的时候，夏衍在影评中就指出纳粹政权的残暴、反艺术、反人类共同价值的本质。[①] 而到了与“软性电影”论战的时候，他更指出娱乐有可能被极权政府利用的可能性：“在希特勒的德国，在深刻的恐慌里面，为着要使广泛的观众消散对于现实生活的苦痛，于是国社党的电影国策将电影的课题规定作‘鼓吹乐天主义，使劳苦的大众得到暂时的安慰’，于是在胡根堡[②]支配下的德国电影企业就很快地产生了一联梦幻一般的使观众忘掉一切的所谓‘军队喜剧’（Military Schwank）和歌舞影片……”[③] 类似的辛辣见解布莱希特也曾经提到过。

---

① 黄子布：《〈伏虎美人〉及其他》，“夏全 6”，第 73 页。

② 今通译“胡根贝格”，拥有乌发电影公司的大部分股份，时任希特勒内阁的经济与粮食部长。

③ 韦彧：《美国电影艺术的新动向》，“夏全 6”，第 128 页。

正是在夏衍、田汉等一代左翼电影人卓有成效、身先垂范的探索实践的影响带动下，共产党的力量在极其艰苦和危险的外部环境条件下，夺得了电影界乃至文艺界的部分文化领导权。夏衍曾说过："在'左联'前期，我们自己办书店，出机关杂志，禁了再办，办了再禁，不仅孤军作战，损失很大，而且由于极左思想的影响，我们的地盘很窄，作用不大；现在，在'左联'——也该说左翼的后期，我们已经逐渐团结和争取了中间力量，甚至能够在牛魔王的肚子里作战了，反软性电影的斗争，就是一个例子。"[①] 电影界中许多有影响的实力人士，从资本家到导演、编剧、演员，纷纷从自由主义的立场转变为同情和帮助左翼文化工作，如周剑云、郑正秋、程步高、蔡楚生、阮玲玉、艾霞等等。姚苏凤便是一个有代表性的人物。

姚苏凤是从潘公展的朋友一步步地左转，成为夏衍等可信的盟友的。有时，他甚至会把从潘公展那儿得到的机密情报透露给夏衍。1934 年 9、10 月间，他曾主动约夏衍谈过一次话，告诉夏衍，他从一个可靠的渠道了解到，中统特务机关已开列了一张有二三十人的黑名单，田汉、夏衍、钱杏邨、阳翰笙等人都榜上有名。经过了姚的提醒，夏衍的活动更加小心，躲过了 1935 年初的国民党一次有预谋的大搜捕。抗战爆发后，姚

① "夏全 15"，第 130—131 页。

还对夏衍说：你放心，不管时局怎么变，我不会做坏事。①

姚苏凤后来回忆夏衍等人对他的帮助时说："解放以前，我接触过一些共产党员。他们是很可敬的，有才华，有成就，一言一行都使我折服；他们也是很可爱的，很容易交朋友，很容易亲近。而我也就是从他们身上自然地受到了感染，受到了启蒙的教育，渐渐从歧路上回头过来的。"②

当然，回顾这场论战，我们最后必须强调的一点是，当年文艺阵营左右翼对峙的情况是非常复杂的，并且和具体的人事关系不能分开讨论。一位右翼人士可能与某几位特定的左翼人士保持很好的私交（情况反过来也一样），在当时都是常见的情形。泾渭分明的情况不是绝对的。像姚苏凤与夏衍关系甚好，却又与左翼影评代表之一的石凌鹤发生了所谓的"凤鹤之啄"，这是一场很不愉快的论战，并且成为了"软硬之争"的

---

① 夏衍：《在"20—40年代中国电影回顾"开幕式上的讲话》，"夏全7"第323页。夏衍还在《从事左翼电影工作的一些回忆》（"夏全7"第271页）等文中忆及姚氏对左翼电影人的帮助及靠拢。

② 欧阳文彬：《多才多艺姚苏凤》，《上海滩》1995年12月号。

一代左翼知识分子的人格魅力和艺术才华无疑是左翼电影打开局面的决定性因素。而今天某些学者却愿意强调他们"打压"异己（不是说这种情况不存在），恐怕是完全把事情弄颠倒了。在那被指为"赤色分子"就可能送命的时代，他们凭什么"打压"别人？如果他们主要是靠"打压"来开展工作，中间力量又凭什么来服从他们的"打压"？

直接导火线。[①]

另外，我们还需要注意到，“左翼电影”多是后人追加的称谓。就是说，在电影摄制的当时，左翼电影人诚然力图在其中加入自己一方意识形态观念的元素，但在大多数场合，他们也只能是加入这些元素，很多时候他们必须注意——或者说顺应私营电影公司的市场要求。在这种情况下，所谓“左翼电影”有不少顺应市民电影的视觉营销技巧的成分也就是很正常的事情了。这就是“司徒慧敏在新时期反思痛惜的迎合小市民观众玩电影‘噱头’。比如，对女性主角的设置，情色元素（《母性之光》的南洋艳舞，《小玩意》中叶大嫂的女儿裸露大腿教体操）的借用，三角恋情节的移植等等。现在看来，实在无伤大雅。以上种种，共同影响着左翼电影的叙事模式，混响革命意识与商业电影的时代合奏”[②]。《春蚕》中这种情况也表现得很明显。艾霞饰演的荷花角色很大程度上就承担了这种功能。[③]《渔光曲》中王人美的“小猫”形象更是一个有名的例子。我们不必讳言这些，但更不用夸大其词，刻意渲染这些

---

① 吴海勇：《“电影小组”与左翼电影运动》，上海：上海人民出版社2014年版，第309—310页。

② 吴海勇：《“电影小组”与左翼电影运动》，上海：上海人民出版社2014年版，第201页。

③ 《春蚕》中常有此类场景：“多多头抓住荷花的胸脯，推着她的身体问”，“荷花说着，上前一步，一只手捏在多多头抓住她胸脯的手上”，等等。（“夏全1”第36页。）

成分。

伴随着“软硬之争”，左翼电影一段较为宽松的发展环境很快就过去了。到了1934年，当局赤裸裸的严厉打压措施接踵而至。1934年2月，国民党当局悍然将鲁迅、郭沫若、陈望道、茅盾、田汉、沈端轩、柔石、丁玲、胡也频、周起应、华汉、冯雪峰、钱杏邨、巴金等人的书，不分青红皂白一律查禁。在这种情势下，“明星”“联华”“天一”“艺华”等各家较大的电影公司的态度不能不发生动摇和倒退，有的甚至回到以庸俗滑稽迎合小市民趣味的老路。1934年底，迫于形势的压力，夏衍等终于被迫退出了明星的编剧委员会，退出《每日电影》——这时《每日电影》的编辑权已从姚苏凤转到了穆时英手中。然而，左翼电影家在重重困境中仍在披荆斩棘地继续斗争。夏衍虽退出了编剧委员会，仍为明星影片公司提供或修改剧本，或以编剧不署名而由导演兼编剧的名义出现等各种方法，拍摄成电影与观众见面。[①] 前者如《女儿经》（编剧为夏衍、郑正秋、阿英、洪深、郑伯奇、沈西苓等，导演为郑正秋、张石川、程步高、李萍倩、沈西苓、陈铿然、吴村、姚苏凤、徐欣夫等，明星公司1934年出品）、《自由神》；后者如

---

① 在当时恶劣的社会条件下，张石川等人也尽可能地予以夏衍等相当的方便。这也是老派文人“政见归政见，交情归交情”的做派。因此，夏衍与张石川在此后相当长的时间里还维持着不错的交情。详情可参见沈芸《夏衍的手稿》（《新民晚报》2011年11月13日）。

《同仇》（编剧署名为“程步高”，实为夏衍，导演程步高，明星公司1934年出品），《压岁钱》（编剧署名“洪深”，实为夏衍，导演张石川，明星公司1937年出品）。另外，电通公司1935年出品的《风云儿女》（导演许幸之）、《自由神》（导演司徒慧敏），夏衍虽为编剧，却未署名。这些影片可谓在夹缝中求生存的韧性战斗的实绩。①

① 有论者根据1935年、1936年电影的卖座情况，得出结论：左翼电影这种“一味强调意识表达而罔顾电影商业规律的作品必定会在商业竞争中败北”，而软性电影者的实践反而成了尊重电影艺术本体的代表。这种见解不能不说是相当肤浅的。因为那时的左翼电影根本没有与之竞争的机会。“罔顾”这一历史背景是很不恰当的。并且我们必须指出软性电影最卖座的那部电影《化身姑娘》在艺术趣味上是相当低俗的，把它当作“尊重电影艺术本体的代表”实在是对“电影艺术本体”最大的不尊重。唯票房论与唯意识形态论一样都会扼杀电影的自由发展向度。当然“软性电影”论者在电影实践方面所取得的某些成绩，诸如刘呐鸥《永远的微笑》这类情调“像笼罩在影色的雾里的花草，有着浑厚而绮丽的气概”的“新感觉派的剧本”在艺术方面的新拓展，应当给予新的评价。传统关于“软性”论者“像是几只鼓破肚皮拦路噪嚷的青蛙，一点也没有能障碍左翼电影运动飞速前进的车轮与步伐”的说法，可能是过于严苛了。不过这已是另一个话题。

《包身工》是夏衍的报告文学作品，创作于 1935 年，文章以报告文学的形式叙述了上海等地包身工遭遇的种种非人的待遇，以及带工老板等人对他们的残酷压榨。

第五章

高擎文学救亡的火炬（1934—1937）

第一节　大搜捕的日子

1934 年 6 月下旬和 10 月上旬，中共上海中央局书记李竹声与盛忠亮先后被俘，他们都是一经被捕立即叛变。而这时当局变得愈加狡猾起来，他们对叛徒招供的地下党机关、地下党员有时并不急于出击，而是采取暗中监视，放长线钓大鱼的方法，扩大打击面。等到他们认为时机成熟了，再与租界当局勾结，进行大规模的搜捕。

1935 年 2 月 19 日，国民党根据李竹声、盛忠亮的告密，勾结工部局，在上海策划了一次规模极大的全市性大搜捕。在这次行动中，新组建的中共中央局领导机关遭到毁灭性的破坏：中央局书记黄文杰、组织部长何成湘、宣传部长朱镜我、特科负责人张唯一被捕。“文委”被捕的重要成员则有阳翰笙、田汉、杜国痒等。

夏衍几乎未能幸免。他在 2 月 20 日上午从钱杏邨处得知了全市大搜捕的消息，便急忙去通知田汉赶紧撤离。凑巧的是，当他匆匆赶到山海关路田家，正要叩门的时候，田家的娘姨拿了热水瓶出来打水，她认得夏衍，赶忙冲他做了一个手势，让他别进去。夏衍意识到发生了什么，装出若无其事的样子又踱出了弄堂口。田家娘姨从后面赶了上来，看看四周无人，压低了嗓音，很快地讲："先生被抓走了，楼上还有包打听在等着。"

夏衍马上离开了这是非之地。他意识到一定出了大事。回到家中，他烧掉了文件，打开了通往麦特赫斯特路的后门，作了必要的应变准备，又去找蔡叔厚，请他通过特科去了解钱、田两家出事的情况。过了两天，蔡叔厚这边的消息反馈过来，原来情况比他想象的还要严重得多。"文委"中，他和周扬是仅存的两个人了。他怕周扬不知端底，赶快托人捎了一个口信给他，让他最好隐蔽一段时间。为了以防万一，夏衍自己已暂时离开了普益里，躲到了徐家汇的他一个在肥皂厂当技师的中学同学的家中。

过了一段时日，大搜捕的风声渐渐平息下去了，夏衍想，"文委"即使只剩下了他和周扬两个人，也不应当无所作为。于是，他与周扬相约在电通公司孙师毅的办公室晤面，商量今后的工作安排。

在提篮桥电通租用的那层公寓房子，夏衍与周扬叙完别离之情，就开始讨论左翼文化界党组织的保存情况。他们欣慰地发现，“文委”系统中，党组织仍拥有一支不小的力量：“剧联”党团书记赵铭彝虽然被捕了，但它所属的剧团、影评小组依然存在，于伶、张庚的立场仍然坚定；“社联”的杜国痒、许涤新虽然被捕，但所属团体和书店还在照常工作，钱亦石同样值得信赖；“左联”的组织似乎也没太大变动；至于“音乐小组”，吕骥、张曙、聂耳等人最近仍活跃得很……

在没有上级组织指示的情况下，周扬、夏衍决定自主行动，把“左联”的活动搞起来。他们又策划通过必要的侧面行动，发动社会贤达作一些呼吁，为营救田汉、阳翰笙做力所能及的工作。这两位毕竟都是知名的文化人。国民党当局有时也还在意一些门面上的功夫。

夏衍找到了洪深。洪深非常讲义气，不但一口答应出面出力，甚至还冲动地说：“我亲自去南京向政府交涉。假如他们说老大因为是‘左联’人物而被捕，那么我可以告诉他们，我洪深也是‘左联’的人，你们把我抓起来和田汉关在一起好了。”在这种形势下，赤膊上阵显然是不明智的。夏衍安抚住了洪深，最终大家决定，营救一事，不宜剑拔弩张，只能慢慢疏通。要多托朋友，多走门路。而这方面的主要任务，洪深慨然一肩承担了起来。

营救田、阳的事情主要是洪深去做，夏衍则集中精力把田汉留下的《风云儿女》的故事梗概改编成电影剧本。田汉、阳翰笙的妻子还等着稿费下锅呢！

田汉留下的故事梗概有十来页，《义勇军进行曲》这首主题歌写在最后一页。由于原稿在孙师毅的书桌上放了一段时间，这一页已经被茶水濡湿了，有几个字看不清楚。夏衍与孙师毅一起参详着把它设法补全了。这就是我们今天国歌的来历！原文是：

起来，不愿做奴隶的人们，
把我们的血肉筑成我们新的长城。
中华民族到了最危险的时候，
每个人被迫着发出最后的吼声。
起来，起来，起来！
我们万众一心，
冒着敌人的飞机大炮前进，
前进，前进，前进！

还有一节重复，别的句子没有变动，只是“冒着敌人的飞机大炮前进”变成“冒着敌人的炮火前进”。①

夏衍和孙师毅商定：请聂耳为这首主题歌作曲，请此时还

① 夏衍：《义勇军进行曲的来历》，“夏全9”，第536—537页。

在天一公司的许幸之来作影片导演。这次谈话的第二天，没等夏衍去找聂耳，聂耳已找上门来了。

聂耳在中学时代便是共青团员，1930 年到上海，成为明月歌舞团的小提琴师。在地下党组织影响下，很快便成了左翼文艺运动的活跃分子。夏衍进入电影界不久，便注意并喜爱上了这个既有音乐天赋又充满革命激情的年轻人。1933 年初聂耳谈了入党的愿望，党组织迅即讨论通过，并委托夏衍做聂耳入党介绍人和监誓人。一天，夏衍将聂耳带到电通公司摄影棚里面一间少有人去的仓库，低声告诉他："组织讨论过了，批准了你的入党申请，欢迎你！"聂耳激动得差点欢呼起来，夏衍用手势制止。入党之后，聂耳为《大路》《桃李劫》《新女性》等好几部影片创作了《毕业歌》《大路歌》《开路先锋》等脍炙人口的电影插曲。这次听到要拍《风云儿女》，又听说田汉已写出了歌词，他便立即向夏衍抢任务来了。

夏衍又找到了正与吴印咸合办绘画摄影展的许幸之，干脆地告诉他，电通公司现在正缺人手，希望他能和吴印咸一起，从"天一"转移到"电通"。许幸之非常干脆地接受了请托。临别的时候，夏衍还告诉许幸之："作曲的任务我已交给了聂耳。他会来找你的。"

过了几天，聂耳找到许幸之，两人一见如故，交流了不少关于《风云儿女》的拍摄、作曲构想。交谈中，聂耳流露出这样的看法："田老大原作中有些句子太长了，可不可以把它们破开？”

许幸之慎重地说：“这是大事，还是先问过老沈、孙师毅他们再说吧。”夏衍和孙师毅都不同意对田汉的原作动“大手术”，认为诗句但长一些无妨，力量感最重要。他们担心把长句破开后，会损害原诗作的力度。

聂耳接受了夏、孙的意见，回去便开始动起手来。他为创作《义勇军进行曲》（当时这主题曲的名字已经确定）简直到了废寝忘食的地步，夜以继日，一会儿在桌子上打拍子，一会儿在钢琴前弹奏，一会儿在楼板上不停走动，一会儿又高声唱起来。房东老太太以为聂耳在故意取闹，大怒，跑上楼来大骂他是“疯子”“神经病”，聂耳只能向她道歉。这样是不安全的。考虑到这点，司徒慧敏对夫人邓雪琼说：“聂耳要写曲子，来我们家写好不好？”邓雪琼答应了。司徒的母亲觉得这事很重要，也马上同意了。

聂耳在司徒家写曲子，总是边挥手打拍子，边唱词，每次总是从头唱“起来，不愿做奴隶的人们……”司徒的老母亲经常坐在一旁看和静静地听，她说：“是啊！我也是个不愿做奴隶的人啊！”她回忆，聂耳在司徒家吃饭时，有时忽然拿起筷子打着拍子又唱起来，可见他非常专注、投入。后来，每当聂耳叫门，司徒慧敏的母亲去开门，就对邓雪琼说：“雪琼啊，

‘起来’又来了，（做饭）多抓一把米吧！”[①]

聂耳在创作过程中，对原诗进行了一些大胆的改动：把原作的二节合并为一节，删去了“冒着敌人的飞机大炮前进”一句；又在许幸之的提醒下，把最后一句“前进，前进，前进！”再加了一个强有力的刹尾，结果变成了“前进，前进，前进！进！”经过聂耳的修改，歌曲不但简洁明了，而且把那坚决、勇敢、跨着轻快步伐挺身前进的情绪，表现得更加明快、强烈。在谱曲上，聂耳更是倾注了全部的创造激情。这首歌曲以号角式的音符贯串全曲，由大调式的立三和弦分解音作为骨架，激昂的音调具有震天撼地的号召力量。进行曲的体裁，以急步行进的节奏象征着中国人民勇往直前的战斗步伐，富有强力推进感。

聂耳当时急于去日本留学，行程已定。因此，《义勇军进行曲》的最后定稿是他从日本寄回的。司徒慧敏的相关回忆颇有参考价值。他和聂耳在聊《毕业歌》的作曲问题时，提到了《风云儿女》的主题曲谱曲事宜：

> 我告诉他说，电通公司完成第一部影片《桃李劫》以后，还打算制作由田汉同志写作的《凤凰涅槃图》，是描

① 司徒恩湄：《忆父亲二三事》，中国电影资料馆等：《百年司徒慧敏》，北京：中国电影出版社2010年版，第155—156页。

写知识青年参加抗日义勇军战斗的故事。那时田汉同志只写了十来张直行的稿纸，不依行格、用毛笔细字写成，这仅能称作故事梗概。夏衍、阿英、孙师毅和我读了都很高兴。当时由于田汉忙于别的工作，环境的险恶也不容许他自由自在地进行创作，而眼见《桃李劫》已经上映，电通摄影棚除了为联华公司几部新片的录音之外，迫切地要求尽快有新片开拍。为此，田汉就把改编电影剧本的任务交给夏衍去完成。仅用了两个星期，夏衍就赶写成这个电影摄制台本，并且把《凤凰涅槃图》这个片名改为《风云儿女》。我告诉聂耳说，剧本中有一首《义勇军进行曲》的诗词，希望他能谱写成歌曲。聂耳很兴奋，他说，田汉曾告诉过他，他自己也有这个思想准备。他认为自己的斗争生活还很不丰富，但是生活在暴风雨的时代，耳闻目睹帝国主义的侵略，深感军阀战乱的痛苦，他还为祖国的壮丽河山以及中国人民的勤劳勇敢所激动。他有几分谦虚，但也很有信心地说他一定努力去完成。……

出国的船期已经逼近，只有两三天了。这时他向我提出，要求把未完成稿带到日本去修改。尽管我表示担心赶不及《风云儿女》的后期录音，但他那种追求艺术上的完美、永不满足的精神和毅力说服了我。大约在 4 月末、5 月初，他就把歌谱的完成稿由东京寄给了我。我们几个当时的年轻人，有爱唱歌的青年盛家伦，有当年演过《大

> 路》的郑君里，有正在排演《娜拉》的金山，有《风云儿女》的演员顾梦鹤，有新演员兼场记员施超，把不善于唱歌的我也滥竽充数地凑上去，共六七个人，在吕骥、任光等同志的鼓励下……第一次在百代唱片公司录音棚内录下了这首到今天已举世闻名的《义勇军进行曲》。其后经过多次的电影胶片上的录音，我们的音乐家、电影导演和技术家们都认为不如最初一次的录音，于是我们就决定把第一次唱片上的录音转录到电影胶片上来。那时我们没有自己的乐团，也没有正式的歌队，而影片的上映日期又逼迫我们在端午节以前完成。今天，如果观众中有人听得出歌声中还夹杂着一些广东语音的话，那就是郑君里、顾梦鹤和我三个广东人留下的破绽。[①]

夏衍把《风云儿女》拍摄和作曲的任务交给许幸之与聂耳，自身则进入了一种兴奋的创作状态。待在同学家中，以前一些来不及细心捕捉的生活印象和感受，纷纷闯入了他的脑海。他觉得自己的心灵被许多形形色色的想象中的人物和事情所占据，并有一种急切把它们表达出来的愿望，于是他提笔写

---

① 司徒慧敏：《在暴风雨中诞生——追忆聂耳创作〈义勇军进行曲〉的经过》，中国电影资料馆等：《百年司徒慧敏》，北京：中国电影出版社2010年版，第266—267页。

了一篇小说《泡》。作品描写一家肥皂厂的女工王彩云拼命干活，得了肺病还硬拖着，企望做满五年，按厂里规矩可以有半年的赏工。不料，做到四年十个月，老板却嫌她体力不好，效率太慢而将她开除了。这个短篇真切地描绘了在十分恶劣的条件下工人超负荷的劳作，揭发了资本家的欺骗伎俩，显示了夏衍对工人生活的透彻了解，及对挣扎在饥饿线的广大工友的同情和期待。

老借住在同学家中不好意思，到了 1934 年 4 月，夏衍感觉到各种对他不利的风声都已经平息下去了，便搬回到普益里家中，准备在左翼文化的组织工作和文学创作上大干一场。但 5 月，一场突如其来的变故打破了他原有的工作安排，又一次差点让他身陷囹圄。

1935 年 5 月，共产国际远东情报局接替左尔格的华尔顿（真名劳伦斯，或译作“罗伦斯”），由于陆海防、陆独步兄弟的出卖，在上海不幸被捕。但华尔顿斗争经验十分丰富，无论国民党特务机关怎么审问，他始终一言不发，这样，国民党连他的国籍、姓名、住址、职业都问不出名堂，就更谈不上情报、间谍组织方面的问题了（上海各新闻媒体对他无以名之，只得称之为“怪西人”）。华尔顿的助手们十分机警，见他久久不归，估计出了事，便破门而入，将室内有关文件、记录、名单等全部转移，待国民党特务寻踪追至，已经无法捞到更多的东西了。

在这场喧闹一时的“怪西人事件”中，共产国际的情报组织及与它有工作往来的中共情报部门，其实并未受到太大的打击，只是损失了一些外围的工作人员。但在这些被捕的人员中，袁殊却给夏衍带来了很大的麻烦。

袁殊，本名曾达斋，湖北蕲春县人，曾经留学日本。在“左联”成立前后，他归国与妻子马景星一起主办了《文艺新闻》，并在“左联”活动很困难的时候，刊登了不少有利于左翼文运的消息。“左联”五烈士事件国内最早的消息即刊发在《文艺新闻》上。袁殊为人聪明能干，夏衍一度非常赏识他。[①]他就是通过夏衍结识了蔡叔厚，并由此加入了共产国际远东情报局。

5 月的某一天，夏衍接到王莹转来的袁殊的信，约他到北四川路虬江路新雅茶室见面。夏衍认得是袁殊的笔迹，心下便无怀疑，按时去赴约了。夏衍这时对“怪西人”事件还一无所知。所谓“怪西人”事件是较晚时间后，国民党特务机关认为已无情报价值，才让新闻机关报道的。

夏衍坐有轨电车，已到了海宁路，快到目的地的时候，忽然记起：虬江路是“越界筑路”地区，这个地方由租界工部局和国民党市政府共管，特务们随时可以捕人。这地方不安全

① 夏衍与袁殊的较为详细的交往情况，可参见“夏全 15”第 104—108 页。

啊！前年楼适夷就是在北四川路的越界筑路的地方被捕，然后被押解到老北门警察总局的。他直觉地感到某种危险，即刻在下一站下了车。看到这里离良友图书公司很近，便顺便拐到那里，找到郑伯奇谈了一会儿，然后便再上电车原路返回了。

不料第二天孙师毅就告诉他："昨天袁殊打来过一个电话，问你的电话号码是多少。"

夏衍有点吃惊了："是这样吗？昨天他还约我到"越界筑路"的地方去见面呢。你怎么回答他的？"

孙师毅说："我在电话里大声地告诉他，我也很久没有见到黄子布啦。听说早已不在上海了。他倒也没再问什么，就把电话挂了。我看，他是不是出了问题了？"

这是严重违反地下工作纪律的行为！如非特殊的个案，这种事情的出现一般意味着发生了最坏情况！与孙师毅通话的次日，夏衍终于找到了蔡叔厚，把袁殊的情况跟他说了。蔡叔厚有些紧张，因为袁殊知道他的身份。

蔡叔厚把"怪西人"案件的内幕约略地告诉了夏衍，并说王莹已被军统特务在环龙路住所逮捕，上海各小报把这事炒得沸沸扬扬了。王莹正在拍电影《自由神》，于是"自由神不自由"之说不胫而走。蔡叔厚对夏衍说："现在的主要危险是袁殊，王莹被捕就是一个例子。眼前华尔顿一言不发，陆氏兄弟不晓得我的身份，只要袁殊不开口，大约还不致有太大危险。"两人一边商量撤退的事宜，一边又商量可能稳住袁殊的方法。

蔡叔厚认为，袁殊是有名的“亲日派”，可以通过日本方面（特别是其好友日本驻沪总领事岩井英一）施加压力，给予袁殊一定的保护。夏衍大为赞赏蔡叔厚的机智勇敢。夏衍后来回忆说：蔡的“计谋果然起了作用”，风声没多久就渐渐平息了。[①]

根据现在已经公布的材料，上述袁殊事件的来龙去脉颇有几点值得分说一二。

第一是袁殊的身份问题。

按照现在某些公布的材料，袁殊很可能是一位多面间谍，甚至有人说他是“五面间谍”：最多的时候，他可能同时为中国共产党、共产国际、国民党、日军和汪伪政权服务。但他的核心身份是中国共产党秘密情报战线的工作人员，则不该受到怀疑。抗战时期，他是潘汉年华中情报网的重要成员，研究者指出：

> 潘汉年指导部下袁殊（日本外务省在沪情报机关负责人岩井英一的“助手”），在“岩井公馆”内部建点，并帮助延安派来的刘人寿（潘的代表），直接打入“岩井公馆”任机要秘书，设立秘密电台。潘还指导袁殊，既在上海为岩井办《新中国报》，让恽逸群、鲁风（原名刘祖澄）等

① “夏全15”，第149页。

> 中共干部成为该报负责人（鲁风曾“荣赴”东京，出席“大东亚文学者大会”）；又兼任汪伪中宣部副部长、清乡委员会政工团团长，去打开南京新局面。而从香港迁来的“老太爷”张唯一，则是潘汉年身边协管上海摊子，并联系香港与海外的枢纽。①

这个情报网为中共提供了大量极其珍贵的情报信息。目前有关潘汉年、袁殊这条情报线索所立功勋的介绍已多，在此不赘。

第二是夏衍与共产国际远东情报局的关系问题。

共产国际远东情报局是左尔格 1930 年初来到中国建立的。左尔格后来由于受“牛兰事件”牵连，为掩饰身份撤离了中国——他后来又赴日本，并在日本建立了世界谍报史上最有名的一个间谍组织“左尔格小组”。这个小组的多位核心成员如尾崎秀实、中西功等即是他在上海发展起来的。左尔格离开后，远东情报局继续开展工作并在组织上有所扩大。

夏衍不是远东情报局的成员，但他的多位朋友乃至密友却是远东情报局的重要成员，或与远东情报局有密切联系，如潘汉年、蔡叔厚、陈翰笙（及其夫人）、王学文（及其夫人）、陶

---

① 高建国：《反战间谍作家陶晶孙》，苏志良：《左尔格在中国的秘密使命》，上海：上海社会科学院出版社 2014 年版，第 348 页。

晶孙、袁殊等。而夏衍所熟稔的那些国际友人，如尾崎秀实、史沫特莱、西里龙夫[①]等都直接参与了左尔格的情报工作。

尾崎秀实对夏衍具有特殊的革命友情。据他的弟弟尾崎秀树在《三十年代上海》一书中分析，尾崎秀实在日本事败被捕后，在狱中供述提及中国“左联”时，“故意把时间与人物岔开来了。这里，跟他关系密切的夏衍和陶晶孙等人的名字，被避开了”。[②]

史沫特莱的身份更加难以捉摸些。有学者指出：“美国联邦调查局自1946年开始怀疑史沫特莱是苏联间谍网的成员并对此进行了秘密调查，1948—1949年的美国舆论不断指责她为共产党的情报系统服务，但始终未能公布非常确凿的证据。史沫特莱究竟有否正式加入过共产国际或是苏联的情报系统，至今似乎仍是个有待解开的谜，但她相当程度参与了相关的活动

① 西里龙夫为“左联”会议提供过会场。可参见高建国《反战间谍作家陶晶孙》（苏志良：《左尔格在中国的秘密使命》，上海：上海社会科学院出版社2014年版，第346页）。

② 转引自高建国：《反战间谍作家陶晶孙》，苏志良：《左尔格在中国的秘密使命》，上海：上海社会科学院出版社2014年版，第351页。

应该是事实。”[①] 这是一种较为温和的说法。也有学者直接认为史沫特莱是“美国共产党秘密党员”或共产国际情报人员。[②]

笔者认为史沫特莱是很可能直接参加过远东情报局工作的。她与“左尔格小组”的两位核心人物左尔格、尾崎秀实都有超乎寻常的友谊关系。当她战后偶然得知尾崎秀实牺牲的消息，几乎崩溃，情不自禁地向友人坦承：“那个人是我的……我非常重要的人、我的丈夫……是的，以前是我的丈夫。”[③] 左尔格则通过史沫特莱结识了尾崎秀实。他在上海一遇到史沫特莱，就“立即明白，我可以依靠史沫特莱……我在组建上海小组时，特别是物色中国合作人时，就请她协助。只要是她的一

① 徐静波：《上海和东京：尾崎秀实情报活动的起点与终点》，苏志良：《左尔格在中国的秘密使命》，上海：上海社会科学院出版社 2014 年版，第 164 页。

据说夏衍曾经对人说起：他始终不明白，为什么史沫特莱回美国后否认为第三国际工作过。（钱辛波：《七访夏公——〈白头记者忆当年〉写作前后》，《忆夏公》第 517—518 页。）笔者怀疑钱先生是否有可能误听或漏记了夏衍的某些讲话内容？史沫特莱回美国后否认为第三国际工作过是很正常的事情，不然她就可能有牢狱之灾。夏衍对麦卡锡主义以及美国情报部门迫害共产党人的情况有了解，不当有此疑问。不过，知情人的这一记载倒从侧面证明：夏衍与史沫特莱对对方的政治身份一早都是心知肚明的。

② 可参见白井久也《艾格尼丝·史沫特莱：20 世纪 30 年代在上海的情报工作》（苏志良：《左尔格在中国的秘密使命》，上海：上海社会科学院出版社 2014 年版，第 179 页）。

③ 转引自白井久也：《艾格尼丝·史沫特莱：20 世纪 30 年代在上海的情报工作》，苏志良：《左尔格在中国的秘密使命》，上海：上海社会科学院出版社 2014 年版，第 193 页。

些中国年轻朋友，我都设法认识他们。特别是设法结交那些自愿合作的人，结交自愿为左翼事业与外国人共事的朋友。”①

史沫特莱还参与了远东情报局在中国布点的工作，尤其是华南站的建设。“1930 年 5 月 9 日，左尔格带史沫特莱前往广州，在这个南方的重要城市的公共租界里也建立了情报组织。左尔格小组在广州的中国助手以中共党员方文为首，他租赁一幢小楼，左尔格住在一楼，史沫特莱住在二楼。左尔格要求方文平时不参加任何公开的革命活动，以避免暴露。张文秋曾扮成阔太太到香港活动。成员还有董秋斯和蔡步虚夫妇等，他们与方文同学，均是翻译家。这年夏天，史沫特莱曾被广州市警察局逮捕。”②

根据上述讨论，夏衍虽然不是远东情报局的成员（甚至连外围人员也不是），③ 但他被某些略知内情的有心人看作“相关

---

① 杨国光：《周恩来密会左尔格》，苏志良：《左尔格在中国的秘密使命》，上海：上海社会科学院出版社 2014 年版，第 44 页。

② 苏智良：《左尔格在上海（1930—1932）》，苏志良：《左尔格在中国的秘密使命》，上海：上海社会科学院出版社 2014 年版，第 18—19 页。

③ 笔者所见资料中，只有陈修良认为夏衍是共产国际的情报人员，《旧梦依稀哭夏公》中说：“原来蔡老板即是为了掩护中央电台工作在上海开了一家电气公司的蔡叔厚。夏衍、陆久之、蔡叔厚都是留日学生，又是同为苏联远东红军总参谋部作日本的情报工作……”（陈修良：《陈修良文集》，上海：上海社会科学院出版社 1999 年版，第 535 页。）但陈修良这番言论问题较多：蔡叔厚开电机公司在前，入党在后；陆久之是加入特科后去的日本等等。因此，陈修良的说法不一定有切实根据，当是个人的猜测之言。

人士”却也是一件颇为自然的事情。对夏衍来说，这的确是池鱼之灾，但在那个年代，则是从事革命工作的理想人士必须接受的代价。

第三，袁殊究竟出于什么样的目的参与了诱捕夏衍的行动？

根据现有的材料，袁殊那封信应被视作一个诱饵。不过他出于什么样的目的供出了夏衍，却还不无讨论的余地。他是想借朋友的人头来染红自己的顶子呢，还是有什么其他目的？根据袁殊日后的表现以及组织在建国后对于袁殊的认可程度，[①]他抛出夏衍很可能是基于“丢卒保帅”“打草惊蛇”等多重目的。他很可能已经判断出夏衍虽然与远东情报局的人员有所往来，却不是什么重要的情报人员。这和他供出王莹的缘由是一样的。在此事件中，蔡叔厚丝毫未被触动可以作为这个揣测的一个旁证。

这对于夏衍来说当然是极不公正的，从人情来说也让人难以接受。不过在那个岁月，斗争的复杂性和残酷性是生活在和平年代的人士所完全无法想象的。夏衍、袁殊、王莹、蔡叔厚等都早已远离人世，我们已经不可能来追溯这个事件的真相。不过，在今天来看，袁殊对这一事件处理虽然不当，但未必就

① 建国后袁殊曾被任命为华东局联络部第一工作委员会主任，定为旅级，后又转到李克农的情报部门，专任日美动向的调研工作。

成了真正的叛徒。我们在本书的初版中称他被捕后“变节”并说了一些严厉谴责的话语，是不够公道的。[①] 他们这一代早已为他们的信仰接受了严苛的、甚至是过于严苛的考验，我们评论他们的所作所为不应该脱离历史实际而发。特此说明。

第四，袁殊事件最后的不了了之是否真是蔡的计谋所起的“作用”，或有可商榷的余地。[②]

将笔墨转回到夏衍自身的活动上来。

最危险的一段时间过去后，为了防止国民党特务机关继续追查与夏衍有关的线索，根据蔡叔厚的提议，夏衍在外面租了一间房子，躲了一段时间。夏衍租的是爱文义路卡德路口（现为石门二路 83 号）一家白俄女人开的公寓。这是一幢古老的西式二层楼房，有 4 间客房供人租用，可以包伙食，房租很贵，但比较安静和安全。夏衍就在这里住了下来，对外则要蔡叔厚转告孙师毅，可在电影圈里放出空气，就说黄子布去了日本，或者去了北平，以分散特务们的视线。

匿居在白俄公寓的楼上，夏衍从不下楼，更不外出。一些必要的生活用品，换洗衣服，则由蔡淑馨抽空带过来。嫁给夏

---

① 陈坚、陈抗：《夏衍传》，北京：北京十月文艺出版社 1998 年版，第 207 页。

② 袁殊被释放的细节，详可参见尹骐《袁殊谍海风雨 16 年》（《炎黄春秋》2002 年第 12 期）、冯晓薇《一个与狼共舞 14 年蒙冤 20 年的谍海健将袁殊》（《档案天地》2013 年第 2 期）。

衍这么多年，蔡淑馨似乎也成了一个老练的地下工作者，反跟踪、反盯梢的技巧相当熟练了。对丈夫的工作与事业，她是完全理解并支持的。夏衍这样的频频出门避风，她丝毫没有怨言，有时在躲避的细节上，比夏衍想得更周到。当然，琐屑的家务，抚养孩子的重担完全压在她身上，使她喘不过气来，偶尔发发脾气也是有的。

夏衍在白俄小公寓一口气躲了三个月。女主人身材高大，淡褐色的头发，有一对十分和善的灰色眼睛，每到用餐时，总是按时进来不慌不忙地鞠上一躬，送上餐具和餐食。食品总是面包、沙拉、土豆、香肠、咖啡之类，千篇一律，顿顿如此。开始几天还好，时间一长就受不了了，越吃，越觉得腻味。有时踱到窗口，可以看到楼下不远的卡德路弄堂口，有不少小饭摊，听见摊主们叫着“排骨年糕”“鸡粥”“生煎馒头”等，真想跑到楼下去吃上一顿，但他还是克制了这种冲动。后来夏衍多次与友人说起，西餐从此“吃腻了”，“吃怕了”，一听说要吃西餐就反胃。

住着闲来无事，就将女主人订阅的报纸全都拿来细细地读。在报上看到“何梅协定”“冀东事件”连续发生，又在社会新闻栏里看到了清末名妓赛金花晚年潦倒的报道，对于国民党当权者当时实行的叩头外交，不禁感慨很多，便写下了第一个多幕话剧《赛金花》。

过了这个恼人的黄梅季节之后，上海救亡运动进入了一个新的高潮。种种令人振奋的消息传来，夏衍坐不住了。他与孙师毅、周扬、蔡叔厚取得了联系，知道危险期基本过去，便结束了沉闷的蛰居生活，投入到了新的斗争中。

第二节　重整旗鼓

1935 年 8 月底，夏衍恢复工作后做的第一件事，就是召开一次电影小组的扩大会议，检讨“二一九”大破坏以后的活动和工作。

情况并不像想象的那样糟，甚至可以说是出乎意料地令人满意。革命力量在电影界相当的巩固，电通公司在困难中屹立着，电影《桃李劫》还受到广大群众欢迎；革命音乐大展身手，聂耳的《毕业歌》、《义勇军进行曲》以及任光、张曙的许多歌曲，不但唱遍了上海滩，更走向了大江两岸，走进了东南亚华侨中间；影评小组虽然失去了《晨报》阵地，但鲁思主持的《民报》“影谭”专栏却异军突起；更多的朋友加入到左翼影人的圈子中来，如陈波儿、袁牧之、应云卫等……

开完会议，夏衍心中觉得宽慰了许多。大破坏虽然给党组织带来了极大的损失，但广大党员同志却没有被白色恐怖所吓倒。他们各自为战，始终保持着昂扬饱满的战斗精神。

9 月初，夏衍找到当时“社联”负责人钱亦石，两人一起去见周扬，讨论“文委”失去与中央的联系后，如何才能适应蓬勃兴起的抗日救亡群众运动的问题。周扬高兴地告诉他们，几个月来，“文委”所属的各部门都在单独作战，阵线已扩大了好多。沙汀、艾芜、欧阳山、张天翼等人虽然是新进作家，但文思很活跃，起点甚高。而且，他们都很有热情，很听组织的话。钱亦石也说，“社联”近来的活动也很顺手。尤其跟职业界、知识界的交往非常密切；王纪华、袁庶华、顾准、李伯农等人的工作都展开得很好。像著名大律师沙千里就着急地期待共产党和他的“蚂蚁社”合作。

三人经过慎重的商议，认为形势是鼓舞人心的，许多知名的实业界、职业界和文化界的爱国人士如胡愈之（他虽是秘密党员，但平时的表现呈中立偏左的态度，夏衍直到建国后许多年才知道他的真实政治身份）、沙千里、章乃器、胡子婴、章秋阳等都主动发出了要与共产党合作的吁求。“文委”传统的思路与做法已经不适应现实的要求了。而三人判定，虽然与上级党组织失去了联系，但在现实条件下，重建“文委”不但是必要的而且是可能的。

夏、钱、周三人统一意见后，又征求了章汉夫、吴敏、胡乔木等人的意见，他们的看法也相仿。经过一段时间的酝酿，1935 年 10 月上旬，中共“文委”重新成立，周扬为书记，新“文委”成员为周扬、章汉夫、夏衍、钱亦石、吴敏。由于当时不能和中央取得联系，所以又决定新“文委”是临时性组织，待江苏省委重建或同中央取得联系后，请求追认或改组。新“文委”的分工大致如下：周扬抓总，兼“左联”的党团书记，“左联”的行政书记由徐懋庸担任；章汉夫协助钱亦石领导“社联”及其所属团体，钱亦石任党团书记，李凡夫任行政书记；夏衍分管电影、戏剧、音乐，并兼任电影小组组长，于伶任“剧联”党团书记。由于电影、戏剧、音乐这一块革命力量保持得相对完整，内部也较统一，而夏衍由于岳父一家的关系，与上海的上层人士保持了一定来往，所以，周扬又要夏衍分出一点时间来做上层的联络工作。

新“文委”组建后不久，10 月下旬，夏衍在史沫特莱的公寓里看到了一份法国巴黎出版的《救国报》。[①] 这份报纸刊发了中国苏维埃中央政府和中国共产党中央委员会签发的《中国苏维埃政府、中国共产党为抗日救国告全体同胞书》（即《八一宣言》）。宣言第一次以中国共产党中央的名义提出：停止内战、共同抗日救国、组织国防政府和抗日联军等政治口号。此后不久，周、夏等人又得到了一份季米特洛夫在共产国际 7 月 25 日至 8 月 20 日举行的第七次代表大会上所作的长篇政治报告，其主要内容是根据当时的国际形势，提出了在资本主义国家建立工人阶级反法西斯的统一战线和在殖民地、半殖民地国

① 中共驻莫斯科代表团办的中文报纸，编辑部设在莫斯科，印刷发行在法国巴黎。

家建立反帝国主义侵略的民族统一战线的方针。

这真所谓久旱逢甘霖。在长时间脱离上级组织的领导后，这份代表国际共产主义运动最高领导阶层意图的纲领性文件让新“文委”成员们如获至宝，兴奋异常。他们以为，按照宣言和报告中的表述，时局中最复杂、最难解决的一些问题，比如统一战线，与民族资产阶级联合的问题，都已经得到了明确无误的解决。这个时候，他们不会意识到，共产主义运动的纲领性文件有一个如何与中国实际相结合的问题，并且，在实际工作中还有一个方式方法的问题。

“文委”成员们饱含着对国际共产主义和苏联的信仰，把《八一宣言》和季米特洛夫报告的主要精神传达了下去。工作是有成效的：联合一切进步救亡的力量，自此成了文化界，尤其是上海文艺界最急迫的一致呼声；左翼文化界的关门主义，至此被彻底打破了。但“文委”试图将组织的意见执行得更彻底、更坚决，这其中一个重大举措，就是酝酿解散“左联”。

解散“左联”这事的起因源于萧三的一封信。萧三是“左联”驻苏代表，在8月份共产国际“七大”闭幕后，他通过秘密渠道致信鲁迅与“左联”领导人。夏衍等人在11月中旬看到了这封信。萧三来信无论从语气到内容来看，都不像是他个人的意见，而像是共产国际高级领导对中国左翼文艺运动作出的指导性意见。萧三来信肯定“左联”工作的同时，也指出了“左联”一直存在的左倾关门主义的倾向，并提出了“扩大文艺界的联合战线”的构想：

> 然而当民族危机日益加紧，民众失业，饥荒、痛苦日益加深。所谓士大夫、文人在民众革命潮流推动之中有不少左倾者，他们鉴于统治者之对内反动，复古，对外失地，降敌，亦深致不满；中国文坛在此时本有组织广大反帝联合战线的可能，但是由于左联向来所有的关门主义——宗派主义，未能广大地应用反帝反封建的联合战线，把这种不满组织起来，以致“在各种论战当中，以后的有利的情势之下未能计划地把进步的中间作家组织到我们的阵营里面来”（见去年左联向Ⅳ. R. W[①] 的报告），许多有影响的作家仍然站在共同战线之外，……
>
> 因此我们的工作要有一个大的转变。我们认为：
>
> 在组织方面——取消“左联”，发宣言解散它，另外发起组织一个广大的文学团体，极力夺取公开的可能性，在“保护国家”，“挽救中华民族”，“继续‘五四’精神”或“完成‘五四’使命”，“反复古”等口号之下，吸引大批作家加入反帝反封建的联合战线上来，“凡是不愿做亡国奴的作家、文学家、知识分子，联合起来！”——这，

① Ⅳ. R. W，国际革命作家联盟。

就是我们进行的方针。……[①]

以今天的眼光来看，萧三来信有着当时共产国际文件共同的风格特征：在某些战略问题上具有高瞻远瞩的洞察力，但对别国的具体工作干涉太多，想当然的成分很多，且较为粗暴。像“左联”这么大和具有影响力的左翼文化组织，说取消就取消，没有酝酿没有讨论，也基本没有考虑到“另外发起组织一个广大的文学团体”的可能性和机会成本等问题。但那个时候的周扬、夏衍、章汉夫等人是不可能对这些问题作反思性的考察的，他们认为国际共产主义的领导人总是能够把握革命运动前进的正确方向，事情应当并且必须按照这个方向行进。

接到萧三来信后，新“文委”的各成员即开始四处奔走，多方征求意见，协商解散“左联”乃至“文总”后，成立中国文艺家协会和一个领导新的广泛统一战线的党团问题。事情在相当范围内展开得也很顺利：文委的构想得到包括郑振铎、陈望道、王统照、叶圣陶、巴金、曹禺、冰心以及广大爱国人士如胡愈之、沙千里、章乃器等人的热情支持。

也就在这个时候，北京爆发了“一二·九”学生运动。消息传到上海，人们空前激愤，纷纷以各种方式表达他们对北京

---

① 《萧三给左联的信》此件按许广平手稿排印，《新文学史料》1980 年第 1 期。

爱国学生运动的坚决支持。就在这爱国狂潮中，妇女界救国会，文化界救国会，大学教授救国会，学生救国会等爱国团体先后宣告成立。这些爱国团体的成立为1936年2月组建“全国各界救国会”（以后简称“全救会”）做好了充分准备——“全救会”的成立实际标志着全国原持中立态度的各界人士与蒋介石政府卖国政策的彻底决裂，是中国共产党抗日统一战线建立的前提基础之一。

救国会“七君子”之一的沙千里回忆说：“1935年底到1936年春，主要以上层人士为首，以中国共产党的地下党员和进步人士为骨干的上海各方面的救国会和上海各界救国联合会先后成立，全国各地的救国组织也如雨后春笋般在建立起来。全国各界救国联合会就是在这样的形势下成立的。”①

参加过“全救会”活动的秦柳方也回忆说：“救国会一直是在中国共产党领导下进行的。据钱俊瑞告知，上海各界救国会成立前，上海建立了左翼文化总同盟，书记是胡乔木，邓洁是组织委员，钱俊瑞任宣传委员。文化总同盟领导当时‘八大联’，即左联、社联、剧联、影联、美联、音联、学联及教联。文化总同盟由党的中央文委领导。后来成立的全国各界救国联

① 沙千里：《回忆救国会的七人案件》，中国人民政治协商会议全国委员会文史资料研究会：《文史资料选辑》第89辑，北京：文史资料出版社1983年版。

合会，也由文化总同盟领导。”①

尽管久已失去了上级组织的领导，1935年底，在这抗日救亡的时代浪潮中，各支在上海保存下来的共产党力量抓住了时机与机遇，与广大爱国人士一起，参与、引导了一场轰轰烈烈、波澜壮阔的群众运动。在这场斗争中，“文委”的周扬、章汉夫、夏衍、钱亦石、吴敏、胡乔木、邓洁、钱俊瑞，红色工会的马纯古、夏菊一、饶漱石，共青团的许亚、陈国栋、孙大光，特科的胡愈之、王学文、蔡叔厚等，他们都与上级暂时失去了联系，但都在各自的战线上顽强战斗着，他们以自己的才识与胆略，抒写了民族救亡史上瑰丽的一笔。不过令人遗憾的是，共产党人在这场抗日救亡运动的贡献是被严重低估了的。于光远回忆说：

> 1993年一次去夏公家里，他对我说新出版的中国共产党大事记中只字未提党中央机关破坏后仍在上海坚持工作的文委，对此他有意见，因为文委虽然失去了与中央的联

---

① 沙、秦等人所回忆的党对救国会的领导，在史实上有出入，比如，“左翼文化总同盟”（简称“文总”）成立是在1930年，它的职能相当于今天的“文联”，是群众团体性质，“文委”是它的党团，直属中央宣传部管辖；直接领导“左联”“社联”“美联”“剧联”的是“文委”。“八大联”这说法也是错误的，“学联”“教联”是“社联”的外围组织，不归“文委”和“文总”直接领导，“影联”与“音联”应为“电影小组”和“音乐小组”，它们不是和“左联”或“社联”等并列的联盟。

系，但仍做了大量很有意义的工作。当时上海的电影、戏剧、音乐、诗歌、小说、马克思主义理论的通俗宣传……等等，为“一二·九”运动作了某些思想准备，以后又有力地支持了“一二·九”运动在全国的继续展开。作为“一二·九”运动的参加者，我赞同夏公的这个看法。①

不过新“文委”的工作绝不是无可争议的。由于经验不足以及掺杂了个人情感因素的关系，新“文委”在领导上海左翼文艺力量共同斗争的过程中，有些行动操之过急，有些行动仍不免“左倾”的思想作风，有些行动甚至不免宗派主义的色彩。这些弱点在解散“左联”和与鲁迅关系的问题上，表现得特别突出。例如“左联”是否应当解散，本来就是一个值得商榷的问题；如必须解散，则在什么样的情况下解散，以怎样的方式解散，更是一个相当大的问题。否则，就如鲁迅所批评的那样，是“溃散”了。但新“文委”一接到萧三来信，就立即动手解散“左联”，这除了后来夏衍所检讨的“对于共产国际的迷信”的因素，另一个重要因素就是他们对鲁迅的确不够尊重。在周扬看来，鲁迅其实是个高级统战对象，“左联”有什么事，他们操办之后，再打个招呼就可以了，而鲁迅对此无疑是十分不快的：因为当年成立“左联”的时候，对方与自己的

① 于光远：《永远活在我们心中》，《忆夏公》，第23—24页。

沟通是多么殷勤而且密切；现在如此草率而强硬地解散“左联”，是直接把自己当成摆设了吗？

鲁迅对新“文委”的做派表示了忍耐，但心里积怨甚深。私下里，他对萧三来信以及“文委”批评极多，有些甚至到了过于激烈的地步。例如，鲁迅对萧三来信有所肯定的林语堂，一直反感甚深，他对林的评价是“似这边有一部分人，颇有一种新的梦想”（参见1936年1月17日致茅盾信）。他对郑振铎、傅东华也一直不予谅解，在1936年4月1日致曹靖华的信中，他说：“谛君（即郑振铎——引者）曾经‘不可一世’，但他的阵图，近来崩溃了，许多青年作家，都不满意于他的权术，远而避之。他现在正在从新摆阵图，不知结果怎样。”5月3日他给曹的信又说：“此间莲姊（指左联——引者）家已散，化为傅（指傅东华——引者）、郑（指郑振铎——引者）所主持的大家族，实则借此支持《文学》而已，毛姑（指茅盾——引者）似亦在内。……《作家》《译文》《文丛》，是和《文学》不洽的，现在亦不合作，故颇为傅、郑所嫉妒，令喽罗加以破坏统一之罪名。但谁甘为此辈自私者所统一呢，要弄得一团糟的。”[①] 鲁迅说解散“左联”是为了救《文学》云云，显然是意气之词。但鲁迅心里的这些意见当时并没有直接公开。而按照

① 鲁迅：《致曹靖华》，鲁迅：《鲁迅全集》第14卷，北京：人民文学出版社2005年版，第59页。

他的个性，对如此强烈违背自己意愿的事情迟早会有一个总的爆发。①

但不幸的是，夏衍和他的朋友们对此几乎没有清醒的意识。夏衍后来辩解说，他认为鲁迅已看过萧三来信，肯定会同意他们的做法。但鲁迅同意萧三来信是一回事（事实上鲁迅对萧三来信保留甚多），在"左联"解散问题上他们向鲁迅请示又是另一回事。在这个重大问题上，夏衍应该很明白工作的程

---

① 有学者认为：

鲁迅在内心恐怕是把自己定义为左翼思想文化界的权威的，尽管他多次嘲讽过纸糊的桂冠或高帽，也宣告自己不会做青年人的"鸟导师"。但是倘若据此认为鲁迅并不喜欢指导文艺青年的进步，也不愿别人衷心地钦佩他。那就真是上了他的那种带有一点诡异性的话语的当了，在鲁迅的内心深处，他实在以为于左翼文化内部，只有自己的意见或观点才会符合现代中国进步文化的发展方向，其他人的意见那就不过尔尔，皆"茄花色"了。"茄花色"乃绍兴方言，系鲁迅在"左联"成立会上对于另外一些成员的观感，是并不怎么好看或者不过如此的意思，这个观感其实在鲁迅晚年已经形成了一个深刻印象，而且随着他对周扬等人反感的加强，这个判断就已经成为一个不可改变的思维定势了。在这样的认知状态下，鲁迅何尝不愿意做一个名副其实的左联盟主呢？鲁迅怎能容忍周扬们不时从背后给他放几枝冷箭呢？周扬们写文章批评他，跟他抬杠，甚至于不择言辞和手段对他进行人身攻击，其间当然存在很大的不当之处，但其目的恐怕还是想颠覆鲁迅在左翼文化内部的权威性，或瓦解其在左翼文化内部的指导性地位吧。不仅如此，周扬们的批评和诽谤其实已在根本上不可避免地触及到了他的文化理念，所以，他压抑在胸间的愤懑就会越来越多，待到徐懋庸不识时务地打上门来，终于不得不狂怒并发出他的狮子吼了。（袁盛勇：《鲁迅思想的遗憾——从鲁迅与周扬的根本分歧谈起》，张克等：《70后鲁迅研究学人论文集》，上海：上海三联书店2014年版，第125页。）

此分析或可供参考。

序问题的。但他也是要到解散“左联”已是万事齐备后，要鲁迅签名同意时才想到鲁迅这“东风”，这说明夏衍对鲁迅的态度不自觉地受了周扬的很大影响。所以后来鲁迅发怒，把他一起责怪进去，事出有因。

此时的夏衍，已将个人主要精力投入到了创作之中。在这个时候，他绝不会意识到，在未来他将为他的选边站队和懈怠付出怎样的代价。

1935 年春夏，由于接连出现险情，夏衍被迫避家出走半年之久。这半年，是他从事革命活动以来少有的空闲时间，旺盛的创作欲望被勾动了，从此一发而不可收。恢复工作后，就算在最忙的时间里，他也会从中抽出时间从事写作。除前面提到的《泡》及短篇小说《黑夜行尸》外，他接连写出了《赛金花》《自由魂》等多幕剧，《都会的一角》《中秋月》等独幕剧及长篇报告文学《包身工》。1935 下半年至 1937 年上半年，大概可算作夏衍文艺创作的第一个高峰阶段。自 1929 年开始，夏衍就是左翼文坛的领导人之一，但除了写过一些报告和杂文之外，一直没有写过作品，被人称为“空头文学家”是夏衍自我不能满意的地方，“很想发愤一下”。[①] 而通过这一段努力，夏衍向世人证明他无愧为中国“普罗列塔利亚文学”的重要代表之一。

---

① “夏全 15”，第 151 页。

《都会的一角》可以说是《上海屋檐下》的先声。在这出短剧中，夏衍表达了他对于下层市民悲苦生活的特殊关心。舞女、失业青年们天天只是为如何打发日子发愁，毫无理想可言，但夏衍却对他们的这种生活充满了同情，因为他深刻地体察到在那种社会条件下，一般小市民挣扎生活的艰辛——谁也不能讥笑“活下去”这件事本身。自然，夏衍并不是认同这种麻木生活（他把这种生活的艰辛反映出来就是一种极强烈的批判态度），对于市民中间那种毫无民族感情的无聊可耻角色，他更有辛辣的讽刺。剧本结束时，有这样一段：

> 弟：（读）东北以东三省接俄国东海滨省，及日领朝鲜……
>
> 邻居：（猛然地推门而入，对弟）你这教科书是什么年代的？不行啊！你，在什么学校？

东三省是我国领土，11 岁的小学生都讲得这么自然，而“邻居”这位小学教员在听到这一句时竟如此惶惑、惊慌。顺民奴才的可悲与可憎亦正在此。

这戏最后一段后来在公演时还发生了一段插曲。1936 年 6 月，业余剧人协会在新光大戏院上演此剧（另外还有洪深的《走私》，张庚的《秋阳》），演出过程中工部局悍然宣布当场禁演。观众不禁愕然。“星期公演”的负责人徐韬走出来解释说：

“为了戏里有一句话，说东北是我们的领土，所以……”未等他说完，台下激愤已极的观众已齐声大呼：“东北是我们的!”一时间，这句从剧本结尾处概括出来的口号，便传遍了上海的大街小巷，成为流行的救亡口号之一。——无独有偶，据说美国著名左翼剧作家奥德兹的剧作《等待老左》上演到高潮部分时，其口号“罢工”必然在观众们共同的激情呐喊中响彻云霄，此时，观剧的布尔乔亚人士，每每也脱掉西装、拽下领带而高呼“罢工”了。此种群体感召力确是戏剧独有的艺术魅力所在。

写完了《都会的一角》，夏衍自我感觉不错，想把它拿出去投稿试试。投到哪儿呢？夏衍心想，给“左联”机关杂志或者朋友们编的杂志，那是肯定会刊出的，即使不合格也会发表。这样不能算数。于是他把原稿请人抄了一份，托人带到杭州，由他的表兄李学灏代寄给郑振铎、傅东华编的《文学》，还用了一个新的笔名“徐佩韦”。

结果比原先的预料要好。收到剧本，郑、傅两位毫不犹豫地就把它发在1935年12月出版的《文学》第5卷第6号上。夏衍很高兴，再想试试自己的小说怎么样，便把《泡》找出来，修改了一下，寄了过去，再用一个新的笔名“夏衍”，《文学》把它发表在次年2月的第6卷第2号上。这篇小说是夏衍使用“夏衍”笔名的开始。

《泡》发表后，夏衍再接再厉，又把写于1935年7、8月间的剧本《赛金花》润色修改了一番，再以“夏衍”的署名投给了《文学》。《文学》把它发表在1936年4月初的6卷4号上。“一石激起千重浪”，《赛金花》一问世，受到了文学界的广泛重视。4月13日，由剧作者协会发起，凌鹤、章泯、张庚、尤兢、陈楚云、贺孟斧、周钢鸣等人开了一个“《赛金花》座谈会”。反应之快，在上海戏剧界实属罕见，戏剧界对《赛》剧的重视程度可见一斑。周扬对《赛金花》也颇欣赏，特地在一篇文章提到它，说这类题材也可以成为“国防文学”。

一时间，“夏衍”被众人视作了北方左翼文坛冉冉升起的一颗新星。[①] 到该年的5、6月份，夏衍参加了《光明》的编务，把《包身工》拿给周扬看，请他提意见，周扬才知道，原来这位轰动一时的“北方新进作家夏衍”，就是自己朝夕相处的战友沈端轩！这以后，“夏衍就是沈端轩”才逐渐成为文坛上无人不晓的掌故。

《赛金花》也引来了一些批评。但在当时主要是鲁迅与艾思奇对它提出了比较严厉的批评意见（茅盾的微词则反映在其回忆录中）。以“汉奸文学”之类名头来作文章批判更是后来的事情了。

---

① 夏衍为迷惑警探，故意制造的空气又加重了这种传言，在1936年6月出版的《文学界》中，他还这样写到：“去年深秋，我在一个北国的危城里面困处了两个月之久”。（夏衍：《历史与讽喻——给演出者的一封私信》，“夏全1”第81页。）其实夏衍从未离开过上海。

这赞誉的热烈和批评的尖刻，是夏衍创作时根本料想不到的。其实他原来写作《赛金花》只是单纯对这题材感兴趣（听到赛金花在潦倒中死去心有所感）[①]，后来将它润色发表，则确有些呼应周扬等人提倡的“国防文学”口号的意思：

> 我就想以揭露汉奸丑态，唤起大众注意，“国境以内的国防”为主题，将那些在这危城里面活跃着的人们的面目，假托在庚子事变的人物里面，而写作一个讽喻性质的剧本。……这作品的主要目的是在讽喻，而讽喻史剧的性质上就需要能使读者（观众）不费思索地可以从历史里面抽出教训来的“联想”。我希望读者能够从八国联军联想到飞扬跋扈，无恶不作的“友邦”，从李鸿章等等联想到为着保持自己的权位和博得“友邦”的宠眷，而不恤以同胞的鲜血作为进见之礼的那些人物……[②]

《赛金花》大体上体现了夏衍的创作意图，客观上所取得

---

① 介绍赛金花的史料甚多。齐如山与赛金花有过直接的交往，他的《关于赛金花》（《齐如山随笔》，沈阳：辽宁教育出版社2007年版）是值得参考的。近来较为重要的一篇研究文献是蔡登兴的《口述历史不可尽信——从胡适给许世英的信说起》（《新文学史料》2011年第3期）。

② 夏衍：《历史与讽喻——给演出者的一封私信》，“夏全1”，第82—83页。

的效果也很不错。《赛金花》在上海公演时，连续22场，场场满座，观众反应十分热烈。对《赛》剧颇不以为然的茅盾也承认，演出时，掌声不绝。[①] 金山等人还把这出戏带到南京去演出。当演到一个无耻的清朝官僚跟洋人讲“奴才只会叩头，跟洋大人叩头”，并很用力地叩头时，国民党主管文化的官僚张道藩再也坐不住了，当场尖叫起来，示意自己的喽罗和走卒喝倒彩，把茶杯、痰盂等乱七八糟的东西往台上扔去。但广大观众不买他的账，齐声高喝：“滚出去，我们要看戏。”据说，还有几个性急的观众跳到正中观众席上，架起张道藩就往外拖。张当场气得口吐白沫，昏了过去。南京政府第二天就明令禁演《赛金花》。这就是轰动一时的“痰盂事件”。[②]

后来，张道藩终于承认戏里对于清朝官僚的漫画化表现，“刺激得教人认为是侮辱，教人受不住”。他为自己的捣乱辩护说：“谁也不能忍了，中国人心要不死的话，中国人要有一点自尊心的话，自然不会批评反对的人。”[③] ——张道藩这番辩解当然是完全没有说服力的，他的失态只能说明在他心中，“攘外必先安内”“绝对不抵抗”跟“奴才只会叩头”就是一回事，所以才情不自禁地对号入座了。

---

① 茅盾：《谈〈赛金花〉》，《中流》1936年12月第1卷第8期。

② 金山：《回忆片断》，《忆夏公》，第357—358页。

③ 张道藩：《〈赛金花〉剧中侮辱中国人部分引起的纠纷》，《中央日报》1937年2月24日。

针对“痰盂事件”，报刊上有一篇文章作了入木三分的评析：“民族的尊严不应污辱，这是天经地义的事情，但是对于揭出过去受过的污辱来警惕将来的戏剧中的描写也要用桔子皮和痰盂来对付，这就未免避重就轻和认错了真污辱民族尊严的对象了！……比叩头严重百倍的耻辱，几年来中国已经遭遇了很多次了，而身受侮辱乃至以这种侮辱为荣幸的人，身份还不止一个‘帮办洋务’的小官员呢，可是对于这种实际的汉奸民贼，在戏院里激昂慷慨的那些英雄似乎不曾投过一枚桔壳！在戏院里义愤填胸，出了戏院装聋作哑，这恐怕不是有自尊心的国民所应有的事吧。”①

赛金花的形象塑造，是当时争论的焦点。夏衍坦然地说，他虽也把赛当成是“奴隶里面的一个”，但“不想掩饰对于这女主人公的同情，我同情她，因为在当时形形色色的奴隶里面，将她和那些能在庙堂上讲话的人们比较起来，她多少的还保留着一些人性。”②

撇开历史的真实性问题暂且不说（历史上赛金花到底是怎样的人，八国联军攻陷北京时，她到底做过什么好事，这是难以详加考证的），就《赛》剧中的赛金花，夏衍的确写出了她作为“奴隶里面的一个”的放纵、不正派、爱慕虚荣等性格，

---

① 《戏剧与现实》，《光明》1937年3月第2卷7期。

② 夏衍：《历史与讽喻——给演出者的一封私信》，“夏全1”，第82页。

又写出了她人性尚存的一面，比如北京城破时，她有意唱“沿海不安宁，朝廷为了免事情，林总督革职又充军！Iyayater-wei，准败不准赢”，以及后来她力劝瓦德西少杀人，在李鸿章与瓦德西之间斡旋等等。很自然的，与《赛》剧中李鸿章、魏邦贤、程璧、孙家鼐之流比较起来，赛金花人格是高尚得太远了。看完《赛》剧，人们对赛金花不禁同情乃至喜欢，都是很正常的反应。

重要的是，剧本本来不应停留在对赛金花同情这个层面，假如要成为一部出色的历史讽喻剧，它就还应写出，在当时历史条件下，许多人要把身家性命寄托在这个妓女身上，这一历史事件所包含的巨大的悲剧意味。但《赛》剧一触及到这方面，便常常用插科打诨的噱头过渡过去。而且《赛》剧中一个正面人物都没有，人们的好感便只能聚焦到赛金花身上了。

但人们对赛金花形象的意见似并非着眼于此，很多人气愤的是，赛金花跟外国侵略军头目睡过觉的，怎么可以被当作正面人物歌颂呢？然而，假如就剧本论剧本来说，赛金花与瓦德西睡觉是有失国格，但与她借机救了许多人的功劳比较起来，这又算什么呢？中国古戏中不是有薛丁山娶樊梨花、狄青娶双阳公主这类故事吗？怎么没有人说薛丁山、狄青“失节”，“是汉奸”呢？说到底，是男权主义的思想在作祟，在性伦理道德上，对男女采用了两套不同的标准。

《赛金花》自然是有其艺术上的缺憾：以古喻今表现得太

直露；戏剧的矛盾冲突组织得不够集中；人物性格刻画得不够完整和统一，等等。但作为剧作家创作道路上的第一部大戏，其起点相当高，某些不够成熟是完全可以理解的。

《赛金花》在舞台上取得的轰动效应，对夏衍的话剧创作是很大的鼓舞，不到一年，他就又写出了第二部历史剧《自由魂》(后题为《秋瑾传》)。

如果说，赛金花作为一个被动的“反抗”女性得到了作者的同情，那么作为历史风云人物的秋瑾则是以其追求真理、追求进步的豪勇气概，在作品中得到了更圆满的肯定。虽然出身于封建官僚家庭，但她不甘心做一个安分守己的旧女性，而向往更壮烈的事业，于是，她抱着“救拔同胞”和“女界自立”的志向，冲破家庭樊篱，投身于反侵略反封建的革命斗争。她要和别的革命者一道，“打一个惊天动地的雷，放一把惊天动地的火，使整个的中国都改变”！及至武装起义失败，临难之际，秋瑾仍从容自如，决心以身作最后一击，实现自己的诺言，用她的血肉之躯当作一团燃烧的火和一声惊天的雷，以唤醒混沌之中的国人。剧本结尾，女英雄的从容就义，高度显现了革命先驱为理想献身的崇高人格。

《秋瑾传》很大程度上采用了新旧两种价值观、人生观对比的手法。秋瑾的丈夫王廷钧，作为旧文化、旧道德观念的一个缩影，他在家中以大男人自居，态度蛮横，而在接受新事物及进步意识上却处处被动，他作为一种旧意识的象征与秋瑾同封建文化一刀两断的叛逆性格形成对照。秋瑾的密友吴兰石是梁启超“新民论”的信徒，主张“改革家庭”，但却反对秋瑾冒险投入推翻清廷的革命斗争，这是在妇女解放问题上革命派与改良派的对照。

不过，尽管《秋瑾传》塑造的是公认的历史女英雄，作品内容上也颇有些新意，但并没有产生像《赛金花》那样大的社会影响。这可能与剧本艺术上的一些弱点有关：剧中主人公心理情感过于单纯（剧中秋瑾的性格几乎没有什么发展，也没有什么心理矛盾的纠结斗争）；剧情单薄，主要是宣讲女性独立和革命思想，戏剧冲突缺乏必要的波澜起伏。

夏衍酝酿写作《秋瑾传》已经很久，最早甚至可以上溯至谢迺绩老师激情讲授秋瑾精神的时刻。而更为具体的创作动机，则直接受到《妇女与社会主义》的影响：

> 我打算写《秋瑾传》，开始于1933年——也就是我翻译的德国杰出的马克思主义者倍倍尔写的《妇女与社会主义》这本书出版的时候。这是一本最早、也是最忠实地用马克思主义理论研究妇女问题的巨著。倍倍尔一再强调，世界上古往今来的一切变革、革命，凡是得到广大妇女拥护的，就一定是进步的、正义的、革命的；凡是受到广大妇女反对的，就一定是反动的、非正义的、反革命的。……倍倍尔的话很自然地使我想起了秋瑾，使我想起了秋

> 瑾参加的民主主义革命。从那时起，我自己——并请阿英同志帮助我——搜集有关秋瑾的著作、文献、史料。而直接激励我拿起笔来写秋瑾的，则是当时我亲自看到的不少为了祖国独立和人类解放而甘心抛头颅流鲜血的革命新女性。举一个例，就是1931年在上海慷慨就义的“左联”五烈士之一的冯铿。[①]

夏衍似乎是想用《秋瑾传》来传达其马克思主义妇女观。

当然，女性问题与夏衍创作关系是相当复杂的。夏衍后来对女性问题的强调没有这么“左”、这么革命，但关注女性问题始终是夏衍文艺创作活动的一个基本立足点。除了抗战时期的着重宣传抗日救亡思想的部分剧作（即使在这部分剧作中，女性角色有时也占据着突出的重要地位），夏衍的戏剧、电影创作几乎都与女性地位、女性所遭遇的特殊的家庭伦理和性伦理、社会斗争和女性出路等问题有关。并且除了秋瑾外，他早期（以抗战为界）文艺作品中的妇女形象，多呈现出一种在被凌辱与被损害的情况下，或是在遭遇特别强烈不公正待遇的情况下愤然抗争的特点。从《赛金花》到《都会的一角》《中秋月》再到后来的《上海屋檐下》，从《狂流》《春蚕》直到《上海二十四小时》《脂粉市场》《前程》《同仇》《自由神》《摇钱

① 夏衍：《秋瑾不朽》，“夏全1”，第144页。

树》无一不呈现出这一特点。夏衍总是叩问这样一个问题：在那样残酷的社会环境中，通常所谓的女性失足问题，究竟是谁之罪？在这样的社会环境中，女性需要以怎样的个人姿态，才能抵御那诸种不公正的外在环境的凌辱？《压岁钱》可能是他这时期作品未涉及此话题的唯一例外。与此恰成对比的是，像那些合写的作品如《时代的儿女》《女儿经》《风云儿女》等，这一主题就显得不那么鲜明了。——步入抗战以后，夏衍作品中知识女性的形象明显增多，但也依然保持着对这一问题的高度关注，对《复活》的改编就是一例。

顺便说一句，夏衍的许多翻译作品及评论，如高尔基的《母亲》、日本藤森成吉的《光明与黑暗》、苏联台米陀伊奇的《乱婚裁判》以及《恋爱之路、华西丽莎及其他》等，也与这一话题是紧密相关的。

在创作舞台剧本的同时，夏衍开始认真地收集材料，决心进行报告文学的尝试。

“左联”成立不久，便正式号召开展工农兵通讯运动，提倡反映急遽发展的社会生活的新文体——报告文学。夏衍在1930年5月出版的《拓荒者》上发表了《到集团艺术的路》。他在文中第一次提到一种新的文体名称“报告”：“由工厂、农村、兵营等等特殊群体集团通信所产生的报告、记录——包含一切正确、机敏、频繁地传递各种战线的战争和生活状态的通信，这些，都是显示着集团主义文学的新型。”[①] 在中国，明确地要求在刊物上提倡报告文学，夏衍是第一人。

1932 年 1 月，他翻译发表了日本报告文学研究家川口浩的《报告文学论》(刊于《北斗》2 卷 1 期)，这是我国最早系统地介绍报告文学的专论。半年后《文艺新闻》又刊发了该刊编者袁殊的《报告文学论》。据袁殊回忆，该文“根据夏衍、适夷(楼适夷——引者) 和我的讨论，并参照了苏联的理论”而写成。[②] 1932 年“一·二八”抗战后，许多左翼作家写了反映上海军民抗击侵略者的通讯报道，夏衍的《两个不能遗忘的印象》，写日本革命士兵委员会的活动，以其选材角度的新颖及观点的鲜明，在读者中引起了很大反响。在 1935 年春、夏两次隐蔽的时间里，夏衍利用这个机会深入杨树浦一带搜集有关包身工的材料，到秋天完成了《包身工》这篇报告文学的杰作，于翌年《光明》创刊号发表。

报告文学的灵魂是真实，要求运用真实材料，而不是凭借虚构来吸引读者，这就需要作者对所写人与事有全面深刻的了解，从而挖掘到具有典型意义的素材，为作品艺术创作的成功提供必要的条件。《包身工》的成功，也首先在于作者深入细

---

① 沈端先：《到集团艺术的路》，“夏全 8”，第 287 页。

② 袁殊：《袁殊文集·关于文艺新闻》，南京：南京出版社 1992 年版，第 67—68 页。

致的采访。

早在 1929 年，夏衍住在沪东塘山路业广里工人区时，就已从工人的谈话里听说了包身工制度和那些女孩子的非人生活；一年多后，在工人夜校的教员冯秀英那里，作者又获悉了许多有关包身工的事情。“一·二八”后，夏衍与沈西苓合写反映上海女工题材的电影剧本《女性的呐喊》时，又重新搜集了关于包身工的材料，并且从心底里深深感到了“灵魂的震动”。当时他曾想到写篇小说，但后来因为工作忙而搁下了。这一次，当决定用报告文学这一形式揭露包身工制度的罪恶时，他又进一步作了大量的调查工作。①

这次更深入的调查可不是那么轻而易举的。夏衍先找到一位在日本纱厂当职员的中学时代的同学，到包身工工作的车间去观察了几次，对她们的劳动条件有了一些了解，可是这毕竟是间接的；而要懂得“带工头”对包身工的管理制度，她们的生活状况，是非亲自到包身工住宿的工房去调查不可的。然而当时包身工的工房是由日本警察、巡捕、工头手下的流氓紧紧封锁着的，他们为了防止这些“奴隶劳工”与外界接触，任何外头人是不让走进这个禁区的。为了突破这种封锁，夏衍得到

① 今人有一种说法：《包身工》中的“芦柴棒”有其原型。[吴启荣：《夏衍早年生活小故事（三则）》，夏衍研究会：《巨匠光华映钱塘：夏衍研究文集》，杭州：浙江大学出版社 2012 年版，第 6 页。] 考其说法，似有来由，但难以置信处颇多，仅录以备考。

一位热心人——补习夜校学生东洋纱厂女工杏弟的帮助，混进去过两次；而在这之后，就被带工头雇佣的手下们盯住了，采访、谈话处处受到监视和限制。这种观察还有一大困难，是包身工们一清早就进厂做工，晚上才回工房，所以要看到他们上班下班的生活，非在清早和晚间不可。夏衍住在沪西的爱文义路，离杨树浦很远。为了要在早上5点钟之前赶到那里，夏衍便在半夜3点多起身，步行十几里路，到达福临路东洋纱厂工房附近，正好赶上看到她们上班的情景。有时则在夜间，等她们下班之后在一条工房的污秽黑暗的弄堂里找到她们，探听一点内部的情况。就这样，从3月初到6月，足足做了两个多月的“夜工”，才比较详细地观察到了一些她们的日常生活。这大量的积累和艰辛的调查，终于使夏衍获得了当时条件下的尽可能多的材料，从而为作品真实地反映生活打下了扎实的基础。

报告文学不同于调查报告，不能仅仅满足于数字统计的正确，情况调查的详实，主题的鲜明。它还要求用文学样式，用形象来再现生活。这一“再现”能否成功，除了作者对主题的把握和素材的收集外，很大程度上还取决于作者的文笔和写作技巧。

在文章结构上，夏衍采用以一天时间顺序为纵纲，再穿插横向材料的方法，精心地安排组织素材。“上午4点一刻”——“4点半之后”——“5点钟”——“黑夜”，在反映包身工一天生活的时间中，容纳了远远超过一天时空界限的材料：包身工的被骗签约，“芦柴棒”的几次惨遭迫害，对包身工剩余价值的估量，车间里令人心碎的噪音刺激，令人窒息的尘埃威胁，令人恐怖的湿气压逼，以及她们每天受到的踢、打、掷、骂，全都织进了一天生活的经纬中，附着在24小时的脉络上。这就使作品既不显得松散拖沓，又能从容自如地动用大量典型事例，展示现实丰厚意蕴。在具体叙述过程中，夏衍采用白描手法，时时将概括叙述和特写式的场景、细节、人物描绘结合起来，产生了令读者如临其境、如见其人、如闻其声的艺术效果，大大加强了作品揭发旧社会罪恶制度的力度。

《包身工》显示了30年代报告文学创作的最高水平，人们普遍赞扬它是中国报告文学发展的第一座里程碑，“给这个文学形式留下了光辉的典范”。① 周立波指出：“夏衍的《包身工》是今年关于产业工人的一篇材料丰富、真情挚意的报告文学，在报告文学刚刚萌芽，工人文学非常缺乏的现在，它有双重的巨大意义。”② 许多左翼青年后来都有回忆，认为《包身工》为推动他们走上革命道路提供了重要的精神滋养。于光远说：

① 魏金枝：《漫谈〈包身工〉》，《文艺月报》1958年4月号。

② 周立波：《1936年小说创作的回顾——丰饶的一年间》，《光明》第2卷第2号。

我是《包身工》30年代的读者。这篇作品1936年在《光明》杂志创刊号上一发表，我就以很高的热情阅读了它。它是我读到的最早、也是直到现在给我留下印象最深的一篇“报告文学”。说来惭愧，“故去”也可以成为“文学”这件事，也是读了《包身工》之后才知道的。

1925年我10岁时，在一位老师的指引下参加了“五卅”后小学生上街为罢工工人募捐的活动，那时我对工人就很同情。“一二·九”后在上海也曾去浦东陆家嘴工人集中居住的地方作过几次反对日本帝国主义和工人争取自身解放的宣传。但是对工人劳动和生活状况的了解是很抽象的。夏衍的这篇作品，对“包身工”作了生动细致的描绘，使我深受感动，也为我提供了在工人中作宣传的资料。也就在读了这篇报告文学后，夏衍这个姓名，在我心目中就有了很高的位置。[①]

当夏衍晚年谈起自己的创作时说，他一生写了700多万

① 于光远：《永远活在我们心中》，《忆夏公》，第23页。

字，“我认为其中可以留下来的只有《包身工》”。[①] 这里包含着夏衍固有的谦逊，但从中也可见出他对《包身工》有着怎样深切的感情，对于它在未来世纪仍将流传的恒久生命力，怀有怎样坚定的确信。

第三节　“两个口号”的论战

历史的发展不可能是直线的，总会有交叉、冲撞和曲折。知识阶层本来就很敏感，由于经历、认识和性格的差别，即使同一营垒中也会产生各种歧异、错位和误解，以至导致内部的掣肘和自身能量的耗损。所谓“人在江湖，身不由己”，这是令人懊恼、烦忧，却又难以避开的。

---

① 李子云：《在医院与夏衍聊天》，香港《大公报》1954年1月14日。夏衍在私下、半公开的场合多次提到过这一观点，但似乎都未给出说明。说实在话，笔者至今不能完全理解他置自己的剧作、电影改编成就不论究竟是出于何种理由的考量。

在较为正式的场合，夏衍这样评价过自己的作品：“剧本……较好的是《上海屋檐下》、《法西斯细菌》、《芳草天涯》。报告文学中较好的是《包身工》，改编剧本中较好的有《春蚕》、《祝福》、《林家铺子》、《憩园》。……我写得最失败的是剧本《离离草》……”（夏衍：《我的一些经验教训》，“夏全7”第348页。）笔者完全赞成夏衍的这个自我评价。

1935年底到1936年初，夏衍与鲁迅的关系突然开始恶化。[①] 鲁迅作于1935年12月30日的《且介亭杂文·附记》有这么一段话："《答〈戏〉周刊编者信》的末尾，是对绍伯先生那篇《调和》的答复。听说当时我们有一位姓沈的'战友'看了就哈哈大笑道：'这老头子又发牢骚了！''头子'而'老'，'牢骚'而'又'，恐怕真也滑稽得很。然而我自己，是认真的。不过向《戏》周刊编者去'发牢骚'，别人也许会觉得奇怪，然而并不，因为编者之一是田汉同志，而田汉同志也就是绍伯先生。"[②]

这"姓沈的'战友"，指的就是夏衍。鲁迅此时对夏衍的怒气已经很盛了。这时话虽没有说绝，但实际上夏衍已经无法与鲁迅见面了，[③] 直到那篇《答徐懋庸并关于抗日统一战线问题》名文中称夏衍是"四条汉子"之一，这其实就意味着两人数年的友谊是彻底断绝了。两人的关系何以如此呢？回顾起来，夏衍在周扬、田汉与鲁迅之间的亲疏取舍，是决定性的

---

① 夏衍后来曾说：鲁迅看了两个日本作家改编的《阿Q正传》的话剧剧本后，对夏衍说，《阿Q正传》不宜于改编剧本。（夏衍：《杂谈改编》，"夏全6"第478页。）这番交流不知在何时，但可以证明曾经有一度夏衍确在鲁迅的可以谈天、交流私人话题的青年友人之列。

② 鲁迅：《且介亭杂文·附记》，鲁迅：《鲁迅全集》第6卷，北京：人民文学出版社2005年版，第220页。

③ 可参见茅盾《左联的解散和两个口号的论争》（《新文学史料》1983年第2期）、王宏志《文学与政治之间》（《鲁迅研究月刊》1991年第6期）。

因素。

周扬与胡风的关系很糟糕。周扬于 1933 年 5 月丁玲被捕之后接任“左联”的党团书记，胡风于同年 10 月任“左联”的行政书记。两个人都是个性突出的人物，也都有很强的号召、组织能力，处理起问题不免各行其是，磕磕碰碰在所难免。渐渐地，“左联”内部隐约形成了两派，一派是以周扬为首，另一派奉鲁迅为旗帜，由胡风做具体工作。

在“左联”内部力量的消长中，对胡风是不利的。第一，胡风不是党员，先天就缺乏与周扬对抗的实力；第二，也是主要的一点，胡风对“左联”的一些工作构想是不尽符合实际情况的。在晚年胡风仍然坚持认为：“左联的工作方式太简单，工作也等于敷衍塞责地过日子。书记只是开会时到一到，组织部也只管和盟员中的几个党员联系联系。左联是思想团体，因而工作应集中在宣传部方面（胡风在 1934 年 8 月至 10 月曾任左联的宣传部长——引者注）。但一了解情况，发现盟员间如一盘散沙。”[①] 然而根据当时实际情况来看，白色恐怖这样严重，要把“左联”建设成为一个紧密的、活动频繁的作家联合体是非常困难的、不现实的，某种意义上，还是错误的——太紧密了，容易被人一网打尽。

新“文委”在成立时决定：由于上海党组织遭受到三次大

① 胡风：《胡风回忆录》，北京：人民文学出版社 1993 年版，第 27、31 页。

破坏，又因为群众运动空前发展时期情况复杂，所以暂不发展党员。这就卡住了胡风恢复组织关系的请求。二人之间的隔阂更深了。

胡风的文艺思想与周扬也颇有不合拍处。两人后来在典型与现实主义问题上有过激烈的交锋。结果自然是谁都说服不了谁。顺带说一句，周扬与冯雪峰也有文字上的不睦，或许这便种下了日后两个口号论争的因子。

“1934年冬初因某某自首后的造谣”① 以及“对周扬默认穆的造谣表示不能接受”②，胡风“在政治责任感上愤而离职”③。这“某某”和“穆”指的是穆木天。穆木天是否自首造谣，现在已有公论。不过那时穆与胡关系很僵是事实。

胡风的离职对“左联”后期发展产生了很不好的影响，主要是在对鲁迅的关系上。周扬总把鲁迅看成是统战对象，④ 他对自己自信心又很强，凡事大抵先斩后奏。加上胡风难免要说

① 胡风：《我的小传》，《新文学史料》1981年第1期，第101页。

② 胡风：《胡风回忆录》，北京：人民文学出版社1993年版，第27、31页。

③ 胡风：《我的小传》，《新文学史料》1981年第1期，第101页。

④ 这种将鲁迅看作统战对象的思维，是那时党内作家的普遍心态，甚至连冯雪峰也未能免俗，因此，今人评论起这点似不必作太多的引申发挥。胡风曾回忆说：冯雪峰为病中的鲁迅拟写了《答托洛斯基派的信》和《论现在我们的文学运动》，鲁迅对冯文有些不满，“但略略现出了一点不耐烦的神色”，冯雪峰察觉后就很不满，对胡风说，“鲁迅还是不行，不如高尔基；高尔基那些政论，都是党派给他的秘书写的，他只是签一个名”。（胡风：《鲁迅先生》，胡风：《胡风全集》第7卷，武汉：湖北人民出版社1999年版，第107页。）

些不利于周扬的话，鲁迅便对周扬大不满意起来。而很可能的是，这时胡风说不定要捎带说上夏衍几句的。

对于夏衍，胡风也是不满的（夏亦不满意胡风）。1933 年底冯雪峰即将离开上海到苏区的时候，曾以江苏省委宣传部长的身份约夏衍到法租界的一个地方见面，期间冯雪峰要求和夏衍共同介绍胡风入党。而夏衍却因为此时已听到一些对胡风不利的传闻（如政治身份暧昧、要权等等），推托了。回去后他大概把这消息告诉了胡风，胡风便对夏衍有了意见。

接下来几年中，胡风虽屡次申请入党，都被周扬等人卡住了。到 1936 年 4 月底，冯雪峰回到上海后，才以中央特派员的身份“特准”胡风入党。但这样又引起了周扬、夏衍等的不满。胡风回忆说：“到他（指冯雪峰——引者按）离开党的工作前，共三次通知我是党员。……第三次通知我是党员后，还开了一次党的会议，在王任叔家开的。王任叔、夏衍、雪峰自己和我，共四个人。会议内容完全忘了，只记得并不是开诚相见的。”[①] 这不“开诚相见”的人，指的当是夏衍。

无可争议的是，出于对周扬的友谊与信任，夏衍逐渐成了周扬这一派的中坚人物之一，潜意识里受了不少周扬思想、态度的影响，与鲁迅这边疏远了起来。但更令夏衍作难的，可能还是田汉与鲁迅的关系问题。夏衍非常欣赏田汉，他认为田汉

---

① 胡风：《胡风回忆录》，北京：人民文学出版社 1993 年版，第 55 页。

“是一个了不起的天才”，“是一个有高尚革命精神的爱国主义者，是一个英勇的革命家”[①]，“假如说‘金无足赤’，那么，田汉是一块九成以上的金子”[②]。甚至对田汉的缺点，他也情不自禁地认为，他的缺点是一种比较“可爱的缺点”：“田汉的错误也是很明显的，特别是他的自由主义（我说自由主义不是那种事不关己、高高挂起的消极的自由主义，而是也许可以叫做过于积极的自由主义，就是不应该他去做的事情，他去做了；应该请示的，不请示，而先斩后奏等等，这类事，在他说来是很多的）。”[③]

但不知道为什么，鲁迅对田汉却极无好感，二人碰在一起在言语上总不免产生摩擦。用比较俗的话来解释，就是两人有些“犯冲”。这也确实是人际交往中常有的无奈现象。

有一次，内山完造在一家闽菜馆设宴欢迎藤森成吉，鲁迅、茅盾、田汉和夏衍都在座。开头大家言笑尚欢，后来，田汉酒酣耳热，高谈阔论起来，就讲到他与日本作家谷崎润一郎的交游之类。鲁迅脸色立刻就沉了下来，瞟了田汉一眼，对夏衍说：“看来，他又要唱戏了。”说完，也不容夏衍再做解释，

---

① 夏衍：《悼念田汉》，夏衍：《天南海北谈》，广州：花城出版社1992年版，第31页。

② “夏全15”，第90页。

③ 夏衍：《悼念田汉》，夏衍：《天南海北谈》，广州：花城出版社1992年版，第35页。

他起来便告辞先退了席，一桌子人被弄得颇无兴味。

而田汉对鲁迅的态度也不好。1934 年 8 月底他曾在《大晚报》副刊《火炬》化名绍伯，批评鲁迅的文章与叛徒杨邨人的文章发在同一份刊物上是搞“调和”，并进而不负责任地议论说：“这恐怕也表示中国民族善于调和吧，但是太调和了，使人疑心思想上的争斗也渐渐没有原则了。变成‘戟门坝上的儿戏’了。照这样的阵容看，有些人真死的不明不白。”这无疑是田汉的一次“自由主义”大发作。后来他虽然解释说此文非他所写，又作了其他的一些解释，但对鲁迅的不恭是显见的。

鲁迅对此很恼火，得知真相后，同年 11 月中旬便写了一篇《答〈戏〉周刊编者信》，其中十分严厉地说：“在这里要顺便声明：我并无此种权力，可以禁止别人将我的信件在刊物上发表，而且另外还有谁的文章，更无从预先知道，所以对于同一刊物上的任何作者，都没有表示调和与否的意思；但倘有同一营垒中人，化了装从背后给我一刀，则我的对于他的憎恨和鄙视，足在明显的敌人之上的。”①

就在鲁迅怒意还未消散的时候，田汉又不合时宜地参加了阳翰笙、周扬、夏衍与鲁迅的一个工作汇报会（原本没有他，是临时加入进来的）。会上，田汉又指责胡风的政治立场不可

① 鲁迅：《答〈戏〉周刊编者信》，鲁迅：《鲁迅全集》第 6 卷，北京：人民文学出版社 2005 年版，第 152 页。

靠，再次激发了鲁迅的怒火，他甚而开始怀疑这场谈话是预谋好的，胡风的“对手们”是借这种座谈的方式，向他摊牌，逼他表态。这是吃“讲茶”！经过一番周旋，鲁迅勉强接受了阳翰笙、夏衍等的解释，但他与周扬等人的阴影是加重了的。

不过一段时间里，鲁迅对于夏衍，似乎还抱着较为友好的态度。1935 年 8 月底夏衍恢复工作后，有一段时间他还是比较容易见到鲁迅的。11 月初，有一回夏衍去内山书店，碰到了鲁迅；先生并不避他，两人便随便聊了起来。

鲁迅说着说着说到了田汉：“你看，他唱戏，唱到南京去了。”他指的是田汉由徐悲鸿、宗白华等保释出狱后，没有立刻回到上海，反而在南京排《械斗》《回春之曲》等剧，还派人到上海来邀请演员帮他演出。南京对这件事炒得沸沸扬扬，鲁迅很不高兴。

夏衍听罢，立刻向鲁迅保证说：回去后，立刻通知他停止演出。说着，他又有些替田汉辩解地说：原来，我们觉得他那几个戏宣传的还是爱国主义的，就没有多去说他。鲁迅无表情地听完了夏衍的话，点了点头，就走开了。

这以后，一些不负责任的话便传到了鲁迅的耳中，如说鲁迅写文章反击绍伯，沈端轩说“这老头子又发牢骚了”等等，再加上“左联”动议解散前后，夏衍的确没有向鲁迅请示过。鲁迅想想有些寒心，就写下了《且介亭杂文·附记》中示意断交的一段文字。

夏衍平时性格较为温和，但骨子里却又相当倔强，在原则问题上，他形成一种稳定的看法后，便很少改变。而且他非常强调公私分明，公事上的问题，他总是与朋友共进退，不会利用私人的关系去取得个人特殊的地位。在解散“左联”的问题上，他赞成周扬，态度既然明朗，便支持到底。多少年后，夏衍说起这段时期他们与鲁迅的分歧时还说：“鲁迅最初不相信我们真的会解散‘左联’。他说，我不相信孙悟空会丢掉他的那根金箍棒。意思很明白，就是‘左联’是我们手里的棍子，打人的棍子，也就是说‘奴隶总管的鞭子’吧。”[①] 夏衍这里无疑曲解了鲁迅的意思。不放弃左翼文艺的领导地位与“奴隶总管的鞭子”，这是两个不同层面的问题。四十多年后依然如此，夏衍当时在一系列问题上与鲁迅分歧之大可以想见。分歧变大而又不特别加以解决（至少是缓解），与鲁迅关系恶化，夏衍

---

① 夏衍：《一些早该忘却而未能忘却的往事》，“夏全 9”，第 479 页。

自己也要负相当的责任。[①]

大约在1936年1、2月间，周扬、周立波、何家槐等提出了“国防文学”的口号，并未经鲁迅同意，就把它当成是文化界一个需要普遍遵循的口号推广开了。这个口号有着自身的一些特点，如意义简明显露、符合大多数人的时代感受等，因此很快得到了大多数文学界同仁的赞成，很快流行了起来。夏衍虽然没有写直接的理论阐释文章，但无疑是“国防文学”积极的推行者和倡导者。和周扬一样，他也没有想到这方面要特别征求一下鲁迅的意见。因此，他完全没有料到左翼人士内部对这个口号的不同意见，也完全没有料到这股风潮逆袭的巨大动能。

就周扬本意来说，他愿意竭力扩大“国防文学”口号的外

---

① 1936年初，夏衍已无机会与鲁迅正常会面。他曾多次转托茅盾向鲁迅“请示”他对解散“左联”的意见。但其实就“文委”而言，解散“左联”本已事成定局，这种“请示”不过是“知会”而已，对缓解鲁迅与周扬等人的矛盾并无助益。后来在徐懋庸的劝说下，鲁迅同意解散“左联”，“但提出必须发表一个宣言，申明‘左联’之所以解散是为了在新形势下把无产阶级文艺运动推向新的阶段，而不是自行溃散。鲁迅的这个意见，周扬他们接受了，事情好像已经圆满结束。可是，后来不知为了什么又变卦了，连宣言也不发了。鲁迅因此大为生气，认为他们言而无信。因为在鲁迅看来，发不发宣言是个重大的原则问题。事情就因此弄僵了。从此。鲁迅对于周扬他们更加不信任了。对于他们的各种倡议、活动，多取不合作的态度”。[可参见茅盾《左联的解散和两个口号的论争》(《新文学史料》1983年第2期，第1—3页)。] 在这过程中，夏衍在组织内部似未尽力发挥缓解双方矛盾关系的作用。

延，使它具有充分的弹性，既有号召作家在“国防第一”年代写与“国防”有关题材作品的作用，但又不至于太僵硬，束缚了作家的创造性与个性。他称道《赛金花》大约就是出于这个目的，大约想以此向外界示意：即使像这样有些戏谑滑稽性质的、以妓女这样边缘人物为主角的、对社会现实基本抱着否定性质的作品，因为隐约涉及了如何保卫祖国的话题，都可归入“国防文学”之列。——因此，就笔者的个人的私见来说，对《赛金花》一剧过分严厉的批判，实际是和它被树为“国防文学”的样本有关，批它就是在批“国防文学”这个概念外在的普适性和自身的合理性，和剧作本身的优缺点未必有什么绝对的联系。从这个角度说，《赛金花》挨批乃是典型的池鱼之灾。不过，按照夏衍与周扬的关系以及他对“国防文学”口号的支持力度，这种批判也不算是池鱼之灾。

大概从1936年的4、5月份开始，周扬和夏衍开始酝酿创办《文学界》与《光明》两个刊物。《文学界》作为即将成立的文艺家协会的会刊，主要由戴平万、杨骚、徐懋庸、沙汀(后调至《光明》)、陈荒煤等人负责。《光明》开始连个办公的地方也没有，编辑部就在沈起予家中。当时国民党政府正为“两广事件”而焦头烂额，自顾不暇，这就给了左翼文化一个较好的发展机会。通过胡愈之，生活书店答应承担《光明》的发行，却又怕出问题，结果请洪深作挂名的主编兼发行人。但洪深根本不管事，编务便主要由夏衍、沈起予、李兰、沙汀

(后加入) 负责。

夏衍的《包身工》、沙汀的小说《兽道》就刊登在《光明》的创刊号上，沙汀的小说原名《人道》，夏衍看了后说，这世界哪有什么人道啊，那些家伙只能称为野兽，还是叫《兽道》更合适，讽刺意味强烈。沙汀对此心悦诚服。沙汀后来回忆说：

> 《光明》实际是夏衍挂帅。每次编排，主要由他出主意。他作风深入细致，排字、看清样，都很内行。我跟他跑过两三次印刷厂，亲眼见他如何调整版式，当场挥笔填写补白，文思敏捷异常。
>
> 30年代在中国提倡集体创作，他是第一个。《光明》发表五六个集体写的剧本，像《走私》、《汉奸的子孙》、《咸鱼主义》等，揭露了日寇的罪行，都是他邀集，在跑马厅附近的东方饭店开个房间，找洪深、章泯等人讨论，分幕，写提纲，然后推选执笔人，写出初稿的。于伶是他的得力助手，当时叫尤兢。我也参加讨论。①

1936年5月底，一个消息忽然风传到夏衍的耳朵里：党中央的秘密特派员已经来到上海。夏衍为此专门去找了王学文与

---

① 转引自吴福辉：《沙汀传》，北京：北京十月文艺出版社1990年版，第165页。

马纯古，约定，任何一方先接上关系，就赶快相互通知和联系。过了十来天，这中央来客却一直没有露面。夏衍等人不由狐疑起来：这会不会又是一个谣传呢？此前类似的谣传已发生过多起了。

6 月初的一天，夏衍想起很久没有和救国会的人联系过了，应该去找找章乃器他们。反正他和章很熟悉，便径直找到台拉期脱路（今太原路）慈惠村章寓。章乃器是个有些意气飞扬的人，用一般人的话讲，有点“霸道”。以往他见到夏衍，总是兴致很好地大讲国际国内形势，滔滔不绝。可是这一回很奇怪，他成了个没嘴葫芦，非常拘谨。在夏衍的追问下，章乃器告诉夏衍：你们中央派来的人跟我联系过了。他也是浙江人，大同乡，与你们很熟。他要求救国会这一摊子以后只跟他单线联系。我跟他讲，以前我主要是跟沈端轩他们联系。他说，今后不要理他。我问，他们来找怎么办？他说，轻则不理，重则扭送捕房。①

---

① 夏衍：《一些早该忘却而未能忘却的往事》，“夏全 9”第 474 页。

夏衍这段回忆历来争议很多。按理说是有些难以令人置信之处。不过，夏衍 1957 年在所谓“爆炸性发言”（此点详后）中提到这点时，章乃器虽已遭到严厉批判，但还是名义上的粮食部长（他的部长职务 1958 年才被撤销，而其全国政协委员的职务则在 1962 年才被撤销），以他的个性，如果夏衍所说全是空穴来风，想必会有所表示。[章的傲然于权贵的性格，可参见胡治安《统战秘辛——我所认识的民主人士》（香港：天地图书公司 2010 年版）第 73—130 页。] 外，冯雪峰本人对夏衍这一极严厉的指控似未作出正面回应，亦可视作旁证。本书在此还是采用了传主本人的记述。

夏衍受到极大的打击。这等于是他们数年来的工作不但未能得到上级组织的追认，他们自身都有被上级组织放弃的危险。

而差不多同一时间，胡风的《人民大众向文学要求什么?》发表了，该文登在6月1日的《文学丛报》上，文章提出了“民族革命战争的大众文学”的口号。胡风在文中指责周扬“国防是汉奸以外的一切作家创作的最中心主题”的论断，还以嘲弄的口气质问说，《红楼梦》《阿Q正传》算不算“国防文学”? 在周扬看来，这就是直接打上门来了，非反击不可。于是，他们也只能暂时按下与中央特派员联系未果的焦虑、惶恐与疑惑，而又与胡风打起了笔仗。见到胡风的文章，徐懋庸立即写了一篇《人民大众向文学要求什么?》来作回应，登在了《光明》的创刊号上。其后，左翼文艺界内部尊奉鲁迅的一些刊物如《作家》《现实文学》《海燕》《夜莺》等与“周扬派”的主要阵地如《文学界》《光明》《质文》等，陆续发文，各自捍卫“民族革命战争的大众文学”或“国防文学”口号的正统性，并相互指责。某些文章用语之激烈，已将革命阵营内部的同志视为仇雠。

这就是所谓的“两个口号”的论战。

周扬与夏衍等人的批判火力当然是冲着胡风去的。但他们不会知道，胡风的文章虽以他个人的名义发表，但所代表的却不是他个人的意见。他代表的，不仅是鲁迅的意见，而且也是冯雪峰的意见——冯就是周扬、夏衍苦寻不着的中共驻上海的秘密特派员。

胡风对之曾有明确的回忆：

> 7日（指1936年5月7日——引者按）上午，如约去看他（指冯雪峰——引者按）。他已于头天晚上住进鲁迅家三楼后楼了。他提到“国防文学”口号，觉得不太好。并说，汉年也觉得不妥当。后来知道，潘汉年是从苏联回来的，可见，他到鲁迅家之前是见过潘汉年的。他要我提一个口号试试看。我想了想，提出了：“民族解放斗争的人民文学”。他说，不如用“民族革命战争”，这是党中央早已提出了的口号；“人民文学”不如用“大众文学”。我想到，“大众文学”在日本是指类似中国鸳鸯蝴蝶派和武侠小说的。但他说，我们在正确的意义上用它，群众不会误解的。
>
> ……
>
> 8日上午我去时，他告诉我，口号确定为“民族革命战争的大众文学”，周先生也同意了。要我写文章反映出去。我当晚翻阅了手头的有关材料，写了《人民大众向文学要求什么?》。
>
> 9日上午，我送给了雪峰。10日上午我再去，他交还了我，一字未改。说周先生也看过了，认为可以，要我找

> 个地方发表出去。我交给了聂绀弩，拿给光华大学学生、左联盟员马子华，在他们编的《文学丛报》第3期上发表了。[①]

参照冯雪峰于1966年8月10日写成，于1972年亲笔修订的《有关一九三六年周扬等人的行动以及鲁迅提出“民族革命战争的大众文学”口号的经过》，除了个别细节，胡风的回忆大体是可靠的。

不过胡风的回忆中有一个重大的细节错误，这就是冯雪峰与胡风初见面时，他还没遇见潘汉年。所以，所谓“潘汉年也觉得不妥当”是误记（根据胡愈之《我所知道的冯雪峰》，潘、冯会面当在5月中旬以后）。也就是说，当冯雪峰以党中央特派员身份参与“民族革命战争的大众文学”口号提出时，完全未经过任何组织形式的同意，也未征询其他党内领导或同志们的意见。

但冯雪峰是4月底到的上海，他对“国防文学”运动的开展情况经过一段时间的了解应摸得很清楚。如果他感到“国防文学”口号有不妥，为什么不能通过较为正式的关系直接向周扬等人提出呢？冯雪峰后来解释说：“我请王学文约周扬同我见面谈话，是我到上海后二十天左右，却遭到周扬拒绝，说他不相信我，要我拿证件（党中央的介绍信）给他看，说我是假

① 胡风：《胡风回忆录》，北京：人民文学出版社1993年版，第56页。

冒从陕北来的。但周扬拒绝同我会见的真正原因，是我到上海后没有首先找他，而先找了党外人，特别是没有同他商量之前，就和‘胡风商量’提出了‘民族革命战争的大众文学’口号，同他已经提出的‘国防文学’口号相对立。”①

冯雪峰上述记忆当有误记之处。他到上海后二十多天，是5月中旬的样子，当时两个口号的论战还没开始，周扬怎么就会知道他同胡风商量提出了“民族革命战争的大众文学”口号并因此拒绝与他见面呢？②

真正的原因只能是，冯雪峰1936年回到上海后，对周扬的反感一时间到了无以复加的地步。不但对周扬，甚至就连周扬的亲密朋友，在他看来俱属不可容忍之列。冯雪峰在《有关一九三六年周扬等人的行动以及鲁迅提出“民族革命战争的大众文学”口号的经过》这篇著名文献的第一个部分的第一点，提到的就是“鲁迅对于周扬、夏衍、田汉的不满与憎恶”：

> 鲁迅说过，照他看来，周扬等人只是空谈，唱高调，

---

① 冯雪峰：《有关一九三六年周扬等人的行动以及鲁迅提出“民族革命战争的大众文学”口号的经过》，冯雪峰：《雪峰文集》第4卷，北京：人民文学出版社1983年版，第523页。

② 周扬让冯雪峰“拿证件”之说，各方后来对此的回忆有较大不同。对于这一点其实不难理解：彼此成见已深的双方在见面时，情绪激动时可能都不免恶语相加，而事后彼此印象最深的都是对方加诸自身的伤害。

发命令，不对敌人认真作战，并且还扼杀不同伙的人的革命力量。鲁迅说过，照他看来，这些人大抵都是借“革命”以营私的青年，是革命营垒里的蛀虫，许多事情都败在他们手里；“左联”早已布不成一条战线，虽然名义还存在，而他也还每月拿钱给他们。鲁迅说过，周扬他们以“革命”大旗做虎皮，自命“指导家”，故作激烈，吓唬别人，打击不同意见者；他们只长于“内战”，分裂战线，对敌人却心平气和，并且有意“取悦”于敌人，同敌人及其叭儿狗们反而常常联成一起，——他认为，他们同那些造谣污蔑的小报是有联系的。鲁迅也说过，周扬是一个喜弄权术，心术不正，气量狭窄得很像白衣秀士王伦式的人。鲁迅又说：“周扬同我见面时都一副虚伪的面孔，说他同我感情很好，我可不知道他那时心里想的是什么。”鲁迅说，夏衍表面上是一个上海绅士，笑嘻嘻，其实诡计多端，是站在背后的军师。他说田汉是一条糊涂虫，浪漫蒂克，敌我不分，所以一被捕即投敌，在南京大演其戏，是毫不为奇的。

鲁迅还说过，周扬等人还指责鲁迅“懒”，工作得不够起劲。鲁迅说：“他们个个是工头，我有时简直觉得像一个戴了脚镣的苦工，不管做得怎样起劲，总觉得背后有鞭子在抽来。”

鲁迅说过，他有时确实曾感到“独战”之苦。又说：“有时甚至使我多疑的毛病又起来了，想到要提防同营垒中人设置的圈套和陷阱。”

鲁迅在谈话中表示最愤慨和憎恶的，是所谓“战友”从背后给他的暗箭。他举了田汉化名为“绍伯”在国民党方面的报纸《大晚报》上攻击他的一件事为例，说道：“这用心是毒的。这样一来，鲁迅一文不值了！刚刚斥责了杨邨人，现在又同杨邨人调和了，并且为他打开场锣鼓了。其实，他们倒是同杨邨人站在一道的，他们有一个字斥责过杨邨人没有？他们这种举动就是取悦于杨邨人，也取悦于国民党。所以，我在答《戏》周刊编者信里，就明白宣布我对田汉等人的憎恶超过了明显的敌人。”

鲁迅在谈到这件事时，也提到夏衍（沈端先）看到鲁迅答《戏》周刊编者信时的态度，愤慨地说道：“沈端先看到了，快意得大笑，说是‘这老头子又发牢骚了’。我是认真的，而他以为是可笑，你看可恶不可恶！”

鲁迅说：“就是这样一群‘战友’！一群‘指挥家’！……”这样的话，鲁迅不止说过一次；说的时候，有时皱着眉头，流露出深恶痛绝的神情，有时又流露出轻蔑的态度，并继以哄笑。①

---

①　冯雪峰：《有关一九三六年周扬等人的行动以及鲁迅提出“民族革命战争的大众文学”口号的经过》，冯雪峰：《雪峰文集》第4卷，北京：人民文学出版社1983年版，第508—510页。

冯雪峰虽是在记述鲁迅的言谈、态度，但也不妨将之看作是他本人的心语。在“文化大革命”这样的年代里，再加上一些历史的积怨，他在交代材料中，说上一些过头的话，对一些事件加以夸大和渲染，这是可以理解的；但他当年的态度亦大抵可以推想了。我们不能不说，他的这种处理人事的方法与他作为党中央特派员的身份是不甚符合的。

如果冯雪峰仅仅只是一个有才华的诗人，那么，他的倔强、耿直、爱憎分明以及那容易接近沸点的性格，是十分迷人的，是他个性最真诚、闪光的部分。然而作为负有重要使命的实际负责上海地下工作的中央特派员，冯雪峰则更应表现出宽厚、兼容、能用人所长的气概和风度。

周扬虽说有这样或那样的缺陷（有无冯说的那么严重另当别论），但无疑，他是一个非常有能力的党在文化战线的领导者与组织者，他对革命的忠贞是可以信赖的。胡愈之和冯雪峰晤面后，冯向他了解上海地下党的情况，胡第一个就告诉他夏衍是可靠的，然后又说，周扬也很好，其实在冯雪峰从瓦窑堡出发到上海前，周恩来曾亲自向他布置过四条任务，其中有一条就是要冯雪峰利用熟人多的关系，特别是要找到周扬、夏衍等人了解情况，团结起来，开展活动，配合新的统一战线活动。[①] 因此，冯雪峰对周扬等人的正确态度应当是尽早地把周、

① 可参见夏衍《一些早该忘却而未能忘却的往事》（“夏全9”第473页）。

夏等人从被甄别的状况中解脱出来，而不是迟迟不答理他们。虽然周扬对鲁迅态度不好，有点弄僵了，这毕竟是革命同志内部的矛盾。假如鲁迅当时谈到周、夏、田等人时总是“深恶痛绝”或“哄笑”，那么冯也不应当是附和鲁迅这多少有些偏激的态度。

事态朝着更加激烈的方向发展。

1936 年 7 月《现实文学》月刊和《文学界》月刊发表了 O. V 笔录（O. V 是冯雪峰，但又让人疑到这是胡风另一个笔名“谷非”的缩写）的鲁迅的《论现在我们的文学运动》。鲁迅在文中明确阐释了“民族革命战争的大众文学”口号的内涵，并顺便提到，抗日反汉奸“决非革命文学要放弃它的阶级的领导责任，而是将它的责任更加重，更放大，重到和大到要使全民族，不分阶级和党派，一致去对外。这个民族的立场，才真是阶级的立场。托洛斯基的中国的徒孙们，似乎糊涂到连这一点都不懂的。但有些我的战友，竟也有在作相反的‘美梦’者，我想，也是极糊涂的昏虫。”① 鲁迅的话说得很尖刻。于是《文学界》发表这篇文章时加一个长长的一千多字的“编者按”。谁都不愿意在自己编的刊物上让别人扇自己的耳光。

鲁迅的文章一发表，周扬、夏衍等人立刻认识到了事情的

① 鲁迅：《论现在我们的文学运动》，鲁迅：《鲁迅全集》第 6 卷，北京：人民文学出版社 2005 年版，第 612 页。

严重性：两个口号的论战，这时实际成了他们在向左翼文坛公认的盟主鲁迅宣战。但论战的机器已经开动起来，要实行“单方面停火”，似乎不太可能了。怎么与鲁迅方面沟通呢？怎么把这件事平息下来呢？看来只有请中央特派员居高调停了。

他们已经知道中央派来的特派员就是冯雪峰了。为了找到这位“神秘”的特派员，周扬等人花了不少心力。夏衍甚至还动用了特科的关系。一次，中央派刘鼎到上海来采购通讯器材，蔡叔厚立即安排他与夏衍见面。为了安全起见，三人租了一艘小汽艇，假装在黄浦江上游览。夏衍把自己焦急的心情向刘鼎倾诉了一番。但刘鼎只能告诉他，红军长征早已胜利地到达了陕北，并已基本立住了脚跟。至于中央特派员到上海之类，他不负责这方面工作，就无法说得更多了。

但世上没有不透风的墙，冯雪峰在内山书店与王学文等人见面，在“小有天”请民主党派负责人吃饭等许多活动终于被透露出来。周、夏得知详情，凄苦怨愤之情不难想象。夏衍找到王学文，怒气冲天地说：冯雪峰这样做是什么意思？希望你捎个口信给他，假如他再避着我们不见，也可以。反正他出头露面的机会很多，公共场面让我碰到了，非扭着吵架不可。

但冯雪峰这边似乎仍没有回应。口号的论争日趋激烈，当局方面以及右翼的各色大小报刊对此幸灾乐祸，推波助澜。夏衍只能再次去找王学文，托他带信给冯，不用说，信上的措词是相当激烈的。冯雪峰这时也发现两个口号论战的规模已远远超出了他的意料。他认识到了周扬等人在上海文化界影响之大，即使他是中央特派员，在文化界内做事情要完全避开周扬、夏衍等人也是不可能的，因为“论争几乎是一面倒的，赞成新口号的文章不多”[①]。

在7月中旬，[②]他终于答应与夏衍见一次面。他约的地方是上海旧法租界“杀牛公司”背后的一家小“燕子窝”。“燕子窝”是上海最低级下流的玩妓女、抽鸦片的小旅馆之类地方。夏衍一到这里心中就觉得很不舒服。他极少涉足于此，而且他已经知道冯已在酒馆书店会见过朋友，为什么约他偏偏要找这么一个别别扭扭的地方？

夏衍试图让冯雪峰在“国防文学”或“民族革命战争的大众文学”之间表一个态，而冯则推脱说：“对文化界的事情，我一律不管。”对这说法夏衍根本无法置信，只能理解为冯并无解决问题的诚意。谈话于是不欢而散。出门叫出租车的时候，冯雪峰想为夏衍付车费，夏衍拒绝了。

---

① “夏全15”，第165页。

② 在冯雪峰的回忆中，把他和夏衍、周扬在上海的见面日期都记成是在他回上海“二十来天”后。这肯定是不够准确的。他与夏衍见面的日期有据可考。他与周扬见面应当亦在此前后。不然，就相当于周扬5月中旬与冯雪峰见面后，近两个月的时间向同志们（包括夏衍）隐瞒了这一事实。对当时的共产党员来说这几乎是不可能的——果然如此，周扬在延安不可能通过严厉的组织审查。不过冯雪峰修撰其回忆文章时，正逢“文革”，文献资料核对不便，有些误记是可以理解的。

虽然冯雪峰与夏衍这次见面双方都有所保留，气氛并不好，但毕竟通过交流，大家都明白了对方想把口号的论战平息下去的愿望。经过努力，到了7月底8月初，论战本已开始平息下去了。不料，曾任“左联”行政书记的徐懋庸，未经周扬、夏衍的同意，擅自给鲁迅写了一封口气颇骄妄的信。徐在信中不但大谈两个口号的优劣之分，而且对鲁迅几位最亲密的朋友胡风、黄源以及巴金进行了人身攻击。

接到信后，鲁迅勃然大怒。他认为信虽为徐所写，但肯定是在周扬、夏衍等人授意下“打上门来”的。是可忍孰不可忍！虽然这时他已病重，但仍示意冯雪峰拟出了初稿，并由他本人大段增删，完成了《答徐懋庸并关于抗日统一战线问题》。

在这篇长文中，他除了系统地阐明他对抗日统一战线的态度和对两个口号论战的意见外，还将“左联”后期他对周扬等人的不满公之于世。他回忆了两年前周、阳、夏、田约他见面时不快的一幕：“去年（这里鲁迅记忆有误，应为前年——引者按）有一天，一位名人约我谈话了，到得那里，却见驶来一辆汽车，从中跳出四条汉子：田汉、周起应，还有另两个，一律洋服，态度轩昂，说是特来通知我：胡风乃是内奸，官方派来的。”[①] 后来非常有名的“四条汉子”说即源于此。

---

① 鲁迅：《答徐懋庸并关于抗日统一战线问题》，鲁迅：《鲁迅全集》第6卷，北京：人民文学出版社2005年版，第554页。

鲁迅最后还是给夏衍留了一点面子。不过圈内人都知道，“一位名人”指的是夏衍，他还是“还有另两个”中的一个。

周扬、夏衍等人忽然在《作家》月刊上看到鲁迅这篇文章，其狼狈和气恼可以想见。气恼主要是气恼徐懋庸无组织无纪律性。不料徐懋庸对鲁迅的批评还很不服气，说要再写一篇《还答鲁迅先生》。夏衍代表组织正式找他谈话，争辩了两个多小时，一点效果都没有。徐的文章还是在《今代文艺》上发表了，这是一份影响不大的小刊物，鲁迅可能没有看到这篇文章。

尽管中间仍有波澜，但8月中旬以后，文艺界团结的形势越来越明朗化了。正如茅盾所说：“8月15日，鲁迅答徐懋庸的信发表之后，两个口号的论争进入了结束的阶段。除了国民党小报的造谣挑拨和徐懋庸写了两篇文章外，没有人写文章反对鲁迅，虽然还有人写文章讨论‘国防文学’，但也有不少文章逐渐认识了这场论争的意义，同意了两个口号并存的意见。”①

但从此后，关于两个口号论争的是与非就成为现代文学界一个长期争讼不决的话题。表面上看起来，这场论争是对抗战高潮到来前如何建立文艺界抗日统一战线的不同策略的反映，

① 茅盾：《“左联”的解散和两个口号的论争》，《新文学史料》1983年第2期，第18页。

但实际的根源却是左翼文艺界数年来日益浓厚的宗派对立情绪在起作用。陈伯达当年在总结口号论争时说："国防文学"可以作为一个总的口号，而"民族革命战争的大众文学"可以视为"国防文学"的领导与主流。但可惜的是，类似调和折中的观点在现实中并没有什么实现的可能性。

客观地说，作为一个口号，"民族革命战争的大众文学"这种提法比较拗口，不易普及，专门的研究家来重复这个口号也容易说错。"国防文学"内涵一目了然，琅琅上口，在这个口号的倡导下文艺界也取得了较多的实绩。比如，除了夏衍的作品，"国防戏剧"[①] 较有名的还有尤兢（于伶）的《回声》《夜光杯》《浮尸》《汉奸的子孙》，宋之的的《烙痕》等，陈白尘的历史剧《石达开的末路》《金田村》，凌鹤的《黑地狱》，章泯的《东北之家》《死亡线上》《我们的故乡》，张庚的《秋阳》，姚时晓的《别的苦女人》，张季纯的《塞外的狂涛》等获得好评。在"国防戏剧"的号召下，独幕剧和集体创作的形式也在蓬勃发展。[②] 自《狼山喋血记》为开端，"国防电影"从1936年开始迅速发展。新华公司的《壮志凌云》《夜半歌声》

① 值得注意的是，在"口号"论战后，夏衍在一个较长的时间阶段里，仍然坚持"国防戏剧"这一创作观念。可参见其写于1937年7月21日的《一封给日本友人的信》（"夏全3"第37页）等文。

② 可参见曹树均《"剧联"与左翼戏剧运动》（上海：上海人民出版社2014年版），第237—243页。

《青年进行曲》，明星公司的《十字街头》《马路天使》，联华公司的《联华交响曲》《王老五》等等，都含有很强鼓动抗战的目的。这些作品尽管都惨遭国民党电影检查部门的删剪，但其中的时代蕴涵仍有顽强的体现。[①] 这些电影一问世就立刻无论在内容上还是在票房价值上打垮了《化身姑娘》一类不知所谓的“软性电影”。相比较来说，“民族革命战争的大众文学”就略有些从口号到口号之嫌疑了。

但“国防文学”口号绝不是无可争议的，如同鲁迅、冯雪峰批评的那样，它有些过分强调“正确的世界观”而忽略具体实践的弱点，[②] 并且在现实中容易被当局利用，以为左翼人士已经无条件被“招安”了。但问题的关键还不在这里。周扬等人在推广“国防文学”的时候，的确有些唯我独尊、目无余子的霸气。周扬在《关于国防文学》中提出：“国防文学运动就是要号召各种阶层，各种派别的作家都在民族的统一战线上，为制作与民族革命有关的艺术作品而共同努力。国防应当成为除汉奸以外的所有作家作品的中心主题”。[③] 徐懋庸《中国文艺的前途》的中心意思是：中国的前途无论是灭亡，是抗战，是

① 可参见吴海勇《“电影小组”与左翼电影运动》（上海：上海人民出版社2014年版），第351—369页。

② 冯雪峰：《对于文学运动几个问题的意见》，冯雪峰：《雪峰文集》第2卷，北京：人民文学出版社1983年版，第25—26页。

③ 周扬：《关于国防文学》，《文学界》1936年第1卷第1号，第18页。

现状似的下去，中国的文艺都不免于衰亡，而要使文艺继续存在，就只有建立国防文艺运动，国防文艺“就是今后中国文艺所要完成的使命”。这实际是说：你不赞成“国防文学”，你就要担当使中国文艺衰亡的责任。这种强烈的排他性的断语，很容易激起中间持保留意见人士的反感。茅盾说“这就很有点‘霸’气”[①] ——这其实已经是非常客气的批评了。而直到8月初——在鲁迅那篇名文发表前，周扬基本还是容不下一切对“国防文学”的批评意见。当茅盾写了《关于引起纠纷的两个口号》，他就立即写了《与茅盾先生论国防文学的口号》并行使编辑权力，将自己的反驳文章与茅盾的文章安排在同一期发表。茅盾说：

> 周扬的文章可以说是全盘地否定了我提出的所有观点。例如，他反对两个口号并存，说“我们不必在‘国防文学’的口号之外另提别的口号，自外于文学上的统一战线的运动”。他认为“民族革命战争的大众文学”作为左翼作家的创作口号“是不是恰当，也还是值得讨论”，因为这个口号“并没有表现出我们多少年斗争过来的那革命文学的基本的立场”。他不同意我对“国防文学”口号的

---

① 茅盾：《左联的解散和两个口号的论争》，《新文学史料》1983年第2期，第7页。

解释，坚持“国防文学”是创作口号，也拒绝了我对他的批评，认为我是滥用了关门主义和宗派主义的名词。他说：“以为只有勤劳大众的文学才是民族革命的文学，这不用说是有害的宗派主义和关门主义，但是如果认为要求一般作家写有国防意义的作品就会把他们关在国防运动之外去，那就有趋于另一极端的危险。”他还反对我提出的在抗日旗帜下联合起来的作家在创作上需要更大自由的观点，并引用高尔基的话说：“创作的自由不是没有限度的，绝对的创作自由的说法是有害的幻想。”

读了周扬的文章，又想到《文学界》编者做的种种手脚，使我十分恼火。我倒不是怕论战，论战在我的文学生涯中可算是家常便饭。我气愤的是，作为党的文委的领导人竟如此听不进一点不同的意见，如此急急忙忙地就进行反驳！[①]

对茅盾尚且如此，对他人的态度可以想见。

不过，同样没有疑问的是，这场论战毕竟是左翼文艺内部的意见之争、意气之争。这种论争即使再激烈，也并不影响问题的性质。中共最高领导人对这一切是有非常清醒的认识。毛

① 茅盾：《左联的解散和两个口号的论争》，《新文学史料》1983 年第 2 期，第 16 页。

泽东在延安和徐懋庸论及此事时就说：

> 一、关于两个口号的争论问题，周扬同志他们来延安以后，我们已基本上有所了解。……二、我认为，首先应当肯定，这次争论的性质，是革命阵营内部的争论，不是革命与反革命之间的争论。你们这边不是反革命，鲁迅那边也不是。三、这个争论，是在路线、政策转变关头发生的。从内战到抗日民族统一战线，是一个重大的转变。在这样的转变过程中，由于革命阵营内部理论水平、政策水平的不平衡，认识有分歧，就要发生争论，这是不可避免的。其次，何尝只有你们在争论呢？我们在延安，也争论得很激烈。不过你们是动笔的，一争争到报纸上去，就弄得通国皆知。我们是躲在山沟里面争论，所以外面不知道罢了。四、这个争论不但是不可避免的，也是有益的。争来争去，真理越来越明，大家认识一致了，事情就好办了。五、但是你们是有错误的，就是对鲁迅不尊重。鲁迅是中国无产阶级革命文艺运动的旗手，你们应该尊重他。但是你们不尊重他，你的那封信，写得很不好。当然，如你所说，在某些具体问题上，鲁迅可能有误会，有些话也说得不一定恰当。但是，你今天也说，那是因为他当时处境不自由，不能广泛联系群众的缘故。既然如此，你们为

什么不对他谅解呢。[1]

但遗憾的是，一直以来，直到“四人帮”垮台很久以后，还有人或明或暗地把“国防文学”说成是“右倾投降主义”的口号。[2]“四条汉子”们为此背负了过于沉重的轭！

将视线转回到我们的传主身上。

鲁迅文章发表后，口号论战基本趋于平息，文艺界迎来了团结合作的新局面。9月中旬，在冯雪峰、茅盾、郑振铎、郑伯奇等人的努力下，一份最大限度包括文艺界各方面力量代表的《文艺界同人为团结御侮与言论自由宣言》发表了。在上面

---

① 徐懋庸：《我和毛主席的一些接触》，《新文学史料》1981年第1期。长期担任中共主要领导人职务的陈云1978年9月作证说，徐懋庸的回忆“大体可信”。他说：“一、我确实记得毛主席讲过‘徐懋庸给鲁迅的那封信是错误的，因此鲁迅批评了他，但徐懋庸还可教书’。所以毛主席把徐懋庸安排在抗大当教员，以后徐懋庸就在抗大加入共产党。二、那时毛主席在延安组织了一种座谈性质的哲学研究会。每星期有一个下午开会，地点就在中央组织部。何思敬是肯定参加了的，我记忆中徐懋庸也参加了。三、我不止一次地听毛主席说过：‘鲁迅是中国无产阶级文艺革命的旗手’，‘鲁迅是富有革命斗争经验的人，那时（指两个口号的论争）他怕左翼文艺界人在革命转变关头上当’。四、在延安时我从来没有听毛主席说过三十年代上海文艺界两个口号的论争是革命与反革命的争论。也没有听毛主席说过‘国防文学’是反革命的口号。”“我建议中央组织部、中央宣传部对上海文艺之三十年代问题，对创造社，对当时其他革命文艺团体，作出实事求是经得起历史检验的评价。作这些评价时，必须把这些革命文艺团体的是非功过放到当时历史环境中考察。”（金冲及、陈群：《陈云传》，北京：中央文献出版社2005年版，第1537页。）

② “夏全15”第175页。直到21世纪，类似论调依然有人在重复。

签名的共有21人：鲁迅、郭沫若、巴金、王统照、包天笑、沈起予、洪深、林语堂、茅盾、陈望道、夏丏尊、周瘦鹃、叶圣陶、谢冰心、张天翼、傅东华、郑振铎、郑伯奇、黎烈文、赵家璧、丰子恺。左派、中间派、自由主义人士甚至政治态度上偏右的人士，终于都在抗日御侮的大旗帜下走到了一起。(1936年6月7日，由周扬等人发起成立的“文艺家协会”，由于受到了鲁迅等人的抵制，工作基本上处于停顿状态。)

为了不使宣言染上太浓的政治色彩，当然也为了避免一些不必要的争执，周扬和夏衍很识大体地未在这份宣言上列名。

宣言发表了，夏衍松了口气。这时业余剧人协会要排《赛金花》，他又开始忙了起来。其中还发生了金山与赵丹争演李鸿章、蓝苹与王莹争演赛金花的事情。夏衍与他们都很熟悉，不好意思表现得有偏袒。怎样摆平关系呢？这还曾使他伤了一下脑筋，最后出了一个和稀泥的主意：让赵丹和蓝苹、金山与王莹分别分为A、B两组，让他们自己去各显神通。

这时他还不知道鲁迅的病情已经严重恶化。他丧失了与一向尊重的先生最后沟通的机会！

10月17日，夏衍从美国进步新闻记者、《中国呼声》主编格莱尼契处得知了鲁迅病重的消息。没有等他（以及其同志们）作出必要的反应，10月19日早晨，章汉夫急匆匆地打电话告诉夏衍：鲁迅先生已于清晨过世了。他要夏衍立即到周扬家去。出于情势的考虑，夏衍和周扬没有在追悼鲁迅的公开场合露面，只能推艾芜、沙汀等人作代表去向遗体致哀。[①]

夏衍尽可能地参加了追悼鲁迅先生的幕后组织活动。10月21日，夏衍到电影界组织送殡群众。在程步高的提议下，张石川慷慨地赠送了两盒胶片。程步高与王士珍用这两盒胶片拍下了鲁迅葬礼的一些场面，这部短记录片现在已成了珍贵的史料。

鲁迅去世的这一天，《光明》11月号已截稿待发，夏衍、洪深、沙汀计议了一番后，决定立即组织稿件，增加了悼念特辑。夏衍写了一篇悼文《在大的悲哀里》：

> 在中国民族的解放阵线里，一面有光辉的大旗被吹倒了！这是一种无可补偿的损失，这是中国和世界被压迫大众的悲哀。在这巨人的灵前默祷的时候，我们应该以他的愤怒为愤怒，以他的憎恶为憎恶，以他的决心为决心，继承他的遗志，完成中国民族的自由和解放。[②]

---

① 当时除了极少数几个人，“国防文学”派中的人士都被一些“鲁迅派”的人士坚决地拒绝在鲁迅的祭奠仪式之外——按照今人的眼光看，他们的这些做派是出于诚挚的热爱鲁迅之心还是掺杂了一些不足与外人道的私心，殊难论定。他们闹得太凶了，以至于冯雪峰对其中一个说：“你如果再胡闹，就把你绑起来。”可参见程振兴《谁配悼念鲁迅——鲁迅葬仪的“过滤机制”与“排斥功能”》（《新文学史料》2011年第3期）。

② 夏衍：《在大的悲哀里》，“夏全9”，第39页。

恰如鲁迅生前说过的那样，写悼文，很容易“才开了个头，又结尾了”。敬爱的先生过世了，中国民族解放阵线的一面旗帜倒下了，本有许多话要说，但如今却又有许多话不方便说。这是大悲哀中更令人痛心不过的。然而，“以他的愤怒为愤怒，以他的憎恶为憎恶，以他的决心为决心”，这些字句还是传达出了对鲁迅难以尽言的崇仰和追思之情。①

第四节　告别“上海屋檐”

1936 年的冬季，中国的抗日救亡运动在持续发展中。但当局对这一切似乎是熟视无睹，继续推行所谓的“攘外必先安内”的政策。不但如此，他们还采取了最不得人心的高压手段。1936 年 11 月 22 日深夜，当局突然逮捕了沈钧儒、邹韬

① 这里值得提一笔的是，由于夏衍日后不断重返“两个口号”论争前后的一些细节问题，在某些人看来，这就是夏衍对鲁迅不够尊重的证据。但对于这些细节的执着（如“四条汉子”见鲁迅时是否穿的是西装，冯雪峰何时到的上海、他承担的任务到底是哪几件），是夏衍个性使然，过度引申出其他什么结论似非妥当。夏衍一直是热爱鲁迅的，他的散文、时评、文论大量征引了鲁迅的观点。鲁迅也许是他征引频率最高的一个作家，在建国以前（鲁迅那时还不是那么公认的“旗手”）就是这样。没有一种发自心底的尊重与爱，显然不可能如此。钟敬文先生在 1979 年第四次文代会上的发言曾很公允地指出了这一点：“夏衍同志是老党员……四条汉子的‘罪名’几乎连累了他的后半生。但他还是敬仰鲁迅。为了党和人民的需要，可以牺牲个人一切……”（杨哲：《逝者留痕——钟敬文与夏衍的一段往事》，《文艺报》1997 年 4 月 26 日。）

奋、李公朴、章乃器、沙千里、王造时、史良等 7 位救国会的领袖，并以“组织非法团体”、“煽动工潮”、“勾结赤匪”等“罪名”对他们提出起诉。这就是“七君子事件”。消息传出，国内为之震惊。蒋介石政府无抗日之诚意而有独裁之决心，暴露无遗。全国人民和各进步团体纷纷以各种方式表示对“七君子”的坚决支持。

这种形势下，虽然周扬、夏衍等人的工作很难开展，但他们还是排除了重重阻力和困难，忍辱负重，承担起了大量细琐而又繁重的工作。在宋庆龄不久发起的“救国入狱活动”中，文学界有王统照、张天翼、何家槐，戏剧界有陈波儿，电影界有应云卫、袁牧之、赵丹、郑君里、白杨等 30 多人慷慨响应。这是“文委”辛勤工作的结果之一。

这时，夏衍又将许多精力投入到了领导上海纱厂工人罢工的斗争中（国民党起诉“七君子”罪状之一的“煽动工潮”，就是指救国会与纱厂工人罢工有密切联系）。这次罢工斗争最初是由党的“工会白区工作执行局”（它与中央也断了联系）在 1936 年 2 月发动的，因为罢工风潮所及，主要是日本人办的纱厂，所以“日本纱厂工作委员会”（简称“纱委”）自然便承担了许多重要任务。随着斗争的持续和深入，“纱委”所属的工会系统渐渐与“文委”系统发生了工作上的联系，双方并协议共同组织这次罢工斗争。夏衍写过《包身工》，对纱厂情况自然熟悉，又在沪东搞过工运，便被钱亦石与章汉夫推荐参加了这次罢工的领导工作。[①]

到了1936年的12月份，罢工斗争终于看到了曙光。资本家吃不住劲了，他们试图请“上海地方协会”（负责人杜月笙）和“上海总工会”（负责人朱学范）出面调解，用协调的方式，结束这次罢工。老板们基本接受了工人提出的“五项条件”。

就在忙乱之际，1936年12月12日，从西北传出了震惊中外的消息：蒋介石在西安被张学良、杨虎城两将军抓起来了！夏衍是13日从石辟澜（石不烂）处得知了这个消息，而胡愈之和蔡叔厚不久也证实了这个消息。

夏衍以及友人们刚听到这个消息自然是欣喜若狂，高兴得

---

① 左翼文化力量深度地介入到了这场罢工斗争中。夏衍对左翼音乐运动的一个回忆可作为一个生动的旁证：“一九三四年田汉、阳翰笙参加了艺华电影公司，电影歌曲盛行，……由田汉任组长（左联的‘左翼音乐小组’——引者注）作为党领导的音乐工作的核心，‘文委’还决定由我协助田汉，请电影方面对音乐有兴趣的人参加，据我回忆，当时音乐小组参加者有任光、安娥、张曙、麦新、聂耳等人。由于救亡歌曲流行，这个组织逐渐扩大……到一九三五年二月，上海党的地下组织遭到大破坏，田汉、阳翰笙、杜国痒等被捕后，经周扬同志和我商定，音乐组暂时由我联系，据聂耳赴日本前向我汇报，音乐组成员已有二十余人，包括刘良模、孙慎、吕骥、周钢鸣等等……音乐组人数不多，但在‘一·二九’运动前后，这个组所起的作用却很大，联系的群众很多，而目‘救亡歌曲’运动风起云涌，遍及全国（著名的有《义勇军进行曲》《毕业歌》《新女性》《渔光曲》《铁蹄下的歌女》等——引者注），记得一九三六年上海纱厂大罢工时，由刘良模指挥的一次群众大合唱，参加者有四五千人之多。”（夏衍：1987年3月6日致周巍峙信，“夏全16”第138页。）正是临时“文委”已取得了很大成绩并有深厚的群众基础，周扬、夏衍才对冯雪峰到上海后把他们撇在一旁表示如此强烈的不满。这种感情是不难理解的。

手舞足蹈。夏衍从不喝酒，也没有喝醉过的经验，这一天却产生了“喝醉了酒的感觉”，怀疑一切是否是在“做梦”。[①] 必须处决蒋介石这个双手沾满人民鲜血的刽子手！中国革命形势必将因此有一个大的发展！这有什么可以犹豫和怀疑的呢？

但事情接下来的发展却完全脱离了夏衍们的想象。先是苏联塔斯社发布消息，说张、杨的行动是日本唆使的，继而过不了许多天，12 月 25 日晚间，上海街道上忽然有人放起了爆竹，似乎发生了喜庆大事。后来知道，这是张学良“护送”蒋介石回南京经过洛阳时，国民党特务机关打电报给南京、上海的“党政警宪”，要他们鸣炮致庆。

夏衍等人得知这消息时大惑不解：蒋介石怎么说放就放了呢？但他这时多少已从刚听到蒋介石被捕时的迷狂状态中清醒过来，意识到这一事件背后包含着更复杂的国际国内力量博弈的内涵。他决定去找孙师毅。

孙师毅关系多，消息来源广，他把从各方面综合得到的消息告诉夏衍：西安事变的和平解决是以周恩来为全权代表的中共代表团的努力结果。因为当时军事上蒋介石占着绝对优势，如果执意杀蒋，将给何应钦等亲日派得到一个发动全面内战的借口，这对组织包括国民党在内的抗日统一战线，对于促进第二次国共合作，都是十分不利的。这样，经过宋美龄、宋子文

① “夏全 15”，第 184 页。

兄妹奔走，得到蒋介石同意“抗日八项主张”的承诺，也是一个“适可而止”的抉择。在当时的情势下放蒋要比杀蒋对时局更有利。孙师毅还特别告诉夏衍，他的消息得到了中共上海方面的冯雪峰的证实。

而正是从孙师毅处得来的消息使得夏衍产生了一个明悟。他意识到：根据从1935年以来得到的一系列信息，党中央的工作思路可能已有了一个较为根本的转折。看得出来，目前党中央的工作方针，是要求各级党组织首先根据现实的情况找出解决问题的办法；而不是像以前那样，常常为了呼几个口号，就把大批的同志往捕房里送——革命者不怕流血，但血总要流得有价值才是。这回纱厂罢工斗争就是一个有力的证明（上海纱厂工人已于12月25日复工）。但这是十年来罢工斗争难得的一次大胜利！按照以往，是非把这罢工坚持到底不可的，而最终不免使劳资双方关系大破局，资本家固然遭受了重大打击，工人们却丧失了一些好不容易得到的一点成果。

受到胡愈之等的熏陶，夏衍能够从较为宏观的国际、国内政治斗争的高度来理解中央关于和平解决“西安事变”、释放蒋介石的决定，但此时大多数的党内热血青年们是不愿意接受这一点的。夏衍因此主动找到于伶、凌鹤等人，谈了自己的想法。于伶等人都接受了他的分析，于是便决定召集电影小组、音乐小组和影评小组的党员开一个小会。

事情不出夏衍所料，小组会上，许多人表示想不通。有些平时十分遵守纪律的党员，也对中央劝说张、杨释放蒋介石，特别是塔斯社所发的消息表示不满。有人讲到慷慨激昂处，涕泪横流，把登载蒋介石脱险消息的报纸撕了个粉碎。类似这样近于戏剧性质的思想突然转向确实是很难的。

党内的工作都这么难做，再要去做救国会和其他那些进步团体的工作，难度可想而知。怎样向他们解释“西安事变”后党中央提出的5点建议、4项保证呢？自然要大费唇舌。在1937年1、2月间，夏衍、钱亦石、章汉夫等人除了写文章、作报告、传达党内的思想外，还得和各救亡团体的积极分子进行个别谈话。有时一天之内跑三五个团体，刚和这个人谈完了话，又去找另一个人。夏衍曾自嘲地对章汉夫说：“你看，我们现在也成了现炒现卖的宣传小贩了。”

1937年，夏衍37岁，正是精力充沛的壮年时期，但也终究不是铁打的人儿。到3月份，事情稍稍有所松懈，他就再也支撑不住了，内虚外寒，大病了一场。直到3月底4月初，他才勉强扶病起来。

而就在这时，一个令夏衍痛彻肺腑的消息传来：他那操劳一生的的母亲去世了。徐绣笙过世时年有80，在当时可称得享遐龄，丧事算“白喜”。但夏衍心中的隐痛却无人可以倾诉。他是徐绣笙最疼爱的幼子，但由于从事革命工作，以至于在母亲晚年病痛之时，根本无法侍奉于病榻前（前已说到，徐绣笙晚年极受膑足之累，与长子沈霞轩的关系也不好）。他也还记得，自己曾怎样伤过母亲的心。徐绣笙一生豁达，却对祖宅“八咏堂”有着“使人不能相信一般的留恋与执着”。夏衍中学毕业的那一年，她郑重地对夏衍说“趁我活着，把这屋子分了吧，我一死，迟早会给你哥哥卖掉的。”当时是“五四”之后，夏衍根本就对这象征封建的“破庙”有了反感，所以对于她苦心地保守了几十年的财产简直不加任何的考虑，随口就说：“我不要，让他卖去!”这句话伤了她的心，背着人哭泣了一整日。[①]

---

① 可参见夏衍《旧家的火葬》，“夏全 9”第 104 页。

夏衍所翻译的《母亲》中有这样一段情节：巴维尔已决定为无产阶级的事业而献身，母亲有些舍不得，巴维尔就嫌母亲不够进步：

他放开了她的手，叹了口气，带着责备的口气说：“你不该悲伤，应该高兴才是。——要到什么时候母亲才能高高兴兴送自己的孩子去就义呢?”……

“难道我说什么了吗?”母亲又说一遍。“我不妨碍你。如果说我心疼你，这也不过是做母亲的心意！……”

他从母亲身边走开，母亲听见了一句生硬、刺耳的话：“有的爱是妨碍人生活的……”

母亲战栗了一下，怕他再说出什么使她伤心的话，所以赶紧说：“不要说了，巴沙！我懂，你没有别的法子，——为了同志们……”……

母亲很想哭一场。但她不愿意让儿子看见眼泪……母亲走进过道，头埋在墙角，任凭委屈的眼泪尽情流淌。她无声地哭着，哭得精疲力竭，好像鲜血从心里随着眼泪一起流了出来。（高尔基：《母亲》，夏衍译，“夏全 13”第 107 页。）

夏衍在译到这一段的时候，想必早为自己的年少轻狂而懊悔了吧。不过，小说中的人物还有机会向母亲道歉，而他却只能在很久以后借文字来作忏悔了。

但现在母亲已经永远离开自己了！她甚至无法在永远闭上眼睛的那一刻再见心爱的幼子一眼。夏衍没有犹豫地冒着生命危险连夜潜回了杭州。在沈霞轩的操办下，母亲的丧礼还是相当隆重的。夏衍赶到，顾不得和他打招呼，便直奔母亲的房间去了。他见到母亲的遗体，深深地鞠上三躬，随后便抓着母亲的手恸哭起来，哭湿了手帕，哭哑了嗓子。

这是夏衍生平第一次痛哭。

夏衍多年没有回家，严家弄里连许多老邻居都记不清他的模样了。见他哭得伤心，一些帮场的人都不由窃窃私语起来：这西装革履、戴近视眼镜的中年人是谁呢？到沈家二姑娘云轩出来安慰夏衍时说："小弟，别哭了。"大家才明白，原来是沈家小儿子端轩奔丧来了。消息传播开来，乡下人好奇，纷纷涌来看"共产党"。

家里已经不安全了。夏衍只能匆匆作别大哥、二姊等，永远地离开了曾经伴他度过童年和少年时代的老家。

离家的路线有几条。沈春方和几个儿时伙伴都建议他北走笕桥，经丁桥到临平，乘火车回上海，这条路是乡间小道，不招眼，虽说路比较远，但大家都认为比较安全，表示愿意陪着夏衍走。夏衍认为人多太招摇，就让沈霞轩派一个茧行伙计陪走一趟。而在路上，夏衍忽然又改走了断塘头这条小路赶火车。"这断塘头，就在离严家弄西南二三里路的地方，老石塘在这里塌了一段，成了一个弯头，这弯头与塘外的沙地连成了一片洼地，因为地势低，这一路段既无村无店，更没有人家，十分荒凉，时间一长，成了一片乱葬岗子，周围尽是茅草芦苇，间或还能看到裸露的白皮棺材和草包坟，每逢刮风下雨，阴森森的让人不寒而栗，一到太阳下山，几乎没人敢走这条路。不过虽说如此，但只要穿过‘断塘头’向南，倒是一条捷径，直通太平门、清泰门，乘火车方便得很。”[①]

夏衍走后不久，据说果然有两个浙江“社会局”的人找上门来了。

平息了丧母之痛，夏衍就将精力转向了《上海屋檐下》的写作中。夏衍的创作灵感及写作热情很大程度上得益于当时左翼剧运的复兴。

1935开始，中国的戏剧运动“又呈现出勃兴的趋势”[②]。西安事变以后，左翼剧运更得到了一个较大的发展，夏衍说：“由于抗日的群众运动勃兴，我们的力量又抬起头来。进步电影、戏剧都很活跃。”[③] 从1936年底至1937年抗战爆发前，上海话剧界大型的戏剧活动、汇演连续不断。如上海业余剧人协会自1936年底至1937年春接连推出了几台大戏：《娜拉》《钦

---

① 余中伟：《夏衍夜走断塘头》，夏衍研究会：《巨匠光华映钱塘：夏衍研究文集》，杭州：浙江大学出版社2012年版，第24页。

② 陈白尘、董健：《中国现代戏剧史稿（1899—1949）》，北京：中国戏剧出版社2008年版，第187页。

③ 夏衍：《谈〈上海屋檐下〉的创作》，“夏全1”，第228页。

差大臣》《欲魔》（原作为托尔斯泰的《黑暗的势力》，按照中国的风俗习惯作了较大改编）、《醉生梦死》（原作为奥凯西的《朱诺与孔雀》[①]，按照中国的风俗习惯作了较大改编）以及奥斯特洛夫斯基的《大雷雨》。1937 年春，上海各剧团还组织了一次影响颇大的联合公演，参演剧目有业余剧人协会的《大雷雨》和中国旅行剧团的《春风秋雨》，四十年代剧社的《生死恋》（改编自毛姆的《神圣的火焰》）、光明剧社的《求婚·结婚》（果戈里原作）和新南剧社的《复活》（田汉改编自托尔斯泰的同名小说）。后三个剧是为参加这次联合公演而新排的。按照夏衍的评价，[②] 这次汇演尚多不尽如人意处，但一位当时在沪考察中国戏剧的美国著名戏剧理论家迪安却评论说："业余剧人表演艺术的高超与导演的优良，实予我一个深刻的印象。我曾在各国看过不少戏剧，但我可以老实说，我在上海所见的话剧，可以列入我所看过的最好的戏剧中。"[③]——由此人

---

① 夏衍将之译为《六月与孔雀》，似不妥。"六月"当为"朱诺"。原剧名为 *Juno And The Paychock*，剧中女主角即名 Juno Boyle。剧名中的"Juno"即指她的名字，又喻指她性格的坚强和掌控家庭全面事务的能力，如神后朱诺。"Paychock"即喻指他的丈夫"船长"Boyle，浮华花哨、夸夸其谈，却没有实际的用处和能力。

② 夏衍：《对于春季联合公演的一些杂感》，"夏全 3"，第 15—18 页。

③ 迪安：《我所见的中国话剧》，《戏剧时代》1937 年 5 月创刊号。转引自陈白尘、董健：《中国现代戏剧史稿（1899—1949）》，北京：中国戏剧出版社 2008 年版，第 189 页。

们不难看出严肃的艺术评论对推动艺术事业发展的重要作用。

夏衍深度参与了《醉生梦死》的改编与排演。这个剧的导演是沈西苓和宋之的（主演则有赵丹、顾而已、施超、李琳、吴湄、英茵等）。在沈西苓的要求下，他又根据舞台剧本改编成电影剧本。电影名为《摇钱树》，华安影业公司1937年出品，著名演员孙维世、舒绣、郑君里等都在影片中承担了角色。“由于当时夏衍被迫身处‘地下’的情势，编剧署名借用了欧阳予倩的名义。电影剧本的结尾与舞台剧有所不同，游手好闲的父亲终于穿上短衫裤，自食其力；而误人歧途的女儿，也走进了劳动者的行列。在舞台剧的演出中扮演女主角的李琳（即孙维世）在本片中饰演了同一角色。由于改编自舞台剧，场景少而对话多是本片的一大特色。”①

可能正由于自身较为深入地介入了《醉生梦死》的创作，夏衍在剧评中，对该剧施加了特别严格的艺术方面的考察。他较为深入地考察了将外国名剧“中国化”时需要特别注意的问题。其中有些论断在今天也不无现实指导意义，故摘录如下：

> 假使说，《欲魔》的失策是在改作的过分勇敢，那么也许也可以说，《醉生梦死》的失策是在改作的过分懦怯，在处理这悲喜剧的时候，我们的改作者甚至于不敢拿掉那

① 可参见“夏电3”，第430—431页。

些和我们中国社会风习所不能容许的事情。“中国化”了的Boyle（全集作“Boy'e”，有误——引者按）先生可以眼睁睁地望着年轻的汉子跪在他女儿面前求婚，在这被改成了在“古城”北平的家庭里面居然可以在父母和邻居的环视之下，一任自己的女儿被拥在另一年轻人的胸口，这些在原作上很现实的事象原封不动地搬进了中国的家庭便变成了不近情理的夸张，这未经改作的“夸张”，也就可以谐画化这个家庭，而损害社会悲喜剧所应该有的真实！奥凯西的特长，和许多介绍者所说一样的是在艺术地融和了爱尔兰人的谐谑和战乱革命时代的爱尔兰人的深刻的混乱和悲哀，可是我们的改作和演出者用力于谐谑者太多，致力于悲痛者太少！用力于主人公性格的太多，而相反地致力于造成这种性格的时代和环境的又太少了！“孔雀”时代的爱尔兰和我们现在所处的中国真有许多共通的地方，所以我们以为假使现实主义地将这剧本改作过来，一定可以从“六月”、“孔雀”和那可怜而又可恶的Pobnie的身世里面引出真实的同情。……在这哄笑以后的哀感，不自禁地为这时代的人们淌的眼泪，却完全地割削掉了。在原作，Pobnie对革命和反革命势力的“后景”描写得相当地清楚，在改作，就受客观的限制而变为不可捉摸的模糊，这客观的限制，更进一步地削弱了改作本的对社会的关联；而使曼丽的觉悟变成了没有来由的突变。看了这两出

> 戏之后，使我深深地觉得，改作一定得改得完整，使它成为内容与形式浑然一致的东西，半生的食物比全生的更加不合口味，更加不易消化。这该不是我个人偏激之见吧。[①]

当然，中国话剧艺术自身的进展可能给予夏衍更直接的激励。夏衍大概是在这时读到了曹禺的《雷雨》和《原野》。对比曹禺的戏剧，夏衍意识到自己原来戏剧的根本弱点所在。他原来的剧作，“主要是为了宣传，和在那种政治环境下表达一点自己对政治的看法。写《赛金花》，是为了骂国民党的媚外求和，写《秋瑾传》，也不过是所谓‘忧时愤世’。因此，我并没有认真地、用严谨的现实主义去写作，许多地方兴之所至，就不免有些‘曲笔’和游戏之作。人物刻画当然不够。后来很有所感，认识到戏要感染人，要使演员和导演能有所发挥，必须写人物、性格、环境……只让人物在舞台上讲几句慷慨激昂的话是不能感人的。”[②]

有了这样的体悟，当上海业余剧人协会[③]的陈鲤庭与赵慧深前来索要一个“比较能够反映现实生活”的剧本时，[④] 夏衍

① 夏衍：《从冬到春的戏剧》，“夏全 3”，第 12—13 页。

② 夏衍：《谈〈上海屋檐下〉的创作》，“夏全 1”，第 228 页。

③ 上海业余剧人协会在 1937 年 4 月易名为“业余实验剧团”，领导人与主要演员有变化。

④ 夏衍：《〈上海屋檐下〉后记》，“夏全 1”，第 262 页。

爽快地答应了下来。这是1937年初春的事情。但实际的写作过程是非常艰难的。这以前，夏衍的剧本写作很少超过一个月的时间，但写这个剧本他得一节一节地写下去，有时甚至一天只能写上三百来个字。[①] 这是一桩艰苦的灵魂拷问的工作。他在构想匡复、杨彩玉、林志成、赵振宇、施小宝这些形象的时候，不能不进入到他们的生活里去，去品尝小市民“黄梅天气”里卑微、艰辛又痛苦不堪的生活。他对他们的弱点是看得明白的，他能用锋利的手术刀挑开小市民灵魂中的疮疤；但他又是同情他们的，在解剖他们的时候，他又饱含着热泪。一种根深蒂固的人道主义感情使他无法太过贬责他们的生活方式；炽热的爱国主义与民族意识又使他对他们寄托了殷切的希望。而他还希望借助这个剧本来获得自我戏剧艺术追求上的重大突破，这就使得创作越发困难了起来。并且，他也担心自己的这个剧作完全没有商业上的价值以至于拖累“业余实验剧团”。夏衍数度试图搁笔，但陈鲤庭与赵慧深却坚定地“逼迫”着他，不但要求他坚持写完这个剧本，而且还要赶得上“业余实验剧团”的夏季汇演。

说也奇怪，奔丧归来，夏衍的心灵获得了一种奇怪的平静。这使得他仿佛具有一种跨越现实的洞察力，想象中的人物开始获得一种艺术上的秩序。到6月底，《上海屋檐下》终于

① 夏衍：《〈上海屋檐下〉自序》，“夏全1”，第225页。

脱稿了！夏衍说：

> 《上海屋檐下》则大约写了两个月，在我说来，是写作方面的一个转变，注意了人物性格的刻画、内心活动，将当时的时代特征反映到剧中人物的身上，当然，戏还是没有写好，依旧是一幅轮廓画。那时，年轻胆壮，敢于把什么都搬到舞台上去（上海的弄堂房子），现在写这样的戏，就得考虑多一些了。当然，那时也没有什么清规戒律。[①]

《上海屋檐下》是夏衍戏剧风格诞生和确立的标志。这出戏剧的成功之处，大略体现在以下几个方面：

一，所谓现实主义戏剧美学风格的确立。[②] 戏剧故事中的5户人家，虽各自处境不同，但生活多少都有些苦涩和辛酸，甚至绝望。譬如赵振宇乐天安命，总以为比上不足比下有余，没有进取精神，也谈不上有改变世界的要求和愿望，只要有一份报看，有一碗饭吃，就可混沌地度过一生了。又如施小宝，

---

① 夏衍：《谈〈上海屋檐下〉的创作》，“夏全1”，第227—228页。

② 即使带着有色眼镜看待“左翼”戏剧的一些台湾剧论家，也不能不肯定以《上海屋檐下》为代表的“夏衍的作品在再现生活的真象上有一定的成就”。（马森：《中国现代戏剧的两度西潮》，台北：文化生活新知出版社1991年版，第152页。）

她本不是贤妻淑女，至少也不是心甘情愿地去飞蛾扑火的。因为丈夫长年远航，生活无着，才依靠了小天津之流，却不料上了贼船，再无抽身后退的余地。剧中初出场时她还苦中作乐，带几分轻薄浮浪，到最后却是默默地上楼倒在床上哭泣。五户人家中黄家的故事是竭力以喜掩悲，而最终喜不抑悲的。那种虚假的"含饴弄孙"其实给人的感觉却是酸楚。剧本结构，乍一看相当松散，戏剧冲突也不怎么激烈，实质上却是形散神聚。如五户人家的故事同时展开，而又侧重于匡、林、杨三人；以葆珍唱歌和教唱儿歌贯穿全剧，讲了一系列悲剧性的故事，却又不使人过于压抑和沮丧。而从头到尾的梅雨，既营造了独特的冲淡深远的戏剧氛围，同时又是对那极不舒畅的生活的一个很好的注脚。

夏衍选择这些人物作为主要的表现对象，当然是有明确的现实关怀的。他通过这些人物形象的塑造，试图暴露"白色统治的压力下，知识分子的软弱性"。"剧本中我写了黄梅天气，这暗示着雷雨就要来了，天气影射当时的政治空气，黄梅天使人不能喘气。剧本演出在当时要经过租界工部局和国民党的审查，要想演出不能不写得隐晦一些。""当时，国民党会不会起来抗日呢？我们是单独抗日呢？还是统一战线联合抗日呢？许多人还弄不清楚。在剧本中我写的天气阴晴不定，就是反映当时的政治气候，写当时的政治气候，反映这些小人物的苦闷、悲伤和希望。"但在剧中，所有这些现实问题基本都被推向了背景，它们忽高忽低、抑扬有序地从戏剧人物的矛盾冲突中有层次地表现了出来。

戏剧冲突的强烈、丰富、富有回味，是《上海屋檐下》在戏剧艺术方面较诸以往最为显著的一个方面。

二，夏衍清俊含蓄的戏剧风格此时基本形成。夏衍戏剧一般来说有一个普遍的特征：即其戏剧矛盾一般不以决然的、毁灭性的方式来予以解决。他主张用克制、忍耐、自我牺牲来获得矛盾的解决。《上海屋檐下》杨彩玉形象的塑造就突出地体现了他的这种自觉地美学诉求。他说：

> 有人问，对于匡复和林志成，彩玉的态度如何？我说，这正是彩玉的最痛苦的矛盾。她和匡是志同道合的患难夫妻，和林的关系是在特殊的情形下"陷入"的。当然，她爱匡甚于爱林，但，到第三幕，林要走，可是不知走向哪里寻，林不比匡，缺乏一种伟大的理想，他在这种情况下出走，前途是值得忧虑的，况且，一起生活了多年，对他不能不有一点感情。她不忍他这样走，尽管明知不让走不是解决的办法，这才使匡打定了决心，也可以

说，这才使幕能够闭上。[①]

三，夏衍戏剧的形式风格此时基本形成。夏衍说：

有个外国戏，名字叫《巴黎屋檐下》，是出喜剧。我对喜剧有兴趣（《都会的一角》就是写的喜剧），《上海屋檐下》最初也想写成喜剧，后来却写成悲喜剧了。我想，悲剧的格调太喜剧化了不好，反过来只写黄梅天气的愁云惨雾也不好。坏天气总有一天要过去的，在剧本中用赵振宇讲的话暗示出来：将来好的天气总会来的，一阵大雷大雨，爽朗的天气就要来了。前面说过，这个戏的调子，反映了当时的政治气候，但也有些人物是爽朗的，像赵振

① 夏衍：《谈〈上海屋檐下〉的创作》，“夏全1”第231页。

俄国、日本普罗列塔利亚文艺中的革命家似乎总能轻易地超越家庭的负累。他们不但能够在实践中做到，并且还有相应的理论思考：“家庭生活是要消耗革命家的精力的，总是要消耗的！要生儿育女，生活又没有保障，为了糊口还得多做工作。可是一个革命者应该不断地、更深更广地发挥自己的力量。这是时代的要求——我们应该永远走在大家的前面，因为，我们工人负有破坏旧世界、创造新生活的历史使命！如果我们落后了，不能战胜疲劳，或是被眼前取得微小胜利的可能所迷惑，这就很不好，这可以说是对事业的背叛！现在还没有找到一个能和我们并肩前进，而又无损于我们信仰的伴侣，无论什么时候我们都不应该忘记，我们的任务不是取得小小的成就，而是要获得全面的胜利。”（高尔基：《母亲》，夏衍译，“夏全13”第267页。）夏衍虽然翻译了不少这类小说、戏剧，可在他的作品中，却总似乎愿意强调：革命与家庭是并行不悖的，高尚的革命者必须照顾到亲人的感受才能成全其高尚的事业。

宇、黄父都是让观众破颜一笑的人物。[①]

确如夏衍所说的那样，他对喜剧有特别的兴趣。不止《都会的一角》《赛金花》，即使严肃如《秋瑾传》，他在描写反派人物时，也不由自主地为他们添加了几笔特别猥琐可笑的表演。从《上海屋檐下》开始，悲喜剧的形式风格就成为他一个相当自觉的艺术诉求了。

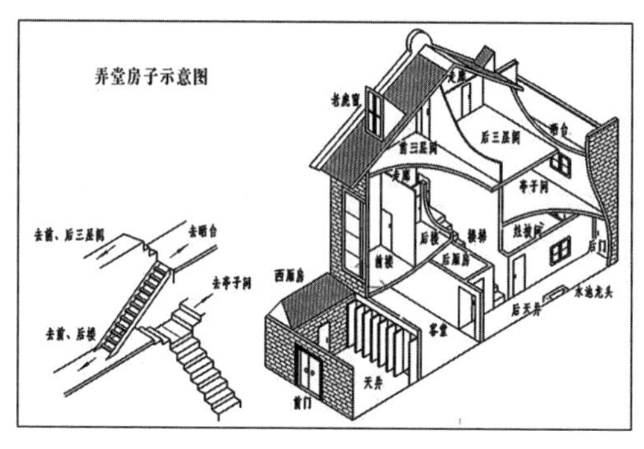

弄堂房子示意图

事实上，《上海屋檐下》还有诸多值得重视的艺术表现侧面。比如其戏剧舞台空间的分割技巧就非常值得玩味。借助复现上海习见的“弄堂房子”这种生活空间，夏衍将一个戏剧舞台同时划分为不同的戏剧空间。这种戏剧空间有自身的独立

① 夏衍：《谈〈上海屋檐下〉的创作》，“夏全1”，第229页。

性，又有其相关性。这样，他就能够自由地根据情节的需要，在一个相对突出的戏剧情境中，调动或屏蔽其他空间中戏剧元素的参与。而事实上，“弄堂房子”此种空间情境的呈现，本身就是对当时不合理社会现实最自然的，也是最峻厉的控诉。夏衍的此种空间架构技巧，想必在无意中得益于奥凯西的《朱诺与孔雀》甚多，可能他自已也对这一点没有自觉的认识。

夏衍剧作完成后，“业余实验剧团”认识到它的价值，准备倾力打造这个剧目。7 月份把剧本油印出来，演员阵容也最后排定：赵丹饰匡复、赵慧深饰彩玉、陶金饰林志成、王为一饰赵振宁、章曼萍饰赵妻、叶露茜饰施小宝、施超饰小天津，导演是史东山。本来准备 8 月 1 日读剧本，8 月 3 日排戏，8 月 15 日上演。但是，“七七”事变、“八一三”上海抗战的炮火，打断了这约定的日程，《上海屋檐下》的演出被无限期耽搁下来。剧本首次与观众见面拖到了 1939 年 1 月中旬。当时的重庆话剧界为七七图书馆募集基金，以“留渝剧人”的名义演出了这出戏。为适应抗战环境，宋之的还对原剧作了些改编，突出了民族矛盾。

《上海屋檐下》问世后，不断被改编、重演。

抗战时期，坚守孤岛的剧人们频频上演话剧，《上海屋檐下》是他们最受欢迎的一个戏。1940 年 7 月，上海剧艺社在辣斐剧场公演《上海屋檐下》剧，导演吴江帆。有评论说“《上海屋檐下》演出时获得空前的成功，优点在形象化，有风趣，熟习人情，但主要的还在表现上海生活，使上海人感到亲切”。[①] 1941年5月20日，天风剧社在漩宫剧场演出的《上海屋檐下》，对白全用上海方言，更可谓是别出心裁了。抗战期间此剧在重庆、延安等地广泛上演。1949年后该剧成为中国青年艺术剧院屡演不衰的保留剧目。此剧还改编成沪剧等地方戏曲演出。抗战期间，《上海屋檐下》剧改编为沪剧上演，成为轰动一时的沪剧西装旗袍戏的代表剧目。2011年，《上海屋檐下》剧又一次改编为沪剧，现已成为长宁沪剧团广受欢迎的保留剧目。1980年代，此剧在上海改编成上下两集电视连续剧，由著名演员秦怡、张伐、杨在葆等主演，产生了广泛的影响。它已成为无可争议的中国现代艺术经典。[②]

就在《上海屋檐下》进入最后煞尾的阶段，夏衍接到王莹转来的一封信，信封上写的是“请交黄子布先生亲收”。信是密封的，后面只有一个“严”字。因为不久前发生过袁殊事件，王莹特别提醒夏衍要当心。可夏衍看到这信封上的熟悉字体就知道，这是潘汉年写的。拆开信封，只有一张便条，内容大意是说他已回到上海，请夏衍7月×日到爵禄饭店×号房间晤面，署名是一个“凯”字。朋友们一直都叫潘汉年“小开”，

① 万殊：《一年来我所认识之戏剧》，《正言报》1941年1月1日。

② 可参见曹树均《“剧联”与左翼戏剧运动》（上海：上海人民出版社2014年版），第274页。

所以“开”、“凯”、“严”（年），都是他常用的代名。

到了约定的日子，为了保险，夏衍动身前先给潘汉年房间挂了一个电话，证实确是他久别思念的挚友后，就急忙赶往爵禄饭店。

爵禄是在西藏路、汉口路附近的一个中型饭店，上层，达官贵人不去，下面，平头百姓也不去，潘汉年、夏衍等人一般喜欢在这种不招人注目，也不大会招惹是非的地方见面。潘汉年选择这儿或许还有一个原因，是他有一个宜兴同乡在这里做领班，人很可靠。夏、潘后来还有几次会面也是在爵禄饭店，渐渐知道了这点。对此，潘汉年对别人当然是保密的。

从 1932 年潘汉年离开上海后，潘汉年、夏衍这两位老朋友已经五年多没见面了。

夏衍有很多委屈要说，潘汉年告诉他不必纠缠于细节问题，对于他们的工作，组织上都是掌握的。——潘汉年其实在 1936 年 10 月中旬就已经秘密潜回上海，并任中共上海办事处主任（副主任是冯雪峰）。但他的任务主要是搜集情报，负责与国民党要人张冲、陈立夫进行关于国共合作的初期谈判。从 1936 年 10 月到 1937 年 5 月，他奔走于上海、南京、西安、延安、杭州之间，直到 6 月份，蒋介石终于同意派遣一个以张冲为首的国民党考察团考察陕甘宁边区，这繁重的任务才算是告一段落（说来悲惨，这段经历后来居然成了潘汉年是打入共产党内部做“内奸”的主要“证据”）。这样，他才能有时间把精力转向文化战线。虽然这几个月里他把精力完全集中在最为急迫的国共和谈上，但常常和冯雪峰等人在一起，对上海文艺界的基本动态不可能不清楚。所以他十分理解夏衍此刻着急而又有些委屈的心情。但有些党内的问题是不能轻易泄露的。

潘汉年告诉夏衍，对“新文委”这几年来所做的工作，特别是打开了联合战线的局面这一点，中央是充分肯定的。他来找夏衍，也是中央几位领导人的意思。——这时冯雪峰因为不同意联蒋抗日的政策，一直在闹意气，不久前他还和博古大吵了一架，闹着要撂挑子。事实上他也撂了，未经组织批准就回老家义乌去从事以红军长征为题材的长篇小说写作去了。但潘汉年这次见面并未把这消息透露给夏衍。

两人交谈了很多，涉及新形势下党组织活动方式的变化，以及几年来“文委”在电影、戏剧、音乐方面工作的进展等话题。分手的时候，潘汉年告诉夏衍，以后如有工作上的联系，可打电话找他。说着就给了他一个电话号码。从 1929 年以来，潘的地址与电话都是秘密的，不是单线联系的同志不可能知道。夏衍感到，时局是真正起变化了。

就在这次晤面后不久，“七七”事变爆发了。国民党方面虽“希望”以所谓“和平”方式求得卢沟桥事变的“解决”，但日寇狼子野心，必欲吞灭中国而后快。代表英美资产阶级在华利益的蒋介石政府退无可退，只能宣布进行抗战。国共合作在这样的形势下，终于进入了一个新的历史发展阶段。

7 月 9 日，夏衍打电活给潘汉年，潘约他下一天晚上 8 时在大光明咖啡馆碰面，要陪他去见一位朋友。7 月 10 日，夏衍与潘汉年见面后，潘便叫了一辆汽车往西走，到蒲石路下车。夏衍觉得今天潘汉年特别神秘，便问他去看什么人。潘笑而不不答，只说，“你见面就知道了”。

两人走进了一幢双开间的石库门房子的二楼，轻轻地叩门，开门迎接的是一位穿着白衬衫和深灰色西装裤的中年人。他和夏衍重重地握手，第一句话就说：“还是叫你沈端轩同志吧。这是我们第一次见。”夏衍正要开口，他又说，“我，周恩来。”

这是夏衍第一次见到周恩来，但在感觉上却非常自然、亲切。此后数十年间，他就一直在周恩来直接或间接的领导下工作。从此，他深深地为周恩来的人格魅力所感召。

周恩来亲切地询问了夏衍各方面的情况，很自然地对夏衍提出：抗日战争不可能很快结束，因此，夏衍今后要以著名文化人的身份，在国民党统治区域工作，做宣传工作、统战工作。可以编杂志，办报，写文章，但一定要争取公开，只有公开合法，才能做统一战线的工作。宣传和统战，都是党的重要任务。

夏衍接受了组织的工作安排。周恩来贴心地告诉他：“在国民党统治区域，要做的事很多。我们要办一张党报，昨天已经决定了，由潘梓年和章汉夫负责。此外，还要办一些进步杂志、剧团、歌咏团等等，总之，要做的事情很多；而形势又肯定是很复杂的。不过，你不要怕，困难会使人受到锻炼。”

临别的时候，周恩来握着夏衍的手说：“我明天就离开上海。今后，由汉年和你联系。”

夏衍知道，今后很长一段时间，自己的工作方向和性质就确定了，而且，自己将进行公开活动，这也已经定了。他把家里的电话号码告诉了潘汉年。

这是夏衍生命旅程中一次非常重要的会面，从此，夏衍和周恩来建立了一种较为直接的工作联系。能够得到周恩来的提点，对夏衍思想的发展和工作的开展都有着决定性的指导意义。

此后，夏衍的工作基本就转到了上海文化界救国协会（简称“文救”)。“七七”事变后，上海的学生、工人、店员，甚至民族资本家，都卷进了救亡运动，工部局这时不敢公开干涉了。夏衍这些“文救”的人们，就忙得不可开交了。

8月2日清晨，忽然接到潘汉年一个电话，说是要下午3时到“老地方”等他。所谓“老地方”，指的就是大光明咖啡馆。夏衍如约赶到，潘汉年告诉他：郭沫若已从日本冒着危险潜回了上海，两人便一起去看他。郭沫若的回国是一件大事。鲁迅去世以后，假如再能有人以左翼文化盟主的身份把进步文化人士最大限度地团结起来，这非郭沫若莫属了。

然而与郭沫若见面之后，夏衍感到郭的情绪有些低沉。那种原来曾深深打动过夏衍的个人生命活力，也显得有些黯淡。

这也难怪，郭沫若是所谓“别妇抛雏断藕丝”，只身从日本归国。他不可能不惦念着在日本的安娜与几个孩子。而当时的形势是：华北打起来了，上海一带眼看要大打，国共合作依旧在谈判中。他已拒绝了要他去南京的请求，潘汉年又没有和他谈今后的工作。郭沫若心中的凄惘可以想见。

大约就在“八一三”淞沪抗战爆发前后，潘汉年向郭沫若与夏衍传达了周恩来的口信，由于考虑到《新华日报》不可能很快出版，所以决定由上海“文救”出一张日报。与国民党方面的潘公展商量后，决定这报纸定名为《救亡日报》。《救亡日报》性质上是上海文化界救亡协会的机关报，由国共两党合办，双方商定在文救会领导下设会报委员会，由潘公展、潘汉年、胡愈之、叶灵凤、汪馥泉组成。社长由郭沫若担任，设双总编辑、双编辑主任，经费由双方负责，创办初期的经费为一千元，由国共双方各出500元。中共决定由夏衍任总编辑，国民党推举暨南大学教授樊仲云任总编辑；编辑主任是阿英即钱杏邨（代表中共，并未到任，实际由林林负责）和汪馥泉（代表国民党），经理由周寒梅（国民党派出）担任，国民党还派了张镛当干事。《救亡日报》起初设有编委会，编委会集国共两党及文化界许多著名人士，编委会由下列人士组成：巴金、王芸生、王任叔、阿英、汪馥泉、邵宗汉、金仲华、茅盾、长江、柯灵、胡仲持、胡愈之、陈子展、郭沫若、夏丏尊、夏衍、章乃器、张天翼、邹韬奋、傅东华、曾虚白、叶灵凤、鲁少飞，樊仲云、郑伯奇、郑振铎、钱亦石、谢六逸、萨空了、顾执中。专业记者有林林、周钢鸣、彭启一，此外还有姚潜修、叶文津、郁风等。

《救亡日报》于1937年8月24日创刊，初创时为晚报，9月6日改为晨刊。创刊号发表了由潘公展署名的《发刊词》，指出了万众一心，进行持久战的主旨。内称："救亡图存的第一件事，全国人士必须有忍痛牺牲的决心，四万万五千万人一心一德是御侮的长城。日阀志在速战即决，我们与之相反，要使战争能够持久，借以促使敌人内部崩溃。"①

潘公展这番言论自然是很有道理的。不过，正和他的大部分同事那样，他虽然高呼"持久抗战"的口号，实际行动却没有什么持久作战的韧性。不久后他就完全置《救亡日报》的报务而不顾了。他所选择的几位业务领导人也没有强烈的工作热情，有些还要为着个人的利益破坏报社工作。因此，这家报纸很快成为共产党掌控的舆论阵地，此后更成为共产党培养新闻人才的一个孵化器。因此，潘公展这位《救亡日报》的创始人又反过来专门为《救亡日报》的发展设置各种障碍了。这是他亏心的地方。——《救亡日报》虽然是一个很小的机构，但它在抗战时期的发展历史中一定程度上却可视作国共双方势力此

---

① 转引自叶再生：《中国近现代出版通史》第3卷，北京：华文出版社2002年版，第47页。

消彼长的一个缩影。国民党表面上在各方面都拥有优势，然而，由于在精神信仰上的溃败，共产党有时几乎是不费一枪一弹地夺取了他们想要夺取的阵地。

《救亡日报》正式出版后，夏衍就把“救国会”和“文救”方面的日常工作交给了阿英，而他自己的主要任务，是主编《救亡日报》和给郭沫若当助手。

这期间，夏衍的一个重要工作是和田汉、钱亦石、杜国痒等一起，动员上海左翼文艺十年培养积蓄起来的几乎全部精英，组成了三个战地服务队，十个救亡演剧队。这些为抗战服务的文艺团体，日后随着战事变化，转战南北，历尽了千辛万苦。他们走到哪里，就把进步文艺的种子撒播到哪里。

救亡演剧队的组织工作大致还顺利，但也会有一些思想问题，这时常常就要夏衍出马了。比如十个小队组成后，有人向夏衍反映：以金山的地位、名气，才任一个小队的副队长，是委屈了他，与他齐名或同辈的人，大部分都做带队队长。金山有“金老虎”的绰号，脾气挺大。

夏衍一想，这的确是个问题，便去做金山的工作。金山本来觉得有些不太自在，既然是夏衍亲自找他谈话，他就觉得没什么可以多说的了。他很爽朗地对夏衍说：“老夏，你放心吧，我一定尊重洪夫子（深）。”

这一时期，夏衍在《救亡日报》的工作也开展得十分顺手。潘公展虽然反共有术，但他派来的两个人，一个樊仲云，只懂得揩油，占小便宜，一点正事不干，夏衍后来不让他共署“主编”之名，樊也没有办法。另一个是汪馥泉，夏衍的中学同学，当年夏衍还与他一起办过《双十》。这个人没有什么明确的政治主张，大事总是听夏衍的。因而《救亡日报》虽名为“国共合办”，但编辑权一开始就牢牢地掌握在共产党的手中。

郭沫若自南京返回上海后，田汉不多久也回到上海。在这段时期里，是指田汉比较多地参加了《救亡日报》的活动。有一次国民党空军轰炸黄浦江对面的日本主力战舰“出云舰”，因田汉初到日本留学时学过海军，夏衍便要田老大（田汉的绰号）立即提笔写了一篇关于“出云舰”的报道。这篇稿子概述了“出云舰”的战斗性能、人员设备，是什么时候下水的，舰长多少，吨位多少，时速多少，多少门大炮，如此等等，写得详尽、具体。第二天全上海的各大报刊均刊有“出云舰”被炸的消息，但以《救报》的报道最详细、最出色，报纸也多销了几百份。

1937 年 10 月底，淞沪战事对国民党军队已相当不利了。但为了鼓舞士气，夏衍与郭沫若、田汉一起还坚持上前线到罗卓英等部队进行劳军和采访。

夏衍原是一脚不知深浅地踏进新闻界的。但两个月下来，他对新闻工作已经熟悉得像是一个老报人。他的不少报道如《始信人间有铁军》《悲剧中的悲剧》，发表后传播甚广。以他敏锐的记者眼光，国军战事不利，那是一目了然的事情。不过为了配合形势需要，他们的报道也只能以正面宣传为主："有的人甚至问我们南翔是否还在我们手里，我明白地回答，不仅南翔，就是敌人猛攻着的大场，也未曾失守，我们亲眼目睹，我们的防线像铜墙铁壁一般的巩固。"①

然而蒋介石糟糕的指挥才能和他那装备不良、训练甚差的军队，最终还是断送了"淞沪会战"。11 月上旬，日军攻下七宝、大场一线后，上海已形成了两面被包围的形势，北苏州河很大一段已被日军占领，整个上海沦陷已迫在眼前。

夏衍心焦似焚。目睹着眼前发生的一切，他的心在流血。他知道，眼下的情形，必须将所有怒火喷射到敌寇身上。他用火一般的文字告诉人民，虽然战事失利，但精神上的防线不能崩溃。在这种情绪的推动下，他写下了《上海——失去了太阳的都市》。这是一篇抗战新闻史上的奇文。虽是严谨写实的新闻报道，但视点的捕捉、事件的剪裁、叙述节奏的把握，都匠心独运，把夏衍心中"上海沦陷了，但是人心不死，人们将在铁与火与血中不屈抗战"的信念，富有激情地表达了出来，具有浓烈的抒情散文的韵味。

> 1937 年 11 月 11 日！
>
> 是欧战和平的纪念日，外国的绅商、军队在外滩和平女

① 田汉、夏衍：《上海市民要有大的自信》，《救亡日报》1937 年 10 月 27 日。

神面前献花。但是，不到一公里的地方，机关枪大炮的声音在沸腾，巨型轰炸机在头上盘旋，大炮的弹丸在空中掠过。

“咻——咻！”

和平女神沉默着。

铁丝网，疾驰的救护车。

紧张的面孔，蹙着的眉头，咬着的嘴唇。

难民，走倦了的脚步。

枪炮声疏落了。人们耸着耳朵，静听着，这声音轰毁了瑰丽的大上海，夺去了上海人脸上的笑，但是，在今天，在今天，他们却对这声音感到留恋了！

“啊，到明天，这声音不再能听见了！”

声音很低，很惨！

号外在叫，在跳跃，也像是在哭泣。

……

救火车，救护车……骇人的叫声，疾驰着，像一阵不吉的风。

卡车，红十字旗无力地斜插着，一车呻吟着的人，尸体露出在外面的一只男人的腿，机关枪弹，像缝纫机踏过的针孔！

血！反抗的民族的血。

……

夜色浓起来，黑了，路上的人疏落了，上海，紧张了三个月的都市，此刻表面上像一个濒死的人，每分每秒钟地在减少他的活气。他的面目变了，但是他的心，他的脉，——在跳跃中冲击。

巨人的脸失了表情，上海沉没在黑色的夜阴里面，上海人失去了欢笑，上海，这都市失去了太阳！[①]

11月21日上海沦陷。就在这一天，《救亡日报》还发表了一篇郭沫若亲笔的终刊词《我们失去的只是奴隶的镣铐》，宣布《救亡日报》暂时撤离上海，编辑部迁至广州。文中说："我们只是和你们暂别，上海克复之日，即本报和读者再见之时。"夏衍则写下了一篇《告别上海读者书》的社论，并发表了"文救"的一篇宣言。

接下来的事情，就是怎样有组织地从上海撤退了。郭沫若和林林带着先遣队，先行离开了上海赴粤。夏衍则奉命留下，完成一些扫尾的工作，然后等潘汉年方面的消息。潘负责帮他搞到离沪的船票。

这期间，夏衍还陪伴潘汉年参与了一些留守作家的安置任务。这其中就包括陶晶孙、叶灵凤[②]等。20世纪80年代后，

① 夏衍：《上海——失去了太阳的都市》，"夏全9"，第46—47页。

② 叶灵凤可能为潘汉年"办事"，可参见夏衍1988年8月12日致姜德明信（"夏全16"第150页），另可参见《关于戴望舒及其他》（"夏全9"第225页）。

夏衍曾数次对陶晶孙的亲人陶赢孙透露如下内情："陶晶孙和潘汉年的关系一直很密切。""抗日战争爆发，上海沦陷后，陶晶孙和他的夫人陶弥丽，留在上海。1937 年 12 月，我和潘汉年同志同船离沪南下香港。潘曾告诉我，他们的人都作了安排，陶晶孙留下来，因为晶孙长期留学日本，与日本文艺界有广泛的交往，他的夫人又是日本人，让晶孙隐蔽下来，为我们做些工作。由于这是党的秘密，所以外界都不知道。有人随便说他是'汉奸'，使他蒙受了不白之冤。事实上，他和左翼女诗人关露一样，他的行动是受潘汉年领导的。"①

据说，作家出身的潘汉年，偏好使用理想主义色彩浓郁的知识分子当情报干部。他认为，这种人要么不干，要干就会不惜以生命为代价，深入虎穴，忍受折磨，坚持始终；并能在远离领导与组织的特殊环境，保持应有品质，恪守应有原则。②

不过，按照共产党的情报工作原则，像陶晶孙这样密级的情报人员，都应当是与潘汉年单线联系并由潘汉年或专人掌握情况的，潘汉年却把陶留在上海的原委告诉了夏衍，这其中透露出的隐晦信息足以让后人颇多回味了。

这一时期，夏衍还积极参与了"青年记者救亡协会"的组

---

① 夏衍：《〈陶晶孙选集〉序言》，丁景唐：《陶晶孙选集》，北京：人民文学出版社 1995 年版，第 1—2 页。

② 高建国：《反战间谍作家陶晶孙》，苏志良：《左尔格在中国的秘密使命》，上海：上海社会科学院出版社 2014 年版，第 344 页。

建工作。1937 年 7 月中旬，即“七七”事变爆发数天之后，周恩来即对胡愈之、夏衍作出指示，要求加强爱国新闻工作者的团结组成统一战线。胡愈之、夏衍等同一些新闻界人士商讨后，认为应该在上海组织一个新闻工作者的团体。11 月 4 日，又商定这个团体的名称为中国青年记者协会，并推举范长江、羊枣（杨潮）、恽逸群负责筹备工作。11 月 8 日，协会成立，推选范长江、羊枣、恽逸群等为干事，夏衍、邵宗汉为候补干事。这时有会员 20 多人。[①]“青记”发展非常快，到 1938 年 11 月，已拥有会员 1000 多人，并在桂林成立了“国际新闻社”。夏衍领导的《救亡日报》和范长江的“国际新闻社”紧密合作，为扩大新闻界的左翼力量作出了巨大贡献。因此，“皖南事变”后两者都双双被禁了。[②] 这已是后话。

夏衍是个闲不住的人。就在等船票离开上海的一段时间里，他还和丁君匋、姜椿芳、梅益、赵邦嵘等一起，办了一张《译报》。报上所载的消息，全是译自外国报纸，夏衍等人只负责译稿，完全是“述而不作”。这是上海沦陷后的唯一一张中文报纸。当然，《译报》所刊消息虽然颇为隐晦，却常常从各方面戳穿日寇宣传机构的无耻谰言。日本人不能允许这样的报

---

① 方汉奇：《中国新闻事业通史》第 2 卷，北京：中国人民大学出版社 1996 年版，第 641 页。

② 夏衍：《〈国际新闻社回忆〉序》，“夏全 9”，第 622—623 页。

纸存在，通过给工部局施压，《译报》没办几天就被停刊了(1938年《译报》又再重办，但这已是另一回事了)。但中国的新闻工作者已在抗战新闻史上写下了光辉的一笔。他们不屈的名字将为中国人民所牢记。

离别的一天终于到来了。

12月10日，潘汉年找到夏衍，给了他一张15日去香港的船票，并说到了香港，自有认识的人到码头接他（两人像是兵分两路，但夏衍在船上又碰到了潘)。夏衍把离别的消息告诉了蔡淑馨。这时沈旦华出生才几个月，沈宁也还小，但蔡淑馨也只有默默地承担这一切的家庭重任。这是一位职业革命家妻子的宿命。

接下来几天，夏衍旋风一般地安排各种离沪事宜：自己的和别人的。他抽空才到生活书店去结了版税，并很倒楣地在这一天被扒手割了口袋，偷去了六十多元钱。当时大米七元一担，六十元钱不是小数目。这是夏衍第一次在上海遭窃。他又到内山书店还了书债，顺便安排好鹿地亘夫妇的住处。

12月15日一早，夏衍对妻子吩咐了要注意的事情，轻吻了熟睡中沈宁和沈旦华，就直奔公和祥码头。在这里他坐上了“凡提伯爵号”大邮船，告别了上海这座他在骇浪惊涛中搏斗了十年零七个月的城市。这是个寒风刺面的日子。

1938 年在广州 左起第一排：茅盾、夏衍、廖承志；第二排：潘汉年、汪馥泉、郁风、叶文津、司徒慧敏/自藏

1941 年在香港。左起：陈歌辛、瞿白音、夏衍、丁聪、何香凌、洪遒、廖梦醒、欧阳予倩/自藏

上海市文化界救亡協會主辦

救亡日報 沫若

十日合訂本第一輯

要目

救亡日報社

《救亡日报》上海版

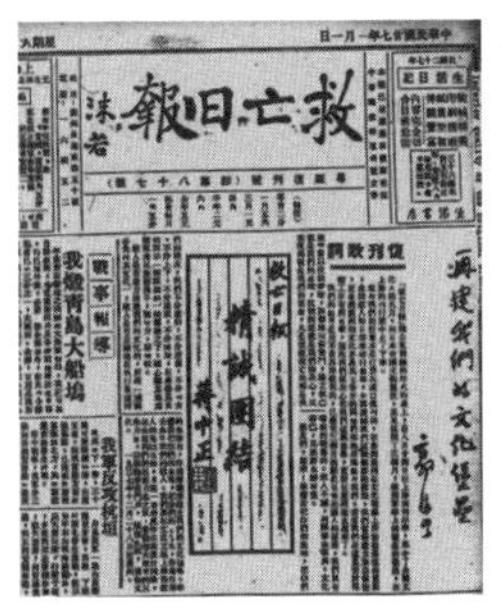

救亡日報 沫若

復刊致詞

戰事報導

我艦青島大船塢

精誠團結 蔣中正

再建我們的文化堡壘 郭沫若

《救亡日报》广州版

（桂林版）

救亡日報 沫若

在激戰中

張伯倫侈言和平

敵仍圖在欽

《救亡日报》桂林版

第六章

《救亡日报》的风雨岁月（1937—1942）

第一节 羊城复刊

12 月的香港，天气仍很温暖。紫荆花开得蓬蓬勃勃，鲜翠而肥大的芭蕉点缀其中，一派春意盎然的景色。更惊奇的是，有几株桃花已绽开了骨朵。

在港英当局的统治下，1937 年的香港平静如昔。虽然神州大陆正遭受到敌寇的蹂躏，华夏儿女纷纷拿起武器与入侵者拼斗，然而，香港却还是那一副酣睡的模样。有轨电车懒洋洋地叮叮当当地驶来驶去，车上贴的大多还是些“根治淋病，百日痊愈”一类广告，市民大都表情麻木，神色呆滞。

夏衍 12 月底与潘汉年同船抵达港岛。他们下了船即刻去找廖承志，希望从他那里听到周恩来对《救亡日报》南迁后的指示。不巧，廖承志这时在汉口开会还没有回来。潘汉年总是很忙，他把夏衍安顿好后就去忙自己的事了。留下夏衍一个人在房间里，言语不通，又惦念着已先期抵达广州的郭沫若社长与《救亡日报》的同人们，心急如焚。还好，廖承志没让他等得太久。1938年元旦后的一天，潘汉年兴冲冲地回来说："胖子回来了，我们一起去见他。"

廖承志告诉夏衍，自己这回到香港，主要任务是组建八路军驻港办事处，办事处的职能除了主持党在香港、南洋一带的抗日统一战线工作外，还肩负着为八路军、新四军募集作战物资、搜集情报的重任。情报工作这方面由潘汉年负责。

关于《救亡日报》的工作，廖承志向夏衍转交了周恩来发来的一份电报。其中指示要点有两条：一、《救亡日报》在广州必须争取公开合法，因此，社内的党组织不与当地党组织（广东省委）发生联系，也暂不吸收新党员，有事由夏衍和十八集团军驻广州办事处主任云广英单线联系。有难于解决的问题，则可以去香港向廖承志或潘汉年请示；二、抗战后有不少在欧洲和美国的党员、爱国人士将回国参加工作，他们经过广州时，指定夏衍以《救亡日报》总编辑的身份与他们联系，有证明文件或夏衍熟悉的，可根据他们的希望介绍到大后方或解放区；没有证明文件或夏衍不熟悉的，则要他们去香港与廖承志联络。

收到上级明确的指示，夏衍1月5日匆忙赶到了羊城。

郭沫若正望眼欲穿地等他回来。两人在上海本来约定，一俟《救亡日报》到广州复刊后，日常事务交给夏衍，郭沫若则抽空去南洋。不料 1938 年元旦，郭沫若却突然接到陈诚的一封电报："有要事奉商，望即命驾，陈诚。"[①] 临行前，他颇觉心中无数，非要与夏衍见一面不可。《救亡日报》已于元旦这一天复刊，社务没有一个人来领导是不行的，再说，如果和于立群一起走，组织手续上也应得到夏衍的同意。

5 日这天晚上，郭沫若、夏衍两位老朋友便在郭氏下榻的新亚酒楼畅谈了一个晚上。虽然刚一见面便又要分手，二人不免有些伤感，但共同的神圣使命更让他们兴奋。夏衍很高兴看到郭沫若这时已摆脱了抗战初期的低迷情绪，浑身上下又洋溢着那一种他十分熟悉并敬重的高亢热情。

夏衍一边抽着烟，一边向郭沫若谈起《救亡日报》撤离后上海文化界的救亡活动，以及他在香港与廖承志的会见、周恩来的指示等。郭沫若对夏衍的工作深表满意，他最后说："沈君，多保重。我这一走，《救亡日报》的担子就整个儿压在你肩上啦！"他用爽朗的笑声来掩盖伤别情绪："哈哈，我有什么指示，一切都听周公的，具体事情由你负责，只有一条，我是社长，打官司的时候可以找我。"

---

① 转引自郭沫若：《洪波曲》，天津：百花文艺出版社 1959 年版，第 12 页。

1月6日晚，郭沫若和于立群登上了火车。他是大人物，到车站送行的人很多，不少人还以为他是暂时出差。夏衍半开玩笑半正经地提醒于立群说："到那边，不要同别人'拍拖'呀。"原来早在上海的时候，于立群就向夏衍打报告，说要去延安，夏衍当即同意了。但后来他发现郭沫若对于立群很有好感，这回又是于立群自己愿意去武汉的，他焉有不成人之美之理？

郭沫若这次去武汉后，不久就担任了新近恢复的国民党军事委员会政治部第三厅厅长。在以后的抗战岁月里，他主要是在周恩来同志的直接领导下进行抗日文化工作，因此就再也没有直接参与《救亡日报》的领导工作了。

《救亡日报》的工作很快走上了轨道，借着郭沫若的声望，广东军阀余汉谋答应捐给报社二千毫洋，报纸重新开张的经费因而有了着落。报社的社址设在长寿东路一幢三层单开间的楼房里，楼下是发行部，二楼是编辑部，三楼一部分堆存报纸，一部分作同人宿舍。除了林林、周钢鸣、叶文津、彭启一、郁风、姚潜修等原班人马外，一批新的血液又加入了进来，如华嘉、陈紫秋、谢加因、蔡冷枫等。

夏衍为便于工作，住在离报社不远的上九东路一家洋铁店的三楼上。报社人来人往，十分嘈杂，他有时便在住地写作。这里虽比报社略觉清静，但马路上汽车的喇叭声，洋铁店整日价打旧铁的锤声，仍不时给他以干扰，不过久而久之也便习惯了。夏衍后来还练就了一手在新闻界叫绝的本领：不论多么纷杂的环境，他坐下来就可以写文章，决不受外界影响。这居室仅只几件旧沙发，没有写字桌，他的不少时论、通讯，如《上海还在战斗》《中国的和大众的》等等，就是靠在这破旧沙发的扶手上写出来的。

《反对“不求甚解”》是夏衍到广州不久写的一篇杂文。上海沦陷后，文化界人士纷纷南撤，但也有部分人因为各种原因不能南下，留在上海的外国租界（以后被称为“孤岛”）里，他们中的多数人并没有向敌人屈服，而是采用各种隐蔽的方式继续战斗。当时广州有人不能认清他们工作的意义，用一种鄙夷的态度对待他们，甚至给他们戴上了“汉奸”的帽子。他们出版的刊物和所写的文章被叫做“汉奸宣传”。有人以为“抗日文艺是主流的思想，如果文艺不是为抗日服务的，那就是投敌的，在当时特殊的战争环境下，没有什么模糊的中间地带”[①]。胡仲持等人办的《集纳》（有人据此便以为与纳粹有关）、《离骚》等便不幸地被冠之以这样的恶名。

夏衍认为这种批评指责是轻率的，是“不求甚解”的表现。他根据自己对《集纳》《离骚》等刊物的了解，指出：

---

① 傅葆石：《双城故事——中国早期电影的文化政治》，北京：北京大学出版社2008年版，第73页。

> 上海沦陷后，留守在上海的文化工作者在极度困难的环境里，作艰苦卓绝的奋斗，在表面的文化活动中，也许他们的方式是迂回曲折一点，但是他们的那种不妥协不消极的精神，有弹力的作用和凛烈的骨气，常使我们感动和缅想。只因为有他们在那儿奋斗，在那儿作警惕消毒和激励的工作，留居在上海一二特区的几百万市民才能坚定必胜的决心，在敌人后方作百折不回的苦斗。对于这些文化战线的游击队和精神国防的守卫者，我们应该想念他们的劳苦，而不该小视他们的功勋。①

夏衍这番话对当时民众中、文化界内存在的偏激情绪，是一帖很好的清醒剂。本文从战略高度，较早对“孤岛文学”的地位与意义作出了预见与正确评价。

按照夏衍的本意，做一些文化界的发动工作，写一些文章和作品，这是他能胜任的事情。可是作为《救亡日报》的实际负责人，他必须把报社的全面工作管起来，报纸的内容质量自不待言，报纸的出版与发行、报社的经济核算、报社同人内部的团结与组织，以及必要的应酬与周旋，与毫不相干甚至满心

① 夏衍：《反对“不求甚解”》，“夏全10”，第51页。

不喜欢的人把酒言欢等等，也都要参与。这一切纷杂的事务原是夏衍所不习惯和不擅长的，不过，正如周恩来所说的那样，“干着干着也就懂了，会了”。过了些许时日，夏衍渐渐学会了与各色人等打交道的基本技巧。甚至对国民党官僚机构和军人政客，他也不像原来那么犯怵，更不会像“左联”时代那样“一言不合，拂袖而去”了。国民党孙科派的钟天心倡议组织“广东文学会”，他很爽快地应邀参加了。会内有杨邨人，在上海时，杨叛离“左联”，与鲁迅大打笔仗，给“左联”工作造成了很大麻烦，这时夏衍也以大局为重，与他照样有来有往。当然，他这方面工作的真正成熟则是在桂林时期。

抗战初期，一些国民党军队还不乏抗战的锐气，有些进步的要求，夏衍也与他们中的人交上了朋友。驻扎在罗冈的余汉谋部的吴履逊团长，邀请夏衍与报社的同人前去营地参观，夏衍高兴地接受了邀请。吴团的团部易巩、于逢等青年，吴团长本人，对新文学都有一定的了解，对鲁迅、郭沫若的作品并不陌生。夏衍一行与他们谈时局，谈抗战，谈文学，气氛融洽。吴团长对夏衍十分尊重，到下午三四点钟的时候，还指定一位姓黄的校官秘书送夏衍一行返回广州。那时是 3 月时节，路过挂果累累的梅林，黄秘书笑着对夏衍一行说：“欢迎你们再来。这次时机不好，早几个月来可以看到著名的‘萝冈香雪’，迟几个月来可以吃到这里的特产糯米糍荔枝，但现在只能请你们望梅止渴了。”夏衍不由对他多看了几眼。他有一个特别的感觉，黄秘书似乎不像一个普通的国民党军官，而像一个颇有才气的文人。夏衍预感得不错，十年后这位黄秘书与他再度会面便是另一种身份了。

进入 4 月，一个严峻而又现实的问题摆到夏衍面前：余汉谋捐的那两千毫洋眼看将要蚀尽。当时广州有十多家报纸，竞争十分激烈。《救亡日报》一来要坚持品味，不肯刊载那些乱七八糟的文章与广告，经济来源大受影响；二来由于夏衍等人这时还缺少办报经验，报纸的文章偏长，理论文章多，新闻性不够强，只有知识阶层爱看，销路不广。怎么办呢？夏衍本人在广州人生地不熟，他手下的“广东兵”如华嘉、陈紫秋、欧阳山、司马文森、黄新波也都是才出道不久的青年，这方面门路有欠。正当夏衍为此忧心忡忡、愁眉不展的时候，事情出现了转机。

一天，时任广东省长吴铁成秘书的黄祖耀（黄苗子）来《救亡日报》找夏衍聊天。黄是夏衍在上海就认识的一位漫画家，为人正派，性格豁达。他见夏衍心事重重，问明原委后就指点说：“广州白报纸价格很高，因为这些纸从香港进口时要付一笔关税。你不妨用郭沫若代表的名义去见一次吴铁城，请求《救亡日报》所用纸张进口时予以免税，数量可以多报一些，然后把多余的纸张在市场上出售，不就可以得到一笔足够的经费么？”

夏衍听了愁云顿消，立即依计行事。说也奇怪，郭沫若初到广州的时候，也在吴铁城身上动过脑筋，想让吴多少为《救亡日报》捐点钱。那次吴铁城以国民党老牌政客的推搪功夫，让郭碰了一个软钉子，可这次却爽快地答应了夏衍的请求。

报纸的经费来源尽管得到了解决，但报社的经济仍不宽裕，工作人员清寒的生活是不可能有什么改善的。夏衍当时已近不惑之年，很长一段时间里同年轻人一样伙食极其简单，吃的常常是猪油拌白米饭。后来到了桂林，情况稍有好转，也无非每人每天五分的菜金。有阵子天天吃水煮豆芽，吃得人们眼睛都绿了。可再困难的情况下，记者们吃什么，夏衍也就吃什么，决不搞特殊化——甚至把他本应享受的一些待遇也放弃了。他率先做出了榜样，年轻人自然也不会为了生活的艰苦多作计较。个别人的苟且行径也是难免的，如国民党派来管财务的张镛，将夏衍好不容易搞来的白报纸拿到市场去卖的时候，居然从中克扣，中饱私囊，在同人的唾骂声中，他只好悄然离去。

报社的事务差不多安顿好了以后，夏衍认为有必要去一次武汉，向周恩来、郭沫若汇报几个月来的工作情况，听取两位领导的指示。在叶文津的陪同下，夏衍 4 月 25 日离穗。在赴汉途中，他目睹了战火下的人民在死亡边缘挣扎的惨烈景象，对日本帝国主义的野蛮与凶残有了更深刻的体会。“沿线的村庄，大部分被炸毁了，触目的全是焦瓦和残垣，远远的裹在林子里的三五户的村落，无瞄准的炸弹是决不会光顾的，可是这一切平和的家屋，百姓，牲畜，全被无聊而残忍的轰炸所摧毁了。”①

看到这凄惨景象，心里像“受了烙刑”似的难受，夏衍不禁为广州的市民们担忧起来。广州经过十来个月的零星轰炸后，不少市民对于空袭渐渐变得麻木了。“二次警报之后还在维持交通，高射炮怒吼的时候，市民们也没有张皇的情状。外省到广东来的人们称赞广东人的镇定，广东人也拿这种镇定来自己夸耀。”② 夏衍于是着急地把自己途中的印象写成一篇篇《粤汉途中》，寄回了报社。《救亡日报》也抓紧把夏衍的旅途见闻在 5 月初就作为系列通讯发了出来，以引起国民党市政当局的警觉。

夏、叶二人兼程赶到了武汉。到汉的第二天，周恩来在昙花林第三厅会见了他们。

那是一个闷热的下午。“长江三大火炉之一”，果不虚传。夏衍穿了一条风凉的麻布衬衫，又有一台电风扇呼呼地吹风，可是不一会儿，浑身上下便被汗湿透了。但他顾不上擦汗，一

---

① 夏衍：《粤汉途中——手简之一》，“夏全 9”，第 59 页。

② 夏衍：《广州在轰炸中》，“夏全 9”，第 63 页。

字一句地在笔记本上记下了周恩来关于《救亡日报》办报方针的指示。

周恩来刚毅的浓眉下，那对炯炯发光的眼睛里，闪烁着机敏的目光。他从容地说："《救亡日报》是以郭沫若为社长的上海文化界救亡协会的机关报，这一点就规定了它的方针。办成像国民党的报纸一样当然不行，办成像《新华日报》一样不合适。办成《中央日报》一样，人家不要看；办成像《新华日报》一样，有些人就不敢看了。总的方针是宣传抗日，团结，进步，但要办出独特的风格来，办出一份左、中、右三方面的人都要看，都喜欢看的报纸。你们要好好学习邹韬奋办《生活》的作风，通俗易懂，精辟动人，讲人民大众想讲的话，讲国民党不肯讲的，讲《新华日报》不便讲的。"

这回谈话，夏衍算是领略了周恩来式精细入微的工作作风。当他向周恩来汇报《救亡日报》的运转情况时，不料周恩来突然向他问了几个问题：在广州，日销售超过一万份的报纸到底有几家？它们竞争力如何？……对这几个问题，夏衍都准备得不太充分，虽然对付着回答了下来，但周恩来考虑问题的方式，却是他事前没有想到的，是他的盲点。

谈完《救亡日报》，周恩来又问起了救亡演剧队的事情。他这时显然已感觉到国民党内部反共、倒退的逆流开始蠢蠢欲动了。夏衍略略谈了他所知道的情况。救亡演剧队作为上海文协的一个民间团体，在国民党区域活动非常不便，有一个队因为唱了一首反“摩擦”的歌，几乎被解散。

周恩来毫不迟疑地说：“现在已经有了第三厅，[①] 我和郭沫若同志商量过了，打算把这些演剧队改组为第三厅直属的抗敌演剧队。抗日救国是全国人民的共同事业，国共两党都有庄严的责任，可是国民党对抗敌宣传消极怠工。让这些演剧队有一块政治部第三厅的招牌，用他们的钱，演我们的戏，唱我们的歌，这有什么不好？”[②]

这一席长谈大约花了四个来小时。夏衍告别的时候，周恩来忽然又叫住了他：“等等，你明天应当去看一看王明同志。他是长江局的书记，你得听听他在工作上有什么指示。”

这时，王明所犯的路线错误党内还没有正式下结论。对他，夏衍在心中不敢有什么大不敬的念头。但夏衍这回来武汉已碰见过在《新华日报》工作的章汉夫了。章向他大诉其苦，说在这位总书记手下干活又苦又累，还不讨好，“每天早上提心吊胆，一个标题，一句话他认为不妥，就会挨骂”。[③]

夏衍对王明有些发憷。但周恩来有吩咐，不去又不行，第二天便去王明的寓所拜见。奇怪的是，王明和他的夫人孟庆澍

---

① 国民党军事委员会政治部第三厅分管的是宣传。
② 夏衍：《周总理对演剧队的关怀》，“夏全3”，第342页。
③ 夏衍：《〈章汉夫文集〉代序》，“夏全9”，第634页。

对夏衍非常客气，好像他是一位“民主人士”似的。王明还给夏衍看了许多他在莫斯科时期的照片，讲了苏联的不少掌故与轶闻。夏衍此时公务缠身，对这种泛泛而谈实在提不起兴趣，于是干坐一会，就起身告别了。临走时问他对《救亡日报》的工作有何指示，王明则轻轻地摆了摆手：“我没有什么意见，一切都按郭沫若先生的意见办。”夏衍听了又是一愣。这是夏衍第一次，也是最后一次见到王明。

回到广州不久，夏衍便碰上了灾难性的“六六”大轰炸。夏衍粤汉途中的预感不幸变成了现实。由于市政府防空组织的懈怠，根本无法有效地组织群众及时疏散，在日寇飞机的狂轰滥炸中，广州的居民伤亡特别惨重。轰炸过后，夏衍带着郁风走上街头，眼前的惨状不忍目睹！广州最繁盛的街道，全被炸成瓦砾场了。黄沙车站附近，已经是一片平地，文化街的永汉路、惠爱路、长堤，每走几十步不是一堆焦土和残砖，就是一排炸成碎片压成血浆的尸体。路上散碎着人的肉，毛茸茸的小孩的头盖，灰黄色的脑浆，炸到几十步远的墙上的紫蓝色的肚肠。风吹着，肠子在慢慢地摇晃，红的血被太阳一晒，变成赭黑色的凝块了。人们发着低低的泣声，在尸丛里寻找他们的亲人，找不到的时候痴呆地回去，找到了的时候一阵凄厉的哭声：

> 我是一向怕看死人，怕看人血的，可是现在，我能够在尸场慢慢地走，我能够踏过那涂满了街道的“血路”了，不踏同胞的血，是不能通过罹灾区域的！残酷吗？不，这是感觉的麻痹，这是对于恐怖的感受的疲劳和饱和！①

对于这场惨绝人寰的悲剧的制造者，该诅咒他们一声什么？“对于投弹的漫无目标和野蛮残酷，真使我们怀疑从飞机中投弹的是不是和我们同样的有父母儿女，有知觉感受的人类！”② “野兽”！的确，对于日本侵略者，没有什么比这称谓更合适了。

有少数人被吓破了胆，像挂着编报主任头衔的汪馥泉，就偷偷地离开了广州，逃到他以为更安全的香港去了。然而更多的人却看清了法西斯的狰狞面目，挺直腰杆，投身到抗日救亡的斗争行列中来。《救亡日报》在这方面给予了他们热情的关心和适时的帮助。

高灏、高汾是从江苏江阴流亡到广州的一对姊妹。离乡背井，举目无亲，正当她们为出路徘徊的时候，从报摊上看到了《救亡日报》，便仿佛找到了精神支柱。订阅了这份报纸之后，

---

① 夏衍：《广州在轰炸中》，“夏全 9”，第 65 页。

② 夏衍：《广州在轰炸中》，“夏全 9”，第 65 页。

每天便不忘从住处三楼下来取报，一字不漏地将它读完。高汾回忆说：

> 过不多久，广州就遇到敌机“六六”大轰炸，我们在箭道巷的住处被炸，一家人无处安身，报社在住房十分紧张的情况下，特腾出一间房安置我们姊妹俩。当时我还不是报社工作人员，但享受了报社同人的待遇，不仅管住，还管吃饭——这也是职工当时全部的生活待遇。从此，我们姊妹俩终于摆脱了失业流浪的苦恼，开始了人生新的旅程。[①]

大轰炸后，报社门口还来了一个叫阿华的孤儿，要求收留。夏衍见他鼻子翘翘的，一对黑溜溜的大眼睛转来转去，很可爱，就摸了摸他的脑袋，说：“留下来吧，长大说不定是个高尔基哩。”阿华后来成了《救亡日报》的交通员，沐风栉雨，从不叫苦，工作十分出色。

《救亡日报》上下二十来人，除了夏衍以外，其他都是二十出头或二十不到的青年。他们管夏衍叫“夏伯”。起初以为这位闻名文坛的大作家一定是很威严的，相处熟了，发觉他是

① 高汾：《我们姊妹俩》，广西日报新闻研究室：《〈救亡日报〉的风雨岁月》，北京：新华出版社 1987 年版，第 91 页。

这么平易近人，谈话幽默诙谐，爱和青年人开玩笑。他给报社青年人起了许多绰号，常以亲昵的口吻以绰号相称。诗人林林颇有普希金的风度，就管他叫“普希金”；华侨诗人陈紫秋，脸膛黑黝黝而略呈三角形，长相像阿比西尼亚皇帝塞拉西，就管他叫“阿比”；编辑部里高汾最小，便管她叫“小女孩”；对年岁稍大的编画刊的郁风称为“大女孩”。他还管周钢鸣叫“大狗蛋”，彭启一叫“小狗蛋”（语出曹禺的剧作）。整个报社在夏衍兄长般的照拂下亲如家人，生活洋溢着革命大家庭的温暖。

作为总编辑，夏衍在业务上对自己的要求十分严格，并以此勉励年轻记者注意业务素质的培养和提高。他常说当编辑自己不写稿不下排字房改版是懒惰，报纸也编不好。林林编稿组版缺字，常由夏补写短文，有多大空位就写多少字。他并不以为苦，而且以几小时后就上版印出见报为最大的乐趣。在夏衍这种精神的带动下，青年们捕捉新闻热点的热情大大提高了，感觉到“结合当天的新闻迅速有反映，真如刚出锅的馒头香喷喷”。①

青年们富有闯劲，敢作敢为。在战争年代，这是一种特别可贵的素质。夏衍很注意保护青年的这种劲头，放手让他们在

① 郁风：《共有的信念——忆广州〈救亡日报〉》，广西日报新闻研究室：《〈救亡日报〉的风雨岁月》，北京：新华出版社1987年版，第60页。

广阔的天地中自由飞翔。高氏姐妹来到《救亡日报》后不久，夏衍感到高灏在文字上已相当老练了，就让她上第一线当采访记者。他鼓励她说："中国的女新闻记者不多，希望你努力！"

他一般只给高灏布置一个主题，绝无其他框框限制。高灏的勇气和信心被大大激发起来，她夹着黑漆面笔记本，穿件布旗袍，勤奋地奔走于羊城大街小巷及远村近郊，甚至冒着轰炸的危险，四处采访，连续发表了《轰炸熔炼我们的意志》《阿真娘》《遥寄沦陷区的堂弟》《不该被遗忘的一群》《琼南胶厂访问记》等一系列优秀的通讯与专访。

高汾的基础虽然差一些，但只要有了适当的机会，夏衍也会把她放出去，随后命题作文，让她在复杂的社会斗争中感受真实的生活气息，在写作实践中磨砺意志与勇气。进报社后不久，夏衍便给她出了个时论题目《强化华南青年运动统一战线》。起初她吓了一跳，但经过一番对华南地区抗战青年运动的调查分析，她还是大着胆子将文章写出来了。当然这篇处女作写得比较稚嫩，但夏衍读后说："青年人么，能这么写，应该鼓励，改一改用了吧。"这篇时论就这样发表了。高汾随后又奉命写了一篇有关妇女解放的文章。文中一口一个"我们妇女界"，夏衍看了后就笑着打趣说：这样的写法，《救亡日报》还不成妇女报了？一边说着，一边就耐心地帮助高汾逐字逐句地修改。经过这样手把手的帮助，高汾不久也担负起了独当一面的采访工作，与她姐姐成了桂林新闻文化界知名的“大高”和“小高”了。——高汾在夏衍的提点下进步是很快的，1949年7月，她已和萨空了、胡愈之、宦乡、邓季惺、储安平、刘尊棋等人一道作为新闻界的代表受到了周恩来的接见。[①]

尽管报社的工作头绪纷繁，紧张忙碌，但夏衍并没有放弃剧本创作。就在1938年9月间，夏衍完成了抗战以来的第一个四幕大戏《一年间》。

《一年间》写作的缘起是这样的：大约是8月底的一天，在《救亡日报》周年纪念招待读者的茶会上，一个热爱夏衍戏剧的年轻读者站起来讲话。他说：“在抗战中有钱的出钱，有力的出力，能写剧本的应该贡献出剧本。夏衍先生是著名的话剧大家了，他不应该吝啬自己的才华。夏衍先生，我们热切期望着您的话剧新作！”

这青年的话引起了与会者的共鸣，大家用热烈的掌声来支持他的意见。面对这动人的场景，夏衍非常感动。虽然在这一年中他从未有过“吝啬才华”的时候，工作的繁忙使他很少有时间分心去想写戏的事情，但他并不为自己辩解，只是笑着说：“我检讨我检讨。我一定尽快地在短时期拿出一个剧本

---

① 据《周恩来年谱（一八九八—一九四九）》（修订版）1949年7月12日记载。（中共中央文献研究室编，北京：中央文献出版社1998年版，第884—885页。）

来。”散会之后，夏衍心中便开始盘算起来，该写一个什么样的剧本呢？事有凑巧，这时田汉从武昌打来一个电报，说中华全国戏剧界抗敌协会决定，以 1938 年的双十节为中国第一届戏剧节，要夏衍转告广州戏剧界，将在这一天举行一次盛大的公演。夏衍接到电报后便去找戏剧界的人士。戏剧界的朋友也趁机“勒索”：“你给我们写一个可以上演的剧本。”

“什么时间交卷?”夏衍问。

“预算排三个礼拜，你在 9 月 20 号以前交稿吧。”

夏衍咬了咬牙，当下便答应下来。他想借此给自己一种心理上的压力，逼出写作时间。虽然夏衍写文章、写剧本一向号称快手，《赛金花》两个月，《自由魂》一个月零五天，《上海屋檐下》酝酿的时间长一些，但真正写作也不过两个月，但这三个礼拜的交稿时间委实太紧张了。他决定分出每天上午的时间，第一个礼拜整理材料和结构，第二个礼拜的第一天开始执笔。在写作的两个礼拜内，他谢绝了一切访客，让林林将自己反锁在上九东路洋铁店的三楼，等到吃午饭的时候，才去给他开门。终于在 9 月 19 日，比预计提前一天拿出了《一年间》的初稿。

《一年间》通过描写江南乡绅刘爱庐一家在抗战爆发后的一年里，家庭成员间思想情绪的波荡和冲突，反映了中国普通民众对异族侵凌决不屈服的民族精神，并真切地展示出这民族精神从自发走向自觉，在人们灵魂中不断深化的过程。

夏衍为什么要选取一个普通的乡村士绅家庭来反映抗战救亡的大时代呢？在谈到《一年间》创作意图时，夏衍说：

> 在抗战中，这些小人物都活着，而且在一个不短的时期之内他们还要照着他们自己的方式生活下去，一种压榨到快要失去弹性的古旧的意识，已经在他们心里抬起头来，这就是他们的民族感情。但是从他们祖先时代就束缚了他们的生活式样，思想方法，是如何的难以摆脱啊！①

《一年间》描述一个旧家庭中围绕离乱生涯的不同态度和心理，纯然是日常生活风习，这里没有战场，没有枪炮声，没有游击队的英雄；但从一群小人物的喜怒和哀乐、恐怖和忧虑、焦灼和企盼中，表现出抗战最初一年间普通人经历的从惶恐不安到产生希望和信心的思想情绪的变化。当年有评论指出该剧的突出成就在于“扩大了题材的领域，以往的抗战剧所犯的毛病都在宣传的色彩太浓郁。在强调和夸张之下，使人看了仿佛是远离现实生活——这样便不容易收到宣传的效果，《一年间》却比以往的抗战剧进化了，它能与现实生活更进一步地携着手。——戏剧题材的质的领域扩大了。……本来抗战并不

① 夏衍：《关于〈一年间〉》，“夏全1”，第312页。

专描写打仗，打游击，它的题材应该越多样性越好”。[①]

《一年间》是用十二个上午写成的急就章，内容和结构的若干弊疵是免不了的，譬如剧本对悲观主义的批判就存在“浮而不深的弊病”，但在当时，却是一个代表“抗战剧”水平的好作品。然而遗憾的是夏衍为了首届戏剧节而拼命赶出来的剧作，到了“双十”节这天，根本没有献演的机会了。由于前线局势急剧恶化，广州沦陷已在弹指之间，排演节目的计划不得不推迟了。

当局为装点门面在“双十”这天还要搞“祝捷”火炬游行，《救亡日报》社接到通知也派人去参加了。但前线的情况怎么样，记者是最清楚不过了。“祝捷”回来，大家只能在编辑室里相对无言。

夏衍对当权者不再抱有幻想和期望，他开始着手进行报社的疏散工作。有合法身份的人如郁风、司马文森、黄新波等先随同余汉谋司令部和省政府撤到韶关；剩下的十多人一边作撤退准备，收拾必要带走的物件，一边坚持每天出版报纸。

在忙完手头事务的间歇，夏衍凭窗眺望着像一张碧绿的绒毯似的珠江，如一条锦绣缎带的沙面长堤，像一扇青葱的屏风似的越秀山峰，心头一阵怆然。广州的失陷只是时间问题了。

① 王洁之：《〈一年间〉的启示——关于扩大创作剧本的题材领域与提倡方言剧诸问题》，重庆《新华日报》1939 年 4 月 13 日。

当局好像早已决定放弃这个美丽富庶的城市了。对于战事，任何机关都不发表一点消息，但都已自动地停止了工作，“保卫大广州”的口号也悄悄地从那些忙着搬家眷的人嘴里咽下去了。夏衍默默无语，对那没有一点组织民众抗敌疏散举措的无能政府，对那些口头大叫抗战却毫无一点民族责任感的达官贵人，胸中不禁升腾起愤慨的火焰！

广东沦陷前，夏衍一段时间里和钟敬文往来颇多。一次，钟敬文谈到：“说到气数，这实际上正是民心向背的一种征兆！谁对，谁不对，谁有前途，谁没有希望，民众和敏感的年青人知道得最清楚，他们根据自己的好恶，叛离没落的，跟着新兴的走，这就是气数。”夏衍点了点头。钟敬文又接着说：“辛亥之前大批爱国青年跑东京，1925 年以后大批有为的青年跑广东、入黄埔，为什么?”他自己先设了一个问题，然后回答说：“那正和现在的青年人跑延安一样的是为了那个地方象征着光明。”夏衍沉思了一下，慢慢地说：“能够去的人，自然是幸福的。”他停顿了一下，又接着说：“我觉得心不在这个地方之后，是拦也拦不住的。我以为，可走的不妨走，不必劝他们去，但也不必一定要劝他们留，只是决心要留下的，那就该有留下来的精神准备。”①

---

① 杨哲：《逝者留痕——钟敬文与夏衍的一段往事》，《文艺报》1997 年 4 月 26 日。

夏衍当然做好了做各种最艰苦战斗的准备!

21日凌晨6时,《救亡日报》一行十二人在夏衍的率领下徒步离开广州。此时日军离城仅只几十里了。临走前,林林在编辑室正对面的墙上,用红黑两种墨水写下了套色的标语。夏衍也找来一张大轰炸时一群童尸的照片,把它贴在墙上,旁边用日文写道:“这是日本空军的战绩!你们也是有父母妻子的人,看了这张照片有什么感想?为着人道,打倒使中日人民陷于不幸的日本法西斯军阀!”

《救亡日报》在城内本来还有二千册日本反战作家石川达三的小说《未死的兵》,这时也来不及搬走了。夏衍对林林说:“算了,把它们留给日本人吧,说不定还会起到一些意想不到的作用呢!”

“太阳在天际燃着,奇伟得像一堆朱黄色的火焰,没有风,深绿的凤凰树连末梢也静止不动,炊烟一缕缕的从矮屋子直冲起来。军用车发出骇人的吼声,卷起黄沙,在不知道明天的命运的人民中间驶过。每一条街,每一片炸后瓦砾场,每一条贴在烧焦了的危墙上的标语,每一个失神的躲避着汽车的人,都像怒视着他们,谴责着他们:你们走了?就这样的走了?就是这样的走了?”这是夏衍后来在小说《春寒》中对广州撤退时一幕的描写,也是对他当时痛苦而愤懑的心情真实的追忆。

第二节　漓江苦守（上）

1938年11月7日，夏衍带领着《救亡日报》同人经肇庆、柳州，撤退到了桂林，并决定在桂林暂时扎下营地。

桂林向有“山水甲天下”之美称，它瑰丽而造型奇特的峰峦，婉转多姿的碧波秀水，使得多少文人墨客在此驻足歌吟，流连忘返！然而抗战时期，它却作了桂系军阀的后方大本营。以李宗仁、白崇禧为首的广西地方势力，并不甘心长久雌伏于蒋介石之下，只要有机会，他们就要培植自己的势力，为日后与蒋氏全面抗衡作张本。抗战军兴，时局动荡，他们有了更多的理由在自己后方的基地招兵买马。李宗仁等一时表现出“开明”和“民主”的姿态，桂林的文化气氛显得比较宽松，再加上环境条件相对安定，许多知名文化人士纷纷来到桂林，桂林成了名噪一时的“文化城”。曾经在桂林工作过的著名人士有李四光、胡愈之、欧阳予倩、杨东莼、千家驹、范长江、茅盾、田汉、夏衍、艾青、廖沫沙、张铁生、孟秋江、焦菊隐、洪深、周立波、杨朔、胡风、丰子恺、叶浅予、关山月、戴爱莲、盛婕、张曙、贺绿汀……除了陪都重庆，人才之盛，可与桂林相比的也许只有昆明了。

当然，桂系与蒋介石集团在反共这一根本立场上其实并无区别。因此，当共产党领导下的左翼力量茁壮发展以至形成了巨大的声势后，他们感到切身利益受到影响，同样会施展辣手对付左翼势力的。因此，当时已经成熟了共产党人对这一点认识是非常清楚的，也从来不抱侥幸的心理。作为公开的共产党力量的喉舌《救亡日报》，怎样团结、领导更多的人又不至太过触痛桂系集团的神经，就成了夏衍在桂林工作的一大课题。

来到桂林之后，夏衍匆匆将抵桂的报人安顿住下，女的住贡前街 68 号，男的住乐群路 63 号，然后便于 11 月 7 日晚，与林林一道去桂北路 206 号见了八路军驻桂办事处主任李克农。根据李的意见，次日他即拜晤广西省省长黄旭初和文化教育界元老李任仁，大致了解了桂系对蒋介石和共产党的态度，心中对《救亡日报》在桂林的落脚有了个谱。但《救亡日报》在桂林复刊后的方针政策如何，以及复刊所必要的人力物力如何筹集，这些事情不是作为总编辑的夏衍一人所能定下来的，于是他又决定赶紧前往长沙一趟，就重要的事情向周恩来与郭沫若请示。武汉失守后，周、郭都暂时撤到长沙。

11 月 10 日下午，夏衍赶到了长沙。这时长沙城内正乱作一团。面对风传中的日军即将进攻长沙的消息，国民党在湖南的领导人如张治中就应对失措，摆出的架式似抵抗而非抵抗，似撤退而非撤退，还准备什么焚城御敌。周恩来敏感地意识到了局势的危险，接连几天均忙于撤离的事宜，根本没有时间与夏衍谈《救亡日报》的事情。只是到 11 月 12 日的下午，周恩来才抽空见了夏衍一面，没有寒暄，直接就说："你这次来得不巧，没有时间详谈，但也可以说来得正好。现在要给你两个任务，一是给你一辆汽车，由你和孙师毅、马彦祥护送于立群、池田幸子（鹿地亘夫人）去桂林，把她们俩安顿好之后，可以先和克农自筹经费，尽快恢复《救亡日报》；第二，现在战事紧张，第三厅不能再和散在各地的抗战演剧队联系，但考虑到《救亡日报》是公开合法的报纸，所以今后一段时期，各地演剧队由你和他们联系，如有不能解决的问题，可向八路军驻桂林办事处请示处理。"匆匆说完，周恩来作了一个表示抱歉的表情，又去忙别的事情了。

当晚，抗战史上著名的"长沙大火"就发生了。这一场大火完全是由无能已极的国民党官僚机关混乱而自相矛盾的政令造成的，大火造成了数万平民的死亡与数十万居民的无家可归，许多著名的历史建筑物也毁于一旦，至于日本兵却一个也没烧着。这是抗战史上国民政府愚行与罪恶的一个典型案例。它的威信就是在类似的一系列事件中消耗殆尽的。

由于于立群与池田幸子两位都是孕妇，路上行走，需要加倍小心。那时逃难者常常拥塞路上，寸步难行。在一次排队渡河时，只得由马彦祥假称师长，孙师毅为副官，夏衍为秘书，假戏真做，与渡河管理人员交涉，以紧急军情，马师长急需渡河为由，插在另一军车之后提前渡过。就这样，到了11月20日前后，差不多用了一个星期的时间，夏衍一行方才回到了桂林。

这时，《救亡日报》在李克农的帮助下，大致已经安顿下来了，可以着手复刊的事宜。然而，经费从哪儿来呢？本来，可以伸手向八路军办事处要钱。但如果《救亡日报》由八路军提供“津贴”这句话一传出去，反动派肯定会大作文章，说《救亡日报》是伪装的“共产党的党报”，这就会影响以建立文化界统一战线为宗旨的这张报纸的初衷。至于向桂系伸手求援，夏衍一来不屑，二来觉得后患甚多，万一惹上什么扯不清的事情就麻烦了，因此与李克农商议之下，决定也不走这条路。那么，眼下唯一的办法就是去香港向廖承志求援了。周恩来在电报里同意了夏衍的构想，并进一步指示，如果有必要，夏衍可直接下南洋向陈嘉庚求助。

接到周恩来的指示后，夏衍对林林、周钢鸣交待了一些工作上的事宜，便又于12月3日这一天，离开桂林，经广州湾（今湛江），前往香港。虽然出发前已得知周恩来、郭沫若12月上旬将来桂林，但他实在等不及了。

由张云乔驾着小车，夏衍这天中午抵达柳州，在乐群社用午餐后继续南行。为了争取能在当天赶到湛江，车速很快，路面坑洼不平颠簸得厉害。张云乔发觉车身倾斜，停车检查，发现后轮钢板断裂。他旋即用千斤顶升起车身，然后仰卧车底将断处用铁丝捆扎，使车身略见平衡。就在车子起动要继续开行时，路边闪出一位老年农妇，挡住车头不让前进。她说："天已不早，我要回家煮饭了。"张不解其意，以为与己无关，正想驱车前进，夏衍立即制止，告诉张刚才倒车时，碰坏了路边土墙一角，想必就是这位老人的家，他们该给她赔偿才是。经夏衍这一提醒，张立即掏出几块钱，农妇才满意地称谢而去。

当晚9时抵达湛江，次日一早二人乘上一艘不到二千吨的旧货轮，在装满生猪和鸡鸭、臭味扑鼻的货舱里熬到第二天深夜才到达香港。

廖承志已接到周恩来给他的电报，全力协助夏衍。夏衍在香港待了没有几天，廖承志就把从华侨捐款中抽调出的1500元交到了他的手中。筹款可谓顺利，然而办理途经越南（当时从香港回广西，经过法属越南是一条较安全的路径）的护照却又遇到麻烦，耽搁了一个星期，到12月4日始登上香港到海防的轮船。1939年元旦，夏衍在海防度过，然后由海防经河内、镇南关、凭祥，又费了十余天，1月12日才回到桂林。

在越南（当时称"安南"）的十多天时间，夏衍目睹了殖民地统治下越南当地人民生活的极端贫困，广大华侨同胞抗日情绪的高涨以及国民党军队的飞扬跋扈，心中颇有所感，回国后就写出了一篇长篇纪行《长途》。在《长途》中，夏衍未加掩饰地道出了他心中的隐忧：法国殖民者统治之下的安南军事上毫无防备，士气疲软不振，与邻国那战火纷飞的格局恰成鲜明对照。人们很容易设想，假如日寇对安南动手，安南大概只能成为待宰的羊羔了。太平洋战争爆发后，夏衍的隐忧成了现实。

回桂林的途中，在柳州，夏衍已看到了《救亡日报》的桂林复刊号。他感到意外的欣喜。时局虽然困难，但支援进步的力量毕竟是越来越强大了；虽然报社的条件非常艰苦，但年轻人却在斗争中成长了起来。

回到报社后，让夏衍高兴的一件事情是：经过李克农的帮助，翁毅夫（从六）辗转来到《救亡日报》担任经理（发行人）。到桂林后，夏衍感到自己在报社管理经营方面并不擅长，再加上还要负责统战、筹款等工作，实在照顾不过来，希望组织上能派一名持重又懂经营的人来。就在这时，九战区的战地服务团，因反对国民党的清查，一批骨干分子从服务团撤离。任服务团副大队长的翁从六便被转移到了《救亡日报》工作。当年在上海的时候，翁、夏原本便是熟人。翁从六曾任《文艺新闻》社经理，很有经营才干。夏衍放手让翁从六去管理出版、发行和财务，自己则腾出更多的精力和时间撰写社论和时评。

对于一份报纸来说，言论能直接表明报纸倾向，引导公众舆论，夏衍深谙此道。从 1938 年 9 月起，每日写一篇，每篇千字左右，直至报纸停刊，共计写了 450 余万字。这些社论针砭时弊，纵论国际形势，观点鲜明，析理透彻，成为《救亡日报》吸引读者、影响舆论的一大特色。不论是在宣传党的全面抗战路线（如《遵循中山先生遗教》《民众的力量大于一切》《完成蔡孑民先生遗志》），还是揭露顽固派的分裂行径（如《加强团结争取胜利》《敌人的政治进攻与我们的防范》《精诚团结抗战到底》）；不论是讨伐汪伪集团的卖国阴谋（如《日寇汉奸的当头棒喝》《汪政权的真相》《粉碎汪逆和伪宪政》），还是欧战前夕对国际问题的评论（如《当心英国》《战神在多瑙河上散步》等），都鞭辟入里，取材宽广，浅显生动，在现代新闻史上别具一格。

撰写这一篇篇论文，夏衍倾注了多少心血，付出了多大艰辛！他后来回忆道：

> 那时真是苦极了。每天深夜还得赶社论。自摩挲（廖沫沙——引者注）走后两年以上都是如此。其间从德、苏协定，到第二次大战爆发，苏联出兵，法国贝当政府投降，以至苏德之战，重要的国际问题层见迭出，对于动荡

> 失常的局面得用心把握，对于国内论坛许多偏见得婉转地去斗争，真没有一时一刻好好地休息。但也感谢这样使我更能和这伟大的时代同呼吸，对于国际国内每一事变能比较敏锐地看到它的症结和动向而不致十分错误。[①]

除了撰写论文，夏衍还尽可能挤出时间到战地采访。1938年底，夏衍驱车经湘粤边境到了粤北重镇韶关。为了感受张发奎、余汉谋司令部里最真实的气氛，了解前线将士的士气，他在韶关的一条小船上度过旧历的除夕，在翁源附近一个村庄的牛栏里过了新年。元旦这天晚上，他在一所庙宇参加了余汉谋将军的晚餐。采访归来后，他立即写出了《粤北的春天》这篇通讯。这不是普通的新闻报道，而是一篇激情洋溢、清新感人的报告文学作品。夏衍运用他文学家的遐思和对形象的敏感，以巧妙的象征、隐喻笔法，将新闻的客观真实性与文学的抒情性自然地糅合在一起。试看对韶关街头战时男女青年群像的勾描：

> 从翁源到韶关，田野间的桃花已经谢了，但是在这被叫做“小广州”的城市，却出现了另一种的“桃李芬芳”！

① 转引自田汉《序〈愁城记〉》（田汉：《田汉文集》第15卷，北京：中国戏剧出版社1986年版，第177页）。

> 韶关集中了近千个从前线和后方服务归来的青年，——那就是广州沦陷前后由战区动员委员会召集到韶关来重新编制的。韶关变成一个青年的都市了！满街上都是些被南国的太阳映赪了颜面的壮健的青年，歌声，欢笑，褴褛的衣服，灼亮的眼睛，胜利的心情！

再读一下作者见到“艺协剧团”阮氏兄妹的场面：

> 这七个同胞在一晚上分散了，从二十四岁的哥哥，到九岁的妹妹，有的参加了军队的政训工作，有的参加了战时工作队，有的到了西江南路，有的走遍了北江，而这一次，真是梦想不到，一个也不少地在曲江见面了，那感激，那欢喜，是可以想象的了。我看见那最小的妹妹替姊姊背着小小的行李，整齐地穿着军服的哥哥扶着害了病的妹妹，带哭地到河西病院去的情景，禁不住要流泪了。

在这篇通讯的最后，作者写道：“广东的3月，已经是残春，油绿的树叶子畅茂得使外来人看见了就会伸一伸在冬期压缩惯了的身体，这几天，连续地下着使人感到润泽的雨，一星期没有空袭，在战地习惯了的人们倒觉得有点异样了。”[1] 战争的残酷与凄楚，中国人民愈挫愈顽强的精神气质，都在夏衍寥寥几笔的诗化语言中表现出来。如果说，夏衍从事新闻工作的初期，较多的是炽烈呼告、动员的语气，那么到了这一时期，他已能够将不同风格的文字交替运用自如了。

就在夏衍信心百倍，全身心投入“救亡”工作的时候，留守在上海的蔡淑馨的生活陷入了困境，爱女沈宁的身体又不好，这使他不得不冒险回上海一趟。夏衍重新踏上这块熟悉的土地，心情有一种难以言说的苦痛和心酸。大上海的外观似乎没有什么大的改变，人口不仅没有减少，反而突破了五百万，商业甚或更有一种畸形的“繁荣”。但它又的确变了，汪精卫派在他们的“提线人”——日本陆军特务机关的导演下，已在上海开演“和平救国”的把戏，各类沉渣纷纷探出头来，现出了各种丑态。“百鬼夜行”是日本人爱好的汉文词句，用它来形容日寇统治下的上海，真是再恰当不过了。

夏衍的心情异常沉重，蔡淑馨母子三人留在这样的环境里，他感到不放心，更有些舍不得。但舍此又别无良策。他自己的生活非常动荡，虽说在桂林暂时扎下了根，天晓得什么时候又要搬迁。如果拖儿带女就很难像现在这样开展工作了。夏

---

① 夏衍：《粤北的春天》，“夏全 9”，第 78—81 页。

衍只能狠狠心，说服蔡淑馨在上海坚持下去，如果有了一个较为安定的工作和生活环境，就把她们母子接出来。

在上海期间，夏衍抽空会见了恽逸群、于伶等友人。恽逸群是上海新闻界的名人，办报、编辑、经营管理……样样精通，夏衍一直称他为“鬼才”、“百科全书”。[①] 两人在1931年就结识了，“一·二八”事变后更成为好朋友。国民党军队从上海撤退后，他留守在“孤岛”坚持工作。夏衍约他到咖啡店见面畅谈了许久。

夏衍在上海逗留了一个来星期，把家里的事情略作安顿，沈宁的高烧也退了，便急着赶回桂林。临行前一天，上海的许多朋友办了一个茶话会送他，大家都像送别亲人一般地感伤。世事浮沉，从此天各一方，谁知道什么时候再能相见呢！茶话会后散步时，一位新认识的朋友李健吾提醒夏衍注意《一年间》一个情节上的漏洞。李健吾说：剧中第四幕艾珍分娩是在夜间12点之后，那时候喻志华从外面回来，接着又匆匆地出去，这事实上是不可能的。上海晚上12点钟以后是禁止通行的了。夏衍十分感激李健吾精致而细心的批评，与李健吾从此

① 顾雪雍：《夏衍与恽逸群》，《解放日报》1995年2月12日。

结下了终身的友情。[①]

夏衍回沪原是为私事，不意之间却成了对沦陷后上海的一次巡礼，获得了许多创作素材。一回报社，他便连续发表了《上海谈奇录》(《救亡日报》于6月7日、9日、10日连载)、《上海见闻别记》等文章。而恽逸群、于伶、李健吾等在“孤岛”与日伪开展韧性斗争的事迹更使他感奋不已，促使他不久又写下了他的第二部抗战剧作《心防》。

在途经香港时，夏衍还邂逅了电影界的老朋友司徒慧敏。当时中国电影制片厂在香港建立了新的据点——香港大地影业公司。许多进步的电影工作者加入了这个公司，如司徒慧敏、蔡楚生、谭友六、黎灼灼、凤子、黎莉莉等。1939年6月，“大地”的第一部故事片《孤岛天堂》已告竣，司徒慧敏正愁没米下锅，遇到夏衍自然不肯放过，要求夏衍在最短时间里拿

---

① 夏衍:《关于〈一年间〉》,“夏全1”第311—312页。

与李健吾初次见面的时间，夏衍有两种说法。一说是在1945年上海光复后。因为李健吾抗战期间自告奋勇做了夏衍的“著作权益代理”，为蔡淑馨留沪期间的生活提供了极大帮助，夏衍非常感激，回上海接上组织关系后，“第一个要探访的就是他”。“我和他第一次见面，却真可以说一见如故。”（夏衍:《忆健吾》,“夏全3”第416页）。第二说就是本书所引的情形。按照该文的说法，1939年初夏回沪期间，他曾与于伶、李健吾一起散步。

《关于〈一年间〉》写于1939年9月1日，《忆健吾》写于1984年7月。如无特殊情况，当是《关于〈一年间〉》的回忆更为可靠——且该文的不少细节可与写于1941年10月的想念于伶的《〈夜上海〉回忆》（“夏全3”第133—134页）相互印证。

出一个剧本来，即使故事梗概也行。

夏衍却情不过，再则对久违了的电影也有点跃跃欲试，便答应了下来。回桂林不久他就交给了司徒一个相当细腻、曲折的故事片的文学剧本《大地交响曲》（放映时改名为《白云故乡》）。剧本以夏衍熟悉的广州大轰炸为背景，讲述爱国青年觉醒的故事。在动荡的岁月中，两位青年林怀冰与陈静芬相识并相爱，他们一起参加了抗日工作。然而不久林怀冰被一日本女特务诱惑，无意中泄露了军事机密，给抗战造成了损失。女特务最终暴露出狰狞面目，林怀冰觉悟过来，冒着炮火潜入日军阵地，炸毁了敌人军火库，自己壮烈牺牲。剧本反映了青年知识分子在抗战风雨中的成长，对小资产阶级思想性格作了适当的针砭。剧本的缺陷是传奇色彩浓重，人物最后的转变有些突然。由于司徒慧敏导演的努力，上述的缺憾在影片中得到了一定的弥补。电影的主题歌是夏衍请他的挚友孙师毅作的词："在遥遥的彼岸/遥遥的彼岸/烽烟急/血火流光/不正是你我的故乡/千百万同胞热爱的宗邦?"这首歌曲感情真挚，旋律优美，抗战期间曾被广为传唱。

夏衍此番回到桂林，进入了一段较为安定的工作时期。《救亡日报》编辑部这时已迁至市中心的太平街，他的总编室兼卧室就设在报社二楼楼梯口朝北的一间房间。房内的摆设一如广州时期那样简陋。夏衍是个爱整洁的人，工作再繁忙，居室也收拾得一尘不染，文稿总是叠放得整整齐齐。桌上竖立的那张沈宁与沈旦华的照片，大约是最招眼的了。夏衍在照片旁题有“沈端轩第二世”字样，陌生访客见了，总不禁为夏衍的幽默莞尔一笑。如果是夏秋之间来访，在他的居室窗边还可以看到一张白纸条，上书曰：“本室有蝇虎二只，杀敌有功，尚希仁人君子，爱护为幸。”

写稿，写剧本，夏衍一般惯于在早上动笔，这时最怕有人来找他。但他是大忙人，怎么躲得过呢？他采用了写《一年间》时的办法，把自己反锁在房间，让兼做会计的冯晔坐在门口挡驾。有人来找，冯晔就说：“夏先生有事出去了，有什么事情，请告诉我转告他。”夏衍的许多杂文，包括《心防》等剧本，便是用这种办法赶出来的。报社同人路过他的房间，会自然地放低声音，放轻脚步。夏衍钢笔在纸上沙沙划动的声音有时可以传出门外。年轻人为此送给了夏衍一副对联：“文章怀真理俱来，脑汁比墨汁齐下”。

在这段相对稳定的时间，夏衍对报社业务较为系统地实行了改革。其中有些事不只当年令大家感到新鲜，如今仍为新闻界所传颂。他把每天《救亡日报》的差错用红笔勾出，由林林张贴出来，让大家来看，检查这些差错出现的原因，是哪个工作环节不小心造成的。这就是所谓的每日“批报”制度。这不是要追究责任、抓辫子，而是敦促大家把事情做得更好。

夏衍的眼睛是很尖的，一次丁明转发了一条延安报纸上的消息，忘记把“周扬同志”改为“周扬先生”，夏衍就用红笔圈出，批了“延安口吻”几个字。丁明看到了，当然有些不好意思，但他因此更清楚了《救亡日报》的性质，否则会把有些读者吓跑的。

有时，他不一定将批评公布出来，而采取向当事人个别提醒的方式。如戈今一度负责拼大样，夏衍便在每日出版的报纸上圈圈画画，肯定优点，指出问题，然后在他睡下后将报纸塞在枕头下。戈今后来回忆说：“我一觉醒来，马上伸手到枕头边，摸出当天出版的报纸，领会夏衍的指导。时间一长，醒来摸报纸已成了我的习惯。”①

为了帮助青年们掌握新闻专业知识，提高业务素质，夏衍倡议建立了报社的资料室。通过各种途径募集了一千多册图书，汇集了各地交流的报纸，青年们还自己动手，剪辑了一些资料，分门别类，供大家编报时参考。当时国内外形势变化很快，报道、消息中各种陌生古怪的地名、人名层出不穷，这个资料室虽然简陋了些，可常常能派上大用场。

《救亡日报》从一份主要面向知识分子的报纸，转变成连普通市民都能接受的新闻读物，很大程度上还在于夏衍对版面

---

① 戈今：《我在〈救亡日报〉》，广西日报新闻研究室：《〈救亡日报〉的风雨岁月》，北京：新华出版社1987年版，第115页。

不断加以革新，努力适应更多阶层读者的口味。《救亡日报》的副刊在体裁、内容上力求丰富多样，除了有名的“文化岗位”外，还有“救亡木刻”“青年记者”“音乐阵线”“诗文学”“介绍与批评”“青年政治”“舞台画”“儿童文学”“草地”“救亡日报星期刊”以及后来增办的“十字街”等栏目，各个方面的新知识，使报纸的吸引力更大了。同时，《救亡日报》四开四版，版面有限，因此文字要求尽可能的短小精悍。夏衍甚至作了一个硬性规定，包括社论在内都不允许超出一千二百字。所有的文章，有话则长，无话则短，短的一二十字都可。“今日话题”一栏有过这样一则“话题”：“香港政府规定马匹负重不得超过一五二磅，可是码头工人却未被规定。”[①] 这则话题短到不可再短的地步了，可是谁能说它不如一篇数百字、数千字的控诉文章有力量呢？

由于夏衍在内部抓了记者的素质培养，外部抓了报纸版面、内容配置的改进与提高，报纸的发行量上升很快。到 1939 年底，《救亡日报》的发行已增至六千余份，成为一份在粤、桂诸省以至南洋一带具有一定影响力的报纸。连夏衍在报上“创造”的两个汉字“搞”、“垮”，也不胫而走，迅速被广大社会人士所采用，以至后来成为现代汉语中非常活泼和形象的两

① 华嘉：《夏衍和桂林〈救亡日报〉的副刊》，《新文学史料》1985 年第 4 期。

个动词。①

随着发行量的扩大，报社经济的亏损也成正比例上升。《救亡日报》坚持品格，不愿招揽和刊登趣味低级的商品广告，经费日绌。翁从六曾同夏衍算了一笔账：报社平均每月开支约五千元，其中纸张（白报纸）占百分之五十四，约二千七百元；印刷费占百分之二十四，约一千二百元至一千三百元；邮电、房租、旅费、文具、杂费等占百分之十八，约九百至一千元；报社同人生活费（从总编辑到工友一律每人每月十元）约百分之四，约二百元。每月收入约三千元。平均每月亏损二千元。②

怎样克服经济难关，使报纸得以生存，这个难题又摆到夏衍的面前。

夏衍与翁从六、孙师毅反复磋商，想出了一个妙着。他们决定为《救亡日报》举行一次较大规模的筹募基金义演，选定的剧本便是夏衍的新作《一年间》。义演《一年间》几乎荟萃了在桂所有戏剧人才。导演团由广西大学教授焦菊隐为首席执行导演，孙师毅、马彦祥、田汉、夏衍为导演。演出用普通话、粤语、桂语三种语言，设四个剧组，桂语组由马君武、欧

① “夏全15”，第233页。

② 张尔华：《在桂林〈救亡日报〉的时候》，广西日报新闻研究室：《〈救亡日报〉的风雨岁月》，北京：新华出版社1987年版，第81页。

阳予倩协助导演，粤语组请语言学家陈原当顾问。此外摄影宗维赓，舞台效果设计张云乔，布景黄新波、周令钊，都是桂林第一流的人才。演员共六十多人，有来自广西国防艺术社的，有来自抗敌演剧队的，还有来自香港及报社内部的演员。

参加过这次演出的高汾回忆说：

> 在排演中，焦菊隐要求特别严格，每个动作每句台词都要体现剧中人的思想感情，不能马虎。对我们初学乍练的新兵，耐心地把着手教。导演不仅管一个剧组，各个组都得照顾到，还得对布景、道具等的设计制作进行指导。他们日夜劳累，不管是警报长鸣，还是豪雨如注，都照常排练。焦忙得把嗓子喊哑了，孙师毅好像导演外兼舞台监督，他夹个大公文包来来去去，常常彻夜不眠，不断想出新点子新招数。①

义演的售票很有讲究。一种是一般的票价，一种是“荣誉券”，5元一张，主要是靠“荣誉券”来募集资金。广西军政要人李宗仁、白崇禧、梁寒操、程思远与苏联顾问都前来捧场，

---

① 高汾：《我们姐妹俩》，广西日报新闻研究室：《〈救亡日报〉的风雨岁月》，北京：新华出版社1987年版，第103页。

“荣誉券”往往一买就是十多张。共演出九场，观众万余人。[①]这次义演，创造了抗战话剧史上两个“最”。一是《一年间》单个剧目募集款项最多。桂林义演加上1939年4月间重庆义演，所得金额当在一万七千元以上。这在抗战期间堪称是最高票房记录了。二是作为剧作家，夏衍的剧本在抗战时期的话剧运动中，采用各种方言演出也是最多的。这充分说明，此时的夏衍已真正成为广大观众所喜爱的、具有广泛影响的现代话剧名家了。

义演结束后，《救亡日报》邀请部分演员和桂林的文化界人士在张云乔家聚餐。张云乔表面上经营着一个汽车维修厂和一家烟草公司，其实都是周恩来直接领导的地下党秘密联络点。聚餐很快乐，孙师毅喝得酩酊大醉，高叫：“祝老夏四十大寿，祝演出成功，抗战胜利！”忽然“隆咚”一声跪倒在地。夏衍连忙扶起他说：“喝多了，别出洋相了。”[②]

义演极大地缓解了《救亡日报》的财务危机。不过夏衍在这次义演中最大的收获可能还不在此。他可能就是在这次义演中结识了韩练成。关于这点，我们在下节有详细评析。

---

① 可参见左莱主编《中国话剧史大事记》（北京：中国艺术研究院话剧研究所1994年版）第103页、广西日报新闻研究室《〈救亡日报〉的风雨岁月》（北京：新华出版社1987年版），第278页。

② 周伟：《五十余年的往事》，《忆夏公》，第392页。

忙完义演，翁从六被调往别处，[①] 接替他的工作的是原《新华日报》的张尔华（又名张敏思）。他也是一位精明干练的报人，长于经营。夏衍很快便发现了他的这一特长，与他一起进行周密的策划、设计，在桂林城郊建起了属于报社的印刷厂——建国印刷厂。印刷厂设在离桂林十余里的白面山。为了避免敌机轰炸，在那里设了夜班编辑部，由廖沫沙和林林分值夜班，校看清样。夏衍平时多在城内，每隔十天到那里去一次，召开编辑部会议，检查这段时间编报情况，同时了解印刷工人的生活和工作，有时还在那里学习排字和拼版。

说到学习排字、拼版，夏衍也是被逼无奈。印刷厂的排字工人来自四面八方，他们欺总编辑是外行，今天说稿子排不下，要抽掉1000字，明天你再发下稿去，他又让你补300字。补字好办些，夏衍最擅长于写补白文章，抽稿、删字，就容易制造矛盾。夏衍有感于此，就发愤学排字，每天抽两个小时，两个月后，24盘常用字基本上能撮，拼版也被他学会了，技术高超，当然工人们也只好服他了。[②] 后来吴祖光编辑《新民晚报》的副刊《西方夜谈》和《夜光杯》时，夏衍手把手地教他

① 翁被紧急调走，是为了去上海支援潘汉年情报系统在岩井公馆的工作。详可参见鲁南《中共地下党主持日特机关“岩井公馆”始末》（《春秋》2011年第5期）等文。翁后在解放战争中牺牲。

② 石矢：《夏衍的报坛旧事》，《忆夏公》，第446页。

编排、划版面的技术，还亲手帮他制作了一把计算每行字数的标尺。[①]

办起印刷厂后，报纸的成本降低了；以后又开拓了副业，承揽了报社外的业务，基本做到了收支平衡，还略有节余。长期困扰着报社的经费短缺问题终于得到了解决。1940 年，《救亡日报》发行量已接近万余份，在华南及东南亚一带影响更大了。华侨领袖陈嘉庚夏季访问桂林时，表示愿意为《救亡日报》提供经济上的援助，夏衍对他此举表示感谢，但又宛转地说明该报经费已自行解决，无需支援了。

越南共产党领袖胡志明（当时叫阮爱国）1940 年底有段时间旅居桂林，成了《救亡日报》的热心读者。一天晚上，他到太平路《救亡日报》内，与夏衍畅谈了国际反法西斯斗争及东南亚的形势。他还给报社带来了一篇稿子，夏衍立即编发，将它登在显著位置。在短短两个月内，胡志明发表的文章就有《池蜗与黄牛》《两个凡尔赛政府》《造谣》《意大利实不大利》《越南人民与中国报纸》《安南歌谣与中国抗战》《鱼目混珠》《越南“复国军”还是卖国军》等八篇文章。这还是仅据胡志明常用的笔名“平山”查到的文章。[②] 胡志明对《救亡日报》

---

① 吴祖光：《永别夏公》，《忆夏公》，第 61 页。

② 可参见黄铮《中越人民友好关系史上光辉的一页》（广西日报新闻研究室：《〈救亡日报〉的风雨岁月》，北京：新华出版社 1987 年版，第 195 页）。

的青睐由此可见一斑。

夏衍和张尔华计划于 1941 年在邵阳建立一个造纸厂，从根本上解决《救亡日报》用纸紧张的问题，还可以省下一大笔钱。如果此计划成功，《救亡日报》的发展又可以跃上一个新台阶。遗憾的是，由于国民党当局悍然发动了“皖南事变”，《救亡日报》被迫停刊，这个造纸厂的蓝图也就胎死腹中了。

第三节　漓江苦守（下）

桂林时期，夏衍的直接上级之一是李克农。“李克农代表中共南方局指导报纸的工作。”① 李克农是中国情报战线上独当一面的大将。他虽然在政治方面远比夏衍成熟，但和夏衍、阿英等左翼文化人有着相当深厚的个人友谊。很有意思的是，他是情报界巨头，秉性却有相当自由快乐的成分。和中共其他几位著名的情报领导人（如周恩来、陈云、陈赓、潘汉年等，一定程度上还可以加上康生）一样，对文艺都有一些特殊的爱好。1937 年夏衍刚与李克农接触时，便发现他对文艺界的人与事极为熟悉：某人是哪一省人，某人在监狱里用的是什么假名、某人在上海有较好的社会关系等。事实上，李克农还是一

① 开诚：《李克农》，北京：中国友谊出版公司 2012 年版，第 193 页。

位业余的剧作爱好者。他在红军时期就写过话剧《你走错了路》。抗战期间他还写过《坚持到底不妥协》《反左右倾》《日寇暴行》等活报剧。[①] 1944 年他还一力推动了《前线》的排演。[②]

虽然与夏衍有较好的私交，但碰到原则问题李克农却绝不含糊。夏衍曾比较深刻地领教过这一点：

> 克农同志和我们相处的时期，总是有说有笑，和家人子弟一样，可是一碰到政治原则问题，他就坚持到底，没有丝毫的随和和妥协。有一次，《救亡日报》发表了一篇

① 可参见开诚《李克农》（北京：中国友谊出版公司 2012 年版）第 81、202 页等处。

② 话剧《前线》的演出是延安文艺活动的一件大事，剧中人物“客里空”的形象曾广为流传。可参见李力《从秘密战线走出来的开国上将——怀念家父李克农》（北京：人民出版社 2008 年版），第 168—172 页。

对国际时事分析有政治性错误的文章，① 他跑到编辑部来，和我长谈了四五个钟头。这个时候，在他脸上流露出来的

① 该文的具体情况，已不可确考。不过，夏衍独立工作在外，于党内政策微妙之处拿捏不准的情况，是可能偶有发生的。并且，夏衍本人对此类情况，似也缺乏足够的敏感性。有研究者指出："1938 年 3 月 26 日，《救亡日报》发表该报记者'洛基'的采访录《张闻天论当前抗战诸问题》，其中提到张闻天的职务为'总书记'。为了纠正这个明显错误，4 月 9 日张闻天致电汉口的王明、周恩来、博古、凯丰，要求针对《救亡日报》发表的这个采访录刊登一个声明：'中共中央有几个书记，向无所谓总书记。'应张闻天的要求，4 月 12 日武汉《新华日报》刊登了《张闻天（洛甫）启事》，其中提到：'中共中央设有由数位同志组织之书记处，但并无所谓总书记。'实际上，早在 1937 年 12 月，中共中央政治局会议改组书记处，12 月 25 日中共中央制定《中央书记处工作规则和纪律草案》，对中央书记处的职权、地位、各位书记的工作纪律等重大原则、程序问题做了 11 条明确规定。在书记处中没有设"总书记"，由书记处实行集体领导。为了避免产生误解，张闻天专门就中共中央没有设'总书记'一职发表声明，纠正《救亡日报》这篇采访录中的错误。"（李方祥：《遵义会议确立毛泽东领导地位的历史真相不容动摇》，李慎明、李捷：《还历史的本原》，北京：中国社会科学出版社 2014 年版，第 73—74 页。）

夏衍在 1980 年 10 月四千人讨论《关于建国以来若干历史问题的决议（讨论稿）》时，曾在小组会上对这个问题提出疑议：张在什么时候、在哪一次会议上、经过什么程序，被撤销了"总书记"职务？受邓颖超的委托，胡乔木回信称："'一九三一七年一十一月，王明从莫斯科回到延安，带回了共产国际的意见，中央书记处于十二月进行了改组，中央不再设总书记，而由数同志组织之书记处领导全党工作，张闻天同志仍然是书记处书记，毛泽东同志在党内的职务也是书记处书记。'这与闻天同志声明内容相同。""我问了陈云同志，他也说这一段时间没有明确的总书记职务和名义。一九四一年对张批评后，张不再召集会议，而不是到那时才不任总书记，特告。"（胡乔木：1981 年 1 月 5 日致夏衍信，胡乔木：《胡乔木书信集》，北京：人民出版社 2002 年版，第 311—312 页。）

那种严肃的（甚至可以说是严厉的）神色，在我的经验中是罕见的。

“不能把这张报纸的作用估计得过高，也不能把它估计得太小。《新华日报》被扣得厉害。西南、东南乃至香港，都把这张报纸看作党的外围，代表党讲话。那么你想想，把这么严重的国际问题作了错误的分析。对外面会起多么坏的影响！”他耐性地分析了国际形势，指出了错误所在，然后正襟危坐地问：“怎么办？”

“明天再写一篇社论，纠正过来。”

“怎么写法？来，大家凑一凑。”

把社论搞好，已经很晚了。我透了一口气说：“很好，我学会了不少东西。”

他看了看表，一本正经地说：“学会了东西，能不付学费么？快八点了，阳春面也不请一碗？”他站起来说：“好，我请。”

这样一讲，气氛立刻变了。我从心底里感到温暖，严师、益友和亲密的同志这几种概念，浑然一致了。①

当然，尽管有李克农的身先垂范，但夏衍在同志内部进行严肃的批评乃至斗争上，分寸和立场拿捏得始终不算太好。

---

① 夏衍：《克农同志二三事》，“夏全9”，第424—425页。

“温情主义”、“调和”等批评的声音在党内一直是不绝于耳的，而到建国后，他这方面的“弱点”就显得更加突出了。1954 年周恩来就提醒过他，说他对文化界的的老友“团结多，批评少”。[①] 到了文革，这更成了他一条重要的罪状。

桂林时期，夏衍从李克农身上真正受到较深教益的，可能还是统战工作方面的思想和工作方法。

初到桂林，夏衍还有一点知识分子的清高与洁癖，不大习惯同那些自己不喜欢的人来往，更不愿意与国民党上层人物周旋和应酬。李克农看出了他心理上的障碍，有一次与他谈心，直言不讳地指出《救亡日报》存在着这样的缺点：它陈述己方观点的言论太直接了，且不善于利用各方面的矛盾。他与夏衍已经很熟了，因此讲话很坦率：“站在外面骂娘不算勇敢，深入敌垒去影响他们，才是你应尽的本分。”顿了一顿，又接着说，“老兄，把腿放勤快些，把耳朵放长一些，多跑，多听，多交朋友。你得认清这个时期，这个地方，和菩萨打交道，和恶鬼也要打交道。我知道你们怕脏……”

“文化人同志，戴白手套干革命行吗?”这是他经常告诫夏衍的一句话。

有了李克农这样一位严师益友的督促和帮助，夏衍逐渐克服了自己身上过多的书卷气，学会了同包括国民党上层人士在

① 陈徒手:《夏衍在文化部》，《读书》2014 年第 10 期，第 130 页。

内的政客、社会名流打交道，乃至交朋友。

桂林各大新闻单位，除了《救亡日报》以外，还有《新华日报》分社，《广西日报》，《扫荡报》分社，中央社，《大公报》分社等。《新华日报》不必说，《广西日报》（属桂系军阀）与《大公报》当时至少表面上摆出了“中立”的姿态，夏衍觉得与他们打交道都还方便，但与中央社、《扫荡报》打交道可难了。中央社在国民党内部派系中属CC系，《扫荡报》更是名声不佳的军统机关报，一直是共产党人的对手，夏衍对他们避之犹恐不及，还能与他们说上话吗？然而工作深入地开展起来后，夏衍就发现，中央社、《扫荡报》的情况都需要做具体的分析，至少在团结抗日这一前提下，其暗地里同情共产党的人士并不少。像中央社广西分社社长陈纯粹，《扫荡报》总编辑钟期森，经由夏衍沟通做工作，在后来的斗争中，都保持了友好的中立态度。

由于夏衍名望高，才华过人，态度又平易可亲，桂林新闻界自然而然地就以他为中心形成了一个社交圈子。有人回忆，夏衍在桂林新闻界统一战线组织“记者公会”中，“最能团结一切可以团结的人”，最善于说服别人同他合作。记者公会的一些活动，很多是以夏衍的意见为意见的。[①] 在“桂林新闻界

① 转引自高宁：《〈救亡日报〉的卓越领导者——夏衍》，广西日报新闻研究室：《〈救亡日报〉的风雨岁月》，北京：新华出版社1987年版，第193页。

聚餐会”上，《新华日报》分社、国际新闻社、《广西日报》、中央社分社、《扫荡报》等报业的首要人物们，大都也颇尊重夏衍。“在聚餐会上没有对立或争论，而且往往谈到国内、国际形势时，大家都希望听听夏公的意见，对夏公所讲的（当然很有分寸），也多点头称是。这个新闻界聚会也成了夏公进行统战工作、团结同业的场合。”①

坚决反共的人士也不少。对他们，夏衍一方面是坚决地斗争，一方面也注意策略和方法，并不搞得过于剑拔弩张。广西行营的政治部主任梁寒操是一个典型的国民党政客。他一边打着“孙科派”、“亲苏”的旗帜，为自己捞取政治资本，一边却又和CC派拉上关系，在第一次反共高潮中充当打手和急先锋的角色。而当桂林酝酿成立“中苏文化协会”分会的时候，他却又对分会会长的职务大感兴趣，想要窃据此位，扩大自己的影响。夏衍不能满足他的这个心愿，不然“中苏文化协会”的性质就变了。但他没有硬顶，而是和胡愈之、范长江、张志让、姜君辰、杨东莼等人商定了一个对策，请李宗仁夫人郭德洁出面担任“中苏文协”广西分会会长。

郭德洁爽快地答允，同时，还对夏衍等人办俄文训练班、翻译出版苏联书籍等计划都表示同意。郭女士对夏衍说：“会

① 张尔华：《在桂林〈救亡日报〉的时候》，广西日报新闻研究室：《〈救亡日报〉的风雨岁月》，北京：新华出版社1987年版，第87页。

址、经费等等由我负责，文化界我熟人不多，先请你和邵先（陈邵先）、此生（陈此生）[1]先生商量再作决定，至于实际办事的人，那就由你和邵先、此生先生去安排了。”这样，“中苏文协”广西分会的实权实际上就完全掌握在进步文化人士的手中，梁寒操则哑巴吃黄连，失去了一个他本以为唾手可得的会长职位。

桂林新闻检查所所长周永沣是另一个极端反共的人士。他对《救亡日报》的审查特别严格，却偏偏还要做一些面子功夫，和夏衍套近乎，称夏衍为“乡长”（他是绍兴人，和夏衍勉强算同乡）。夏衍也不当面戳穿他，只是表面上敷衍他，在报社内部则告诫大家不要上当。廖沫沙初进《救亡日报》，夏衍就提醒他：“写文章可得小心些，这位所长很厉害，要好好对付他。”

桂系集团对《救亡日报》的态度也并不总是友好的。人们常常发现，当地的特务在暗中恐吓报贩，使他们不敢和《救亡日报》的发行部门打交道。对此，发行员想出了一个对策，“批发点”不固定在一个地方，并且答应报贩可以赊账。还允许前一天没卖完的报纸退货。发行员的这个对策本有些违反财务制度，但夏衍从善如流，他不但同意了发行员的意见，还进

① 桂林期间，陈此生对夏衍及《救亡日报》的帮助尤其大。夏衍在《〈陈此生诗文选〉代序》（“夏全9”第701页）中有介绍，可参看。

一步要求编辑部与印刷厂紧密配合，尽量提早出报时间，抢在《广西日报》、《扫荡报》之前出版和发行，这样报贩就更乐意批售《救亡日报》了。

这里特别值得一叙的是：在与国民党方面人士各种复杂的交道中，夏衍得到了一个巨大的收获，这就是策反了时任国民革命军第十六集团军一七〇师副师长兼五〇八旅旅长的韩练成。这是夏衍为中国革命立下的一个重大功勋。

我们只能从夏衍的只言片语中来推寻先烈的点滴事迹。“文革”期间，夏衍蒙受了不白之冤，照例自然被安上了“叛徒、内奸、特务”之类的帽子。这原本纯属无稽之谈，连造反派们对之都不很当真，但到了 1977 年“极左”思潮仍然继续的年代，一些别有用心的人士却于此含混其词，想要拖延他的问题彻底解决的时间。试图给夏衍扣上一个随时可以拿捏的“紧箍咒”。夏衍愤而上书邓小平。信中他仅举了三个反例证明他绝无可能是“叛徒、内奸、特务”。这第一例就是策反韩练成：“从一九三九年到四六年，我在周总理和李克农同志的指示下，对国民党四十六军军长韩练成进行策反工作，结果在莱芜战役中这个国民党美械军被我方全歼。”[1]

夏衍这段回忆弥足珍贵。

近年来，韩练成将军为中国革命立下的不朽功勋已渐渐为

① 夏衍：《致邓小平》，“夏全 16”，第 11 页。

人所知晓。不过，人们对他的了解，一般集中在莱芜战役之后，也就是他明确身份、站到中共阵营之后。而这之前他的行迹，尤其是怎样与中共接上关系这关键性的一点，却是含混不清的。韩将军的哲嗣韩兢[①]以及当前几位隐蔽战线研究者如郝在今、夏继诚等有关的叙述都是不准确的。

其实夏衍致邓小平的信已经将事情说得很清楚了。当时韩练成还健在，夏衍在致最高领导人的申诉信中绝不会随便说到这种关乎自己政治生命的事情。1975 年 8 月，他出狱后不久，手写了一份《我的家史》。在所附“历程”部分中记录：1939 年的大事之一是“认识韩练成，订‘君子协定’”[②]。而他结识韩练成可能就在《一年间》的义演期间。李克农的儿子李力在回忆夏衍与韩练成的交往经过时说：当时韩练成买了几十张“荣誉券”分送友人，此后还与夏衍成了朋友，经常一个人带着酒、花生、叉烧肉到救亡日报社，与夏衍边喝边聊。[③] 这种说法是有一定可信度的。夏衍虽然是公开身份的共产党员，但也是一个知名的文化人。韩练成观剧后以艺术爱好者的身份与他交流，很自然，不会引起人们的特别关注。夏衍虽从不喝

① 韩兢：《隐形将军》，北京：群众出版社 2008 年版，第 60 页。

② 夏衍：《我的家史》，1975 年 8 月，手稿，第 17 页。

③ 李力：《从秘密战线走出来的开国上将——怀念家父李克农》，北京：人民出版社 2008 年版，第 127—128 页。

酒，但也不反感陪人喝酒，[1] 正好听韩练成“酒后吐真言”。当然，韩练成可能也正有意这么做，经过一段时间的交往，彼此有充分的信任了，才可能有所谓的“君子协定”。

尤其值得注意的是，夏衍在致邓小平信中说，他负责联系韩练成的时间是“从一九三九年到一九四六年”。这是一个很长的时间段，由此可以引出的一个推断是：根据共产党隐蔽战线的一般通则，在韩练成这个秘密关系启用之前，他很可能就是韩练成的单线联系人。他可能直接向周恩来负责，至多经过潘汉年的转折。[2] 从这一事件我们还可以推测夏衍从事隐蔽战线的工作当非一时的客串，周恩来对他具有高度的信任。韩是密级非常高的潜伏人员，很可能由周恩来直接控制启用时间。[3]

韩于 1950 年加入中国共产党，1955 年被授予中将军衔

---

① 夏衍的两位至交好友田汉、洪深都是“酒豪”，他则“滴酒不沾，喝一小杯绍兴酒就会头昏眼花”。（“夏全 15”第 248 页。）夏衍还在《谈自己》（“夏全 9”第 115 页）、《风雨故人情》（“夏全 9”第 597 页）等文中谈到过自己不喝酒却乐见友人豪饮的个人癖好。

② 策反韩练成大概是潘汉年系统的工作，李克农当有了解，但没有参与具体事务。李力、开诚的两部重要的李克农传记都未谈及李克农与韩练成之间有何工作关系。

③ 韩 1946 年在海南领军“剿共”，由于未到合适的启用时间，周未便告知海南中共组织这一核心机密，结果韩差一点丧命于冯白驹的琼崖支队之手。在莱芜战役时，周恩来也是在战役打响前不久才向华东情报部门通报了韩练成的身份消息。这个情报甚至绕过了华东军区政委饶漱石。可参见夏继诚《华东战场秘密战》（北京：中共党史出版社 2010 年版）第 300 页前后。

(在淮海战役中立下过奇功的张克侠、何基沣，不过授少将衔)，曾任兰州军区副司令员等职——起义将领中极少有人能够担任实职大军区副职的。

当然，以上的介绍，大抵是推测之词。夏衍毕生极少谈及自己在情报战线上的贡献（如迫不得已必须作为历史见证人出现时，他一般也都是强调潘汉年或其他人的贡献)。很多时候，他自己竟像一个静静陪同在潘汉年身边的旁观者似的。——这种情形当然是不可能的，他必然深度地参与了某些事件，但由于他一贯秉循潘汉年所谓“吹捧自己的人顶着底”的训导，[①]我们对这些事情的历史面相很难查考。有关韩练成将军的事情也是一样，随着当事人一一故去，这个极具传奇色彩、史诗一般的事件的具体细节现在是再也无法复现了。

桂林时期，夏衍还关注了日本反战人员的培养、劝化问题。

夏衍一直认为，日本侵华战争的罪责主要在于日本军国主义者，日本人民也是战争的受害者，因此，他非常重视对日本普通士兵进行反战宣传。1939 年鹿地亘来到桂林，建立了在华日本反战革命同盟西南支部，夏衍对此尽力帮助和支持。他多次到白面山附近日本反战盟员驻扎的南岗庙，与鹿地亘一道做

① “着底”是上海话下流的意思。夏衍很偏爱潘汉年这句名言，在不同场合多次引用过这句话。

日军战俘的思想工作。夏衍宽和的态度，加上他对日本文化的深刻理解和一口流利的日语，往往使战俘们能真切地领悟到中国人民正义的立场和宽厚的襟怀。在鹿地亘、夏衍、冯乃超、林林等的努力下，鹿地亘这一支部的许多盟员成了勇敢的反战战士，把满腔热血洒在了中国的土地上。在昆仑关之战中，就有大山邦南、松山逸夫（台湾人，中国名叫“陈松泉”）等三位在阵地喊话时，牺牲在离敌二百米的前沿阵地上。

日本战俘中也有非常顽固的。有个来自鹿儿岛的一等兵，每天清晨总要向东方遥拜，有一次还偷了一把菜刀，打算切腹自杀。鹿地亘找他谈话，总被他顶回来，鹿地亘气得不行。后来请夏衍去和他作了多次长时间的谈话。夏衍在“明专”读书时，有位鹿儿岛的同学，因此他能听懂鹿儿岛非常古怪的方言，也知道一些鹿儿岛的风土人情。和这位士兵交谈时，夏衍并不摆出居高临下的训斥样子，只是话家常，谈乡情。多次努力后，这个士兵对反战同盟的态度有了明显改变。这位日军士兵后来转化得是如此彻底，当后来一些日军俘虏不满当地人民凌辱的时候，他却冷静地说：“我们这民族做的坏事太多了，那么，让我们这几个不幸的人安心地替整个民族的罪愆背起十字架吧。”①

在桂林这二年间，夏衍尽管肩负报纸总编的重任，还是挤

① 夏衍：《从〈樱桃园〉说起》，“夏全9”，第284页。

出时间执笔著文，从不懈怠。作为现代文坛一位卓有成就的散文作家，夏衍这一阶段的散文随笔也趋于成熟。在上海时期的左翼文艺运动中，为了适应现实的需要，夏衍的精力较多地投向了翻译、电影和话剧剧本的创作。到他主持《救亡日报》工作后，才有机会重新拾起散文这种文体形式。他撰写时事评论，很少有当时报纸评论的陈词滥调。他每天在动笔前先问一下主持版面的廖沫沙："今天写多少字合适？"结果写下来往往同预定的字数相符合——短的八百字，最长的不超过一千二百字。他知识渊博，阅历丰富，信息灵通，平时涉猎书刊也多，常把交游和阅读中得到的新鲜观点和知识纳入评论，不少是可以当作优秀的散文来读的。

《起来！法兰西的人民》是在得到巴黎陷落的消息后而写的社论。对于在希特勒闪电式进攻面前，法国统治阶级贝当、赖伐尔之流的无耻出卖，导致法兰西帝国迅速崩溃，夏衍表示了无比的愤怒和悲怆。他以法兰西革命以来百多年间的历史为背景，阐明了寡头资产阶级与人民大众对民族解放的不同态度。文章结尾处写道：

> 我们向往着法兰西民族过去的光荣，因之在今天我们更明白地感觉到法国人民大众心情的惨黯。但是，在其另一面，我们也就坚信着：法国人民一定能在双重的锁铐下面巨人似的挣扎出来，用热血来洗涤6月22日的羞耻。

> 起来！法兰西的大众，有罗梭，有伏尔泰，有公社战士的民族，是不会给一二民族叛徒出卖的。[①]

而《论“晚娘”作风》一文，与其说是时评，不如说是一篇精彩的杂文。它以日常生活中司空见惯的后母虐待前妻儿女的琐事，来影射抗战期间国共关系的现实，极尽嬉笑怒骂之能事：

> 晚娘也有自己的想法，她一方面要弄死前妻儿女，让她独占，他方面可仍旧要敷衍她的丈夫、邻居，而博得一点名誉，所以她主要的作风是“一面瞒，一面打”——事实上后来晚娘惯用的方法，往往是阴性的虐待，譬如饿饭、虐待、暗毒……等等。她不希望这些讨厌的小东西明明白白在她手下打死，而暗暗地计划着使他们慢慢地磨折而死。磨折死的没有杀人罪，身上没有外伤，手干脚净，丈夫和邻人看了没有闲话，也许当死的那一瞬间，晚娘还可以挤出一点眼泪，来点缀一下升平。[②]

仅仅写作新闻性与政治性的时事评论，是不够的，散文应

---

① 夏衍：《起来！法兰西的人民》，“夏全10”，第154页。

② 夏衍：《论“晚娘”作风》，“夏全9”，第93页。

该具有更为广阔的天地，在题材、体裁和形式上更加多姿多彩。为此夏衍有意酝酿创办一个专门的杂文杂志，这杂志交给谁来主持合适呢？这时，一位年轻的杂文家进入夏衍的视界中。他就是秦似。秦似原来是《救亡日报》一位忠实的作者，常给报纸投稿，夏衍很欣赏他的文笔。见他生活无着，就给找了一份家庭教师的工作，并经常让他参加文艺界活动，使他加入到进步文艺运动中来。夏衍又约了宋云彬、聂绀弩、孟超，加上他自己与秦似，五人在中山路桂林酒家的木板楼上举行了一次聚餐会，大家边吃边谈。关于刊物的名称，夏衍想出了两个，一是“短笛”，取“短笛无腔信口吹”之意，另一个是“野草”。大家商议结果，觉得文坛太沉闷了，希望杂志能给文坛带来点生气，于是选定了“野草”。此外，聚会的主要话题是杂文和鲁迅。

夏衍说：“鲁迅写文章，往往是大家心里想说还没有说出来的话，他说出来了。所以一发表，就令人爱读。”大家都赞成他的意见，一致认为，鲁迅在30年代就给文艺家作了很好的榜样，现在正需要战斗性的杂文，应该把鲁迅这一克敌制胜的武器发挥起来，为当前的抗战事业服务。

1940年8月，《野草》创刊。虽然是用又粗又黄的浏阳纸印刷，但很快便一销而空。《野草》一下子就在文坛上站住了脚。在它上面发表的大量杂文和出版的各种丛书，在社会上产生了很大的影响。当时连远在延安的毛泽东都注意到了，据说他曾嘱人每期寄给他两份。周恩来也很关心《野草》，皖南事变后，他两次托人传达他对《野草》编辑方针的意见：既要勇于斗争，又要学会善于斗争，文章不要写得太露，要注意斗争方式，注意在斗争中保存自己。[①]

在《野草》上，夏衍发表过《旧家的火葬》《谈自己》《我这样地写了〈心防〉》《走险记》等作品。当然，他更多的散文作品还是发表在《救亡日报》与其他报纸刊物的副刊上。在这许多作品中，毫无疑问，《野草》是脍炙人口的一篇。夏衍用充满了诗意的笔墨描绘了小草不屈不挠的生命意志：

> 你看见笋的成长吗？你看见过被压在石砾和石块下面的一颗小草的生成吗？他为着阳光，为着达成它的生之意志，不管上面的石块如何重，石块与石块之间如何狭，它必定要曲曲折折地，但是顽强不屈地透到地面上来。它的根往土壤钻，它的芽往地面挺，这是一种不可抗的力，阻止它的石块，结果也被掀翻，一粒种子的力量之大，如此如此。
>
> 没有一个人将小草叫做“大力士”，但是它的力量之大，的确是世界无比。这种力，是一般人看不见的生命力，只要生命存在，这种力就要显现。上面的石块，丝毫

① 秦似：《回忆〈野草〉》，《新文学史料》1979 年第 2 期。

> 不足以阻挡，因为它是一种“长期抗战”的力，有弹性，能屈能伸的力，有韧性，不达目的不止的力。
>
> 种子不落在肥土而落在瓦砾中，有生命力的种子不会悲观和叹气，因为有了阻力才有磨炼。生命开始的一瞬间就带了斗争来的草，才是坚韧的草，也只有这种草，才可以傲然地对那些玻璃棚中养育着的盆花哄笑。[①]

这是对“野草”性格作出的最为深刻的阐述。也许作者原是以顽强不屈的野草品格来期望《野草》刊物及其作者的，但它的意义却远不止于此。读者一眼就可以看出，夏衍是借“小草”这一极普通而又平凡的意象，讴歌了人民的伟力，并借此对一切看不起人民力量甚至阻碍人民前进的人和事，作了无情的鞭笞。这篇散文难能可贵之处，是把“人民力量的伟大”这个社会命题与小草这一植物的特性联系在一起，丝丝入扣，却又丝毫不令人感到牵强附会。

《旧家的火葬》是对自己一段人生道路的反思和总结。1939年6月，抗日游击队打到杭州东郊，把他的旧家（这时已成了敌伪的茧厂）烧毁了，夏衍从报纸上看到了这个消息，感到一种异样的痛快。他写道，在“斗争剧烈的时候，我屡次感到潜伏在我意识深底的一种要将我拖留在前一阶段的力量，我

---

① 夏衍：《野草》，“夏全9”，第100—101页。

挣扎，我残忍地斫伐过我自己的过去廉价的人道主义，犬儒式的洁癖，对于残酷的斗争的忌避，这都是使我回想到那旧家又要使我恼怒于自己的事情。而现在，一把火把象征着我意识底层之潜在力量的东西，完全地火葬了。将隔离了穷人的书香人家的墙，在烈火中烧毁了"[1]。作者在"高墙的罪恶感"面前挣扎了这么久，他在旧家庭焚毁之后那异样的"欢欣"，生动地表达了知识者走向人民是一个与自我进行搏斗的痛苦而长期的过程。像许多出身旧家的革命者一样，在自我鞭挞时，夏衍有时也有过激的言辞。如文中对他侄辈将祖传屋子租给敌伪十分鄙视和痛心，因而说他们过的是"准汉奸的日子"。到 80 年代编《夏衍研究资料》时，夏衍将"汉奸"换成了"奴隶"，这两个字的改动，便透露了作者对以往某种情绪的匡正。

从 1937 年到 1949 年，夏衍共编过九本散文集，其中有六本收录的是这一时期的文章。它们是《血写的故事》《从冬到春》（或《从春到秋》）《转型期》《此时此地集》《桂林论集》和《长途》。但现在我们见到的，却只有《血写的故事》《此时此地集》与《长途》三本了。《桂林论集》毁于香港战火，《从冬到春》与《转型期》则由于国民党文检当局的阻挠，纸版佚失，最终未能出版。夏衍虽然一向不重视搜集、保存自己的文章，有随写随丢的习惯，但对这几个集子的佚散仍感到心痛。

① 夏衍：《旧家的火葬》，"夏全 9"，第 104 页。

多年后，他不无遗憾地说："这二十年中，除印了若干本翻译和十二三本剧本小说之外，只印过两本杂文：《此时此地集》和《长途》，那都还出于出版者的怂恿。我相信印出来的部分，数量上最多不过我所写的五分之一。"① 夏衍这集外的五分之四的杂文与散文，是再也不容易看到了。

桂林时期，夏衍在戏剧上的收获是《心防》与《愁城记》两个多幕话剧。《心防》作于1940年5月，讲述的是以刘浩如为代表的留守在上海"孤岛"的文化战士，如何在极端险恶和错综复杂的斗争形势下，建立起一条"精神上的防线"的故事。在刘浩如等形象中，明显可以看到他"对于在上海苦斗着的朋友的感慕与忧戚"。② 在某种意义上，这出剧也可以说是献给此时正奋斗在孤岛的阿英、梅益、于伶等诸位挚友。③《愁城记》脱稿于1940年12月初。它借赵婉、林孟平这对天真不识世故的小儿女在上海滩浮沉的命运，向人们尤其是较多罗曼蒂克幻想的年轻人揭示了这样的主题：国难当头之际，任何逃避现实、独善其身的玫瑰色梦想必将破灭，绝无侥幸成功之可能，唯一的出路，就是以你们年轻人的勇气，不辞一再的挫败，在黑夜的崎岖中走向"另一个世界"。

---

① 夏衍：《〈劫余随笔〉前记》，"夏全9"，第294页。
② 夏衍：《〈心防〉后记》，"夏全1"，第478页。
③ 夏衍：《忆阿英同志》，"夏全9"，第443页。

夏衍这两个剧本是针对抗战时期出现的一些具体的人生问题、生活问题而发的。但夏衍比较注意现实情境下人物真实性格的塑造，不把笔下的正面形象作脱离现实地拔高，不故意把反面人物漫画化；同时，夏衍十分注意慎用戏剧的巧合、突转之类，不靠情节的曲折奇巧哗众取宠，因此他的剧作也就取得了比一般宣传剧要高得多的艺术成就。

《愁城记》在重庆演出后，《新华日报》曾发表评论，对剧作情节结构等作了过多的不恰当的指责，认为剧本“故事过于平淡”，“找不到高潮”，像是一篇小说或散文。周恩来对此很不满意，曾对报社有关编辑提出过严肃批评，指出批评者并没有看懂夏衍剧本的深刻寓意。“说夏衍的文章和创作有许多独到之处，还说到他创造人物的深刻性，时代特点的把握和色彩明快，似淡而深。”① 周恩来可谓对夏衍知之甚深。

1940 年堪称是《救亡日报》战绩最为辉煌的一年。转眼间 1941 年到来，廖沫沙在白面山编辑部写了一副气势磅礴的春联：大块文章“救”中国，一行消息“报”新春——这副对联道出了编辑部全体工作人员意气勃发的心声。然而就在 1940 年底，国民党高层领导集团不甘心坐视民主进步势力的壮大，加紧步伐，磨刀霍霍，准备掀起第二次反共高潮。

---

① 张颖：《重看〈上海屋檐下〉的感想》，《人民戏剧》1980 年第 12 期，第 14 页。

在这之前发生了一件不同寻常的事，引起了夏衍的注意。1940年10月，分散在西南各省的抗敌演剧队同时接到国民党方面的通告：要么集体加入国民党，要么解散。抗敌演剧九队队长吕复，特地来到桂林，与夏衍面商对策。第九队是一支非常活跃的演剧队。原上海“文救”的“八一三”歌咏队解散后，夏衍就叮嘱其骨干成员林朴晔等人转移到抗敌演剧队第九队去。因此，它受到国民党方面的“特别照顾”也是可以理解的。

夏衍在请示李克农后，向吕复转达了中共南方局的有关指示：抗敌演剧队必须广交朋友，扩大抗日统一战线，但一定要坚持原则，不演一出反共戏，不唱一支反共歌，又要谨慎小心，不要冲动急躁，不要自己戴上红帽子。如有遇到被强迫入国民党时，可拖则拖，拖不下去的时候，可以集体加入，但有三点必须注意：一、必须向全队讲清楚，使大家有个思想准备，取得队内的意见一致；二、个别队员坚决不愿参加和已被国民党监视有危险的人，应设法保护他们安全离队；三、最重要的一点，不要“弄假成真”。①

吕复临走的时候，夏衍又再三叮嘱他，详细了解各队的情况，并让各队队长了解南方局的指示。吕复走后，多次同国民党人打交道的经验告诉夏衍，这是国民党反对派动手前的预

① 夏衍：《周总理对演剧队的关怀》，“夏全3”，第373—374页。

兆，新一轮的反共高潮即将到来。

当撰写《救亡日报》1941 年元旦社论时，夏衍不无所指地写道：“抗战胜利的三个因素：敌人的崩溃、友邦的援助与自力更生的加强，最重要的是我们的‘自力更生’……我们的自力更生建筑在团结与进步的基础上。1941 年我们应当是加强团结与加紧进步的一年。”在这篇社论中，“团结”被置于突出重要的地位。

顽固派对正义的呼声向来是充耳不闻的。1941 年 1 月 7 日，他们在皖南的茂林地区对奉命转移的新四军军部发动了突然袭击，新四军军长叶挺被俘，副军长兼政治委员项英等人牺牲，七千多名新四军战士阵亡。这就是震惊中外的“皖南事变”。消息传出后，国民党军委会还发了一个宣布新四军为“叛军”，取消新四军番号的消息，要求全国各大报社务必刊登这则消息。当然，他们知道这一手是极不得人心的，因此要各地新闻检查机构对于可能有“异动”的报纸加以严密监视。在桂林，《救亡日报》是当然的“重点关照对象”。

对于国民党这则诬蔑新四军叛乱的消息，夏衍果断地决定“坚决拒登”，同时又尽可能地做到“不伤情面”。他于 1 月 7 日当晚赴新闻检查所与周永泮交涉，用“让不让登报是你的特权，愿不愿登是我的权利”这个理由，一直拖延到凌晨 3 时。而利用这段时间，印刷厂便在盖有新闻审讫图样的纸版上，抽下了“中央社”那则造谣消息，让报纸开了天窗，并提前打印好。

翌日见报，在桂林的蒋介石一伙的爪牙为之哗然。他们大骂“沉默就是反抗”，是对最高当局的蔑视。尤其他们看到《文化岗位》上又有一则杂文，说“血和钱一样，不要浪费，否则人民不答应”，更是被触到痛处，暴跳如雷。周永泮这时便顾不上“乡长”的情面了，悍然扣发18日全部《救亡日报》，并向《救亡日报》发出严重书面警告。

情势一下子严峻起来。在桂林文化界，夏衍目标太大了，容易引起反动当局的忌恨——而且，看情况，《救亡日报》也是办不下去了。于是，组织决定将夏衍先期撤至香港，《救亡日报》的扫尾工作由廖沫沙、林林、张尔华负责。

临行前一天，夏衍去向欧阳予倩告别。站在一旁的曾在《心防》剧中演过角色的一位十七八岁的少女看出了夏衍伤感的表情，向他提出一个天真的却难以置答的疑问：“你在《心防》中不让刘浩如离开上海，那你自己为什么这样的离开了桂林?”夏衍黯然回答：“那是因为逼着刘浩如走的正是正面的敌人和国贼，而现在使我非去不可的，却是我们直到今天还是诚心诚意地期待着和他合作的‘友人’!”

1941年1月27日傍晚，阴历除夕，在这个寒风怒号的日子里，夏衍登上欧亚航空公司的一架小飞机，飞往香港。

第四节　港岛"避难"

香港依然是一个灯红酒绿的浮华世界。夏衍从启德机场过九龙，一路上看到的是商店、餐厅、咖啡室熠熠耀眼的霓虹灯，听见的是辞旧迎新喜气洋洋的爆竹声。当晚夏衍在国际新闻社住了一夜，第二天一早便赶到皇后大道中十八号。这里公开的招牌是粤华公司，经营茶叶批发，其实是八路军新四军香港办事处。廖承志是办事处负责人。

久别的战友无暇过多叙旧，就开始商量日后的工作安排。当时的局势是严峻的。香港地处亚洲太平洋地区中心，与东南亚和西方各国华侨关系十分密切，"汪蒋合流"的传言在这里却一时甚嚣尘上。而从1月到4月，包括桂林《救亡日报》在内有数十种宣传抗战的内地进步报刊被迫停刊，重庆《新华日报》的出版发行又遭到诸多阻挠和破坏，昆明、成都、桂林的生活书店、读书出版社、新知书店均被查封。这样，香港同胞和广大华侨就很难看到进步书刊，听到宣传抗战的声音了。因此有必要在香港建立宣传阵地，使港澳同胞和外国友人了解我国抗日战争的实情，知道中国共产党和爱国民主党派的抗日主张，认清投降派和帝国主义的阴谋。

这次谈话后没几天，范长江、邹韬奋等也先后抵港。2月中旬，由廖承志主持，邹韬奋、金仲华、范长江、夏衍、乔冠华、羊枣（杨潮）、张明养、胡仲持等讨论办报具体事宜。会议商定将报纸定名为《华商报》，由范长江主持编委会，给夏衍分配的工作是撰写社论、时评，并兼管文艺副刊。

《华商报》晚刊（对开）于 1941 年 4 月 8 日创刊。不久，原来由邹韬奋在上海创办的《大众生活》这份救亡周刊，经过紧张筹备，也于 5 月 17 日在香港复刊。夏衍也是编委之一，任务是“周末笔谈”和散文随笔。比起桂林的《救亡日报》，这段时期的担子是轻多了，然而，他横跨一报一刊两家编委会，所花的气力并不少，发表的时评和杂文也蔚为大观。此时集聚在香港的邹韬奋、金仲华、范长江、乔冠华、羊枣（杨潮）等都是当时中国第一流的国际时评家，夏衍与他们相互砥砺，很大地拓展了观察国际问题的视野。苏德战争爆发后，德军的动态及时局就成为他们讨论得最为热烈的话题。莫斯科保卫战打响后，苏联政府部分东迁，但最终情况会怎样呢？苏联政府会像拿破仑战争那样，撤出莫斯科，还是能够抵挡住德军攻势？当晚六七个人大吵特吵，最后成了乔冠华与杨潮两个人的“战争”。乔冠华甚至用“上吊”来打赌莫斯科的命运。这是怎样赤诚而热烈的心灵！[①] 就在这往来中，夏衍和他们结下了非常深厚的友谊。后来，他写过许多深情的文字缅怀这一段

① 夏衍：《哭杨潮》，“夏全 9”，第 235 页。

难得的既有性情又有精神高度的知音之情。

夏衍这一阶段也写作了大量的国际时事评论。本来，抗日战争从爆发之日开始，就不是单纯的中日之间的战争，而是和整个国际时事的发展变化联系在一起。说穿了，中国是亚洲“慕尼黑阴谋”的另一个版本。就像英法等老牌帝国主义国家所干的那样，他们希望通过牺牲中国的利益来达到“祸水北引”的目的——鼓励日本军国主义去攻打苏联。因此批判以牺牲弱小民族（国家）的主权来保护自身利益的“绥靖政策”，就是夏衍此时作为中国国际时评家最为关注的话题之一。他在桂林《救亡日报》工作的时候就写了不少这方面的国际时评。在《掌声与哀声》一文中，他对国际绥靖政策的代表人物、英国首相张伯伦出席议会居然受到保守党议员的鼓掌欢呼加以揭露和斥责：“假如这掌声只表示‘绅士’的仪礼，那么这也许是我们异邦人的少见多怪，但假如这拍手表示欢迎或者拥护，那么，我们以为应请张前首相和保守党诸员倾听一下在德机狂轰下挨炸弹的百姓们的哀声。”[①] 另一篇时评《送绥靖公之辞》，他就张伯伦在下台时把自己美化为“和平使者”以推卸罪责一事，历数在其绥靖政策下欧洲一大群独立国家被吞噬的严重恶果，以确凿的事实对姑息侵略者的政策作了严正的裁判：“今天，我们惊愕于德国的强大，悲叹于丹麦、挪威、瑞士、荷

① 夏衍：《掌声与哀声》，“夏全10”，第278页。

兰、比利时、卢森堡等国遭际的惨淡，而使德国强大，使这些企图破灭的这一个政策的实行者，却孤影悄然地从唐宁街十号消失了。这是一个历史的悲剧，这是妥协政策的必然的后果。”①

他写于1939年6月的《上海谈奇录》也是值得注意的文章。文中他对日本帝国主义内部矛盾的分析引人瞩目。这是一篇真正化用了《论持久战》核心要义的时事评论。②

而这一时期他的国际时评更加富有战斗精神，主要突出了两个方面的主题：一是在危难之际鼓励己方的战斗意志，二是捍卫世界反法西斯战线共同战斗的成果。

1941年苏德战争爆发后，世界反法西斯同盟事实上已经形成。不过，事情总不是一帆风顺的。在这一过程中，既有一些人试图排斥苏联、共产党方面的力量，又有人抱着祸水他引、自己发战争财的心思。比如《华盛顿邮报》对美国口头宣布冻结轴心国在美资金法案，却仍让日本逍遥“法”外一事，公然认为“开脱日本，正是一个贤明的政策”。夏衍在《明暗之间》一文中，指出“主流一元论者面向着一个方向，只要有反苏可能的时机，总得协同作战一阵，而这一切向着一个方向的‘协

---

① 夏衍：《送绥靖公之辞》，“夏全10”，第143页。

② 夏衍：《上海谈奇录》，“夏全8”，第83—89页。

同’，也正是比明流更基本的国际政治上的暗流”，[①] 对这种“外交运用之妙”给予了无情的揭露和尖刻的讥刺。夏衍对国内那种借外部势力自重并趁机排斥异己的局势，也给予了更多的揭露。[②]

而对于苏德战争爆发后异常严峻的欧洲大陆形势，夏衍总是以坚决的姿态与一切投降主义的论调作斗争。发觉欧洲大陆一切可喜的萌芽，探听“新欧洲的胎动”的消息。他憧憬着反法西斯斗争高潮的到来：“欧洲真的沉默了吗？有光荣传统的欧洲人民真的被征服了吗？不，在极度残酷的法西斯高压和新闻统治下面，我们也已经清楚地听出了‘产妇欧罗巴’的痛苦的呻吟。新的欧洲，已经在胎动了。”十天以来，罗马尼亚发生了公开的武装暴动，丹麦发动了普遍的人民怠工，挪威反奎斯宁运动日益加剧，德国前线士兵大量脱走和投降。“细细的潜流在汇合，星星的野火在燎原，新欧洲的诞生，已经近了。”在这个令人不安的盛夏季节，夏衍还特别强调指出：“我们密切地注意着 1941 年的冬天，——一个苦痛而有催生作用的冬天。”[③] 事实证明，夏衍的这些评论是相当具有先见之明的。尽

---

① 任晦：《明暗之间》，“夏全 10”，第 256 页。

② 可参见其《幌子与实际》（《华商报》1941 年 7 月 8 日）、《旧账不算为妙》（《华商报》1941 年 7 月 18 日）、《我们行进》（《华商报》1941 年 8 月 13 日）、《法西斯主义的中国翻版》（《华商报》1941 年 11 月 20 日）。

③ 夏衍：《新欧洲的胎动》，“夏全 10”，第 264 页。

管俄罗斯的冬天是一大考验乃是常识，但在德军“闪电战”无往不利的时候，夏衍意识到将战局拖入冬天的重要与必要，这显示了他立场的坚定、认识的客观（当时不少左翼人士还一味轻信苏联的战报，幻想德军指日可破呢）以及目光的长远。

当然，和他的战友们一样，夏衍这时的国际时评有着一些明显的弱点，主要是对苏联在整个战争中的作用地位评价过高，有时自觉不自觉地根据苏方宣传的口径来推论国际时局变化的进程（包括苏德关系等），这样就做出了一些不合时宜的预测。① 但这是一代左翼知识分子很难摆脱的局限。

在写作国际时评的同时，对国内种种不合理的现状，夏衍也并不放过，特别是经历了皖南事变、被迫离开桂林这一幕，他不禁时时感到郁闷和愤慨。尽管香港没有轰炸，没有警报，物资上是润泽的，但心灵却常常感到焦躁。在桂林，花了三年功夫，好不容易奠定了基础的文化堡垒《救亡日报》，被扼杀了！“世界正在战争的坩埚中鼎沸，同胞被追迫到黑暗的角落里焦伤；因与果倒置，黑与白混淆，是与非颠倒，为着爱，为着憎，我禁不住从心底里迸发出来的呼号，可是被窒息了的地上，哪儿有我们自由呼吸的地方？在绵绵春雨中，我在郊外痴

① 叶再生：《中国近现代出版通史》第 3 卷，北京：华文出版社 2002 年版，第 1147 页。夏衍的《希特勒与拿破仑》（《华商报》1941 年月 7 日）、《向人类的祝日欢呼》（《华商报》1941 年 11 月 7 日）等文就有这方面的弱点。

望着一个及时地耕播着的农妇，我感到冲击，我又陷于无底的忧伤，我已经是一个失却了土地的农民，尽管生平习惯于勤谨，可是现在，已经是欲耕耘而无地了！”[①] 这是他写在《别桂林》中的一段话，也可说是他此时的一段内心独白。其间难以排遣的窒闷和怨愤心情，成为他执笔写杂感的动力。

国民党报纸以《新华日报》刊载了周恩来两篇文章，且居然还能够用汽车运送分发到外报记者一事大发感慨，以为以此可证明陪都的民主、自由空气可见“一斑”。夏衍嘲弄说：“一个政党代表的言论在陪都可以‘公开’登载，似乎已经是一件值得特别报道的事件；而‘登载’这些文章的该报不在街头叫卖，而必须‘派人用汽车载送’，此项作风似乎颇为奇特；加上，特别派送的对象是‘外报记者’，也颇使人想到‘该报’发行似乎也不是一无障碍。”评点的话虽然不多，但国民党政府压制进步舆论的真相却暴露无遗。[②]

当局迫害进步文化人士，却还要倒打一耙，指责他们的“出走”犯了“绝大的错误”，要他们赶快“回都”。夏衍在《“出走”与“回都”》一文中为保留着“忧时之泪，爱国之心”的知识分子进行了申辩，进而抨击了当局对知识界的禁锢和摧残：“……与其召唤文化人回都，还不如先启封几家书店，几

① 夏衍：《别桂林——〈愁城记〉代序》，“夏全 1”，第 407 页。
② 任晦：《“陪都空气”》，“夏全 10”，第 254 页。

家报馆，把防空洞里的文化青年‘疏散’一下，或者让未曾入党的中小学教员有了教书的机会。”①

香港也有文检机关，看到一些他们以为不顺眼的文字，文检的官员们便会拿起笔来删去，并以“□□□□”代之。《华商报》、《大众生活》一类进步报刊便是他们所特别“偏爱关照”的。送检的文章，常常有大段被“□□”删代了。有时竟会多达数百字。夏衍的文章便经常被这些文检老爷们用“□□”搞得支离破碎，文意难明。

然而港英当局的文化检查制度，到底比国民党独裁统治下的文化专制制度来得“文明”一些。他们对进步文化人的文章会搞点小动作进行破坏，却不会明目张胆地干“扣发”、“禁写”之类的勾当。针对这样的情况，夏衍采用了“你删你的，我写我的”策略。一些揭露国民党独裁政体，戳穿汪逆分子汉奸面目的文章，虽不免要遭到删减，但只要有若干的言辞能见诸于报端，对于黑暗势力便照样是一种打击。如《“出走”与“回都”》《被激情烧灼的日子》《关于新闻的随感》等便是如此。

由夏衍主持的《华商报》副刊《灯塔》，每周出五期。在谈到副刊的宗旨时，夏衍申明《灯塔》是一个“文艺化的综合副刊”，既不想“嬉皮笑脸插科打诨”，也不想“扯长了面孔说

① 子布：《“出走”与“回都”》，“夏全10”，第246—247页。

教”。“《灯塔》是我们读者一天工作疲劳之后，可以不费力气地在灯下阅诵的读物，像一杯清茶，一张小夜曲的唱片，要做到的是尽管不一定能够滋养和振奋，但也未始不足以爽气和清心。”[①]《救亡日报》时夏衍已有了经营副刊的丰富经验，因此《灯塔》在他的主持下，办得极有声色。茅盾的长篇笔记《如是我见我闻》，巴人的长篇小说《沉潭》，艾芜的长篇小说《故乡》都在这里先后连载过，是影响甚大的作品。1941 年 11 月中旬开始，《灯塔》用了大量篇幅，刊登柳亚子、胡风、金素琴、凤子等人的诗文，祝贺郭沫若五十寿辰。其中周恩来的《我要说的话》与郁达夫写来的《写在郭沫若五十诞辰之前》，现在已成为弥足珍贵的文史资料。

夏衍对言论的钟爱又体现在《灯塔》副刊所辟出的两个专栏上。一是《灯下谈》，每日刊登一篇数百字短文，说古论今，针砭世风，是为读者喜爱的带有鲁迅风的“花边文学”。另一个是《东拉西扯》，豆腐干大小，每天三四段至七八段不等，长的五六十字，短的二三十字，粗看似编者补白，细读会发现不少是好文章。许多警句令人叫绝或发出会心微笑，其中有不少即出自夏衍之手。

另外，《华商报》的《舞台与银幕》周刊，夏衍也是写稿最勤的作者。他坚持每周写一篇《一周影评》，把一周放映的

① 夏衍：《未能免俗的介绍——算是发刊词》，“夏全 10”，第 161 页。

电影选评三五部，每篇字数不超过七八百字。看这些电影，夏衍全都是自费掏钱的，但他很乐意这样做。这些影评，他都用“子布”这个电影界熟知的笔名发表，表示负责，绝不马虎了事。当时香港影坛异常混乱，宣扬武侠、神怪和色情的不在少数。而表现抗战内容的影片，由于缺乏坚实的生活内容，粗制滥造，不受观众欢迎。夏衍一方面对反映现实的进步影片如《小老虎》《民族的吼声》《流亡之歌》等给予肯定和赞许；一方面则组织司徒慧敏、蔡楚生等在专栏对港岛电影现状开展讨论，探讨某些抗日影片不受欢迎的原因，抨击 1939 年以后重新泛滥起来的逆流，为香港影业指出一条服务于抗战的途径。

对于抗战戏剧运动，夏衍更是关注。话剧在抗战爆发以后，一跃成为救亡宣传最富感召力和煽动性的文艺样式，各种话剧团体，各类话剧形式如雨后春笋在祖国大地上蓬勃发展起来。话剧如此深入人心，夏衍当然很高兴。但作为一位艺术上已相当成熟的作家，看到话剧界（其实是整个艺术界）以政治宣传为唯一目的，他是担心的。夏衍始终认为，“抗日战争时期文化艺术的主旋律必然是炽烈的爱国主义精神和渴望自由民主的全民族的强烈意志”[1]，但他也同样认为，话剧艺术毕竟有

---

① 夏衍：《前事不忘，后事之师》，《文艺报》1988 年 10 月 22 日，“夏全8”第 628 页。夏衍有数篇文章或访谈均名《前事不忘，后事之师》，此是其中之一。

自己特殊的艺术规律。倘若一味地将宣传目的抬举得太高，便会远离话剧艺术的真谛。因此他在《论上海现阶段的剧运》《论剧本荒》《戏剧抗战三年间》等一系列文章中，提出了"难剧运动"的主张。他希望借助一些表演难度较大，艺术风格较为复杂细腻的话剧的排演，来将中国话剧界的演、导水平提高到一个新的层次。遗憾的是，夏衍这种高屋建瓴式的对话剧运动的隐忧，当时并未引起太多的回响。事实上，整个中国艺术界还在"艺术目的—政治宣传教化"这个命题上徘徊。倒是"孤岛"话剧界对夏衍的倡议有些回应。夏衍的《论上海现阶段剧运》发表后，为响应"难剧运动"的号召，吴仞之、许幸之等花了半年的时间，排演了苏联剧作家鲁道夫·伯斯特儿的五幕剧《闺怨》。这出戏曲高和寡，上座平平，但它高雅的演出格调，对女诗人伊丽莎白·白朗宁诗情与爱情生动感人的诠释，至今仍为演艺界所乐道。[①]

夏衍这一阶段对剧本创作的看法，集中体现在《于伶小论》这篇文章里。

在国破家亡的苦难时代，有一批剧作家目击了对于人性的真和美的扼杀，出于对真理的热烈追寻，他们以自己所热爱的艺术作为武器开始战斗。通过长期的社会斗争和艺术实践，他

① 可参见左莱主编《中国话剧史大事记》（北京：中国艺术研究院话剧所1995年版），第205页。

们从真诚的人道主义者变成了志于殉道的革命者。但由于他们对于所获得的新的人生观、世界观未能充分地消化，因而在他们的作品中，情与理乖戾，性急的呼喊和拙直的说明代替了形象的细致描绘和审美情感的深入渗透。夏衍在《于伶小论》中，对抗战剧创作中这个较为普遍的现象作了精辟深刻的剖析。

不像当时左翼文坛对人道主义采取一概不屑的态度，他认为“我们没有权利和必要来要求一个知识阶级的作者，违背自己的良心和感情而急速地去迎合另一种人群的口号”，不应该“过低评价一个知识分子的人道主义和理性”；同时他又指出，仅仅这样还是不够的，我们要求的是“更深和更广的人道主义，和更有机地和自己感情融合了的理智”。

只有具备着全副心肠的深而且广的人道主义的知识分子作家，才能不沉溺于自己狭隘的情操，才能使自己眼、心、脑看到感到和想到更广泛的地方，才能成为一个真实的社会人和世界人，而全心全意地为着受难者群的遭际而歌哭，而争斗。也只有如此，才能把自己坚定起来，不会在挫败的时候“怯战”，不会在寂寞的时候伤感。更进一步，也只有如此，才能融化理论成为自己的血肉，浸润自己的每一个细胞，汇合同时代人的苦痛为自己的苦痛，才使他自己的灵魂壮健起来，能够巍然独立，再不需要“理论”这一根机械的外在的支柱！①

这里所说的人道主义，可以理解为革命的人道主义。夏衍这段话突出地强调了作为革命的人道主义作家，必须深入到广大的人民大众中间，真正深入地体验他们的生活，感受他们的情感、需要，使自己与他们契合无间，这样他的艺术创作才能获得真正的自由，情与理做到浑然一致，而不致离开人民群众的需要，也不致出现“理胜于情”的公式化理念化倾向。这是很有见地的论断，至今仍发人深思。

在香港这段时间，夏衍最为重要的文学创作该说是长篇小说《春寒》。这部迄今为止夏衍发表的唯一的一部长篇小说，是在邹韬奋的敦促之下写就的。茅盾的《腐蚀》在《大众生活》周刊连载将完的时候，邹韬奋找到夏衍，让他写一部连载小说。

夏衍觉得小说这种文体并非自己所长，便婉言推拒。可是邹韬奋不答应：我们编委中，除了雁冰兄，就你是搞文学的了。你不写，谁来写？

于是，从这年秋天动笔，10 月 4 日小说开始在《大众生活》连载。没想到，立即受到了香港和南洋一带人士的注目，

① 夏衍：《于伶小论》，“夏全 3”，第 124 页。

被看作是继茅盾《腐蚀》之后，在港澳读者中留下了深刻印象的作品。香港人间书屋1947年创办时，将它列为《人间文丛》的第一部作品出版，后来一年间又重印了多次。

广州中山大学文学院于1948年举行过《春寒》讨论会，与会者认为《春寒》基本上是成功的："1. 充分地揭开了真伪抗战之谜，打击了所谓领导抗战的骗人伎俩，粉碎了有些人对所谓'民族英雄'的盲目崇拜，在教育意义上获得了很大成功。2. 新写实主义手法，使读者有真实亲切之感。3. 文字洗炼、优美。"①

《春寒》是以夏衍记忆深刻的广州大撤退为背景而展开的。作品描写了从事抗日文化宣传工作的男女青年在这段时间的坎坷遭遇。他们为"保卫大广州"积极奔走，后来又深入粤北农村，组织抗先队，发动农民，但处处受压制、受侮辱，以至最后被逼逃难。小说尽管写了年轻人的情感纠葛，实际上着力反映的是当局官僚机关的腐败无能和荒淫无耻。这就是"春寒"的寓意所在：春天似乎已经到了，但像吴佩兰、徐璞、蔡洁、萧琛、黄老夫子这一批正直的知识分子，在南粤的春天里，感觉到的却只有一片冰冷的寒意。小说以徐璞的被捕和吴佩兰拒绝高官侮辱愤而出走作为结束，更加增强了现实批判的力量。

① 《〈春寒〉讨论总结》，《青年知识》1948年第35期。

在抗战大熔炉中小资产阶级青年的思想感情的波动和变化，夏衍在作品中表现得是比较细腻的，确能给人以真实亲切之感。女主人公吴佩兰开始对生活充满希望，但缺乏磨炼，没有穿过“紧鞋子”，感情纤细脆弱，一旦受到挫折，便感到烦躁、寂寞。后来在血与泪的面前，她用现实的鞭子残酷地鞭挞自己，抛弃失恋的哀愁，逐渐变得成熟和坚强起来。夏衍在勾画这个人物时，能深入她的内心，发掘出她作为知识女性独有的敏感和纤细的气质，这同他话剧中对一些女性心理的刻画，颇有异曲同工之妙。

值得提一笔的是，《春寒》中吴佩兰在流亡途中所写的新诗是夏衍自创，而另一个人物萧琛所写的两首诗，则来自于钟敬文。1982年姜德明考证这两首诗的出处时，夏衍立刻指出了这一点，而钟敬文自己早已忘却了这件事情。[①]

夏衍毕竟还不长于写小说，作品中叙述多于描写，整个故事的主要线索是“事”而不是人，故而作品对人物性格的塑造显得过于单一，而全书结构也缺少波澜跌宕，读来不免给人以散淡之感。

前已谈到，夏衍和《华商报》、《大众生活》的同人们结下了较为深厚的友谊。在这期间，夏衍对才华横溢，具有诗人气

① 杨哲：《逝者留痕——钟敬文与夏衍的一段往事》，《文艺报》1997年4月26日。

质的乔木（乔冠华）抱有特别的好感。乔读大学和研究生时主修哲学，回国后转向国际时事评论，在这方面表现出敏锐的判断力和分析力，加上他洋溢着激情的文字和口才，这时已是国内有数的几位著名国际问题专家了。夏衍在港时就与他同住在九龙弥敦道山林道口的“雄鸡饭店”楼上，两人相处默契。他们还常常和杨潮、于伶等一起，到用猫头鹰作标志的“聪明人”咖啡店喝咖啡，或是到“高罗士打”饭店喝下午茶。这些所谓的“流亡文人”在一起，纵谈时局，极为畅适，虽偶尔也有争论，但对他们的亲密关系毫无影响。

在左翼的文化人中间，也不是都很融洽的，夏衍与胡风的关系便是如此。

1941年6月初，胡风从重庆撤到香港。出于同志的关心(可能还有点统战的意思)，他到达香港的头一天，夏衍便与蔡楚生夫妇一道去看望了他。刚到胡风下榻的新新酒店的时候，胡风的小女儿正在哭闹。因为她还要吃金山橙，梅志（胡风夫人）却不给了。

夏衍见状便说：“橙子小孩子吃了好呀，多吃几个没关系。”

梅志有些为难地说：“一个要一两角钱，哪能尽她吃呀？”

夏衍笑笑说：“这里水果便宜，该多给孩子吃点。”

因为是抗战以来第一次见面，在战乱中重逢，大家情绪都很好。谈话时只捡一些轻松的话题说。夏衍等人告别后，梅志对胡风说："这位就是沈端先呀。我看他挺和气，对孩子很关心的，这种人不该是坏人吧。"胡风笑了笑："坏人倒不能说是坏人。不过，你瞧着，等他谈到国防文学时，便不会这么一团和气。"

胡风的预感不错。

抗战以来的文艺领域出现过一些有影响的作品，但也存在明显的图解政治概念的公式化倾向。胡风认为这些平庸作品的产生，是由于教条主义扼杀了创作个性和作家的创造精神，因而他认为必须强化作家的主观精神和个体生命力。胡风的这个见解是很独到的，较为切合艺术的特征和规律；但他的观点也有偏执的一面，他对进步文艺否定较多，文字过于尖刻，如"枯燥空洞"、"思想力灰白"、"艺术力死灭"等，因而令人难以接受。1941 年 1 月，在重庆的一些左翼作家开过一次座谈会，茅盾、以群、罗荪等批评了胡风的文艺观点。

夏衍虽然没有就这个问题公开发表文章，但他与杨刚等后来编过论文集，集中地刊载了邵荃麟、胡绳、乔木（乔冠华）批评胡风的文章。可见他也不同意胡风的观点。因此胡风与夏衍的关系便相当紧张。这从胡风回忆在香港的一段文字中可以看出：

> 党在文艺方面的负责人当然是夏衍。但从重庆来的一些人（以群、宋之的、盛家伦、葛一虹等）都对他有所不满，连和夏衍一向接近的茅盾也有意见。原因之一是，以夏衍、杨刚为中心出了一本指导性的理论文集，却没有约这些人参加，他们事先都不知道。……
>
> 好像连《雾重庆》的上演都受到夏衍的阻力，因此宋之的对夏衍也有不满。
>
> 夏衍支持的是他的接近者于伶的《大明英烈传》。一次，几个人喝茶聊天，廖承志表示对这个剧本不满。但夏衍马上说这是于伶最好的剧本，说廖没有调查研究，没有发言权。我当时觉得，夏衍对领导人的这种态度，太骄横了。①

胡风在他的回忆中，还提到乔冠华对夏衍也很不满意，以至于廖承志决定专门召开一个内部会议批评夏衍。而在这个会议上除了胡风仗义发言外，其他人包括原来要准备讲话的茅盾均装聋作哑，闷声不响以致该次会议不了了之了。

---

① 胡风：《胡风回忆录》，北京：人民文学出版社1993年版，第247—248页。关于“指导性的理论文集”，1941年香港并没有出版过；1948年《大众文艺丛刊》出过第2辑《人民文艺》，第5辑《论主观问题》，收入了邵荃麟、乔木等的文章。胡及后面夏衍所说，疑即指此。

撇开历史的陈迹，我们今天来看胡风的这段回忆，可以看出有不少意气之词。革命同志内部也有争执、不快乃至不满并不奇怪。但其中有些是误会，有些是暂时的赌气等等，事后解释清楚了，也就一风吹了。胡风也许对夏衍已有成见，因此任何对夏衍不利的细节都记得特别具体、特别清晰，而事实却远非如他记忆中的那样，夏衍与茅盾、乔冠华、廖承志、宋之的的关系搞得那么僵。恰恰相反，夏衍与这些同志关系极好，可说是毕生之挚友。相反，胡风与这些人很难说有什么深厚的个人交集。

笔者曾就上述事情专门写信给夏衍，询问当年的真实情况，夏衍由他孙女代笔作了回复。

信中所问问题，已问过爷爷。并由他口述，我做了记录，回答如下：

①关于夏与杨刚出的那个文集，情况是这样的：当时在香港出杂志，需要登记，付二千元，并要担保人。为了避免这些麻烦，所以就采取出不定期刊物的方法。用其中重要的文章做期刊的题目。“那本指导性理论文集”的题目记不得了，主要内容是批胡风“主观战斗精神”的。作者有邵荃麟、胡绳、乔冠华。所谓“排斥”之说纯属无稽之谈，以群、宋之的、盛家伦、葛一虹也是左翼的同志。

②宋之的、于伶都是夏衍的好友。所以根本没有此事（指夏衍阻演《雾重庆》——引者按），是胡风个人的想象。

③廖承志是夏衍的老朋友，开玩笑是常有的事，不可能有态度“骄横”的事。[①]

夏衍在复信中说胡风的许多想法是出于“个人的想象”，大概是不错的。胡风搜集到的许多对夏衍的指责，是他捕风捉影听来的，或是他个人的“觉得”，因而在会议上，他所大惑不解的“大家在背后意见那么多，到会上却只说几句无关痛痒的表面的话”，实际上并不难解。胡风还说乔冠华找以群诉苦之类，这更说明他不了解夏、乔之间的深厚友谊。当时乔冠华与夏衍就住在一起，是无话不谈的亲密朋友，依乔的个性，至于如此吗？

需要说明的是，这里我们重提这段令人不快的往事，并不是要说出一个谁是谁非。在这场冲突中，胡风有他的误解，但夏衍也不能说是完全正确。他和杨刚编的那本以批判胡风文艺思想为主题的论文集《论主观问题》，就不能说是有利于大局的，从今天来看，其中的许多观点是偏激和片面的。这场冲突

① 沈芸：1990年9月29日致陈坚函。

说明了一个简单的事实：夏衍与胡风之间的宗派对立情绪，经过抗战数年，不但没有减弱，反而有增强之势。而且对于这样的一种对立，冲突双方似乎都没有什么和解的意思。

不过，对夏衍来说，在港一年间，虽然小有不快，但能和许多文化新闻界的友人处在一起，眼看工作又活跃地开展起来，夏衍的心境也得到了调整，再也没有初到香港时那种“流亡者”的感觉了。

然而，就在这时，战火毫不留情地烧到了这个恬静美丽的小岛。

1941 年 12 月 7 日，南中国海如往日一样风平浪静，日丽天青。夏衍与在港文艺界朋友利用这一天周末休假，偷半日小闲，一多半是为了欢迎新近到港的上海剧艺社演员柏李（周尔贤，于伶夫人），相约到青山湾野餐，同行的有黄药眠、于伶、乔冠华、杨刚、袁水拍、郁风等。傍晚，从汀九步行回到荃湾夏、乔二人的住所，晚餐桌上，大家又热烈地讨论了为英、苏反法西斯战士送圣诞礼物而准备的马思聪音乐演奏会的工作。午夜 12 时，夏衍到码头送别寓港的朋友渡海，回来还写了一篇短文，直到凌晨两点就寝。

8 日凌晨，还没起床，忽然有人猛烈地敲门，夏衍起身开门，进来的美国记者爱泼斯坦大声地说了一个词：“War（战争）！”

乔冠华惊叫了起来："啊？"

夏衍问道："日美开战了？"这两天他和乔一直在争论日美有无可能开战，乔持否定观点。

爱泼斯坦用手指着窗外的天空："听，这是日本飞机。"

消息很快证实：日本海空军 7 日凌晨偷袭了珍珠港，把美国太平洋舰队打了个落花流水，天不亮的时候，日本战机在香港上空侦察飞行，进攻香港的信号已经发出，这弹丸之地危在旦夕。

夏衍与乔冠华匆匆赶到尖沙嘴码头，此时渡轮只准与军事有关的人员上船，两人只得雇了帆船，偷渡过海。当天上午，廖承志召集紧急会议，决定《华商报》和《大众生活》作好停刊准备，同时派人与东江游击纵队联络，疏散留港的爱国民主人士。

日本向东南亚各国和西南太平洋各岛开始进攻。日军从汕头一带迂回到新界，从新界用大炮不断向香港市区轰炸。

港英当局对这场突如其来的战争，并无认真准备。英国驻亚洲的陆军部队完全不会打仗。香港早成了日本人的瓮中之鳖。在香港的东北一带，每天都能听到头上咝咝的炮弹不断飞来。香港其他报纸均已停版，《华商报》坚持了三天，到 12 月 12 日不得不停止出版。夏衍出面召集编辑部全体人员（包括社长范长江、总编辑胡仲持）开会，正式宣布了廖承志关于撤离的指示和对人员疏散的具体部署和安排，最后，郑重传达了廖承志的一番话："这是一个非常时期，可能会碰到预料之外的险恶环境，那时，如何处理，就只能请你们自己抉择了。请大家珍重自己的革命历史！"据郁风等人后来回忆，这段话不久便成了他们在挣脱敌人魔爪时策励自己的座右铭，且终生难忘。

维多利亚海湾笼罩在一片炮火之中。炮战最激烈的地区是平时被港人认为住宅区的跑马地愉园一带。夏衍临时寄寓的楼房17日被炮弹击中，他在这钢管水泥的五层楼屋子里整整听了三天大炮的声音，所幸日炮的口径很小，这排屋子虽然外表打成蜂窝模样，但屋内伤损不大。

12月25日圣诞节这一天，港督举着小白旗向日军投降。① 夏衍来到大街上，看到的香港已迥然两样了。满街都是碎砖残瓦，玻璃碎片，遗弃的家具衣物，焚毁的汽车，平民和战马的尸体，以及半个月来无人收拾的垃圾和从被炮弹击中的自来水管涌出来的清水。几个日本兵督着一批苦力打扫街道，市民睁着恐惧而好奇的眼睛，店门口贴着本店被劫一空的招贴。三四

① 在作于1983年的《关于中国电影问题》一文中，夏衍还用很轻蔑的口气提起："在太平洋战争时，我亲眼看到过香港总督手执白旗向日本军投降的场面。当时，英国军队根本没有认真地抵抗，只是因为日本军的炮弹打中了香港的自来水厂，总督认为没有饮水就不能打仗，就冠冕堂皇地宣布投降了。"（"夏全7"第302页。）

个、七八个端着长枪的日兵，一进门就用手势和不完全的粤语要手表、自来水笔、戒指、金子、香烟和易带的衣物。

香港成了正在腐烂的死城。从皇后大道到穷街陋巷，没有一处不摆满了赌台，没有一张赌台不挤满了男男女女的赌客。日军所到之处建设的就是这种专与烂仔“共存共荣”的“新秩序”！抗战五年来，夏衍第一次经历了日寇如此疯狂的掠夺——作为一个日本留学生，他对日本人民一直抱有最善良的感情，但他从此不能不对日本侵略者的丑恶行径耿耿于怀，永远不能原谅。

到 12 月底，滞留在港的多数知识界人士已分批离开，夏衍开始安排自己及最后一批人撤退。夏衍、司徒慧敏、金山、蔡楚生等人的名字，在日军司令部那里早已是挂了号的。他们进占香港后，遍寻夏衍不得，便在电影院中放幻灯片，要求夏衍、司徒慧敏等人出来到“大日本报道部”报到，与他们“合作”。情势越来越逼紧了。

由于时间拖得太晚，原来那条经东江游击队根据地转向大后方的撤退路线，已经变得不安全。得到廖承志同意，夏衍决定走水路，偷渡伶仃洋，从澳门经台山、柳州，再折回桂林。路线定下来，夏衍便让郁风秘密地通知了有关人士。出发前夏衍特地到司徒慧敏家去了一趟。司徒家累比较重，他的家人们要和他分头行动。期间司徒夫人邓雪琼建议：大家把大面值的港币摺成一个小方块，用橡皮膏贴在脚心。这一招很管用，途中日寇哨卡脱鞋脱帽检查时，都没有被发现。[①]

1942 年 1 月 9 日清晨，夏衍、金山、司徒慧敏、蔡楚生、王莹、郁风、金仲华、张云乔、谢和赓、郑安娜等十六人，在西环一个最冷僻的码头——香港仔集合。[②] 天空黑沉沉的，6 点钟东方才现出隐隐的微光。等了一会儿，船还未到，负责联络的人认为一大群人等候在码头不方便，便把大家带到一家“鱼栏”的楼上。准备同船走的人中间有常见面的，也有自战争以来还不曾见过的，大家道着平安，讲着战争时期的险难。夏衍留着两撇胡子，身穿一件刚过膝的长衫，手持一把雨伞，活像一个港澳地带的小商贩。他的化名叫黄坤。这时他检看大家的行李和装束，发现有的女士脸上抹了锅底灰，王莹装成一个信佛的尼姑，《珠江日报》主编的夫人化装成贫穷女人，一眼就看出是伪装的。夏衍要她们不要搞得太厉害，以免弄巧成拙。等到 11 点，趁没有日寇哨兵的时候，他们便立即挤上两条长不满三丈，阔不满三尺的小船。开船后一路小心，但到天快黑经三都澳的时候，还是遇到了麻烦。这是此行的第一关，通

① 司徒恩湄：《忆父亲二三事》，中国电影资料馆等：《百年司徒慧敏》，北京：中国电影出版社 2010 年版，第 156 页。

② 夏衍后来作有《香港沦陷前后》、《走险记》（“夏全 8”第 216—234 页）两文，较详细地描写了香港沦陷后，他和朋友们脱险的历程。本书所述日本士兵骚扰女性的情况，并非出于虚构，有兴趣者可参看这两篇文章。

过日本巡逻站的盘查。依照船家的警告，他们将几位化装得不妥当的朋友塞进了狭窄腥臭的渔舱。当小船被命令着向日军小汽艇靠拢之后，汽艇上的日本水兵不等船停，便跳了上来。他们吼叫着将船舱里的人赶到舱面上来。

日本兵开始骚扰起女性来。千钧一发，危在顷刻。假如日本兵的兽性与淫威开始发作起来，那么一切就无可挽回了。说不定整船人都会被扣住，甚至枪杀。

夏衍这时不慌不忙地站了出来，用日语说道："我们都是商人和家属，是疏散到长洲乡下去的。"

夏衍这时承担着巨大的风险，是显而易见的。因为攻占香港后，日本人常常把懂日语的抓去当翻译，因此在香港夏衍一般装作不懂日语的样子。有次日本兵闯进他的住宅，抢走了他的怀表、钢笔，剥去了他的外衣，他都忍着没吭声，然而此时"箭在弦上，不得不发"了。

听了夏衍的话，那日本军曹起初仍一脸凶暴的样子："商人也好，什么也好，一律要查问。"可一瞬间，他发觉夏衍讲的是一口流利的日语，面部表情不觉和缓下来："什么，你能讲日本话？到过日本的？"大概离开本岛时间不短了，听得一口乡音，他与夏衍说话的态度便较为温和，盘问几句后，就放行了。但临放行前，他又说"等一下"，出于好意提醒了一下："你不要利用你的日语，专门干带领难民来回过封锁线的事情，以此赚钱，这可是违法的。”

听到日本军曹说出“等一下”时，全船人的心一下子就像被提到了嗓子眼一样。

离开日本兵的检查，夏衍一行可算鱼入大海。但这时离澳门还远，天上挂着明月，时而乌云遮住月光。他们屏声静气，只听船桨悄悄地落入水中，希望夜越黑越好，但月亮却不时露出脸来。银色的月光洒满在海面上，这对逃亡者很不利，假如日本人发现了偷渡的船只，是会开枪的，幸好没有被发现。只是蔡楚生患感冒咳嗽得厉害。怕声音太响，夏衍特地要司徒慧敏和谢和赓拿着一条棉被，守在他身边。在蔡发出一声咳嗽时，马上将被子包住他的头。小船又进了水，眼看浪花不时地涌入船舱。夏衍立即带领大家齐心合力，把水舀出去。第二天下午两点，终于平安地抵达了澳门。

夏衍和张云乔一同上岸，按地址找到柯麟医生的诊所。据柯大夫说，澳门是葡属殖民地，现在完全被日寇控制，从澳门到各口岸的交通都中断了。现在市内汉奸特务充斥，澳门市区很小，见到外来生人容易引起注意。他当即安排大家到深巷内的东亚旅店。经过十天紧张的打探、交涉，才雇到在南北水一带颇有势力的“捞家”（海盗）的快艇，重新踏上险途。这期间，“捞家”们还和控制这一带的伪军发生了交火，被扣住。最后，由会讲广东客家话的司徒慧敏与“捞家”谈判，以每人付 25 元“保护费”雇来伪军，护送他们通过崖门海湾。次日清晨，夏衍等人坐上岸边的两只小艇，艇上有十名划手，每人腰间插一支短枪，艇首艇尾各架一挺轻机枪。在茫茫大海中行驶约九小时，终于到达台山都斛市镇。

从台山登陆后，找不到交通工具，要步行一百多里路才能到达有汽车的地方。这一群大部分是文化人，又有不少女性，哪习惯走这样的长路？蔡楚生表示他是工人出身，这一百里路不在话下，但却为身体瘦弱的夏衍担心。夏衍一声不响，卷起裤脚用雨伞挑起蔡的藤篋和自己的行囊，便向前走开了。百里长途，十几个人走走停停，拉成了一条长线。出人意料，夏衍竟走在队伍前面。夏衍一行，从都斛到台山县城、开平、肇庆都是步行，从肇庆才坐船到梧州、石龙（广西），直到柳州。这样才算到了较为安全的地带。

夏衍一行虽然颠沛流离，有些狼狈。但大的方向都在中共高层的把控之中。司徒慧敏回忆说：“大概到台山的时候，中央发了一个电报给李济深，说我们中央的代表夏衍带了一批爱国民主人士从香港回来，途经台山这一带地方，请沿途予以保护。我们到了桂林之后，田汉就陪我们去见了李济深。吃饭的时候，李把田汉叫过去，关照我们在那里不要搞大的活动，以免叫他为难等。”[①]

逃难的路途是艰难的，不过脱险归来后胜利的喜悦也同样令人激奋。后来蔡楚生将夏衍率领众人逃难的情形画成了一幅《黄坤逃难图》。田汉在上面题了一首五古，欧阳予倩也在画侧写了一首七绝。夏衍一直珍藏着这幅画，但它在“文革”期间被红卫兵抄走不知下落了。田汉、蔡楚生、金仲华、王莹等人，人生中曾渡过了多少激浪险滩，但却无一例外地都折损在史无前例的“文化大革命”中。夏衍想起这些人和事，每每“泪下不能自已”。[②]

① 司徒慧敏：《1942年从香港撤出的经过》，中国电影资料馆等：《百年司徒慧敏》，北京：中国电影出版社2010年版，第269页。

② “夏全15”，第250页。

第七章

驰驱在雾都重庆（1942—1945）

第一节　由桂入川

1942年1月，太平洋战争爆发已一个多月，留港的文化人已大半转移到了安全区，可是有关夏衍一行的消息却很少。为了这缘故，两广地带的文化人颇上演了几处悲喜剧：开始是悲剧，后来则变成了纯粹的喜剧。

桂林这时开始流传很多有关夏衍行踪的传言。有传言说夏衍和乔冠华、邹韬奋被日本人抓住枪毙了，也有说夏衍乘的木船在广州湾被敌艇开炮击沉，夏衍一行悲壮殉国了。还有一个说法更绘声绘色，一位老实本分的文学青年说，他遇见了目睹夏衍“牺牲”惨状的难民：夏衍在乘船突围之际被敌人截住，敌人认出身份，迫其投降。夏衍用日语向日官兵演说反侵略反法西斯大义，“激昂慷慨，声泪俱下”，敌军官命水兵开枪，而日兵大受感动不肯动手，最后被敌酋用刺刀刺落水中。于是，一代艺人遂抱着一腔悲愤和爱乡国爱自由之至情长眠太平洋鱼腹！[①]——无独有偶，一些地方也开始流传司徒慧敏、蔡楚生殉国的消息，住在台山的司徒的眷属甚至已经开始办法事为司徒招魂了。[②]

在桂林，那个有关夏衍“殉难”较为精致的版本传出后，文化界人士便对夏衍“死难”的消息信以为真了。一家晚报用大号字登出了“留港作家夏衍等殉难”的消息。田汉、洪深等挚友听了这消息当然是大为哀恸。正闹成一团的时候，夏衍一行抵达澳门的电讯送到了田汉手中，随后从梧州、柳州也不断来电说他们将尽快返回桂林。田汉为夏衍奇迹般地“死而复生”欣喜若狂，赶忙把这好消息告诉了洪深及新中国剧社的杜宣、抗敌演剧五队的徐桑楚等人。

2 月 5 日，田汉、洪深、杜宣、徐桑楚一行便赶到车站迎接夏衍一行的复归。太激动了，大家都不禁模仿“老毛子”（俄罗斯人）的见面方式，热烈拥抱。也许是过于激情澎湃，洪深与夏衍猛烈拥抱时，夏衍却陡然发出一声惨叫。原来洪老

---

① 参见田汉《序〈愁城记〉》《田汉文集》第 15 卷，北京：中国戏剧出版社 1986 年版，第 179—180 页。）

② 冯亦代：《我不能忘记的人——忆司徒慧敏》，中国电影资料馆等：《百年司徒慧敏》，北京：中国电影出版社 2010 年版，第 101 页。司徒慧敏也有相似回忆。

夫子那巨人般的拥抱，把夏衍胸袋中的自来水笔给抱折了。后来到医院检查才发现，夏衍的左肋骨经突然挤压而受挫伤，肯定是异常疼痛的，不过比起路上经历的惊心怵目的场面，也就算不得什么了。

回到了桂林，广西的朋友建议他留下来，甚至重办《救亡日报》亦无不可。夏衍以为虽然皖南事变后国共关系有所缓和，但白崇禧的反共本性是难以改变的；又考虑到《救亡日报》的基干人员已经散了，重起炉灶，实在是一件难度极大的事情，因而决定去重庆，向周恩来请示新的工作任务。组织同意了他的设想，但告诫他，由于他是身份公开的共产党人，由桂林至重庆，要做到沿途有安全保障才可以上路。

张云乔在桂林从事地下工作，是夏衍的莫逆之交。他特地提醒夏衍，这条线路走私猖獗，超载厉害；公路修得很糟，险道极多，车祸频繁；治安情况又坏，抢劫案件多，坐汽车太不保险，唯有坐飞机合适，并自告奋勇去设法弄飞机票。果然，他不久就订到一张 3 月 19 日的机票。可是临行前一天，却接到航空公司通知，这一班飞机被一批政府要人包去了。于是，为了张罗一张机票，夏衍不得不在桂林等了足足两个月。

这期间，洪深向夏衍提议：何不以香港沦陷前后的这段生活为题材，集体创作一个剧本？夏衍、田汉都很赞同。三人于是坐到一起讨论故事框架，然后分工，由夏衍写第一幕，洪深写第二、三幕，田汉写第四幕。只用了一个星期，初稿便出来了。夏衍从头到尾稍作润色，便交到了欧阳予倩手里。新中国剧社也只花了一周时间便排好，确定 3 月初《再会吧，香港》在桂林新华大戏院首次公演。

没有想到的是，由于这个剧本歌颂了进步文化战士临难不惧，与日本侵略者奋力周旋，讽刺抨击了国民党达官贵人饱食终日、无所用心，事变之后又置国家财产于不顾慌乱逃窜的市侩嘴脸，因而引起了当权者的忌恨。就在该剧上演的第一晚，刚演完第一幕，宪警特务就闯入后台，蛮横地勒令停演。当大幕再度拉开时，只见导演洪深带领全体演职员站在台上，悲愤地宣布：奉当局之命令，《再会吧，香港》只得中途停演，现在请观众们退票离场。洪深一边说的时候，一边右手高高举起了上演前当局发的“准演证”。

许多观众都被这一幕震惊了。他们为了抗议当局的厚颜无耻，纷纷撕掉戏票，表示对剧团的支持。国民党的文化专制主义又一次受到人们的抵制。

夏衍二次入桂，住在张云乔家里，吃住不用愁，只是从香港出逃时，身边的衣物、书籍都丢失了。大概田汉看他没有换洗的衣服，便替他与广西艺术馆交涉，预支了即将公演的《愁城记》的上演税，这样，他才买了一套半新不旧的西服，余下的交给张云乔去购飞机票。

在创作《再会吧，香港》的几天里，夏衍还多次到艺术馆去演讲或是出席文艺界的集会。在工业合作社的演讲题目是

《工业合作与文艺》，从工业他联想到文艺，认为过去的文艺作品，人物、事件还是非中国式的，作品也很少中国人看，这不是大众的中国的文艺。他以话剧为例，说明这是从欧洲引入的舶来品，今天用这样的方法是可以的，但作品写到的人、物、事，必须是中国材料。只有承载大众的生活，作品才能被大众所爱好。

1942 年 2 月 15 日是农历正月初一，天气很冷，气温降至零下四度，是桂林入冬以来最寒冷的日子。这天晚上，在田汉家中举行《新形势与新艺术》的迎春座谈会，参加的人有夏衍、欧阳予倩、熊佛西、李文钊、洪深、蔡楚生。会议前的节目是吃年夜饭。吃的菜多半是桂林的几位戏剧界前辈送的，大家模仿“南国”作风，吃了一批又一批之后，田汉起身讲了开场白，接着是夏衍发言。

夏衍分析了太平洋战争爆发，香港等地相继沦陷后的时局，认为全世界的军事政治形势已发生了重大变化，“反德，反侵略，反法西斯，保卫民主是现在世界问题的重心，其阔度已有很大的改变”。从这一点出发，文化界也应有所不同。他着重指出，文化界的团结是迫切需要的。“怎样团结，文艺批评的态度，为了其阔度的伸长，当有重新检讨的必要。这就是所谓革命阵营中的自我批评。教条主义，乃至所谓传统的宗派观念，都得给以清算。”①

田汉在讲话中强调文艺必须适应抗战需要，“告诉大家民主集团胜利之必然”。他批评“最近还有人说只要提高艺术水准，不一定与抗战有关”，这种论调“会影响到剧本的分析与表现，至少会有坏的影响”，因而必须予以批评。

针对田汉的意见，夏衍明确地认为，不应“把抗战看作是现实生活的全部地方”，“对于当前社会和文艺作品的批评，我们要有阔度，对于许多不直接但对整个社会——如旧势力作抗争的作品，我们的看法当然不能用过去的看法了”。

夏衍与田汉这对老朋友，此时结交已近二十年，但从上海沦陷之后已很少见面了，这次在桂林重聚，都有说不出的欢悦。他们在一起编剧本，谈剧运，一起聚餐，还一起游了漓江。在漓江的游船上，夏衍谈及了《愁城记》的出版，恳请田汉抽空为之作一篇序，内容涉及《愁城记》也可，不涉及也可。田汉则对《愁城记》的主题表示了些许疑问。夏衍肯定地说：这个戏剧当然是想写一个文化青年，由小圈子断然跳到大圈子去的故事。

但田汉质疑说：但照你的写法，特别是一开始来那么一个序幕，会不会使人觉得同时在写遗产问题呢？夏衍表示诚恳地接受批评：自己也觉得主题不够单纯。田汉还对《愁城记》中

① 田汉、欧阳予倩、夏衍等：《新形势与新任务》，“夏全3”，第142页。

颇多涉及金融投机买卖有些疑虑。“你剧中有许多电话里进行投机生意的场面。我担心这样的投机买卖不是内地半农村的市民能理解的。这样的话，整个剧本的演出效果就要打折扣了，特别是第四幕后半的紧张性。”

这一点，夏衍为自己作了辩护：“这情形可能会有，内地人不大懂‘抛出’、‘捏牢’之类的术语。不过在上海这是常识。在上海演出的时候，观众对标金的行市常常会在台下订正，说现在不止两千几百元了。在他们许多台词都有现实感，听到男女主人公的某些对话，就说这是‘小圈子主义’。”“是这样吗？”田汉部分地收回自己的意见，“因为你在写沦陷后的上海，又是为上海剧团写的，许多地方不能不顾虑环境而多所隐晦，在内地上演就会有些意想不到的不足。”

夏衍、田汉是至交好友，因此他们之间的辩难就更为直截了当，不用虚饰之词。这种辩难只会使他们的思想、艺术认知更为活跃、坚定，丝毫也不会影响友情。夏衍与潘汉年、廖承志等都是这样的关系，某些时候，和周扬也有这样心灵相通的一面。

从 2 月上旬开始，一直等到了 4 月 9 日，夏衍才终于飞抵了重庆珊瑚坝机场。孙师毅开车来接他入城，孙来前接到了张云乔的电报。当晚，周恩来即来到孙师毅家中，看望夏衍。两人见面，不等夏衍有所表示，他已跨前一步，和夏衍紧紧地拥抱。没有一句话，但暖意顿时从夏衍身上流过。

夏衍向周恩来汇报工作后，提议自己进《新华日报》工作。用他自己的话说，他办报有些“上瘾了”。[①] 不料周恩来告诉他：经过他本人与董必武、邓颖超的商议，同时征得郭沫若、阳翰笙的同意，他们一致认为夏衍的工作重点应转向统战方面，以一个公开合法的身份，将更多的人士，尤其是文化界的知名人士团结到中国共产党周围。如有余力，当然可以介入到《新华日报》的一些工作中来。

周恩来又指示：夏衍来渝后的当务之急，是去见潘公展。原来办《救亡日报》时，谈定由国共两家合办，但上海失守后他们就撒手不管，后来还查封报纸，这一点当局大大亏了理。再加上毕竟还是国共合作时期，“皖南事变”后引发的反共高潮已经过去，夏衍主动去见他，他会感到有面子，因此就可能默认夏衍作为一个公开共产党文化人的合法地位，在重庆首先就需要这种公开的文化人身份。

周恩来告诉夏衍，他以后主要通过徐冰[②]、孙师毅发生组织上的联系。

---

① “夏全 15”，第 251 页。

② 徐冰，原名邢西萍，时任中共中央南方局文化宣传委员会秘书兼文化组组长（夏衍此时的党内正式职务是“南方局文化组成员，南方局重庆办事处文化组副组长”）。中华人民共和国成立后，曾任中共中央统战部部长、第四届全国政协副主席等职，1972 年被迫害致死。夏衍来渝后一直和他保持着较为密切的联系。

受命后，夏衍次日一早就去拜晤潘公展。恰如周恩来所预计的，对夏衍找上门来，潘公展毫无思想准备，显得有些尴尬。交谈中，他把抗战来国共双方不愉快的事情（自然也包括给夏衍带来的种种困扰、迫害）一概归之为“误会”，又对夏衍表示了诸多慰问之情。当他得知夏衍不打算参加以郭沫若为首的文化工作委员会时，像是松了一口气，于是就接受了夏衍将在重庆“卖文为生”的说法。

夏衍于是起身告辞，潘公展客气地送他到门口。这次谈话虽然话不投机，但双方表面却还做到了客客气气。两人一直用浙江官话交谈。潘公展是湖州人，到底还有那么一点“亲不亲，同乡人”的味道。

这是一个必要的“报备”，夏衍此后在重庆的活动就全部具有了一种自然的合法性。国民党政府将大为之头痛——不过让它头痛的事情已经太多。

这时的夏衍，当然还无法站在全局的高度来看待自己的地位、工作的性质及其作用。当时间已经过去很久，当后来人比较客观地来看待重庆发生的那一幕幕激动人心的往事时，我们也许才能够探看到历史事件背后的某些动因。

在周恩来的直接领导下，以郭沫若作为旗帜，中国共产党和国民党在大后方——陪都重庆是自然的中心，自抗战以来展开了激烈的争夺文化领导权的斗争。由于国民党政府极端的腐败和无能，由于中国共产党健康向上的精神境界，在 1941 年前后，以中国共产党为领导核心的左翼文化界在大后方开始逐步取得了战略上的优势地位。1941 年 11 月 16 日（这一天正是郭沫若的诞辰），周恩来在《新华日报》“纪念郭沫若先生创作二十五周年特刊”中指出：“郭沫若创作生活二十五年，也就是新文化运动的二十五年。鲁迅自称是‘革命军马前卒’，郭沫若就是革命队伍中人。鲁迅是新文化运动的导师，郭沫若便是新文化运动的主将。鲁迅如果是将没有路的路开辟出来的先锋，郭沫若便是带着大家一道前进的向导。鲁迅先生已不在世了，他的遗范尚存，我们会愈感觉到在新文化战线上，郭先生带着我们一道奋斗的亲切，而且我们也永远祝福他带着我们奋斗到底的。”[①] 这番话就是在这一背景下说的。

国民政府当然不会拱手让出自己在意识形态方面的领导地位，它会采用各种手段来夺回失去的阵地。而正统政府的牌子、物质上的诱惑[②]、硬件设施的保障、合法通畅的组织渠道、

① 周恩来：《我要说的话》，《新华日报》1941 年 11 月 16 日。

② 抗战时期后方生活条件是十分艰苦的，左翼文化人尤其艰苦。有关材料现已很丰富，此处不赘。我们所要指出的是：后世生活在较为优渥环境的人们决不能低估艰苦生活条件给人带来的各种巨大痛苦，不应简单地用各种想当然的道德标准随意指摘前人。

暴力机关的保驾护航[①]等等，也使得它的确在竞争上具有一些天然优势。它也拉走了一些左翼阵营的人士，或者让一些人士更趋于中立化。

上海业余剧人协会的分裂就是一个很好的例子。抗战军兴后，在武汉的部分上海实验剧团的人士又恢复了“上海业余剧人协会”的名称。接着，它与上海影人剧团合并，组建了新的上海业余剧人协会。1938 年春，它由汉口迁往四川。本来这是一个左翼色彩非常浓厚，甚至可以说是中国共产党人直接影响的一个剧团。但它入川后，受各方面力量的影响，不久就分裂了。“大多数人要去重庆参加国民党中宣部所办的中央电影摄影场!”上海业余剧人协会的领导人陈白尘数十年后仍然为主导这场分裂的沈西苓悻悻不已：

> 远在分裂之前约两个月，导演沈西苓便离开剧团去重庆中央电影摄影场当导演了，个别人的去留不曾引起什么波动，人各有志嘛。但是他在这两个月中，却暗中为中央

① 左翼文化人因此有时会付出生命的代价。1940 年发生的“綦江惨案”就是一个著名的例子。当时国民党军事委员会战时干部训练团下属的忠诚剧团因为上演阳翰笙的《李秀成之死》被认为借古讽今，斥责国民政府消极抗日、苟全偏安，其剧团骨干李瑛、舒曼华等数十人惨遭杀害（一说被杀害人数超过 200 人）。当局的这种暴行只会激起更多的反抗，但不能不承认的是，在一时一地它确有些恐吓、阻止的作用。

> 电影摄影场频频拉拢业余剧人协会的主要演职员。在当时国共合作的局面下，参加国民党的电影机构，也自无不可；剧团经济困难，同人生活太苦，另图高就，也可以理解。但为什么不能光明正大地提出要求而采取突然袭击的手段呢？而且说走就走，并且将属于团体的大批灯光器材掳夺一空，无论如何，这是不道德的行为！
>
> 留下的人“溃不成军”了，只有陶金、沈浮、陈鲤庭、赵慧深、刘郁民、章曼萍及我不到二十人。[①]

可能正因为上述的原因，沈西苓1940年底去世后，夏衍过了很久（1942年4月5日）才写了一篇追悼的纪念文章。文章的调子是非常克制的，只是充满着对沈西苓艺术才华的欣赏和痛惜：

> 因为相处日久，幸也许不幸，我知道了更多别人所不易知道的他的性癖和弱点。他在戏剧电影界的短短的十载生涯，是充满了斗争和矛盾的历史。在荆棘的道路上，他是一个勇敢的斗士，但同时他更是一个彻底的弱者，为了达成一个目的，他可以忍受有洁癖的文化人所绝对不能忍受的羞辱，但是他可以毫无抵抗地接受足以

---

① 陈白尘：《对人生的告别》，北京：三联书店1997年版，第517页。

使他整个计划陷于无法完成之让步。他常常苦笑，这苦笑表示他的顽强，但同时也正表示他的懦弱。他酷爱卓别林，而本质上却是一个甘地主义的信徒。他的艺术是一种以柔胜刚、以弱胜强的使刚者强者看了自己觉得不好意思的苦笑，而他的人生哲学却是一种潜藏在不抵抗之深底的顽强的抵抗。

在泥泞中，他走了十年，也从这泥泞中，他生产了中国电影艺术上也许在一个短时期之内不会被人忘记的珠玉般的作品，从《上海二十四小时》、《船家女》到《十字街头》，这是一个飞跃，可是当他用不抵抗和妥协累积起来的"地位"好容易草奠基础的时候，运命的恶战便不容情地将他从世界上夺去了。

不单是为了友情，在戏剧电影界寥落的时候，一个真正酷爱电影的"熟练工"的逝去，总觉得是一件难以排遣的使人哀寂的事情。[①]

沈西苓的身后评价，仅是一个"真正酷爱电影的'熟练工'"而已！可是，按照夏衍这时的身份和政治立场，话便只能说到这个地步了。唯一不能忘却的，是友情，是保存在心中

① 夏衍：《悼念西苓》，"夏全9"，第160—161页。

的青春美好回忆。[1]

《野玫瑰》与其他国民党党派色彩极浓的文艺作品在1941年的爆发是另一个有代表性的例子。关于《野玫瑰》、“战国策派”及其他类似作品，在今天是否可以重新评价，是另一个话题。不过在当时那种时代氛围中，《野玫瑰》宣扬美女特工的超凡能力，又给予汉奸大段自我辩白的空间，不能不说是一种逆时代潮流的行为。——国民党阵营的作家总是喜爱宣扬特工尤其是美女特工的决定性作用，像徐訏的《风萧萧》也是这样，这套非常幼稚的话语模式因此总是被文化精英们不屑一顾、唾弃便也很自然了。

不过，一个不容忽略的事实是：一般民众对间谍、特工、美女、有超凡邪恶能量的坏人大体会有一种独特的兴味，[2]《野玫瑰》等因此在大后方一时间内便流行了起来。它迅速被改编为话剧，并在重庆上演。演出相当受欢迎，许多原属左翼阵营的一些演员也加入到了其中，如秦怡、陶金、施超、路曦等。秦怡就是靠出演该剧女主角夏艳华的出色演技而一举奠定了在

① 进入80年代后，随着夏衍思想观念的日益开放，他多次热烈地怀念这位故友，并高度评价他的贡献。1989年他在文中称赞蔡楚生、沈西苓是“中国电影界的两位杰出的导演”。（夏衍：《纪念郑正秋先生》，“夏全9”第664页。）

② 付金艳：《拨雾见日观“玫瑰”——再看〈野玫瑰〉与〈屈原〉的论争》，《当代文坛》2007年第4期。

演剧界的地位（在建国后这当然就是她一个永远无法说清楚的问题了）。可能正是有一定的市场效应，潘公展才颇强硬地回应左翼人士的批评之声说：“哪个说《野玫瑰》是坏剧，《屈原》是好剧，那这个人就是白痴。”[①] ——难得他对官方推出的作品这么有底气。

夏衍就是在这样的背景下来到了重庆，周恩来也就是在这样的背景下要夏衍主要从事文化战线的统战工作。后人推测起来，这样的工作安排至少有以下几点考量。一，为迎接当局在文化领导权斗争中的反扑（围绕着《野玫瑰》及“战国策派”其他作品的争论，[②] 只是这种领导权斗争的一个较为直露的、且容易引起大众关注的侧面），中共需要加大这方面的人力投入。而夏衍公开合法的共产党文化人的身份，较为适宜参与到这场斗争中来。二，郭沫若虽然是左翼文化的旗帜，但他表面还是一个民主人士（他的秘密党员身份建国后很久才公开），有些场合不宜抛头露面太多。他的旗帜下需要几位能够独当一面、冲锋陷阵的大将，夏衍的成就及其在文化界的影响力，使

① 转引自石曼：《雾都剧坛风云录》，重庆：重庆出版社 2001 年版，第 229 页。

② 夏衍对《野玫瑰》表现出的较为决绝的斗争态度，可参见石曼《雾都剧坛风云录》（重庆：重庆出版社 2001 年版）第 113、117、237、240 页等处。亦可参见柴怡赟《〈野玫瑰〉罢摘风波》[《中国社会科学院近代史研究所青年学术论坛》（2007 年卷）]。

他有足够的人脉、声望、资历、资源承担起这一任务。三，抗战时期重庆的话剧活动有着异常的繁荣，这使得话剧成为大后方最有影响力的一种艺术形式。作为剧作家和电影家的夏衍，在这方面有着异于常人的优势。四，夏衍一直以来的表现证明了他具备这方面的能力。

事实证明派遣夏衍介入到重庆的文化统战工作确是一步妙招。夏衍成功地实现了上级部署的意图。在周恩来的直接领导下，在夏衍的协助下，重庆戏剧人、电影人纷纷坚定了其左翼的文化立场。重庆著名的戏剧人后来是很少去台湾的。台湾“行政院”出版的一部《中国话剧史》，甚至这样地哀叹：“大陆之沦陷，皆话剧之过也。”[①]

夏衍在重庆时期的活动，不可避免地与统战和剧运紧密地联系在了一起。当然，这其中还要加上他已经“上瘾了”的办报——为《新华日报》和各种左中翼报刊撰稿。

夏衍领受了周恩来的指示后，可以说立刻就投入到了紧张的工作中。他与周恩来别后已是晚上9点多，他又在孙师毅的陪同下到天官府七号去见郭沫若。天官府是冷落的小街，院子不大，粉墙剥落，门窗不整。夏衍在文化工作委员会楼下的中厅里见到了久别的郭沫若。郭沫若握着老朋友的手，

① 转引自石曼：《雾都剧坛风云录》，重庆：重庆出版社2001年版，第229页。

用日本话对满身风尘的夏衍连声说：“御苦劳样（你辛苦了）。”重庆正闹房荒，郭当下便热情地留夏衍住在文工会二楼的一间会客室。夏衍在这里搭上了一张“行军床”，便算暂时安顿下来。

次日见过潘公展后，他就以“卖文为生”的自由撰稿人身份往来于虎头岩下的《新华日报》社、曾家岩五十号周公馆和各种名目的文艺协会、剧社之间，与文化界人士广泛接触。重庆是当时国民政府的陪都，许多著名的作家和有才华的艺术家云集在这座山城。夏衍会面、谈话的人士，有年轻的影星白杨、张瑞芳、舒绣文、周峰、沈扬、陶金等等，也有著名的剧作家、导演，如老舍、吴祖光、陈白尘、张骏祥、史东山、应云卫、宋之的、于伶等等。他们中有的是旧相识，有的是初交。夏衍向他们分析抗战形势、国共关系，共同商讨大后方的演剧运动。他善与人交际，没有一点文学家或领导者的架子，坦率谦和，很快便打开了局面。国民党特务不断地对他盯梢、监视，但由于他有文化人的合法身份，奈何他不得。

重庆是个多雾的山城，依山势而建的市区，处处弥漫着一层灰雾。早上，从天官府走出，穿过重重雾霭，走上几百米的石板路，便到达七星岗、通远门一带。街道上到处是茶肆酒楼，拥挤嘈杂的人群。夏衍起初对这样的生活有点不太适应，尤其是成天生活在灰蒙蒙的雾气中，粘粘渍渍的，有些叫人心烦。然而，一投入紧张的工作，卷入剧运的漩涡，这些就都不在乎了，他反而有种如鱼得水的感觉。

夏衍到重庆后第一位拜访的作家是老舍。老舍抗战后出任了中华全国文艺界抗敌协会总务部主任，总理会务，从 1938 年冬随“文协”从武汉迁到重庆。这位大名鼎鼎的作家、教授，富有正义感，为人严肃，办事认真，对“文协”的工作十分周到尽责，因此，国民党御用文人王平陵、华林等虽一直觊觎“文协”的领导权，却始终未能得逞。

夏衍来到张家花园“文协”，老舍与他一见如故，随即邀他到出街不远的一家茶馆喝茶。四川的茶馆是很有名的。店堂有十多米见方，竹椅竹桌摆得满满的，四五个人一桌，每日坐满了茶客。提一只大锡壶满堂跑的堂倌见茶浅了就添上，他把壶提得高高的，让开水似乎从很远的地方流下来，稳稳当当地冲满客人的茶碗。夏衍见到此情景，想起上海、香港的咖啡馆，觉得别有一番兴味，以后便经常到这里来与人约见。

老舍宣称过：“我不是国民党，也不是共产党。谁真正的抗战，我就跟谁走。我是一个抗战派。”有了这种态度，交流就很畅达了。在那种时代氛围中，他基本上就很容易走上跟共产党走的道路。夏衍和他交流了许久许久。

通过夏衍的工作，宋之的与共产党的关系更加密切了起来。他与夏衍相识于 1934 年春天的上海，是影评小组的长期执笔者。这期间，两人已是很好的朋友。在香港时，他们又在“旅港剧人协会”和《华商报》报社常常见面。太平洋战事后，宋之的随东江游击队北撤，经惠州、老隆（今龙川）、曲江、桂林等地到了重庆。这次见到夏衍，还没讲几句话，他便向老朋友严肃地说道：“够格了吧，我要求入党！”

对这位有着魁梧身材和刚直性格的“燕赵豪侠之士”，夏衍一直视为“最亲近，最敬爱的挚友”，听到他要加入组织的请求，他自然欣悦之至，热情地对他表示欢迎。

夏衍到曾家岩兴高采烈地将宋之的要求入党的事报告了周恩来。没想到，周公的回答出乎夏衍意料之外：“像他这样的党外布尔什维克，正是我们现在所需要的。他和张道藩同台演过戏，可以当面开玩笑，潘公展也认识他，黑名单上还没有他名字，让他在党外工作要有效得多。”然后，他又庄重地对夏衍说：“告诉他，我周某人一直把他看作同志，但在这个时候还要他当民主人士。”

夏衍知道这会使宋之的失望，但还是立即把这个决定向他讲了。当夏衍特地转达周公把他当“同志”看待时，这位铁铮铮的汉子眼睛红润了。他激动地对夏衍说：“周公把我看作同志，我要以这个身份要求自己。”①

在重庆四年，宋之的在夏衍的直接领导下，与金山一起出

① 夏衍：《之的不朽——〈宋之的选集〉代序》，“夏全3”，第414页。

面组织中国艺术剧社，任劳任怨，埋头苦干，在剧运及创作上都做出了优异业绩。

当时重庆演艺界最有影响的要数中华剧艺社（简称“中艺”）。由于应云卫和陈白尘的惨淡经营，这个民间剧团演出了《大地回春》(陈白尘编剧)、《愁城记》（夏衍编剧）等大戏，很受观众好评。夏衍看到了它在剧运中举足轻重的位置，加上主事者又是他很熟稔的朋友，因而对它倍加关注。夏衍到达重庆时，正是“中艺”公演《屈原》轰动山城的时候。在这部五幕史剧中，郭沫若虽只选了屈原一日的生活，却概括了他一生的精神所在。屈原在剧中可以说是代表着一枝光明正义的火炬，象征着一种不灭的伟大气节和精神。经过“中艺”精心的排演，此剧在重庆最好的剧院国泰大戏院上演，获得了巨大成功。经郭沫若盛情邀请，夏衍于 4 月 17 日赶到剧院观看演出。

这真是一台熠熠发光的高水平演出。金山的屈原，白杨的南后，张瑞芳的婵娟，顾而已的楚怀王，施超的靳尚……真可谓珠联璧合，异彩纷呈。特别是第五幕设计的布景，高高的庙廊，一层高台阶，一根通天柱，一张风云雷电变化的天幕，又以管弦乐队伴奏，烘托出电闪雷鸣的气氛，使得屈原的雷电独白爆发出强烈的震撼力量。看完戏，夏衍满腔兴奋，与郭沫若一起走到后台向应云卫表示热烈祝贺。①

就在看过演出的第二天，夏衍到“国泰”先去见了应云卫，然后又由他带到“国泰”后面的“中艺”宿舍，见到了陈白尘、贺孟斧、赵慧深等。这是租赁的三开间一楼一底的旧房子，楼上安排床铺做宿舍，有十多人挤在这里。楼下的房子后半截隔成宿舍，又住了十几人。前半间办公室，堆放米粮等都在这里。为解决导演、演员写作读书练台词的场所，剧社又在过道上放上两张茶桌作为会客室和学习室。见了面，应云卫便照例向夏衍“订货”，要求他写一部雾季公演的开场戏。夏衍满口答应。

除了看望戏剧界人士之外，他还去曾家岩找徐冰，听他介绍国内外形势和南方局的情况；去化龙桥看望潘梓年、章汉夫、许涤新这些新闻界老朋友，讨论《新华日报》的编辑方针及与国民党新闻检查机关斗争的策略；与从香港脱险出来陆续转移到重庆的胡绳、乔冠华、胡风、于伶、王莹、戴浩等见

---

① 对夏衍来说，这确是一次难以忘怀的艺术享受。他在《致田汉》中写道：“到此的当晚就和沫若夫妇去看了《屈原》。……看到近两点钟才散场。这剧轰动了整个的重庆。连成都、贵阳也有人专程赶来看。金山的热演博得了极大的好评。对于稍稍陷于停滞和油滑的陪都演技艺术透进了一股清新的空气，毕竟是‘首都’，剧艺各方面的进境是值得刮目的。多年不见的老朋友们和新起来的演员们都在这戏里尽了最大的力。有人说看了这出戏就等于看到陪都整个剧艺的最高水准，我欣幸有了这个机会。郭先生的兴奋是可以想像的。客满了十七天，卖座近三十万。他几乎每天到场，戏散才走。”（“夏全3”第151页。）40多年后，他在回忆录中仍满含感情地提到了这个愉快的夜晚（“夏全15”第252页）。

面，出席由郭沫若（“文工会”）、老舍（全国“文协”）、张道藩（“文运会”）各方分别召开的欢迎茶会……

事情一桩接一桩，会议一个又一个。不过就在这极忙碌中，夏衍还是抽空为中国万岁剧团写下了《水乡吟》的基本框架。[①] 中国万岁剧团是国民党党派性质非常强的一个剧团，为了统战需要，郭沫若还挂名做过它一段时间的团长。[②] 夏衍这个剧或也是为强调剧艺界的国共合作而作。[③] 这种情况下，为中华剧艺社创作剧本的事情当然就高高挂起了。

但应云卫又哪能容得他“赖账”呢？应云卫于是各种上门“逼债”，软磨硬泡。夏衍对他毫无办法，因为他知道，为了戏剧，应云卫是能够完全不要个人面子的。除了答应他的要求，简直没有其他的办法。直到去世前不久（1994 年 9 月），夏衍还满含感情地回忆起半个世纪前应云卫上门“逼债”的一幕幕。这种“逼债”，是艺术家们最纯真心灵呼应的情感纽带：

老实讲，我有几个剧本都是他逼出来的，如《上海屋

---

① 《水乡吟》可能为中国万岁剧团写作一事，可参见夏衍《忆江南》（“夏全 1”第 546 页）。

② 石曼：《郭沫若曾任中国万岁剧团团长》，《郭沫若学刊》1993 年第 3 期，第 65 页。

③ 中国万岁剧团的经典保留剧目，不少即出自左翼剧作家之手，如《雾重庆》（宋之的）、《虎符》（郭沫若）、《蜕变》（曹禺）、《夜上海》（于伶）、《清宫外史》（杨村彬）等。

檐下》、《法西斯细菌》以及《复活》，都是被他逼出来的，说实在的，我是被他的行动感动了。1942 年夏天，我住在天官府郭老家的楼上，重庆的夏天，天气热得不得了，我就开着房门睡在地上。半夜十二点我正睡得挺香，突然一个人倒在我的身上，吓了我一大跳，打开电灯一看，原来是云卫。他说：“今年雾季没有戏演了，你非给我写不可。”逼我 8 月底交稿。他就坐在地上不走，我感动了，一口答应写，8 月底一定交稿。但我对他说：“我写出来能不能检查通过，没有把握。”他说：“国民党检查的事，我有办法对付。”《法西斯细菌》写完后，我把剧本交给云卫，他看也没有看，拿了就走，对我说：“我保证，最好的演员，最好的导演，把这戏演好。”我说：“你剧本没有看，怎么晓得通得过通不过呢？”他说：“你放心，我有办法。”当时新闻检查官叫卢觉吾，这个人也是怪人，他是国民党 CC 方面的人，是戏剧检查处处长，他也想当个剧作家。云卫告诉我：“如果剧本通不过，我只要和他咬咬耳朵：你将来写个戏，我给你演，保证演好，这样就行了。”他用这样的办法剧本竟然通过了。[①]

① 夏衍：《怀念应云卫》，“夏全 3”第 473 页。关于应云卫上门“逼债”的具体细节，他在《无题的对话——〈一盘没有下完的棋〉观后》（“夏全 7”第 394 页）也有介绍，可与此文相互参看。

这就是夏衍名作《法西斯细菌》的最初由来。该剧曾名“第七号风球”。香港一带当时以挂风球的方式作台风预警，台风越大挂的风球越多，挂七个风球表示最烈的台风即将袭来。夏衍本来有些担心用“法西斯”的字眼将导致当局对号入座，徒增事端，故用“第七号风球”喻指反法西斯细菌事情的急迫性。但不料当局此时似乎不再忌讳“法西斯”这个字眼了，于是又改回了最初的名字。

剧作内容具体的灵感则来自于两个科学家的启发。夏衍到重庆后不久，遇到了阔别十年的老朋友丁瓒，又结识了刚从香港回来的吴在东。他们一个是研究精神病学的教授，一个是著名的外科医生，原来都很少过问社会政治，都是在长期战乱流离中，对抗日事业才有了真切的理解。他们与夏衍聊天的时候，时而感叹科学界有些人士不关心抗战事业，还美其名曰：“科学与政治无关。”夏衍于是联想到当时文艺界也有一些人持“文艺与抗战无关”的论调。科学界、文艺界的研究工作或创作作品是否都得与救亡抗日结合呢？夏衍也不赞成这样绝对的观点，但他也反对科学、文艺离开政治而独立存在的论调，尤其在民族危亡之秋的今日。但怎样在戏剧中，把自己这方面的思考形象而有说服力地表达出来呢？夏衍一直找不到一个切入点和支撑点。而就在这个晚上，近年来在桂林尤其在香港遇到的许多人与事，十分鲜活地在脑海中活动起来了，一条鲜明的戏剧主线把握住了。

既然已经答应应云卫，夏衍就来到北碚准备找一个清净的地方专心写作。到这里写剧本也是应云卫“蘑菇”夏衍时允诺的一个福利。北碚是重庆北部的一个小镇，不仅水明丘秀，景色诱人，更有北温泉闻名遐迩。30年代以来，著名实业家卢作孚在此担任行政长官，北碚工业有了很大发展。1938年，卢作孚、孙越崎在此开办了天府矿业股份有限公司，北碚成了川东的工业重镇。不过，抗战期间，这儿最吸引人的，还是它那宜人的气候与秀丽的风光。

应云卫在北碚为夏衍找到了一间靠山临江的小屋，地方很安静，是个静心读书写作的地方。吃饭也不发愁，全都包给了附近的一家小饭馆“数帆楼”。嘉陵江水清澈透明，很像是浙江的富春江，由上直泻而下的江水，撞击到大小不一的礁石，就会飞溅出各种不同的洁白的浪花。上流漂下的小木船，常常像箭一样地从人们的眼前掠过，待回过神来，它却早已远去了。望着碧绿的山峰，碧绿的江水，一道一道风帆，悠然意远。几年来颠簸不已的辛劳，在这不息的江水边，仿佛被冲涤干净。

在这里，夏衍先花了一点时间完成了《水乡吟》，接着，很顺畅地就完成了他抗战时期的代表作《法西斯细菌》。作品讲述的是俞实夫这位正直善良的细菌专家，在严酷的现实面前，一步步地从“科学与政治无关”的狭小天地中走出，最后投入到民族解放斗争的洪流中。全剧以俞实夫和他的日籍妻子静子一家人的生活变迁为情节发展主线，并以俞实夫的两位朋友赵安涛、秦正谊的生活际遇、性格变化为衬托，真实而又富有说服力地写出了中国一部分“唯科学主义”的知识分子在国难当头之际，艰难的心灵转折。

在夏衍的剧作生涯中，《法西斯细菌》具有重要地位。完成于抗战爆发前夕的《上海屋檐下》，是夏衍现实主义戏剧创作的起点。在该剧中，我们可以发现夏衍自《赛金花》以来的那种捕捉细小而生动的戏剧场面的才能已发扬到了炉火纯青的境界，也可以发现夏衍式的人道主义精神构成了剧本的审美基础。但同时，我们却也不无遗憾地看到，此时夏衍还不能以其强有力的理性力量对生活进行精湛的诠释，因此，《上海屋檐下》剧在最后无法自然地形成一个戏剧高潮，总让人感到剧中人物性格缺少合乎生活逻辑的必然发展。抗战以来的几部剧作，如《心防》《一年间》，包括 1942 年 6 月完稿的《水乡吟》，思想是趋于成熟了，可惜在艺术上又缺乏深厚的魅力。《法西斯细菌》深刻的思想文化内蕴与人物的性格、命运是紧密地结合在一起的。剧本第一幕通过赵安涛与俞实夫的争论把这样一个尖锐的问题摆到了人们的眼前：斑疹伤寒虽然可怕，但政治问题给亿万人带来的痛苦更大、更深重。随着剧情的深入，“科学与政治”的关系问题便也展现得更全面，更深入：科学家可以解决单个学科方面的学术问题，甚或也将大大有益于人类，然而，当政治制度问题未获得解决之前，至少是那祸害全人类的“法西斯细菌”没有扑灭之前，科学家任何造福于人类的愿望都将只是美好的幻想，因为，“法西斯细菌”给人类带来的许许多多灾祸，科学家根本无法独立扑灭它们。并且，它们还会带来科学家们想都想不到的毁灭的手段。全剧最后向每一个有良心的、热爱人类的知识人士揭示了这样一个社会真理：人类要建设自己美好的家园，首先便得动手扑灭“法西斯细菌”。

剧本的现实主义力量在于表述上述思考时，较少道德说教，剧本形象展现的是俞实夫这“唯科学主义”的善良愿望，在残酷现实面前一步步退却，最终破灭的过程。俞实夫为捍卫自己的信仰而工作，在生活上，他与世无争，只求于人类有所贡献便心满意足。但法西斯细菌却不放过他，它不但打破了他的研究梦，而且还唆使两个“带菌者”（日本兵）当着他的面杀害了一位正直而又才华横溢的中国青年！这对他那善良的心灵是一个很大的打击。面对这样的现实惨状，他不能不幡然醒悟过来。就在这戏剧冲突的高潮中，剧本的题旨便自然地呼之而出了。

夏衍在《于伶小论》中谈到的“人道主义”，在这个剧中得到了深刻的印证。剧中所阐释的政治与科学的关系，其基础便建立在对人道主义的理解上。科学为什么不能离开政治，甚至在一定条件下还得服膺于政治呢？因为对政治问题的关切从某种意义上便是从最深、最广、最切实的一面体现了对人类之爱。①

有一位叫黄芜茵的批评家，写了一篇《论〈法西斯细菌〉的批评底批评》②，批评《法西斯细菌》剧的情节设计太牵强，

---

① 李子云后来对《法西斯细菌》有较为严厉的批评。她对夏衍直接这样说："《法西斯细菌》一般都认为是您的代表作，但我觉得，它并不很成功。尽管在这个剧本中，您写的也是您熟悉的人和事，写的是留学日本的料学家在抗日战争爆发后所面临的种种问题。但是，由于'主题先行'——为当时的政治抗战服务，人物根据主题的需要行动，从行为到心理活动都根据主题的要求进行设计，这样人物就失去了自然，被简单化了。"（夏衍、李子云：《文学漫谈》，"夏全8"第620页。）夏衍事实上并不同意这种批评："我认为一个人总是离不开社会的。没有客体也就没有主体。鲁迅说得很清楚，完全没有倾向性的东西是没有的。我还是认为文艺工作者是不该离开社会、离开人民，离开实际生活的。还是我在《法西斯细菌》中讲的那句话：你不关心政治，政治要关心你，你不管政治，政治要管你。一个人不可能拔起头发离开地面。"（夏衍、李子云：《文学漫谈》，"夏全8"第622页。）

夏衍的观点当然是更为全面深刻的。作为人类生活的一种决定性的规约机制，政治问题是人类不能逃避也无法逃避的。尤其在某种特定处境中，当政治问题已逼迫上门却还奢谈政治与已无关时，不啻于想要"拔起头发离开地面"。把人类生活所有的面向都归为"政治决定"——并且简化到为现实政策作用的那种"政治"所"决定"，当然是愚蠢的，并且是一种最大的乡愿。不过，自以为可以漠视政治、脱离政治而个体独立自由存在，其荒悖程度似也不在上说的政治决定论之下。因此，看待文学与政治关系，关键并不在一个作品有没有强调政治或政治观念，而是要看作者强调的政治问题有没有和作品所描述的对象构成一种强有力的生活关系，这种强有力的关系将自然地折射出人类的某种存在本质。

不过，李子云发表上述观点时，还是距"文革"结束不太长久的时候。因此，她的拒绝是对"文革"式政治心有余悸的反映，是完全可以理解的。

② 见《天下文章》1943年6月第1卷第3期。

说俞实夫若不在东京、上海、香港这任何一个城市中生活，便不会造成认识上的改变，最后给剧本戴上了一顶“前线主义”的帽子。根据《法西斯细菌》剧的主题及整体构思来看，我们可以这样的断言：只要俞实夫是一位真正的人道主义者，只要他生活在中国，就肯定会感受到法西斯细菌的危害，就肯定不会对它的肆虐袖手旁观。只有俞实夫不具备那种人道主义者基本的同情心与正义感，剧情才可能以另一种情势发展。批评家的逻辑是经不起现实生活的检验的。夏衍后来写了《公式、符咒与“批评”》一文，痛快批驳了这位批评家的荒谬观点。

《法西斯细菌》一剧人物形象栩栩如生的营造，亦得益于人道主义思想对不同人物的评判与把握。其中秦正谊这个形象的塑造值得注意。一般认为，这是《法西斯细菌》剧中的反面角色。夏衍后来也说过他是“知识分子中的丑角，我用漫画笔法勾勒了他。只是限于能力，不能把他写得更可鄙可耻而已”①。应该说，对秦正谊过分严厉的指责并不公道。以曾经流行一时的纯道德主义的批评眼光来观察，秦正谊的缺点实在太多了：缺乏理想信念、投机钻营、肤浅，等等，可以视为一个反面角色。但依照夏衍当年以人道主义情怀对他的把握，他却又自有可取之处：重感情、乐于帮助朋友，从人格上说，也没

① 夏衍：《关于〈法西斯细菌〉》，《新观察》1954年15期，“夏全1”，第639页。

有本质上的坏毛病和不良嗜好。他不是一个高尚的人，却绝不是一个坏人。他可能有点“丑角”[①] 的习气（打一个不大恰当的比方，有点儿像猪八戒?），但绝谈不上“可鄙可耻”。在剧中，他毕竟始终和俞实夫一道，坚持前进而没有更堕落，也从来没有想过堕落——像他这样一个热爱享受的人，在艰苦卓绝的抗战中做到这一点本身就不是一件容易的事情。有多少在生活中扮演着很像“正面人物”形象的角色，抗战一爆发就积极

---

① 实际上，在夏衍原来的戏剧美学观念中，“丑角”这种舞台角色承担着特殊的戏剧功能：

考其最初的目的，我以为是为了尽可能地使观众懂得他所要说的意义。处在长期间的专制政治之下，人民学会了讽刺，冷嘲，而这一切也正是人民心中所欲说的言语。

在任何戏剧中，丑角常常居于不足轻重的地位，薪给名誉，亦在他角之下，但是在中国旧剧，按后台“行规”，丑角却居于一个极被尊重的地位，例如后台丑角未开脸之前，其他任何名角不得动笔；后台坐次，京戏班规定极严（如生坐大衣箱，武生坐二衣箱，净坐采盒桌旁……），而丑则可以随处乱坐之类。也许由于我的一种外行人的推测，但我总觉丑角之可以在戏班子中占有一个特殊之地位，和他的职分上不无某种微妙而向来被隐晦了的关联。

在一切艺术部门中，中国戏剧是最“即于现实政治”的一种，唯其即于现实政治，而又敢于表白民间的意见，所以它能够逐渐发达而成为具有移风易俗之效的一种真正大众化了的艺术。（夏衍：《谈小丑》，“夏全 3”第 187 页。该文作于 1944 年。）

夏衍这段评论有很强的讽刺时弊的意味，不过，这其中包含着的他之于戏剧的理解，也是确实的。但很可惜的是，建国后“戏改”、“思想改造”等运动也不能不让他自动清理了思想观念中这些难以与“社会主义现实主义”理论相调和的元素。尽管相对来说他已是文化干部中个性比较强、始终属于未能很好“改造”自我的一位。

投敌并且还要发明许多“投降有理论”？事实也是如此，剧中秦正谊的出现与活动也并不让人感到讨厌，有时还能博人们轻轻一笑。这与其说对于他“批判不足”，不如说是作者对复杂人性的把握，不但使他的人物具有鲜活的生活，让人感到可信，还更让人理解到《法西斯细菌》剧所揭示的问题与真理，不在九霄云外，而是就在我们日常生活的周围，就在我们生存的现实社会中。①

有一点必须得说明，《法西斯细菌》剧解释了科学家关心政治、投身政治的必要性，但它于政治对科学研究有制约作用这点上留有余地。

---

① 夏衍经常借助类似的人物来展现生活广阔的一面，当然，同时也借此调度、活跃舞台气氛。如《上海屋檐下》的赵振宇。曹树均教授的一段分析值得重视：

赵振宇却自以为对天下大事所懂甚多，看不起见识短浅的老婆，但又无法否认这个社会的不合理，也无法说服她，只得无可奈何置之一笑。赵振宇“乐天派”的性格集中地体现在这一段台词中——“人，反正是永远不会满意的，不满意就有牢骚，牢骚就要悲观，悲观就伤身体，你说，身体是咱们自己的，我为什么要跟自己的身体作对啊？所以，我就是这样想，有什么不满意的时候，我就把自己的生活和那些更不如我的人比一比，那心就平下去了。”乐天知命，自我安慰是赵振宇这一形象的特征，在此特征背后，潜藏着他对现实的不满，这在全剧中时有流露。作家除了写出他的世故、消极的一面外，同时又写了他关心国家大事、相信科学、童心萌发等另一方面，写出了变异复杂的人性。（曹树均：《“剧联”与左翼戏剧运动》，上海：上海人民出版社2014年版，第267页。）

赵振宇也不是一个用政治逻辑能够简单判断是非的人物。和秦正谊一样，夏衍也通过对他的刻画，传达了一种市民生活乐趣的风俗画面。

夏衍并不认为政治问题的解决可以取代其他具体学科的研究，夏衍甚至很小心地提到，要俞实夫投入到临床医学的工作中，完全是战时条件使然，战争一结束，俞实夫就应该回到他原有的研究课题中去。这就是说，政治与科学研究不可分，但到底又不是一回事。这种分寸感的把握是很必要的。夏衍的《法西斯细菌》与在庸俗社会学层面上表现抗战的文学作品的分界线也就在于此。

1942 年 10 月 17 日，“中艺”在国泰大戏院按计划上演了自北碚归来的第一个剧作《第七号风球》（即《法西斯细菌》），从而拉开了 1942 年至 1943 年第二次雾季公演的序幕。这年 9 月，虽然国民党政府社会部已宣布撤销每年一度的戏剧节，但话剧界的进步力量对这类愚蠢、荒谬的举动根本不以为然，照常进行每年一度的雾季公演。

“中艺”第一次演出由洪深执导，丁然、耿震、白杨、路曦、郁民、金淑之等人参加演出，盛况空前。作家谢冰莹发表《〈第七号风球〉观后感》，说：“对整个剧本除了序幕和尾声稍嫌罗嗦外，其余思想和技巧方面都没有什么可批评的。”她对舞台艺术称赞道：“这是一个非常成功的演出，周峰的细菌学者是那样沉着自然；白杨的静子更是演得惟妙惟肖，她扮演日本女人实在再像没有了。”① 公演之后，“法西斯细菌”这一名

① 谢冰莹：《〈第七号风球〉观后感》，《新民报》1943 年 7 月 22 日。

词便不胫而走，一时成了帝国主义侵略及一切黑暗独裁政体的代名词。

周恩来颇欣赏《法西斯细菌》剧，他曾专门请了丁瓒、奥地利进步医生弗来茨·杨生等几位医学界人士看戏，还指定夏衍作陪。看完戏后，周恩来对夏衍说，我在延安看过你的《上海屋檐下》，在这里看过《一年间》，但我还是喜欢这出戏。周恩来又对夏衍说，你的戏显得很淡，清淡当然也是一种风格，但我总觉得你的戏冷了点。周恩来完全是以亲密同志式的随便的口气说这番话的。夏衍听了，很佩服周恩来精致的艺术欣赏眼光。但对周恩来所不太喜欢的“冷”，他可也没什么改正的办法。[①]

夏衍的《法西斯细菌》剧在大后方上演的次数虽然不算

---

① 事实上，夏衍对所谓的“冷戏”是包含着一定的艺术抱负的。他在评史坦贝克（今通常译作“斯坦贝克”）的《人鼠之间》时，专门谈到了史坦贝克的“冷”：“那么，史坦倍克只写了寂寞和冷淡这一面么？不，恰恰相反，他要写的正是冷漠的反面，潜藏在这些压损残废了的人与人之间的真爱与真情。……在这世界上，人与人、人与物的关系都是建立在‘对你有没有用处’这一可悲的基础上的。……这本薄薄的书给我带来了怆伤。但是反过来说，我也感到了艳羡。何年何月，我们的舞台才能演出这样的‘冷’戏？何年何月，人们才肯从这样的‘冷’戏中去体会人与人之间的温暖？”（夏衍：《读〈人鼠之间〉》，“夏全3”第170—171页。）

不过，如果以《人鼠之间》来当作一种参照系，夏衍的戏或许可能还是太“热”了一些。作为一个坚定的马克思主义者，他不可能像斯坦贝克这样冷酷、绝望地看待人的生存的本质。

多，但影响是深远的。一位剧评家在1943年观剧后赞扬道：“戏剧从浪漫主义转变到现实主义，夏衍的功绩是不能埋没的。”[①] 叶圣陶观剧后欣然作诗称许：“法西细菌剧披猖，七号风球亦已扬。此际谁复能独善，不为奋起即沦亡。觉后象牙塔不存，于何淑世识其根。妙传心像情如绘，异曲同工比马门。夏衍文风朴且清，中华剧艺夙知名。喜闻今日二难并，行见光辉动锦城。”[②] 这些评价不是一般的恭维之词，而是恰切地阐扬了该剧在现实主义戏剧领域所达到的卓越成就。

第二节　剧运支柱

夏衍在北碚一直住到了十月。除了为《新华日报》写稿、写剧，就是与各位熟悉或不熟悉的友人聊天，谈艺术、谈政治。北碚的景色是迷人的，许多知名的剧作家、导演和演员都会来此地歇夏或演出。夏衍与他们频繁地交往，谈心。谈得最多的是大后方的戏剧运动。他们共同为眼下剧运所面临的租剧场难、捐税负担沉重、好剧本太少而感喟、焦虑，一起商讨着解决这些难题的途径。

---

① 赵康太：《论夏衍戏剧在抗战戏剧发展中的贡献》，《抗战文艺研究》1986年第3期。

② 叶圣陶：《箧存集》，北京：作家出版社1960年版，第95页。

当然，艺术家们有时不免效仿应云卫，借机而“逼债”了。陈鲤庭、白杨就是这样成功地说服夏衍为中国剧艺社专门做一个改编剧本，即《复活》。

1942年初，国民党方面试图在重庆推销他们的“野玫瑰”时，导演原拟请的就是陈鲤庭，女一号则是白杨。白杨比较机警，感到政府方面此番的文化动作似有所图，不是一个单纯的剧目演出而已，请示了阳翰笙，便推脱了。陈鲤庭虽然是位左翼导演，想法却比较单纯，未和朋友商量早已应承了下来。待到左翼力量与当局在《野玫瑰》一剧的对峙已非常明显时，他就处在了一种尴尬的境地。贸然退出剧组是不可设想的，当局的报复会非常严厉。这时有人出了一个主意，说陈鲤庭要排演《复活》，工作太忙，无暇他顾，只能退出《野玫瑰》的剧务了。因为排演一个俄罗斯的剧作本来就是“中苏文化协会”为中国剧艺社指定的重头戏，“中苏文化协会”的会长又是“太子”孙科，因此陈鲤庭专心于这一个工作便是一个很交代得过去的事情了。这样陈鲤庭才得以脱身而出。[①]

不过，排演《复活》，也确实是陈鲤庭的夙愿。他一直“想把这出戏搬上舞台，白杨则很想演卡秋莎这个角色”[②]。夏

---

① 可参见柴怡赟《〈野玫瑰〉罢摘风波》[《中国社会科学院近代史研究所青年学术论坛》(2007年卷)]。

② “夏全15”，第261页。

衍于公于私，似乎都有必要来满足这两位朋友艺术上的探求渴望。另外，经过这两位的鼓动，他的创作激情也被点燃了。对任何一位剧作家来说，改编托尔斯泰的作品无疑是一场极艰苦的战斗，但却也是考验一个剧作家才气、功力、艺术技巧和思想深度的一个绝好机会。夏衍觉得经过七八年的积累，是可以冒这场险的。

为了改编《复活》，夏衍读了不少古今贤哲的传记。当他读完罗曼·罗兰的《托尔斯泰传》时，更产生了再精读托翁作品的欲望，回到重庆后，他又设法借来郭译的《战争与和平》和耿译的《复活》，残缺的孟译的《克里采长曲》，以及日本中央公论社出版的《大托尔斯泰全集》第十一卷《戏曲集》，认认真真读了一遍——这是他的脾气，对一件事情钻进去，就会着迷。但无疑，这些阅读对他完整地领会《复活》的深刻内涵是极有裨益的。他感到，世界上艺术家的心都是相通的，托尔斯泰在作品中表现出来的那份对人类最宽厚的爱，更使夏衍坚信，“学习使你们自己和人民血肉相关”，实在是作家和艺术家的第一义务。而作家之所以创作，无非就是要使他的作品自然具备这样的功能：“使压损（Strain）了的物体恢复原状，使为着适应‘社会’这座奇怪的机器而变形变性了的曾经叫做‘人’的动物回复到平直、朴质，具有正常感觉的有人性的

Human Being（人）。”[①]

虽然，作家要做到这点，是非常困难的，连托尔斯泰对此也是“一个绝大的精神上的负担”。但这正是作家不可推卸的使命所在。正在这里，夏衍对自己的人道主义情怀又多了几分自信与把握。

现在，他觉得自己可以动笔改编《复活》了：对聂赫留道夫来说，他的人性的复活是从一个深受贵族阶级风气浸染的纨绔子弟，向一个本阶级叛逆者和人道主义者的复活。但复活的旅程是艰辛的，对他来说，与人民大众取得血肉相关的联系可不是一蹴即达的，他的灵魂、肉体都将为之付出代价；对卡丘莎来说，她的复活同样艰难，从一个自轻自贱的妓女变成一个自尊自爱的正直女性，她不但要忍受来自世俗社会的白眼，更要在极困难的物质生活中追寻一种灵魂的净化——为此，她不得不忍痛拒绝聂赫留道夫的求爱（她从心底里还是深爱着他的），她不得不昂首走向风雪弥天前途难卜的西伯利亚……改编总是要融入主体对生活的思考，对比巴大叶和田汉的改编本，可以发现夏衍的改编既不是将它写成一个哀怨的爱情故事，也不是把土地问题置于作品的显著位置。他从新的角度开掘、构思，突出了托翁这样一种观点：“学习使你们自己成为人民所不可缺的部分。但，这种同情不该用你们的头脑（用头

---

① 夏衍：《改编〈复活〉后记》，“夏全 2”，第 74 页。

脑来同情是容易的），而应该用你们对人民的爱，用你们的心！”在人民遭外敌入侵，又受邪恶势力压制的严酷情势下，夏衍阐释了剧本中与人民同在的精神实质，这无疑具有深刻启悟意义。

后来有评论指出：“他不像那位法国新浪漫主义巨子巴大叶那样地只是把《复活》的故事囿于哀切动人，不像田汉先生那样地借《复活》作为说教的讲坛。他捉住了《复活》中每个人生命的律令，而同蹉跌，同创伤，同爱憎，同悔恨。托翁发隐显微的慧眼只看见了聂赫留道夫牺牲于挽救卡丘莎于堕落的深渊，夏衍先生却看到人类只有在‘大我’之中，才能抑制罪恶的洪流。”[①] 这确实道出了夏衍《复活》改编本的命意所在。

在结构处理上，相比田汉，夏衍更多地运用了压缩场景的方法，把原著中流动、变换的场景压缩成一幕幕短短的戏剧场景，利用有限的戏剧时空来表现独特意韵。原著从卡丘莎被提审开端，以倒叙交待一些情节内容，而夏衍把近一半的时空（第一幕、第三幕第一场）用来叙述法庭审理前的事件，至第三幕第二场才是小说的开端。虽不同于原著的结构框架，但夏衍抓住了原著情节的主线，按原著情节发展的线索顺序展开。

为了塑造纯洁少女所遭受的苦难，为了表现卡丘莎内心无告的苦痛，在剧情结构上对她注重多层面的细致刻画，以至把

① 汪淙：《评〈复活〉》，《新华日报》1943年5月10日。

原著中只占一小段的往事倒叙，写成了两幕生动的场景，这种结构安排与我们民族的戏剧欣赏习惯是大致相适应的。比较田汉讲求气势的结构，夏衍的改编处理似乎更自然合理，不落痕迹，体现了他从生活、人物性格出发组织戏剧冲突的特点。自然，就剧本整体而言，戏剧气氛的强度和性格刻画的深度不够突出，因而显得悱恻有余，力度不足。

白杨是夏衍特别看重的一位实力派演员。在“中艺”排演的《法西斯细菌》中，由她饰演静子一角，夏衍对她的演技深表满意，曾在送给她的剧本扉页上题字：“你光辉的演技给我留下了愉悦的回忆。”他将《复活》交到白杨手中时，开玩笑似地说：“遵您的命令，卡丘莎是剧中的绝对主角，你可要卖力表演才是噢。”其实这话一点也不夸张，夏衍编写这个剧本时，有不少地方的确是针对着白杨的特点而“量体裁衣”的。

1943 年 4 月 24 日，“中艺”在国泰大戏院上演《复活》，导演陈鲤庭，项堃、白杨主演。首演这天，苏联驻华大使与文化参赞费德林也到场了，还到后台去会见了导演和演员。演出一结束，大幕降下，掌声雷动。这时，正值苏德战场苏军开始大反攻之际，人们对描写苏俄的作品尤感兴趣，加上白杨、项堃的娴熟的演技，《复活》成了夏衍剧作中比较卖座的一部。

——有关《复活》的初演，有一个著名的幕后花絮不可不提。就在场内观众早已爆满，大戏准备敲锣开幕时，导演陈鲤庭忽然发现台上摆放的沙发不像俄罗斯贵族的家庭设施，当即下令“马上换沙发”。换沙发是很辛苦的工作，重庆城也根本难觅俄罗斯贵族沙发。但陈鲤庭坚持己见：“不换沙发就不准开幕!”开幕时间早过了，满场观众开始躁动起来。应云卫来劝，陈鲤庭只是不肯，并说：如果强行开演的话，我就要到台前宣布，这戏不是我导演的！时间已经很紧急了，应云卫突然双膝脆在陈鲤庭面前，连声说：“鲤庭，求求你，你就饶我这一次吧!”应云卫这惊人举动，弄得陈鲤庭不知所措。舞台监督辛汉文急中生智，乘势敲锣将大幕拉开。

“中艺”的活跃引起了国民党当权者的恼恨。除了夏衍的两个剧本，在 1942 年 10 月至 1943 年 4 月间，“中艺”还排演了于伶的《长夜行》、郭沫若的《孔雀胆》、老舍的《面子问题》、吴祖光的《风雪夜归人》、陈白尘的《石达开》等多出优秀剧作，其中不少戏的演员是从属于国民党军事委员会的中央电影制片厂跑来支援的。“中电”的厂长气得跳出来指责他们：“你们吃国民党的饭，可干的是共产党的事。”扬言要对他们“不客气”。“中艺”在重庆的处境越来越艰难，许多人担心“中艺”的安危。

为了不使“中艺”与当局发生正面的冲突，应云卫与夏衍、阳翰笙商议，“中艺”暂时离开重庆，到川西南一带旅行公演后留驻成都。于是，在《复活》一剧演完后，“中艺”便全团离渝作巡回演出了。

“中艺”离开之后，重庆的剧运却不能沉寂，更不能让三青团的中央青年剧社、“中电”剧团占领舞台。根据周恩来的指示，夏衍召集半年来被湘北、浙西战火所阻，滞留在桂林的戏剧家于伶、章泯等到重庆，以旅港剧人协会为骨干，于1942年12月底建立起了中国艺术剧社（简称“中术”）。夏衍、于伶、宋之的、金山、司徒慧敏为领导小组成员，金山任总干事，参加剧社的有旅港剧协的舒强、沙蒙、蓝马、凤子、王苹、虞静子、凌琯如、戴浩、奚蒙、林朴晔、罗毅之等，原在重庆的张瑞芳、吕恩、岳建中，和上海来的黄宗江、柏李、蒋天流、苏石风等，同时还吸收了恩施与柳州的演剧队队员田稼等五六人，还有音乐家盛家伦和画家丁聪等，次一年即1942年，从新疆狱中出来的徐韬、赵丹、王为一和朱今明等也参加了。真可谓阵容强大，人才济济，一时间“中术”便成了重庆剧运的中心。

这段时间，夏衍更加倾心投入了戏剧运动。他根据周恩来“勤交朋友”的指示，广泛地关心和联络各方面人士，努力维护进步剧人内部的稳定和团结，真正成为支撑大西南剧运的坚强支柱。

当“中艺”决定撤出重庆前，大部分成员都未成家，说走就走，没什么牵挂；但陈白尘却犯了愁，他的爱人——金玲患了二期肺结核，无钱上医院治疗。带去成都，更加不便；留在重庆，又放心不下。正彷徨无计的时候，夏衍来敲门了。原来他听说陈白尘的困难后，便托德国的魏露丝女士，找到了医学界的一位话剧爱好者梁其漩大夫，来为金玲作免费诊治。陈白尘不能不大为感动。——他自1935年春到上海后，积极从事左翼文学活动。然而到了1936年春，情况突变，有一个谣言传播开来，说“陈白尘是在巡捕房里拿津贴的特务”。原来很要好的朋友章泯、张庚等人纷纷避他而去（“四人帮”垮台后才知道当年这谣言的制造者是狄克——张春桥，原因是张与陈曾共处一室，陈知悉张的一些不光彩行为，于是张便先下手为强了）。对这件事，陈白尘有着太多的不解，却没有解释的机会。即使到了重庆以后，一些左翼朋友对他还是“另眼相看”。而夏衍此番的关心，让他感受到了共产党人的广阔襟怀，心里得到了莫大慰藉。

夏衍还动员马彦祥接任中央青年剧社的社长。

陈立夫、潘公展为了与“中艺”抗衡所组织的中央青年剧社，原来的社长是张骏祥，后来张辞职不干，CC派的阎折梧便觊觎社长这个位置。夏衍为了使这个剧团不致落到反动势力控制之下，找来了马彦祥。马彦祥当然不愿意。“中青”属于三青团系统，在精英知识分子中名声很不好。夏衍则恳切劝说他，希望他以大局为重，并且告诉他这不仅是他和翰笙的意思，也是周公（恩来）的意思。马彦祥终于接受了夏衍的提议。他担任社长之后，“中青”演出了吴祖光的《少年游》等剧本，在各界青年中产生了积极的影响。

1945年2月，为响应中共中央的号召，由郭沫若起草了一份《文化界时局进言》（以下简称《进言》），随后再由阳翰笙、夏衍、冯乃超等，以秘密方式发起一个签名运动，文化界签名的有三百七十二人。在《新华日报》《新蜀报》上发表的这份宣言，要求国民党政府响应共产党与民盟的倡议，召开紧急会议，组成战时民主政府，结束独裁统治，实行团结抗日。陶行知、沈钧儒、马寅初、谢冰心、巴金、徐悲鸿、傅抱石、老舍、柳亚子等国统区的民意标志人士都在《进言》上签了名。戏剧电影界在夏衍、阳翰笙的发动下，有六十六人在《进言》上签名，几乎囊括了当时在山城所有的有名望的戏剧电影界人士：于伶、白杨、史东山、司徒慧敏、沈扬、沈浮、宋之的、吴茵、吴祖光、洪深、石羽、孙师毅、耿震、凌琯如、陈鲤庭、陶金、焦菊隐、张瑞芳、张骏祥、舒绣文、贺孟斧、项堃、葛一虹、路曦、虞静子、赵韫如、赵慧深、刘厚生、蔡楚生、郑君里、谢添、蓝马、章曼萍……

这么多文化人士一致签名，表明了蒋介石政权的极端孤立，文化专制政策极端不得人心。

这份宣言一发表，震动了全国文化界，震动了全国人民，也震动了国民党政府。

蒋介石从报上看到了这份进言，大为恼怒，下令追查。因为签名者中有不少是在国民党机关中任职、甚至有一定官位的，这使他感到共产党的渗透力简直太可怕了。在戏剧界签名者中就有许多是在国民党中央直辖单位电影摄制场工作的。主管者张道藩闻讯后惴惴不安，不得不召集签名者集体训话，逐人查问，威胁利诱。大家一致推说是在办公室桌上看到的，觉得有道理，且有徐悲鸿、老舍、柳亚子那么多著名人士已经签了名，所以自己跟在后面签了名云云。问来问去，毫无所获，张道藩仍不放过，续追查这《进言》的签名稿是谁拿来的，似乎不查个水落石出不肯罢休。

照张道藩这样查下去，党在“中电”的秘密关系刘厚生等很有可能要暴露。倘若他们被查出来，不但有可能开除，甚至还有更大的危险。夏衍找到白杨说：情况有些不妙了。我们考虑再三，认为由你出面，把这件事承接下来比较好。根据你的名望、地位和社会影响，张道藩未必敢把你怎样。

白杨受左翼影响，倾向进步，明知这任务很困难，甚至有一定风险，却一口应承了下来：“既然是您来吩咐，我一定照做。不过，我跟他们怎么去说呢？”

夏衍莞尔一笑：“这故事还不好编么？你就说，《进言》是从这儿拿的。”由于夏衍是公开身份的共产党文化人，线索追查到他这里就等于断了。张道藩似乎还有些不肯善罢甘休，还叫了国民党中宣部的方治下条子找白杨谈话。白杨听夏衍的话顶住没去，这事情最后终于不了了之了。

重庆文化界当时流行为名人祝寿，为郭沫若、老舍、茅盾、洪深作五十大寿，几乎成为文化界的盛大节日。对于革命文化战线来说，祝寿活动是一个很好的机缘，可借此批判当局对思想、言路的钳制，总结、反省革命文艺走过的道路，广泛团结各方面人士和力量。

洪深是现代话剧创始人之一，也是当时很有声望的教授、戏剧专家。在他五十诞辰时，夏衍特意写了《为中国剧坛祝福》的贺词，突出地表彰他“用不恤在泥泞中打滚，在荆棘中潜行的精神，替中国新戏剧运动踏平了一条道路，建立了一个永远用艺术服务于人民的传统”。这篇文章还突破祝寿文止于称颂的旧套，委婉地批评了洪深“清浊兼容，他从无可欣赏之中发现他的欣赏”[①] 这性格上的弱点。洪深读了很高兴，认为只有知友才说得出这样切中肯綮的话来。

戏剧界“祝寿”的重头戏之一是为应云卫专门排演一个大戏《戏剧春秋》。《戏剧春秋》的初版《后记》较为详细的记录了该剧的缘起，写作的动机、主题以及其他一些重要细节：

> 今年（指 1943 年——引者注）九月七日，是云卫兄四十初度的日子。当日朋友们在各报副刊写了些回忆与杂感之类的纪念文章。其中夏衍在《新民报》上写的一文说及，假如要以一个人的经历来传记中国新兴戏剧运动的历史，那么云卫正是一个最适当的人选。朋友们对这提议发

---

① 韦彧：《为中国剧坛祝福——祝洪深先生五十生辰》，“夏全 3”，第 160 页。

生了很大的兴趣。中午，之的找夏衍说：“抗战以来我们表扬过新闻界，歌颂过教育界，因为他们在抗战的宣传教育上都尽了常人所不曾想象和估计的力量。但，我们戏剧界呢？我们不想怨尤别人没有提到我们的工作，但是，当我们自己觉得走完了一段艰苦的路程之后，我们也该回过头来看一眼这二十几年来的足迹。我们就来写一个戏吧，戏名就叫《戏剧春秋》。”……

立刻，我们就想起了白尘。要是他在，四个人一凑就成功了。可是他远在成都，时间的限制是不容许两地有信札往返磋商的余裕的。接着就找到了于伶……

我们三个要写戏的人终于被“被写的”那些人物和故事所俘虏了。这一切：那些可笑的，可悲的，可愤怒的，可骄矜的一切，不都是我们亲身经历过的事吗？一个多礼拜，我们三个沉浸在回忆的悲欢哀乐之中。领导我们的，跟我们一起工作过来的，还支撑着的，已经倒下了的，那些伙伴们的面影，那些殉道者的声欬，一个个地浮现在眼前。从文明新戏、爱美剧、话剧到新兴演剧运动，这是一条不平凡的路呀！在外，他们遭受到的是无比的冷淡，是无穷的蔑视，是被看作“戏子”，是被当作海派的代表。社会贱视他们，朋友漠视他们，各种各样的势力阻压他们。在内，穷困鞭责他们，人事苛扰他们，理解和技术限制他们……一群被认为不足道的人在旷野中长行，谁能不

> 感到凄苦？是的，凄苦和寂寞咬嚼着我们的心。我们是知道即使在今天，在一切所谓“文化人”、“艺术家”、“社会教育工作者”这许许多多的美名下面，也还是掩饰不住蔑视的眼光与口吻的！我们要申诉！我们的目的不是为了要使社会认识，为什么三十几年来，会有这么许多善良的男男女女，一定要拣择这一条荆棘的路途？为什么会有这许多人，九死无悔地守住这一个岗位？我们的目的非常卑微，卑微到只想使我们的先行者，在寂寞中感到一丝温暖，使同行者在困顿中回想一下过去的艰辛。……
>
> 从开始到脱稿，我们花费了月余的时间。日子很短，杂务尤多，但是在我们自己却感觉到在所谓“集体创作”中，这是较和谐，较认真，也是比较地合作得满意的一次。执笔是分头的，[①] 但故事结构、人物性格、情节发展，却完全出于绵密的合议和共同的创造。我们在写完之后感到若干的兴奋与欢欣。[②]

通过紧张的排演，“中术”1943 年 11 月 14 日在重庆银社上演了该剧。演职员的阵容是非常强大的：郑君里任导演，蓝

---

① 笔者推测，这个五幕七场的剧作，第三幕第一场基本可确定出于夏衍之手，此外，第三幕第二场与第四幕应当也有部分出于夏衍之手。

② 夏衍等：《〈戏剧春秋〉初版后记》，“夏全 2”，第 636—637 页。

马、黄婉苏、黄宗江、叶露茜、王苹、虞静子、谭云、谢怡冰为主要演员。这期间，章泯、洪深、史东山、辛汉文、徐韬、沙蒙、贺孟斧、孙师毅、盛家伦等也出了大力。令人难过的是，剧社总务沈硕甫为能开出剧社的一顿大锅饭而张罗，心脏病突发，倒在了重庆都邮街头。剧目上演后，引起了各方面的好评。《大公报》配合演出发表了《艰苦的戏剧界》专题特写，报道了话剧界的艰辛。一时间对话剧事业的关心，成了山城人民共同的话题之一，同时也进一步坚定了进步戏剧家们继续奋斗的信心。

夏衍很少看自己写的戏，这出戏却看了四五遍不止。每次都觉得心有所动，感慨不已。他总是为剧中主角陆宪揆的原型——应云卫[①]感动不已。说来也很奇怪，他和应云卫在政治立场、个性、做事风格、才情禀赋等许多方面都有很大差异，他事实上也不能认同应的许多做法，但他就是欣赏这个人，欣赏他为了话剧事业的一片赤子之心：

> 云卫这个人总是笑口常开，好像从来没有什么困难似的，实际上他将所有的困难都咽在肚子里，也从不对人讲，因之也有人对他产生很多误解，他也往往一笑了之，

① 剧中的一个场景明显取材于真实事件：陆宪揆为了让戏正常上演，也曾向他的搭档下跪（见该剧第4幕第2场）。

> 从不解释争辩。在重庆演戏，常有特务找麻烦，有时还有生命危险。但云卫都能对付，他真是三教九流都不在话下。我们这些人无法对付，但他能对付这些，为什么？求情、借债、磕头作揖，为什么呢？就是为了话剧运动。但话剧运动对他有什么好处呢？我看没有什么好处，只有吃苦受累。他也不怎么爱名，无名无利可图，他确有这么一种劲头，为话剧运动献出毕生的精力和生命。这样的人，居然国民党没有把他害死，“四人帮”竟然把他迫害死了，而且死得很惨。①

在推进剧运中，夏衍很重视发现人才，奖掖后进。他反对文艺圈子里“文人相轻”的陋习和论资排辈的作风，热情地关怀和扶植新人，为抗战戏剧带来了新的力量和新的光彩。

吴祖光到重庆时才二十五岁，虽然已写过两个剧本，但还没有完全脱离学生气。这时应张骏祥之邀，担任了官办的中青社编导委员。1942 年夏天，他也到了北碚，随身带着后来成为

---

① 夏衍：《怀念应云卫》，“夏全 3”第 473—474 页。

1967 年 1 月，上海电影局造反派将各种斗争对象（时称“牛鬼蛇神”）批斗游街，游街途中应云卫被人推下车致死。1980 年 11 月“两案”公诉期间，特别检察厅厅长黄火青在《中华人民共和国最高人民检察院特别检察厅起诉书》中特别提到“四人帮”集团的这一罪恶：“文艺界，仅文化部及其直属单位受诬陷、迫害的就有二千六百多人。著名作家、艺术家老舍、赵树理、周信芳、盖叫天、潘天寿、应云卫、郑君里、孙维世等被迫害致死。”

他的代表作，使他走红一时的三幕话剧《风雪夜归人》初稿。这个戏写的是军阀时代一个唱戏的艺人魏莲生和军阀的四姨太的爱情悲剧。他想将这个剧本写得更成熟，首先想到的就是请具有长者风范的夏衍先生校读一遍，听听他的意见。夏衍高兴地接过了这个剧本。两天后，他就约吴祖光在江边茶室做了一次长谈。

夏衍高度评价了《风雪夜归人》，认为这个戏的主题很好：它告诉受压迫的奴隶，自己要掌握命运，不再听别人的摆布；他认为这个戏有生活，吴祖光写出了自己深有了解、确有感受的题材。他对刚出道的吴祖光喜爱非常，甚至夸他乃是剧界"神童"。这次谈话后来被人传开来，吴祖光也就得到了一个"神童"的称号。半个世纪过去了，吴祖光时常回想起这一幕情景，他深情地说："在北温泉淙淙流水、竹林旁边的石凳上，我得到长者、知音的鼓励和指点是终生难忘的。"①

1943 年 2 月，《风雪夜归人》由中华剧艺社在重庆公演，贺孟斧导演，项堃、路曦主演，连演十二场，在山城引起了不同寻常的反响，《新华日报》为此发表了一组剧评。吴祖光从此也将更多的时间和精力，花在了"中艺"和后来的"中术"上，这使国民党当局十分恼火，下令不准《风雪夜归人》上演与出版。

---

① 吴祖光：《永别夏公》，《忆夏公》，第 61 页。

黄宗江1943年春到重庆，才二十二岁，比吴祖光还要年轻。虽然在上海时他也是个可与石挥叫板的名演员了，但到了中国艺术剧社，毕竟资格太嫩，仅只安排分管道具，且要“试用”一段时间方能决定是否录用。那时黄宗江年少气盛，但面对许多前辈，倒也忍了下来。在《戏剧春秋》演出时，夏衍在台下发现黄宗江“一赶三”，一个人扮了三个角色。虽然是小角色，但他演得认真，毫不苟且，且每个角色都有个性，互不雷同，与蓝马饰的陆宪揆交相辉映，并不逊色。夏衍很欣赏这样的青年演员，有真才实学，却不钻营名利，因而对他特别赏识。在“中术”的一次会上，他提出黄宗江“不以试用为意，态度水平均佳，应予正式起用”。随后黄宗江便补了沙蒙去延安而出缺的学术部长，演剧上也得到了更大的发挥，与沈扬、蓝马、谢添一起，被戏称为重庆“四大名丑”。

与夏衍相处的友人，谁都知道他的政治身份，但没有人害怕与他接近，在他面前也不感到拘束。他主持正义，处事公平，以诚待人，心地宽厚，因而在影剧界享有很高的威望。

剧社的工作是繁琐复杂的，由于大部分演员都是感情特别丰富的人，更何况青年人居多，随时都会出现许多纠缠难解的事情。但无论多么复杂，又无论有多少纠纷，一到夏衍那里，仅三言两语，便能迎刃而解。黄宗江后来对夏衍有过一段描述：

> 偶在剧场后台，我上了妆在等待上戏，夏衍常是那样默默地出现。他坐到我化妆座旁，拿一封长信看，是张骏祥从成都寄来的。又一次是柯灵从上海寄来的。所述均为当地戏剧演出情况。我一再听到夏衍轻叹："多好的朋友，同志！"我感到这些书信来往，不尽是相濡以沫，而是这两位当时的"民主人士"，向党的"汇报"。夏衍在周围团结了多少人。①

1944年2月15日，在戏剧界的努力下，被国民党政府社会部无理撤办的戏剧节恢复了活动，并在重庆文化会堂举行了第六届戏剧节纪念大会。邵力子、梁寒操、潘公展等国民党头面人物，以"官民一体"的姿态出席了大会。

《新华日报》为这次戏剧节出版了纪念特刊。郭沫若、夏衍、焦菊隐、史东山等人都发表了文章。夏衍在这段时间发表了许多评论，对抗战剧运的深入发展发挥了导向作用。陪都的戏剧运动，在客观上受到了许多限制和干涉，剧本的审查极其苛严，经济上捐税又繁多，这在很大程度上阻碍着话剧的创作和演出。夏衍在一些文章中，为戏剧工作者的艰难处境而呼吁，他以鲜明的立场，对主管当局抗议道：

---

① 黄宗江：《我师夏衍》，《读书》1995年第7期，第13页。

> 戏剧被当作后方“繁荣”的点缀，被当作少数有钱人的娱乐，被当作募集捐款的手段，被当作增加税收的来源。要求于剧本的是一套义正辞严的道理，一百个“不可”，一千个“不行”，戏剧非有“教育意义”不可，不得“与抗战无关”，而另一面将营业税、娱乐捐、节约建国储蓄券、冬令救济捐款等等，一层一层地堆压上去的时候，戏剧又是纯营业的，纯娱乐性的捐税的对象。两层钢铁的夹板，而中间是渐续地发出不为人们所注意之悲鸣的戏剧运动！[①]

夏衍清醒地意识到，外来的重压和障碍必然会导致内部的懈怠和消沉，触发剧运内在的危机。他深刻地指出，抗战话剧的发展与戏剧工作者在思想素质的状况是互为依存、互为促进的：

> 现实环境中不断的颠踬和生活的艰困渐次的消磨了工作者们的热情，人们对生死存亡的反法西斯战争，也终于渐次的失却了由衷的关注。迷惘、冷漠、懒散、草率，失却了追求真理的热，磨退了改善社会的诚，……于是，要使我们的剧运能够支撑，创造，前进，在我们面前就展开着一条同时得向内外两条战线斗争的道路。我们要解除外

① 夏衍：《我们在困难中行进》，“夏全 3”，第 193—194 页。

在的不合理的束缚与重压，同时我们也要在困难中振奋惕励，组织起来，用更高的积极性来学习，工作，创造。[①]

为了提高戏剧的现有水平，夏衍写了一系列评论。在剧本创作上，对那些脱离现实，只满足于写些肤浅的宣传抗战的公式化倾向，他作了尖锐的批评："公式、概念、面谱，是艺术工作者的不能妥协的敌人。我们必须挣脱这些东西，而创造出清新丰富，使人感动的作品。"[②] 在题材上，夏衍强调"不熟悉的不写，不关心的不写"，因为"不熟悉而偏偏要写，所以只能凭概念来想象，凭主观来安排，一切都是'想当然耳'，于是人变了机械"。[③]

剧运的深入发展，不只对剧本提出了更高要求，而且还急迫需要不断提高演出的艺术水准。还在北碚时夏衍与陈鲤庭、张骏祥等名导演有过一席长谈。陈鲤庭是研究斯坦尼斯拉夫斯基的专家，张骏祥是留美专攻戏剧的学者兼剧作家，夏衍自己提倡过"难剧运动"，三个人凑在一起，一聊，都对中国话剧的艺术水平现状表示担忧，认为除了当局的压制等因素以外，中国话剧界对业务水平、艺术水平的不重视，将成为中国话剧

① 夏衍：《我们在困难中行进》，"夏全3"，第194页。

② 夏衍：《戏剧与人生——答一个不相识的朋友》，"夏全3"，第205页。

③ 夏衍：《关心的，熟悉的——给某杂志的信》，"夏全3"，第149—150页。

运动的一大障碍。这方面的观点，在夏衍作于 1943 年 7 月的《论正规化》等文章中得到了系统的阐述。他指出：

> 凭感情不凭规矩，凭才能不凭技术，凭运气而不想从根本上建立一个起码的平均水准。这些都是“非正规”队伍的特征。①

夏衍认为，当时剧运正处于由非职业化的爱美戏剧活动转为职业化的戏剧活动的“转型期”。他将戏剧演出提升到文化审美层次的高度，提出必须建立一支“正规化”的表导演队伍。在技巧训练上，夏衍认为仅有零散的对戏剧演出的感性认识是不够的，而应该有一个对艺术的起码的共同的平均理解水平；应该注重对基本技术的学习，从总体上提高演出的稳定性和艺术水准。

“正规化”对于戏剧从业人员来说，还不只要求提高技术，还要在思想作风上克服各种不良倾向。夏衍认为，从非职业化的演员转化过来的“现役”表、导演，他们另外还残留着爱美剧时代的个人主义以及平均主义的不良作风，这给剧运带来许多不应有的弱点，成为戏剧发展道路上的绊脚石，更严重的可能会使剧运重蹈文明戏的覆辙。

---

① 夏衍：《论正规化——现阶段剧运答客问》，“夏全 3”，第 176—177 页。

有感于时下戏剧界的人事纠纷，“台下的戏太多，台上的戏太少”，夏衍指出，不只要用外在的纪律来约束戏剧工作者，更要注重和强调的是演员的做人态度及道德修养问题。他在《论“戏德”》一文中说：

> 作为一个演员，可以有技术优劣，但不能有人格高下。在一个剧团中，一个“明星”和一个龙套可以有不同的待遇，不同的生活，但在人生中，他们同样的有维持一个人的尊严的权利。在舞台上，他们有同样的在他们自己所担当的部分中发挥他们的才能，和完成他们的职责的机会。①

关于正规化的问题，当时在报刊上曾引起过一些讨论，回过头来看夏衍的意见，其中有一些如建立明星制度之类，在战时环境下确实不很现实，但他的多数评析，不仅切中了当年剧运的时弊，我们今天读来仍然感到亲切，受到启迪。

1943年的7月，夏衍的妻子蔡淑馨经安徽蚌埠、界首，河南漯河、信阳，湖北老河口，四川万县，跋涉千余里，历时三个月，带着两个孩子，从上海来到了重庆。一家人在历经了五年半的分离痛苦之后，终于团聚了。杜甫所谓的“妻孥怪我在，惊定还拭泪。世乱遭飘荡，生还偶然遂。”在此时此际夏

① 夏衍：《论“戏德”》，“夏全3”，第183页。

衍是别有一番体味了。然而惊喜之余，一家四口人，到哪里找房屋住呢？唐瑜告诉他，房子的事情，他有办法。果然，不过两天，唐瑜就替他在临江路附近的一间大杂院里找到了一间小屋。晚上四个人横睡一张床，用一条长凳搁脚。唐瑜对这情况仍不满意，这位热心肠的朋友，对夏衍说，老沈，且先将就几天，过些日子再看我的。

唐瑜是南洋华侨出身，早在上海时期就与夏衍熟识。抗战爆发后，他在夏衍的直接领导下，与孙师毅合编过《早报》，后来参加了战地服务队。他虽然不是共产党员，却很了解夏衍的身份。他从内心深深敬服夏衍所从事的事业和夏衍的为人，很乐意帮助夏衍做点事情。他说到做到，卖掉了哥哥在缅甸经商时送给他的半只金梳子，在中一路下坡地段，用泥墙和竹架盖了两间半西式风格的“捆绑房子”（战时重庆穷人住的泥糊竹壁的临时建筑）。唐瑜自住一间，另一间就请夏衍一家来住。夏衍感激朋友的盛情，也不推辞，一家人就搬了进去。为了寄信方便，夏衍在房前挂了一块木板，上面写了“依庐”这样一个颇有田园雅趣的名字。“依庐”正对着一条马路，叫“捍卫路”，屋后是一片竹园和旷野，春暖花开的时候，满坡的青草绿得发亮，一阵风吹来，蒲公英就飞得满天满地。如有生人过来，还可以听到夏衍家那条叫“来福”的狗，会狺狺然地吠叫起来。住在这儿，条件是简陋了一些，但自有一番情趣。夏家在这儿一直住到抗战结束。

夏衍这时有一男一女两个孩子，女儿沈宁已到当地一所中学念书，生活上的负担还是不轻的。夏衍忙于他的工作和社会活动，家务事则全落到夫人蔡淑馨身上。对此，这位曾在日本学过绘画的留学生心有不甘，却又无可奈何。

吴似鸿（蒋光慈遗孀）初到重庆时曾去过夏衍家。她在回忆录中谈及，当她与蔡淑馨谈到家中的生活时，蔡不禁很有些牢骚。她说，夏衍是从不管家的，家中一切全靠她操持，包括这“捆绑房子”的维修之类，也全靠她去找唐瑜。言谈之中，吴似鸿觉得蔡淑馨这样一个受过高等教育的女性，只是窝在家中操持家务，实在太可惜了，应该出去参加一些社会活动。

可蔡淑馨反驳说：“我出去了，谁来管这个家呢？”

吴似鸿不再说话了。她是过来人，她明白，作为一个主妇，一个妻子，特别是一个作家的妻子，是与社会工作有矛盾的。[①] 不公平吗？但社会与家庭，鱼与熊掌不可得兼，只能有弃有取。

尽管对家事不肯操心，但对于朋友、同志，夏衍则都很关切与体贴。就说吴似鸿，当夏衍见到这位逝去战友的遗孀时，十分热情。在盛情招待之后，见到她脚上的皮鞋已经张口了，夏衍随即就把沈宁的一双黑绒凉鞋给她穿。穿上凉鞋后，吴似

---

① 吴似鸿：《浪迹文坛艺海间》，杭州：浙江文艺出版社 1984 年版，第 198 页。

鸿觉得很合脚，走路方便多了，这使她感动不已。以后她还在夏衍家住过一段相当长的时间，得到了夏衍夫妇的多方照拂。有关唐瑜及其房子的故事，这里还有必要补记一笔。因为后来很长一段时间里，夏衍的名字总是和他那座有名的倒楣房子串联在一起。

自从为夏衍建了那两间房子后，唐瑜忽然对造房大感兴趣，将自己在昆明与夏云瑚合资经营的一家电影院的股本转给了别人，再用这笔钱在离"依庐"不远的地方租了一块地皮，亲自绘图并设计，又造了一间可以住十多人的房子，让当时没有房子住的吴祖光、高汾、吕恩、盛家伦、方菁、沈求我、赵慧深、凤子等人都住了进去。他们多是剧作家、演员、音乐家和画家，夏衍只要有空，总喜欢过去与他们谈天。

吴、吕、盛、方等人包括唐瑜本人在内，除了高汾是新闻记者，其他人在当时都没有固定职业。一天，夏衍、徐冰陪郭沫若来玩，谈到从延安传到重庆的秧歌剧《二流子改造》，郭忽然乐呵呵地说，住在这儿的人不都可以叫做"二流子"么？我看这地方也可以叫"二流堂"。对这句戏谑之言，在座的听了都很高兴，还要郭先生写下来做"堂匾"，因为找不到写大字的毛笔，这才作罢。唐瑜从此便自封"二流堂堂主"。

后来反右派时，"二流堂"成了所谓"裴多菲俱乐部"和"反党小集团"的一个代名词。夏衍在"文革"中又被称作"二流堂""黑后台"。这是完全将历史颠倒和歪曲了。这些很有个性和才情的艺术家，虽然生活上可能散漫一些，但政治上却十分地亲近共产党，他们对国民党独裁统治极其失望和不满。夏衍对他们的爱国热忱和艺术才华也颇欣赏，因此经常与他们接触，向他们报告和分析时局的发展，传递周公馆那边来的信息，建立了深厚的友谊。

1943 年岁末，中共领导人林伯渠和王若飞来到重庆，给许多与共产党有联系的民主人士带来了一些延安的土特产和新出版的书刊。按照事先的分工，夏衍先将一份礼物送到著名小说家张恨水家中。张在感谢的同时略显迟疑，最后表示：红枣与小米拜领，毛料则不敢收，因穿在身上，人家就会说是“延安分子”了。夏衍理解他的处境，想起周恩来所说，一件在我们眼里的小事对有些人来说，也可能是与其生计、工作有关的大事了。因此他对张先生表示完全理解，在恭祝他来年大吉后告辞。

但他将几份礼物带到“二流堂”后，情况就完全不同了。“二流堂”内的气氛立刻变得十分活跃起来，甚至有人发出了一片欢呼声。这些知识界的精英人物，多出身都市，平日对米谷杂粮看得平常；现在对来自延安的这份礼物却看得很不一般，十分珍惜地留了下来。待到阴历除夕之夜，他们用来熬成一锅红枣小米粥，并特地将老朋友夏衍请了来一起守岁。

第三节　时论高手

1942年以后，夏衍主要在戏剧界、文艺界活动，也主动关心和参与《新华日报》的工作。《新华日报》上许多有影响的杂文和导向性的言论，就出自他的手笔。余伯约、姜添、司马牛等笔名就是这时期他开始频繁地使用的。

说起这几个笔名，还是小有来历的。那是在“九一八”十一周年的纪念会上，王昆仑挥笔题字：“凤游云海，鱼跃江天。”夏衍颇感兴趣，当晚在写完《默念》的杂文时，便署上了“余伯约”这个名字，并由此联想到了四个以上的笔名：“凤游——冯由、冯游；云海——云海、恽海；鱼跃——余约、余伯约；江天——姜添。”[①]

从震惊中外的“皖南事变”之后，国内政治形势一天天逆转。当政者一方面对抗日进步力量加以残酷的摧残和无情的压制，一方面偏安一隅，对于收复失地越来越消极，幻想向侵略者妥协而求得苟安。在《默念》这篇杂文中，夏衍对于“九一八”这惨痛的日子被纪念到第十一次，感到像“鞭笞一个久未愈合的伤口”那样苦痛。在东北大地上流的热血已经“从鲜红

① 阿部幸夫：《忆夏衍先生》，《忆夏公》，第652—653页。

而淤黑，而凝结，而化为了不复可认的泥土”，这勾起了他无限的感慨。东北人民十一年来从没有停止过他们的战斗，万千健儿把他们的热血洒遍了长白山和鸭绿江，然而“在斤斤于己之得失，忙碌于眼前之利害”的人，却将他们在记忆里忘失了。文章结尾处语含讥刺地写道：

> 血写的字，因为年月的久远而越清晰了。血灌溉的萌芽，因为年月的久远而愈越茁壮了。——我们不单用血来灌溉了自己，我们还用血来规诔了友人！十一年的历史是如何的峻烈而充满着教训啊！①

在《“异”》的杂文中，针对当权者发布《异党问题处理办法》《限制异党活动办法》等条例，动辄以异端的名义陷害进步人士，扼杀民主，夏衍给予了辛辣的嘲笑，指出其所以“见异”，不过是蓄意制造借口，以翦除异己，进行分裂活动：

> 现在大家主张团结，国内并无异征，即使政见偶有出入，抗战建国之心无异，我们在此诚恳的希望朋友们在“春光和煦”之中，化除异见，不要见异。②

---

① 余伯约：《默念——“九一八”十一周年纪念》，“夏全 9”，第 168 页。

② 姜添：《“异”》，“夏全 10”，第 309 页。

在《治病不是可耻的事情》《从“游走”到“大嚼”》《新约与新人》等一系列杂文中，看上去是在讨论五四时期早就提出过的改造国民性问题，其实都是在对当朝权贵们的卑怯、自私、贪狠、残忍、迷信、主观进行无情的分析和鞭击。

> 不理会自己的病而专找别人的病，这行径称不得聪明，希望别人也和自己一样地讳疾忌医，乃至自己害怕治病，而将别人的治病当作反衬出自己“健康”的资料，更是一种恶德。[①]

> 为了免于老衰，为了已进入老境的朋友们延长生命，我们希望多多注意内部的大嚼细胞，经常的用酸性剂来“刺激刺激”，当然外面乘机“游行”进来的恶菌，更须及时提出制裁，不能让它逍遥法外。[②]

这些文字从日常生活或书本知识中拈来一些事例作为比喻，寓讥讽于形象，藏寸铁于绵里，对抗战中反动势力采取的各种卑劣手段，给予入木三分的剖析，表面上声色不露，内里却极为犀利，让人难以逃遁。

---

① 姜添：《治病不是可耻的事情》，“夏全 9”，第 169 页。

② 伯约：《从“游走”到“大嚼”》，“夏全 10”，第 299 页。

民主思想与科学精神是互为依存的。科学的作用只有在自由民主的大地上才能生根滋长，但科学意识的提倡也是建立民主制度的前提。夏衍大量国内政治评论的主要内容是反独裁、反分裂，企望形成要求实现民主的强大社会舆论；但他也同时倡导科学的意识和方法。

在《从杜鹃想起隋那》中，他以隋那发现杜鹃的特殊生态着笔。这一发现起初不为正统派科学家所重视，但隋那仍然全力进行调查研究，最后终于得到学术界的公认。夏衍由此而引发出这样的结论：

> 主观主义的空想和科学精神的钻研，是永远不相容的两极。不清除主观的独断，不养成调查的风气，我想，“人们还是要吃苦”的。①

在《科学和民主不可分》中，则更明确地阐明了科学意识的必要性。文章从一位文艺工作者对伽利略和牛顿的纪念特辑不感兴趣，谈到对中国现代科学普及化的程度的担忧。作者认为民主制度不是空中楼阁，它必须而且只能建立在尊重科学，实事求是的人文精神基础上：

---

① 余伯约：《从杜鹃想起隋那》，“夏全9”，第171页。

> 科学和民主不可分。没有坚实的科学基础，我们灵魂深底的专制或武断偏狭机械论等等非民主思想，永远不会根除，没有坚实的科学基础，一切进步的名称唯物辩证法、现实主义等等都是书本上的教条……①

在科学与民主的问题上，我们原来一贯比较强调在民主制度下发挥科学的作用，却少重视民主的内容，尤其是在半封建半殖民地的中国，这内容尤其亟待科学精神的完善和补充。在很长一段时间里，我们对我国民主制度形式的功能性作用太过自信，未能使“科学是社会发展的推动力这种思想”在“中国人民的心中扎根”，以至于“封建宗法思想”悄悄潜入共和国的肌体，直至上世纪60年代中国爆发了一场空前浩劫。

国际时评，夏衍在桂林、香港时已写了不少，而写得最集中、最成熟、最有异彩的部分还是在1943年、1944年这两年。这些篇什显示出他政论的深邃的洞察力和逼人的锋芒，标志着夏衍一生的时论写作进入高峰时期。

1943年，风紧云急，世界反法西斯战争处于大转变的前夜。苏联军队在斯大林格勒会战中，消灭了三十三万德国军队士兵之后，转入反攻阶段。从斯摩棱斯克的森林到黑海海滨，苏军开始了凌厉的攻势。英美盟军在北非战场结束战事之后，

① 姜添：《科学与民主不可分》，“夏全10”，第294页。

在西西里岛登陆。南北太平洋也形成了钳形攻势。

南方局外事组的王炳南、乔冠华、龚澎、陈家康都是夏衍的熟朋友，那里有许多外面看不到的外文书刊，夏衍一有空就到那里去看报和议论时局。在一种强烈的历史使命感的催促下，也出于对新闻写作的爱好，夏衍又开始不停地撰写国际问题评论，在《新华日报》发表。

第一篇《我不能平静》，是为纪念苏联伟大卫国战争爆发一周年所写的。1942 年春夏之交，对苏联而言是一段非常艰难的日子，它在哈尔科夫、克里米亚等地区接连遭受了严重的挫败，希特勒一时间又获得了局部的战略主导权。但夏衍仍然保持了对苏联、对反西斯战争胜利的坚定信念：

> 我们等待着你们克服哈尔科夫，基辅，斯摩棱斯克……的消息，苏联必须胜利，苏联是一定会胜利的，全世界的人民紧紧地站在你们身边，我们的运命，和你们的胜利是不可分的，继续地打胜仗哟！我们坚信：斯大林在 1942 年之内击败希特勒的宣言是一定可以由于你们英雄的战斗而实现的。①

现在看起来，夏衍文中的一些预言也有过头之处，不过，在那种特殊的困难时期，这种看似过头的决然之词反而是很有

① 夏衍：《我不能平静》，“夏全 9”，第 164 页。

必要的。

但不知为了什么原因，这篇文章被新闻检查处“腰斩”了，除留下开场白一节外，其余全开了天窗。但夏衍没有因此停笔，《望穿了西方地平线》《欧洲的地下火》《光从北方来》《英国的事象》《乌拉！不可击败的红军》《我用感谢代替欢呼》《奇迹的形成》《祝福，人类抬头的日子》等一篇篇时评连续不断地出现在《新华日报》的版面上。这些时评关注的是这样两个方面：一是期待和敦促欧洲盟军开辟第二战场。法国沦陷区人民是期待得太久了：盟军什么时候才从西方的地平线上出现？船，什么时候才从对岸开来？这已经不仅是在苏联，不仅是在黑暗的欧洲大陆，而且是全世界人民所朝夕盼望的事情了。二是讴歌和祝福苏军大反攻的胜利。夏衍以诗一般的文字，热情礼赞红军的胜利反攻：

> 2月，红军在前进，草原的雪开始融消，顿河和聂伯尔河快要解冻了。夜静的时候，全欧洲人在听你们的步伐声音。维司杜拉河呜咽得太久，蓝多瑙河被太多的鲜血所污浊了！前进啊，全世界的眼瞩望着你们，全欧洲的人民祝祷着你们，你们不单是苏联一个国家的军队，你们是为着全世界人类的命运而光辉地战斗着的军队！①

① 夏衍：《乌拉！不可击败的红军》，“夏全10”，第369—370页。

在讴歌红军的伟力时，夏衍还特别强调："世界上不可克服不可战胜的不是暴君的武力，不是大炮飞机，不是希特勒德国的装甲师团，而是人民全心全力所倾注的一个意念！人民的心，这才是创造奇迹的真正的元素。"① 苏军之所以长驱直进，创造了战争史上的奇迹，是建立在使全体人民完全理解了战争性质而衷心地拥护着反法西斯战争的"科学的社会主义的国家的基础之上"的。

夏衍的时评与乔冠华的国际政论，在《新华日报》上十分引人瞩目，迷住了每个关心时事的读者。自然，文章写多了，也难免会出现一些照顾不周的地方。1943 年 7 月 14 日，他为纪念法国大革命一百五十四周年而写的《祝福！人类抬头的日子》一文受到了党内的批评。这篇文章如是歌颂《人权宣言》：

> 《人权宣言》却跨过了一切限制，向全世界的人类申诉，而在人类的历史上创造了一个新的时代。它鼓励了个人的理想自由，鼓励了人民结合起来，向一切藐视人权的势力斗争，它申诉的对象是"人"，不单是法国人，不单是法国的第三阶级，也不单是法国血统的民族，它像耶稣的福音书一样的对

① 余伯约：《奇迹的形成——纪念"六二二"二周年》，"夏全 10"，第 372 页。

> 全人类宣言，而在长期压抑下的全人类心中增进了新鲜热烈的灵感。从这时候起，人才发现自己是个有人权的人，人才能昂起头来主张，挺起胸来战斗。这和西格弗里教授（Prof Siegtrincd）所说一样："它是可以使各种人类的面料发酵的酵母，它代表着永远生存，和不断活动的力量"。[①]

考究这段文字的原意，大概是要借对英美民主制度的赞扬，形成对国民党黑暗统治的反讽：你虽然以英美的盟国自居，比照比照盟国，在民主制度上可曾做到了什么？但这些话登在共产党的党报上，却像是在肯定英美资产阶级民主仿佛才是人类得救的最后希望。这对于党报的宣传导向来说无疑是不相吻合的。

1943年9月由董必武主持的《新华日报》第一次整风会上，夏衍为这篇文章受到了批评：无产阶级的立场不够坚定，宣传乃至欣赏了资本主义国家的所谓"自由、民主"。乔冠华、陈家康和章汉夫也都受到了类似的批评。

这样的整风对夏衍来说是第一次，他感到自己在大后方工作久了，"夸夸其谈，自以为是，几乎已经成了习惯"[②]。对于非无产阶级思想进行必要的清理，对自己思想的提高无疑是有帮助和促进的。而当时的整风也确是和风细雨，完全是同志式

① 伯约：《祝福！人类抬头的日子》，"夏全9"，第188—189页。

② "夏全15"，第267页。

的，从爱护出发，因而并不感到有多大压力。——或许正因为没有“触及灵魂”的关系吧，整风过后，夏衍基本上还是我行我素。他后来写的一些文章如《向着自由民主的方向》（《新华日报》1944 年 7 月 16 日）、《这是美国人民的声音》（《周报》1946 年 4 月第 34 期）、《为了罗斯福的理想》（《时代》1946 年 4 月第 6 卷第 14 期）等都表达了与《祝福！人类抬头的日子》基本相同的关于民主政治的观点。夏衍观念的真正转变是发生在更晚些的时候。这时美国政府已彻底表现出偏袒国民党政府的面目，夏衍就毫不犹疑地利用时评与杂文，如投枪似匕首与美国政府的伪善宣传进行了坚决斗争。[①] 这是后话了。

---

① 发表在上海《清明》1946 年 7 月第 3 号的《美国的悲剧》大概是他开始转变亲美态度的一个标志。夏衍在文中说道：

从小以来，我是比较的对美国有好感的，这不仅因为历史上美国不曾和我们打过仗，没有占过我们的地方，而且是从书籍杂志上得到的知识，总觉得美国是一个比较的自由民主的国家。

太平洋战争之后，我的这种感觉加深了，因为美国人流血流汗，在辽远的异乡和我们共同作战的原故。去年 4 月罗斯福总统逝世的时候，我衷心地感到了悲伤，因为他不单是一个盟邦美国的总统，他还代表着人类世界的自由进步的一面，罗斯福代表着一个反法西斯的美国，这样一个站在民主战线之前站的美国，正是人类进步事业所需要的。

可是不幸得很，罗斯福逝世之后的一年以来，作为一个平常的中国人民，渐渐的对过去一直爱慕过来的美国感到失望了。……（韦彧：《美国的悲剧》，“夏全 10”第 673 页。）

虽然夏衍在文中对罗斯福的嘉许也未必符合党内主流意识形态的观点，不过他的这一转向是确实的。

1944年战争形势呈现出大转折大飞跃的局面，各个战区，所有战线都传来民主阵营的胜利捷报。国际时局的发展瞬息万变，几乎一天一个样子。《新华日报》这段时间，每两周发表一次署名于怀的国际时事述评。这些出自乔冠华之手的文章环顾全球，对国际风云翻腾起伏了如指掌，分析明晰透彻，博得了极大好评。正当它们一篇接一篇地出现在《新华日报》上的时候，它的作者却因患急性肠梗阻进医院动手术了。而这时，欧洲时局的变化仍一日千里，有关的述评是不能搁下来的。由谁来接替呢？夏衍！

没有搜集资料的准备时间，没有沉下心来学习军事知识的机会，夏衍毫不犹豫地接受了任务。乔5月底病情转剧，6月初住进医院，夏衍在6月3日即以余伯约的笔名发表他的首篇评述《前进呀，时间——自5月16日至31日》，出手之迅捷，令人瞠目。

从欧洲军事态势来看，苏军猛烈西进，红军的战车已逼抵维斯杜拉河，通往柏林的大门已向他们敞开，然而，英伦海峡依然浪静风平。5月29日是英军从敦克尔克撤退的四周年纪念日，这一天，是海峡东面沦陷区人们盼望好久的报复的日子，但这一天过得和平常一样的平静！这不能不使“德国人感到了意外的安堵，而全世界人却感到了意外的失望了”。对于开辟第二战场的一再拖延，夏衍毫不掩饰他的焦灼和忧虑。

问题症结在哪里？美英苏三国德黑兰会议的成功，开创了一个新的时代，但在光明面背后仍有些爵士先生们害怕盎格鲁萨克逊接受俄国人的观点，把支配欧洲的霸权交给了俄国人。然而时间是不待人的，夏衍在述评中提醒人们：没有人怀疑第二战场会不会开辟的问题，问题是在时间。希特勒可并不在睡觉，进攻的准备需要时间，而这时间希特勒也共有的，且已经过了。一日的疏虞与延宕需要一年的血汗来补偿，因此夏衍大声呼唤："时间呀，前进!"在此夏衍非常恰当地引用了苏联作家卡达耶夫的这一警句。

第一篇文章写得如此及时，就在它发表后的第三天，英、美、加联军在法国诺曼底登陆了。要到来的日子终于到来，全世界人民所期望、呼号、祈祷的事件终于实现。夏衍接着写了《震撼世界的两周间——从 6 月 1 日到 15 日》，文章一开头即发出欢呼："6 月，被羁缚了四年的南欧大地上开放了自由的鲜花，出现了正义的太阳。进军罗马和登陆欧洲的盟军受到当地群众的热烈的欢迎，盟军的坦克上堆满了玫瑰和各式的鲜花，盟国在罗马进军的步伐传到佛罗伦萨，传到芬兰，传到威尼斯。与此同时，莫斯科二百廿四门大炮轰响，不仅对于白色芬兰，同时对于一切希特勒的奴仆们都不是悦耳的音响。今天是芬兰人民起来决定自己命运的时候了。"① 文章对盟军登陆意义的阐扬，应该看作是对整个人类的自由、正义事业的歌颂，也

① 余伯约：《震撼世界的两周间》，"夏全 10"，第 386 页。

是对各国人民反法西斯战争的声援和鼓舞。

接下去的文章标题是：《向法西斯的巢穴进军（自6月17日至30日）》、《向着自由民主的方向（自7月1日至14日）》、《维斯杜拉河的声音（自7月16日至28日）》、《黎明之前的设计（自7月29日至8月11日）》、《解放了巴黎之后（自8月13日至25日）》、《在胜利的激动中（自8月28日至9月9日）》。从这些标题和排出的时间来看，一连三个来月，余伯约的述评联篇而出，从未间断，而涵盖的时间也几乎是以日计算的。今天重读这些文章，一股强烈的硝烟味迎面扑来，像打开了一幅欧洲军事地理的细图，作者引领着我们一会儿到西线，一会儿又到东线；一会儿到战火弥漫的前线，一会儿又到英国的议会大厅；一会儿到正面的战场，一会儿又到军事占领下的游击区。二次世界大战进入高潮时天翻地覆、惊心动魄的一幕全景图，展示在我们的眼前。视野之宽广，观察之锐利，知识之渊博，语言之简劲，令人惊叹。

作为一位杰出的作家，这类时评的文笔活跃潇洒极了，它们不仅写得振振有辞，无可辩驳，而且又那样激情洋溢，情文并茂。早在巴黎沦陷时，夏衍就在《资产阶级无祖国》《起来！法兰西人民！》等文章中评述了法兰西最使人感到沉痛的这一页历史，而在《解放了巴黎之后》一文，我们听听他奏出了多么雄壮欢快的旋律：

> “人民在解放首都的工作中担当了决定性的任务”——这不仅是法国人民而且是全世界人民的骄傲……挂勋章穿大礼服的达官巨贾们，在这次解放战争中看不到他们的踪影，历史再度证明了只有劳动人民和无权无势的平民大众，才是祖国最忠贞的儿女。[①]

在盟军解放波兰之后，夏衍在《维斯杜拉河的声音》中写道：

> 太阳射过了普列培特沼地，阳光普照着波兰平原，束缚了的土地不再沉默，哺育了波兰古国——而使她产生了显克微支、肖邦和雷蒙特的维斯杜拉河开始讲话了！
>
> “战败之军善学习，患难之中识友朋”。（列宁）昨天的苦难愈加深沉，今天的喊声愈加响亮。今天，维斯杜拉河发出的正是不同凡响的声音。[②]

这已经不是在写政论，而是在写诗了。无怪乎著名作家徐迟在赞扬乔冠华的军事评论后说：“夏公文章可不是也写得很

① 余伯约：《解放了巴黎之后》，“夏全10”，第412页。
② 余伯约：《维斯杜拉河的声音》，“夏全10”，第404页。

漂亮，而且又很有说服力！”[①]

写这些时评的时候，正是重庆盛夏大热的季节。白天火似的骄阳将土地烤炙得异常的干燥和坚硬；晚上，不仅没有一点凉意，嘉陵江吹过来的风也是热烘烘的。在曾家岩南方局外事组的小房间里，挂着一幅很大的世界地图，桌子上，凳子上，到处放着《泰晤士报》《曼彻斯特导报》《纽约时报》《华盛顿邮报》《华尔街金融报》，还有《时代周刊》《亚细亚杂志》《话时代》等等。每当夜阑人静，夏衍就在这里汗流浃背地阅读资料，整理论点，写评论直到拂晓黎明。

他夜以继日地工作，却没有忘记躺在医院里的挚友。当他与龚澎（乔冠华夫人）将刊载着这些文章的报纸送到乔冠华手里的时候，“乔老爷”（他们习惯的称呼）苦笑着对夏衍说：“这是你运气好，别得意，出院之后，我会写得更多更好的。”

这里，我们还要特别提到他在 1945 年 8 月间写的那篇关于原子弹问题的评论。8 月 9 日，美国在广岛投掷了一枚原子弹后的第三天，夏衍便以《从原子弹所想起的》为题，写了一篇时评：

---

① 徐迟：《第二次世界大战与才华横溢的乔冠华》，章含之等：《我与乔冠华》，北京：中国青年出版社 1994 年版，第 179 页。

原子弹的发明和初次使用，震撼了整个世界。科学革命和战争革命在同一天发生了。

关于原子炸弹的真实性能，我们还没有充分具体材料可资研讨，但是就目前所得到的新的报导，它的破坏力的猛烈与杀伤性的巨大，却已经是无可置疑的事实。日寇首次遭遇到这种人类史上空前强烈的战争武器的打击，可以说是法西斯侵略者应得的恶果，从我们八年来遭受到日本法西斯野蛮屠杀的中国人民，除出对于受欺瞒的无辜日本人民之外，对于日本军阀，是无所用其怜悯的，可是，本来应该是为人类生活的幸福而服务的科学，应用在如此惨烈的破坏和杀伤性的武器，我们相信全人类——特别是全世界献身于科学的学者们，一定会有很深刻的感慨的。

从纯粹科学的见地来说，原子炸弹的发明，由于原子分裂所发散的“能”的实际应用，无疑的是一个划时代的革命。一旦控制这种“能”的装置的完成，产业革命将会黯然无色，蒸汽引擎、内燃机、水力透平将成为旧时代的遗物，由煤和石油竞争而引起的政治角逐将失却它的意义。把这种“能”应用于建设性的动力和和平工业生产的时候，人类文明必然的会有划时代的改进，可是今天，不幸而这一个足以影响人类历史的重大发明，却初试锋芒于杀人盈万的战阵中了。

自然科学的昌明，是推翻欧洲黑暗封建社会，使市民阶级抬头而创造了近代文明的原动力。在十八世纪末十九世纪初，科学家还是站在社会革命的前线，作为一个斗士而献身于人类的幸福的。年轻的科学和年轻的阶级站在一起，在当时，“殉科学”和“殉真理”是同一意义的。直到资产阶级经过了成长壮大以至衰老，操纵在这一阶级手中的科学也就成为服务于他们的阶级利益而两次的背离它为全人类谋福利的本来目的。从生产的到消费的，从建设的到破坏的，从活人的到杀人的，这已经是科学精神的逆转与亵渎了。在战争中，一点也不必避讳，一般人对于科学家，是暗藏着戒惧之念的。英国著名科学家海登教授在英国大选中发表的一篇论文“为什么他们害怕科学”，对人民大众的害怕科学之点，颇有一些感慨。换句话说，尽管这次斗争的目的是为了消灭战争，可是，对于科学家所孜孜兀兀地从事着的工作成果，从飞弹、地震炸弹、细菌弹、直至原子炸弹，都可以在一转瞬间杀伤千千万万人之子、人之夫、人之父，无可怀疑的在人民心中是一件可怕的事实。负责研究这种原子炸弹的安特逊爵士七日在伦敦的广播演说中说：“这可以为人类造福，也可以使人类招致极大的破坏”，所以他说“运用这种原子炸弹，必须有政治家的最高精神，而由联合国政治家来会议商讨”。科学掌握在人民手中的时候，可以造福人群，掌握在法西斯侵略者手中的时候，可以毁灭人类；因此原子炸弹作为一个维持和平的有力的工具，也可以成为一个侵略黩武的武器。作为人类智慧最高成果的科学发明，应该为全世界爱好和平的人民全体所保有、所使用、所控制，这种科学发明——无尽藏的“能”，应该使用在为人类谋福利的方向，而这种一举手间足以杀伤千万人命的武器，应该由联合国安全委员会来控制使用，在今天，已经是加在全世界进步科学者和人民肩上的责任了。

让科学属于人民，让科学的成果作为保卫和平和造福人群的工具。①

夏衍这篇时评立足于反法西斯战争，又超越了战争的局限，从全人类，从整个文明发展史的角度，对原子弹产生的意义、价值作了估量分析。文章充满了一种人道主义关切之情，对遭受池鱼之灾的日本人民表示了深深的同情。尤其文章最后指出了科学“两面刃”的特性——科学可以造福于人民，但也

① 夏衍:《从原子弹所想起的》，《新华日报》1945年8月9日。夏衍后来数次回到原子能的和平利用、利益集团的核讹诈的话题上来，充分表现了他对这一新兴科技问题的深度思考。这种意识似乎和他毕业于工科专业的知识背景有关，他较一般常人更能体察原子战争所包含的巨大残酷性。他这方面较有代表性的散文、评论还有《从广岛到日内瓦——祝和平利用原子能国际科学技术会议的成功》(《文艺报》1955年8月第16期)等。

《夏衍全集》未收《从原子弹所想起的》一文，本故书暂全文引用。

可能极大地威胁到人类本身的生存，科学的负面作用，由于原子弹的出现，已十分清楚地表现出来了。指出这一点，对于中国为数不少的“唯科学主义”的知识分子，是一个很好的教育。

夏衍的这篇文章在国际社会引起了反响。日本著名历史学家井上靖在其《战争日本史》一书中，特别提到：“关于投掷原子弹问题，在和日本帝国主义进行着最艰苦战争的中国，蒋介石政府对此是欢迎的，但是，唯有中国共产党在重庆出版的《新华日报》，在广岛刚刚投下原子弹的8月9日的《时评》里，虽然承认原子弹打击了日本军国主义，但对原子弹无区别地大量残杀和平居民而感到悲痛，并认为科学的成果任何时候都应该用之于和平人民的幸福，人类智慧的最高科学成果应该由世界全体爱好和平的人民保持、使用和驾驭，像原子弹这样的武器应由联合国安全理事会加以管理。字里行间对于美国使用原子弹表示了反对。”

史沫特莱在其《伟大的道路》中也作了如是评述：“8月6日，并不是军事目标的广岛被美国飞机投下了原子弹，过了两天，另一枚原子弹摧毁了长崎。重庆的新闻界，只有一家报纸——共产党的《新华日报》——认清了这一事件的意义。这家报纸在8月7日（应为9日——引者注）抗议轰炸广岛时说：‘战争的目标是打击日本军国主义，而不是日本人民。……科学的成就应该有助于人类的进步，而不是毁灭人类。'"[①]

1964年廖沫沙参加东京“禁止原子弹氢弹世界大会”的时候，日本和平活动家平野义太郎、阿郎行藏等人在讲话中都对《新华日报》1945年的这篇时评给予了高度评价。当他们知道廖沫沙当年就在《新华日报》工作时，更是紧紧握住他的手，再三表示谢意。

除了时评、杂文之外，在《新华日报》上，夏衍还以司马牛的笔名，发表了不少“补白”“随感”“偶记”之类的短文。这些文字简短明快，仅只几十、几百个字，亦庄亦谐，写来妙趣横生，却如匕首，如投枪，指陈时弊，针砭世风，一针见血，耐人咀嚼。这里略引几节：

> 第一次欧战之后，美国有过一种被叫做 Forgotten men 的人种，但那是战争之后，不是在战争之间。（《新华日报》1943年1月3日）[②]

> 速度的世界：
>
> 旧小说上常有“约摸烧了一炊饭的工夫”的熟语，现

① 上引井上靖与史沫特莱的话，均转引自：《廖沫沙的风雨岁月》，《新文学史料》1985年第4期。

② 司马牛：《新年琐语》，“夏全10”，第330页。

在居然在报纸新闻里看到了“约摸烧掉了两三间房子的工夫”的话。在欧洲，人们可以这样说：“约摸克服了两三个城市的工夫”，在别处也可以套用，只要换一换动词。（《新华日报》1944年9月30日）[①]（1944年3月以后，日军实行打通大陆交通线计划向“国军”大举进攻，国民党战场大溃退，损失五六十万兵力，丢失大小城市一百四十多个，人民遭受了空前灾难。这则杂感便是对此的隐射和嘲讽——引者注。）

聋哑补习班教授聋子哑子说话——这是科学。

让不聋不哑者都可以说话——这是民主。（《新华日报》1944年10月14日）[②]

教授在地面上失踪，只有两种可能：其一上升到空中去，其一下降到地底去。（《新华日报》1945年4月26日）[③]

这些短文切中时弊，笔锋锐利，政府要员们望而生畏却又

---

① 司马牛：《漫谈》，“夏全10”，第339页。

② 司马牛：《漫谈》，“夏全10”，第340页。

③ 司马牛：《杂感》，“夏全10”，第348页。

无可奈何，读者则感到痛快和解恨。当时有读者反映：司马牛先生的杂感，在读《新华日报》的时候，好像吃大鱼大肉后吃到一碟辣椒酱，味道很好。[①]

重庆是国民党统治集团的战时政治中心，文网密布，特务横行。夏衍在文化界四处活动，自然逃不过他们的严密监视。现在在重庆的敌伪档案里还保存着一份国民党特务在对夏衍跟踪监视后投报的一份密告材料。这份材料写于 1943 年 11 月 30 日，标题为《奸伪分子夏衍最近活动之情形》，现摘录其中第一段：

> 查夏衍为奸党在渝文化党团负责人之一自周恩来离后文化事业即由夏衍主持所有奸党文化政策之表扬对内对外之宣传皆由其负责奸党如桂林之田汉苏北之邹韬奋皆时有信致夏衍近如新群众的言论亦受其影响因彼在奸党中之地位与周恩来不相上下其活动能力且有过以往在香港主持奸党之秘密工作名为廖承志实为夏衍者夏之真名为沈端轩留日学生曾在上海主持工厂大暴动……（该记录本无标点——引者注。）

这份材料后面开列了近年来常与夏衍交往的人物如洪深、

① 《宝贵的批评和建议——本报读者座谈记录》，《新华日报》。

马彦祥等。在谈到这份档案时，夏衍笑着对笔者说："这些特务真够蠢的，把我说得与周恩来不相上下，甚至有过之，这是过分抬举我了。"①

第四节　心怀"芳草"

抗战期间是夏衍戏剧创作的高峰期，而《芳草天涯》的创作、演出，以及围绕它展开的党内批判，则意味着夏衍戏剧创作高峰的结束。这场批判过后，过了整整十年，夏衍才重新援笔写了一个多幕剧《考验》(1954 年)。再后，除了一个不重要的小喜剧《啼笑之间》(1958 年)，他就再也没有回到戏剧创作的领域中来。事实上，作为中国现代话剧创作的重镇之一，夏衍从事戏剧创作的年头是短暂的。

回顾夏衍的戏剧创作，除了极个别的例外（如《复活》），他的全部剧作基本都与抗战、国防、唤醒民众有关，也就是说，都可以归入到"国防戏剧"这一个大类中。但更具体地分析起来，围绕着抗日救亡这个主题，夏衍不自觉地又交织采用

---

① 国民党特务政治的监控貌似无孔不入，监察甚为严厉，但其中的分析及结论经常是荒诞不经的。以今人的眼光看，书写报告的特务或可能文化素质极低，或可能根本是漫不经心的。我们在运用这些档案材料时需要保持一定的警惕。

了两种阐释模式：一是宣教式的模式；二是宣扬中国式革命精神的模式。

宣教式戏剧占据着夏衍剧作的大部分。从《都会的一角》（独幕剧，1935 年）开始，到《中秋月》（独幕剧，1935 年）、《赛金花》（七场话剧，1935 年）、《秋瑾传》（三幕剧，1936 年）、《"七二八"那天》（广播剧，1937 年）、《咱们要反攻》（短剧，1937 年）、《赎罪》（独幕剧，1938 年）、《一年间》（1938 年，四幕剧）、《娼妇》（独幕剧，1939 年）、《愁城记》（四幕剧，1940 年）、《心防》（四幕剧，1940 年）、《冬夜》（独幕剧，1941 年，从译作改编）、《水乡吟》（四幕剧，1942 年）等等，直到《离离草》（四幕剧，1944 年），夏衍在剧中宣扬的基本都是：发动民众，抵抗外族侵略（主要自然是日本侵略者）；斗争会有困难起伏，但坚持斗争的信念决不改变！

夏衍与人合作的剧作，如《保卫卢沟桥》（这是一个数十人共同参与创作的作品，作于 1937 年 7 月，共三部，夏衍负责第三部的整理），《黄花岗》（广东戏剧人协会同人 1938 年春集体创作，尾声由夏衍执笔），《风雨归舟》（即《再会吧！香港》，田汉、洪深、夏衍作于 1942 年初），《草木皆兵》（夏衍、宋之的、于伶作于 1944 年春）等，基本也都可以归入此类。

这部分剧作，有些直接取材于抗击日寇的第一线资料，夏衍也熟悉剧中人物的生活，如《一年间》《愁城记》《心防》等，即使抽离了其抗战、宣传的背景，在今天看来仍具有一定的艺术感染力。但也有若干剧本，夏衍由于缺乏生活的经验而主要凭籍想象来构筑故事情节，就有些不尽如人意了。如《水乡吟》，夏衍本意是想要描写浙江人民敌后抗战的英雄事迹，要突出游击队斗争艰苦卓绝而又意义重大的方面：

> 这一年夏，敌人攻陷了金华。苟安的幻想在凶残的三光政策下面粉碎，金和铅在战火中判别了他们的坚实与脆弱了。眼看得见的是几乎无可挽救的土堤般的溃决，眼看不见的却像是遇到阻力而更显出了它威力的春潮。要不是浙西人民武装和游击队伍一再的出击与阻挠，这一年夏季的法西洪水也许会冲得更远一点吧。我明白了浙西人所谓“浙西人的柔弱”这个概念只能正确地适用于上层知识分子，于是而我也居然常常以草泽英雄作为我故乡的夸耀了。[①]

但由于夏衍本身缺乏敌后游击战争的经历与体验，对所谓“草泽英雄”更无直接的印象，因此，戏剧描写的重点不能不落在较具知识分子气和资产阶级娇小姐气的梅漪身上，另一位故事主角、游击队领导人俞颂平也是一位书卷气很重的人士。他们之间的情感纠葛不经意间成了戏剧情节的主要内容。这些

① 夏衍：《忆江南》，“夏全 1”，第 546 页。

都离剧作家原来的构想比较远了。

从艺术的角度说，《离离草》是夏衍另一部较为失败的抗战宣教剧。该剧的起因是夏衍从日方材料中获得了一些东北人民抗战的光辉业绩，深受感动：

> 在一个偶然的机会中，读到了一些日本人所写的报告和笔记，被束缚的大地在悲叹，在哀诉，在哭泣，被割开了的伤口在排脓，在流血，但，尽管是出于敌人的笔下，这一切关于“满洲”的报告不也表示了这块苦难深重的地方正在生长着新肌与新血么？血在灌溉新芽，他们沉默的战斗以心传心地在激励着整个的民族。我相信，每个有血性的中国人，谁也不会忘记将我们引导到全民抗战的这“最初投掷的一石”和“一粒死了的麦子”的。①

读着这材料，夏衍不能不想起那个对他影响至为深远的夏季旅行：“我生长在江南，在北方所待的时间和全生涯比较起来几乎是渺不足道，但是出于常情之外，我永远永远地怀念着那一片渺无边际的在风雪中受难的地方。我攀登过金刚山的高峰，凭吊过牡丹江的战迹，在泰山之巅看过日出，在八达岭上听过驼铃，我也曾像一个哑行者似的呆坐过异国情调的哈尔滨

---

① 夏衍：《记〈离离草〉》，“夏全2”，第150页。

的酒馆。我不能忘掉这些地方，但更使我一想起就发生亲切之感的却是那些数不清的生长在这块土地上的苦难深重的人民。”[①] 他认为有必要呼吁：任何时候也不能忘了“九一八”，不能忘了那些在东北受难的同胞：

> 一年年的过去，在今天，我们之中也许已经有人淡忘了争取到“七七”这一天的经过是如何的九曲三回，千山万水了吧。但，作为一个和东北这块土地这些人民有过爱情的人，将永远不会忘记：即使在战争的日子中，也曾有人一再而三，企图以东北三千万人民的身家性命作为少数人苟安和平的代价。我控诉这些人，我不止一次曾在我的剧作中“勉强地”插入了“九一八”和“东北”这些“非艺术”的使人不愉快的字眼，我懂得感情是一匹难以驭制的野马，所以听到东北的口音和提到那些曾经旅行的地名就像被一根鞭子抽打着一个久未愈合的伤口……[②]

---

① 夏衍：《记〈离离草〉》，“夏全2”第148页。

抗战前后，夏衍曾写作了大量缅怀东北抗日志士的散文与时事评论，如《血在灌溉》（《救亡日报》1938年9月18日）、《默念——“九一八”十一周年纪念》（《新华时报》1942年9月18日）、《“九一八”杂记》（《中学生》1945年复刊第91、92期合刊）等。

② 夏衍：《记〈离离草〉》，“夏全2”，第150页。

不过，由于不够熟悉生活，《离离草》中各位东北的义勇战士们的性格、英勇的精神，都显得不够突出。另外，由于对军事斗争不够了解，夏衍在描写故事中义勇战士的起义、密谋等情节时，多少显得语焉不详，亦使得这些本来最能激动人心的情节内容多少有些平淡无奇了。

当然，这个剧作也有值得重视之处。其一，夏衍在这个剧作中似乎尝试了一些新的写作手法。故事中有几个人物，夏衍有意始终没有明确他们的身份，而只以“女人”、“人”代言之，相当抽象。第四幕中“人”的出现，他的那些自言自语、意义含糊不清的台词，在舞台上的表现具有一定的写意性。这些非现实主义的艺术手法他早先似乎在小说《黑夜行尸》中有过尝试。其二，夏衍在此明确指出：“从严格的观点上说，‘九一八’正是第二次世界战争的开始。可是，一十三年以来，从日本法西斯起，里里外外，有多少人不愿意将这惊天动地的武装侵略定义为法西斯性的战争，而只愿轻轻地将它叫做‘满洲事变’！”[①] 夏衍写于1944年12月的这一论断是一个富有历史承担意识的洞见。

夏衍的另一部分剧作则较为深入地阐发了他对中国式革命精神的理解。在这些剧作中，抗战仍然是中心主题之一，但更像是一种背景性的主题。夏衍注意到，对革命者来说，他们在

① 夏衍：《记〈离离草〉》，“夏全2”，第149页。

抗战之外，还有其他的个人生活部分，还有他们的感情纠葛，有事业与信念的两难矛盾。夏衍将抗战当成了一座至高的熔炉，让他笔下人物感情生活的各个方面都在这种熔炉接受考验，品尝各种苦涩滋味。《上海屋檐下》（三幕剧，1937 年）、《法西斯细菌》（五幕六场剧，1942 年）、《芳草天涯》（四幕剧，1944—1945 年）等都可以归入此类。一定程度上《戏剧春秋》也可归入此类。而在这其中，《芳草天涯》无疑代表了夏衍精神漫游最远的疆域：在这个剧中，对革命者精神痛苦的谛视几乎成了剧作的主体。尽管抗战仍是解决剧中人物精神危机的绝对寄托所在，但它在相当程度上也被抽象化了——人们可以用一些其他绝对有意义的社会活动或社会事件来取代它，而故事基本的蕴涵不会改变。

《芳草天涯》写作的缘起是来自于宋之的等几位“中术”友人的激将。一次闲谈中，宋之的不太满意地对夏衍说，“你没有写过以恋爱为主题的戏，这对于你的文笔与写作风格真是太可惜了”。夏衍听了，觉得有些愕然。他确实没有注意到这一点，他辩解说，没有写过，不等于故意不写。你等着吧，我有很精彩很动人的爱情故事可写的。而且，我将以简洁的人物关系，简洁明了的故事，写出人类生活中深层次的东西。夏衍在剧作的《前记》写道：

托尔斯泰说：“人类也曾经历过地震，瘟疫，疾病的恐怖，也曾经历过各种灵魂上的苦闷，可是在过去，现在，未来，无论什么时候，他最苦痛的悲剧，恐怕要算是——床笫间的悲剧了。”我同意他的话，但我不像他一般的绝望和悲观。我在他的文字中抹掉“未来”这两个字，因为我相信人类是在进步。

我望着天痴想：要是普天下的每一对男女能够把消费乃至浪费在这一件事情上的精力节约到最小限度，恋爱和家庭变成工作的正号而不再是负号，那世界也许不会停留在今日这个阶段吧。

我是从这个意义上同意托翁的话，而把“现今的”恋爱定义为人类生活中最苦痛的悲剧的。[①]

接下这个写作任务后，在没人“逼债”的情况下，夏衍自己就把它写完了。这在夏衍抗战以来的创作中确属少见。夏衍搞创作一般“交出就算完成任务”，而《芳草天涯》剧则破例有着较大的修改，最后定稿时甚至将初稿的整个结尾都改掉了(原作是悲剧)，这也是少见的。“这个本子的初稿完成于1944年秋，也就是我到化龙桥之前，但后来又作了较大的修改，所以交给‘中术’，则的确是在1945年春。……这出戏的初稿是以悲剧结束的，但1945年春，我在《新华日报》编辑部看到

① 夏衍：《〈芳草天涯〉前记》，“夏全2”，第236页。

了毛泽东同志在‘七大’预备会议上的讲话，……他显然是为了加强全党团结而讲的，但他用了家庭这个比喻，使我联想到了《芳草天涯》的悲剧的结尾，我作了一次较大的修改，我把剧中男女主人公的决裂改成了和解。”①

《芳草天涯》剧的故事框架单纯而又简明，像一个地道的恋爱剧：大学教授尚志恢与妻子石咏芬在艰苦抗战的流离生活中，常常为生活琐事争执不休，这使尚志恢感到爱情生活理想的破灭。又一场激烈的无谓争吵后，尚志恢忍无可忍，从曲江离家出走，到了桂林老朋友孟文秀的家中。在孟家，他结识了孟文秀的远房侄女孟小云。两人几乎一见面就产生了心灵上的吸引，孟小云发现尚志恢作为一个四十出头的成熟男子，他的学识，他的稳重气质都使她产生好感。尚志恢则震惊于孟小云的明艳美丽和她身上只有年轻人才有的那种生机勃勃的活力。尽管石咏芬很快就从曲江来到了桂林，尽管尚、孟都意识到了这种情感的危险，但两人之间的感情仍然急剧升温。就在两人感情急速发展的时候，由于国事动荡，由于石咏芬、孟文秀等

---

① “夏全 15”第 278—279 页。

有研究者说：“现在不知道没改动过的初稿本《芳草天涯》还存在不存在？强大的政治攻势迫使《芳草天涯》未问世就大加修改，这恐怕也只有二十世纪的中国四十年代以后才会存有的独特现象。”（龚明德：《〈芳草天涯〉叙往》，《新文学史料》2000 年第 3 期，第 85 页。）这种感慨可能有引申过头之嫌，并非所有作家对作品的较大改动都是迫于“政治攻势”之故。

人的干预，两人为了不致伤害别人，终于悬崖勒马。为了使自己从这种危险的个人情感的圈子中摆脱出来，孟小云毅然参加了战地服务队。最后，在孟小云的鼓励下，尚志恢也有所觉悟。

然而《芳草天涯》终究不能以简单的恋爱剧来视之。这部剧作中，夏衍写作的重心不是对于尚、孟之间恋爱事件的津津乐道，他命意所在，是揭示尚志恢与石咏芬之间原本十分美满、被人羡慕的爱情，怎样淡漠下来的过程。同时他还大胆地、并不缺乏生活根据地思考：在一种相互克制的情况下，尚石之间有无可能复归到一种较好的状态？

尚志恢是一个渗透着深沉苦痛和思考的忧时爱国的知识分子形象。这位本来应受到尊敬的“很积极”的进步心理学教授，经战乱忧患，碰遍钉子，被国事家事搅得悲观消沉，心境暗淡。与妻子感情的危机，正是时代痛苦的投影；在极度失望与沉沦之时，他与孟小云感情的契合，则是在那个人的价值大贬值的年代，人与人之间的同情和理解。至于尚、孟在理智与感情的格斗之后，发现了人生中更为严肃的意义，毅然决然地割舍了个人的感情，更是符合那个时代的选择和答复。主人公最后以“容忍”来摆脱一种“踏过旁人的痛苦而走向自己的幸福”的困境，是在那个时代，那一范围中的人们不得不作出的选择。容忍出于理智，而理智来自于一定的信仰。当感情与理智产生矛盾时，感情不能不顾及道义。剧作家紧紧抓住了恋爱与抗日救亡的对立统一关系，所以男女主人公作出容忍的选择时，他们的精神境界便完成了一种升华。这样，夏衍就再一次地回到了他的中国式革命知识分子精神气质建构的话题上：革命的知识分子，进步的知识分子如何通过克制、容忍、互谦互让，而不是决绝地通过个人自我欲望满足的方式，但也不是通过组织内部的理想斗争的压抑方式，获得自我的升华。夏衍不回避革命者的生活矛盾，也不认为在革命旗帜的名义下个人的矛盾都可以自然获得解决。但他认为通过革命者精神状态的自我调整，在理想状态下是能够应对许多生活中的痛苦，包括“最苦痛的悲剧”——“现今的恋爱”的。

当然，《芳草天涯》的成就不仅在于它的思想成熟。《芳草天涯》剧同时还可以视为最完美地体现了夏剧“简朴、厚实、清爽、明朗”[①] 的艺术个性。全剧情节紧凑，戏剧性冲突场面跌宕起伏又蕴藉内敛，细节神情毕肖又情趣盎然，得契诃夫、易卜生等大师戏剧风采之韵味。它的台词优美洗练，含蓄深沉，极富舞台的表现力，达到了很高的艺术水平。

《芳草天涯》剧本拿给宋之的的时候，“中术”正在排茅盾的《清明前后》。茅盾作为一个小说家，在写这个剧本时不自觉地用了一些小说笔法，舞台表现力不够。一些演员甚至认

① 焦菊隐：《我怎样导演〈龙须沟〉》，《人民戏剧》1951年第3卷第2期。

为，这是一个注定要“砸”的戏。[1] 宋之的很想排演这出戏，但又有些担心，排一出戏失败了，剧团大概要亏上五六百万元法币（较之抗战初期，这时的法币已大大贬值了），剧团经济承受不起。拿到《芳草天涯》，宋之的很高兴，当即决定“中术”同时排演《芳草天涯》、《清明前后》两剧。如果《清明前后》真的赔了，那他有把握在《芳草天涯》中赚回来。

《芳草天涯》交给“中术”后，经过金山的精心排演，1945 年 11 月 2 日，在重庆抗建堂举行了首场演出。陶金、张瑞芳、赵韫如、吴茵分饰主要角色。剧目上演之前，《新华日报》第一版连续数日做了大幅广告做预告：

> 11 月 1 日《新华日报》以加宽加大的更显眼地位预告：“中国艺术剧社继《清明前后》又一大公演，四幕剧《芳草天涯》明日公演。”说明“明日上午十时开始售票”。在演员表上补充“辉煌的阵容”。分“日场：二时半”和“晚场：七时半”。末专门声明一句：“自备电机，停电无虞。”
>
> 首次公演当天即 1945 年 11 月 2 日的《新华日报》在报头下正中地辟出一大块版面，补加“今晚献演《芳草天

① 可参见尹骐《〈清明前后〉的创作和演出》，《重庆师院学报》1983 年第 4 期。

> 涯》”，有诗体排列的内容提要式的告辞：“恋爱使人勇敢，结婚增进幸福，家庭岂是痛苦。剧作者含泪写下人情的悲欢。”在演员表上仍冠以“辉煌的阵容合演”。但将昨日预告的“日场：二时半”取消，只说“十一月二日起每晚七时半抗建堂”上演，从以后的告示看，每天不时仍有日场。[①]

该剧上演后“卖座极盛”[②]，连续上演一个月。乐少文曾评论说：“这无疑是作者最好的一个剧本，无论从演出价值看，从文学价值看，都是一个稀有的收获。”[③] 值得一提的是“中术”还为公演排印了一份精致的《〈芳草天涯〉公演特刊》。“特刊”收录的文章有夏衍《〈芳草天涯〉前记》、剧情介绍、金山《〈芳草天涯〉导演手记》、徐迟《读〈芳草天涯〉前记》、钟离索《夏衍（作者图像）》（其实是文字描述）。最后是六幅演员画像，各画像旁有一段颇见功力的介绍文字，都署了名，简称如“云”“明”“玉”“静”等，行内人士或许知道他们是谁。钟离索评论尚未上演的《芳草天涯》时写道：“在《芳草天涯》里，他试行阐译（原文如此，或为当时表述风格——引

① 龚明德：《〈芳草天涯〉叙往》，《新文学史料》2000年第3期，第83页。

② 左莱：《中国话剧史大事记》，北京：中国艺术研究院话剧所1995年版，第228页。

③ 乐少文：《五个战时剧本》，《文艺复兴》1946年11月第2卷第4期。

者注）在具体生活中应有的民主作风。因为民主不能只是一个政治口号，它正贯串着整个的人类生活。这是在争取民主高潮的产物。”①

——不过这些热闹都已经不属于夏衍了，这时他已经来到上海。事实上，即便身在重庆，他也不会感觉到多么高兴，因为对党内某些人来说，这种商演的热闹或许正能够证明他们意见的正确。夏衍很不以他们的这种意见为然，但又不能不尊重他们作为延安正确文艺路线代表的身份与地位。

1944 年至 1945 年间，一些久在大后方工作的共产党人，正认真地贯彻延安整顿“三风”精神，进行思想整风的补课教育。而像夏衍这样的知名作家，有一课是必须要补上的，那就是毛泽东在 1942 年发表的《在延安文艺座谈会上的讲话》。

为帮助国统区的文艺家学习《讲话》，贯彻文艺工兵方向，从延安（党中央宣传部）派来了一些干部，他们是何其芳、刘白羽、林默涵和周而复。何、刘二位 1944 年春到渝，林、周二人则晚半年左右。何其芳任中共代表团文教组负责人，与刘白羽一起开始对重庆文艺方面进行调查工作，随后给延安的中央宣传部整理了调查报告，建议在重庆文艺界开展整风运动。②

---

① “特刊”的介绍，转引自龚明德：《〈芳草天涯〉叙往》，《新文学史料》2000 年第 3 期，第 84 页。

② 蒋勤国：《何其芳传略》，《新文学史料》1987 年第 2 期。

作为一位无产阶级作家，夏衍对自己的要求是较为严格的。他一向认为“忠言逆耳利于行”，对自己进行文艺思想方面的检查和教育，这是一件好事，因而积极配合，甚至主动将《新华日报》上有名的“司马牛”杂感专栏停写了一段时间，以检查其中是否有原则上的错误。

一切本来进行得都还顺利，然而围绕着《芳草天涯》这个剧本，夏衍与何其芳等产生了矛盾，以至引起了党内文艺人士对他非常严厉的批评。与党外的评价相比，党内的意见几乎截然相反。联系到“中术”同时上演的茅盾的《清明前后》，何其芳等根据他们所理解的《讲话》精神，认为《芳草天涯》剧是一部失败之作，几乎是夏衍最糟糕的一部剧作。

他们特地举行了一次“两个话剧的座谈会”，对《芳草天涯》从题材选择到艺术表现方式，均提出了严厉批评。座谈纪要几乎占据了《新华日报》的半版。现在《新华日报》原刊并不容易寻找了，其中有些文字因岁月久长而模糊难辨，我们在此干脆将其中涉及《芳草天涯》的部分整理出来以飨读者：

C：进一步说，今天后方所要反对的主要倾向，究竟是标语口号的倾向，还是非政治的倾向？有人以批评本身，就正是一种标语口号或公式主义的批评，因为它只知道反公式主义的公式，而不知道今天严重地普遍地泛滥于文艺界的倾向，乃是更有害的非政治的倾向（这是常用的说法，当然它根本上还是一种政治倾向）。有一些人正在用反公式主义掩盖反政治主义，用反客观主义掩盖反理性主义，用反教条主义掩盖反马克思主义，——马克思主义成了合法的，马克思主义成了非法的，强调非法的思想已此调不强久矣！有些人说生活就是政治，就把政治还原为非政治的日常琐事，把阶级门第还原为个人对个人的态度，否则就派定为公式主义，客观主义，教条主义，却是非常危险的。假如说《清明前后》是公式主义，我们宁可多有一些这种所谓“公式主义”，而不愿有所谓“非公式主义”的《芳草天涯》或其他莫名其妙的让人糊涂而不让人清醒的东西。

这里再说一说《芳草天涯》吧。这个戏不能说没有提出问题，它是提出了一个共同工作者的恋爱纠纷问题，《何为》（列宁和季米特洛夫都很受感动的一本书）的下半就是写这个题目，而且写得成功的。《芳草天涯》在细节上也许胜过《何为》，但是它却不能给人以感动的鼓舞的力量，因为提出问题的作者本身还在矛盾之中，身在“天涯”，心怀“芳草”，欲斩马稷，含泪踟蹰，而又企图表现自己已经解决了这个矛盾，这样它就不能不失败了。自然作者在作品中是有情感的，但是人的感情有种种，并不是一切感情都值得向观众宣传的，而这个戏中的感情便是接近那种不值得宣传的一种。有人或者说这就是刻画这种不能解决的人间悲剧或知识分子弱点的作品，我不敢同意这个说法。人间“最大的悲剧”既不是所谓“床第间的悲剧”，而智识分子之表现为“弱者”的地方，也不在“床第间”，而是在社会斗争中间。可以说，《芳草天涯》正是一个非政治倾向的作品，和《清明前后》恰成对照。

H：通过恋爱来写人物，这是一种向来有的文艺见解，然而并不很妥当的。尤其是在这个政治斗争如此紧张的时代，从小的事物上来肯定或否定人是不妥当，只是通过恋爱并不能够写出知识分子的主要面。

R：即以恋爱为主题来说，尚志辉（“辉”当为“恢”——引者注）夫妇的不睦，也看不出其社会原因，而是单纯的写到了某些纠葛。这里也没有告诉人一个“正确的恋爱观”。

孟小云是一个蹦蹦跳跳的人物，在抗战初期或许还有这样的“救亡青年”，但到湘桂撤退时，就不能以这种人物为新女性的代表了。

S：恋爱不是今天大后方大多数人所痛苦的问题。男女之间的苦恼，主要的也不是《芳草天涯》中所说的恋爱纠葛，今天许多人所以不能结婚、不敢结婚，是因为没有钱，生不起孩子，没法安置一个家，甚至于找不到一间同住的屋子（正如《清明前后》中所写的）。《芳草天涯》最多只能说是写出了极小一部分人的问题，这一小部分知识分子的纠葛，因此意义不大。孟文秀的所谓民主态度，写成只是“狗打架都要动一动”，“孩子跌倒了去搀一下”，这是把民主庸俗化了，民主战士并不是“和事佬”。

L：《芳草天涯》中所提出的问题，在大后方某些知识分子中间的确是存在着，解决是应该的。怎样解决呢？容忍吗，这只是一个倒退的解决方法，中国青年男女容忍了几千年，就是因为不能容忍，才喊出了“恋爱自由”的口号。帮助她进步，一同献身于工作，才是积极的解决办法。但作者却没有指出这条路，仅一方面借孟文秀的口说教“容忍”，一方面却又不能甘心，通过尚志恢表现了他的心怀“芳草”的感情，结果是不能解决问题的。

作者以湘桂撤退为背景，这本是大地主、大资产阶级的弱点和黑暗之总暴露，但在这里，却一点也看不出，一点没有表示一个艺术家所应有的愤懑，却反而迁怒于无辜的人民了（这个批评极不公道。查遍《芳草天涯》，找不出任何对人民有“迁怒”的地方。难道第四幕中反映大撤退时人民的悲惨生活状况，就算是“迁怒于无辜的人民”吗？——引者注）。作者借孟文秀的口极力强调所谓人与人之间的相互挤轧，却模糊了最基本的阶级斗争。这不是阶级分析法。孟文秀在第四幕中所说的三种人，那嘲骂的对象，不正是穷苦人民吗？敌人打来了，国民党军队比老百姓还逃得快，有钱有势的人，当然也早已跑掉了。剩下逃不了的难民，在桂林车站上受罪，作者不去控告造成这种悲惨现象的真正罪犯，却反而诅咒这些悲苦无告的难民，这是不应该的。

S：第四幕孟文秀的那几句话，不是针对腐败的统治者，而是针对人民。我说有此感觉。这种思想是值得检讨的。

编者富基：座谈在此结束，并无结论。①

这简直是排炮式的批判。虽然编者在最后客气地说了一句“并无结论”，但只要识字，人们都知道结论是什么了。

何其芳在讨论会后，还专门写了一篇《评“芳草天涯”》，系统地阐述了自己的观点。他最后说：

考察一切社会事物应该首先看它对于今天中国人民的解放是有利，无利，还是甚至有害。因此我们认为最大的犯罪莫过于对人民的事业犯罪。大节小节都好固然是完人，大节凛然而小节出入也不是什么了不得的事情。就说是白壁微瑕吧，总不会因为有了微瑕白壁就变成了污泥。

所以在《芳草天涯》中流露出的作者的好心也好，以及在故事与细节上作者所费的苦心也好，都并不能补救这

---

① 《两个话剧的座谈会》，《新华日报》1945年11月28日。

个致命的弱点：把一个小问题夸张成为很大的问题，而又企图用一种不能从根本上解决它的方法解决。[①]

按照这类批评的逻辑，似乎一部真实记录湘桂大撤退的历史著作，才是真正意义上的艺术作品。他们在一定程度上曲解了《讲话》的原意，把“政治标准第一，艺术标准第二”这个原来就有些不够准确的命题，更引申为所有的艺术作品所着力反映的，不应该是人类的情感生活，而仅是作家的政治倾向。

这是一场缺席审判。

夏衍对这场批判一直不能释怀。他的《懒寻旧梦录》对此有一大段自我申辩：

由于我用了“容忍”这个词，后来一直被批评为这是“资产阶级思想”。这出戏和我其他的戏一样，我自己并不满意，但对我说来最“不幸”的是这出戏的演出恰恰是在抗战胜利之后的那一特定的时期，加上也恰好是演出于茅盾的《清明前后》之后。“中术”演出时我已经“复员”到了上海，所以《新华日报》对这出戏的评论文章是在同年10月末[②]才看到的。从此之后，这个连我自己也不满意

① 何其芳：《评〈芳草天涯〉》，重庆《联合特刊》，1945年11月第1期。

② 夏衍知道这场讨论会的消息当在11月末或12月。

> 的剧本，就一直成了我的一个包袱，像寺院门前的一日钟一样“逢时过节总要敲打一番”。何其芳同志1959年写的《评〈芳草天涯〉》就是一个例子。[①] 我丝毫不否认像我们这样的人的头脑里有“资产阶级思想”，但我还是想不通：对敌人当然不该容忍，但是不是夫妻之间有一点容忍就一定是资产阶级思想？[②]

时过境迁，当我们再回首这场未曾直接交锋的争论，我们甚至可以说夏衍数十年后的再思考、他的自我申辩都仍然过于书生意气了。按照何其芳等人传经送宝、不远千里搬到重庆的“文艺思想”，《芳草天涯》又何止在“夫妻之间有一点容忍就一定是资产阶级思想”这一个问题上。依照他们欲言而未能明言的一些内在逻辑，《芳草天涯》至少存在以下几个问题。其一，对资产阶级民主评价过高。孟小云曾这样夸奖孟文秀：“叔叔实在没有老，他在见解上很年轻，在这个家庭里，他永远是民主派。”[③] 孟文秀则说：“Tolerance（容忍），这个字是欧美民主主义的基本精神。”[④] 其二，剧中刻意描写了孟小云女性方面的魅力，不免小资阶级情调。其三，剧中强调，如同恋

① 何其芳文发表于1945年。夏衍此处误记。

② “夏全15”，第279页。

③ 夏衍：《芳草天涯》，“夏全2”，第164页。

④ 夏衍：《芳草天涯》，“夏全2”，第194页。

爱、夫妻争吵，都将给人们带来至为沉重的痛苦，这对某些工农干部——或者是那些努力把自己表现成工农干部的前知识分子干部来说，像是有太多资产阶级人道主义的意识形态内容。最关键的问题是，《芳草天涯》居然强调这些痛苦都是人类现有的自身能力所无法克服的，甚至连最先进的无产阶级思想和无产阶级道德都无法自然克服，这就超出了可容忍的范围。

夏衍对这些问题全无认知，却以为《芳草天涯》挨批只是时机不对，至多只是对“容忍”这个概念大家理解不同，这就意味着他在类似问题上必然还会付出代价。也可以说，夏衍后来在《我们夫妇之间》《关连长》《人民的巨掌》等作品上挨批的因果，早在《芳草天涯》之争时已经种下。

需要提及的一个历史事实是，夏衍虽未对“两个话剧的座谈会”做任何回应，批评者们却有意犹未尽之感。“戏剧界一位朋友”名叫“田进”的，记述道：“‘新副’上（当指‘新华日报副刊’——引者注）《清明前后》与《芳草天涯》座谈会上，先生（这位先生是谁，已不可考——引者注）问了一句：‘目前戏剧创作上应该反对的主要倾向是什么呢?’”他于是决定回应“先生”的问题。1946 年 1 月 16 日，他以戏剧创作是否直接反映抗战为标准，在《新华日报》上发表了一篇题为《抗战八年的戏剧创作》的长文。该文以统计的方法，总结了抗战以来 120 个多幕剧，认为 1941 年后的戏剧创作有一个水平的急剧下坠，理由是“直接描写抗战的作品锐减，描写后方尤其是描写历史和与抗战无关之作骤增!”

田文不但痛烈地批评了国民党阵营的剧作家，对左翼及中立的剧作家，亦均极尽刻薄之能事，完全不留情面。该文点名批评阳翰笙的《两面人》、于伶的《杏花春雨江南》、宋之的的《祖国在呼唤》、蔡楚生的《自由港》、以群的《姊妹行》，“甚至在（夏衍的）《法西斯细菌》都一样”。该文指责此剧作者“批评了暴露了描写了一部分现实之后，都也指示他们一个去路，说，到那儿去，那儿是光明的！可是天，作者把他们指到一个什么样光明的地方呢？凭作者自己良心说，那儿有光明么?”它还指责陈白尘的《结婚进行曲》、洪深的《女人，女人》、田汉的《秋声赋》、夏衍的《芳草天涯》等“又给读者观众指出一条什么道路呢？作者们先自行陷进一个不能自拔的泥淖。”它质问：“（袁俊的）《山城故事》里的屯积者的被打死，（洪深的）《鸡鸣早看天》里汉奸之自杀，（沈浮的）《金玉满堂》里发国难财而被处死刑，（沈浮的）《小人物狂想曲》中的官僚之不知死活，这都是必然的结果么？作者的处理能心安理得么?”田文还谴责阳翰笙的《天国春秋》“强调了男女纠纷而减轻政治上的斗争”，夏衍、宋之的、于伶的《草木皆兵》是“企图描写敌后的人民不屈，而无形中为特务分子张目”。它还批判吴祖光的《牛郎织女》、周彦的《桃花扇》、郭沫若的《孔雀胆》、杨村彬的《清宫外史》等是“注重传奇性而忽视当前的斗争”，朱彤的《郁雷》（即《宝玉与黛玉》）“及若干《红楼梦》之改编”，则是“不管找怎样冠冕的遁词，不都是明显地表示了从现实矛盾中退却么?”对徐昌霖编剧的描写中国远征军抗日的《密支那风云》，田文讥之为“在附送草裙舞之下出售的”“那一类‘抗战’剧作”。田文还指摘一些揭露大后方社会黑暗的剧作其实是干着“小骂大帮忙”的把戏：徐昌霖的《重庆屋檐下》是“小奸商被拖上舞台，被当作第一号民族罪人在诛伐”，徐昌霖的《黄金潮》是“发国难财者以自行失败来惩罚了”，吴漱予改编的（法国原著）《黄金梦》及吴铁翼的《河山春晓》都是“暴露之后，让青天大老爷自己来收拾，欺骗群众说：你看我们在办奸商了！而现实根本没有那回事！”

这位“戏剧界的朋友”在连点了几十部戏剧作品的名之后，得出的结论是：抗战后期的剧作尽管也有所贡献，“但由于一般的自行撤退，和对比的另一方面的‘进军’，遂使得这一时期的剧作显得奇葩与莠草丛生，而在这之间更多的是发育不全，形同枯槁的芳草!”[1] 推敲上下文，此处“莠草”、“芳草”之说很像是顺便捎带的对《芳草天涯》的讽刺。

有关文艺界整风、如何将延安文艺精神传播到大后方，周恩来曾做出过十分明确的指示：

---

① 此处引文，悉引自田进《抗战八年的戏剧创作》（《新华日报》1946 年 1 月 16 日），引文中剧作前的作者名均为引者所加。这几段论述，较多参考了汪保忠、熊飞宇《〈新华日报〉对重庆抗战剧作的批评举隅》（《四川戏剧》2011 年第 4 期）一文，特致谢忱。

> 如文化人整风只限于文委及《新华日报》社两部门的同志，则可行；如欲扩大到党外文化人，似非其时。因目前民主运动正在开展，正好引导文化界进步分子联合中间分子，向国民党当局作要求学术、言论、出版自由的斗争，向顽固分子作思想斗争，揭露国民党文化统治政策的罪恶，并引导其与青年接近关心劳动人民生活，以便实际上参加和推动群众性的民主运动这也就是很好的整风。否则，抽象地争论世界观，人生观，甚至引起不必要的对历史问题的争论，必致松懈对国民党内顽固派的斗争，招致内部的纠纷，这是很要慎重的。至于延安文教大会，只能以其观点、实事求是、统一战线、民族化、大众化诸方面的影响，教育大后方的文化人，而不是以它的决议和内容来衡量他们的工作。①

而田文则明显是从根本处挑战了周恩来的文艺统一战线思想。它简单粗暴，完全没有考虑到中间知识分子对“延安文艺精神”的接受能力。其狂妄程度还超过了后来“文革”中的大

---

① 周恩来、董必武：《关于大后方文化人整风问题的意见》（1945年1月18日），中共中央文献研究室：《周恩来文化文选》，北京：中央文献出版社1998年版，第771—772页。

批判文章，“文革”中的大批判文章至少不敢对郭沫若这样的超重量级人士随便点名。这种文章居然还发表在《新华日报》上！人们于此也不难看出：从四十年代中期开始，以田文所提及的那位不知姓名的“先生”为代表，中共党内就有一些人以一种非常主观、简单的标尺来衡量文艺作品的高低，甚至到了以之区分敌我的地步。这标尺的核心即是以配合党的现行政策为前提。因此，随着党的政策的不断变化，“抗战”可以很方便地置换成各阶段变化了的工作重点。这些人士唯我独尊、“唯我独革”，甚至连中央副主席的意见都可以置若罔闻。在战争年代，他们的这种气焰当然会受到很大限制，但一到和平年代，他们就很容易抢占道德舆论的制高点。——令人惊奇的是，这并不妨碍他们中某些人，当中共中央工作重心放到“改革开放”上后，他们居然能方便地将革命话语转变为改革话语，用同样简便的模式处理文艺问题，“永葆革命青春”。

1986 年在杭州汪庄见夏衍。左起孙嘉萍、作者、沈祖安。照片右下角为夏衍题 / 郭福根 摄

1998 年秋在德清城关镇运河边（夏衍读高小处）

2000年秋，在杭州植物园夏衍纪念雕塑前与夏衍之女沈宁合影 / 刘浩源 摄

在纪念夏衍诞辰百年活动时与谢晋导演合影 / 刘浩源 摄

2000 年 10 月与李子云在夏衍旧居合影

2000 年 10 月在夏衍旧居，（左一）徐晓东、（左二）作者、（左三）谭克德、（左四）阿部幸夫、（左五）张建勇

2000 年 10 月在纪念夏衍百年诞辰活动时，与张瑞芳合影 / 刘浩源 摄

2000 年 10 月浙江博物馆举行夏衍捐赠书画珍品展，与袁鹰先生合影 / 刘浩源 摄

2000 年 10 月夏衍百年诞辰学术报告会结束时，与黄宗江（左二）、翟俊杰（左三）在浙大永谦活动中心合影 / 刘浩源 摄

纪念夏衍百年诞辰活动闭幕后，左起：沈之雄、沈祖安、作者、杨陆建 / 刘浩源 摄

1991 年夏衍将他任总顾问的《中国抗日战争时期大后方文学书系》（20 册）赠给杭州大学图书馆

1995 年秋与沈祖安（左一）、省委宣传部长孙家贤（左二）在为夏衍撒播骨灰的灵船上合影

2000年在纪念夏衍诞辰百年活动时，与罗东（左二）、潘虹合影 / 刘浩源 摄

2000 年 10 月，在杭州植物园夏衍纪念雕塑前与章柏青合影 / 刘浩源 摄

2015 年夏在中国人民大学纪念夏衍逝世二十周年研讨会上发言

左起：王丽、范志忠、陈奇佳、作者，在研讨会会场

1999 年在美国华盛顿州首府奥林匹亚

1999 年摄于太平洋东岸

粜水轩文存 ④

夏衍传（下）

◎陈　坚　陈奇佳　著

浙江大学出版社
ZHEJIANG UNIVERSITY PRESS

目　录

第八章　朝着人民共和国的方向前进（1945—1949） …… 3

第一节　“孤军作战” …… 3

第二节　从南洋到香港 …… 31

第三节　迎接胜利 …… 68

第九章　风浪难平上海滩（1949—1955） …… 87

第一节　文化接管 …… 87

第二节　“运交华盖” …… 102

第三节　《武训传》风波 …… 122

第四节　潘汉年案 …… 168

第十章　书生做史（1955—1966） …… 189

第一节　部长本色是书生 …… 189

第二节　风暴将至 …… 233

第三节　“文革”前夜 …………………………… 277

第十一章　“文革”岁月（1966—1977） ………… 318

第一节　“洗心革面” …………………………… 318
第二节　身陷囹圄 ……………………………… 333
第三节　乍暖还寒 ……………………………… 366

第十二章　自反而索，九死无悔（1978—1995） …… 394

第一节　思想解放的前驱 ……………………… 394
第二节　思想解放的斗士 ……………………… 430
第三节　良知的选择 …………………………… 470
第四节　最后光华 ……………………………… 498

尾声　魂归钱塘 ………………………………… 516

初版后记 ………………………………………… 545
修订版后记 ……………………………………… 550
常引书全、简称对照表 ………………………… 556

1947 年夏衍在新加坡。前排左起：胡愈之、沈兹九、夏衍、唐瑜；后排左起：林枫夫妇等 /自藏

1949 年香港浅水湾 左起：张俊祥、吴祖光、张瑞芳、夏衍、白杨、曹禺、沈宁、叶以群、周而复、阳翰笙 /自藏

第八章

朝着人民共和国的
方向前进（1945—1949）

第一节 “孤军作战”

1945年8月是胜利的日子。苏军出兵东北，美军投下原子弹，令人振奋的消息一个接着一个，到8月14日，山穷水尽的日本帝国主义终于宣布无条件投降。全国人民淹没在胜利喜悦的海洋中。

然而，胜利的喜悦不久就被内战的阴影冲淡了。经过八年抗战，蒋介石集团在独裁政治上，走得更远了。他们妄图独吞抗战的胜利果实。“苍天已厌玄黄血”，8月底，中国共产党的领袖毛泽东，冒着危险飞到了重庆，与蒋介石举行面对面的谈判。这，当然又使得夏衍这位《新华日报》的代总编辑（1944年8月后，原来主持《新华日报》日常工作的章汉夫随同董必武参加有关联合国的会议工作，由夏衍代总编辑）大忙而特忙了起来。8 月 28 日下午，中共毛泽东主席乘赫尔利专机抵达重庆九龙坡机场。9 月 1 日晚，中苏文化协会会长孙科、副会长邵力子举行酒会欢迎毛泽东。在这两个盛大场面中，夏衍都作为新闻记者出场，并仔细地赶写了两篇现场新闻特写，经周恩来亲自审阅、修改，在《新华日报》发表。从 8 月 29 日起，夏衍干脆就住在了化龙桥的报社编辑部内，连家都不回了。一直忙到了 9 月 12 日左右，好不容易偷空回家一趟，周恩来就派人通知，要他立即去曾家岩，有要事商量。

周恩来一见他，就放下正在批阅的文件，说："有一项紧急任务，中央要你立即回上海。"夏衍很高兴，他的确想回去看看"光复"后的上海。

周恩来对他解释，国民党中宣部下了一道命令，规定北京、上海、武汉这些地方，只有在抗战前或抗战中登记出版过的报纸，方准重新出版。国民党方面目前虽已同意《新华日报》在南京或上海复刊，但估计肯定会有障碍。因此，应想办法尽快到上海将《救亡日报》复刊。这是以郭沫若为社长的公开合法的报纸，又是四开一张，办起来比较容易。

夏衍接受了这个任务。1945 年 9 月 20 日这天，他终于搭上了一架美军的军用运货飞机（这是周恩来直接向张治中交涉得来的机票)，走上了返沪之路。[①]

他仓促返沪的一个最主要的使命是与国民党方面争夺舆论宣传的制高点。

抗战胜利了，然而中国人民并未由此得到他们盼望已久的和平生活。蒋介石集团妄图借跻身“联合国五强”的时机，一举消灭以共产党为首的国内民主进步力量，维持其独裁统治。但“和平”的幌子对于备战还是极有用处的，蒋介石集团于是又在舆论宣传上发动了猛烈的和平攻势。

作为合法政府的代表，蒋介石集团的舆论攻势一段时间里拥有相当的市场。就连柯灵、唐弢等人主办的明显具有左翼色彩的报纸《周报》，当时还有这样的议论：“国民党的报纸上说，先开枪的是共产党；共产党的报纸上说，先开枪的是国民党。双方只是争执着谁先开枪，谁是戎首，没有一个觉悟到根本不应该开枪。……我们以为当前老百姓所注意的不在乎谁先开枪，而是谁在开枪，我们要求立即停止进攻，同时也立即停止抵抗。”[②]

如何揭露蒋介石集团的虚假宣传，在国民党统治的腹心之地宣传共产党的主张、扩大共产党的影响，就是摆在夏衍面前

---

① 就此归程，夏衍后来写有《归来琐记》(《文艺生活》1946 年第 5 期，“夏全 9”)，人们颇可在其中瞥见国民政府“接收”时期混乱的组织状况，值得参看。

② 柯灵:《〈周报〉沧桑录》,《新文学史料》1986 年第 1 期，第 153 页。

一个首要的任务。

1945 年 9 月底，夏衍风尘仆仆地赶到上海，顾不得多作休息，就找到了《新华日报》社先期抵达上海的徐迈进与梅益，着手《救亡日报》的复刊事宜。为了取得合法资格，他以国民党中宣部发布过的“凡抗战前和抗战中出版发行过的报刊可以先复刊后登记”为根据，向市党部递了申请书，又在《新华日报》社驻上海的《新华日报》筹备处的全力支援下，只花了不到十天的功夫，于 10 月 10 日，《救亡日报》更名为《建国日报》复刊了。夏衍在《复刊词》中写道：

> 八年以来，我们永远没有忘记告别词中的一句充满自信的预言：“上海光复之日，就是本报再和读者相见之时。”现在，抗战胜利，淞沪重光，我们就问关万里，回到上海，再把这张小小的日刊献给阔别八年的读者。……而今，抗战胜利，建国开基，我们必将以更大的努力，号召全国同胞在和平、民主、统一的大旗之下，为建设新中国而奋斗。抗战八年，民亦劳止，为了中国的民主团结，为了世界和平，我们必须迎头赶上，致力于政治、军事、经济、文化等各方面的建设。

夏衍的这篇《复刊词》传到重庆，董必武、郭沫若读了之后，认为他把问题说得透彻，又有节制，赞扬他在敌后“孤军作战”实属不易。

说夏衍是“孤军作战”确实不错。《建国日报》的编辑部租了泗泾路美生印刷厂楼上的一间厢房，工作人员有夏衍，加上一个跑外勤的记者顾家熙。夏衍负责写社论、副刊文章及“离乱人语”，顾家熙则写本埠的新闻报道。人手如此之少，工作强度可想而知。夏衍毕竟是老报人，加上他观察深刻，消息灵通，新闻热点抓得准，几天工夫，《建国日报》的牌子就打响了。

那时美国俨然是国民党的太上皇，强奸民意，草菅人命，干下了许多坏事，群众敢怒而不敢言。夏衍决心捅一捅这个“马蜂窝”。他抓住了美国水兵饶特立克在溪口路一家酒吧打死三轮车夫臧大咬子这件事，让顾家熙采访了死者家属，写出一篇专访，结果在舆论界引起了一场抗议美军“残杀臧大咬子”的风波，使国民党市政当局处境尴尬万分。

《建国日报》每日的副刊《春风》，发表许多精悍小杂感，十分逗人。它们虽署上了各种笔名，但均出自夏衍之手。其篇幅极短，文词辛辣而又委曲，针对国民党在日本投降后推行法西斯独裁政策，及其贪赃枉法，大肆搜刮榨取人民血汗的事实，正气浩然地给予嘲讽和抨击。略举几例：

漫画二题　东风

最近见到重庆寄来的《商务日报》漫画周刊上的几张

漫画，觉得清新可喜：

第一张：上面画着一个雍容道貌的主管官坐在正中，两旁两个下属鞠躬而立，上面题字“一九三六”。下面一幅一切人物姿态如旧，同是这三个人，只在三人的头上加上几笔长须，题曰：“一九四五”。

第二张：画着一棵树，已经倾倒了，一面杏黄三角旗的伪国旗在地上，而树梢上爬着几只猴子，手中各执国旗一面。

题曰：“树倒而猢狲不散”。

四季发财　契尔

在胜利中，有些发了胜利财，这是和“发国难财”、“发抗战财”一脉相承的。下面，自然还有“发复员财”、“发还都财”、“发和平财”、“发接收财”、“发建设财”……等等的。中国吉利话说“四季发财”，这些人可以当之无愧了。

有人说这一次的胜利是“全求人，杠上开花，满贯”，那么，“四季发财”不也是题中应有之意么？

两种　巴客

上海人最怕两种人，一种是从天上飞下来的，一种是从地下钻出来的。

要在上海找房子，必须要有两种条子，一种是金条，一种是封条。

善后救济　雪慧

美国善后救济因为中国农民没有衣服穿，决定募捐西装若干万套；沦陷区民不聊生无以为食，决定从北太平洋捕鲸鱼，以鲸肉供给中国老百姓充作食粮；又因中国农村需要耕牛，美国种牛太好，产量不够，决定在澳洲猎取野牛，输入中国，同时交善后总署分配。将来中国田野间，将发现穿西装，吃鲸肉，手牵凶猛不驯之野牛一尾，怡然自得之“特种农夫”。

这几则杂感，可谓“满纸孤愤语，一把辛酸泪”，道出了抗战胜利后广大国统区人民心中郁结的失望和愤怒情绪，因而见报之后，激起了强烈的社会反响，像“两种人”“两种条子”一时间成了市民中的谚语，广泛传播了开来。

就在《建国日报》的业务开始走上轨道时，由于发表的文章触痛了当局的神经，10 月 22 日，国民党市党部借口“手续不全”，违反“收复区出版法”，宣布查封这家报纸。

夏衍闻讯赶到市党部去抗议，一个姓陈的党棍（陈训悆）大摇大摆地出来接见。他根本不愿意听一听申诉和解释，只是蛮横地宣称，根据政府命令，这家报纸必须查封！很少疾言厉色的夏衍忍不住愤怒地大声说：“政府违法，我要抗议！”但政府是从来也不惮于违法的，陈训悆只管装作没听见，没事人一样地扬长而去了。

对于当局这种蛮横的态度，夏衍在稍后的《我们要有新闻自由》中激愤地抗议：

> 没有新闻自由的国家是危险的！没有言论自由的记者是痛苦的！在新闻自由已经被认为新世界宪章的今天，中国记者再不能自甘束缚，自欺欺人，而应该勇敢地有组织有计划地来为自身的自由而争斗了。
>
> 假如今天没有敢反对中国是中华民国而不是中华官国中华党国，假如今天没有人敢反对中国是一个民主国家，假如今天没有人敢反对每个人民都有言论出版的自由，那么我们今天应该堂堂正正地要求：
>
> 我们要有出报自由，
>
> 我们要有采访自由，
>
> 我们要有言论自由！……
>
> 中国没有国民党系以外报纸，中国就只有一个党的声音，中国全国报纸都成了歌功颂德的工具。我们反对这种戈培尔式的法西斯作风，我们主张凡是中国人只要有主张有能力，谁都可以不经登记核准自由在中国任何地方办报。人民应该可以在重庆办反对国民党的报，人民应该可

以在延安办反对共产党的报，国民党早已表示要结束训政，那么国民党中宣部对一报纸、杂志、通讯、电台的核准特权，应该立即与现行的登记办法同时废止，今后一切报纸、杂志、通讯社的设立与变更，完全是人民的自由，党部不得任意干涉。①

《建国日报》存在的时间虽然很短，但在战后新闻史上却有一定的地位。方汉奇主编的《中国新闻事业通史》这样评价它的作用："确实，这张四开报纸，不仅具有内容充实、文字简短等特色，还特别敢说话，因而一出版就吸引了大批读者，日销五六千份。该报副刊《春风》每天均刊有一篇署名'记者'的'乱世人语'。揭露各种奇闻怪事。夏衍曾撰写过一个简短补白（中略，即上引的所谓"两种人"补白——引者注）……这个补白一经刊出，立即广为流传，并被外地一些报纸转载，成为讽刺国民党的常用语句。"②

《建国日报》被查封了，《新华日报》复刊遥遥无期，原定与夏衍一起到上海进行宣传和统战工作的阿英、钱俊瑞又迟迟未能赶到上海。夏衍在上海一下子似乎变得无事可做了。不

① 黎纬北：《我们要有新闻自由》，"夏全10"，第528—529页。

② 方汉奇：《中国新闻事业通史》第2卷，北京：中国人民大学出版社1996年版，第994页。

过，他是具有充分的独立开展工作经验的。上级组织的明确工作指示虽然还没有下达，但是他就自发地展开了各项工作，主要集中在两个方面，一是打入各新闻媒体，二是文化战线的统战工作。

《建国日报》查禁之后没过几天，夏衍就联系了《新华日报》筹建处的梅益，分别拜访了郑振铎、夏丏尊、傅彬然、马叙伦、李健吾、内山完造、许广平、周建人、周予同等知名人士。正是在李健吾家里，夏衍结识了钱锺书、杨绛夫妇，见到了顾仲彝和苦干剧团的几位朋友，这算是意外的收获了。

夏衍从未正式加入过开明书店，但夏丏尊、章锡琛却从来把他视为“开明同人”。抗战时期，虽然夏丏尊自己处境也很困难，但还是三块五块银元地周济着开明同人。蔡淑馨就多次收到过他的帮助。夏衍赶到他家时，夏先生肺疾严重，消瘦得厉害，说话时呼呼地喘气。夏衍对这位教育界、出版界的老前辈表示了敬意，也约略地说及现在的时局。

夏丏尊病重期间，“开明”业务由叶圣陶负责。夏衍与叶圣陶原来就有着很深的交情，因此，“开明”有什么活动，总是邀请夏衍参加。1946 年 3 月，叶圣陶的日记中有这样的记载：“午后 2 时，于一家春茶点款友人，商谈‘中志’（即《中学生》——引者按）及‘少年’（《开明少年》——引者按）之改进问题。店中同人出席者十余人，外客到者为仲华、仲足、雪峰、陈原、柳方、胡绳、孙起孟、夏衍、宝权九人。因平常甚熟，诸友皆能畅所欲言。诸君皆以为欲求杂志之精良，须接近读者云云。”① 冯雪峰、胡绳、夏衍都是中共在沪文化界活跃的领导人，而金仲华、孙起孟、陈原、秦柳方、戈宝权等人都是中共的亲密朋友。夏衍后来还与胡风一起到叶圣陶那里商议，由开明书店出版《中国作家》，虽然后来“无疾而终”，但从中不难看出夏衍所做的努力。

经过夏衍和梅益耐心细致的工作，许多有影响的作家、学者执笔写了有关当前时局的文章，在上海国民党办的报刊《申报》《时事新报》，甚至《中央日报》上陆续发表。这些文章共同的调子是反对内战，反对独裁，主张和平建国，开放民主，起了有效地揭露国民党和美帝国主义“明谈暗打”，迷惑群众的作用。当时中共驻渝办事处负责人王若飞特地写信，“肯定了上海文化界的活动，称赞这种利用敌人报纸展开要求团结、反对内战的宣传工作，同时指示要更进一步地占领敌人宣传阵地”②。

怎样在当局控制的新闻媒介中打开一条出路，是夏衍最花心血的事情。要能痛快地陈述自己的主张，不如建立自己的阵地。1945 年冬，凤子回到了上海。《和平日报》的副总编万枚

---

① 叶圣陶：《在上海的三年（1946 年 3 月 8 日）》，《新文学史料》1986 年第 1 期，第 11 页。

② 凤子：《〈海天〉的天地在哪里？——回忆叶以群同志片断之一》，《新文学史料》1979 年第 3 期，第 168 页。

子来约她为该报办一个三日刊《海天》副刊。《和平日报》的前身就是《扫荡报》，社长是反共老手黄少谷，凤子不加考虑就回绝了。几天后，凤子遇见叶以群，把这事当笑话一样地对叶以群说了："让我为他们编报纸，开什么玩笑？"

以群负责上海"文协"的工作，与夏衍常有来往，知道老夏正在为找不到一个新的阵地发愁，听凤子这么一说，他敏感地注意到这是一个不可错过的机会，于是便劝说凤子应当慎重考虑这件事情。

无奈凤子抵触情绪挺大，以群做不通她的工作，就把这事告诉了夏衍。夏衍听罢淡淡一笑："凤子是个好姑娘，一下子转不过弯来罢了。好吧，我写一封信，你再去找她一次，我想可以说服她的。"

凤子听说夏衍有信给她，微微一愣，"哦？夏公会有什么事呢？带个口信不就行了吗？"这时夏衍年资、声望日高，文艺界的一些后辈们，开始挺顺口地称他为"夏公"了。

凤子与夏衍有着长久、深厚的友谊。她还在复旦读书的时候，便以饰演《雷雨》中四凤而一举成名。司徒慧敏注意到了话剧界这颗冉冉升起的新星，带她去见夏衍。那是1935年的秋天，夏衍刚刚结束"隐居"生活，三个人便在咖啡馆里聊了一个下午的戏剧。凤子很尊敬夏衍，终生以师长相待。夏衍的《赛金花》惹出风波后，她坚决地站在夏衍一边，写了不少为《赛金花》辩护的文章。夏衍也一直关心着她的成长，事实上，在重庆时期，她就和白杨、张瑞芳等人一样，成为进步剧运的重要骨干了。

夏衍在信中主要强调了当前占领舆论阵地关系重大，不可等闲视之。她由此而想到离开重庆时周恩来同志交待过的话：国共和谈由于蒋介石坚持反动立场，行将破裂，文化界党员有的将撤回解放区，有的将转入地下，延安不可能再派同志出来，希望留在国统区的文艺界同志们、朋友们坚持下去，环境愈艰苦，愈要设法利用一切机会。① 夏衍在信里也正是告诉她这个“机会”不可轻易放过！冷静了下来，凤子觉得思想清醒了许多，对组织上要自己接编《海天》的意图完全理解了。

凤子接编《海天》之后，以反共而著称的《和平日报》上，就出现了许多进步人士的文章，甚至还有来自解放区丁玲的一个短篇小说《水》。直至后来《和平日报》的头头们嗅出了《海天》的异样气味，常常不打招呼就撤换凤子发排的稿件，凤子待在其中已失去了意义，这才离开了《海天》。

1946 年初，吴祖光、丁聪、郁风等回到了上海。他们都极富于正义感，对国民党控制下的那些反共刊物很看不惯，就想自己动手，编一份“图文并茂”的《清明》刊物。丁聪、郁风都是画家，对刊物中的“图”这部分，自然特别讲究。办刊物

① 凤子：《〈海天〉的天地在哪里？——回忆叶以群同志片断之一》，《新文学史料》1979 年第 3 期。

之前，他们征求了夏衍的意见——抗战以来，无论政治上，还是艺术上，夏衍一直都被他们视为自己的领路人。夏衍很赞成他们的设想，要他们搞出点特色来。

4 月，《清明》正式出版。编辑部设在爱多亚路转角“大世界”的二楼，陈设雅致，给人闹中取静之感。夏衍时常来坐坐，他会在吴祖光等人开编辑会议的时候突然推门而入，只低声说一句：“不打搅你们，我要睡十分钟。”于是便坐到吴的书桌对面，伏在桌上，把头埋在臂弯里，一下子就睡着了。到了十分钟，比闹钟还准确，他一定准时醒来，整整衣服，与吴祖光打个招呼，就推门出去了。有时吴祖光在窗口目送他在楼下的背影，只见他脚步轻捷地走上熙熙攘攘的街道，一会儿就消失在如潮的人流中……

吴祖光这时还负责《新民晚报》的《夜光杯》副刊。夏衍以“朱儒”为笔名写的《桅灯录》与赵超构以“沙”为笔名写的《今日论语》，两个时评式杂文专栏，被视为版面上的“两只眼睛”，为《新民报》各地方版所转载，成为报系的“共同语言”。

这里要特别提到的是夏衍在《新民晚报》支持越剧改革的文章。那一年，越剧界的袁雪芬演出了根据鲁迅《祝福》改编的《祥林嫂》，尝试越剧的改革之路。不料，社会上的恶势力竟接二连三地对她冷嘲热讽，甚至进行人身攻击。夏衍挺身而出，写下了《勖袁雪芬》一文，批判了旧戏曲界黑势力的怯懦和无耻，大声地为袁雪芬撑腰：

> 袁雪芬给人丢了粪包，读报的人看到这条花边新闻也许会不假思索地发笑吧，可是再仔细想想，这种现象不是很可悲吗？在这社会里，要做一个不甘同流合污的人很难，要做一个不甘同流合污的女人更难，要做一个不甘同流合污的女艺人更是难上加难。袁雪芬，最多也不过是想要上进，不愿意与那些玩色情把戏的人物混在一起的女演员而已。而现在你看，一旦不和下流坯子合污，他们就可以来这一手。①

更令袁雪芬感动不已的是，在他们以后交往的四十多年中，夏衍绝口未提起过这件事。直到夏衍去世后，她才在一个偶然的机会里得知了“朱儒”原来就是夏衍！

抗战胜利后，著名诗人戴望舒在太平洋战争爆发后继续滞留在香港，回上海的一些文化人士因此对他颇不谅解，有许多过激的批评。也是夏衍借助了《夜光杯》上的一篇文章，为戴说了公道话。夏衍在文章中引用了戴望舒作于香港沦陷时期的四首流传很广的民谣：“忠灵塔，忠灵塔，今年造，明年拆”；“神风，神风，/只只升空，落水送终”；“玉碎，玉碎，/那里

---

① 朱儒：《勖袁雪芬》，“夏全9”，第253页。

有死鬼，/俘虏一队队，/老婆给人睡”；“大东亚，/啊呀呀，/空口说白话，/句句假”。这些民谣雄辩地证明，戴望舒不是汉奸文人，而是一个有民族气节的诗人。夏衍这篇文章发表后，引起了各方面的注意，[①] 以后关于戴望舒的议论便渐渐平息了下去。

《消息》半月刊是夏衍、姚溱和梅益等人努力下的又一个重要成果。说起这份刊物的创办，颇有一点戏剧性。1946 年 3 月下旬，夏衍正在泗泾路原来《建国日报》的那间厢房里，一个身着挺括西服、眉目清秀的英俊青年来找夏衍，他自称叫宋怀志，是梅益介绍前来商谈一份刊物的，请求夏衍给予指教。梅益事先未及打招呼，夏衍心下以为不过是个附庸风雅的“小开”一类的人罢了，不大肯搭腔。但谈了一会，终于明白眼前这个年轻人是从苏北根据地来沪的姚溱。经过一番讨论，再由姚溱打了一通交道，说动了一位名叫贾进者的开明士绅拿出一根金条（十两黄金）作启动资本，一个星期后，《消息》这张四开小报便问世了。尽管刊物小，但在上面见到的却是赫赫有名的作者的文稿，除了金仲华、胡绳、夏衍、梅益、姚溱之外，还有周予同、吴祖光、叶圣陶、蔡尚思、韩述之、杨刚等。他们的文章很少长篇大论，或揭露讽刺反动人物的各种丑

---

① 可参见卢玮銮《香港文踪》（香港：华汉文化事业公司 1987 年版）第 193—195 页。另可参见《关于戴望舒及其他》（“夏全 9”第 225 页）。

态，或抒发忧国伤时的情怀，主题鲜明，议论深刻，文笔泼辣，别具一格，因而每当报纸出版，立即销售一空。

报纸影响一大，新闻检查官们就又出面干预了。《消息》的命运比《建国日报》稍好，但也只出了十四期就被查封了。

从 1946 年 1 月 10 日至 7 月 10 日，夏衍化名“东风”，还在《世界晨报》上辟出一个新的专栏，标题十分新奇，叫《蚯蚓眼》。

《世界晨报》是姚苏凤与冯亦代在抗战胜利后创办的一家“中间偏左”的报纸。姚、冯二人接受夏衍的意见，报上新闻极少用中央社的新闻而多用外电。潘公展对此大为不满，对姚苏凤施加了颇多的压力。姚、冯二人便请夏衍主持了这么一个专栏，以示对抗。

《蚯蚓眼》专栏和当年的《司马牛杂感》一样，也是投向国民党魑魅世界的锐利武器，深受读者喜爱。国民党当局不是喜欢用虚假的“民主”姿态邀买人心吗？夏衍就让它直截了当地一一曝光：

> 政府宣布尊重人民自由的四项诺言之日，重庆街头宪警逮捕了衣服欠整的市民千余人去当兵。我提议协商会今后要追加：人民有穿破衣服在街头走路的自由。①

① 署名“东风”，《世界晨报》1946 年 1 月 20 日，“夏全 10”，第 451 页。

> 美国新发明了玻璃防弹马甲，我劝民主主义者每人预备一件。①

> 陪都有人通电要惩办较场口惨案“祸首”李公朴等，在较场口，李公朴等被打破了头，故“祸首”者，祸延脑壳之谓也。②

在《消息》被禁之后，夏衍与“孤岛”初期的老朋友姜椿芳和林淡秋进行磋商，很快便在他们主持的《时代》杂志上开辟了园地。这份杂志是以“苏商”名义出版的。蒋介石与帝国主义相互勾结，演出一幕“和谈”“调解”的双簧剧，形势扑朔迷离，中国在抗日战争胜利后又面临两种命运、两种前途的大决战。夏衍在这份刊物上，有时用余伯约，有时以黎纬北的笔名撰写时事评论，几乎每周发表一篇长文，连续不断长达半年左右时间。《美国为什么要发动内战》《一个主题，多种花样》《威胁利诱之间》《法西斯在这里》《被损害了的纪念日》……他在这些评论中谴责“二战”后美国在走前德日法西斯老路，扩军备战，造成对世界和平和各国人民民族独立的威胁。

---

① 署名“东风”，《世界晨报》1946年2月14日，“夏全10”，第462页。
② 署名“东风”，《世界晨报》1946年2月17日，“夏全10”，第463页。

他尤其提醒读者注意的是美国于战后渗入中国，力图使之成为它独占的殖民地。他还对人民的尊严不可欺侮，人民的力量不可战胜，表明了毫不动摇的信念：

> 希特勒迷信他的武力，东条迷信他的武力，这些眼睛永远看不见人民力量的枭雄都已经倒下去了。今天历史的悲剧正重复在某些迷信武力的反动分子身上，他们以为有了原子弹，人民的力量便不必再顾虑了，那么看吧，地球还要存在下去，究竟胜利该属于原子弹呢还是属于人民，明年后年的历史，会教训这些好战黩武的徒辈的。①

这期间还发生过一个带有传奇色彩的故事。姚溱当时在《时代日报》上化名秦上校，开辟了半周军事述评。1946 年初这段时间里，国民党军队发动了对解放区的进攻，人民解放军起而自卫。针对国民党各报连篇累牍地登载捏造和歪曲事实的报道，肆意攻击中共和解放军，姚溱每半周发表一篇综述，向国民党统治区广大群众报道解放战争的真实情况。正当这些文章引起各方面关注的时候，姚溱有一天在马路上被原新四军中的一个熟人撞见。此人已经叛变投敌，经他告密，姚溱被军统特务绑架。在审讯中他们发觉姚溱在沪化名发表文章，其中就

① 余伯约：《被损害了的纪念日》，“夏全 10”，第 694 页。

有人怀疑到“秦上校”可能就是姚溱。

当收到姚溱利用狱中关系送出的一封信之后，经姜椿芳、梅益和夏衍讨论，大家意识到事态的危险性，如果报纸上的军事述评一旦停止，便正好坐实了“秦上校”即为姚溱的猜测。夏衍在重庆时曾为病中的乔木（冠华）执笔过军事评论，因此他觉得责无旁贷，便立即着手模仿姚溱军事评论的格式、笔调写下去，并继续采用“秦上校”署名发表。夏衍确实学得太像了，以至特务爪牙们也搞糊涂了：既然“秦上校”还在刊物上继续写文章，那么对姚溱这方面的猜疑便站不住了。在这种情况下，组织上展开了营救活动，把姚溱顺利地保释了出来。姚溱后来一直与夏衍保持了深厚的友谊，直至“文革”初含冤去世。

在此期间，夏衍虽未亲自参与编辑、撰稿，但影响所及，成为党的同路人性质的刊物就更多了。就拿影评方面来说吧，梅益在《文汇报》编《演剧》，张石流负责《前线日报》的《戏剧》和《世界晨报》的《每周戏剧》，刘厚生与马季良（唐纳）在《时事新报》编的《舞台与银幕》等等，可以说都受到过夏衍的直接指导。而通过对这几个副刊的工作，上海的影评界就基本掌握到了进步文化力量手中。

当夏衍在宣传舆论战线上奋勇出击的时候，一件使他感到尴尬难处的事件发生了。

1946 年初，驻东北的苏联红军大肆拆运东北境内原日本和伪满所有的工厂设备，拆下的东西全部运回苏联国内，有人形容说："连一颗螺丝不剩。"英美的通讯社对这一事件自然幸灾乐祸，在报刊上大做文章，大肆渲染。

乍一听到这消息，夏衍十分震惊。他多么希望这是英美等国制造的一个谣言。可他赶去向苏联驻上海的商务负责人安德烈耶夫质询时，与夏衍在重庆曾有过友谊的安德烈耶夫却以纯粹的"外交辞令"来应付他："无可奉告。"这，其实从侧面证明了那消息的可靠。

一丝可怕的阴影从夏衍的胸中掠过，他的心情异常沉重。如果说"西安事变"时塔斯社的信口雌黄，曾引起他的一点困惑，那么这回苏军"一颗螺丝不剩"地拆走东北境内的工厂设备，就不能不让人怀疑"老大哥"对别国人民、对别国共产主义事业的尊重程度。尽管在这个时候，夏衍对这个问题不能想得太深，但作为一个正直的中国共产党人，他对苏联的这种大国沙文主义行径不能不产生反感情绪。

为什么说夏衍此时不能对这问题想得太多太深呢？因为国民党借机发动了一次反苏反共的浪潮。蒋记政府一直是最怕人民运动的，但这回他们倒有能力发动好几千人在 2 月 23 日苏军建军节这一天，到苏联驻上海总领事馆门前举行示威活动。项庄舞剑，意在沛公，国民党真正的目的是想借此机会把矛头指向中国共产党。因此，作为共产党在上海宣传战线的指挥员之一，夏衍要在这场舆论攻坚战中抓住问题的主要矛盾，号召人们不要为国民党的活动转移视线。

于是，夏衍费尽心思，写了一篇三千多字的时评文章《论中苏关系》，正面肯定苏联在反法西斯战争中的作用，对中国抗战的支援，提醒人们不应让国民党利用这一事件来转移目标，把和平建国的希望寄托在杜鲁门、马歇尔身上。最后，夏衍事实上巧妙地转移了话题，他把讨论重心放到了苏联延期撤兵这一话题上（尽管这也是一个有争议的问题，但毕竟还有讨论的余地），而对最引起非议的几个问题，如苏军败坏的军纪及其对东北资源破坏性的掠夺等，几乎只字不提。夏衍最后说，东北问题是由于中国国内不民主的政治状况而引起的：

> 毫无疑问，苏联一定会尊重中国的主权，交还中国应有的权利，但是假如中国仍旧要在东北推行一党专制政治，仍旧假使东北成为帝国主义进攻苏联的跳板，中国仍旧甘心愿意地做帝国主义者猫脚爪，那么，为了维持东亚和平，苏联的举动是合乎正义而符合着中国人民特别是东北人民的利益的。①

这篇文章在进步文化人士中，也不是没有一点反响，像叶

① 夏衍：《论中苏关系——从苏联红军节所想起的》，“夏全10”，第543—544页。

圣陶即表示同意夏衍的意见："日来京沪渝各地发生所谓爱国运动，攻击苏联，学生罢课游行，标语有'反对东北特殊化'，'不愿见九一八重演'，'打倒赤色帝国主义'云云。据知其实际者言，此系国民党党内之争，执持党务之CC派攻击当政之政学系耳。特以反苏为幌子，于党内既尽其排抵之用，于党外复可以抑压民主运动，借题发挥，其技甚巧矣。"①

但这类文章实在有点硬做出来的味道，因而收效甚微。夏衍接着还写了几篇《论中苏关系》的续文，如《答客问》（原载上海《文萃》1946年3月第1卷第21期）、《再论中苏关系——答杨庆铎、谢裕、"爱国公民"诸先生》（原载《周报》1946年3月第27、28期合刊）等。但由于太过一边倒的倾向性，某些论点过分追随苏联的宣传口径，② 这些文章同样显得没有什么说服力。这也可以视作夏衍新闻记者生涯较少的一次"走麦城"的经历。许多年后他还怀着相当懊丧的心情自我检讨说："这只能得出一个结论，就是写文章一要讲真话，二是

---

① 叶圣陶：《在上海的三年（1946年2月25日）》，《新文学史料》1986年第1期，第9页。

② 如他在《再论中苏关系》对"爱国公民"的回应："'爱国公民'先生说：'苏联为什么不让乌克兰、白俄罗斯独立自治。'对于这个问题，我的回答是乌克兰、白俄罗斯不仅已经独立自治而且在联合国大会中有自己的代表，他们今天已经是联合国机构中的一个成员了。"（"夏全10"第568页。）这种说法就是典型的追随苏联宣传口径，但与事实明显不符，因而是不能令人信服的。

要顺人心。”①

这个深切的体会，是这次令人不快的事件留给夏衍的一个十分宝贵的历史教训。

成功总与失败相伴随。夏衍在上海的活动充满了艰辛与坎坷，除了国民党方面的破坏，也有如上面提及的意料不到的麻烦，这很可能使他数月的辛苦付之东流。但夏衍决不辜负党的重托。他不以此为意，从不气馁，这才有我们今天所看到的这一份份光彩耀人的实绩。

随着蒋介石集团反动本质的逐渐暴露，也由于活跃在敌后文化阵线上的郭沫若、茅盾、夏衍、冯雪峰、胡绳、胡风等许多人的积极工作，越来越多的民主人士终于从抗战结束后的那种幻想中清醒了过来。他们中的大部分人开始认识到，只有紧密团结在共产党的周围，用人民力量彻底消灭国内的法西斯残余后，“和平建国”“自由民主”等理想才可能得到实现。

《周报》的态度变化也许是很有代表性的。1946年初，它在一篇文章中直言：“团结要靠双方的诚意，互信互让，缺一不可；而实行民主，虽然都有责任，重心在国民党而不在中共，因为政权在国民党手里，这是明明白白的事情。”② 这儿，它已不再是本节开头提到的“双方各打五十大板”的调子了。

① “夏全15”，第296页。

② 柯灵：《〈周报〉沧桑录》，《新文学史料》1986年第1期，第153页。

到了7月间，李公朴、闻一多相继被刺后，《周报》就以旗帜鲜明的态度，走上了“反独裁、反内战”宣传斗争的第一线。它用很大的篇幅刊登了马叙伦、马寅初、茅盾、田汉、吴晗、胡风等人的纪念文章。田汉高呼：“大家准备好了没有？中国民主运动还需要更多的贤者的血！”吴晗宣言：“我们会跟着你们（指闻一多父子——引者按）走的，你们已经替中国人民铺好了道路，用你们的血。”

最有代表性的是马叙伦的态度：“我的历史上一部分正和李、闻两先生相同，我自然预备着接受一颗。但我也预备送还他一颗原子弹。”① 而仅仅在几个月前，当国民党挑动反苏反共浪潮的时候，夏衍把那篇揭露国民党阴谋的文章交给他发表时，他觉得十分为难，以为会损及他“中立”的清誉。夏衍在文后注明了“文责自负”，他才勉为其难地将文章发了出来。

在那个时代里，发生在《周报》和马叙伦身上的变化，正是一种普遍的现象。内战还未正式开始，国民党已输掉了民心。

1946年7月初，夏衍有些意外地与周扬在上海重逢了。他们已有将近十年没有见面了。周扬这次到上海是为了办理去美国的签证。党派他去美国讲学，但周扬认为成功的把握不大，

① 上引田、吴、马的话，均转引自柯灵：《〈周报〉沧桑录》，《新文学史料》1986年第1期。

国民党有意在为他设置障碍。周扬向夏衍畅谈了自己对毛泽东延安文艺座谈会讲话的理解，这时，他已经是毛泽东文艺思想最权威的诠释者之一了，较之以往，自然是更加高屋建瓴、气势轩昂。

与周扬晤面过后，夏衍萌生了去延安的念头。这时的上海，确实已无多少事可做了。征得周恩来的同意，7 月中旬，他来到南京梅园新村，参加了中共代表团的工作。

刚到梅园，他就碰到了一件叫他吓了一跳的事情：他看到周恩来指着桌子上的一份文件，脸色涨得通红，指着一位身着长衫戴眼镜的人，大声斥责："过去人家说你是伪君子，今天我说你是真小人！"又说："我们二十年的交情，到此算完了！"说完竟然放声大哭。

在周恩来领导下工作多年，夏衍从未见过他情绪如此激动过，他一下惊呆了。站在一旁的陈家康告诉夏衍：这个清瘦的老人就是梁漱溟，他背着民盟中的左派，向马歇尔提出了一个所谓的"调处"方案。这个方案，规定关内关外中共军队的驻地，而对国民党军队却没有附加规定，这就等于政府军不受任何约束，可以随意调动，想上哪儿就上哪儿；同时此方案还规定政府派县长和警察接受共方的二十个县……这对我方是极端不利的，周公因此动怒了。

梁漱溟讷讷地说："那，那我们把这份文件去收回来吧。"

周恩来浓眉下的锐眼盯了他一眼："还收得回来吗？"

站在一旁的李璜、莫德惠赶紧说："来得及，还来得及。"后来，费了不少周折，他们才将这业已送出去的方案取回。

这件事情给夏衍留下了非常深刻的印象。周恩来看上去很随和，但决不无原则地妥协，在大是大非面前，态度极其分明。夏衍对梁漱溟的印象亦不佳，在解放初他写有一篇杂文挖苦梁漱溟，或许就起源于此吧。①

夏衍向周恩来汇报了自己在上海的工作情况，并提出想去延安的申请。周恩来同意了，答应在代表团撤离南京时，带他一起走。

但到了 9 月初，情况发生了变化。这时全面内战已经爆发，中共急需加强香港、南洋一带的宣传和统战工作。夏衍对这一带情况比较熟悉，周恩来便建议他和潘汉年一起，参加香港分局的领导工作。夏衍毫不犹豫地领受了这个新的任务。

在又一次别离上海之前，夏衍抽空回了趟家。1946 年 3 月底，蔡淑馨偕孩子已随同《新华日报》同人乘轮船回到了上海。

由于夏衍工作繁忙，一时没再另找房子，一家四口人便借住在爱文义路（今北京西路）至德里蔡父的家中。

---

① 梁漱溟对这件事情的自我辩解可参看其《忆旧谈往录》（北京：金城出版社 2006 年版）"过去和谈中我负疚之一事"一节。梁的说法是可信的，不过他不通政治的书生气一面在其辩解中仍可看出。

夏衍与蔡润甫的感情一直很亲密。对这位大女婿，蔡润甫打心眼里喜欢。他虽然未必了解夏衍所从事的事业的意义，但对夏衍的工作却是热心支持的。他有时还会带领夏衍结识一些金融界的朋友。在白色恐怖的年代里，增加了这一层身份的保护色，对夏衍地下工作的助益可想而知。

对于蔡润甫，夏衍是满怀着孝心与敬意的。他自幼丧父，后来又未能亲自侍奉母亲于堂前，在他心中，一直引以为憾事，所以对岳父特别地孝顺。这一年，蔡润甫得了伤寒，肠出血，危在旦夕。起先请上海名中医丁济万医治，但不见起色，夏衍特地去请来留日的西医沈恭精心治疗。他自己还与淑馨六兄妹轮流陪夜。因室内是新地板，为保持室内安静，夏衍叮嘱家人进屋都脱掉鞋子，他自己更是小心翼翼。岳父病体痊愈，还特地去买来几株夹竹桃种在阳台上，以供老人养息时观赏。蔡润甫常常夸奖这女婿比亲生儿子还亲。蔡淑馨年幼的弟弟妹妹对这位大姐夫极尊重，认为他对蔡家照拂得热心、细致，还胜过了蔡淑馨本人。

夏衍在上海的时候，可以对蔡家多加照顾，但现在他要离开上海了，再留蔡淑馨住在岳父家，就不合适了。因此，赴港之前，他务必要为蔡淑馨母子租好住房。既要避开国民党特务的耳目，又要找一间价格、位置都合适的房子，殊不容易。即使夏衍这样的老上海，也忙了十多天，才在静安寺路的重华新村租到了新居。沈旦华回忆说："抗战胜利后住在南京西路重华新村 59 号 A，表面上弄堂口在南京路，后弄堂深处有一个很小的门通到静安别墅胶州路。”[①] 这房子是与胡绳合住的。

第二节　从南洋到香港

自 1945 年 9 月至 1946 年 9 月，夏衍的工作关系始终处在一种较为动荡的状态。笔者猜测这和周恩来对他未来工作重心的安排发生了变化有关系。直到 1945 年 12 月，周恩来对国共关系的判断还是“相当长时期内一时偏和，一时偏战。和中酝酿战，战中酝酿和”。他认为重庆一带的工作还具有决定性意义，因此“建议恢复中共南方中央局（或名重庆中央局），由董必武（书记）、王若飞（副书记）、刘少文、徐冰、华岗、钱瑛、钱之光、潘梓年、熊瑾玎为委员，章汉夫、王世英、童小鹏、王炳南、许涤新、张友渔、夏衍为候补委员，领导国统区工作。”[②] 可见在周恩来原初的设想中夏衍还是应当回到重庆搞上层文化统战工作的。但形势变化很快。1946 年 5 月以前，周恩来的全部工作重心就早已转移至南京、上海一带了。夏衍留

---

① 沈旦华：《回忆老头》，杭州市江干区夏衍研究会、江干区夏衍旧居管理办公室：《夏衍研究文集》2007 年编，第 80 页。

② 中共中央文献研究室：《周恩来年谱（一八九八——一九四九）》（修订版），北京：中央文献出版社 1998 年版，第 644 页。

在上海对开展文化战线的统战工作作用更大。这其中，或许还有将韩练成引见给董必武这样的秘密工作。[①] 但作为一个知名的公开共产党员身份的人士，夏衍久留上海也不是办法，可能还有危险。这时，周恩来以其过人的才智及战略判断能力，预判南洋及香港一带未来将成为一个工作重心，于是，他将夏衍派往这一带，希望他能打开这一带文化界及上层人士的统战工作局面。

1946 年 10 月 30，夏衍与潘汉年董慧夫妇一起，飞往香港。其任务是“加强在香港的情报活动；对民主党派在香港的上层人士进行统一战线工作；参加香港地方党派的有关工作方针、政策研讨会议和情报汇报工作”[②]。夏衍的工作职务是中共香港工作委员会成员、南方分局（中共中央香港分局，1949 年 2 月改为中共中央华南分局）成员、香港文委书记。[③]

9 月 4 日离开南京的时候，周恩来指示夏衍：南洋的华侨领袖陈嘉庚已安全回到了新加坡，近期内，有必要前往南洋，向陈嘉庚等人转达党中央对他们的关怀，向他们通报国共和谈破裂后共产党的方针政策，同时，了解抗战时期流散在东南亚

---

① 可参见陈士榘《天翻地覆三年间——解放战争回忆录》（北京：中共中央党校出版社 1995 年版），第 103—104 页。

② 转引自王朝柱：《功臣与罪人》，深圳：海天出版社 1993 年版，第 316 页。

③ 沈芸：《夏衍年表》，“夏全 16”，第 437 页。

一带文化工作者的情况。同日，周恩来电告方方、林平："夏衍受特务注意，我已着他到香港，由他向你们转告中央关于南方统战、宣传、文化工作的意见。"①

因此，一到香港，夏衍就着手办理前往南洋的事宜。但此时英国正着手重新接管新加坡，自然不会欢迎夏衍这样著名的共产党人进入辖区。他们百般阻挠、推搪。为了那张签证，夏衍在香港足足等了四五个月。夏衍暂时走不了，但南洋的工作不能就此搁置起来。经过与冯乃超、饶彰风、周而复等人商议，他决定，将此时在广州遭受迫害的抗敌演剧队五队与七队，合并为一个大型的文艺团体——"中华歌舞剧艺社"（简称"中艺"），并将它调至香港。稍作准备后，即令它先行开赴南洋，开展文艺宣传。

在宣告剧社成立的这一天，夏衍到九龙青山道来探望大家。当听说他们为剧社起的名称是中国剧艺社时，他表示这个名称不全面，要他们加上"歌舞"两个字，要做到演出形式多样化。他还向大家解释了在当时的形势下，组织剧团的必要性，介绍了30年代左翼剧运的革命传统，指出只要紧密团结，努力奋战，就能在恶劣的环境中生存下来，为进步文化事业作出贡献，包括在经济上的贡献。

---

① 中共中央文献研究室：《周恩来年谱（一八九八—一九四九）》（修订版），北京：中央文献出版社1998年版，第707页。

“中艺”由吴荻舟、丁波担任正副社长。夏衍与冯乃超商量，派这样一支文艺团体远征南洋，党的力量是很重要的。原来演剧队五队和七队来港的党员不过三人，夏、冯便又抓紧时间发展了六位社员入党，还成立了“中艺”的党支部，并决定由丁波任支部书记。

到南洋巡回演出，节目的准备是个大问题。“中艺”原定排演陈白尘的《升官图》，夏衍闻讯后即通知吴荻舟与丁波去《华商报》社。他郑重地说：“《升官图》是个好戏，但到南洋去演出不合适，那里有国民党大使馆，有国民党特别党部，在群众中有左、中、右三派，左派看了一定热烈鼓掌，右派看了会拂袖而去，中间派看了也不会高兴，建议你们改排其他节目。”

吴、丁表示接受夏衍的意见，回去与团里其他负责人商议之后，便改排了吴祖光的《牛郎织女》。但不料《牛郎织女》剧在香港试着公演后，观众并不踊跃，连演了四场，上座率只有四成。团内的矛盾激化了起来，个别人闹着撂挑子，嚷嚷说：“不干了。”

夏衍知道后甚为忧虑，亲自赶到“中艺”，召集社里骨干开了一次会。在会上，夏衍严肃地指出：“上个戏是理事会决定的，也是大会通过的，现在失败了，五七两队之间互相埋怨、指责，这是错误的，这是一个团结问题。两队刚刚合在一起，还没有去南洋就闹团结问题，这怎么是好？应该好好总结，找出失败原因。至于排什么节目，理事会讨论后再作决定。”

夏公动怒了！团内几位闹意气的人冷静了下来。经过认真的检讨、反思，“中艺”又排演了一台歌舞剧《中国人民悲欢曲》，主要内容是宣传抗战胜利和战后百姓生活陷入痛苦，呼唤中国人民团结起来，反对内战，反对独裁。这台晚会以冼星海的《新年大合唱》为主体，加上一批音乐舞蹈节目，如独唱《丈夫去当兵》（将参加抗战的词改为反对内战）、《朱大嫂送鸡蛋》，合唱《古怪歌》，舞蹈《青春舞》等，这些内容新颖，形式活泼，具有民族特色的歌舞节目，在港公演后非常叫座。

夏衍观后表示很满意，但他又恳切地指出：“这套节目形式上有歌有舞，多姿多彩，很好。可是内容还值得斟酌，一些口号注意不要提得太高，否则会脱离中间阶层，到南洋是不行的。”“中艺”接受了夏衍的意见，作了些修改。后来到南洋，《中国人民悲欢曲》果然成了盛演不衰的保留节目。

1946 年底，“中艺”通过安达公司庄世平经理的斡旋，获得了前往南洋的演出合同。夏衍代表文委领导，对他们表示了祝贺，同时又提醒“中艺”的社员：广大华侨在国外都受到了不同程度的歧视，他们大都是热爱祖国关心祖国的，因此你们到南洋，一定要高举爱国主义旗帜，宣传祖国文化艺术，特别是新兴文化艺术；也要适当配合国内民主运动，宣传民主，反对独裁，宣传和平，反对内战，但一定要注意各地形势。你们是职业剧社，侨胞就是你们的衣食父母，所以艺术形式上要有歌有舞有剧，多姿多彩；还要尽可能组织力量，创作反映此时此地的节目，争取更多观众。党是没有力量从经济上支援你们的，你们要作好自力更生、自食其力的思想准备。

“中艺”的同人们牢牢记住了夏衍这一番话，后来他们果然成了一支活跃在南洋的为广大华侨所热爱的进步文艺团体。“中艺”在南洋的演出历时三年，先后演出了二十几套节目，共演出二百六十六场，总计观众达三十三万余人次。[①]

“中艺”走后，夏衍仍在香港滞留了三个月左右。这段时间他参加了《华商报》复刊后的社论委员会，并在该报上撰写杂文随笔。直到 1947 年 2 月，好不容易用化名（护照名“许乃昌”）申请到了“入境证”。2 月 19 日，夏衍、陆浮一行搭乘丰庆号轮船，从香港英皇道出发，转道西贡，前往新加坡。途中风浪甚大，船行甚缓。途中无聊，夏衍重读《水浒》，“对高俅发迹经过，深感兴趣”。[②] 2 月 24 日抵达西贡。因为船中有人感染时疫而亡，西贡法国殖民者不许船上的人下船。夏衍又一次充分感受到殖民者的蛮横无理。直到 3 月 2 日，轮船才驶离西贡。3 月 5 日一早，轮船终于抵达新加坡。沈兹九、唐瑜、

① 丁波：《夏衍是这样关怀“中国歌舞剧艺社”的》，《忆夏公》第 381—382 页。亦可参见夏衍《祝贺中国歌舞剧艺社南洋演出四十周年》（“夏全 3”第 452—453 页）。

② 夏衍：《新加坡日记》1946 年 2 月 23 日，“夏全 16”，第 255 页。

林枫等亲至码头迎接。由于轮船上有偷渡者，直到下午2时，夏衍一行才获登岸。

下船后不久，胡愈之便前来探望。夏衍此次来到新加坡，主要的合作对象就是《南侨日报》。《南侨日报》是陈嘉庚出资创办的一家进步华侨报纸。他自任董事长，胡愈之任社长，张楚昆任总经理。夏衍和陆浮此次来南洋，首先要找的人就是胡愈之。夏衍《新加坡日记》的记叙充分表明了这一点：

3月5日　晴　抵星

……

下午2时登岸，暂寓天一景，3时愈之来谈，至林宅晚饭后至报社，参观一周，楚琨兄来，至大世界品茗，10时半归。

3月6日　晴

与愈、奇、浮午餐于天一景五楼。

下午至报社，补阅报纸，旋搬至愈之寓，与阿朗、林枫同室。

3月8日　妇女节

南侨编辑部同人约餐于大同，作简单讲话，下午与唐游马路，晚餐后与唐、林观 The man who came to dinner。

上午访陈嘉庚，谈一小时，他颇关心国内文化人安全，并问K将领为什么不反战。11时，访楚琨。

3月9日

与愈之谈南洋情况

“南洋人物”

一、陈马六甲—神秘人物

二、苏加诺

二、哈达

四、莱特

五、安山

六、胡志明

马来亚问题，土地问题—苏丹（土地）

回教特征：不得放高利贷

土地公有

三大民族—华侨—祖国

印度—独立

马来—印尼

白皮书—黄皮书

英国政府两次改变

华侨对英白皮书

马共见解①

① 夏衍：《新加坡日记》1946年3月5日至3月9日，“夏全16”，第257—258页。

在胡愈之的帮助下，夏衍较快地了解了南洋一代华侨活动的基本情况，也很顺利地得到了与陈嘉庚会面的机会。在与陈嘉庚的会谈中，夏衍遵照周恩来的指示，向他详细介绍了国共和谈破裂后国内的局势、共产党的方针策略等。1940 年在桂林的时候，夏衍与陈嘉庚有过一面之缘。《救亡日报》同人的埋头苦干和报社业务的蒸蒸日上曾给陈嘉庚留下过好感。

夏衍告诉陈嘉庚，他这次来南洋，还负有一个使命，即通过《南侨日报》为《华商报》发起一个募捐运动。夏衍说：这回《华商报》募款，不再向侨领们伸手，而是面向广大爱国侨胞。募集而来的钱款，不管是几元还是几分，都逐日在《南侨日报》和《华商报》上公布。

陈嘉庚同意了夏衍的设想。于是，夏衍和陆浮暂时便在新加坡落下了脚。除了为“香港民主和平文化事业基金”募款外，夏衍就协助胡愈之主持《南侨日报》的编务，撰写不署名的社论，也在“星期杂话”“每日话题”和“南风”副刊撰写专论和杂文。

夏衍到新加坡后不久，解放军就撤离了延安。自然，在某些人眼中，国共双方斗争成败就此分出了胜负。当局方面的势力一时趾高气扬了起来，中立及左翼人士却感到忧虑。夏衍与胡愈之一起，共同分析时局动态与中共战略，并应胡愈之之请，写了《延安失守后的形势》，分析了此时国内战场上国共双方的态势，预言国民党拿下延安其实是背上了沉重的包袱，必将步步被动，以至走向崩溃。此后，夏衍便根据版面消息，联系实际，每日或两日一篇地撰写社论。《美国人心目中的中国》《抗议无法无天的暴行》《论东北战场》《马歇尔着急了》《造谣者毙于谣》《杜鲁门到哪里去》《论民意测验》《华侨不会再受骗了》《世界大战不会立即爆发》等，这些时评将国民党发动内战的罪行，将美国助长中国内战、促使中国殖民地化的政策公诸于众，揭示解放战争的正义性质及其必然胜利的历史趋势。文章不提空洞口号，用事实说话，以不可辩驳的论据紧紧吸引读者，将复杂的问题分析得简单明了，因而赢得广大侨胞欣然首肯。

与此同时，夏衍还在胡愈之主编的《风下》周刊上发表了一些篇幅不长的杂文随笔，如《立场与看法》《作剧的技巧》《香港的民主事业》等，多从思想文化修养着笔，颇为青年人欢迎。

这期间，夏衍比较广泛地接触了华侨社会各界。侨胞的爱国热情使他深受感动和教育。《南洋日报》举办过一次民意测验，结果发现当时的华侨中有百分之九十以上的人不愿意放弃中国国籍。他们最关心的就是祖国的命运。当他们得知反映国内真实情况的报纸——《华商报》，面临着经济上的困厄和威胁的时候，纷纷解囊相助。其中，一些穷苦的工人、学生虽然捐来的钱并不多，少的只有几分，但当夏衍从他们黝黑干瘦的手中接过这一点血汗钱的时候，或者读着他们写的“向香港进步文化界致敬”函件的时候，夏衍不能不为之动容！

为着这么可爱的侨胞们，在星马的华人作家们该做些什么呢？夏衍思考着这个问题——这一问题在当时也引起了许多人的兴趣，1947 年底终于爆发了一场“马华文艺的独特性”论争。其时，夏衍看了有关论争的几篇重要文章，他之迟迟没有动笔，主要认为“这问题最好是由当地的文艺工作者来研究解决”，而不必由他们“局外人”来做文章。夏衍觉得谈问题应避开繁枝密叶而直入中心，他指出问题的症结是在马来亚华人“对祖国的关系”与“对当地的关系”这两者的相互关系上面。

夏衍在《“马华文艺”试论》一文中说：

> 马来亚今天还没有挣脱英国殖民地的地位，而在这块土地上的中马印三大民族，又各有其血缘相关，心向往之的正在为着该民族的自由解放而苦斗中的“宗邦”……单就在马来亚的两百多万中国人的立场和任务来说，不管他们愿不愿放弃中国国籍和愿不愿“终老斯邦”，在今天的情形之下，单单为了他们自身在民族上、政治上及文化上的利益，在他们肩上，就负担起对中国以及马来亚的双重任务，而事实上也决不可能依据自发的或外在的主观要

求，而完全摆脱一重任务而不顾的。[①]

因此，马来亚的华人文艺有着自己的独特性。它既不可能同马来亚的本土文学完全一样，也不可能同中国“宗邦”本土的文学完全一样。夏衍实事求是地指出：

> 它（指“马华文艺”——引者按）的独特性是什么？据我们的理解，这应该就是指前面说到过的马来亚人民解放斗争这个错综复杂到史无前例的典型特征。……为了独特性，我们要从此时此地的马来亚人民生活特别是马来亚华人社会中去发现典型的生活特征，典型的人物性格。[②]

经过胡愈之、夏衍、郭沫若等人的努力，有关“马华文艺”的特质的认识深入人心。有论者指出：“随着胡愈之等中国作家的离开，所谓侨民文艺的写作告一段落；渐渐地，马华文艺企求确立其独特性，发展或脱胎于中国文艺而又有自己生命的一种文学模式。”[③]

夏衍的这篇文章虽然成文于 1948 年 3 月的香港，不过，

---

① 夏衍：《“马华文艺”试论》，“夏全 8”，第 380 页。

② 夏衍：《“马华文艺”试论》，“夏全 8”，第 382 页。

③ 林万菁：《中国作家在新加坡及其影响》，新加坡：万里书局 1994 年版，第 168、150 页。

可以断言，没有1947年在新加坡的这段生活经历，夏衍也不可能写出如此有分量的切中肯綮的论文。同时，也正如评论家所说，夏衍虽自谦地认为对于马来亚实际情形知道得不多，“但他表明自己作为一个关怀马华文艺壮健发展的朋友，提出有关意见的态度是‘诚恳，而带着热望的’。”[①]

在星岛期间，夏衍还曾与马共总书记陈平联系。[②]

1947年8月，夏衍在新加坡活动了近半年后，他的真实身份被殖民当局发觉。当局要刘牡丹带话，要他“自由离境”。[③]夏衍于是和陆浮带着为“香港文化基金”募集到的三万多元叻币，离开新加坡返回香港。总的说来，由于国共斗争形势不明，马来亚侨胞崇拜孙中山、奉国民党为正统的政治传统，[④]以及“华侨领袖的短视与势利性”，[⑤]夏衍这数个月工作的成效不大。

回到香港后，夏衍即参加了由中共香港分局领导的香港工作委员会（简称“香港工委”）。章汉夫是书记，同夏衍一起任工委委员的还有连贯、许涤新、乔冠华。他分管民主党派及文化界的统战工作，文艺界事务的主管则是邵荃麟与冯乃超。当

① 林万菁：《中国作家在新加坡及其影响》，新加坡：万里书局1994年版，第168、150页。

② 夏衍：《我的家史》，1975年8月，手稿，第18页。

③ 夏衍：《我的家史》，1975年8月，手稿，第19页。

④ 叶再生：《中国近现代出版通史》第3卷，北京：华文出版社2002年版，第1173页。

⑤ 夏衍：《新加坡日记》1946年3月19日，“夏全16”，第260页。

然，文艺、新闻是他的事业，他不可能不闻不问。那时同志间的关系融洽，不分彼此，于是夏衍常常就成了《华商报》每请必到或不请自到的作者。

《华商报》于 1946 年 1 月初改为日报复刊以来，规模比 1940 年扩大了。有了自己的印刷厂，每个栏目都配备了较强的记者阵容，还有一个实力整齐的社论委员会，先后参加该委员会的有：刘思慕、萨空了、狄超白、张铁生、陈此生、饶彰风、廖沫沙、千家驹、章汉夫、夏衍、乔冠华、许涤新、杜埃、高天、杨奇、张其光等。但《华商报》复刊以后，经济运转情况却不很顺畅。原因是：其一，港英政府有意无意间设置了不少障碍。其二，《华商报》的政治面貌太过鲜明，被人称作“中共喉舌”，使不少中间派人士望而止步，故而销路始终徘徊在一万份左右。其三，作为中共在香港一个公开的据点，迎来送往，有不少额外支出。1946 年 4、5 月间，在复刊不久，经济上便陷入了困境。当时夏衍遵照周恩来的指示，在“法币”猛跌之际，曾经通过他金融界的朋友黄定慧，从上海迅速把一笔现款汇给了章汉夫，这才解了报纸的燃眉之急。

夏衍回到香港后，觉得彻底解决《华商报》的经济问题诚属不可能，但在一定程度上缓解它的困难却有可能做到。这就是要扩大报纸在中下层民众中的影响，在坚持党的舆论宣传阵地作用的同时，尽量把文章写得晓畅易懂，通俗活泼。夏衍一向重视抓报纸副刊，就向副刊《热风》编辑华嘉谈了他改革副刊的想法，华嘉深表赞成。在这之前，《热风》发表过萨空了的《两年的政治犯生活》、茅盾的《苏联游记》、爱伦堡的《美国印象》等长篇连载文章。虽然都是极有意义的大作，但，毕竟和广大劳动者的所想所感所受有一定的隔膜，在群众中的反响不明显。

然而，什么样的作品，既能贴近大众的要求，又能鲜明表达出《华商报》的政治倾向呢？正在夏衍感到有些为难的时候，一位客人自称“黄谷柳”，来到干诺道（中）一百二十三号《华商报》社，说要找夏衍先生。夏衍这天正在报社，出来接待了这位黄谷柳先生，心里还纳闷，自己什么时候结识过这位黄先生呢？黄谷柳不以为意的笑笑：“你可能已经忘记了，十年前我在萝岗见过你。”说着，他把一叠很厚的长篇小说的原稿递给夏衍，书稿的题目是《春风化雨》。

夏衍脑海中忽然一闪，这位黄先生原来是十年前在广州萝岗大谈“特产糯米糍荔枝”的少校秘书官！

黄谷柳向他介绍了这十年来的际遇：1943年他随部队到重庆，当了一个小职员，虽然知道夏衍就在《新华日报》，却不敢去找他。抗战胜利后回到广州，接受一位朋友的劝告，甩脱了国民党对他的束缚，举家搬到了香港。

看着他消瘦憔悴的神色，夏衍同情地说：“在这儿生活很困难吧？”

黄谷柳点点头，带点口吃地说：“在这儿举目无亲，卖文换衣食真是太难了。连写字桌都买不起，我只好把苹果箱摞到一起当写字桌。我拼命地写，向报刊投稿，但十篇中只能发表一两篇。不久前我下决心写下这部长篇，想到了您，先请您看看。假如觉得还可以，有可能的话，在杂志上发表或出版社出版都可以。”

夏衍一口答应了。当天晚上，他就粗读了手稿，感到非常惊讶：这不正是他和华嘉一段时期来在寻觅的具有港粤特色的作品么？小说通过一个香港的贫苦流浪儿的坎坷经历，反映了广东人民的悲惨生活和艰苦斗争，既有时代特征又有鲜明的地方色彩。最难得的是情节曲折，结构巧妙，语言通俗流畅，是一部大众化的好作品。

几天后，夏衍便约黄谷柳到报社附近一家小餐室“海景楼”见面。夏衍毫不掩饰他对作品的喜爱，并告诉他：这个长篇可以在副刊上连载，但要求按照报刊上连载小说的方式修改，每千把字成一小段并留有引人入胜的关节。小说于是改名《虾球传》在《华商报》连载，受到了华南广大读者的欢迎。

连载完了黄谷柳的小说，《热风》接着刊出的是郭沫若的抗战回忆录，也曾轰动一时。这是夏衍亲自向郭沫若约来的稿子。

除了一手抓最吸引读者的长篇连载，夏衍与华嘉另一手抓的是《热风》(后改名为《茶亭》）的杂文与通俗小品。《热风》上的文章有一个特点，就是有大量港粤方言入文。夏衍认为，港粤一带的民风、文化与内地有着相当大的差异性，这在中下层的读者群身上，尤为明显。尊重这种地域文化差别，正是报刊地域特色的表现。《茶亭》上发表过笔名“三流”的胡希明的一首“打油诗”：“闻到金圆券，无端要救穷，依然公仔纸，难换半分铜。骗子翻新样，湿柴认旧踪，这真天晓得，垂死摆乌龙。”

“公仔”“湿柴”“乌龙”都是广东人的口头语，外地人殊不易解，但这首诗不但很快传遍港九，而且传到了广州、上海。每一期的《热风》和《茶亭》，胡希明夹杂了大量广东方言的“打油诗”“新乐府”“心照不宣”杂文，总是受到群众的欢迎。

夏衍的文章当然是《热风》《茶亭》的台柱，他的文章有时也使用个别的港粤方言，以增强表达效果。像《假牙与硬果》中说：

> 《时代》周报说，某衰翁最近“得到美国技术的援助”，“刚镶好了一副美国全新的假牙”。
>
> 不知这消息是真是假，我觉得倒富于寓言意味。
>
> 这位衰翁一向食欲很强，别人抗了八年战，他却想把胜利果实一口吞下去。结果呢，“心余力亏”，力不从心，那副摇摇欲坠的衰牙实在太不行了。惨胜以来，不是每一次想吃掉一颗果子的时候都反而脱落了自己的牙齿吗？

“衰翁”这个词最早是蒋介石文稿中的自称，[①] 后来被香港

① 夏衍：1987 年 10 月 19 日致阿部幸夫信，“夏全 16”，第 114—115 页。

报纸用来嘲笑他，成了他广为流行的代称之一。

夏衍和华嘉的做法即使在港粤一带，亦并非没有异议。有读者就曾来信责备《茶亭》办得太“俗”。夏衍学习邹韬奋的办报经验，对读者来信一般都作慎重的处理，而有代表性的读者来信，则公开回信予以答复。这回，夏衍就在报纸上发表了一篇《复云天先生》：

> 云天先生：
>
> 你对本刊的爱护我们很感激，本报是人民的报纸，自然各版都是服务于人民的。凡是人民的希望，人民的憎恨，人民的控诉……一定发表，甚至仅仅做到消极的暴露，只要没有毒，不低级，不猥亵，也都欢迎。说到表现的形式：小说、短剧、诗歌、报告、杂文、通讯、特写、打油诗、填词、唱本、说书、讲古、漫画、木刻，以至什么都不属的怪乐府、歪乐府都可以。不过我们有一点希望：就是文章尽量通俗，不拘国语、方言乃至文言。[①]

情况也确实是这样，在夏衍主持的栏目中，很难讲哪一种文章样式，哪一种文章写法会占据绝对主导的地位。但方言、文言入文，终究是偶一为之的“调料”。

---

① 编者：《复云天先生》，“夏全9”，第312页。

由于夏衍办副刊名声日盛，他回到香港后，连主办理论刊物的章汉夫也找到了夏衍，要求他在《群众》上开辟一个《茶亭杂话》专栏。《群众》一直被视为中共的理论刊物，长文章太多，内容太艰深，有点让人望而生畏。名曰《群众》却不够“群众化”。章汉夫要他每期写几篇介乎杂文、政论之间的随笔。夏衍高兴地应诺了。

从1947年8月到1948年11月，夏衍连续主持这个专栏有一年多的时间。最初，夏衍用的是“汪老吉”这个笔名。在广东“王老吉凉茶”很有名，夏衍用“汪老吉”笔名而以“茶亭亭长”自诩，一般市民读者一看就觉得亲切。1948年6月中旬，《茶亭杂话》更名为《蜗楼随笔》，夏衍化名为“任晦之”，继续主持这个专栏。

从1947年下半年起，国内战争形势发生了根本变化，人民解放军渡过黄河向南进攻，把战争推进到了国民党统治区。夏衍这两个专栏先后发表了十五万字的随笔，高屋建瓴，纵横捭阖，政治锋芒咄咄逼人。从中我们可以读到，美国政府时而派魏德曼来华“调解”，时而又抛出“马歇尔援助计划”，玩弄种种花招，要使中国变成它的“屯兵场和殖民地”。蒋家小朝廷也散布各种谎言，掩盖它在战场上的连续惨败，企图以“和谈”为名施展缓兵之计。而在这关键时刻，知识界有些人对美蒋抱有幻想，也想在人民革命与法西斯独裁之间寻找一条中间道路。夏衍的文章起到了揭露美蒋派系的阴谋伎俩，促进蒋管区的民主运动高涨的作用。

需要指出的是，夏衍这段时间的时事评论，尽管才气横溢、锋芒毕露，为不少心存犹豫的人指明了政治道路的方向，但按照今天的眼光来看，某些时候他的态度也不无过于激烈之嫌。如果说，他对政治态度已经非常明确了的、为国民党政府摇旗呐喊的人士如左舜生、雷震、蒋匀田①、张君劢②的无情攻击尚属可以理解，那么他对一些本可争取的右翼、中右甚至都谈不上什么保守立场的人士的批评，就明显过于激烈了，比如他对陈独秀③、胡适④、王芸生⑤、储安平⑥、罗隆基⑦、费孝通⑧的那些指责。在对胡适的批判中，他甚至直接把胡比作

---

① 夏衍对上述三人的抨击可见其《美国布置着更大的欺骗》（《群众》1947年创刊号）。

② 夏衍对张的抨击可见其《张君劢的狼狈》（《华商报》1948年2月10日）。

③ 夏衍对陈的抨击可见其《想起了一些“五四”人物》（《华商报》1948年5月4日）。

④ 夏衍对胡的抨击可见其《想起了一些“五四”人物》（《华商报》1948年5月4日）、《关于胡适——答读者问》（《华商报》1948年6月9日）。

⑤ 夏衍对王的抨击可见其《王芸生的愤语》（《华商报》1948年1月9日）。

⑥ 夏衍对储的抨击可见其《第四种人》（《华商报》1948年1月10日）。

⑦ 夏衍对罗的抨击可见其《一个准备中的阴谋》（《自由丛刊》1948年7月第16期）。

⑧ 夏衍对费的抨击可见其《聪明人讲傻话》（《华商报》1948年2月17日）。

了“毛毛虫、癞头疮、鼻涕和大便”[①] 了。这无论如何都是过分的，即便胡适是十恶不赦的敌人也无此必要。他还比较犀利地嘲弄了著名的中左人士曹聚仁（他们两人本来长时间保持着友善的往来）。[②] 夏衍这种凌厉的笔势在建国后相当一段时间还在延续，比如他对铁托[③]、梁漱溟[④]的批评也多有过分之处。本来，夏衍的个性以稳健见长，他从来都深深地懂得鲁迅关于“辱骂与恐吓绝不是战斗”的训导，但是，当他自我感觉真理在手并深切认为天下真理已定于一尊时，也难免颐指气使和显露出一些人性的固有弱点。尽管就夏衍一生的行迹来说，他的这一侧面是短暂的，没有发生大的影响，并且，即使在这种较为激烈的时代，他的态度较之其战友们也要温和得多（不然在建国后他不会立刻在“可不可以写小资产阶级”“只讲团结、不讲斗争”等问题上招致批判），但我们仍有必要知晓，他的

---

① 编者：《关于胡适——答读者问》，“夏全 11”第 195 页。或许，夏衍晚年关于胡适问题的讨论（可参见本书第一章第 1 节），也部分地包含着自我检讨的因素吧。

② 夏衍对曹的抨击可见其《曹聚仁的真心话》（《华商报》1948 年 5 月 25 日）。他后来在其回忆录中对曹聚仁有一个较高的全面评价，可参见“夏全 15”，第 191—192 页。

③ 夏衍对铁托的抨击可见其《斥铁托》（《新民晚报》1949 年 8 月 29 日）、《神秘与平凡》（《新民晚报》1949 年 8 月 31 日）、《铁托真相》（《新民晚报》1949 年 9 月 9 日）。

④ 夏衍对梁的抨击可见其《想起了梁漱溟》（《新民晚报》1949 年 12 月 4 日）。

性格中存在着这样一个侧面。

当然，除了上述这些“红色”分明的作品，夏衍这一阶段还有一些作品是写给中间派或政治色彩不那么强的报刊的。这其中，1948 年他写给香港人间画会研究部的《外行人看连环漫画》是一篇值得重视的漫画研究论文。他在文中指出：

> 连环漫画产生于什么时期，我完全没有考证，但从常识判断，这应该是资本主义社会后期的产物。拿这种新生的艺术和旁的姊妹艺术比拟起来，在强烈地讽嘲时事之点，它很像海涅的政治诗，在深刻刻画人物性格之点，它很像柴霍夫的短篇小说，在把典型的性格集中在典型环境里之点，它很像近代的独幕剧，但同时，当斗争性强烈的时候，它可以很像即兴的街头剧，在每一事件“自成起讫”而又可以继续发展之点，它可以很像“活报”，但在某种场合需要以机智和辛辣取胜的时候，它又可以像北方的“相声”和日本的“漫才”。连环漫画综合了这些近代艺术形式的特点，作为一种表达一个艺术工作者的世界观和人生观的手段，所以在本质上，它一定是现实的，而决不是超现实的；它一定是对人生和社会现实带着热爱而又企图经过批评，讽嘲，斗争而使之前进的，而决不是冷淡，旁观，超脱，和苟安于现实的；因此连环漫画里尽可以有夸张，有谐谑，有 Melo 有野鄙，甚至也不妨有“儿

童趣味”和 Nonsence（胡说八道），但它的精神，却永远是属于现实的，属于人民的，永远积极的，进取的，斗争的和具有目的意识的。

但连环漫画是一种特殊的艺术形式，它已通过特定的人物，事件和故事性来表达作者的思想和社会观点，所以它应该和必须有一种特殊的表现形式、它强烈地反映现实和批评时事，但它不同于政论和杂文，它辛辣地暴露社会的缺陷和刺破隐蔽着的脓疮，但它又不同独立的短篇和单幅的漫画它可经过一个或一群典型性格的主人公（如吉克斯，梦琪，如王先生，小陈，如佐治汪，大班周）在一个典型环境中（如王先生小陈已在抗战前的南京，如三毛之在劫收后的上海，如“香港小姐”和她父亲的到“内地”去游历）的经历，有机地和不断地发生着的一天一天的时事紧紧地结合起来，用简单的笔触，明快的叙述方法（Story Telling），加上不断继续的洋溢着幽默感和机智的动作和“吐词”，在二幅三幅，最多乃至五六幅的篇幅中，有“伏笔”有“危机”，有“高潮”，有“解决”地，描画出组成在一个长篇连环里面的一个可以自成起讫的故事。连环漫画的特殊性能在此，它的引人入胜之处在此，它的难能可贵之处也在此。……

从这种艺术的特殊性出发，最少有四个条件必须要同时具备，这四个条件是：第一，尽可能突出地刻划出人物的典型性格，和这些人物所经历的典型环境，换言之就是要找典型，画性格；第二，尽可能紧密地结构成一个有连续性的故事，换言之就是要讲结构，重章法；第三，尽可能大处着眼，小处着笔，从日常习见的事物中觉得矛盾，不合理，可笑可鄙的地方，而用漫画的手法把它表现出来，换言之就是重生活不重教条；而第四，尽可能把对象想定为一般大众，技法上做到人人易懂，和一看就懂。……

讲连环漫画的结构和章法这应该说是作家最费心机的一面。因为每一套必须自成起讫，假定每一套四幅，这四幅就需要有一个独立的起承转合，就等于需要有一个独幕剧的结构，而再把这一套组合起来，再造成一个规模更大，人物更多，事件更复杂，起伏更壮阔的场面。在这一点，我以为与其随想随画，不如预先有一个大致结构与布局，这样以特定的人物在故事中的性格发展为经，以不断发生的时事，社会问题，一般人关心的“话题”为纬，那么就比较地可以免于松散，自流发展，和有头无尾，性格前后矛盾的毛病了。①

文章虽然不长，却把连环漫画的基本美学内涵，与其他漫

① 余伯约：《外行人看连环漫画》，“夏全8”，第402—404页。

画体裁相比较的独特形式特征以及必需的某些形式表现技巧等问题讲得非常透彻，有着一种举重若轻的气度和异常广阔的艺术视野。即使在数十年后，夏衍的这些观点仍有高度的学术参考价值。何以夏衍对漫画艺术有如此精到的认识呢？一个不算牵强的解释是：除了他自己的兴趣爱好，有些思想可能还来自于他与漫画界友人的相互砥砺。当年“二流堂”中就有不少漫画界的才子啊！

这儿需要补叙一笔的是夏衍对大众文艺的关注问题。1930年，在瞿秋白揭橥“文艺大众化”之后，夏衍就对文艺的大众化问题予以了持久的、强烈的关注。他深信：无产阶级文艺必须被广大民众所喜爱，[①] 被广大民众所接受、喜爱是无产阶级文艺的固有特性。[②] 并且，他也深信，这种大众的喜爱与接受包含着一种艺术的真理，文艺大众化绝不意味着粗制滥造。从某种角度上，他对电影艺术的介入、学习、创作也和这种文艺大众化的意图紧密地联系在一起。[③]

不过，三十年代“文学大众化”讨论的发展趋向是夏衍所

---

① 可参见其《文艺大众化问题》（《大众文艺》1930年3月第2卷第3期《新兴文学专号》上册）、《文学运动的几个重要问题》[《拓荒者》（上海版）1930年第1卷第3期] 等文。夏衍这时期此类文章甚多，详可见“夏全8”。

② 可参见其《到集团艺术的路》[《拓荒者》（上海版）1930年第1卷第4、5期合刊]。

③ 可参见其《一个电影学徒的手记》（《晨报》1933年6月20日、21日）。

不能同意的。这一阶段“大众化”讨论的一个主要发展趋向在后来变成是对中国文字的声讨。瞿秋白和不少人认为：中国之所以不能有“大众化”的文艺，是因为中国文字注定就无法大众化，故要建立大众之文艺，必先废除中国文字。这种论调引申出去，还产生了诸如“汉字不灭，中国必亡”之类的奇谈怪论。夏衍虽然非常尊重瞿秋白，但对他这废除汉字的观点绝对不能同意。[①] 他当然不能公开反对瞿秋白的意见，因此长时间里只能不参与后来的大众化论争。他只是默默地按照自己的旨趣思考文艺大众化问题。这种思考从三十年代初贯穿至三十年代后期（如在《移动演剧座谈会》上的发言，原载《光明》1937 年 7 月第 3 卷第 3 号）；《中国的和大众的》，原载《救亡日报》1938 年 2 月 12 日等），延续至四十年代（如《外行人看连环漫画》等），还延续至建国后（如《评弹的听众对象》，原载《新民晚报》1949 年 11 月 9 日；《更紧密地团结，更勇敢地创造——在上海文学艺术工作者代表大会上的报告》，原载《解放日报》1950 年 7 月 26 日等），直到生命的最后阶段（如《动画艺苑的拓荒者——庆祝万氏兄弟从事动画艺术活动六十周年》等）。

在他对大众化问题的关注过程中，除电影之外，绘画艺术以及漫画又是他较为关注的一个艺术门类。主持《救亡日报》

---

① 可参见“夏全 15”，第 118—119 页。

工作时期，他就推动广州版的《救亡日报》出版《救亡画刊》，迁至桂林后，由于无法制版，遂改出《救亡木刻》旬刊。[①] 前所提及不少文献，多也涉及到绘画在大众文艺中的重要作用。

这一段时期，夏衍为香港电影的进步与发展也投入了很大心力。香港的电影业比抗战初期有了一定的发展，上海的大批影人在离乱中来到香港，他们带来了先进的电影技术，也带来了进步的电影观念。夏衍、司徒慧敏、蔡楚生、欧阳予倩等人成为推动进步电影潮流的核心人物。抗战初期，除了《白云故乡》一片外，夏衍还写过《黎明》《中国五十年》等电影剧本，可惜都因为太平洋战争爆发而夭折了。在日军占领香港期间，在港的影业公司没有一家同日本人合作，这不能不说是一个奇迹，这同左翼力量的渗入和影响是分不开的。

抗战胜利后，香港电影业一度陷入混乱的境地，颂扬国民党特务间谍的、趣味低劣的影片《间谍忠魂》《七十六号女间谍》等相继出笼，大批描写凶杀、武打、神怪、色情、变态心理的影片成了好莱坞影片的拙劣翻版，如《新天方夜谭》《梦游天国》《天网恢恢》《女罗宾汉》《玉人何处》《未出嫁的妈妈》等等，不一而足。

面对这股影界逆流，夏衍与进步影界人士阳翰笙、蔡楚

① 叶再生：《中国近现代出版通史》第3卷，北京：华文出版社2002年版，第51页。

生、欧阳予倩、于伶、史东山、张骏祥、白杨、柯灵、舒绣文、张瑞芳等人一起，展开了艰苦的工作，使港岛左翼电影活动重又活跃起来。

夏衍是电影批评和理论斗争的谋划者。在这期间，他倡议采用一种新的影评方式，即集体影评。夏衍化名“梓甫”，与逸君（叶以群）、达之（周钢鸣）、肖然（孟超）、慕云（翟白音）、蔚夫（洪遒）、逵君（韩北屏）组成了“七人影评”小组，在《华商报》开辟了一个专栏，负责国语片的评论。陈残云、麦大非、黄谷柳、卢玨、黄宁婴、李门等人则负责粤语片的评介。

1948年底，国民党当局居然解禁发行了“华影”库存的摄于日寇占领时期的问题电影。这一计划在香港被揭露出来后，《华商报》的影评走在了领导香港市民反对“伪片”倾销运动的最前列，《反对伪片倾销运动的认识》一文，一语道出了国民党反动派倾销“伪片”的用心：“目的是筹措经费，建立反动文化的新阵地；目的是散布毒素，糜烂海内外的中国人；目的是搜刮一笔钱财，以饱私囊；目的是以伪片充塞市场，扼杀生机继续的中国电影事业。”①对那些思想进步又有艺术成就的

① 当然，在当时的时代条件下，夏衍对川喜多长政和张善琨搞的“华影”的批判也不免有过头之嫌。对“华影”的问题他后来在《在“20—40年代中国电影回顾”开幕式上的讲话》中有更为客观和公正的评价，可参见“夏全7”，第317页。

作品，夏衍等人则以热情洋溢的笔墨加以推荐。看完《丹娘》归来，夏衍就以抑制不住的兴奋写道：

> 在描写“酒色财气”、歌颂人性堕落的美国影片泛滥中，我们能看到《丹娘》这样的影片，实在是幸福的。看过这部影片，像泥污满身的人在清泉里洗了一个澡，它净化了我们的身心。它又像一颗灿烂的明星，指引着一切进步的人类，振作起来去和心术不正、侵略成性的帝国主义者作斗争。[①]

当然，这时的夏衍在思想和艺术上已趋于成熟了。他在引苏联电影与好莱坞电影作比较时，已不像三十年代影评那样，简单地以影片出产地来评论电影的是非善恶了。他在推荐《丰功伟绩》《乡村女教师》等影片时，指出一般苏联电影都有“沉闷”的毛病，技术上有时候不及好莱坞。[②]

真实反映国统区城市小资产阶级生活命运的优秀影片《万家灯火》《关不住的春光》等上演后，夏衍也立即撰文加以推荐，如《三绝——推荐〈万家灯火〉》《评〈关不住的春光〉》《惑与不惑——评〈艳阳天〉》等等。

---

① 七人影评：《推荐〈丹娘〉》，“夏全 6”，第 211 页。

② 可参见“夏全 6”，第 206、233、243 页。

《恋爱之道》是夏衍这时期的一部电影剧作。影片讲述了周家浩、钱兰英夫妇自“五四”以来的生活故事。周、钱两人在个性解放思想的影响下，冲破家庭阻力，自由恋爱了。但结婚前，周家浩参加了北伐军，两人遂失去了联系。周家浩走后，一位从美国回来的阔少张鸿年开始纠缠钱兰英。但钱不为所动，后来终于和周家浩重逢并结合。婚后，周、钱夫妇不肯和张鸿年之流同流合污，傲骨铮铮，生活一度陷于困顿。但他们终不为所屈，而且热烈赞成自己的女儿元珍与车站工人王友深相爱。片末周家浩赞扬女儿的一句话乃是点睛之笔：“她像她妈，在人生开始的第一步，她就挑选了一条不平坦的道路。”

影片中的周家浩是一个有典型意义的人物形象。他是一个正直而坚强的人，始终能够做到不与恶势力妥协。但他的挣扎与反抗又是无力的，他顶多能做到自己出污泥而不染，却不能洗去自己身边的污泥。经过了将近二十年的人生探寻，他终于明白，只有与无产阶级相结合，才是自己应走的路。影片通过这个形象细致生动地反映了中国式小资产阶级知识分子的人格正气，也反映了他们每前进一步的艰难曲折，给人以思想的启迪。

这部影片由欧阳予倩导演，南洋影业公司 1949 年出品。它保留了夏衍电影剧作朴素含蓄的风格，公映后得到了舆论的赞扬，认为它“能通过简单的人物和相当平凡朴素的故事，写出中国大革命以来二十多年历史风貌的一面，可说还是别开生面的一张片子”[1]。

但这部片子也反映了夏衍的电影创作还有一些图解说教的毛病。影片中工人王健与王友深父子写得不很成功，这和夏衍不熟悉工人生活有关，恐怕与他对延安文艺整风精神理解上的偏差也不无关系。

这时期夏衍的另一个电影剧作是《风雨江南》，剧本作于1949年，根据葛琴的小说《结亲》改编，署名夏衍、葛琴（但在影片拷贝中未署夏衍名），导演章泯。影片1949年由香港南群影业公司摄制。

这个写作于新中国诞生前夕的剧本，用充满浓烈的讽刺喜剧意味的笔触，无情地揭露了面临覆灭前夕的形形色色的地主恶霸的丑恶嘴脸，以及他们的几近闹剧的无耻行径。同时也表现出了贫苦农民对新四军的热烈盼望，以及新四军到来时的兴奋和自发的欢迎。影片反映的内容是新四军时期的故事，但抒发的则是作者发自内心的迎接新中国诞生的喜悦之情。影片拍摄时，夏衍已经返回国内，投入到了建立新中国的艰巨工作中。[2]

香港时期夏衍还为陈鲤庭写作了电影剧本《遥远的爱》。

① 欧阳予倩：《电影半路出家记》，《电影艺术》1961年第2期，第62页。

② 可参见“夏电3”，第564页。

这部电影拍摄于1947年，由陈鲤庭导演，赵丹、秦怡、吴茵主演，中电电影摄影场第二厂摄制。“中电二厂”是国民党党有的电影厂，自然不能拍摄夏衍这么一个共产党人的电影作品，因此《遥远的爱》署名是“陈鲤庭编导”。尽管夏衍后来没有在任何一个场合说过《遥远的爱》是自己的作品，但陈鲤庭也并不想掠美。这位1931年就创作了著名街头剧《放下你的鞭子》的著名导演，[①] 一生与夏衍多次合作，他后来则逢人便端出这个秘密。[②] 陈鲤庭对这一事实不可能误记，他的说法应当是可信的。

《遥远的爱》是夏衍的电影作品，这一事实了解的人可能还不多。现将该影片故事梗概介绍如下：

大学教授萧元熙在和女友订婚的计划失败后，偶然发现自己聘请的女佣余珍是一块未经雕琢的璞玉，便决定在她身上实施自己改造女性的计划。在他的努力下，余珍不仅很快在用餐、走路、待人接物的礼仪方面摆脱了旧习惯，而且也按照萧元熙的要求具有了独立的人格。“一·二八”事变后，已和萧组建了家庭的余珍毅然投身抗战救护工作，却遭到萧元熙的竭

① 《放下你的鞭子》的原作者有多种说法，但以“陈鲤庭说”最可靠。可参见曹树均《“剧联”与左翼戏剧运动》（上海：上海人民出版社2014年版），第62—71页。

② 葛涛：《夏衍的集外佚作电影剧本〈遥远的爱〉考》，《文艺报》2012年10月17日。

力阻挠。后来孩子出生，萧元熙希望重新过上理想的家庭生活，但余珍在精神上已不属于他了。抗战爆发后，两人越发格格不入。余珍因此决定离开向往舒适生活的萧元熙到抗日前线去。萧元熙则开始对自己改造妇女的目的产生怀疑，一反过去倡导妇女解放的论调，主张把妇女关入家门。当日寇迫近，落魄流亡的萧教授由战地工作队护送过封锁线时，意外地与余珍重逢，但余珍已完全是另一个新人，萧元熙只能目送余珍奔向遥远的前方。

这个片子的情节明显是对萧伯纳名剧《皮格马利翁》的翻用。但夏衍何时于萧剧（或根据此剧改编的电影）下过功夫，则已不可详考。

在全国解放前夕，夏衍、欧阳予倩、蔡楚生等人纷纷北上。进入到50年代以后，香港电影才开始自己的独立发展时期，并逐渐形成具有自己风格的“香港电影”。但夏衍等南来的文化人对香港电影的影响并未因此断绝。他们的特色与风格，特别是对不合理社会制度大胆批判、揭露的思想观念，贴近群众、适应民族审美习惯和方式的电影观念，深深地影响着一代又一代香港的电影从业人员。直到今天，香港影人潜意识中，仍不能忘却与本国文化血脉相通的联系。

然而，夏衍在文化界的活跃引起了一些人的忌恨。

为什么《茶亭杂话》要更名为《蜗楼随笔》呢？这是因为在1948年6月，香港的一家小报忽然发表了一条“消息”说：

汪老吉就是某人某人，他卖的不是凉茶，而是蒙汗药，并恐吓说："当局正密切注意中"。对于这类消息，不可全信，也不能不信。港英当局对共产党的一言一行管束得非常严厉，对国民党特务的猖獗活动乃至绑架、暗杀，却从来睁一只眼闭一只眼，放纵得很。"人在屋檐下，不得不低头"，为了少惹麻烦，夏衍就把专栏名称改了。对港英各种鬼鬼祟祟的监视手段，周而复曾有一段回忆：

> 在香港工作期间，……那时我和夏衍、冯乃超和夫人李声韵住在英皇道新建的一幢楼房的三楼，乔冠华和夫人龚澎他们住在二楼，冠华同志当时任新华社香港分社社长，管外事，和香港英国当局交涉什么事，都是他代表中共出面谈判。
>
> 英国有多年统治殖民地的经验，强占中国的香港很多年，也积累了经验，又有一套现代化的监视、窃听、邮检、盯梢和录相等手段和办法，一般不容易发觉。但是没有不透风的墙，任何绝密的见不得人的事，总有时候曝光的。每当英皇道住处出现东张西望鬼头鬼脑的人物，冠华同志便向港英当局有关方面提出抗议：怎么又派人监视我们英皇道住处？对方不敢承认，连声说没有没有，那是误会；要是真的有人去，可能是别的任务，让我查问一下，请别误会。第二天，那个人就不来了，"别的任务"也没

有了。我们的言行虽然受到港英当局有关方面监视，但组织上分配的革命工作，我们照样进行。①

这段时间不时还有风声传来，说夏衍等人所撰文章对政府多有诬蔑之词，当局近期内将派人予以制裁。这消息也不能完全说是空穴来风。夏衍在《华商报》以及《群众》上，总是无情地揭露国民党宣传机关鼓噪的一个又一个骗局，热情讴歌中国共产党和中国人民解放军。像《祝福！朱总司令》《造谣者自毙矣》《破绽与奇闻》《战报公式举例》等等，都是当时影响颇大的杂文，国民党特务机关对他忌恨久矣，做一些垂死反扑、暗杀勾当不是没有可能的。这本来就是国民党当局本色当行的惯常行动，不可不防。

一天，夏衍从友人处得到一个消息，特务们将在当晚对他下手。他于是匆匆赶到了吴祖光家里，吴祖光这时由于在上海排演《嫦娥奔月》得罪了当局，1947 年到了香港。吴祖光留夏衍住了一夜，第二天上午又自告奋勇地先赶到夏的住所附近踩探了一番。

夏衍的住所在九龙弥敦道山林道九号一幢破旧的楼房里。这是一幢维多利亚风格的红砖木结构的房子，环境幽僻，少有行人。吴祖光赶到此地，装作漫不经意的样子，前后转了一

① 周而复：《往事回首录》，《新文学史料》2001 年第 4 期，第 134 页。

遍，并没有发现可疑之处。他又到近旁夏衍常去的“雄鸡酒家”打听了一下，了解到此地这几天并无可疑之人出没。吴祖光这才放下心来，看来这一回又是谣传了。

夏衍临走的时候，吴祖光拉住他，要他在他睡过的那张行军床上签名留念。夏衍提笔正待“落款”，却发现欧阳予倩、阳翰笙、于伶等人早已有题词在上头了，不由得破颜一笑："你这张行军床保存起来，以后说不定还是珍贵文物呢！”吴祖光呵呵一乐：“谁说不是呢！”

1948 年底，章汉夫调到北京担任外事工作，夏衍接任工委书记一职。他担任这一重要职务后，工作更忙了，但仍旧十分关心《华商报》。这期间他有一个比较重要的举措，就是要求《华商报》每期增加北平方面的消息。他有时还亲自动手编写一些“本报北平专稿”或“本报记者北平电”之类的通讯。《华商报》增加了这方面的版面后，销路大增，有时甚至突破到两万份以上。

《华商报》从 1947 年底开始，在报社的顶楼开辟了一间密室，由杨乔、陈斯馥和吕锡荣三人负责。他们的任务，就是每天抄收国民党官方通讯社——中央通讯社和国内几家商业电台的军事、政治和经济明码中文电讯，译出后供报社编辑部参考。他们也抄收英文电讯，像美联社、合众社、路透社驻南京记者发往本国的电讯。这些电讯往往有较大的新闻价值，经《华商报》编辑部加以综合后，改成“本报讯”发出，比当地其他报纸常能抢先一步。杨乔等人的工作属于机密，报社绝大部分人都不知道《华商报》还有这么一间密室。据杨乔回忆，这密室一年多时间里只有夏衍、刘思慕、杜埃、林默涵、杨奇等有限的几个人进去过。其中，夏衍和刘思慕出入最多，他们经常夜间进来，询问有没有收到可供参考的电讯，因为夏衍经常要用电讯稿配合写与时局有关的杂感，而刘思慕则常用重要电讯撰写时事评论的文章。

这方法夏衍运用了将近二三个月，效果一直不错。但不知怎么这事给在北京的范长江知道了，他写信给夏衍，说这是资产阶级办报方法。夏衍虽然有保留意见，但他尊重范长江的意见，以后就不再搞这类“专稿”了。

范长江是一位非常优秀的记者。夏衍说他笔头极快，给他任何一个题目，他一个钟头后就能交稿，简直是从事记者这一行业的天才。但解放后，他恪守所有有道理和没道理的规定，对各种清规戒律不敢越雷池半步，率先在上海搞起了“舆论一律”（别的地方大致是在 1957 年反右才开始搞的）。甚至连《解放日报》是否可以通过陈毅向中央反映多出几张报、多登些消息也坚决不赞成。他认为向中央反映问题本身就是有问题了。这位杰出的记者后来还被调去搞统战、科技工作。尽管他工作还是很积极，夏衍总是惋惜“作为一个新闻工作者，他没有发挥他的才能作用”。[①] 当然夏衍也惋惜还有不少类似的人，建国后总因为各种各样的原因，被耽搁了，没有发挥应有的才能和作用。

香港后期《华商报》的一段经历，是夏衍十二年记者生涯中的最后一段。在这十二年里，他从一个初涉新闻工作的新手，成长为全国进步报业、新闻业受人尊敬的前辈和卓越的报人。他深深眷恋着报人的工作，他认为，记者的工作最能和广大人民群众心贴心，最能及时反映老百姓的希望与要求。多少年后，回忆起这一段记者生涯，夏衍仍恋恋不舍地说：“尽管环境艰难，国民党的文网严密，但我觉得这十二年是我毕生最难忘的十二年，甚至可以说是我工作最愉快的十二年。”[②]

第三节　迎接胜利

1948 年下半年，国民党的败势已趋明朗。许多进步人士为了躲避国民党当局的威逼与迫害，纷纷来到香港。也有些人不愿同国民党政府同遭覆顶的命运，纷纷到港寻求与共产党的接触机会。作为党在香港统战和情报战线的领导人之一，夏衍需要分出大量时间与许多进步人士如马寅初、章乃器、盛丕华、

① 夏衍：《长江的道路》，“夏全 9”，第 668 页。

② “夏全 15”，第 210 页。

箦延芳、包达三等人会面、交谈，同时，还要捕捉每一个可能的机会，以扩大战线，充实中共的力量。这其中，最重要的工作当然是策反钱昌照与丁贵堂。夏衍 1977 年致邓小平的信中明确提到："四八年我在香港策动国民党资源委员会主任钱昌照起义，结果留下了资源委员会的全部资材、工程技术人员；四九年我策动上海关关长丁贵堂起义，结果保存了上海关的全部档案和财产。现在韩练成、钱昌照都在北京，可以调查。"①

夏衍长期对自己这两大功绩都缄口不语。直到生命的晚期，他才对自己当年做过的这两件事作了一点简略的回忆：

> 一九四八年八九月间，有一次张骏祥同志（当时他也在香港）告诉我，说资委会的负责人钱昌照正在香港，准备到英国去讲学，他对当前的局势很悲观。钱昌照在重庆时期我就认识，他对文艺、话剧有兴趣，和张骏祥、张瑞芳等都很熟，为人正直，事业心很强，所以我就把这件事告诉了潘汉年——他当时代表华南分局领导香港工委的工作，四八年章汉夫调到天津去管外事之后，我是工委书记。汉年听了之后立刻对我说，这是一件大事，赶快通过张骏祥约钱昌照谈谈，尽可能劝他留下来，不要去英国，更不要去台湾，将来可以为新中国建设服务，资源委员会

① 夏衍：1977 年 8 月 5 日致邓小平信，"夏全 16"，第 11 页。

不仅在国内拥有大批美援物资，更重要的是他下面还有许多科技管理方面的人才，这是一个可遇难求的机会，你赶快去办。这样，我就通过张骏祥约钱一起在九龙山林道的“雄鸡酒家”吃饭。寒暄了几句之后，很自然地谈起了时局，我记得话是从金圆券谈起的，他毫不掩饰地表示了对国民党政权的失望，颇有生不逢时之感，于是我们就对他做了一些“政治思想工作”，主要劝他不要悲观，新中国的建设肯定要大批科技管理人才。由于我还没有得到中央指示，当然不能谈具体问题，于是就由汉年把这件事向中央作了报告和请示（当时我们有两个地下电台，一在九龙，一在东江游击区），不到一星期就收到了周恩来同志回电，要我们劝钱昌照留在香港，并明确地指出，为了新中国的建设，我们希望资源委员会的工程技术人员都能留在大陆，为祖国服务。于是我就约了钱昌照在浅水湾第二次单独见面，这次我就开门见山地直说了，我说我们已接到周恩来副主席的电报，希望钱先生能为祖国的复兴效力。他开始有点意外，但很快就平静下来，于是我就讲了一通“大道理”，如革命不分先后，以及党对知识分子的政策等等，然后正式摊牌，我说：“周副主席希望钱先生留在香港，仰仗你的大力和内地的资源委员会的朋友们联系，只要能把美援物资和档案保护好，解放后不仅可以在原岗位工作，有些人还要特别借重，因为我们正缺少这方面的人才。”我讲得很坦率，并把我住址的电话告诉了他，随时可以联系。他很谦虚，说了些个人能力有限等等，但对周恩来同志要仰仗他的话似乎很感动，这是从语气中就可以察觉的。最后他说资源委员会在内地的人不少，但是人各有志，有些事也不好勉强。我说，这我们完全可以理解。为了让他放心，我郑重地告诉他，这件事关系重大，所以不论在内地或者香港，我们一定绝对保密。这之后，他只和我通过一次电话，告诉我，他不去英国了，暂时留在香港，其他什么也没有说，但是大家心中有数，他不到英国去，留在香港，就表示他已经决定以后的方向了。……

我离开香港的时候，才把这件事告诉了乔冠华（我走后，乔接替我当了香港工委书记），要他负责和钱先生单线联系。大概是在五月中旬，当我们南下前夕，恩来同志忽然对我说：邵力子先生向党中央建议，认为钱昌照是个人才，一定要争取，所以恩来同志要我拟一份电报，要乔冠华立即安排，请钱先生早日回国。他大约是在五0年回到北平的，这之前，他是不是到过上海，我不知道，但他对上海资委会的人已经作了交代，这是可以肯定的，因为上海解放后不久，就有一位资源委员会在上海的负责人（这位先生姓沈，名字记不起了）来和我联系，说资委会的全部物资和档案已经按照钱先生的安排，全部保留下来了，绝大部分干部都没有走，但是也还是有一些人被迫或者自愿地到台湾去了。从四九年到五五年，汉年和我都在上海工作。和钱先生没有联系，直到五五年我到文化部工作之后，才有见面的机会。“文革”之后，他同情我的遭遇，来往就更多了，成了无话不谈的朋友，直到他去世之前，他和他的夫人几乎每个月都来看我一次。①

钱昌照与资委会主任孙越崎一起，为资委会的起义做出了很大的贡献。资委会所属的煤炭、钢铁、石油、有色金属、机械、化工、电力、水泥、造纸等一大批大型企业，所属八十余万职工，三万余各种管理人才，几乎全部留在了大陆。对于百废待兴的新中国，这是一笔难以估量的财富。毛泽东、刘少奇等领导人表扬潘、夏等人的工作时说，他们等于策反了一个重工业部。

张骏祥的弟弟张驭祥这时正在上海的资委会任职。他后来回忆说：“大学毕业后学校保送我到资源委员会上海石油公司

---

① 夏衍：《上海解放前夕的一些回忆——答〈上海滩〉记者问》，“夏全11”第560—561页。

但钱昌照起义事件的前后，细节上仍有不少模糊不清之处。夏衍的这个回忆与与钱昌照的回忆（钱昌照：《钱昌照回忆录》，北京：中国文史出版社1998年版）、与他自己后期的另一个相关回忆（夏衍：《〈大江东去—沈祖安人物论集〉序》，“夏全3”第477页）略有扞格之处，可互相参看。

工作。上海解放前夕资源委员会下令职工陆续迁往台湾，我也正在整装待发，但突然间调迁人员的事‘刹车’，已调去的人又回来了。这一措施挽救了资源委员会下属多少人员免受海峡两岸几十年分离之苦，也使大批专业人才留在大陆为解放后的国家建设做出贡献。”①

关于丁贵堂的起义，夏衍回忆说：

> 上海海关关长丁贵堂的起义，说来似乎有一点偶然性，话得从抗战初期说起，“八一三”之后，上海海关的一批爱国青年组织了一个“海关长征团”，用歌咏、话剧、活报剧等等宣传团结抗战，性质相当于一个文工团，一共有二十几个人。这个团的负责人是叶厥荪，团员有邓爱珠、蔡鸿斡、陈琼瓒等，后来在上海牺牲的茅丽瑛，也参加过这个团。一九三八年夏，这个团到广州演出，叶厥荪到《救亡日报》来找我要我给他们作一次时事报告。这样我就和这个团发生了工作上的联系，同年十月广州沦陷，长征团解散，有的人经我介绍去了延安，有的人则在大后方人自为战。三九年或四〇年，陈琼瓒曾到桂林找过我，我给他介绍了工作，我和他们没有深交，当时大家都很忙，我对这件事也就渐渐从记忆中淡忘了。可是八九年之

① 张驭祥：《手足情深》，《文汇报》1996年11月25日。

后，一九四八年冬，我在香港工作，陈琼瓒忽然从上海秘密到香港，到《华商报》来找我，说他是得到上海海关关长丁贵堂的同意，特地到香港来找共产党的。他说：上海海关有悠久的历史，现在还完整地保存着一百多年的档案，一笔可观的库存，和许许多多爱国的、有经验的职工干部，国民党方面正在强迫他们去台湾，所以争取丁贵堂起义是十分必要的。那时已经是淮海战役之后，连云南的卢汉、龙云，四川军和西北军的头面人物，也已经纷纷派人到香港和我们拉关系了，丁贵堂要寻找出路，也就是顺理成章的事了。我问陈有没有把握？他说丁有威信，为人正直，从你认识的“海关长征团”的同人也可以知道，绝大多数海关职工是爱国的，所以只要有丁关长下决心，起义是完全有把握的。我立即向潘汉年作了报告，他喜出望外，说这是一笔“意外之财”，于是当天就向中央请示，并很快得到了恩来同志的很明确的指示，就是只要把全部档案和物资保留下来，上海解放后仍由丁贵堂任关长，起义的干部职工原职原薪不变，这样，事情很快就解决了。知道这事的只有潘汉年、许涤新和我三个人。上海解放后，许涤新（他是财经接管委员会副主任）就和丁贵堂接上了头。后来我才知道，陈琼瓒是丁贵堂的亲戚（有人说他是丁的外甥），所以事情进行得顺利。①

至于1949年11月香港的“两航起义”，夏衍曾多次表态：策反“两航”是潘汉年的功劳，他与此事无关。但在实际上，事情并不完全如他所说的那样。吕吉是桂林广西艺术馆的女演员，后来嫁给了中航公司飞行员周文骏。周、吕夫妇很尊重夏衍，结婚的时候曾请他当证婚人，后来双方也一直保持密切的联系。关于“两航起义”，吕吉回忆说：

> 1948年12月，文骏又被中航公司调去香港。我们在香港与夏公重逢。夏公说：“嗳，周文骏，飞一架民航飞机回大陆去如何？如今大陆还没有民航客机。”夏公经常动员周文骏起义，我也就积极劝周文骏起义，将飞机飞回大陆。在夏公的教育下，1949年11月9日，周文骏冒着生命危险，毅然参加了香港的“两航起义”，回归祖国②。

可见夏衍与“两航起义”并非全无关系。

这里值得提一笔的还有夏衍对于台湾民主自治同盟的关心

① 夏衍：《上海解放前夕的一些回忆——答〈上海滩〉记者问》，“夏全11”，第562—563页。

② 吕吉：《在夏公关怀下演戏》，《忆夏公》，第401页。

和帮助。台盟成立后，夏衍经常做他们的工作，帮助他们从思想上乃至语言文字表达上提高自己的水平。当时台盟宣传工作的负责人苏新曾满怀感激地说，夏衍最大的帮助是使台盟诸同志认识到，“台湾命运离不开中国的命运，台湾的革命是中国革命的一部分，因此必须首先从全中国全局的角度来考虑，然后再来考虑台湾的具体问题”①。

1947 年 9 月，台独头目廖文毅曾表示愿与台盟合作，还愿意为台盟的新台湾出版社提供出版经费。条件是《新台湾》要刊发他们的文章，宣传“台湾的地位要由联合国主持，台湾人民投票来决定”这类鼓吹“台独”的观点。主编苏新感到有些为难，于是向夏衍请教。夏衍明确地告诉他：“台湾的地位在 1945 年台湾的受降典礼时归返给中国就确定了，怎么能说地位未定呢？这种文章如果登了，《新台湾》要变成什么样的杂志呢？至于具体的处理办法还请苏先生再与廖文毅谈一谈，看看是不是暂时先不要这么提，先集中力量来讲台湾人民所受的压迫，台湾人民要当家做主的问题。但我怀疑他们的诚意。”

苏新于是依此行事，果然谈不拢。台独分子的一次阴谋就这样被击退了。

1948 年 11 月，夏衍集中精力处理他在解放前一段最紧张、最复杂的工作——将留居在香港的或由国统区转道来到香港的

① 徐萌山：《夏衍与台盟》，《忆夏公》，第 571 页。

大批民主人士安全地送往解放区。[①]

1948 年 5 月，中共中央在纪念“五一”国际劳动节口号中，发出了响亮的号召：“各民主党派、各社会贤达，迅速召开政治协商会议，讨论并实现召集人民代表大会，成立民主联合政府。”

这个口号迅速得到了中国国民党革命委员会、中国民主同盟、中国民主建国会、中国民主促进会、中国农工民主党、中国致公党和文化界著名人士的积极响应。《华商报》还及时刊出了各民主党派和无党派爱国人士的响应电。

同年 11 月，东北大局已定，华北指日可下，护送在港民主人士北上的时机已经成熟。香港分局为此作了艰苦细致的准备工作，为此还成立了一个专门小组，负责人是潘汉年、许涤新、饶彰风和夏衍。潘、许负责经费——主要是租船，夏衍分管与各民主党派的头面人物联系，饶彰风则带领杨奇、杜宣、赵讽、陈紫秋等人负责具体事宜。[②] 这项工作关系重大，又很急迫，因此，人们就不难明白，夏衍为什么忽然中断了在《群

① 周恩来 1947 年 3 月撤离延安前已开始着手这方面的工作安排。1947 年 3 月 8 日他和任弼时在听取钱之光等的汇报时说：现在香港成为唯一可以公开活动的地方，党的干部已去了，民主人士也将陆续去。要钱带人到解放区沿海口岸设法和香港建立联系。[中共中央文献研究室：《周恩来年谱（一八九八——九四九）》（修订版），北京：中央文献出版社 1998 年版，第 741 页。]

② 夏衍：1982 年 4 月 5 日致杨奇信，“夏全 16”，第 127 页。

众》上的《蜗楼随笔》专栏。他实在是分身无术了。

兵贵神速，11月23日，郭沫若等人就率先登上北上大连的货轮。郭沫若的《洪波曲》这时正在《华商报》上连载，为了掩人耳目，临走前，他特地多写了一些章节留下。因此，《洪波曲》的连载直到12月5日才结束。

韩练成的活动终于引起了国民党方面的深刻怀疑，继续潜伏在国民党内部已极不安全。此时他也脱身来到香港，还是单线联系了夏衍。潘汉年、夏衍极隐秘地安排他和郭沫若等同船离港，未引起任何人的注意。[1]

郭沫若等头一二批客人走得悄无声息，没有惊动国民党当局和港英政府。然而到1948年底，李济深动身北上之前，气氛却陡然紧张了起来。李济深的身份不同，他是老桂系的领

---

① 夏衍：《我的家史》，1975年8月，手稿，第19页。

胡绳的一段回忆可以当作夏衍与韩练成关系的重要旁证材料。1948年，胡绳在由香港前往河北平山的路途上，邂逅了一位“老张”。较为熟悉之后，胡绳得知这位“老张”即韩练成：

韩练成和我在谈话中还提起他认识的文化界几个人的名字，其中有夏衍和几位进步的电影界人士。我说：“你的故事，可能会引起电影界一些人的兴趣。”韩练成木然地望着对面酒铺的高墙，他显然在想念着留在南京的夫人和子女，在大时代的激浪中，他的家庭安危如何呢？会不会成为一个悲剧呢？（胡绳：《忆韩练成将军——并记一次不寻常的旅行》，《百年潮》1997年第2期，第31页。）

胡绳猜想韩练成在想念自己的家庭，不过根据这段对话的上下文，韩练成所想，或许还有其他的事情。

袖，在广粤一带享有极高的声望。正在向蒋介石夺权的李宗仁、白崇禧，是很想打他这块牌子的。蒋介石对这位老对手当然也是很不放心的，他不愿新、老桂系结成联盟，更不愿意看到李济深与共产党合作。港英政府对李济深的动向也很关注，甚至还在他的住宅对门租了一层楼，派了特工人员专门监视李的行动。因此，李济深动身北上要瞒过所有方面的监视，非常困难。

潘汉年、夏衍等对这个情况进行讨论后，经反复计议，决定施展金蝉脱壳的妙计，让反动派们空忙一场。12 月 26 日这天晚上，李济深在家宴客。几位熟朋友（事先都已打过招呼）到齐后，便推杯换盏地喝起酒来了。李故意只穿一件小夹袄，把外衣挂在客厅的衣架上。对门的特工人员用望远镜监视，只见杯盏狼藉，李济深在开怀畅饮，因此也就不大理会。正当宴会热热闹闹进行着的时候，李济深离席，外衣仍然挂在衣架上。他先到厕所转了一转，随即悄悄地出了家门，在二十米远的地方，坐上了一辆刚到达那里等候他的小汽车。车子直接把他送到《华商报》董事长邓文钊家里。方方（香港分局书记）、连贯、饶彰风等人已等在那里。与他同行的沈钧儒、马叙伦、章乃器、朱蕴山、邓初民、彭泽民、梅龚彬等七人也已先期到达。

当晚 9 时，护送人员杨奇先行离开，回到湾仔饭店。他在海边雇好一艘小汽船，把前几天已集中到六国饭店的李济深等人的行李搬到汽船上后，就立即打电话到邓文钊家，用暗语说明情况正常，一切按原计划行事。当下，由饶彰风用两辆汽车把李济深等送到停泊小汽船的岸边，再由周而复和杨奇护送他们到海上，登上了停泊在那里的苏联货船“阿尔丹”号。海员们热情地把他们安置在自己的卧室。次日清晨，“阿尔丹”号的船长还把他们请到船长室，待通过港英水师的检查再露面。

“阿尔丹”号终于拔锚起航了。在电话机旁已经守候了一夜的潘汉年和夏衍终于宽慰地听到了杨奇用暗语向他们报告好消息：“船开了，货放在大副房间里，英姑娘没有来送行。”

等到白崇禧派出大员，手持他的亲笔信赶到香港，请李济深去武汉“主持大计”的时候，李济深离开香港已十余日了。

1949 年 1 月 7 日，叶圣陶以游台北的名义，秘密离开上海。实际上，他只到台北游玩了一天，11 日便突然来到香港，12 日，夏衍就赶到叶圣陶暂住的九龙德邻公寓，看望这位老朋友。叶圣陶北上的时间拖得比较久。因为到了 2 月中旬，郑振铎等人才陆续到港。这期间，夏衍常常陪伴着柳亚子、叶圣陶、陈叔通等人谈话、聊天。这时大家完全是以平等态度相处，有批评，有赞扬，均直言无忌。

郑振铎 2 月 19 日到港，夏衍即着手准备这批文化人北上事宜。2 月 25 日，他秘密通知郑振铎、叶圣陶、柳亚子、陈叔通一批二十七人迁至大中华旅馆住宿。26 日，又通知他们迁往大同旅馆。至 27 日晚，这批民主人士终于登上了北上的苏联货船。为了安全起见，所有人全部化装潜行，叶圣陶分到了一个在船上干活的管舱员职务。

2 月 28 日，船离香港。叶圣陶记下了自己的欣悦心情："北上的二十七人中，民主人士有柳亚子、陈叔通、马寅初、俞寰澄、张䌹伯诸位老前辈，文化界人士有郑振铎、宋云彬、傅彬然、曹禺诸位老朋友，还有新相识的好多位。大多数已年过半百，可是兴奋的心情却还像青年。因为大家看得清楚，中国即将出现一个崭新的局面，并且认为，这一回航海决非寻常的旅行，而是去参与一项极其伟大的工作。"①

从 1948 年 11 月到 1949 年 3 月，潘、夏、许、饶等先后组织了三百五十余名知名人士的回归。这期间，他们做了大量艰辛的幕后工作，而其中最重要的就是要使北上的人们都能理解到，"中国即将出现一个崭新的局面"。

这期间，除了护送民主人士的工作，夏衍另外承担的一个任务是要组织更多的电影人北上加入人民阵线。1948 年 11 月 21 日，周恩来和陆定一一起致电夏衍：望从港、沪调集电影人才前来，在上海的有蔡楚生、司徒慧敏、郑君里、史东山、陈白尘、孙坚白、耿震、王为一、徐韬（以上编导演员）、辛汉文（化装）、舒模、盛家伦（以上音乐）；在香港的有章泯、瞿

① 叶圣陶 1949 年 2 月 28 日日记，转引自：《叶圣陶年谱》，《新文学史料》1982 年第 1 期，第 243 页。

白音、王逸（以上导演）、特伟、丁聪（以上美术）、伍华（摄影）。其他未提名者及摄影、布景、录音、拷贝、洗片、剪接与机器制造人员，能来者亦望约来。[①] 从上述各人在建国后的活动情况来看，夏衍很好地完成了上级交给的任务。

1949年初，金山来到了香港。夏衍不见他，已有三年多了。还是在抗战刚刚结束的时候，金山有一天忽然找到夏衍，说他即将出关去接收长春伪满洲映画株式会社，还要出任国民党方面的官职。他这样做，肯定会遭到朋友的唾骂。他要夏衍千万不要出面替他辩护。夏衍一听，就明白了金山这番话的意思。他也不能再多说些什么，紧紧握了握金山的手，就此别过。

这回，金山的身份已经很明确了，他是同周恩来直接联系的秘密党员。自然，他的身份夏衍猜也可以猜想得到。国共即将和谈，他将以“中国航运公会董事长代表”的身份，出席国共和谈。

他向潘汉年和夏衍介绍了骆清华。他说，骆是他的关系，很熟悉上海、广州方面旧的党政机构情况，愿意在上海、广州解放后帮助搞接收工作。潘和夏对骆的即将到来表示热烈欢迎。

---

① 中共中央文献研究室：《周恩来年谱（一八九八——一九四九）》（修订版），北京：中央文献出版社1998年版，第819页。

1949 年 4 月 1 日，国共和谈开始。不管这次和谈的最终结果如何，蒋介石大势已去。这一点蒋介石也是十分清楚的，但还要做一些垂死前的挣扎。远在昆明的龙云，一时间成了热点人物。

龙云，是昔年的“云南王”，1945 年抗战胜利后不久，即被蒋介石以突然袭击的方式软禁起来。他为了不被蒋介石挟持到台湾做张学良第二，终于在 1948 年的岁末，在陈纳德和陈香梅夫妇的帮助下逃出樊笼，抵达香港。到香港后，方方、潘汉年、夏衍都曾奉命拜访他。他对共产党方面的态度也很好，与潘、夏等人一直保持密切接触。

国共和谈开始后，蒋介石躲在浙江奉化溪口，策划所谓“大西南联防战略”，并制造谣言四处风传：“龙云即将出山，协助政府。”蒋介石的阴险伎俩大大激怒了龙云。在潘汉年和夏衍的邀请下，龙云 4 月 11 日毅然在浅水湾宅邸举行了中外记者招待会。这次招待会上，龙云义愤填膺地揭露了蒋介石，公开宣布与蒋介石决裂。

进入到 1949 年的 4 月，可谓大局已定。夏衍作为香港工委书记（1948 年年底，章汉夫回内地，夏衍继任书记），则还有许多迎接解放的工作需要组织。4 月 23 日，人民解放军攻陷南京后，夏衍领导的香港工委即举办了庆祝酒会。工委在此期间还组织文化界人士学习、演出《白毛女》。英国殖民当局破例没有干涉这些庆祝活动。——但殖民当局牢记了夏衍等人让他们丢尽脸面的种种事情，后来作为报复，夏衍出国过境时，他们就在签证等问题上尽力制造了一些麻烦。当然这是徒劳的。[①]

革命战争的局势一日千里地向前发展。为进攻和接管上海做好准备，党中央4月底决定将潘汉年、夏衍、许涤新召回北平。潘、夏、许三人都是“老上海”了。

4月28日，潘汉年、夏衍、许涤新、沈宁（她于1947年来到香港）登上了悬挂巴拿马国旗的小货轮东方号。船内装满了货物，舱内有几个旅客居住的小房。船上旅客很少，除了潘、夏等四人外，只有两个越南女青年，还有香港达德学院的一对副教授夫妇。环境安静，没有一般客船的喧闹嘈杂。船头还有一个设备很好的餐厅，每天都能供应西餐。潘、许等人久在大城市里工作，每天吃西餐，也没有什么不习惯的。可细心的许涤新发现夏衍每天吃饭之前，总有点面露难色。问他为什么，夏衍告诉说，1935年在白俄的一间房子里隐蔽了三个月，几乎天天吃西餐，有点儿吃怕了。许涤新听了哈哈大笑。

夏衍登车、登船、登飞机来回往返，旅途颠簸，已经习以为常。可是哪一回和这次的心情都不一样。一种欢畅、坦荡，又有些许憧憬的冲动，他好久好久没有感觉到了。

---

① 夏衍：1953年11月26日致潘汉年信，“夏全16”第188—189页。“夏全16”对该信年代判定有误。

夏衍 50 年代在上海 /自藏

1949 年 5 月初，夏衍从香港回到北平，与老战友们胜利重逢。左起：钱筱璋、阿英、夏衍、李克农、袁牧之 /自藏

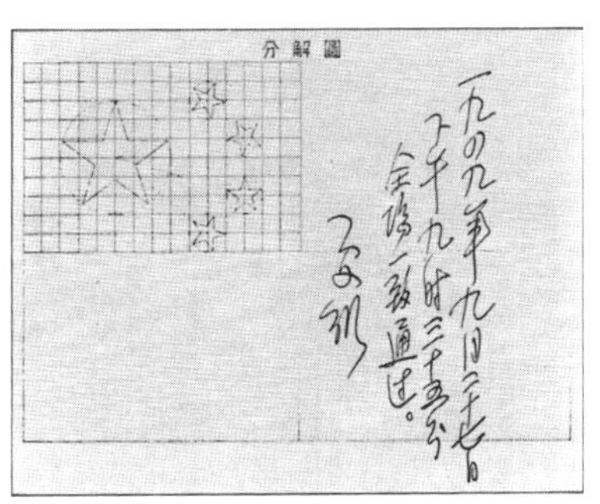

夏衍出席了 1949 年 9 月 21 日在北平开幕的中国人民政治协商会议。会议通过国旗、国歌及国都所在地的决议时，他当即记下了这一光荣的时刻 /自藏

1950 年在北京北海公园。左起：陈鲤庭、夏衍、沈宁、高汾、白杨/自藏

1951 年 5 月，中苏友好代表团访问苏联时，在列宁格勒广场。/自藏

1951 年 6 月，以沈钧儒（右五）为团长、夏衍（右三）为副团长的中德友好代表团访问东德。/自藏

第九章

风浪难平上海滩（1949—1955）

第一节　文化接管

在中国近现代的历史上，上海是一座具有特殊重要地位的现代都市：

> 开埠以后，上海以超常的速度膨胀、发展，人口在1900年超过100万，1915年超过200万，1930年突破300万大关，成为中国特大城市，远东第二大城市，也是仅次于伦敦、纽约、东京、柏林的世界第五大城市。……
>
> 经济方面，她是中国外贸中心，到抗日战争前，在外国对华进出口贸易和商业总额中占80%以上，直接对外贸易总值占全国50%以上。她是中国金融中心，到1930年代，拥有外国对华银行业投资80%的份额，设有中国几乎

> 所有主要银行的总部。她是中国工业中心，是民族资本最为集中的地方，1933 年民族工业资本占全国的 40%，1948 年工厂数、工人数占全国 50%以上。[①]

当然，不仅是在经济方面，在整个现代化社会的管理经验上，在文化教育事业方面，上海在全中国都占据着近乎是独一无二的重要地位[②]。比如，在 20 世纪的“20—30 年代，上海的西学翻译著作，新文学、新文化著作的出版，都占全国出版总量 60%以上”。比如，“上海的大学在数量和学科设置上是全国最多和最齐全的”[③]。上海一段时间里还是全中国的科研中心，“1948 年中研院的 13 个研究所，其中有数学、化学、地质、动物、植物、医学、工学和心理等 8 个所在上海”[④]（另五个所在南京）。自然，上海还是近代以来中国文化产业的大本营，其电影、戏剧、小说及其他通俗文化长时间引领了中国现代的文化风尚。“上海一直是中国电影的制作中心，是优秀电

---

① 熊月之：《上海通史》第 1 卷，上海：上海人民出版社 1999 年版，第 3 页。

② 许敏：《上海通史》第 10 卷“民国文化”，上海：上海人民出版社 1999 年版，第 106 页。

③ 但“上海的大学在整个综合性文化上，其声誉和地位不如北京的大学”。可参见许敏《上海通史》第 10 卷“民国文化”（上海：上海人民出版社 1999 年版），第 142 页。

④ 许敏：《上海通史》第 10 卷“民国文化”，上海：上海人民出版社 1999 年版，第 277 页。

影人才和资金集中的地方，中国90%以上的电影摄制在这里进行，上海各大电影公司制作的电影，影响一直辐射到东南亚。在40年代以前，上海也是亚洲豪华电影院最多的城市，世界上许多人士把上海看作是‘东方的好莱坞’。”①

因是之故，在上海战役打响之前，中共最高领导人如毛泽东、刘少奇、周恩来、朱德等于百忙之中抽出时间，在北京召见了潘汉年、许涤新、夏衍，对这三位“老上海”交代了中央接管上海的基本思路与理念。

尽管国民党方面负责上海防务的汤恩伯夸下了海口，要把上海变成“东方斯大林格勒”“东方凡尔登”，要坚持二到三年直至第三次世界大战爆发。但各方都知道这类言谈不过是痴人说梦，完全不值一哂（事实上汤氏连两个星期都没有守到，他逃往台湾后因而就此失宠）。对于中共方面来说，攻下上海根本不是问题，甚至“军政双赢”、在保护基本市政设施的前提下完整地夺取上海，也不是什么问题。真正的问题是：夺取上海后，怎样让这个代表中国最高现代化水平的国际都市保持既有的光华并迅速转到为新中国建设服务的轨道上来。

而对一切于中国新生政权心怀恶意或抱有某种蠢动之心的人来说，对中共即将到来的胜利也不再抱有非分之想了。但他

① 许敏：《上海通史》第10卷“民国文化”，上海：上海人民出版社1999年版，第157页。

们乐于设问：中共能够打下上海，但它能否管好上海呢？中共进入上海，能否恰当处理各种国际矛盾呢？再有，中共进驻上海后，它的颜色是否会被黄浦江水改变呢——解放军官兵们大多是没有见过大世面的“乡巴佬”，他们将很容易被上海滩五颜六色的霓虹灯晃花了双眼，这难道不是可以期望的事情吗？毕竟，国民党撤离大陆之前，所谓的“金圆券”改革等大伤了上海的元气。因此，它与中共真正的较量，是在中共进驻上海之后。

毛泽东、刘少奇、周恩来、朱德从各方面给了三人以原则性的指示。这其中，经济方面的事情是当务之急。因为解决不好“两白一黑”（米面，棉花及煤炭），上海将成为死城，解决不好上海各大工厂的生产资料的供应，上海依然将成为死城。夏衍后来回忆说：“1949 年我和许涤新等从香港到北京，另接管上海，向毛主席请示，毛又一再讲要让上海的资本主义有一段发展的时期，还讲一定要把荣毅仁、刘鸿生留下来，因为他们比我们懂得管工厂。少奇同志也讲了同样的话，声明是中央的决策。”①

这次觐见毛泽东也是夏衍一生中少数几次与毛的直接见面。会见中，夏衍于毛泽东与潘汉年熟稔的态度有点吃惊。毛

---

① 郭道晖：《四千老干部对党史的一次民主评议》，《炎黄春秋》2010 年第 4 期，第 4 页。

在称呼潘的时候，也直接叫他的诨号“小开”。[①]

显然，中央将夏衍召回上海，是要求他承担起文化方面的接管工作。这个工作也许不像军事、经济工作那么直接而首当其冲，但其中千头万绪、困难重重之处，也远远超出了今人的想象。这其中碍难之处就在于，上海知识分子、知名人士特别多。[②] 他们中不少人政治立场、历史背景很复杂，可能既曾帮助过中共，也曾与中共兵戎相见。还有些人未必有什么真才实学，却有广泛之社会影响等等。对这些人只要有一个处理不够得当，就会产生持久的消极社会影响，即所谓的“一人向隅，举座为之不欢”。刘少奇在讲话中还批评了天津解放后忙于禁

---

① “夏全15”第309页。

此次会面的日期，夏衍在回忆录中记作：5月12日晚8点（“夏全15”第308页）。中共中央文献研究室《毛泽东年谱（一八九三——一九四九）》（修订本）下卷（北京：人民出版社2013年版）第501—502页载，5月14日：“晚上，接见香港来北平即将参加接管上海的潘汉年、夏衍、许涤新，听取潘汉年等关于香港工作情况的汇报，询问港英当局对中共的态度，要求尽可能完好地保存上海这个工业城市，不要让国民党实行焦土政策。”当以《毛泽东年谱》为准。

② 夏衍提到，在中华人民共和国第一次政治协商会议召开的时候，中央对上海有一些破例的照顾：“由于总的名额中央有了规定，而华东、上海知名人士特多，所以一部分民主党派及工商界有代表性人物，征得中央统战部同意，分别参加了工、青、妇、文系统和特邀代表，实际上增加了华东和上海的名额。在这里要说明一点，周信芳、白杨、赵丹等，都属于中央指定要保证当选的名单。”（“夏全15”第325页。）

戏的过左的作风，指出：接管上海后，查禁“旧戏”务必谨慎[①]——在各解放区中，华东解放区是查禁旧戏、厉行戏剧改革的先锋。刘少奇对天津的批评或有所指。

在充分领会中央精神后，潘汉年、夏衍、许涤新、周而复及著名民主人士盛丕华父子一行十多人，5月16日离京乘火车沿津浦线南下，居然走了一个多星期。途中他们还遇到了康生与毛岸英。康生时任山东省省长，对夏衍一行的态度很友好。5月23日傍晚，好不容易抵达丹阳（三野指挥部所在地）。这时上海战役已经接近尾声了（上海战役于5月12日发起）。他们一到丹阳，就立刻投入到了工作中。

负责迎接他们的，是华东局社会部副部长杨帆。杨帆早年在上海参加过左翼文艺运动，是潘汉年的老部下。杨帆安排他们先在一个临时招待所住下。第二天一早，他便带领潘、夏、许三人去见陈毅。

三野指挥部设在一座小洋房里，房子不大，但花木扶疏，环境幽静，像是一家地方绅士的别墅。到那儿的时候，二野、三野的领导同志正在开会，会场是一个旧式的长方形客厅，水曲柳拼花地板，铺着大幅地毯。邓小平、饶漱石、粟裕、宋任穷、曾山、刘晓、刘少文等领导人都在座。陈毅伏在一张方桌上签署上海市军事管制委员会的第一号布告。刘晓向他介绍

① “夏全15”，第312页。

潘、夏、许这三位新到的接管干部。潘汉年将出任新上海的副市长，夏衍任文教接管委员会副主任（陈毅兼主任），许涤新任财经接管委员会副主任。

陈毅身穿黄褐色军服，剃着光头，同他们一一用力地握手，笑着说："你们几位香港客终于赶到了，等了你们好几天了。" 5 月下旬江南的天气，相当地热了。陈毅体胖怕热，拿着一把蒲扇，边扇边与他们自然地聊天，询问中央指示精神。这是夏衍第一次见到陈毅，深深地为这位诗人将军的热情、爽朗而洒脱的人格魅力所折服。

根据华东局的决定，陈毅任文教接管委员会的主任，由韦悫、夏衍、范长江、钱俊瑞任副主任。陈毅日理万机，这时还管不到文教接管方面的事情，范长江、钱俊瑞都还留在北平，未能及时到任，而韦悫是党外人士，许多事情不便插手，因而文教接管这摊子的工作基本上没动。夏衍到任后，带领于伶、黄源、陆万美等人，终于将文管会的工作实际开展起来了。

待夏衍回到临时招待所，天色已晚，接管委员会秘书长骆耕漠派来的一位同志却还等在那儿。他发给夏衍一套黄布军装，一枝手枪和一根皮带。穿上这套军服，就算入了伍。——正因为夏衍有正式入伍的经历，入城后按照供给制的原则，他被定为了"兵团级"干部。后来在干部定级的时候，陈毅亲自将他定为七级干部。[1]

第二天一早，夏衍便去找舒同。舒同是三野的政治部主任，内定的华东局宣传部长、上海市委宣传部长（刚解放时，华东局与上海市委是两块牌子，一套班子），夏衍党内的职务则是华东局、上海市委宣传部副部长。因此，夏衍此次见舒，不光是礼节性的拜访，更有工作上、业务上请示、汇报的意思。

舒同待夏衍很客气，也问了中央对文教接管工作有无新的指示部署。但夏衍若提到具体工作之类，他却总是说，上海的事，还是请陈毅同志拿主意。给人的印象，好像陈毅管的事情，他就不大合适插手了。经过几年的接触，他终于认识到舒同“是一个纪律性很强，而生性懦弱的人”[2]，在饶漱石与陈毅长期的斗争过程中，他比较地倾向于饶一方，因此就不愿意与陈毅产生太多工作上的联系。舒同一口江西话，听得夏衍很费脑筋，而夏衍的浙江话舒同听起来也很累。但初次见面，两人又都想表现得热情客气一些。这是一件让人尴尬的事情。

正谈话中，潘汉年派人来通知，要夏衍立刻到陈毅同志处。他赶到的时候，已经有几个人拿着笔记本在听陈毅与潘汉

---

① 沈旦华：《回忆老头》，杭州市江干区夏衍研究会、江干区夏衍旧居管理办公室：《夏衍研究文集》2007年编，第82页。

② 夏衍：《新的跋涉》，“夏全15”，第341页。

年讲话。这几个都是军人，表情严肃，夏衍见了心中不免稍有迟疑。陈毅指着旁边的座位请他坐下。陈、潘两人说的乃是入城的纪律问题。送走了几位军人，陈毅笑着对夏衍说："我们当兵的人讲话，交代任务，总是'不许'、'不准'、'一定要'，等等，诸如此类。对你们文化人就不同了，请不要紧张。"说着，给夏衍递过了一枝香烟。

夏衍觉得身上的拘束劲儿一下子跑掉了。他笑了起来，自然地抽起烟来。

陈毅说："今天下午就要向上海进军了，来不及详谈，要你来，只是告诉你，文管会我当主任，实际工作由你负责，我挂个名，是为了你工作的方便，我这个名字大约还可以压压那些不听话的人吧。"陈毅又告诫夏衍，韦悫先生是一位很有名望的进步人士，虽然他在文管会也是挂个名，但要尊重他，重要的事一定要听取他的意见。

由于还有国民党军队的残部在顽抗，夏衍一行直到 27 日上午 10 点左右才开进市区。文管会机关设在旧法租界霞飞路原国民党的市教育局。文管会的入城干部和上海地下党的唐守愚、姜椿芳、徐韬等人在会议室会了师，并按文化、教育、新闻等各大系统分了工。首要问题是《解放日报》的出版。夏衍匆匆与新闻处的干部计议了一番，便让于伶"坐镇"旧教育局，自己则要了一辆吉普车，赶回"重华新村"的家里。与家人一别已经有三个年头了，还像当年从事地下工作一样，夏衍回家只是报一个平安，看到家里无事，他也放了心。洗了一个澡，拿了几件替换衣服，傍晚就回到了霞飞路旧教育局。他原以为这不过是一件平常之极的事情，但不料却引起了文管会保卫干部的警惕。他们立刻向市公安局杨帆作了报告。

第二天一大早，杨帆便急急忙忙地找到夏衍，指着一个年轻的军人说："这是小苗，今后他就是你的警卫员，出门一定得带着他，由他保护你的安全；有什么事都可以要他做，还给你一辆汽车。这是组织上决定的。"杨帆一本正经地说："你不是一般的干部。你没有参加丹阳的干部集训，可能不知道，你是文管会副主任，是一个不小的目标。"他警告夏衍：国民党逃跑前，在上海埋伏了上千的特务。

随着岁月的流逝，"小苗"后来变成了"老苗"，但一直是夏衍的警卫员，忠心耿耿。

5 月 28 日，自陈毅从赵祖康代市长手中接过旧市政府的印信后，上海市军管会的接管工作从此全面展开。夏衍也就步入了一生中最忙碌的一段时间：

> 从 1949 年 5 月上海解放到同年 10 月中华人民共和国成立这几个月，可以说在我的一生中，是任务最重，工作最忙的时期。除文管会副主任之外，我还当了上海市委常委、宣传部长、上海市文化局局长。华东军政委员会成立，我又当了常务委员，分管文教工作，每天从凌晨到深

夜，大会小会，会见文化艺术界人士，个别谈话和对新接管的文化单位安排工作。作了市委的宣传部长，还要经常到区委和群众团体作时事报告。[①]

上海是各类知识分子集聚的中心地。用潘汉年的话来形容，上海文教方面的人才，占了全国的“半壁江山”。[②] 举一些简单的数字吧：当时上海有大专院校26所，有教职员工2796人，学生8109人；中小学有503所，教职工5517人，学生176412人；新闻出版，实行接管和军管的单位有58个，从业人员2314人；文艺界，接管的单位12个，从业人员338人……在共和国成立之初，这些数字是极为可观的。特别是文化教育方面许多名重一时的代表人物此时都在上海，如吴有训、陈望道、周谷城、茅以升、金仲华、徐森玉、周予同、赵超构、巴金、梅兰芳、周信芳、袁雪芬、赵丹、石挥等等。对这些著名的专家学者、作家艺术家，根据周恩来的指示，夏衍等人都应当一一登门拜访，而千万不能随便叫他们到机关来谈话。这些工作如要落到实处，文管会人员不过数十人，夏衍等人所做工作的繁重程度是可以想见的。

① “夏全15”，第322页。

② 还有人说上海的人才是“三分天下有其二”，可参见夏衍：《新的跋涉》，“夏全15”，第342页。

在当时的共产党干部中，夏衍是比较富有统战经验的一位。他来上海就任的时候，就做好了各方面的心理准备。但即使是这样，他一开始的时候对文管会的工作也有相当不能适应之处。比如夏衍曾经对上海滩过多的“文化名人”颇觉棘手。上海是个藏龙卧虎而又藏污纳垢的地方，既有真才实学的专家，也有沽名钓誉的所谓“名流”。但这种定性是一件非常复杂而极需慎重的事情。夏衍等人商议了好久，很难统一意见，便耍了一个“花招”，把一大堆名单推给了陈毅，由主任“钦定”那些“难以处理的知名人士”的性质。不料陈毅草草瞥了一眼名单，大而化之的一番话就把问题给彻底解决了：“你们提的这些认为难以处理的人，我听来都是有名人物、‘知名之士’。这些人，一不跟蒋介石去台湾，二不去香港，三不去美国，这就表明，他们还是有爱国心的。有爱国心，只要他们没有具体反共行动，都应该用，有的还可以重用，而且要考虑到他们生活上、学习上、研究工作中的具体问题。”

陈毅这种大而化之的工作作风，对知识分子的友善态度，极大鼓励了夏衍。从陈毅身上他学到了许多文化管理方面的基本经验。在他后来的人生中，他坚定发扬的就是陈毅（当然也包括周恩来）这种对知识分子的基本态度和立场。

陈毅处理问题往往是“大而化之”，但常常也能从“小处着手”。这方面夏衍也得到了他有益的教诲。进城以后，夏衍无论公私场合，一律都穿着公家发给的军装。神气是挺神气的，可庄严的军装穿在他这个从来只穿西装的人身上，便多少有点不伦不类的感觉。他后来的秘书李子云初次见到他时，就得到了一个奇怪的印象：

> 他与其他来自解放区的同志一样穿着粗土布的黄军装，但是，只有他戴着当时只是上海才有的玳瑁边眼镜，头发梳理得整整齐齐，皮鞋干干净净，脚上居然还穿着一双黑丝袜！——在1949年这简直令人惊讶。①

不过，夏衍的这套行头如果说留给李子云这样刚参加工作的少女的印象是“令人惊讶”，那在他许多上海的老朋友的眼中，就成了身份差异的标志了。大家觉得亲切、随和的老夏与自己的距离一下子拉大了。这一点夏衍浑然无所感觉，还是陈毅首先为他点破。一次开完会后，离开的时候陈毅叫住了他：“老夏，你回去，把这套军服脱下，你这个文化人穿这套衣服有点滑稽!”

夏衍一时还没有明白过来，不知道为什么不让自己穿军装了。他有点茫然的说：“那好啊，不过，我只有西服和袍子。”

陈毅笑着说：“西服也可以嘛。老刘（指刘长胜）不是穿着西装在市委办公吗?”停了停，他又说，“我要你脱下军装，

---

① 李子云：《记长者夏衍》，《中国作家》1986年第1期，第215页。

不单是为了滑稽的问题，因为你穿了这套服装，使过去和你在一起工作的人对你见外。你要记住，让这些人永远和从前一样把你当作自己的朋友。”

在陈毅、潘汉年及当时华东局各位领导人的支持与帮助下，夏衍的文管会工作进展顺利。1949 年 9 月 5 日，他作为华东区的政协代表赴京出席第一届全国政治协商会议，9 月 8 日抵京。在京期间，他拜会了廖承志、李克农、郭沫若、周扬、阿英以及田汉、欧阳予倩、曹禺、金山、张瑞芳、黄苗子、郁风、丁瓒[①]等各位老朋友。他多次和周扬讨论电影方面的工作问题，还想把邵荃麟调到上海充实上海的文教干部队伍，但未果。[②] 在阿英的带领下，他不止一次地逛了琉璃厂和隆福寺，从此与书画的收藏结下了不解之缘。他也认识了许多新朋友，如梁思成、侯德榜、吴晗等。

这整一段日子，夏衍都沉浸在幸福之中。他们这一代人抛头颅、洒热血，在加入革命队伍的时候很少人期望在自己的有生之年能见到革命的胜利。而共和国的成立，则将这事实活生生地摆在了他们的面前！这怎么不让人激动万分呢。当然，最幸福的莫过于 10 月 1 日这一天了。夏衍在日记中追记道：

---

① 夏衍在医学界的老朋友，《法西斯细菌》的写作即受过他的启发。

② 夏衍：《北行日记》1949 年 9 月 15 日，“夏全 16”，第 262 页。

10月1日　星期六　晨雨，后云转晴

这是一个伟大的日子。

上午10时半到车站欢迎苏联代表团法捷耶夫、西蒙诺夫等，红军歌舞团同来。我拍了照。

下午2时半到天安门城楼。一望之下，是一片红旗的海。这一场面，是先烈们用鲜红的血换取得来的。想起了郑汉先和庞大恩。3时15分毛主席宣告政府成立，朗诵公告，阅兵。

体息室中，恩来同志对我和丁玲说："你们得描写这个场面，"但不约而同的回答："语言太不够，太无力了。"后，他约刘晓和我谈了今后转外交部工作的问题。阅兵和游行到10时后才毕。[①]

10月11日，夏衍偕萧三陪同以法捷耶夫为团长的苏联友好代表团由京赴沪访问。一行10月14日抵达上海。

这里值得提一笔的是，夏衍此番是以内定的外交部亚洲司司长的身份陪同访问的。虽说陈毅强行留住了夏衍（夏衍本人对上海的工作也有留恋），但其外交部亚洲司司长的挂名却一直保留着。这对夏衍在潘汉年事件后顺利脱离上海是有一定帮助的。

① 夏衍：《北行日记》1949年10月1日，"夏全16"，第267页。

第二节 “运交华盖”

顺利完成文化接管工作后，夏衍在华东区文化工作中的领导地位得到了凸显。夏衍回忆说：“刚进城时，中共中央华东局宣传部与上海市委宣传部合为一套机构，我任副部长，部长是舒同。1950年任上海市委宣传部部长[①]（兼市政府文化局局长[②]）。1952年夏，我又调华东局当宣传部副部长，当然也兼了许多挂名的职务——如华东文联主席、上海人民艺术剧院院长[③]等等。”[④] 但具有反讽意味的是，夏衍整体上的工作态势却在这个时间节点上发生了一个较大的转折。在此之后，不要说如同记者生涯十二年的那种舒心快意不可得，他甚至常常莫名地被推上全国性文艺斗争的风口浪尖。“偏右”成了党内对他

---

① “上海解放初期中共华东局兼管上海宣传工作，机构名称为中共中央华东局暨上海市委宣传部。1950年3月，单独成立市委宣传部。”（《中共上海党志》，上海：上海社会科学院出版社2001年版，第125页。）夏衍当时是中共上海市委五常委之一。

② “1950年3月，在文艺处基础上成立上海市人民政府文化局。”（《中共上海党志》，上海：上海社会科学院出版社2001年版，第442页。）

③ “夏衍是上海人民艺术剧院1950年7月建院时首任院长。”（林缦：《当代中国文化名人传记画册·夏衍大事年表》，杭州：浙江摄影出版社1993年版，第47页。）《人民日报》1950年9月6日简讯：“上海人民艺术剧院已于8月20日成立，由夏衍任院长。”

④ 夏衍：《新的跋涉》，“夏全15”，第340页。

的一个默认的判断。在那种时代政治氛围中，这种判断给夏衍带来了多大的精神压力是可以想见的。他因此感慨地说："不止一位熟朋友说我五十岁以后就交上了'华盖'运，但我不相信命运能支配一切。乔冠华对我说过：'性格就是命运。'这对我说来似乎还有一点道理。"①

到底是什么"性格"决定了夏衍后半生的"华盖"运呢？

表面上看起来，好开玩笑，有些文人的散漫习气，缺乏领导干部必要的身份意识（不但缺乏，并且不时对这种身份意识加以抗拒）等等是造成夏衍入城后与体制不够协调的那些个性所在。

夏衍对熟悉的老朋友有时不免说话随便。有一次在文艺界的集会上，他碰到赵丹，就拍了一下他的肩膀说："阿丹，看你这个样子，当小生的连胡子也不刮。"赵丹乐了，说："你这位部长未免也管得太宽了。"夏衍觉得在老朋友面前端起架子"会显得见外"。"可是想不到这件事就不止一次受到了批评，说你现在是部长、局长，用这种态度对待非党人士（他们当时还没有入党），实在是太不庄重，有失身份。我不买账，辩了几句……当了执政党就一定要有'架子'？这一点我一直想不通。"②

---

① "夏全15"，第338页。

② "夏全15"，第328—329页。

李子云对夏衍最初的印象就显露出他性格与体制有些不大搭调的因素：

> 当负责带领我们这批小鬼的同志将我们介绍给他时，他既不象有的首长那样严肃而不苟言笑，也不象有的首长那样在和蔼之中显示出一种居高临下的持重。他让我们觉得亲切而自然。他带着他所特有的微笑——从这微笑中我们感到他是喜欢年青人的——津津有味地望着我们、研究着我们，特别对我们几个穿着从国民党军队仓库中缴获来的不合身的大军装的女孩子诙谐地说：这几个是儿童团嘛。周围同志的笑声解除了我们初见首长的紧张与不安。[①]

对于一些人来说，夏衍的这种性格是迷人的。但对一些惯坐机关、把本机关制定的各种条条框框奉若“圣经”的人来说，夏衍待人接物中习惯夹带着的笑声，可能会给他们带来更多的烦恼吧。

不过，性格与体制的不够协调，归根到底是表面的因素。所谓“性格决定命运”，很大程度上可能更在于对自我个人价值决断的方面。就是说，对于内心深处的价值律令，某些人的性格可能比较容易妥协、融通乃至变异，而有些人则很难以放

① 李子云：《记长者夏衍》，《中国作家》1986年第1期，第215页。

弃自己的坚持。还有些人非但不放弃自己的坚持，一有机会还要“反攻倒算”，宣扬自己的主张，哪怕自己所面对的对象是体制、是主流的意识形态。这是一种真正的“性格”，与我们平时所说的脾气是否煦良不一定有直接的联系。有些平时极为温顺的人，在内心价值选择当前会爆发出令人惊讶的力量，纵使遭受命运的残酷考验亦“虽九死其犹未悔”。

按照我们后来者的眼光来看，夏衍性格中与体制不相吻合的因素倒没有冲突到极端激烈的地步，甚至在相当程度上，他的这种对抗也不是自觉、有意识的，在相当程度上他也还愿意接受组织对于“自我”的改造。不过，和他的那些友人（如周扬）不同的是，他的这种“党员自我修养”的改造方面，从来也没有到真正放弃“自我”而甘心做一个“驯服工具”的地步，因此，每当执行上级指令而与现实、一般人情世故发生激烈冲突的时候，他就会对上级指令做出一定的修正甚至自行其是。

借助旁观者的视角，夏衍的这种性格特征能够被看得特别清楚。以下我们将征引黄源先生一段较长的回忆。在接管上海文化部门以及建国初的一段时间里，黄源与夏衍有较长一段工作的交集。对接管时期，黄源回忆说：

> 我们在上海军管会文化委员会所属的文艺处。任务是接管文化系统，包括教育系统的艺术部分。处长夏衍是一

把手，二把手是于伶，三把手是我，四把手是钟敬之。当时分工，我是党组书记，管机关、常务。于伶和钟敬之接管电影部分。我接管音专与剧专，后划给华东文化部，还有文化机构，如新生活俱乐部，虹口日本人的电影院、大光明等不接收，私营的也不接收。除了接管外，还管戏改和音乐、美术。戏剧中话剧部分，归于伶管，但戏剧学校归我管。话剧演员很多是戏剧学校出来的。

夏衍是周扬派来主管上海和华东的文艺的。于伶一直在上海做地下工作，主要是搞戏剧系统的地下工作。钟敬之也是北平派来的，让他去接管电影厂，电影厂的家当最大。

接管时总的指导思想是，在贯彻工农兵方向的同时，顾到上海的两个方面：一是上海有革命性和群众性的文化活动，如有歌咏活动，另一方面又有音专和剧专，是高级的艺术学校这两方面，过去有联系，也有脱节。我一方面照顾到专业性的特长，另一方面也重视和支持群众性的文化活动，不是使两方面脱节，而是使它们逐步结合。

接管工作也接受上海市委领导。当时刘晓是市委书记，夏衍是市委宣传部长，我是文艺处科长，姚臻①是宣传处科长。当时我生活在市委，最初我们吃饭是在市委食

① 当为“姚溱”，以下同。他就是前文已提到过的“秦上校”。

堂吃的。在接管上，于伶的地位排在我前面，但实质上，在文艺工作上是以我为中心的，我是党组书记。文艺口总的是舒同管，舒同有事，就找夏衍和我。每天有半天时间在市委，坐在那里，市委说：你们不要搞得头脑太热，坐在这里冷静一下。夏衍坐不住，外面工作非常之忙。[①]

对军管结束后的一段时期，黄源回忆说：

华东局文艺方面的干部当时是这样：上海解放以后，周扬派了夏衍来统率华东，特别是上海的文艺工作。从30年代以来，周扬派和鲁迅派就有分歧，虽然同是在共产党领导下，但在文艺方面有传统的历史关系。而当时上海及华东，党的领导主要是华东局。华东局从抗日战争开始，在华东地区有一批党的干部，包括文艺干部。上海解放之后，在华东地区、在上海文艺方面掌握实权的，不是原来30年代周扬的系统，而是我、彭柏山、刘雪苇。我们三个人，都是从华东老解放区来的，刘雪苇还曾经到过延安，从延安转到华东局，后期就在华东局。解放初期，我是军管会文艺处的常务副处长，文艺处是掌握在我的手里的。

① 黄源：《黄源回忆录》，杭州：浙江人民出版社2001年版，第221—222页。

因为当时中央有指示，新解放区的工作要以老区的人为主体。夏衍是地下党，没有到过解放区，不是老区的，所以老区的一套他不熟悉。夏衍的基础就是原来在上海抗日战争时期地下党的人，像于伶、钟敬之是上海抗战后到延安去的。我是上海军管会文艺处的，后来调到华东军政委员会文化部当常务副部长兼党组书记。刘雪苇是华东局的文艺处处长。夏衍在军管会时，是军管会文教委员会的副主任，文艺处处长，后来当上海市委的宣传部长。这时，我也是上海市委宣传部的文艺科长，姚臻是宣传科长，当时上海宣传部下面没有处。

在华东地区，我是在新四军系统历史最久的。当时决定撤销华东局，干部的安排有三个方向：一是调到中央，二是留在上海，三是安排到别的地方。夏衍就通过华东局宣传部向中央宣传部提出意见，把我调到浙江，主要负责文艺方面的工作。中央同意这个意见。所以，我到浙江来，是中宣部指定的，到浙江负责文艺工作。当时从浙江来说，也的确有这个需要。因为在华东几省看来，从解放初期开始，一直到华东局结束，浙江省在文艺方面的表现平平，而以它的历史地位来说，应该是华东几省中比较突出的。很明显，浙江缺乏比较内行的领导人。而夏衍调中央文化部当副部长。这样在上海是什么人呢？彭柏山当上海市委宣传部长。上海的文艺方面，原来有华东局的一批人，华东局撤销了，这时夏衍安排的是什么人呢？是吴某。我当文艺处长时，他是副处长。在华东局宣传部时，夏衍就有这个想法了。我是文艺处处长，他把我调到文艺月报社，巴金当主编，我当副主编，实际把我调出文艺处。在文艺月报社时期，我同夏衍就有一次很大的争论。我调到文艺月报社后，要确定《文艺月报》的办刊方针。那时上海文联有一个党组，叶以群他们起草了一个方案，把《文艺月报》的出版方针定为宣扬爱国主义。当时宪法上已把我们的国家定为社会主义的了。党组讨论这个章程时，我说，爱国主义是要提的，但是前面还要加上社会主义，因为我们的国家在宪法上已提到社会主义了。当时在会上，夏衍不同意。他说，你写上社会主义，我们就要以社会主义的标准来检查你。你们想一想，像郭绍虞，他的文章来，我们总要发表吧，他的文章一定是社会主义的吗？所以，夏衍不同意写上社会主义。我坚持说，我们的国家已经定为社会主义的了，宪法上都已经规定了，应该写。于是进行表决。党组成员有七个人，除我一票外，其余都跟夏衍走，六票对一票。表决后，我说根据组织原则，我服从组织决定，保留个人意见。后来，华东局宣传部开扩大会议，在会上我把这个问题提出来了。我说了两件事：一是夏衍在审查《文艺月报》时保留了几篇文章，我把它抽掉了，其中就有魏金枝的一篇文章，中间有人性论的观点，夏衍没有看出来；再一点就是《文艺月报》的性质要不要提社会主义。《文艺月报》上还有一篇王××写的文章，是写抗美援朝战争的。我看了他的稿子后，对他说，你的稿子可以发表，你是写抗美援朝的这方面是好的，但是你的观点是小资产阶级的。他当面不响，这时夏衍到国外去了。夏衍回来，在文联召开的会议上（王××也参加了），对我大批，意思是说我讲王××是小资产阶级的，不团结人等。那天巴金也在座。巴金同我比较知己，他感到夏衍当着大家的面批我，觉得我的处境不妙。

在华东局宣传部扩大会议上，几个副部长都表态了。第一个表态的是陈其五，他说《文艺月报》的性质，当然要写上社会主义的。冯定、匡亚明、刘顺元，所有的宣传部长都表态了。记得这是扩大会议的最后一天，我作了专题发言，夏衍坐在那里听着。我讲的都有真凭实据，有方案、有材料，魏金枝的文章也在。这个会上，夏衍没有发言。这个会是扩大会，处一级的都参加了。吴某也参加了，本来这是一个文艺问题，他也应该表态的，但他没有吱声。

后来我调走了，调到了浙江。这件事还没有完。上海的电影系统以前一直是夏衍的阵地。当时上海市委对上海电影厂管不牢。后来柯庆施当市委书记，感觉到这个问题。陈其五对他说起过，以前黄源和夏衍关于要不要提社会主义的问题有过争论，这有文件可查。柯庆施就把文件调来看了，他说，黄源是正确的。于是马上打电话给浙江省委，叫我到上海去。我去时，柯庆施、陈丕显他们正在开会。是什么会我不清楚。在这个会议上，对我正式宣布说：你的论点是正确的，夏衍是错误的。……

我是属于新四军的老干部，所以从新四军来的一批人，我都是非常熟悉的。而夏衍却相反，在华东局宣传部，就他一个是从上海地下党调过来的，不是新四军的干部。夏衍也感到很为难的。几个掌权的人，如彭柏山接替我的华东文化部副部长职务，后来到上海市委当宣传部长。刘雪苇是华东局文艺处处长，彭柏山调到上海当宣传部长后，他接彭柏山的位置当华东文化部的副部长，我调到刘雪苇的位置当华东文艺处处长。夏衍原来也是上海市委宣传部长。彭柏山调到上海当宣传部长，他提出一个条件，就是夏衍不调走他不去。所以，把夏衍调到华东局宣传部。夏衍在华东局宣传部就是一个人，其余的人大都是新四军的。张春桥在华东局时，接替了《解放日报》总编的职务，这也是一个很重要的位置，但是他在华东局宣传部的会议上没有什么表现。后来，柯庆施到上海当书记，张春桥才活跃起来的。因为，柯庆施在石家庄当书记时，张春桥就是《石家庄日报》的总编。所以，柯庆施来上海后，他同柯庆施建立了关系，实际上成了柯庆施的政治秘书。这时他和姚文元才起来。这是上海的情况。①

黄源先生的这段回忆是很有趣的，有些只能说是他个人的印象而已。比如他再三说“周扬派了夏衍来统率华东”，简直有点让人难以理解。因为照一般的常理推断，周扬是根本没有这种权力的。再比如他以柯庆施的意见来证明自己立场的正确也很有意思。历史似乎早对这位“毛主席的好学生”在文艺战线上的消极作用作出了结论。

但黄源对夏衍的批评仍然极有参考价值。结合夏衍自身的回忆，黄源这段回忆可称为是一个难能可贵的“对观性”文本，我们对于夏衍性格上“不识时务”的方面能有更好的认识。

在黄源的回忆中，我们能够看到突出的一点是：他对夏衍的批评、不满乃至不服，是源自于“新解放区的工作要以老区的人为主体。夏衍是地下党，没有到过解放区”这一个基本的出发点。建国初期，在各地的实际工作中，来自老区的干部与来自白区的干部相互间有些隔阂，来自老区的干部有优越感，来自白区的干部有一种“补课”“求进步”的心情，是一种较

① 黄源：《黄源回忆录》，杭州：浙江人民出版社 2001 年版，第 239—242 页。

为普遍的精神状态。[①] 但考察夏衍入城后的所作所为，却可以发现他没有受这种氛围太大的影响。他非但没有矮人一头的自觉，可能反而经常以自己“自三十年代以来”在文艺界工作的经验，自发地调整、修正各种不适应现代都市发展的老区的文化政策或观念。并且，由于自我这种精神上的优越感觉，他也就没有十分谨慎地学习、体会老区干部的组织原则和工作作风，即凡事向上级请示、汇报。在涉及一些可能较为敏感的立

① 有学者指出了这一点：

楼适夷……说：“我们看解放区来的人，尽管过去是无话不谈的老友，但认为他们‘整过风，脱过胎换过骨’了。我们从国民党统治区来的知识分子，没整过风，最害怕自己思想上余毒未清，带着不少渣滓。”萧乾到北京后也切实感觉到：“我明白喊你一声同志，并不就是一家人了。”因此包括他“在内的众多由白区投奔来的知识分子，都是以浪子回头的心情力图补上革命这一课。搞文艺的，热切地捧着《在延安文艺座谈会上的讲话》，向喝过延河水的老同志打听1942年整风的盛况。”黄秋耘晚年深有感触地说：“建国初期，老解放区来的干部，对来自白区的干部都是看低几分的，认为这些白区来的干部没有多少斗争经验，也没有出生入死。”来自延安的韦君宜“讲她过去的经历，还多少有点自耀，认为自己还是很了不起”。原文学研究所学员朱靖华回忆说：丁玲有时“对别人有一种不自觉地轻视。在一般作家和知识分子面前，她也有一种从解放区来的高人一等的潜在心理”。文学研究所学员、曾任丁玲秘书的张凤珠也说：“她自己一些优越的条件和荣誉，是和共产党联系在一起的。比如，她不大瞧得起和她同时代的一些作家，她可以自傲于他们的就是她参加了革命，而那些人没有她这种经历”，“和老舍、巴金他们比，她大概有一种参加了革命的优越感”。（商昌宝：《茅盾先生晚年》，石家庄：河北人民出版社2014年版，第51—52页。）

场问题、政策导向问题时，他“自作主张”[①] 的场合是比较多的。这样，他在工作上就不免与日益左倾、官僚化的部分人士发生碰撞。因为夏衍和这些人士总的工作方向、目的是一致的，因此这种碰撞的烈度不一定很强。但由于这些碰撞实际上又发自于各人最深层的价值理念，并无关乎个人的脾气、私交等，夏衍因此又不免感觉到工作中掣肘的因素很多，“不顺”。

“拆字摊”风波是一个有代表性的例子。1950 年夏衍曾作了一个决定：每星期五的晚上 7 时，在华东文联的会客厅，和文化界人士个别谈心，有话则长，无话则短。有人用上海话说他是摆“拆字摊”。其实，这正是他联系知识分子的一种方式，夏衍也的确从中了解到在办公室很难知道的事情。但这个“拆字摊”摆开后不久，就有怪话出来了，说他是借此“讨好知识分子”。一个多月后，夏衍只好主动“收摊”。

夏衍为《新民报》写稿同样是一件引起非议的事情。

1946 年夏衍就曾化名“朱儒”在它的《桅灯录》上发表过不少文章，解放后《新民报》一天也没有停刊。6 月中旬，它还派人找到夏衍，要求他为《新民报》写稿。那时夏衍常躲在河南路、汉口路交叉路口的新闻出版处一间小房内办公。《新民报》的蒋文杰找到夏衍，说明来意后，夏衍爽快答应下来，

---

① 相当程度上，“自作主张”是夏衍上海时期工作作风的关键词之一。他也经常用这个词评价自己，可参见“夏全 15”第 345 页等处。

而且答应写个专栏，取名《灯下闲话》。只有一个条件，替他保密，只可让赵超构一人知道。但发稿时，夏衍送来的文章却忘了署笔名，怎么办呢？蒋文杰只得问计于赵超构。赵说，用《桅灯录》的老笔名“朱儒”吧。见报后，夏衍打电话找到蒋文杰，说要用新笔名，不用“朱儒”（从第二篇起，用的新笔名有二三十个之多）。还说他只写六天，星期天休息。[①] 但《灯下闲话》不可中断，只好让赵超构和蒋文杰轮流补写。赵超构作为一代杂文大家“林放”的笔名就在这时候开始使用。

夏衍是解放初期较早使用杂文文体大量写作的现代文学大家。他以欣喜的心情和明快的笔调，热情讴歌了新的时代和人民，表彰和阐扬在新社会蓬勃发展起来的新风尚。

在《刮目相看》一文中，作者以确凿的事实，历数上海解放几个月之后取得的重大成就，收效“如斯之宏”，再进一步坚持下去，跟共产党走，美蒋反动派的封锁必将被粉碎，而“上海繁荣如日东升”。文章对敌人的诬蔑置之一笑：“三个月前，我们听见过‘不出三个月，上海经济总崩溃’的谣言，如今这一谣言和‘蒋介石回上海过中秋’谣言的下场一样，昔日要看人民政府笑话的，今日被当作笑话来说，六月债，还得快。”[②]

在《梅兰芳改装》《艺术家的路》等随笔中，作者又从京

① 蒋文杰：《夏衍与〈灯下闲话〉》，《忆夏公》，第 489 页。

② 子平：《刮目相看》，“夏全 11”，第 292 页。

剧表演艺术家梅兰芳改穿中山装，从话剧演员舒绣文到部队深入生活，电影明星白杨辞退两家私营电影公司高价聘请，决定参加待遇很低的国营上海电影制片厂等事例，说明了文艺界正在思想感情上抛弃旧的包袱，在新社会里，一种催人奋进的、欣欣向荣的社会道德风尚正在蓬勃生长。

在《苛求无益》这篇杂文中，他不同意当时人们对京剧改革急于求成的观点，指出，由于京剧在上海这个畸形的都市里有了深久的历史，京剧工作者和他们所表演的艺术形式，除去原有的封建性之外，还受到半殖民地文化的影响，所以要把这种戏剧和从事这种戏剧的人在短时间内改造过来，决不是一件轻而易举的工作。因此，他认为在改革中“应该多勉励，多引导，多提建设性意见，少苛求，少打击，少翻过去的旧账而作无益的人身攻击。只有爱护他们，帮助他们，才能改造他们，这是每一个从事领导和批评工作的朋友都应该注意的”[①]。

在当时的时代条件下，夏衍这类杂文随笔，在鼓励人们克服困难，引导人们以社会主义思想原则指导生活和工作，发展文化事业等方面，发挥了积极的作用。但夏衍也不是一贯正确。事实上，他也不可能不受到一些社会思潮对他的影响。当时党内不少人批评他“右倾”，其实现在看起来他还有“左”的倾向。《想起了梁漱溟》一文是一个典型的例子：

① 钟培：《苛求无益》，“夏全3”，第234页。

梁漱溟这个人，今天看来，谁都知道这是一个十足的伪君子，但是二十年来，由于他的伪装进步，居然也骗取了广大知识分子对他的期许和信任。（下引一段1946年国共和谈时周恩来怒斥梁漱溟“伪君子”的故事，前已有述，从略——引者按。）到今年春天，国民党伪装求和的时候，他又在重庆《大公报》上发表了“以前国民党要打，现在共产党要打”的谬论，当然，他用这谬论揭穿了他自己最后的一张皮子，露出了他反共反苏反人民的本性，结果，他就被民盟开除了盟籍。以后半年有余，人世间就久矣乎听不到他的枭声了。

重庆解放了，我想起看看他那尴尬的表情，不知道他今后会不会也来朱光潜那一手？[①]

---

① 佩芝：《想起了梁漱溟》，《新民晚报》1949年12月4日，“夏全11”第312页。夏衍在晚年对自己这方面的失误作了清醒而深刻的反思。从客观上说，毛泽东从8月中旬到9月中旬一连发表了《丢掉幻想，准备斗争》等七篇文章，在全国掀起了一个批判对美帝国主义抱有幻想的“民主个人主义者”的高潮。在当时的环境下，这场批判可能是有必要的，夏衍受到爱国和反对美帝国主义激情的激发，在展开批判“白皮书”的斗争中，就有些过火了。而从主观一面来看，夏衍说：“在强调人民民主专政这个前提下，讲话、写文章，就很难分清政治问题与思想问题之间、敌我矛盾与人民内部矛盾之间的区别，因此，也很容易忘记有理、有利、有节中间的这个‘节’，而误伤了一些正在转变中的爱国的正直的知识分子。轻视、歧视，乃至不信任知识分子的思想和作风，在我们党内有很深很久、也很复杂的基因，而这场批判民主个人主义的思想斗争过了火，我对这一点也不是没有感觉、没有反思的。”（“夏全15”第326页。）

然而，对某些人来说，夏衍为《新民晚报》写稿本身，就是“右”了。他们抱定了一个很奇怪的偏见：私有制是要消灭的，所以共产党应该少与资产阶级分子打交道，而夏衍作为高干给一家私营报纸写稿，他的阶级立场站到哪儿去了？有的甚至说，夏衍别是贪图《新民晚报》的稿费吧？夏衍听了这后一种议论尤觉寒心，便终于在1950年中期搁笔不写了。

1952年夏衍搞的文化常识测验引发的争议就更大了。

按照夏衍的看法，解放初，干部文化素质偏低，“在当时的上海，不论是老区的或地下党的干部，有一个共同的弱点，这就是知识面太窄，而又缺乏自知之明”[①]。到了1952年，居然华东局宣传部还有的干部不知道上海有过公共租界，不知道“左联”“社联”这些党所领导的文化团体。夏衍认为，必须要改变这种情况，要在党的文化机关里培养起一种热爱学习的良好风气。1952年夏，预先打过招呼后，他在宣传部举行了一次处科级文艺干部的文化考试。考题为初中水平，诸如共同纲领、上海市人民代表会议、七届二中全会、印度的首都和太阳系的九大行星，鲁迅、郭沫若、茅盾的名著等等。结果，得80分以上的只有两人，不及格的竟占了70%，连“五四”运动发生在哪一年这样的问题，答对者也寥寥无几。

① 夏衍：《新的跋涉》，“夏全15”，第344页。

这件事本来也就这样过去了，夏衍用意只在触动一下人们的思想。但不料后来华东局整风的时候，居然有人慷慨陈词，说夏衍搞“测验”是“长知识分子的志气，灭工农干部的威风”。夏衍虽然不服，也只好承认“做法上有错误”。好在陈毅支持他。陈毅对夏衍说，搞这样一次测验是好的，但你们文化人办事就是小手小脚，要我来办，答卷上一定要署名（夏衍事先考虑到了被测者的“面子”问题，规定答卷一律不署名），测验的结果得公开发表，只有让他们丢一下脸，才能使他们知道自己的无知。[①]

夏衍自承：这次文化常识测验是他“在上海时期最得罪人的一件事”[②]。事实上，这件事情何止是“得罪人”而已呢？对某些人来说，夏衍这种行为就像是宣战书：他要用文化、知识取代革命的资历与信念，来作为一种新的考察革命干部的标

① 1954年，在夏衍的主持下，又举行了华东文化局直辖的在沪文艺单位和上海文化局各直辖文艺单位干部的文化考试。这次参加考试的人数比前一次规模大多了，有24个单位的670多名干部参试。夏衍事先说明，得分名单要否公布，由各单位的领导考虑决定。这次测验的内容比前两年的深了不少，时事政治方面考到了日内瓦会议、周总理与印度总理尼赫鲁的会晤、我国宪法的性质；历史地理方面考到了王安石、李自成、奠边府、危地马拉等；文艺方面则考到了吴敬梓、杜甫、德沃夏克、契诃夫、鲁迅、茅盾、艾青的作品。但这次考试的成绩较之1952年则有了较大提高，得90分以上49人，80分以上164人，不及格的有172人，占总数的25%左右。可见用考试的手段推动人们学习文化还是有一定作用的。

② 夏衍：《新的跋涉》，“夏全15”，第344页。

准。在许多人的意识深处，这种做法，既违背了自己革命行动至上的信念，也切实地侵犯了自我的个人利益。

黄源在回忆中提到的对夏衍另两个主要意见，即夏衍反对把“社会主义”当作衡量一切文艺作品的标准、以及他对“人性论”的偏爱，其实都和前述的夏衍对老区革命经验的态度相关。正因为夏衍自负对中国百姓现实的文化消费需要较为了解，他就不能轻易同意以一种理想观念上的标准来规约文艺作品的创作生产。因为这只能导致文艺创作的萎缩。也正因为他对于自己在《上海屋檐下》《芳草天涯》以来艺术创作上的自信，他知道任何脱离了人性探索的宣传只能是一种肤浅的宣传，革命终究不能解决人类的一切矛盾。再彻底的革命者在革命之外也一定会有其他的各种人生烦恼。

但这个时期的夏衍，当然还无法理解到：自己的个性在最深沉处与体制存在相当的扞格不入之处。但事实上，他所敬重的几位师友，早在1949年就善意地向他提点了这个问题：

> 在我陪苏联代表团回上海之前，李克农约廖承志、潘汉年和我到他家吃饭，谈了一些我们在桂林时期的往事。克农对我说，那时环境很坏，但是目标只有一个：反对国民党顽固派，所以你可以像野马一样地蹦跳，可现在环境变了，当了执政党的领导干部，你这匹野马也得戴上辔头了。对这几句话我当时不太注意，认为我在桂林、香港工

作时，基本上还是循规蹈矩，算不上“野马”。直到同年初冬，为了一件难办的事向陈总请示，他详细地指点了处理方法之后，忽然若有所感地笑着对我说，你别看我是个武人，我还是粗中有细的。办事要有锐气，同时也要有一点耐心。在复杂的环境中工作，你要记住两句话：“害人之心不可有，防人之心不可无。”[①]

夏衍要在数十年后，几乎是在九死一生后，才能够品味这两位师长劝诫的背后所包蕴的巨大内涵。[②] 但这时他已是一位年近耋耄的85岁的老人了！人生的波折及其感悟通常都具有这样的苍凉意味。

在上海，由于陈毅、谭震林、潘汉年等特殊的胸襟与见识，夏衍工作的锐气得到了最大的保护。尽管工作中不免很多不尽如人意的磕磕碰碰，但夏衍的工作理念，一般都能够得到实行。但当风暴从更高处袭来时，他们也是无能为力的。从这个角度说，他被卷入到《武训传》的批判风暴中几乎是不可避免的。

---

① “夏全15”，第338页。

② 笔者个人认为，夏衍可能最终也没有完全理解李克农“野马”说的真实含义。按照党员一般作风的标准，用“野马”来形容夏衍的精神个性，确是一个精当的比拟。

第三节　《武训传》风波

电影业是夏衍在文化接管和文化改造方面投入心血最多的一个行业，“最累人的是我和于伶分管的电影方面的工作”①。自然的，他的这方面的工作引发了最大的争议。

旧上海电影业的接收与改造，核心问题主要有两个：一，如何变国民党“国营”电影公司及官僚资本的电影公司为新中国的国营电影制片厂；二，如何保持私营电影公司的既有活力。市场对电影产品的需求不会因为政权的更迭而变化（事实上，随着社会秩序恢复正常，这方面的需求会有一个放量增长的过程），而在一个相当长的时间阶段内，国营电影厂由于内部人员调整及资源组合问题，其产量是不可能满足市场需求的。随着西方电影所占据的市场份额的逐步压缩——虽然解放后，经过陈毅的批准，夏衍、于伶等人对无反动、色情内容的美国影片并未采用禁映的手段，但这一趋势是显而易见的，因此在建国初期，私营电影公司在电影业界占据着突出的重要地位。

中国共产党人很早就开始考虑接管大城市后电影产业发展

① “夏全15”，第346页。

的战略问题。1949 年 1 月，夏衍就和欧阳予倩、蔡楚生、史东山、阳翰笙、张骏祥、柯灵、吴祖光、司马文森、瞿白音、梅朵、章泯、顾仲彝、王为一、苏怡、洪遒等 16 人向中共中央递上了一份内容相当丰富、全面的《电影政策献议》。他们指出，“电影是一种具有较优越性能的文教工具，它的表现力强大，传播力广泛”。“电影又是一种重要的企业，资本主义的国家，这种企业被视为和钢铁石油同等重要的环节，以美帝国主义为例，每年由电影这一商品，向殖民地和半殖民地以及生产较落后的其他国家吸吮了巨额利润。”

因是之故，十六人向未来的共和国管理者提出了二十大项、五小项的建议：

（一）无条件没收并接受国民党反动政府的“国营”电影制作机构。

（二）彻查私营制片厂之有官僚资本者，没收其“官股”并予以适当之改组。

（三）整肃电影从业员队伍，凡在抗战时期附敌，或在人民解放战争时期，参加“戡乱”工作者，应一律根据“首恶必办，胁从者免究、立功者受奖”之原则，分别予以查究处理。

……

（五）凡外国电影必需内容纯正，技术优良，始准输入，由政府之贸易机关取得放映权，统筹管理。

（六）整理并扩充国营制片机构，除在适当地点建立中心外，并按地方情形之需要在全国各地设立分厂。

（七）一切私营制片公司，凡致力于进步影片具有成绩之摄制者，应予以积极之扶助。

（八）鼓励并扶助优良之电影工作者，组织合作社性质之制片机构，政府对之应酌予放贷资本，或配给器材。

……

（十三）（戊）确立实习制度，使新人从实际工作中学习，除国营制片厂应尽先实行外，并可资遣学员至各私营厂实习。

……

（十七）废除国民党反动政府之电影检查制度。

（十八）为保卫新民主主义之人民政权，防止落后腐化反动思想之余烬起见，实行群众性的自我检查制度。无论国营或私营制片机构所摄制之影片，应先经由各该机构自身组织之工厂委员会或类似组织，作民主讨论，然后送交全国电影工作者工会性组织之专门委员会评审，取得证明，始得公开放映。[1]

---

[1] 欧阳予倩等：《电影政策献议》，手稿。

这份“献议”的执笔者已不可确考。但其观点的形成，夏衍当发挥了重要作用。比如外国电影必需“技术优良，始准输入”便是他一直强调的一个观点。而该献议所强调的在加强国营电影机构建设同时，努力发挥各私营机构（或合作社组织）的作用，也确是夏衍日后管理上海电影产业的基本思路。——当然，在实际工作中，夏衍对电影产业中私营部分（即“资产阶级”成分的部分）的管理标准放得更宽松了一些。

入城后不久，夏衍就在一次讲话中指出：

> 我们想今后制片方针和写作题材，公营和私营的电影制片厂之间，要有很好的分工，公营电影厂的出品，在全国电影生产上的比例还不多，私营制片厂出品还占着多数。所以电影艺术宣传教育的责任一大部分落在私营电影厂的肩上。至于电影作品，我们的尺度很宽，最低要求对一般社会、人民和政策没有害处；不反人民、反共、反全世界民主运动。当然健康的、鼓励人民加紧生产的作品更好。譬如比之于粮食，滋养好，价钱便宜，对身体有益的最好。而夏天的汽水、咖啡，虽然没有滋养作用，但并没有害处，那也可以。我们并不鼓吹，也不禁止。反之，如鸦片、海洛因，有毒有害的东西，我们决不让它存在。
>
> 目前，在新解放区，电影市场还集中在城市，电影观众多是市民、工人、学生，并不是农民。我们还不可能一

> 定要城市中的人只看农民工人，也不可能叫城市的剧作家去写农村。所以上海的文化工作者，可以写他自己所了解的东西：如鼓励青年向上；描写解放以后的英雄人物；学生工人的护校护厂；金圆券发行以后人民所受的剥削；打击特务，清除一般群众的麻痹观念；宣传劳资两利、公私兼顾，鼓励资产阶级投资等等配合当前政策的题材。①

同年11月，结束军管后不久，夏衍召集私营电影公司业经营者开会，再次强调："一、政府极端重视电影事业，在文化部下设有中央电影局，这是领导和帮助私营电影企业的机构，希望能作到公私兼顾，发展生产的原则。二、关于制片路线的把握（剧本之生产），最低的要求是无害于人民。私营公司应该提高品质，使之比国营公司更好，希望能达到拍摄的电影是人民精神食粮的滋养品，对人民思想上，教育上和新中国的建设上有益处。"②

对夏衍的电影产业管理理念，有学者指出：

> 上海的文艺管理部门对私营电影制片业实行的政策比

① 夏衍：《在上海文管会举行的戏剧电影编导座谈会上的讲话》，《文汇报》1949年7月13日，"夏全6"，第267—268页。

② 《文艺处召集私营电影业座谈，说明人民电影政策》，《文汇报》1949年11月10日。

袁牧之、欧阳予倩他们当初设想的还要宽松。[①] 在袁牧之的设想中，国营电影制片业是第一位的，至少要占全国电影制片力量的1/3；私营电影制片业是第二位的，必须对其进行限制和斗争，以取得国营片的优势地位。欧阳予倩等也只是要求对私营电影制片业中致力于拍摄进步影片并取得成绩的进行扶助。而现在，正如《文汇报》所报道的那样，上海的文艺管理部门不仅允许所有私营制片机构继续拍片，放宽甚至取消了对剧本和完成片的审查，而且在剧本、器材和人员三个方面都积极主动地为这些制片机构考虑。剧本方面“将有‘剧本工厂’的组织来解决剧本荒”，器材方面“在向苏联订货时已把私营公司的器材包括在内了”，人员方面“并不争用私营厂的人才”。为什么要这样做？其实夏衍在第一点说明中已经透露出原因，那就是“公私兼顾，发展生产的原则”，“公私兼顾”乃不得已耳，“发展生产”才是目的。发展生产为什么要倚重私

① 时任东北电影制片厂厂长的袁牧之曾于1949年9、12月向中央写过两个在解放后如何实施国营电影的战略报告。袁在第二份报告中特别提出了如何处理上海私营电影厂的具体设想。欧阳予倩的“设想”即指前引的“献议”。

营制片机构呢？主要是因为国营厂财力、人力和物力的不足。[①]

但既然要发挥私营电影机构的作用，那么问题就立刻出现了。这些机构是小资产阶级作家成堆的地方。解放了，忽然要求他们放弃早已写惯了的题材，而去写“工农兵”，不要说思想上会有抵触情绪，就在实际操作上也颇有困难。此外，按照本能的市场嗅觉，他们知道各类催人奋进、鼓吹高尚情操的电影作品，可能会有很好的社会效应，但除了个别的例外，并不容易取得好的市场效果。就观众的一般趣味来说，他们更愿意

---

① 张硕果：《“十七年”上海电影文化研究》，北京：社会科学文献出版社2014年版，第33页。

有关50岁之后“运交华盖”，夏衍在80年代后的自我总结中，似乎将根子放在了他对知识分子的态度上。按照笔者个人的见解，这恐怕仍是表面原因。最根本的原因可能是他对建国后社会主义改造的节奏有自己的保留意见。按照他对中国社会的理解，他不认为中国能够迅速地摆脱新民主主义的过渡状态而一下子跃进到社会主义阶段：从文化、科技、物质基础、人才储备、普通民众的意识形态水平等等，他都持有较为保守的估计。因此他对上海的私营电影业抱有一定的扶持态度。应当说，黄源在回忆录中特别指出夏衍对社会主义的认识立场问题，是有其尖锐之处的。当然，作为一位坚定的共产主义战士、马克思主义者，夏衍对于社会主义改造本身是完全赞成的，只是对完成这一改造的速度、节奏较有自己的保留态度，并且事实上坚定地坚持自己的立场而已。因此，总结起来，这仍然是一个“性格”问题：他“野马”一般的“自我”较为固执，没能改造成为真正的“驯服工具”，因此也就无法总是无条件地执行上级的政策或指示（通常还会根据自己的理解或现实需要加以变通改造）。

观看与他们自身生活趣味、思想境界更加贴近的内容。[①] 这样就自然产生了一个问题，除了工农兵，小资产阶级、知识分子可不可以写？这个“可不可以写”的意思，就是他们可不可以作文艺作品的主角。

由此居然还引发了一场论战。论战由《文汇报》上引述陈白尘的一段讲话引起。陈白尘说：“文艺为工农兵，而且应以工农兵为主角，所谓也可以写小资产阶级，是指以工农兵为主角的作品中，可以有小资产阶级、资产阶级的人物出现。”[②] 冼群则对此反驳说，小资产阶级成为作品的主角当然是可以说的，关键只在，“我们（写的人）不是站在小资产阶级的立场上，而是站在无产阶级的立场上去研究、去描写的问题……如果是站在无产阶级的立场上，也可以写反动派，也可以写四大家族，也可以写帝国主义”[③]。稍后，张毕来把冼群的观点进一步理论化，认为“一个作家，或者一件作品，在文学史上的地位，基本上，是由这作者‘如何写’他的题材而决定，不是由他写‘如何的题材’而决定”。不过他也反对完全无视“写什么”的问题。并最终得出结论：“无产阶级——多写，肯定地

① 这一点可参见张硕果《“十七年”上海电影文化研究》（北京：社会科学文献出版社 2014 年版），第 87 页。

② 《剧影协昨开会，欢迎返沪代表》，《文汇报》1949 年 8 月 22 日。

③ 冼群：《关于“可不可以写小资产阶级问题”》，《文汇报》1949 年 8 月 27 日。

写；小资产阶级——少写，批判地写；大资产阶级——更少写，否定地写。”①

还有论者试图为写小资产阶级争取更大的合理地位。黎嘉说：“现在我们的政治重心，是由乡村转到城市，城市里大批的市民是属于小资产阶级的，这些人现在岂不正是急需要正确的教育，健康的食粮吗？难道我们的文艺可以完全不顾他们吗？”②

这场论战的规模不大，1949 年的 8 月到 10 月，《文汇报》就这个问题发表了十多篇讨论文章。讨论者以说理为主，火气也都不算大。地域影响则主要集中在华东地区。但北京的有关人士已充分感受到这讨论可能包含的偏离主流意识形态的内容，因此，《文艺报》不请自来地介入了这场讨论。何其芳在细心地研读了讨论的每一篇文章后，写了一篇《一个文艺创作问题的争论》的总结文章。何文除了批评讨论中的一些过左的观点，主要批评了冼群、张毕来等人的“不是写什么而是怎么写”的说法，认为这是否定毛泽东的知识分子和工农兵相结合的号召。

何文发表在 1949 年 11 月 10 日的《文艺报》上，《文汇报》

① 张毕来：《应不应该写小资产阶级呢》，《文汇报》1949 年 8 月 31 日。

② 黎嘉：《我对于“可不可以写小资产阶级”的一点意见》，《文汇报》1949 年 9 月 3 日。

11 月底全文转载了这篇文章。《文艺报》的编委事实是在叫停上海的这场“写什么”讨论。但夏衍却对北京方面介入争论的题外之意缺乏必要的认识。对这场争论，他的表态也不像何其芳这样周到严密，也就是缺乏“防人之心不可无”的意识。当人们去请示夏衍对论争的态度时，他毫无心机，一下子就明确地表了态：小资产阶级、知识分子为什么不可以写？当然可以写。他还引经据典地拿出了毛主席《在延安文艺座谈会上的讲话》。毛主席在《讲话》中不是明确地讲到文艺是为四种人服务的？第四种人就是“城市的小资产阶级劳动群众和知识分子”，“他们也是革命的同盟者，他们是能够长期和我们合作的”。①

---

① 按照当时流行的正统观念来看，夏衍自己身上的“小资产阶级情调”可能就没有得到很好的改造。这里且不说他日常生活作风上与某些革命干部格格不入的地方，他在思想情感上，对小资产阶级的认同度可能是偏高的。这在他发表于《文艺生活》1948 年 9 月第 6 期的《写“方生”重于写“未死”——答石牌 H. F. 先生》中可以看得较为清楚。这篇文章是答一位读者关于小说《春寒》思想情感立场的质疑。夏衍在文中承认自己“往往会‘情不自禁’地怜惜乃至欣赏”（“夏全 8”第 390 页）小资产阶级的弱点。在这篇文章中，夏衍尽管在呼吁作家从“未死的”小资产阶级立场方面摆脱出来，更为积极地拥抱“方生”的人民大众的生活，但他论及知识分子残留的小资产阶级情调时，是充满理解和同情的，而在论及工农兵问题时，除了引毛泽东的讲话和高尔基的论述，自己的心得就很少了。

颇有意味地是，在夏衍 1953 年、1959 年两次出版自己的选集时，几乎都一字不改地引用了这一篇相当于自我批判的文献。这也许是一种自我保护的姿态吧。

夏衍就这样不管不顾某些上级领导部门的意见，按照自己的方式来组织上海电影业界生产“为工农兵服务”“塑造工农兵形象”的影片。

对大部分的私营业主来说，紧跟市场脉搏是没有问题的，但要在紧跟市场的同时照顾精神道德的追求——哪怕是最为宽松的要求，就显得有些力不从心了。他们缺乏这方面的训练。对某些人来说，放松监管有时就等于放弃监管，就等于没有精神道德的要求。有私营业主看到共产党的监管力度较为宽松，居然就立即着手筹拍《杀人夜》之类的电影了。当然，类似在精神状态上过于放松的电影业主毕竟是少数。更多的影业人士的苦恼则在于：熟悉工农兵的不会写电影剧本，会写电影剧本的不了解工农兵。夏衍于是决定联合一批“既了解工农兵，又会写剧本”的同仁，为私营或公私合营的电影公司提供电影生产最基础的原材料——电影剧本：

> 尽管文管会宣布废除了电影审查制度，但是私营电影公司的编导、老板们并没有因此而无所顾忌，相反，他们陷入了无所适从的恐慌之中。“解放了，题材也解放了。可是剧作家反而没办法了。以前固然审查制度可恨，但是从另一方面说，未始不成为一种借口。现在不审查，连老板都对剧本不放心起来。总想事先越慎重越好。”编剧们纷纷搁笔，私营厂也相继停产。为了恢复私营制片厂的生

产，上海的文艺部门一面降低剧本标准，允许电影工作者们写他们熟悉的东西，一面也考虑成立专门的编剧组织来解决私营厂的剧本荒。1950 年春，上海电影文学研究所成立，这是一个民间组织，设有理事会，夏衍、周而复、靳以任理事会主席，陈鲤庭、田鲁任总干事，叶以群任创作委员会秘书，陈白尘、冯雪峰、夏衍、于伶等为审议员。于伶曾把这个组织称为“剧本工厂”，倒是相当贴切，电影文学研究所采取的就是流水线式的创作方法。理事会下设设计、采录和业务三组。业务组“接受各电影公司、各机关团体委托编剧的主题或题材，交设计组研究进行”。采录组负责资料的采访、收集、整理和保管，以供给设计一组利用。设计组则根据采录组提供的资料，结合市场的需求，设计剧本主题、情节和人物等，并交给某位编剧具体执行。①

1950—1952 年，私营和公私合营厂根据电影文学研究所编写的剧本拍摄的影片共有《人民的巨掌》《我们夫妇之间》《夫妇进行曲》《有一家人家》《彩车曲》《为孩子们祝福》《国恩家仇》《神龛记》和《中朝儿女》等十多部。《人民的巨掌》是夏

① 夏衍：《片商应该自肃》，《新民晚报》1949 年 12 月 14 日，“夏全 6”，第 270 页。

衍解放后写的第一个电影剧本。

在夏衍的指点下，当时的上海私营电影厂多根据国家大型文学刊物发表的小说改编成电影剧本。《关连长》和《我们夫妇之间》都改编自《人民文学》上发表的两个同名短篇小说。“文华”拍摄的是《关连长》，讲述的是解放上海前夕的一场战斗的故事，关连长为了不伤害一群小学生而牺牲了自己。《我们夫妇之间》由昆仑制片出品，编剧、导演是郑君里，主演是赵丹、蒋天流。内容是小资产阶级出身的干部李克和工农出身的妻子张英入城之后在工作和生活上发生的矛盾。对这两部片子，夏衍大体上是满意的。工农兵照顾到了，小资产阶级也没有完全忘掉，格调、趣味都不坏，艺术上也够档次。他对于石挥饰演的关连长形象尤其满意。影片公映后，群众反映很好。

在影界人士的思想改造方面，夏衍也抓得不紧。1949 年 11 月 16 日，在上海电影制片厂的成立大会上，于伶曾对新解放区的工作人员和私营厂有一些批评，言外之意将它们看作阻碍上影厂及上海电影事业发展的不利条件。而夏衍在发言中却更多地强调了上海电影积极的有利条件。他说：“国民党反动派在过去 20 余年以来，……建立了许多电影厂，但是由于他们不能得到进步电影工作者的协力，所以尽管他们能够出版反共反人民的报纸，放送反共反人民的广播，但是 22 年以来，他们终于不能摄制出一部反共反人民的电影，这就是中国极大部分电影工作者都是倾向进步民主，靠拢人民的一个明证。”[①]

于此，后来的研究者评论说：

> 既然军管会文艺处的最高领导人夏衍对国统区电影工作者和电影实践抱上述看法，电影工作者的改造问题当然就不会得到多大重视了。上影厂成立后，演员组曾组成学习小组，进行了为期六周的学习，内容主要是反主观主义、反宗派主义和反自由主义，汤晓丹等部分编导人员也参加了学习。1950 年，上影厂的工作重心是完成中央电影局下达的拍摄任务，为了督促摄制组在年底以前拍好影片，中央电影局甚至要求各摄制组的导演写保证书。在这种情况下，电影工作者改造问题也就谈不上了。这还是国营电影厂的情况，私营厂的电影从业人员则基本上没有学习和改造这回事。[②]

夏衍的这些工作方法当然招致了一些不满。于是有人开始讲怪话，说夏衍对知识分子只讲团结，不讲改造，后来拔高到“长知识分子志气，灭工农兵威风”。有人批《关连长》是宣扬

---

① 张硕果：《“十七年”上海电影文化研究》，北京：社会科学文献出版社 2014 年版，第 94 页。

② 张硕果：《“十七年”上海电影文化研究》，北京：社会科学文献出版社 2014 年版，第 62—63 页。

“资产阶级的人道主义”；《我们夫妇之间》问题更多。上海文艺领导“右倾”、“小资产阶级思想泛滥”，脱离工农兵路线的责任应完全由夏衍来负。对夏衍的这种批评之声，一时间在上海、北京两地形成了充分互动，《文艺报》未经有关组织部门的同意，就擅自发表了点名批评夏衍“右倾”的内部通报。

在一派批评声中，陈毅保护了夏衍。他在一次市委常委会上说，上海执行党中央的知识分子政策，一切措施都经过常委会批准讨论，所以北京《文艺报》指名批判夏衍右倾是不对的。按理，夏衍是上海市委的宣传部长，《文艺报》批评夏衍事先得征求上海市委的意见。[①] 周恩来表示同意陈毅的意见。

在《武训传》批判风波来临之前，尽管经常遭受一些非议，总的说来，夏衍在上海市委还是颇受重用的。1951 年的 4 月，中央点名要夏衍与刘晓一道，赴京参加以林伯渠为团长、沈钧儒为副团长的中苏友好代表团（刘晓后因故未能成行）。夏衍任代表团秘书长，实际负责处理团内日常事务。

4 月 16 日，中苏友好代表团离京赴苏，4 月 20 日，进入苏联境内。经过将近一个星期的路途，4 月 26 日，夏衍一行抵达莫斯科。这是中苏最好的时代，夏衍一行在苏联得到了极好的招待，得以参观莫斯科大学、克林姆林宫、高尔基故居、斯莫尔尼宫等闻名已久的胜迹以及“火花”农场、雪尔巴考夫纺

① “夏全 15”，第 343 页。

织厂、日丹诺夫红色造船厂、莫洛托夫汽车厂等代表苏联工农业建设成就的各单位。在当时国际关系“一边倒”的氛围中，夏衍深深地感受到了“社会主义大家庭”中浓郁的爱的气氛。在5月1日的日记中，他记述了中国代表团参加红场大阅兵的盛况：

> 中国代表团受到最热烈的欢呼。“中国朋友—乌拉”，“伟大的中国人民万岁”，“毛泽东万岁”……每一个队伍经过我们前面，一定有暴风雨般的欢呼与鼓掌，特别以工人为最热烈。有些人情不自禁，把手里的花掷过来。“将军之女”们把花拾给我们，每人都有了花。狂雨时无一人退却。
>
> 3时完毕，4时晚餐，波兰、德国等代表团纷来敬酒，我们亦出去敬酒。
>
> 晚，与沈老等到红场观烟火。十余万群集一处，秩序良好，证明了日间华西列夫斯基元帅所说的人民的自觉性与创造性了。同时，也是一个文化问题，人民文化水平高了，就显出了健康、愉快、有秩序、自觉互助。
>
> 在人行道旁，有一家团圆在街旁阶梯依偎者，有决心保卫和平的人们，才会有这种爱。①

---

① 夏衍：《苏行杂记》，“夏全16”，第286页。

但夏衍对苏联文化可能存在的僵化等问题，并非完全没有反思。5月16日，他与欧阳予倩、竺可桢等共同观看了小剧场的《安娜·卡列尼娜》。这是斯坦尼斯拉夫斯基体系的示范剧场。演员演技极好，布景甚简单。夏衍观后却感到："太重演技，演技甚至有非大众化之处，有些独白、对白似已成诗剧形式。我以为这不是健康的发展，是不是如此发展下去会走向'小众'的路子呢？"①

在苏联期间，夏衍还曾与粟裕、叶群、姚依林等会面。

1951年5月31日，夏衍又参加了一个以沈钧儒为团长的代表团，访问新成立的民主德国，夏任副团长。访问途中，东德残留的巨大战争创伤痕迹给他留下了极为深刻的印象。期间，一位有些种族优越感的广播电台女记者在采访过程中向夏衍突然提了一个很不礼貌的问题："中国人民生活有了些什么变化？现在还有没有辫子？有没有娼妓和黄包车？"夏衍有礼有节地回答了她：

> 看一个国家的人民生活的变化，我们认为该从本质着眼，而不能单看一二表面现象。中国从半殖民地地位变化成独立民主强大的中华人民共和国，这是本质的变化，中

① 夏衍：《苏行杂记》，"夏全16"，第298页。

国人民从被帝封压迫变为国家的主人，这是本质的变化，本质变了，现象就不可抗拒的要发生变化的。至于中国人有没有辫子，这个问题的最简单的回答是请看看我们代表团头上有没有就行了。（哄笑，主席寇能大吼："在德国人头上还有一根眼看不见的很长很长的反动辫子呢。"记者中有一人说："请这位女记者自己摸摸看。"我补充一句："当然，我们十三四岁的女孩子们也和你们的姑娘一样的有辫子的。"）（哄笑）

其次是娼妓问题。在这里请容许我替这位夫人更正一个字，就是 Geisha（艺伎）是日本名词，不是中国的，对于此，我们认为是一个社会问题、经济问题。德国革命的伟大先驱者 August Bebel（奥古斯特·倍倍尔）在他的名著《妇女与社会主义》中曾专设一章讨论这个问题。大概在座的各位一定读过的。在中国，毫无疑问的还有旧社会的渣滓，我们正在渐渐地清除这些，譬如在北平，两千名娼妓已经在 1951 年经过学习改造而转入劳动生产了，这件事我们曾有过一部纪录电影。（鼓掌）至于黄包车苦力，我们认为只要中国一天天地走向工业化，这些问题就都会渐次的不存在的。①

① 夏衍：《旅德杂记》，"夏全 16"，第 309—310 页。

6 月 29 日，夏衍结束了他的访德之旅，回莫斯科乘机归国。飞机 7 月 1 日至赤塔。7 月 5 日，夏衍坐火车抵达了北京。郭沫若前往接站，欢迎仪式甚为隆重，他亦颇坦然。尽管他在回莫斯科乘机途中，已从中国驻苏联大使馆文化参赞戈宝权处得知国内批判《武训传》的消息，但他以为这件事情与己无关，就没有太放在心上。因此，归国后，他还有闲心访友（廖承志、吴祖光、黄苗子等）。他准备在北京多呆几天，写完出访总结向总理汇报后，再返回上海。

他把事情想得太简单了。

7 月 6 日，就在夏衍埋头写“出访总结”的当儿，周扬打来电话，要他去一趟，有事面谈。见面之后，周扬也未作寒暄，又不问访苏访德的情况，就问起他是否知道毛主席批评《武训传》的事情。周扬很严肃地要求他赶快回上海，写一篇关于《武训传》问题的检讨。

夏衍到底做了多年的领导干部了，他知道周扬谈话的分量，这是要他承担起《武训传》错误的责任！这可不是儿戏的事情。毛主席怎么说来着？“特别值得注意的，是一些号称学得了马克思主义的共产党员。他们学得了社会发展史——历史唯物论，但是一遇到具体的历史事件，具体的历史人物（如像武训），具体的反历史的思想（如像电影《武训传》及其他关于武训的著作），就丧失了批判的能力，有些人则竟至向这种反动思想投降。资产阶级的反动思想侵入了战斗的共产党，这难道不是事实吗？一些共产党员自称已经学得的马克思主义，究竟跑到什么地方去了呢？”这是极为严厉的批评，夏衍自忖自己承担不起，也不应当由自己来承担这个责任，因此就有些情绪激动地与周扬辩驳了起来。

周扬的官威很重，但他和夏衍的关系到底非同一般。夏衍故而“还是敢于和他抬杠”①。周扬可能也知道，在《武训传》这一件事上，夏衍其实并不负太多的责任。因为“昆仑”的老板任宗德与孙瑜、赵丹到上海市文化局找夏衍，提出拖延了多年的《武训传》的拍摄工作时，曾向夏衍提出过两个请求：一、请求文化局贷款三亿元（折合现人民币三万元）；二、要求夏衍审定及修改剧本。夏衍对这两条都拒绝了。要钱，没有，文化局穷得很。如果说郭沫若先生对这个题材感兴趣，那就向政务院或文教委申请好了。但更主要的是，他本人对武训

---

① 夏衍：《〈武训传〉事件始末》，“夏全15”第352页。李子云回忆：夏衍每次去京，他常到车站来接，并必到夏衍住处探望，或约到他家里谈话。爱屋及乌，他对夏衍身边的年轻人态度也是友善宽容的。当然，即使在这些私人性的场合，周扬也总是谈工作，把聊天弄成开会或变相开会。（李子云：《探病中周扬》，李子云：《我经历的那些人和事》，上海：文汇出版社2005年版，第122—123页。）

其人及其“事迹”是持保留意见的，认为“武训不足为训”，[①]觉得在当时情况下花这么大的人力物力去拍这样一部片子意义不大。最后是中央文教委员会审定的剧本和找的贷款。而《武训传》的公映，是华东局第一把手饶漱石拍板决定的（饶平时不苟言笑，很少与文艺界人士打交道，但据说他看完电影后居

---

① 还需要指出的是，对于与《武训传》同时期遭到严厉批判的另一部电影《清宫秘史》，夏衍早就指出了它历史观念过于陈腐落后的弊病。1949 年 1 月他在《华商报》的“七人影评”专栏上撰文写道：

拿珍妃的悲剧来说，一个天真的女孩子，折磨在西太后淫威之下，以至于死，这一条主线，就足以充分地发挥出了封建专制的残酷，足以暴露出皇家宫闱的阴暗面，也足以抒发出一篇女性被迫害的哀歌。因为皇家不是简单的民间，它更是一个封建权势的总汇，而可以有力地在反封建的意义上赋予这片的生命的。然而，剧作者并不曾着重这一点，而把珍妃过分夸张地幻想地处理为政治人物，成为斗士，成为维新运动的支持力量之一。这不但是不可能的事实，而且消解了珍妃本身所应有的悲剧性，也就减轻了作为宫闱片的反封建的意义……

有人以为当时的改良主义担负不起时代的任务，即使说能够的话，制作者归根结底也还是希望于统治者政权稳定罢了，这便无视了广大的人民群众和人民的疾苦。虽然结尾出现了向光绪献食物的老百姓，但这不是描写老百姓，而相反地正是为了光绪，才用这种画面把他粉饰为一个人民爱戴之君的；也许在野史、笔记小说中有这样一笔，甚至真的有这样的事实，但是这样的少数迷信帝王的百姓，也正如我们这片的制作者一样，是并不足以代表广大群众的见解的。制作者所标出的主题“得人心者得天下，失人心者失天下”，我们如果仔细去品味这话的语气、口吻，更明显地是代皇家立言，而自外于人民的。在今天人民的时代，这样的制作，更不能不认为是值得考虑的。（夏衍：《追谈〈清宫秘史〉》，“夏全 6”第 246—247 页。）和“武训不足为训”一样，这篇文章亦颇可证明夏衍的先见之明。这也许正是夏衍不服周扬问责于他的领导责任的底气所在。

然笑容满面，站起来和孙瑜、赵丹握手，连连说：“好，好。”祝贺他们的成功），还得到过朱德等领导人的支持，这些都和夏衍没什么关系，也远远超出了夏衍的能力范围。

他因而只是非常平静地告诫夏衍：《人民日报》那篇文章，毛主席亲笔改过两次，有大段文章是他亲自写的。为此我作了检讨，周总理也因为他事先没有考虑到这部片子的反动性而一再表示他有责任。这部片子是上海拍的，你是上海文艺界的领导，能不负一定责任吗？

夏衍还要分辩，周扬果断地打断了他：“你再想一想，除了《武训传》外，还有一些别的问题，中央领导也是有意见的。”话说得很含蓄，但夏衍还不知道他的弦外之音吗？周扬的压力也很重，夏衍在上海闯的“祸”，如对知识分子“只讲团结，不讲改造”，如“文艺可不可以为小资产阶级服务”等等，现在到了一个了断的时候了。否则，对那些未必比周扬更“左”但却与他一样保持着宗派对立情绪的同志来说，这将又是一个绝好的攻击口实了。

于是夏衍说：“好吧，明天写完出访总结，后天就回上海。”

周扬这时才露出了笑容：这样就对了。现在我们是执政党，党员——特别是老党员要勇于负责嘛。要你写检讨，主要是因为你是华东和上海的文艺界领导。

周恩来在这场风波中，尽力保护文艺界人士。在夏衍回上海前，他亲自打电话，告诉夏衍，也让他转告孙瑜、赵丹：这次批判中央是对事不对人，所以这是一个思想问题而不是政治问题，上海不要开斗争会、批判会。文化局可以邀请一些文化、电影界人士开一两次座谈会，一定要说理，不要整人。至于孙瑜、赵丹，能作一些自我检讨当然好，但也不要勉强。他最后还叮咛了一句：方便时，你可以把我的意见告诉饶漱石和舒同。

1952 年 3 月，周恩来到上海视察工作，在一次万人大会上作报告的时候，还特意提到了《武训传》的问题。他说，1949 年 7 月第一次文代会时，当孙瑜向他提出想拍《武训传》时，他只提了武训这个人的阶级出身问题，而没有予以制止。后来和刘少奇同志一起看了影片，也没有发现问题。所以他本人对此负有责任。同时，周恩来还强调说，孙瑜和赵丹都是优秀的电影工作者，在解放前的困难时期，一直在党的领导下工作，所以这只是思想认识的问题，千万不要追究个人责任。周恩来的这番努力对当时身处困境的各位相关人士当然起到了很大的保护作用。

回到上海，夏衍先找到饶漱石、舒同（这时陈毅在南京），汇报了周恩来的意见，并说自己要作公开的自我批评和写文章检讨。饶漱石没有为难夏衍。当然他自己对《武训传》的看法也是不会再提起的。

回到文化局，夏衍找到于伶、戴百韬、黄源等人，了解了前一段文化局自我检讨的情况。于伶前一阵子被吓得够呛。夏衍笑了笑："我是主要负责人，责任由我来承担。"

夏衍先在上海文化局召开的约一百多人的集会上对《武训传》问题作了检讨，后来又把这次发言整理成文，寄给周扬，这就是《人民日报》1951 年 8 月 28 日发表的《从〈武训传〉的批判检查我在上海文化艺术界的工作》。

虽然心里已做好了一切准备，但一个人向自己不以为是错误的错误或还没有认识是错误的错误开火，总是困难的。夏衍号称文章快手，但动手写这篇文章到完稿却艰难地磨蹭了一个多月。他虽然是诚心诚意地深挖自己思想深处的"病根"，却总有些"想不通"的地方。于是，只能一遍又一遍奉读《人民日报》社论中那令人惊心动魄的文字："像武训那样的人，处在清朝末年中国人民反对外国侵略者和反对国内的反动封建统治者的伟大斗争的时代，根本不去触动封建经济基础及其上层建筑的一根毫毛，反而狂热地宣传封建文化，并为了取得自己所没有的宣传封建文化的地位，就对反动的封建统治者竭尽奴颜婢膝能事，这种丑恶的行为，难道是我们所应当歌颂的吗？向着人民群众歌颂这种丑恶的行为，甚至用革命的农民斗争的失败作为反衬来歌颂，这难道是我们所能容忍的吗？承认或者容忍这种歌颂，就是承认或者容忍污蔑农民革命斗争，污蔑中国历史，污蔑中国民族的反动宣传为正当的宣传。”①

问题果然有这么严重吗？夏衍猛抽着烟，一次又一次地强迫自己的思想向社论靠拢。他的秘书李子云回忆说：“那些天，除去开会的时间，他都将自己关在里间办公室内，我有事进去，他都是紧锁着双眉在抽烟——紧锁双眉是他当年有难处或表示不满意时的唯一表情。在上海工作那段期间，无论遇到什么情况，我都没有见到他发脾气。——满屋子氤氲缭绕，烟雾腾腾。但是，他放开检讨文章，走出屋来，看到我们一帮小鬼，仍然不忘与我们开开玩笑。”

想了一个多月，似乎有些想通了。夏衍检讨自己的思想已跟不上形势的发展，“在过去反动统治时期，上海革命的文艺工作者经过曲折的方法，从黑暗中透出一点火花，就可以得到人民的欢迎与拥护，可是在今天，不投身到火热的斗争，不去描写那些轰轰烈烈的、可歌可泣的新的英雄形象，进步了的群众就会不满和厌弃了。由于我们没有明确地规定今天文艺工作的新的任务，由于我们没有坚持依靠工人阶级的思想，由于我们没有将为工人阶级服务、发展工人文艺作为我们文化艺术工作的主要任务，我们就不知不觉地在工作中被‘居民中的非无产者社会阶层’缠住手足，忙碌于一些可做可不做的，乃至完全可以不做的琐屑事务，而不能集中力量去做好‘非做不可’

① 《应当重视电影〈武训传〉的讨论》，《人民日报》1951年5月20日。

的工作。上海文化艺术工作，由于缺乏思想领导，由于犯了自由主义的毛病，所以形式上虽然轰轰烈烈，实际上的成绩距离人民的要求却很远。”①

据说毛泽东相当满意夏衍的这番检讨。文章发表前夕，周扬特地打电话告诉夏衍，这篇文章送请毛主席看了，他还亲笔修改，有一段话是他写的。并说：“毛主席看了后还对我说‘检讨了就好’，还要你放下包袱，放手工作。”②

建国后震动全国的对《武训传》的批判，至此大体上算是告了一个段落。尽管在这场批判中，几个直接的当事人如夏衍、赵丹、孙瑜等都得到了一定的保护，《武训传》作为一个艺术文本自身也并非没有可议之处，但必须承认的是，以发动文艺运动的方式对作品进行批判，是在共和国的文艺发展史上开了一个不良的先河。中共1980年代意识形态领域主要的领导人谈到这一事件时这样说：

> 当时这场批判，是非常片面的、非常极端的，也可以说是非常粗暴的。因此，尽管这个批判有它特定的历史原因，但是由于批判所采取的方法，我们不但不能说它是完全正确

---

① 夏衍：《从〈武训传〉的批判检讨我在上海文化艺术界的工作》，“夏全8”，第423—424页。

② 夏衍：《〈武训传〉事件始末》，“夏全15”，第353页。

> 的，甚至也不能说它是基本正确的。……这部影片的内容不能说没有缺点或错误，但后来加在这部影片上的罪名，却过分夸大了，达到简直不能令人置信的程度。从批判这部电影开始，后来发展到批判一切对武训这个人物表示过程度不同的肯定的人，以及包括连环画在内的各种作品，这就使原来的错误大大扩大了。这种错误的批判方法，以后还继续了很长时间，直到党的十一届三中全会才得到纠正。[①]

这场批判还直接引发了 1951 年 6 月开始的对萧也牧《我们夫妇之间》等小说的上纲上线的批判，对电影《我们夫妇之间》《关连长》的公开批判，致使它们遭到禁映（小说《我们夫妇之间》的作者萧也牧、电影《关连长》的主演石挥等则遭受了很大的牵连）。其直接后果是国产故事片的年产量急剧下降，从 1950 年和 1951 年产故事片二十五六部，至 1952 年下降到了两部。当时就有人对夏衍开玩笑说，拍片找麻烦，不拍保平安，初露头角的导演成荫的一句名言广为流传："但求政治无过，不求艺术有功。"

1952 年全党开展了整风运动。文艺界的整风一定程度上可看作《武训传》批判的继续。北京的《文艺报》则终于得到了

① 胡乔木：《对电影〈武训传〉的批判不能说是基本正确的》，胡乔木：《胡乔木谈文学艺术》，北京：人民出版社 1999 年版，第 327—328 页。

公开点名批评夏衍的机会。这可以证明长期以来它对于上海、对于夏衍“偏右”的批评都是正确的。它在当年刊载署名文章，点名批评夏衍及其领导的上海电影文学研究所，认为该所“违背毛主席的文艺方针，抄袭堕落的资产阶级的好莱坞创作方式，甚至在作品中可耻地为资产阶级作宣传”。《人民日报》的报道也称：“正如最近文艺报所指出的，上海电影文学研究所曾经错误地采用了美帝国主义好莱坞式的创作方法，完全漠视了编剧者的思想改造和生活体验；其结果，就是制造出一连串犯有严重错误的，散布资产阶级和小资产阶级思想的电影剧本。”[①] 这一次，陈毅就不便出来保夏衍了。

---

① 严子争：《资产阶级创作方法的失败——关于上海电影文学研究所》，转引自张硕果：《“十七年”上海电影文化研究》，北京：社会科学文献出版社2014年版，第95页。

必须指出的是，解放初期的《文艺报》经常扮演着严厉的意识形态督查的角色，其严厉程度远远超出了必要。按照学者不完全的统计，“仅1950年、1951年丁玲主持下的《文艺报》就先后批评了鲁煤的话剧《红旗歌》、王子辉的剧本《关羽之死》、路翎的小说《女工赵梅英》、孟淑池的小说《金锁》、王震之的电影《内蒙春光》、朱定的诗《我的儿子》和小说《关连长》、卢耀武的小说《界限》、王林的小说《腹地》、胡丹沸的话剧《不拿枪的敌人》、沙鸥的小说《驴大夫》、王亚平的诗《愤怒的火箭》、碧野的小说《我们的力量是无敌的》、卞之琳的长诗《天安门四重奏》、萧也牧的小说《我们夫妇之间》和《在海河边上》以及《锻炼》、话剧《爱国者》、隋问樵的小说《赵同志》、李微含和辛大明的歌剧《石榴裙》、张志民的小说《考验》等诸多作品。至于被批判的作者，最低也要作公开检讨，严重的停止写作，至于在政治运动激烈的‘反胡风’、‘反右’、‘文革’时期，被流放、被送进监狱也是平常不过的。”（商昌宝：《茅盾先生晚年》，石家庄：河北人民出版社1994年版，第57—58页。）

尽管自身遭到了冲击，但在上海的整风运动中，夏衍还是尽力将工作做得缓和一些。1952 年 5 月，上海文艺界进行整风，同年 9 月，上海新闻界进行思想改造。这两次学习运动，夏衍先后担任学习委员会副主任和主任，是实际负责人。

夏衍在整风运动开始的时候，做了题为《纠正错误，改进领导，坚决贯彻毛主席的文艺方针》的动员报告。在这个报告中，他再次检查了自己在《武训传》批判、“可不可以写小资产阶级”等问题上犯的错误。这个报告全文发表在了《解放日报》（1952 年 5 月 23 日）上，因此，也可以视为是夏衍一个再度的检查报告。

尽管已经多次受到“只讲团结，不讲改造”之类的批评，整风运动中，夏衍还是强调一定要“和风细雨，与人为善”，绝对不搞“残酷斗争，无情打击”。他谆谆告诫学习运动办公室担任联络员的诸位同志，上海文艺界情况复杂，如果不摸底，很容易伤人。为了帮助联络员了解各自联系单位的情况，他找每一个联络员谈话，向他们交待每一个具体单位要注意的情况和人物。欧阳文彬联系的单位是上海戏剧学院，夏衍谈到了两个人，一个赵铭彝，一个朱端钧。赵铭彝是左翼剧联最早的领导人之一，被反动派逮捕后表现坚强，没有出卖组织和同志，对革命是有功的。朱端钧是唯美派早期的代表人物，在话剧导演方面有较深的造诣。夏衍强调说，凡是对革命有过帮助的人，哪怕他只不过同情革命，做了一点小事，我们都不应该忘记。旧社会有不少具有正义感和爱国心的知识分子，我们不能挫伤他们。他向欧阳文彬引用了一句陈毅常爱说的话：“这样人家才会讲我们有良心。”

新闻界思想改造时，欧阳文彬分工联系《文汇报》与《新民晚报》的工作，夏衍又把她找来谈话。因为运动后期《新民晚报》将和《亦报》合并，夏衍就较多地跟欧阳讲了两家报纸的老报人在白色恐怖环境下写文章呼吁民主，掩护地下党员的情况。他还介绍了这些报人的一些业务专长，例如《新民晚报》的张慧剑、赵超构，曾与张恨水、张友鸾并称“三张一赵”，在读者特别是小市民中，享有很高的声誉；《亦报》唐大郎的打油诗，冯小秀的球评，很受读者欢迎；还有姚苏凤，30年代就是我们党的老朋友了，他的影评、散文都很有功力……末了夏衍叮嘱欧阳文彬：资产阶级的办报思想和新闻作风需要批判，但要具体分析，不能简单化，更不能粗暴待人。

多年后，欧阳文彬深情地回忆起夏衍的人格风范：

> 在我印象中，上海文艺界、新闻界的情况，夏衍心里都有一本账。那么多人，那么多事，他能记得清清楚楚。真不知他脑子里怎么装得下那么多东西。他说，有些是自己经历的，有的是地下党提供的，关键在于认真理解和执行党的知识分子政策，尊重知识，爱惜人才，只要真心诚意这样做，自然就会记住。事实确是如此。在学习运动

> 中，联络员每次回办公室汇报，他都认真地听，及时了解运动的进程和情况，随时帮我们分析问题，解决问题。那两次学习运动进展健康顺利，没有出现什么大的偏差，是和夏衍的领导分不开的。①

在这次文艺整风中，有两个人精神失常了，一个是作家，一个是演员（即著名演员王人美）。联络员汇报时，整风办公室里有人怀疑他们是为了逃避运动而装病的。这个时候，“凡事左三分”已经成了中共党内不少人的通病。夏衍态度却不同，他说：“宁可信其有，不可信其无嘛。如果他们真的有病我们不信，就会采用粗暴的态度对待他们，非但于事无补，还会导致病情加重。”

有人不服气：“假如他们真的装病呢？”

夏衍笑了笑，解释说：“这位作家参加过延安整风，当时有些过头的做法，他可能被整怕了，现在可能有点儿条件反射。而那位演员过去倾向进步，拍过不少好片子，但生活上受

---

① 欧阳文彬：《在两次运动中》，《文汇报》1996 年 3 月 27 日。这一次上海市的文化界整风的来龙去脉、规模及后果，可参见徐庆全《从夏衍致周扬信看上海的文艺整风运动》（《纵横》2002 年第 10 期）一文。林默涵说这次文艺界整风发生在 1952 年冬，恐不确。或各地开展整风的时间不一致。林还说，“整风是在和风细雨中进行的”。（林默涵：《十七年文艺战线的一些大事》，朱元石：《共和国要事口述史》，长沙：湖南人民出版社 1999 年版，第 76 页。）的确，较之后来，这次整风是“过于”和风细雨了。

过刺激，有发病的可能。”他最后说：“就算他们没病装病，装得了一时，装不了一世，以后有的是受教育的机会，主动权掌握在我们手里，何必性急?”

夏衍对著名女作家张爱玲的关怀在文艺界内一直传为美谈。他是1946年重返上海后才看到张爱玲的小说的，很欣赏这位女才子细腻的笔触和高超的表现技巧。张是一位自由主义色彩颇浓的知识分子，但夏衍却一直想让她加入到新民主主义文艺战线的阵营中来。解放后，张爱玲暂时留在上海。夏衍曾多次派人去问候她的情况，甚至想代为撮合她与桑弧之间的姻缘。然而大势所趋，由于对共产党的政策缺乏理解和信心，张爱玲决定离开上海。她对夏衍派来挽留的同志黯然说道：“夏公一直关心我。他说的两件事情，一留下来，二与李（桑弧）结合，现在看来，都不大可能了。代我多谢他的美意吧。”

夏衍也遗憾到底没能留住李丽华。

数十年后，他回忆说：

> 关于李丽华和张爱玲的离开大陆，情况各有不同。……因为张爱玲一直是个有争议的人物。她才华横溢，二十多岁就在文坛上闪光。上海解放前，我在北京西山和周恩来同志研究回上海后的文化工作，总理提醒：有几个原不属于进步文化阵营的文化名人要争取把他们留下，其中就谈到刘海粟和张爱玲。总理是在重庆就辗转看过她的小

说集《传奇》，50年代初我又托柯灵同志找到一本转送周总理。但是张爱玲后来到了香港，走上反共的道路，这是她自己要负责的。人活在世界上，客观上确有各种影响和干扰，但是路还要自己走。……

李丽华并非是原先就研究要争取留下的，但是对这样一位中国40年代的大明星，我们还是欢迎她为新中国电影事业再创新的业绩。后来她走了，有一点是和张爱玲一样的，就是我们在解放后那几年，开展文艺界整风中，对她们的团结和关心不够，加上当时拍片子少，由于多种因素，当然轮不到她。其中也确实有不符合党的统战政策的做法，所以后来使她们呆不下去。①

《武训传》到底是深刻地影响了夏衍的个人发展。1952年，他被免去上海市委宣传部长一职，调华东局任宣传部副部长。这实际是一个处分。

需要指出的是，我们在此用较多的笔墨检讨《武训传》批判所产生的后果，并不是要否认中华人民共和国建立后在电影业方面所取得的巨大成就——这方面，人们可参考陈荒煤主编《当代中国电影》（北京：中国社会科学出版社1989年版）等专

① 夏衍：《〈大江东去——沈祖安人物论集〉序》，“夏全3”，第476—477页。

著或专论，此处不赘。我们只是感叹这种突然而至的疾风暴雨式的政治批判，扼杀了中国电影本应享有的一种广阔可能性。批判《武训传》之后，国产电影产量的骤减不能不说是一个直接的打击。更严重的是电影界从此形成了“不求艺术有功，但求政治无过”的习气。尽管有研究者争辩说《武训传》批判后电影界整体的精神风貌还是积极健朗向上的，[①] 但这恐怕还是较为表面的现象，并且大多表现在年轻人的身上，不然就很难解释此后相当一段时间内的国产电影质量为什么这么差，以至于《文汇报》1956 年 11 月要开辟一个专栏来讨论“为什么好的国产电影这样少?”了。[②] 当然这已是后话，在此不多作展开了。

调任华东局宣传部副部长后，夏衍有比较多的时间抓华东地区的文艺创作，特别是电影创作了。既然“电影文学研究所”遭到了批判，1952 年，他就将“电影文学研究所”改名为“电影剧本创作所”，由他兼任所长，亲自抓所里的工作，从剧本的选材到作家的生活，都一一关心到了。不少人后来回忆

① 张硕果：《“十七年”上海电影文化研究》，北京：社会科学文献出版社 2014 年版，第 121 页。

② 据统计，1950 年代初（大致是 1953 年至 1956 间），国产电影上座率一般为 40%，只有少数可达 60%，最差的《一件提案》只有 9%，纪录片《幸福的儿童》连广告费都收不回。可参见沈芸《中国电影产业史》（北京：中国电影出版社 2005 年版），第 167 页。

说，夏衍任所长期间，是他们一生搞创作最宽松、最舒畅的时期。

当时电影剧本创作所的成员大半是未婚青年，闲来无事，常常通宵达旦地打百分。夏衍知道后就找领头的几个人去谈心："打牌可以，但打通宵不好。对身体、对工作都不利，到12点也就差不多了嘛。"

解放初期，知识分子政治地位比较低，但在经济收入上，却相对比较高。所里的未婚青年们拿到工资，常常相互请客，聚餐的次数多了，有人便反映到夏衍这里。夏衍找了几个人去谈话："大家在一起吃饭，我不反对。但最好不要在机关食堂里吃，要到那些小饭馆里去吃。小饭店里有许多食客是很有意思的，你们一边吃饭，一边也可以观察他们。生活是无处不在的。"

"读万卷书，行万里路"，是夏衍在创作所里经常讲的两句话。他告诫青年作家，要了解老百姓，了解他们的喜怒哀乐，就必须深入到他们的生活中去。这样写出的作品也才扎实。他曾对从事喜剧创作的李天济说："生活里知识无穷无尽，作家要到生活里去不断增长自己的知识。你作品里写到树叶沙沙响，那是什么树？花开得很鲜艳，是什么花？连这都不懂，还当什么作家？这些你不了解，还写得好吗？"① 李天济要写一个

① 陈坚：1992年12月李天济访谈录。

宣传婚姻法的剧本，夏衍对他说，先别急着写，到下面去生活一段时间，于是他就找了一个卷烟厂去“下生活”。

这个时期夏衍还兼任华东文联筹委会主任。他对华东文联创作队也是作这样的要求，和陶钝、王安友、苗得雨等人一见面，谈的也是作家如何下生活的问题。

夏衍对陶钝说：“你和安友、得雨对农村生活都熟悉，考虑个雄才大略的计划吧！也写点小说怎么样？”

苗得雨有点畏难情绪地说：“试试吧。”

陶钝生气地说：“别说试，就是写。”

夏衍则说：“方法嘛，还是大家都回生活里去，你们从山东来的，也还回山东去，只是人是这里的人。当然，在生活里，是那里的人，考虑还是做些实际工作，要兼点职，要和当地的同志一道工作。生活半年，一年，两年，回来，再同一些搞理论的专家研究怎么写的问题。这办法怎么样？”

根据夏衍的意见，从1951年底到1952年初，苗得雨、陶钝、王安友、峻青、陈山、谷斯范、罗洪、刘知侠、芦芒、炼虹等作家都分别组成创作队，到山东、安徽等地农村和工厂深入生活，从事基层工作，几年后在创作中便取得了很大的成绩。如峻青回到原来战斗过的地区，以“胶东纪事”为题，写出了《黎明的河边》《老水牛爷爷》等一批名作。苗得雨在文艺整风后回到山东，去了著名劳模吕洪宾的莒县吕家庄，参加了地委工作组，不久便写出了《老钢的故事》《亲家》《李家姑娘的秘密》等小说，发表在《文艺月报》上。[①]

为了促使年轻作家重视生活积累，1954年夏衍曾亲自出题目测验上影厂与电影剧本创作所的编导人员。测验题目难度不大，但覆盖面很广，比如上海到北京的铁路有多少公里？上海煤球多少钱一担？大米多少钱一斤？陈永康是干什么的？王文娟是谁？四部中国古典名著的作者是谁？鲁达是谁？……等等。

不少人答得不错，但也有人瞠目不知所云。据李天济说，他平时不爱看戏曲，不关心地方戏，“王文娟是谁”，就有点抓瞎了。他胡乱答道：“王文娟是纺织女工，劳动模范。”夏衍看了李的答卷后，就对他说：“亏你还是搞戏剧的，王文娟这个越剧明星都不知道！要看看戏曲，不要一脑门子话剧、电影。要了解老百姓，他们喜欢看戏曲的人更多。”[②]

年轻人写出了作品，夏衍总是十分重视和爱护。他极有“逢人说项”的雅量。前面讲到的李天济搞的那个剧本写好后，夏衍看了，认为是个不错的本子，就替他向文化部电影局推荐。不料主管者口味与夏衍不一样，居然把它给“枪毙”了。夏衍将剧本带回了上海，李天济既感激又惭愧。夏衍却安慰他：“这次失败，我也要负一半责任。”他又将本子给沪剧团和

① 苗得雨：《夏衍要我们下生活》，《文汇报》1994年11月13日。

② 陈坚：1992年12月李天济访谈录。

淮剧团，由他们改编后，进行了公演。

苗得雨到中国作协文学讲习所学习之后，给夏衍写了一封长信，谈学习情况与写作中的一些想法，并提到写的几首诗《文艺月报》没发。夏衍接信后立即回了一封长信，说："我已同月报的魏金枝同志谈了，你的诗水平不够，要帮助，我让他们要注意发你的诗。"

他自己则在1953年写出了话剧《考验》。这是他建国后唯一一部多幕剧。进城担任领导工作后，他曾和陈修良感叹："现在写不出剧本了。因为每天从家里出来，在会议中或在办公室生活，严重脱离群众，所以写不出东西了。"① 在过渡时期学习总路线精神和参加"新三反"运动，夏衍总算又接触了一些基层活动。他察觉到在新的历史条件下，一部分领导干部已暴露出了相当严重的思想作风问题。强烈的责任感促使他拿起了已搁置八年之久写剧的笔，写下了新中国戏剧最早反映工业建设的剧作《考验》。

《考验》以两位战争期间生死与共的战友丁纬、杨仲安，在新中国工业战线领导岗位上的不同变化，甚至最终产生严重的对立作为故事发展的主线，揭示了这样一个深刻的命题：一个人即使在战争期间再有功劳，但在和平建设时期也不能居功

---

① 陈修良：《旧梦依稀哭夏公》，陈修良：《陈修良文集》，上海：上海社会科学院出版社1999年版，第536页。

自傲，只有不断努力学习新的知识，才能跟得上时代发展的步伐，才能成为一位称职的领导人。丁纬跟上了时代的脚步，杨仲安则成了落后的典型。剧名“考验”颇有隐喻的含义。它意味着，党的干部在建国后，不但处理工作事务的能力要重新接受考验，同志关系、战友关系、党群关系乃至夫妻关系等，都将接受新的考验。

《考验》保持了夏剧的一贯风格，性格鲜明，语言明快，有一些出奇制胜又自然天成的喜剧性场面调动舞台的气氛。但总的看起来，《考验》一剧在艺术上并不能说是成功的。剧本概念、图解的倾向比较严重，戏剧舞台动作也不够丰富，丁纬的形象也显得单薄。这其实牵涉到了新时代戏剧舞台如何塑造正面形象的问题。由于夏衍这时对自己所谓的“小资产阶级情绪”持有一种痛切的批判态度，他在写到正面人物的党性时，也就有意无意地对人物复杂的感情世界加以回避。而当剧情不可避免地牵涉到此类问题时，他却常用一种道德说教来代替细腻真实的人性表达。这使得《考验》成了夏衍剧作中“宣传剧”气味较浓的一个。夏衍本人很不满意这个剧作，到晚年几乎不大愿意提起它，这是不无道理的。

夏衍主观上已经意识到，完全按报纸上的宣传口径来经营笔下的艺术世界，不免犯直露刻板的弊病。但要完全避开这些毛病也是有困难的。在当时，《考验》的发表仍是剧坛上的一件大事。著名导演黄佐临盛赞剧中的“每一人物，每一事件都有生活依据，但又非真人真事，而是经过相应剪裁，极生动有力、具体鲜明地表现出来的。换言之，剧中的人物事件的来龙去脉，他们的过去、现在和未来似乎都有案可查，真实可信，并且看出发展。虚构而非架空，概括但不概念”[①]。上海、北京、四川、内蒙、旅大、山东、江西等地话剧团纷纷上演了该剧。

以今天的眼光来看，《考验》表现的思想内容可能还过“左”、过于简单化了一些，但在当时的文化氛围中，它对于老干部的批评和对知识分子的褒奖（剧中的主要正面人物丁纬是一位知识分子气很浓的老干部），与主流意识形态有较大抵牾，因此它激起了一些人士心中的不快。《考验》上演后，有些人质问道，解放后谁该接受考验？是老干部吗？[②] 这是在给老干部脸上抹黑。柯庆施在上海执政后，干脆下令上海“人艺”停止排演《考验》，1956 年 3 月文化部在北京举办全国第一届话剧会演，上海“人艺”原定以《考验》进京参演，被柯庆施否决，另改剧目。不过这已是夏衍离开上海之后的事情了。

1953 年 12 月，夏衍参加了以丁西林为团长的中印友好代表团赴印度访问。

---

① 佐临：《〈考验〉导演手记之一》，《文汇报》1954 年 9 月 6 日。

② 该剧的题眼是：“在今天，……单靠忠心，已经是不够了。”（夏衍：《考验》，“夏全 2”第 265 页。）对一些老干部来说，这种说法确有较大的刺激性。

这次访问，夏衍和印度政坛的头面人物有不少近距离的接触。他后来回忆说：

1954年，我以中印友好代表团访问印度的时候，有一天在《闪电报》主编卡兰奇的招待茶会上，卡兰奇的老婆（这是一个很能干的女将，当过尼赫鲁的女管家）给我讲过一个故事。她说有一天尼赫鲁很生气，我问他为什么？尼说，今天议会里，反对党骂他是蒋介石。尼赫鲁说，我当然不是列宁，但我自问是可以当一个孙中山，可是，他们却把我当作蒋介石。卡妻说："按理说，你可以当一个孙中山，但是你也得看看，你周围有不少大大小小的蒋介石。"这件事的真否，当然不得而知，卡兰奇和他的老婆在中印边境事件后，也显了原形，自己证明了他们是机会主义，善于投机的政客，但是，尼自己想当孙中山，而不愿做蒋介石，可能是事实。……

五四年访问印度，和尼赫鲁有过几次长谈，一次是正式拜访，一次是在他家里的便宴，五五年他来中国，我又在上海接待了他，这个人的确是一个"时势"造出来的"英雄"，这是一个很特别的、充满了矛盾的人物。……因为他的出身和教养决定了一切。他是道道地地的印度华族[①]，大地主出身，他又是典型的英国教育、培养出来的“绅士”。印度贵族和英国绅士，他的血液决定了他是东方人，他的头脑（意识、形象、思想方法、生活习惯，乃至语言）决定了他是一个彻头彻尾的英国式的所谓“有教养的”绅士。他是以“反英”起家的，但是英迪拉当着我们的面，指着她父亲说，他的英文比印地文好，他用英文写的文章是独具一格的。在尼心口中，英国——包括议会制度资产阶级“民主”，司法制度、文官制度、教育制度，是天经地义的，是他力图在印度国土上实行的理想，由于他生在现代，世界上已经有了俄罗斯革命、中国革命，他不可能不接受新思想的充实。但这些都是“贴”上去的东西，不是他血液里、头脑里固有的东西。总之英国式的政治，是他的理想，似乎英国的扩张主义，他也认为是合理的了，否则，是不能解释一个以反英、反殖而获得政权的人，为什么要对尼泊尔、不丹、锡金，采取宗主国态度，为什么要处心积虑地染指西藏了。以爱国者自居，但从心眼里亲英，英国是他灵魂的故乡，是他的理想国。

以平民政治家自居，但高傲固执，一言堂，不但“平

① 华族是日本于明治维新至二战结束之间存在的贵族阶层。夏衍此处是借喻。

民”，连僚属的话，反英时期的战友的话也听不进，他倒的确欢喜，“到群众中去”的，但他欢喜的是到群众中去演讲，接受花环，群众的疾苦之声，他是听不进去的。

他以俭朴“出名”的，但是从他的趣味、嗜好、家庭生活来看，他的俭朴，只不过不像那些印度土邦 Raja[①] 那样的露在表面上而已。……

下一代如何呢？英迪拉根本说不上是一个政治家。在我看来，她是一个被她那出名的父亲宠坏了的，脾气很坏的，娇骄二气十足的独养的娇小姐。尼赫鲁总算在政治上混了几十年，积累了一些权术，而她连一点也没有。任性，骄傲，轻率……她的上台，只不过是“一时找不到适当的人”而拿来挡一阵的国大党的工具。现在，工具的作用，看来也快完成历史使命了。

在尼赫鲁的家庭便宴时，尼赫鲁指着一条扑在英迪拉身上的狗对我们说，这条坏了一条腿的狗，是英迪拉从街上捡来的，这就成了我们家里的宠物。这也是典型的英国式的人道主义吧，她可以可怜一条残疾的狗，但他们父女对于成亿挨饿的同胞骨肉，却又是熟视无睹的。每逢报上看到国大党——乃至尼赫鲁和英迪拉下令枪杀革命群众的

① Raja：“印度土王”的意思。

时候，不知怎的我就会想起那一段尼赫鲁的对话。[1]

夏衍这段回忆写于 1967 年，难免受到极“左”思潮的影响。但其中所透露的一些细节在今天看来仍然是颇为有趣的。

和尼赫鲁、英迪拉这种骨子里非常傲慢的贵族政治家所以沟通顺畅，代表团中一个人的贡献不能不提，这就是冰心。夏衍回忆说：“我们在尼赫鲁官邸吃午餐，席间冰心同志和尼赫鲁的女儿、现任印度总理甘地夫人（夏衍此文写于 1981 年——引者注）的谈话，使我这个干了多年外事工作的人感到佩服。她那种不亢不卑，既有幽默，又有节制的风度，……文艺队伍中，可以说很少有人可以和她比拟的。”[2]

这时也是中印关系最为友好的年代，夏衍一行在印度尤其是南印度受到了极为热情的接待。在一些偏远的农村，农民们也能用准确的发音喊出毛泽东、周恩来、朱德这几个人的名字。他们所到之处，人民的迎接常常是一派节日的气象。[3] 但此次访问的归程比较辛苦，从加尔各答坐船走了 21 天，除夕

① 夏衍：《1967 年初春笔记》，“夏全 16”，第 379—380 页。

② 夏衍：《赞颂我的“老大姐”》，“夏全 9”，第 510 页。

③ 夏衍：《南印度之行》，“夏全 9”，第 338 页。

夜方到香港。[①]

夏衍此次访问归来不久，陈毅便奉命调离上海，任国务院副总理，谭震林接任华东局书记。夏衍在这以前与这位威名赫赫的“谭政委”并不太熟识，只有一些工作上的来往。但谭接任华东局书记后，第一次见面就同夏衍单独谈话。他很坦率地对夏衍说，自己没有受过正规教育，深感没有文化知识之苦，现在要建设社会主义了，连文件上的一些名词也不了解，所以需要得到你们文化人的帮助。谭震林又很诚恳地表示，自己要加紧学习，同时一定要团结好广大知识分子，发挥他们的才能，为新中国服务。

“谭政委”的这一番话并不是敷衍、恭维之词，不久发生的两件事给了夏衍深刻的印象。1953 年要接待一位国际友人，谭要夏衍起草一份欢迎宴会上的祝酒辞。篇幅不长，仅八百字，他看后说还长了点，删到五百字。修改后他还要夏衍读一遍给他听，说怕念错字。一位开国功臣，大区党委书记，对一个相识不久的知识分子干部能如此虚心坦率，并不多见。另一

---

① 夏衍：1954 年 2 月 4 日致潘汉年信，“夏全 16”第 188 页。夏衍此次访印的时间有多种说法。沈芸《夏衍年表》判断夏衍赴印度的时间是 1954 年 1 月（“夏全 16”第 441 页），林缦判断的时间是 1954 年 4 月（《当代中国文化名人传记画册·夏衍大事年表》，杭州：浙江摄影出版社 1993 年版，第 189 页）等等，恐均不确。根据夏衍与潘汉年的通信及《赞颂我的“老大姐”》中所记日期，当推定为 1953 年 12 月。

件事是同年华东局整风。党内有人向新上任的华东局书记告状，说夏衍在整风过程中“只讲团结，不讲斗争”，在知识分子问题上“右倾”，大有要展开一场批判的架势。“谭老板”（当时人们私下里多这样称呼谭震林）在听取汇报后，坚决地予以制止了。他明确表示，夏衍这几年的工作是有成绩的，团结了许多人，好多名流的事，我们这些人管不来，是靠他才得到妥善解决的。在我们党内像夏衍这样的大文化人，不是多了，而是太少，我们对他要尊重和维护。

后来在十年浩劫中，谭和夏一样都被打断了腿。当他们劫后重逢时，谭震林讲话的调子和三十年前几乎没什么两样：“我这个人最大的毛病是脾气不好，意气用事，自己管不了自己，这是没有文化的缘故。”夏衍说：“解放后我认识了不少身经百战的老革命家，在尊重知识、尊重人才这点上，谭震林同志是很突出的。”①

1954 年 8 月底至 9 月下旬，华东区戏曲观摩在上海举行，历时二十二天。闭幕时，夏衍作了《为提高和发展新时代的戏曲艺术而奋斗》的总结报告。9 月底，赴北京出席第一届全国人民代表大会。10 月初，又出席了中国文联第二届全国委员会第二次会议。

回沪不久，11 月初，中央人民政府宣布，任命夏衍为文化

① 夏衍：《新的跋涉》，“夏全 15”，第 342 页。

部副部长。能够在周恩来同志的直接领导下工作，夏衍自然是很高兴的。不过华东地区的文化工作头绪繁多，任务交接还要有一个较长的时间。陈毅将夏衍的难处向周总理反映了，周恩来同意了他的安排。

此时，柯庆施已到上海接任陈毅的职务。新官上任后，咄咄逼人，甚至在公开场合对他的前任——上海人民所尊敬爱戴的市长陈毅同志也颇多指责，不指名的暗示陈毅“右倾”“保守”。听说夏衍要走，他也表示惋惜。他知道要找一个为他在文字上把关的人，并不那么容易，便亲自找夏衍谈话，希望他能够留下来。“怎么样？夏衍同志，留在上海，进市委书记处如何？其实可以想一想，到了北京，你还有往上升迁的机会吗？文化部长可是茅盾啊！”① 话说得很坦率，封官许愿实在再明白不过了。然而夏衍仍不为所动。他对柯庆施没有太多的敬意，并不愿意在他手下做事，因此就只能婉拒这一番美意了。

第四节　潘汉年案

夏衍所以能够按照自己的工作思路，较有锐气地在上海开展工作（其“只讲团结，不讲斗争”的作风遭到过多次批评，

① 陈坚：1995 年 6 月 26 日王元化访谈录。

但改变甚少），除了得益于周恩来、陈毅以及后来谭震林等人的欣赏与保护外，还有一个人必须提到，这就是潘汉年。

对夏衍来说，潘汉年是极少几位公私俱有很深交情的朋友。夏衍朋友很多，有些朋友公谊胜过私情（如周扬），大部分朋友主要都论私交（如他与影剧界大部分朋友的关系）。而公私两端都有非常深厚交谊的，可能就是潘汉年、廖承志、田汉等寥寥数人了。

夏衍主管文化工作，时有经费困难之处，有时就直接找潘汉年解决。1950 年末，文化部在北京召开第一次全国戏曲工作会议，有“江南活武松”美称的著名京剧表演艺术家盖叫天自在邀请之列。但盖老先生彼时经济上颇为拮据，要他放弃演出机会，到北京开上一二十天的会，似乎有些为难。他们把这困难向文化局戏改处的同志反映了，时任戏改处副处长的刘厚生感到很难办，只得向夏衍打报告。夏衍手中也缺这样一笔机动经费。据说，他直接在某场文艺演出的半场休息时找到潘汉年，蹲在潘身前咬了一阵耳朵，潘汉年就特批了盖老二千元，解决了这个问题。[①] 潘、夏的这种密切关系引起了个别人的非议，不过他们心地皎然，就没有理会躲在暗地里的嘁嘁喳喳。

陈毅 1954 年起任国务院副总理，协助周恩来管理外交部。但事实上他大致从 1953 年起就逐步脱离上海的具体工作了。

---

① 刘厚生：《夏公在戏剧战线的雪泥鸿爪》，《忆夏公》，第 373 页。

潘、夏对陈毅的动向非常敏感，根据现已留存不多的几封潘、夏之间的通信，人们可以知道，两人在 1953 年也都希望追随陈毅调往北京。夏衍数次与潘汉年通信，讨论极为私密的调动、调动后工作安排等问题。他信中抬头，总是称呼潘汉年为“开”、“开兄”等，称呼潘汉年夫人董慧为“慧姊”。

1953 年 11 月 24 日他在致潘汉年的信中谈到：

> 前晚和李瞎公[①]聊天，我问他我们这几个人的安排，他说一九五四年估计有七个资本国家要建交，还不能保险说不调。并问出了一些情况，他说柯大鼻[②]不一定去英国，太老实，言外之意，希望你去。他并说，前开三人名单，你我之外的另一人，上面不很同意。所以，人还是很不足。炳南要派去抵巴人的缺，我们上海的那位黄先生[③]大概不会回任了。他问起你能不能和愿不愿离上海，我说，在今天，谁也不会还价的。我讲了些上海情况，及今年上半年打算调你到统战部的事，他说，那调来外交部当副部长不是很好。我说，我也认为这样好些。

① 指李克农。

② 指柯庆施。柯因鼻子奇大而得此绰号。尽管是私人通信，夏衍对他的不恭之意还是很明显的。不过，信中说柯庆施“太老实”，只能证明他和李克农都是大大看错了人。

③ 指黄华。

瞎公打算一月中旬来上海休假。他说希望（一）看戏（给胡公[①]说得心痒），（二）希望看工厂。我说大家一定欢迎你来。你不妨捎个信速驾一下。[②]

此信讨论内容极为私密，末尾夏衍还提醒潘汉年“阅后付丙”。

1954年2月4日他刚从印度回来，就急忙给潘汉年写信：

请开兄给我考虑一下，我的今后方针如何？据说我走后决定了调走，工作已由陈其五同志接替，后来又说不调

① 指周恩来。《周恩来年谱》1953年11月5日载：应夏衍的邀请，和邓颖超到上海电影制片厂观看新中国第一部彩色影片《梁山伯与祝英台》，询问影片的拍摄情况，指出，这部彩色片的圆满完成，是执行毛泽东自力更生方针的胜利，有了这个第一部，就会有更多的彩色片出现。为使剧情连贯，能否在“楼台会”和“山伯临终”之后，加上祝英台思念梁山伯的场面，再衔接下面马家花轿的进门，祝公硬逼女儿上轿的场景。之后，摄制组根据周恩来的建议补拍了“思兄”一场戏。[中共中央文献研究室：《周恩来年谱（1949—1976）》（上卷），北京：中央文献出版社1997年版，第333页。] 夏衍与潘汉年在此信中谈及的许多事情可能都因周恩来此次的上海之行而起。周恩来对上海电影工业的恢复有很高的评价，后来，他多次将《梁山伯与祝英台》作为国务院招待片来接待外宾。

② 夏衍：1953年11月24日致潘汉年信，“夏全16”第187页。“夏全16”未断此信的写作年代，当为1953年。另，“夏全16”对夏潘通信的年代判断，有些错谬。其中标为潘、夏间“通信4”的，写作年代当为1953年（全集断为1954年），标为潘、夏间“通信5”的，写作年代当为1954年（全集断为1951年）。

了，究竟内容如何？我全不知道，当然到京后可以向胡公问一下，但，自己要有一个主意才好。开兄以为如何？我如回来，对陈公不是很不好么？我很彷徨，希望你能提供一些意见。此信到后，务请慧姊答我一信，可由外交部陈家康同志转我。拜恳。501[①]的意见如何？[②]

1954年6月19日，他在给潘汉年的信中谈到他离开上海后接替人选的问题。他力荐姚溱主持上海市委宣传部的工作。夏衍对姚溱的能力非常欣赏，在他任上海市宣传部长期间，姚溱几次得到越级提拔。——不过夏衍的计划未能实现，姚溱在同年调往中央宣传部任职，和夏衍保持了很好的友谊。姚后曾任中央宣传部副部长，“文革”开始后即含冤去世。

夏衍还在与潘汉年规划未来的人生发展，他不会想到在这个时候，阴影的绞索已逐步逼近了他这位毕生的挚友。

长期以来，潘汉年都是中国共产党情报战线的主要领导人之一，进入上海之后，是上海公安政法系统的领导人，在华东方面有很高的威望。因此，上海的公安、情报系统（建国后很长一段时间里，公安掌握着安全、反间谍等职能）有着自己相

① “501”是陈毅在华东野战军中的代号，后为老部下对他的敬称。

② 夏衍：1954年2月4日致潘汉年信，“夏全16”，第188页。

对的独立性，这一点，中央有关职能部门是有所不满的。[①] 尤其上海方面“反用敌情”“以特反特”的作法引起了中央某些领导较多的批评。所谓“反用敌情”就是掌握国民党方面的潜伏人员后，并不抓捕他们，而是经过工作控制他们，让他们继续向台湾发送情报，为了获取信任，其中当然要夹杂一些不很重要的真实消息。这种被反过来利用的人员，有时能够得到一些极为重要的情报。上海解放后，国民党派遣刺杀陈毅的杀手频频落网，即和这些反用的“敌情”的贡献有关。

当然，反用敌情一旦利用不好也会造成重大损失。广东公安局就有过沉痛的教训。另外，党内对于“敌情”的利用价值、他们有意泄露的情报有无必要等，也是有争议的。在损失惨重的“二二六”轰炸后，就有人认为是“敌情”泄密的结果。

就潘汉年来说，“反用敌情”还有一个特殊的灾难性后果，这就是他控制使用的“敌情”中，有一位胡均鹤。胡均鹤早年参加过共青团，后叛变，后又投降日本人成为汉奸。潘汉年在和日本间谍机关的较量中，和这位胡均鹤产生了一定交集。胡均鹤向潘汉年表达了弃暗投明的意向，并帮助潘汉年联系了汪伪重要头目李士群，为潘汉年策反李士群做过一些有意义的工

① 可参见景玉川《王征明谈饶漱石与杨帆》（《炎黄春秋》2014 年第 2 期）等文。

作。但在1943年春，他又配合李士群挟持潘汉年到南京秘密会见了汪精卫。这件事非常隐秘，汪伪方面没有留下任何记录。潘汉年在会面后，不知出于何种原因未立即将这件事情向中央汇报。随着当事人一一离世，胡均鹤在当时便是潘汉年之外潘汪会面的唯一见证人了。

潘汉年未能立即向组织汇报这一事件引发了极为严重的后果。当国民党方面通过特殊渠道探听到这一事件的风声后，就在报上撰文攻击共产党。共产党方面因为未接到潘汉年的汇报，就断然否认了国民党的指控，这就更把潘汉年逼得难以自辩了。[①] 这事长期以来成了潘汉年的心病。

中央开始触动潘汉年似乎可以上溯至1953年底。该年底，潘汉年在公安系统重要的副手杨帆被莫名地解除了公安局副局长和市政法委员的职务，被挂了起来。1954年初，党内对“高饶集团”的斗争开始发动。1954年3月，党内对“高饶集团”基本定性。夏衍也参加了华东局召开的揭发饶漱石的扩大会议。事情本来可能以较为和缓的方式结束（据说毛泽东事后多次感叹，后悔没有及时召见高岗，他本来还想保留高岗中央委员的职务），但高岗1954年8月的自杀改变了事情的性质。在当时，自杀被认为是“自绝于党，自绝于人民”，于是对“高

① 可参见尹骐《潘汉年的情报生涯》（北京：人民出版社2011年版），第175—176页。

饶集团”斗争的性质由人民内部矛盾向敌我矛盾转化。对饶漱石的斗争随后变得严厉了起来。

杨帆的被解职和饶漱石受批判看起来和潘汉年没什么直接的联系，他和这两人都是正常的工作关系。但 1954 年 9 月胡均鹤被秘密审查，则将他彻底卷了进来。中央的策略这时很明显：杨帆的“反用敌情”“以特反特”工作中的一些失误，将变成饶漱石这个“反党野心家”一贯从事反党活动的一个有力证明。本来，杨帆被调查就不可避免地牵涉到潘，因为他是杨帆的直接领导，而胡均鹤的被查，则必然将他置于极端危险的境地。我们不知道公安部秘密审查胡均鹤，主要针对对象是杨帆还是潘汉年，但杨帆 1954 年 12 月 31 日被公安部秘密逮捕，可能就意味着潘汉年已在劫难逃。

虽然心存侥幸，但有着极其深刻情报经验的潘汉年的理智清楚：自己终将难以幸免。他曾经向夏衍透露过自己的隐忧。有一次夏衍、唐瑜、于伶等人到潘汉年家中吃饭，饭后在一株玉兰花树下聊天。唐瑜的妻子夸奖潘家的保姆能干，潘就说“介绍给你们怎样？”唐瑜只当他随便说说的：“那你自己呢？”“我可能调动工作。”“那你就带她去吧。”“我去北京得住集体宿舍。”唐瑜哈哈一笑：“部队的集体宿舍都可以雇用保姆，何况一般的机关。”直到潘汉年出事的消息传出，唐瑜才明白过来，潘汉年话外的悲凉含义。

与汪精卫会面而未向组织汇报，这毕竟是一件难以启齿的事情。潘汉年数度欲向夏衍启齿，终于又将到口的话语咽回肚里。夏衍知道潘汉年有心事，却不知怎么样才能安慰他。直到1955年3月下旬，两人同赴北京参加全国的党代表会议。3月31日毛泽东在闭幕式上作了措词颇为严厉的暗示性讲话："受高、饶影响的同志和没有受他们影响的同志，各自应当采取什么态度？受影响的，有浅有深。……但是，所有这些人，不管有浅有深，大多数同志在这个会议上都已经表示了态度。有的表示得很好……还没有讲的人，问题不严重，就是被扫了一翅膀的，知道一些事情，他没有讲。至于已经发了言的人，是不是也还有一些是留了尾巴的？……对待一切犯了错误，有所觉悟，愿意进步的同志，我们应当采取这样的态度，就是希望他们改错误，对他们不但要看，而且要帮。就是讲，不但要看他们改不改，而且要帮他们改正错误，人是要有帮助的。荷花虽好，也要绿叶扶持。一个篱笆打三桩，一个好汉要有三个帮。尤其是犯了错误，更需要别人帮。'看'，等待犯错误的同志改正错误是必要的，不过是消极的。必'帮'，帮助犯错误的同志早日改正错误，这才是对待犯错误同志的积极态度。……必须懂得，集体领导和个人负责这两方面，不是互相对立，而是相互结合的，而个人负责则和违反集体领导原则的个人独裁，完全是不同的两件事。”[①] 对心里有事的潘汉年来说，毛的这些话每一句都像是往他心里来似的。他终于决定彻底向党组织坦白。1954 年 4 月 1 日，饶漱石被正式逮捕。这消息是一个不祥的预兆。

潘汉年的报告通过陈毅，4 月 1 日送达至毛泽东处。4 月 3 日，毛阅后大怒，据说当时就作出了“此人从此不能信用”的批示。[②] 当晚，公安部长罗瑞卿亲自带人到北京饭店抓捕了潘汉年。潘汉年并没有料到事情会严重到这样的地步，他下楼来见罗瑞卿时还穿着拖鞋。

这天下午，他和艾青、夏衍、沈宁、李子云一起，参加吴祖光、新凤霞夫妇作东的一个饭局。夏衍由于另有约会，未吃完饭，便提前离席了。出门的时候，他仿佛感到，潘汉年盯着他的背影，好像有什么话要说。他回过头去，潘汉年却抿着嘴，对他又若无其事地一笑。他也就笑了笑，走了。万万想不

---

① 此处综合了毛泽东《在中国共产党全国代表会议上的讲话（1955 年 3 月）》[《毛泽东思想万岁》（1949.10—1957.12），第 53—54 页] 及王朝柱《功臣与罪人——潘汉年的悲剧》（深圳：海天出版社 1993 年版，第 377—378 页）中的说法。

② 潘汉年的材料何时交给的陈毅，有不同说法。彭树华《潘汉年案审判前后》（北京：中国青年出版社 2010 年版，第 137 页）、王朝柱《功臣与罪人——潘汉年的悲剧》（深圳：海天出版社 1993 年版，第 380 页）认为是 4 月 1 日，尹骐《潘汉年的情报生涯》（北京：人民出版社 2011 年版，第 244 页）认为是 4 月 3 日。笔者认为陈毅 4 月 1 日将潘汉年材料上呈给毛泽东，毛于 4 月 2 日见到该材料的可能性较大。

到，这就是他们的最后一面！

到深夜，夏衍返回北京饭店。他不放心，去潘住的303房间，却不见人影。他直觉到情况不妙，却仍抱了一丝希望，也许潘汉年与吴祖光两口子在一起呢？天一亮，他就给吴宅挂电话：“昨天晚饭后，汉年到哪里去了？他的房间里没有人。据服务员说，他一夜也没有回来……”吴祖光大惑不解：“昨天吃晚饭的时候，他明明是坐汽车回饭店的呀……”

两人正说话的时候，有关部门已经派人来通知，潘汉年已被秘密逮捕。其罪名有二，一是他在抗战时期曾经背着党同汪精卫进行勾结，并长期隐瞒组织，欺骗了组织；二是他在解放后担任上海市副市长职务时，与饶漱石、杨帆在“包庇掩护”特务分子和反革命分子问题上负有责任。

潘汉年事件给夏衍带来了极大的精神冲击。李子云回忆说：

> 他在上海工作期间，对他打击最大的大概要属潘汉年事件了。不知为什么，第一次见到潘汉年同志的时候，我觉得他与夏衍同志似乎是兄弟，是因为他们都头发整齐、穿着丝袜？（我第一次见到潘汉年同志的时候，我注意到他也穿着丝袜。）是因为他们都具有儒雅风度？还是因为他们都对晚辈表现了那样亲切的关心与爱护？他们之间有一种气质上的相近。夏衍同志在休息日，如果没有会议或

外事活动，不是去逛邮票商店，就是去潘汉年家。潘汉年同志和他的夫人董慧同志是既会工作又善于安排生活的人，他们的家不象有些领导干部的家，好似还处于战时状态——好象什么都未就绪、准备随时搬家似的。他们的家非常舒服、温暖，而且随便，让人有种宾至如归的感觉。我偶尔因事去他家，在那里听到一些前辈说到潘汉年同志神出鬼没的战斗经历，我当然是崇拜得了不得。突然之间，潘汉年竟成了反革命，一时之间，他的反革命行径又被说得活龙活现、怪诞神奇，我一下子如坠云里雾中，莫辨真伪是非。

当然，说是突然之间，其实还是有一个过程的。高饶事件之后，先是累及杨帆同志，到 1955 年春的党代表会议上，就隐隐约约牵到了潘汉年同志。在北京，我感到了他的烦躁不安的情绪，我当然不能也不敢多问。而他见到我们这些“小鬼”时仍然谈笑自若。他被捕当天傍晚还与我们——夏衍父女、吴祖光夫妇、以及由华东局宣传部调到中宣部的几个“小鬼”一齐到云南馆子“康乐”去吃了晚饭，夏衍同志未吃完饭就先到文化部开党组会去了，我们一齐回到北京饭店后各自回房间，九点多钟，他来找我匆匆地说：“总理那里派车来接我，等下小高（他的秘书）看戏回来后你告诉他一声。”谁知他一去不返，从此告别了所有的朋友、同志，以及他出生入死、日理万机的革命生涯。

夏衍同志在那一段时间里明显地沉闷下来，也不大开玩笑了。我虽然摸不到头脑，不知道事态严重的程度——在宣布潘杨事件之前我不知道潘汉年已经被捕，只是感觉到周围笼罩着又密又厚的愁云惨雾。在回上海的火车上，他教导我要好好钻一门专业，他说："秘书不是个行当，不能把秘书作为终身职业，你能写文章（实我那时还没有发表多少文章）你要朝这方面努力，要多读、多想、多写，要下苦工夫。"这时我想起这次临离上海之前有事到潘汉年家，当时潘汉年同志刚好看到我一篇小文章，也曾对我说过："写文章不能停，要不断写下去。我在三十年代也写过文章，但是后来去干别的，没时间写了，笔一停就再也拿不起来了。你要坚持下去。"朦朦胧胧我感到一种不祥之兆……

回到上海之后，他难得在办公室：而在办公室的时间内，也变得更为沉默了。不久，他受召去京，临行之前他对我说："这次只要老苗（警卫员）跟我去，你留在这里。老苗的爱人快生产了，有什么事你多照顾她！你自己好好学习。"他的细心使我几乎泪下。后来老苗的爱人果真难产，就是由我半夜里到医院战战兢兢地签字之后剖腹产的。老苗对他的种种照顾也感到终身难忘，文化大革命开始，"四条汉子"被揪出来后，他所在的消防队的造反派

> 叫他揭发，他一口咬定夏衍同志是好人，触怒造反派，这位几代贫农家庭出身的儿子竟被押到杨浦公园的公安系统大会上，陪同一位公安局副局长挨斗。
>
> 他们走后不久，党内宣布了潘杨反革命集团的事件，马上张春桥代表市委找我谈话，要我本着对党忠诚老实的态度，将自己所了解的潘汉年的情况，及潘汉年和夏衍之间的关系写成书面材料报市委……①

潘汉年案件当时在党内高层也引起了一定的震动。潘在工作中犯有错误是可以理解的，但他怎么一下成了“内奸”和“反革命分子”呢？尽管无限信仰毛泽东和党中央，某些有独立思考的人物对此内心并非完全平静。就饶漱石、潘汉年相继被捕，杨尚昆4月1日、4月4日在日记里连续记下了反省自己“右倾”情绪的文字：“饶的问题，自党代表会议以来，发展了现在这样，这是完全没有想到的。主要缺点还是把坏人看好了，思想上右倾，今后应该警惕才对”；“因为党过去在肃反问题上曾经犯过错误，以后采用九条方针又生了效，因而形成了一种右的偏向，总是原谅自己而失去应有的警惕，今后必须

① 李子云：《记长者夏衍》，《中国作家》1986年第1期，第219—220页。

纠正”；“不要把坏人看成了好人！这一教训十分重要！”[1]

潘汉年入罪后，他领导的“潘汉年系统”以及和他交往密切的人士，遭到了很大的牵连。仅上海一地，受株连而被逮捕的就有800多人，受处理的有100多人。此外，还有一些名义上未因潘案立案，实际上却因潘汉年被错误定性而受到不公正待遇的领导干部和知名人士，如王尧山、于伶、蔡叔厚等。潘汉年的亲属们自然是在劫难逃。[2] 北京、广东、香港等地也有不少人受到牵连。夏衍的老熟人们，如刘人寿、恽逸群、袁殊、关露等，均因此背负骂名并入狱多年。陶晶孙、叶灵凤等就只能滞留海外而不归了。

当然，比较以后的运动，当时对“潘杨案”的审查还是有分寸的。周恩来公开说：“我和潘汉年交往的历史最长，关系最深。”[3] 这种姿态想必能够保护廖承志、胡立教、夏衍、李一氓这些与潘汉年有较深工作关系的人士。

总之，“潘案”的爆发及其悲惨的结局直到现在还充满着许多不解之谜。自1990年代写作《夏衍传》以来，笔者关注

---

① 杨尚昆：《杨尚昆日记》，北京：中央文献出版社2001年版，第180—183页。

② 文光：《潘汉年冤案前前后后》，《上海党史研究》1995年第12期，第38—39页。

③ 彭树华：《潘汉年案审判前后》，北京：中国青年出版社2010年版，第47页。

相关问题 20 多年了。就大而论，笔者认为，罗青长的《潘汉年冤案的历史教训》（《上海党史研究》1996 年第 2 期）一文已经平实而可信地介绍了这个冤案发生的缘起、经过等重大关节性事件。后人如无可靠的资料，当无必要去质疑这位曾任中共中央调查部部长的历史见证者和当事人提供的信息。他在“潘汉年案”案发当年就向组织提供了为潘汉年辩护的材料！刘人寿、尹骐、文光、武在平等先生的回忆或研究也很有价值。不过罗文以及相关的研究对潘案爆发所涉及的某些敏感事件仍有些语焉不详。近年来研究潘汉年历史功绩的有分量的文献已渐渐增多，终有一天，对其冤案形成过程的研究想必也能逐渐迫近历史的真相！

1957 年在京参加纪念话剧活动 50 年史料编委会会议后合影。前排左起：凤子、李伯钊、欧阳予倩、田汉；二排左三起：张庚、夏衍、阳翰笙、李超；三排左起：葛一虹、赵寻、陈白尘等 /自藏

1959 年与司徒慧敏（左）在京会见来华访问的荷兰电影家伊文思（右）/自藏

1956 年 7 月，与《祝福》演职人员在外景地绍兴合影。右起：桑弧、陈荒煤、茹拉夫廖夫、王阑西、白杨、夏衍/自藏

1961 年与戏剧家们在北京。左起：郭沫若、欧阳予倩、田汉、李伯钊、夏衍/自藏

1957 年 9 月，夏衍率中国文化部代表团访问越南民主共和国/自藏

1957 年在北京八大人胡同寓所 /自藏

1962 年与女儿沈宁、女婿赵少伟在寓所 /自藏

第十章

书生做吏（1955—1966）

第一节　部长本色是书生

经过了两个多月的内查外调，到1955年7月，中央组织部给夏衍做出了与潘汉年“无政治关系”的结论。他总算可以轻松地就任新职了。

上任伊始，夏衍就遇到了对所谓“胡风反革命集团”的大批判。虽然批判的高潮已经过去，但新任的文化部副部长对此仍要表态。在当时，潘汉年案件与胡风集团是并发而且并提的两个案件。1955年4月3日，潘汉年被秘密逮捕。5月13日，《人民日报》公布了关于“胡风反党集团”的第一批材料。7月16日，《人民日报》刊登消息称：“潘汉年、胡风两代表，因为已经发现他们有反革命活动的证据……依照宪法第三十七条的规定，已先后批准将他们逮捕审判。”

关于潘汉年的问题，夏衍是无法多想也不敢多想了；但对胡风集团的“被一举粉碎”，他是欢欣鼓舞的。几十年来绵绵不尽的宗派纠葛，以另一派的被彻底打倒而告结束，心中不是可以大感快慰吗？何况，仅从报纸上公布的胡风集团“反党反革命”的三批材料来看，说他们是潜伏着的“反革命集团”，似不为太过——善良的人们哪里想得到这些材料有不少是经过了人为加工呢？

想到胡风从30年代中期以来与自己、周扬的宗派对立，直到40年代初期香港、重庆那段不愉快的交往，以及40年代末期在香港的文艺论战，夏衍听到“胡风”这两个字，就有些反感。而现在，历史终于“证明”，胡风与自己的对立，原来是有着“很深”的政治企图的。“察觉”到此点，他不能不长吁一口气了。

夏衍并不是一个睚眦必报的人，但他也不能忘记，《武训传》事件发生后，胡风在上海的“同党”是多么高兴啊。张禹、罗洛、耿庸等连篇累牍地发表文章，点名或是不点名地批评夏衍，要求追查拍摄《武训传》的行政领导责任。耿庸在《文汇报》上说的话是多么尖刻呀：“负责同志的郑重推荐等等，还不仅是以他们自己的错误认识影响了别人，从而，并且也一定产生了正确批评的被阻碍的客观效果的”。[①]张禹的《读

① 耿庸：《论诚实和负责》，《文汇报》1951年6月4日。

夏衍同志关于〈武训传〉问题的检讨》更把他刻画得像反动学阀、阴谋家似的。而今，夏衍可以有把握地向世人宣称：这一切都是胡风分子在“阴谋捣乱”。

夏衍不会忘记，建国以来，由丁玲、冯雪峰等人控制着的《文艺报》曾给自己横添了多少罪名。张禹那篇颇有引人入罪用意的妙文，就是刊发在《文艺报》上的。《文艺报》的编辑们还加了一条“编者按”：“但关于《武训传》的讨论，则应着重从思想上来解决问题，不能单靠像这篇文章所要求的用简单的追究行政责任的办法来解决。”[①] 一个“单”字，多么含蓄而有深意！

现在“真理”在手了，夏衍当然要做一些痛快的反击。于是他写下了《对敌人仁慈就是对人民残酷》（《人民文学》1955年第7期）、《关于胡风事件的一些认识问题》（《中国青年》1955年第13期）以及《大家来照照这面镜子》（《新观察》1955年第12期）等系列反胡风的文章。[②] 不过细微之处见人格，即便胡风到了墙倒众人推的地步，但在正式形成文字的时候，夏衍的下笔还是有分寸的。上述文章虽然不免过分尖刻

① 李辉：《胡风集团冤案始末》，北京：人民日报出版社1989年版，第85—86页。

② 还有些讲话、文章尽管不是专门讲胡风问题的，但批胡风亦是其中重要内容，如发表在《戏剧报》1955年第9期的《在戏曲编剧讲习会结业式上的讲话》（“夏全3”第269页）等。

(这是他个人的情绪发泄吧)，但在大关节上也无非是在重复一些套话而已，没有刻意去编织些罪名。其中《对敌人仁慈就是对人民残酷》有几段议论颇有些意味。他用力驳斥那些仍然对胡风抱有幻想或对批判胡风持保留意见的人们：

> 我们之中的某些人，不是“书生气十足”地坚持把他的问题看成一个“思想问题”么？不是一谈到有政治问题就说不应该“硬戴大帽子”么？在《人民日报》发表了两批材料之后，不是还有人说“证据不充分”么？甚至不是还有人说什么“墙倒众人推”、“一面倒”、“不民主”么？不是还有人认为应该让胡风分子也在人民的报纸上发发言才过瘾么？对于这一类人，我不知道怎么说才恰当？说是“政治上嗅觉不灵，把事实看得太天真”，未免“不灵”和“天真”得太过分了……
>
> 最使人奇怪的，据说竟还有人提到发表“密信”的问题，说，这违反宪法第九十条“通信秘密受法律的保护”的规定。宪法是保证什么人的？保护人民，还是保护危害人民的反革命？看到了第九十条，为什么就没有看见第十九条呢？一条是九十，一条是十九，真是巧得很。我们政权的性质是人民民主专政，民主是对人民的，可是，亲爱的“天真”先生，“善良”女士，为什么在人民民主下面，就忘记了还有专政这两个字呢？对反革命不该专政么？让

> 反革命、特务、杀人犯……也来享受和我们一样的民主权利么？连罪证确凿的反革命分子也不能动他们一根毫毛么？这是什么立场？这是什么本能？[①]

拥护中央的决定，这一点对于夏衍来说是毋庸置疑的。不过，文中他所用力反驳的这一系列观点，却让人多少感觉有些怪异。在人民民主专政的大纛之下，他忽然非常认真地讨论起检查私人通信的法理问题，在当时的氛围中，这种讨论多少显得不合时宜，我们或可以这样推论：他的这些话，一方面固然在驳斥社会舆论中那些未能紧跟党走的观点，但另一方面，也是在说服自己潜意识中某些不安的意念吧？

来到朝内大街文化部，工作分配颇令夏衍满意。他分管外事与电影。让他分管外事大约是考虑到解放前他一直搞统战工作，于外交事务方面较有经验（夏衍实际上还是共和国外交部第一任亚洲司司长，因陈毅市长极力挽留才未到任），虽然如此，但真正让他高兴的是，经过二十年的转折，他又回到心爱的电影战线上来了。

夏衍的副手是陈荒煤，他长得胖胖的，戴一副眼镜，原来的中南区文化部副部长，是个很有诗人气质的人。《武训传》风波后，为加强对电影的管理，他奉命调至文化部工作。和夏

① 夏衍：《对敌人仁慈就是对人民残酷》，“夏全 11”，第 476—477 页。

衍慢条斯理、攻心为上、说服为主的工作作风不同，陈荒煤更多了些大刀阔斧的气概。有时说理不通，对不起，他就要亲自操笔上阵，修改剧本了。1953年为“抵消”《武训传》的“不良影响”，电影部门推出了一部正面讴歌农民起义的电影《宋景诗》，郑君里任导演。讨论分镜头本时，陈荒煤认为有几个镜头是多余的，郑君里不同意，争执起来，谁也说服不了谁，陈便运用自己的权力，亲自拿笔删掉了几个他认为是累赘的镜头。郑君里在一旁急得跳脚，抗议说：“你真粗暴!”但陈荒煤却坚持己见，对抗议置若罔闻。

夏衍和陈荒煤的气质、性格不大相同，于文艺却又都是大内行，凑在一起，很容易出现所谓“文人相轻”的现象，但他们却在工作中结下了不渝的友谊。“文化大革命”把建国十七年来的电影路线批为“反动的资产阶级夏陈路线”，夏衍直到病重昏迷前，还叮嘱家人说：“我身后有事去问荒煤，我们是夏陈路线……”① 如此的感情流露，在夏衍身上是很少见的。影评家罗艺军说：“夏公和荒煤深谙电影创作之甘苦，理解电影艺术家的美学追求，尊重他们的艺术风格和艺术个性……内行的领导，善于保护和发挥艺术家的积极性，在频频袭来的政治风暴中，出主意如何绕过暗礁、险滩，有时还要主动承担政

---

① 严平：《他永远站着活在我们心中——荒煤对夏公无言的哀思》，《人民日报》1995年2月21日。

治风险。"[1]

夏衍与陈荒煤都是具有革命家气质的文艺家，他们当然不会抵触——更谈不上反对毛泽东《在延安文艺座谈会上的讲话》提出的文艺从属于政治的观点。夏衍多次在不同场合表达过这样的意见："文艺工作者必须和群众结合，和群众打成一片，只有当文艺工作者的思想感情和工农兵的思想感情浑然一致的时候，他们才能写出正确反映工农兵生活并为工农兵所喜爱的作品，才能以社会主义、共产主义精神教育人民。"[2] 这是他的肺腑之言。但是，随着庸俗社会学思想大盛其道，政治意识对文艺的潜在影响被要求"立竿见影"地表现出来，"文艺从属于政治"变成了只要政治而可以不讲艺术的时候，他们作为文艺家的良知与道德意识就敦促他们与此种庸俗社会学保持一定的距离。也就是说，如何在政治与艺术之间求得一种走钢丝式的平衡，事实上成为了他们领导管理新中国电影事业的一大课题。

对夏衍来说，作为一位大剧作家，通过自己的创作实践，向人们展示在传达一个严肃政治命题的同时，避免艺术上的直、露、粗、浅，是可能的，甚至在此基础上还可以进一步完成对中国式的电影风格的追求。

---

① 罗艺军：《荒煤作为电影领导》，《当代电影》1993 年第 3 期。

② 夏衍：《在银幕上反映我们的时代》，"夏全 6"，第 359 页。

1956年鲁迅逝世二十周年纪念给夏衍提供了机会。《我们夫妇之间》《武训传》诸事件的发生，在夏衍心理上留下了难以挥拂的阴影。他想，现在动笔改编鲁迅的作品总不至于出什么大的漏子吧。精挑细捡之后，夏衍选择了《祝福》作为他建国以来第一个改编的电影剧本。

《祝福》这部改编于1956年的电影剧本，标志着夏衍的电影改编艺术已走向全面成熟。浓郁的时代气氛，鲜明的地方色彩，生动的性格刻画和细腻的心理描写，再加上流畅的叙述和严谨的结构，在《祝福》中表现得炉火纯青。例如，《祝福》小说用的是第一人称回忆的方式，用倒叙的手法，将祥林嫂的故事连贯地叙述出来。如果按照人物先后出场的顺序，祥林嫂的出现要在“我”与鲁四老爷之后。夏衍在改编中大胆作了变动，直接从祥林嫂丧夫写起。影片一开始，在一段旁白之后，祥林嫂背柴沉思地走入画面，随后山坳里转出了卫老二。从卫老二与祥林嫂的问答中间，我们了解到祥林嫂丈夫死了，处境孤独，心情忧郁。卫老二问长问短，语颇无聊，给人一种心怀叵测的感觉。他要见祥林嫂的婆婆，看来不怀好意，这使得观众一下子预感到了将要发生什么事情。这短短一场戏，介绍了故事背景与主要人物，抓住了即将发生的情节矛盾主线，一下便牵动了观众的同情与悬念。这儿没有多余的对话，也没有繁琐的细节，又充分利用了电影的可见性的特点，非常清楚、简洁、干脆。对广大中国观众来说，这样一种讲述故事的方法，可以使他们一下子入戏。夏衍始终强调电影艺术要符合中国观众的欣赏习惯，而这就是重要的一条。

《祝福》后来引起争议的主要有两点，“第一，祥林嫂捐了门槛之后依旧受到鲁家的歧视，再度被打发出来，在这之后改编本加了一场戏，就是祥林嫂疯狂似地奔到土地庙去砍掉了用血汗钱捐献的门槛；第二，祥林嫂被‘抢亲’之后，从反抗到与贺老六和解的那一场描写，原作是在祥林嫂和柳妈的谈话中带到的，理由是‘你不知道他力气多么大’，我把它改写为由于祥林嫂从笨拙而善良的贺老六对她的态度中，感到了同是被压迫、被作践者之间的同情。”①

在当时，有人非议说，夏衍作此种处理是“为了加强政治因素，减少了现实主义因素”。夏衍不同意这种看法，他认为，文艺的现实主义精神就是为着政治的现实服务的，政治、社会的现实总是在向着光明、乐观的大道上前进，所谓的“现实主义”只有在对现实政策、方针作了最充分的阐释之后才能谈得上。从这里可以看出，《武训传》的风波对他的教训也是深刻的。1951 年之后，他一直在考虑，如何在新中国的影片中，把人民是历史创造者这个主题鲜明地表现出来？在《祝福》剧中，夏衍可谓找到了一种颇为经典的诠释方法。他认识到，塑造劳动人民的形象，不能再像过去那样随随便便地采用自然主

① 夏衍：《杂谈改编》，“夏全 6”，第 475 页。

义的描绘方法，而要抱着充分肯定的态度，凡是有辱于劳动人民形象的地方，竭力避开；凡是有益于表现劳动人民正面高大形象的地方，则务必浓彩重墨地加以凸现；而在不能不表现其落后一面的时候，要抱着善意的批评态度，而且要努力在黑暗中找到光明的线索。事实上这种全局把握的思维模式，构成了夏衍建国以后电影改编的一个基本特色。将现代人的历史政治观念通过各种手法，在传统历史题材的作品中巧妙地反映出来，这是夏衍对中国当代电影最重要的贡献。自然，夏衍以现代政治观念驾驭传统题材，做得还是颇有分寸的，他决不赞成用政治的说教来取代艺术作品的观赏、娱乐的特质。

《祝福》的成功改编为夏衍再度赢得了巨大的艺术声誉。接着，他又想将茅盾的《林家铺子》搬上银幕。茅盾也是一位擅长于大处着眼、小处落墨的作家。他的作品，常常有非常强烈的现实针对性和艺术感染力。夏衍问北影的厂长汪洋："茅盾的《林家铺子》你们敢拍吗？给我一个月的假，我交给你们一个剧本。"

汪洋这时还未看过小说《林家铺子》，听了这话，赶忙找来一读，不禁为夏衍独到的眼力叫绝。《林家铺子》不但题材好，思想深刻，而且容量适中，正好够拍一部故事片的。他和导演水华商量了之后，决心要拍。他们找到了夏衍，表示北影决心拍这部片子。

这时是 1958 年，全民"大跃进"，运动一个接着一个。夏衍时任文化部副部长，党组副书记，主管艺术和电影两个部门，后来还兼任了文化部大炼钢铁指挥部主任。但他还是准时将剧本交给了汪洋。

《林家铺子》1958 年由北京电影制片厂拍摄成彩色影片。这部影片的问世，标志着夏衍的电影改编艺术发展到了更高的境界。有论者指出："原著好，改编同样好，因为小说的精华都全部被保存在电影里。而且由于电影能通过画面表现人物的形象和动作，又能超越时间、空间的限制而把情节突出表现出来，所以改编后的《林家铺子》就能具体地、活生生地出现在我们面前，而比原著更要来得动人。"[①] 在当时的政治气候条件下，夏衍一方面通过林家铺子的兴衰史来反映"国民党统治下，农村破产，工商业凋敝，连小资本家也在三座大山压迫之下感到无路可走"[②] 这一深刻的政治主题，另一方面，又通过林老板这个复杂性格的塑造，表达了一种深深的人性的感喟。夏衍告诉饰演林老板的演员谢添说："对于林老板这个人物，既不能演成十足的正派，也不能演成十足的反派。他的反派的性格、狡猾性，以及损人利己的行为，并不是外露在表面上的。表面看来他很客气，做人很巴结，对于老婆孩子，他还是

① 哀今人：《一部中国电影》，《明报》1979 年 6 月 29 日。

② 夏衍：《漫谈改编》，"夏全 6"，第 564 页。

很好的，但一有机会欺骗别人，他的手段也还是毒辣的。”① 在当时能够自如地把握这种复杂性格的，大约也只有夏衍这样既有高度政治洞察力又谙熟文艺特质的艺术家了。安妮非常有见地地评述道：“夏衍那枝笔，素有契诃夫风——潇洒飘逸，但并非心无一累，他对‘小人物’的苦难，饱含热情，这是不可误解的。因此，我想把这种淡逸，看作醇美，看作积极干预生活并经过提炼后的境界——这是不容易达到的境界。”②

1982年2月25日至3月8日，在意大利都灵举办了一个“中国电影五十年回顾展”，《林家铺子》赢得了异乎寻常的热情赞扬。报导说：

> 这次“中国电影五十年回顾展”的策划马尔科·穆勒在挑选影片时，看过《马路天使》、《十字街头》后，便惊异于中国电影的新写实主义，比意大利的新写实主义出现得还要早。恰恰是世界电影界人士都没有发觉到这一点。然而，从《马路天使》到中国电影顶峰之作的《林家铺子》，我们没有发现除了技巧以外的更大不同，一切都地地道道的是中国的。也许，所谓“新写实主义”本来就不

---

① 夏衍：《漫谈改编》，“夏全6”，第566页。

② 安妮：《深厚醇真——试评〈林家铺子〉》，《大公报》1979年6月8日。

> 是舶来品，相反的是要将它介绍到世界“影林”中，并戴上一顶夺目的桂冠。[①]

为了让新中国的电影质量有质的飞跃，夏衍认识到，培养电影事业的后备人才有着特别重要的意义。因此，当新成立的北京电影学院向他求援，请他帮忙解决师资不足的问题时，他几乎想都没想，就一口答应了下来。然而“轰轰烈烈”的反右刚刚结束，许多知识分子心有余悸，再也不敢随便“鸣放”了，夏衍亲自出马，动员几位有经验的电影艺术家去授课，但都未见成效。在此种情况下，夏衍经过精心准备，毅然挺身而出，从1958年春开始，到北京电影学院讲了半年的剧本写作课。后来整理成文，就成了著名的《写电影剧本的几个问题》。

这一本书集中地反映了夏衍的电影美学思想，在许多问题上，他都提出了言之有据却又不落前人窠臼的独到见解。比如，什么叫“蒙太奇”呢？夏衍说，它“就是依照情节的发展和观众注意力和关心的程度，把一个个镜头合乎逻辑地、有节奏地连接起来，使观众得到一个明确、生动的印象或感觉，从而使他们正确了解一件事情的发展”的一种技巧。[②] 他晓得，

---

① 列孚：《中国电影在国际益受重视》，《文汇报》1982年2月27日。“新写实主义”，现一般译作“新现实主义”，本书第四章第4节于此已略有介绍，可参看。

② 夏衍：《写电影剧本的几个问题》，“夏全6”，第534页。

这种关于“蒙太奇”的定义与爱森斯坦、普多夫金、雷纳·克来尔等人的说法都有较大的出入。但就对中国的观众而言，像他所说的这种较为“平易”的蒙太奇处理手法更适应中国国情。夏衍在他的讲座中，还提出了一个中国电影如何与中国戏曲相结合的问题。夏衍本来不懂传统戏，也不喜欢传统戏。田汉对此一直很不满意，多次拖他去看京戏，说：“多看看就懂了，懂了就喜欢了。”直到解放以后，他成为文化、宣传部门的领导之后，才开始较多地与戏曲、戏曲界人士打交道。中国戏曲艺术那么丰富，作为文化界的领导，一点不懂怎么可以呢？但就这样也谈不上喜欢。1956 年他刚到文化部任职，有一次碰到马彦祥与吴晗谈京剧，他插了一句不大得体的话，遭到了这两位朋友的训斥：“你老兄不要不懂装懂好不好？”这件事对夏衍刺激很大，从此以后发愤钻研戏曲。果然，不久他就尝到了甜头，中国传统戏曲与西洋话剧有着迥然不同的戏剧美学体系。如果将它与电影表演结合起来，定有许多精彩夺目之处。

在讲座的时候，他首先引入了李渔的戏剧理论，作了一些阐发。虽然有许多问题还未直接挑明，但万事开头难，他毕竟已经挑了一个头。王心语后来回忆到此点时说，他“古为今用，结合电影创作的实际，将古人的理论与经验锲入到现代创作意识中来。……这些古典的、传统的理论，一经夏公点拨融会贯通之后，不仅使我们易于接受，倍感亲切，并且感到我们民族文化遗产中，尚有许多闪光的瑰宝未被开采出来。电影艺术不是我国的土产，是从西方输入的文化，如从入乡随俗这个意义上来思考，难道不能用东方文化将其溶解，赋予它民族的文化精神吗？”①

但从50年代中后期开始，中国大地的政治气候已急遽“左”转。各种运动接踵而至，文化艺术部门更是首当其冲。作为文化部副部长，要安心以专家身份推动中国电影事业的发展是不可能的。事实上，作为一位有三十多年党龄的老党员，现实政治运动对他来说也还是巨大的诱惑。毕竟他首先是一位革命家，然后才是文艺家。然而正因为如此，有的时候，现实政治的局限性在夏衍身上表现得也颇明显。平心而论，夏衍也有过发昏的时候。在当时的现实情况中，但凡较为忠诚的革命者总是听组织的话，跟党走，因此也就难免犯下一些“左倾”的错误。

比如1958年大跃进时他曾出任文化部大炼钢铁的总指挥，还积极推进“省有电影厂”（即每一个省都要上马电影厂，这

① 王心语：《听夏公到电影学院授课》，《忆夏公》，第319—320页。

不可避免地要造成重复建设和资源的巨大浪费）等。[①]

不过，比较而言，在当时全国上下脑子都已普遍发热到“高烧”地步的情势下，夏衍还是有其一定的冷静之处的。比如在大谈电影生产也需要“放卫星”的时候，他还记得提醒：“毛主席说过，政治标准第一，艺术标准第二。首先要有思想性，但同时也要尽可能完美的艺术性，还要注意到群众是否喜闻乐见。我们不要一条腿走路，艺术性与政治性是不可分的。我在上海曾说过，现在有些片子政治上都很好，都是红旗，但是艺术上必须赶快跟上，艺术上赶不上，也不能说是上了天的卫星。厂要抓紧质量问题，卫星片当然不能粗制滥造……”[②]即使“高烧”到了顶点，夏衍还保持了一点不至于完全脱离现实的清醒。

他后来说：“1957 年以后的大跃进时期，我们都发疯了，当时的文化部可‘左’了。（司徒慧敏插话：1958 年 10 月在郑州开会，这个郑州会议是个文化发疯会议，我去那边时，夏公

① 夏衍还曾积极推动剧本创作的“放卫星”等。可参见其《答〈剧本〉月刊记者问》（《剧本》1958 年第 11 期）、《戏剧艺术的青春》（《戏剧报》1959 年第 18 期）等文。不能说他在这其上发表的观点都是违心之言。而像夏衍这样通常被看作“右”的人也这样容易陷入“极左”的话语模式，我们就不能不感慨时代氛围对于一个人的影响作用了。

② 夏衍：《在讨论艺术片放卫星座谈会上的报告（1958 年 11 月 1 日）》，吴迪：《中国电影研究资料 1949—1979（中卷）》，北京：文化艺术出版社 2006 年版，第 216 页。

托我带了封信去，说全国搞什么电影放卫星，我期期以为不可。后来文化部党组拿这个批夏衍，放卫星那套还是照样做。）那时候十大建筑中有个一万人的大剧院，地方都找好了，地都给了，总理也批准了，这事大家都很上劲，我不同意，我说搞话剧、歌舞剧不能搞一万人的大剧场，坐在最后一排，演出时怎能看得见呢？有位副部长说，那时是共产主义了嘛。我说，到了共产主义人的眼睛都会变吗？我们这些人有时清醒，也有时候糊涂。"①

在 1957 年的"反右"运动中，他尽管自己挨批，却也领导着去批别人，这期间伤害过一些人。"文革"后的第四次"文代会"期间，夏衍曾向某些代表道歉："在美术界，我应该向一些同志道歉，五七年的那次运动中，我是美术方面的领导成员。"② 当然，这其中最引起争议的，还是他在"爆炸性发言"中对冯雪峰的批判。

---

① 夏衍：《实事求是地编好电影党史》，"夏全 7"，第 342 页。

② 夏衍：《关于文艺创作的几次谈话》，"夏全 8"第 552 页。林默涵回忆说："其他各协会的打击面也很宽（指 1957 年作协之外的文艺界的"反右"——引者注）。例如，美术界，那是陈克事、夏衍管的，送到中宣部一个右派名单，我们给去掉不少。记得讨论这个名单时我曾说过，如果名单上的人都定为右派，美术界只剩下蔡若虹、华君武两人不是右派，今后靠什么人作画？"（林默涵：《十七年文艺战线的一些大事》，朱元石：《共和国要事口述史》，长沙：湖南人民出版社 1999 年版，第 87 页。）不过，林氏的回忆在涉及自己的时候，自美处似较多，他的说法仅录以备考。

从1957年6月6日开始的中国作协党组扩大会议，前三次会议本是为1955年作协所定“丁陈反党小集团”平反的，可是7月29日第四次会议上，周扬突然重申过去对丁陈批判没错，继续批判。会议的风向为之一变。7月30日的会议即开始把冯雪峰扯到一起。刚开始扯的一些还都是些鸡毛蒜皮的小事，冯雪峰在舆论的压力下承认“反对周扬其实就是反党”。但周扬并不满意。经过与夏衍、林默涵、刘白羽等人内部协商，决定让夏衍出来作一次有分量的发言，主要关键是要讲“1936年上海那一段”。

夏衍欣然接受了这个任务。经过精心准备，在8月14日作协党组第十七次会议上，夏衍作了一番火药味很重的发言——史称“爆炸性发言”。

在这个发言中，夏衍开头先用非常尖刻的语言批判了一番丁玲，接着，就将话题转向丁玲、冯达、冯雪峰之间的三角关系，顺势引出了对冯雪峰的批判。夏衍集中火力，对冯作了六点批判。其中第一点是核心——其中的问题在数十年后还将引起许多争议，在此我们全文征引如下：

> 一九三六年雪峰同志从瓦窑堡到上海，据我们所知，中央是要他来和周扬同志和我接上关系的。雪峰到了上海不找我们，先找了鲁迅先生，这一点，按当时情况完全是应该的。可是这之后，你一直不找渴望着和中央接上关系

的党组织，而去找了胡风，不听一听周扬同志和其他党员同志的意见，就授意胡风提出了“民族革命战争的大众文学”这个口号，引起了所谓两个口号的论争，这是什么原故？今天在座的有许多同志——如沙汀、荒芜、立波等同志都可以证明。当时，由于抗日爱国运动的勃兴，我们已经有了半公开活动的机会，我们已经办了许多外围刊物，找我们是并不很困难的。事实上，我们知道雪峰到了上海，还是从救国会的非党同志那里知道的。雪峰同志可以找胡风、甚至可以找章乃器，为什么不找我们。我们在上海的工作有错误，犯过左倾关门主义和宗派主义的错误，但是无论如何，我们是忠实地奉行着党的政策。在白色恐怖中，在十分困难的情况下，我们终于保全了整个文化界的党的组织，我们还联系着包括救亡团体和职业界团体在内的广泛的群众组织，我们领导着上海所有的进步剧团，和数以百计的合唱队，掌握着三家影片公司的编辑部和四家进步书店，出版着十种以上进步刊物，——为什么你要违反党的指示而撇开我们呢？算我们是一支暂时失掉了联系的游击队吧，中央要你来整理、领导这支游击队，你可以审查我们，整顿我们，但你不能完全撇开我们而直接去找正在反对我们、破坏我们的胡风及其党羽。退一步说，你听了胡风的话，也该找我们来对证一下吧，你硬是撇开了我们，不是帮助我们，而是孤立我们，不，实际上决不

> 止于孤立了我们，而是陷害了我们。章乃器本来是向我们联系的，见了你之后，他向外公开说，我已经和“陕北来人”接上了关系，今后你们不要来找我，“陕北来人”说，上海没有共产党组织。我还听人说，这位“陕北来人”曾告诉原来由我们领导的外围人士说，周扬、沈端先等假如来找你，“轻则不理，重则扭送捕房”。还有，已经过世了的钱亦石同志曾告诉过周扬同志，雪峰在外面说，夏衍是篮衣社，周扬是法西斯，这不是陷害，还是什么？这一切，今天在北京的章汉夫同志、王学文同志、邓洁同志都可以证明。①

第二点，夏衍质问冯雪峰与胡风之间过于密切的关系。第三点，夏衍质问冯雪峰抗战后脱党的问题。第四点，夏衍对冯雪峰在上饶集中营中的表现表示存疑。第五点，夏衍质疑冯雪峰出狱后来到重庆，为什么主要和姚蓬子、韩侍桁混在一起，

① 夏衍：《对丁、陈反党集团的批判——中国作家协会党组扩大会议上的发言（1957年8月14日）》，1957年9月，打印稿，第111—112页。以下夏衍的发言内容，引自该打印稿第112、113、114页，不重复出注。

“姚蓬子是叛徒，韩侍桁是特务，你应该清楚的”。[①] 第六点，冯雪峰和胡风分子之间（如胡风、彭柏山、刘雪苇），是否存在着“反党一条线”的问题？

夏衍还以非常肯定的语气说：“直到今年八月为止，我们一直以为《答徐懋庸并关于抗日统一战线》这篇文章是鲁迅先生的手笔，现在雪峰承认了这篇文章是他起草的。请在座的同志们重新读一遍这篇文章。……雪峰同志是一贯主张真实性和艺术的真实的，但是他起草的这一篇文章，不论描写的细节和内容，都是不真实的。”

夏衍的结论是，“左联”与鲁迅之间隔阂的加深，冯雪峰有着不可推卸的责任：“雪峰同志反其道而行之，不仅不努力去消除这种隔阂，反而用一切不应有的，可以说是极其阴毒的手段，加深了这种隔阂，甚至有意挑起了两个口号的论争，实

---

① 根据冯乃超的说法，冯雪峰重庆期间借住在姚蓬子处是周恩来批准的，认为这样比较安全。可参见楼适夷 1978 年 5 月 30 日致黄源信［巴一熔、黄炜：《黄源楼适夷通信集（下）》，杭州：浙江人民出版社 2006 年版，第 78 页］。

夏衍经常批评冯雪峰借住在姚蓬子家一事，可能与他极端厌恶姚蓬子的为人有关。他在 1994 年 6 月的一篇文章中还这样说：知识分子是中国人民的精英分子，“虽然也有极少数不属于这一辈的败类，随便举个例子，如汪精卫、姚蓬子父子等人”。（夏衍：《天行健——黄苗子、郁风展览册序》，“夏全 8”第 653 页。）这可视作他最后定见。其实，将姚蓬子父子与汪精卫并举，未免有些不类。“纣之不善，不如是之甚也。”不过以此人们倒可以知道他内心深处对姚蓬子的真实评价，因此或也能够理解他对冯雪峰批评的由来。

际上分裂了党领导的整个文艺事业。今天，雪峰同志又参加了丁陈反党集团的分裂作家协会的阴谋，事实上，他在二十年前，在最困难的日子里，已经有过一次更毒辣的分裂活动了。”

会场的气氛被夏衍的发言弄得十分紧张。楼适夷当场嚎啕大哭起来，说冯雪峰欺骗了自己二十年（楼适夷后来对自己的失态极为后悔，认为加重了当时会场的气氛）。许广平在夏衍发言中间站起来痛斥雪峰，说他欺骗了鲁迅，是个“大骗子”，对冯表示极大愤慨。不过针对夏衍发言的核心问题，也就是《答徐懋庸并关于抗日统一战线》实际出于冯雪峰之手的说法，则给予了一定的澄清。她说，“这篇文章，我已经送到鲁迅博物馆，同志们可以找来看看”。“两个口号的文章，……是鲁迅亲笔改的”，并反问道，“鲁迅不同意怎么发表了。发表以后，鲁迅有没有登报声明说‘这篇文章是冯雪峰写的，不是我写的？’”“今天把一切不符合事实的情况完全压到鲁迅头上”，“是对鲁迅的诬蔑！”①

不过，许的这些深有用意的话是夹杂在对冯雪峰、胡风、萧军等人的指责中说的，因此，对整个会场的氛围没有什么扭转的作用。参与者听取了夏衍的发言后，一般都认为“口号之争”这桩二十年前的公案终于有了一个“可靠的结论”。郭小

① 张小鼎：《〈鲁迅全集〉四大版本编印纪程》，《新文学史料》2006年第4期，第176页。

川8月14日日记记载："二时开会，先是蔡楚生发言，然后是徐达，紧接是夏衍发言，讲了雪峰对左联的排斥，他的野心家的面孔暴露无疑了，引起一场激动，紧跟着许广平、沙汀发言，楼适夷发言，会场形成高潮。"[①] 天津作家王林在8月15日的日记中记载："方纪同志从京归，谈昨日北京作协大会夏衍等揭穿了冯雪峰的二十年来可耻的历史，许广平谈到鲁迅晚年受冯、胡风、萧军等坏蛋包围，死不瞑目。许发言时泣不成声。方传达了周总理、邓小平同志对文艺界整风的决心：不破不立，宁可把这种烂摊子文艺队伍打垮也得整理好！开除的开除，上报的上报，决不能惋惜！这样才能从根改造好。"[②]

晚年林默涵对夏衍这个发言有一个评论：

> 批判丁玲时，把冯雪峰的"问题"端了出来，因为两个人的关系密切。冯雪峰同志解放后工作是勤恳的，严谨的，虽然有时有点偏激。开始对他的批判只是与丁玲的关系和一些言论问题；后来，急转直下，变得那样严重，是因为夏衍提出了30年代的问题。夏衍在对冯雪峰的批判会上的发言，简直是一个"爆炸新闻"。夏的发言提了两

① 郭小蕙：《郭小川日记（1957·中）》，《新文学史料》1999年第3期，第169页。

② 王端阳：《王林日记·文艺十七年（之四）》，《新文学史料》2014年第1期，第148页。

> 大问题。一是1936年冯雪峰从陕北到上海，不去找周扬、夏衍，而去找鲁迅、胡风，还同章乃器接上头。章乃器同冯雪峰接上关系后曾对党的外围人士说：周扬、沈端先假如来找你，可以把他们扭送捕房。对此，不了解情况的人是无从判断的。二是鲁迅答徐懋庸的文章是冯雪峰写的，是冯的笔迹。夏衍说原件存在文化部，他看过。这就是说，冯雪峰是冒充鲁迅写文章骂“四条汉子”。周扬当时曾表示同意夏衍的发言。当时，本来应当把原件拿来看一下，但是没有这样做。后来，我看了原稿，大部分是冯雪峰的笔迹，但是说周扬等人是“四条汉子”那些地方，有四页多都是鲁迅亲笔加写的。①

夏衍的发言为以后对冯雪峰的批判定下了基调。紧接着，何其芳、陈荒煤、周立波、郭小川等都围绕着他的发言的精

---

① 林默涵：《十七年文艺战线的一些大事》，朱元石：《共和国要事口述史》，长沙：湖南人民出版社1999年版，第87页。

必须指出，林默涵在转述夏衍发言的核心内容时，有不少地方与夏衍本来的意思有出入，其中，尤其以“不了解情况的人是无从判断的”这一说法有失厚道。夏衍作发言时，章乃器、章汉夫、王学文、邓洁等当事人均在世，钱亦石也刚去世不久，在当时要去核校相关信息并非难事，并不能说“不了解情况的人是无从判断的”。90年代，在这些当事人纷纷离世后，忽然强调起“不了解情况的人是无从判断的”，貌似客观，却很容易诱使人们展开一些过于复杂的联想。

神，对冯雪峰展开了非常激烈的批判。到1957年8月23日左右，对冯的批判基本告一段落，作协已基本形成对于冯的统一处理意见。1958年3月，文化部整风领导小组最终定冯雪峰为“极右分子”，宣布将他开除出党。冯个人的政治生命亦就此结束。

很多对三十年代文艺运动背景有所了解的人极不能同意此事。巴金说，除了那些表面上的“一致拥护”或是“跟在别人后面丢石头”的人，真正了解情况的人对冯雪蜂被打成“右派”非常不以为然。著名作家杜鹏程回忆说：“反右派斗争后期，我和柳青同志奉命去北京开会，……会上宣布了冯雪峰等同志的‘反党罪行’……我集中全力听他们宣读的冯雪峰同志的‘反党罪行’，其荒谬可笑，使人难以想象……会后，我和柳青同志回到和平饭店，我一声不吭，躺在床上，柳青同志气得脸色发青，他嘴唇抖动着说道：‘怎么能这样毁灭自己的同志！中国参加过长征的作家，一共有几个嘛！’”[①]

在五七年这场政治大风暴中，夏衍尽管犯过一些偏“左”的错误，但他还是“善于讲团结，难以讲斗争”的（冯雪峰是少有的几个例外），所谓小资产阶级的“温情主义”是他很难

① 可参见尹骐《冯雪峰是怎样被打成“右派”的?》（《炎黄春秋》1997年第6期，第37页）。在笔者所见文献中，该文对冯雪峰与周扬、夏衍的恩怨冲突的评价是较为平实客观的。另外值得提到的是，尹骐先生关于潘汉年生平事迹的研究非常具有参考价值，值得重视。

“改造”好的天性，因此，不论主观认识怎样，在现实生活中他经常会自然地对落难的老友伸出援助之手，并情不自禁地会对现实政治失之偏颇的一面加以纠正。

1958年3月，他的“左联”时期的老朋友陈沂被打成了右派。总政还有人去游说夏衍与周扬，要他们相信陈是右派。夏衍很直率地对来人说，陈沂这个人我知道，容或有各种缺点，但肯定不会反党反社会主义。你们搞人，也应该实事求是一点。来人板着面孔硬邦邦地说了一句：你不了解情况！夏衍只好瞠目以对。

陈沂被下放到黑龙江后，爱人、孩子留在北京。他的爱人在文化部工作，处境很艰难。夏衍了解后，就对陈沂爱人说：“我同意你去哈尔滨工作。我知道你舍不得离开首都的，但不得已也只好离开，在哈尔滨还可就近照顾老陈。你要相信，只要我们党继续搞唯物论，不仅你将来可以回北京，老陈也可以回北京，所以暂时忍受吧！我要文化部人事方面给你赶快办调动手续。”在夏衍的关照下，陈沂一家的处境总算相对地得到了改善。①

1959年，当时的北京市文艺团体都要下放到郊区参加劳动，并辅导当时所谓的“文化大跃进”，全民写诗绘画。这是大势所趋，夏衍有意见，却也没办法。但考虑到这么多人在一

---

① 陈沂：《悼夏公》，《忆夏公》，第30—32页。

个很长的时间里专业都要荒废掉，他心里很焦急。

中央交响乐团下放的时候，其领导人李凌出了一个好主意：合唱队全体一次性下去半年，交响乐队再下去半年，这样至少半年可以全队排练。夏衍很快就批准了这个方案，他说："文艺工作者下乡劳动锻炼的做法，可以根据不同的情况，作出不同的安排。"对李凌提出关于下去的队员的基本功训练问题，他同意"千万不要丢掉了基本功"。他特别指出，有些乐器，如小提琴、钢琴等乐器演奏的队员，在劳动工种上可以选择，不能影响他们手指的灵活性。他对李凌说："我们不能只凭热情，而缺乏冷静地去思考问题。偏于急功近利，不计后果的做法，每每容易产生后遗症。""我们做具体工作的领导人，要敢于发现问题，上面的意见，对就坚持，自己有意见，就设法提出，不能唯唯诺诺，明知不对，也不敢坚持。"① 夏衍是这么说的，也是这样做的。

对当时否定传统戏曲，将戏剧改革、演现代戏庸俗化的情况，夏衍有所指地说："既然我们的政策是百花齐放，既然我们的方针是两条腿走路，既然我们也还只是争取现代题材的剧目占有百分之二十五到六十，那么，我们就没有理由说，这百分之四十到百分之七十五的所谓传统剧目就不能放出卫星。"②

---

① 李凌：《夏衍同志和音乐》，《忆夏公》，第569页。

② 夏衍：《答〈剧本〉月刊记者问》，"夏全3"，第323页。

针对文艺界存在的不民主情况，夏衍说：“我曾经讲过，不仅是我们文艺界，而且在社会上，我们也还缺乏一种民主空气。……所谓民主就是要尊重自己，也要尊重别人，在真理面前大家平等。可是这种态度，在中国的社会中还不是人人都有的，一般人对此还没有养成习惯。我们还有不尊重别人劳动的思想作风，也没有养成科学的态度来辨明是非的实事求是的习惯（也可说是‘风俗’吧）。我认为武断、权威感、不尊重‘小人物’等等都和民主空气不浓有关，这种思想行为，也是整个社会现象的反映。”①

当然，夏衍对当时已经开始蔓延的“极左”思潮及党内发展了的各种不正常风气，表现出有意抗拒、乃至纠偏勇气的，主要还是集中在电影领域。夏衍的这种抵抗、纠偏明显有一个渐进的发展过程：大致在1957、1958年的时分，他对当时的所谓“右派”言论（这些言论在后来都被证明是相当具有预见性的真知灼见）有认同，也有一些陈词滥调的批判。但随着时间的推移，他出自于个人心田的肺腑之言就越来越多，更加“肆无忌惮”地显现出某种书生意气，直到提出在当时有些惊世骇俗的“离经叛道”论。他关注的问题，开始越来越集中于电影业的两个关键问题：如何在保持党的思想原则的基础上提高票

① 《1959年在华东作家协会理事会扩大会议上的发言》，《批判夏衍参考资料》，第6页。

房价值；如何以艺术的手段而不是借助行政命令（更不是罔顾现实的自吹自擂）将观众吸引到电影院里来。

作为坚定的马克思主义者，夏衍不会反对在电影中展开必要的思想宣传。但是，作为全国电影业主要的领导人，在1956、1957年间他意识到这种思想宣传已经开始扼杀电影的其他艺术属性了。他敏感地意识到这种趋向可能会毁掉电影业本身：如果电影作品失去票房号召力，那电影业就将失去其生产能力。正因为如此，他对钟惦棐和其他一些人提出的颇为尖锐的意见“为什么好的国产片这么少”、票房价值优先论等，心中颇有戚戚焉：

> 在“为什么好的国产片这样少”的讨论中，没有一篇文章批评解放后国产影片的“思想”不好，火力是集中在题材单调、公式概念上——换言之，就是不合口味。在这里值得我们警觉和应该引以为训的是，七年以来，我们对电影事业的领导只从维他命、“卡路里”出发，太少考虑到观众的口味，也应该说，还没有很好地掌握领导电影业务的特有的规律。……在思想性第一的前提下力求艺术性的完美，应该肯定是正确的、必要的，不该受到过多责

难的。[1]

反对国产电影的公式化、概念化，不一定要任性地对过去的国产片加以丑化，而今天，尽管人民群众的思想有了很大的提高，也还应该想到：假如把概念化、公式化和思想性、政治性混淆起来，不加分析地否定过去的国产影片，片面地强调“票房价值”，那么，是不是也和服装问题一样，有可能产生某一类的“奇形怪状”呢？[2]

对于这个问题（指电影业多头管理，各领导部门关心过甚的情况——引者注），有的同志做了另一个很形象化的比喻：“因为它重要，深怕它搞不好，也就出现了像《祝福》电影中鲁四老爷教阿牛描红的情景。关心过多，也就往往变成干涉过多。”……假如一方的确是鲁四老爷，一方的确是阿牛，那么我想，把着阿牛的手教描红，也算不得什么错误和罪过。毛病是出在一方面鲁四老爷自己不一定是书法家，另一方面把不是阿牛的也当作了阿牛，又忘记了经过七年之后阿牛已经能够自己临帖而不再需要描

① 夏衍：《几个比喻与联想》，“夏全6”第281页。该文由发表于《人民日报》1957年1月11日、1月13日、1月14日的三篇杂感合成。

② 夏衍：《几个比喻与联想》，“夏全6”，第283页。

红这一事实。①

在这篇文章中，夏衍的意见含混不定。一方面，他认为批评者们的意见颇有道理：解放七年了，“好的国产片这样少”有些说不过去，并且，好的国产片少似乎与影片不重视票房价值有一定相关性。但另一方面，他又觉得文化部、电影局的方针政策似乎也没有错。在这含混之中，他无意间将电影业的多头管理当作是一个重要的问题根源。在当时来说，他敢于谈论这一问题是相当大胆的。更有些刺激性的是，他居然以“鲁四老爷”来比拟各管理部门，揶揄的口气是明显的。有人因之不快也是自然的。

1957年4月，在“鸣放”达到高潮之际，夏衍也趁机为当年“能否写小资产阶级“的争论续写了篇章：

> 要改进领导方法，最根本的就是必须克服教条主义、宗派主义和官僚主义，按照电影艺术生产的特点去领导电影工作，充分发挥电影艺术工作者的积极性和创造性，依靠他们去进行工作。这样，“百花齐放，百家争鸣”的方

① 夏衍：《几个比喻与联想》，“夏全6”第285页。“鲁四老爷教阿牛描红”这个比喻来自钟惦棐的《电影的锣鼓》。可以想见，钟惦棐被打成右派后，夏衍这番引用将引来多少的攻讦之词。

针才能在电影事业中得到贯彻。在社会主义社会里，剥削阶级消灭了，从剥削阶级出身的人，正在被改造成为劳动者。电影艺术如果要反映现实，势必要多写劳动人民的题材。因为现代的题材，除了劳动人民的生活以外，其他就越来越少了。我们的电影必须始终不渝地为劳动人民服务，因此就必然要写劳动人民的题材，但是，这决不能被了解为电影只能表现工农兵的题材。电影的题材应该十分广泛，应该从各方面来反映我们的丰富多彩的社会生活，以满足观众的多方面的要求。我们应该帮助电影工作者去熟悉和表现劳动人民的生活和斗争，同时，又应该允许并鼓励他们自由地选择他们所愿意描写的创作题材，发挥一切电影工作者的才能和积极性。[①]

按照夏衍的意见，工农兵题材的绝对重要地位就将被稀释掉。

尽管在大跃进高潮时期，夏衍也发表了《我们的电影事业必须政治挂帅》[②] 之类言论，但他是文艺界最早反思“反右”、大跃进后果的领导人之一。1959 年 5 月在长春电影制片厂的一次讲话中，他几次提到了“反右”留下了后遗症。他明确

① 夏衍：《加强团结，改进电影工作》，“夏全 6”，第 295 页。

② 见《文汇报》1958 年 9 月 15 日。

指出：

> 对待整风反右遗留下来的问题要有正确的认识。这场斗争是严肃的，激烈的，时间快，进行得猛烈。特别是有些艺术上的问题和政治上的问题搅在一起没有很好地解决，存在着教条主义、形式主义。反右斗争以后长时期不敢再谈技巧，更不敢谈恋爱，谈爱色变，怕了嘛！北影的《飞越天险》里明明有恋爱，但是删掉了，片子都接不上。少数人受了处分，可能有包袱，对犯过错误的人会另眼相看。犯错误的本人也战战兢兢，这样不好。斗争的目的是为了改造、团结，不是打击什么人，毁掉什么人。我以为这方面应该松弛一下，甚至包括右派，也不要让他们绝望，毛主席说百分之八十的右派会回来的，会为人民服务，只要认识错误，改正错误，就是进步。总的方针是毛主席说的"治病救人，惩前毖后"，"团结—斗争—团结"。大家心理上不要有包袱，老念念不忘不好。对右派分子也应该做些工作，不要使他们自暴自弃，绝望。[1]

正是沿着这一思想路线，1959 年 7 月在全国的故事片厂长

---

① 夏衍：《1959 年在长春电影制片厂全厂职工大会上的讲话》，"夏全 6"，第 321 页。

会议上，夏衍终于提出了他著名的“离经叛道论”。

> 我向大家建议，希望大家回去找一些旧小说看看，这些小说中可供拍影片的题材故事很多。我还向各厂建议，各厂可以邀请一些对当地情况见多识广的人士开个座谈会，请他们闲聊天，请他们介绍一些材料，例如北影就可以邀请齐燕铭、吴晗、王昆仑，这些人可以谈出很多东西来，不一定请他们动手，只要他们介绍材料，提供线索，他们东西多得很。……总之，要增加新品种，必须有意识地进行工作。我们现在的影片是老一套的“革命经”、“战争道”，离开了这一“经”一“道”，就没有东西。这样是搞不出新品种的。我今天的发言就是离“经”叛“道”之言。为了要大家思想解放，要贯彻百花齐放，要有意识地增加新品种。①

在这次讲话中，夏衍还有意自曝其短：

> 对于错误应当重视，我们经常讲成绩与缺点是九个指

① 夏衍：《在1959年故事片厂厂长会议上的讲话》，“夏全6”第328页。1959年7月11日至28日，文化部在北京召开了全国故事片厂厂长会议。夏衍在期间作了三次讲话。发表“离经叛道”论可能是在7月21日。

头与一个指头的问题，讲得太多了，现在可以不讲，只着重讲讲这一个指头，应该设法克服这一个指头的缺点。向中央报告成绩讲得太具体也不好，有些成绩中也包含着缺点（如影片产量是增加，但其中还有不少质量差的影片；如观众人次大大增长，但其中却包括了很多短片场的观众，数字不够确实）……

廖承志同志很同意我们派导演出国去学习，或派留学生去学习。我向他说我有个怪主意，我们除去向苏联学习外，是否可请些资本主义国家的专家来我国，特别是在导演、摄影、洗印等方面，编剧就不必了。①

尽管夏衍这个讲话是一次内部讲话，从未公开发表，但“离经叛道”这种说法毕竟太有刺激性了。“文革”批“四条汉子”时，“离经叛道论”就在劫难逃，成了“文艺黑八论”之一。

除了在会议上一次次地发表指向性的意见，在实践中夏衍也“有意识地”提倡发展“新品种”，促使电影题材、形式的多样化，也就是离开所谓的“革命经”“战争道”。《五朵金花》是他抓的一个典型。

1959 年 4 月，长春电影制片厂导演王家乙和摄影师王春泉受夏衍之邀到达北京。夏衍对他们说，国庆十周年，大部头、

① 夏衍：《在 1959 年故事片厂厂长会议上的讲话》，“夏全 6”，第 329—330 页。

有分量的影片不少了，但是轻松愉快、政治思想不外露，能在更多国家发行的影片很少，因此希望“长影”厂搞一部这样的影片。这部片子可以以云南为背景，反映山河美，人物美，社会风光美，让观众从美的享受中，感到我国社会主义好。

夏部长亲自出题，尝试新题材和新样式，这自然是求之不得的，且听说云南已在组织作家写本子，因此王家乙也没想什么，便立即答应下来，并按夏衍的指示，立即去了云南，到大理、剑川、丽江等地，一面熟悉生活，一面选择外景。不到一个月时间，剧本初稿出来了，王家乙便与作者先后到了北京。

夏衍看了剧本后，将王家乙找到文化部。见面后便开门见山地说对本子不满意。他说，这个本子以纪录片样式写了十二朵金花，这恐怕不行，也不能打动人。要观众看一个半小时的纪录片是坐不住的。因此一定要压缩，最好按故事片去写，有点情节，要写人物。

王家乙连连点头，但却感到事情并不那么好办。

夏衍对这位解放区出身的资历不浅的导演说：“搞艺术作品，应该靠形象，不能靠说教，甚至搞一些标签式的标语口号。你们搞这部片子，一是要遵循艺术规律，用形象来感染人打动人；二是为了能够在更多国家发行，避开各种不同的审查剪刀，是否可以考虑影片里一不出现政治标语口号；二不要提共产党、毛主席、共青团、人民公社；三不要出现政治性语言。”

听了这一番话，王家乙感觉紧张，“简直倒抽一口凉气”[①]。他因为与右派关系密切而受到过留党察看处分，对搞一部连共产党、毛主席都不提的片子当然有极大顾虑。夏衍则鼓励说：不要怕，到时候有文化部和中宣部为你说话，替你承担责任。这是我们给你的任务嘛！

事情就这样定了。然而当电影进入拍摄后，问题就来了。最叫人寒心的是厂长听了王家乙的汇报和设想后，他明确表示，这个任务是文化部下达的，是夏衍亲自主持的，我们对这部影片的内容不过问，不负责，今后你一切请示夏衍同志。这位厂长还真是说到做到，从此一概不管不问，而背地里却又嘲讽道：“这是社会主义文艺？”影片中画家、音乐家采风中出了点洋相，有人就很担心地说：“采风可是党号召的好事，你出他们的洋相，将来音协美协问罪起来，怎么办？”困难和压力一个接一个，直到影片拍完，中宣部审查后三天不表态。最后还是周恩来和陈毅为之大声疾呼，才算上映了。

《五朵金花》的成功，是遵循艺术的客观规律发展电影创作取得的硕果。在当时的政治条件下，夏衍坚持所谓“离经叛道”的主张，是需要极大勇气、冒着很大政治风险的。

1959年庆祝建国十周年国产新片展览月，展出了十七部故事片，如《林家铺子》《风暴》《青春之歌》《林则徐》《聂耳》

---

① 王家乙：《夏公指导我拍〈五朵金花〉》，《忆夏公》，第239页。

《老兵新传》《战火中的青春》《五朵金花》《我们村里的年轻人》《回民支队》《万水千山》等，均可载入中国电影史册。无论从何种角度评价，这都是新中国电影的一座高峰。周恩来在祝贺这次新片展览时说："我们的电影已经开始创造了一种能够反映我们伟大时代的新风格。"[①]

影评家罗艺军说："1954年的电影高峰，首先要归功于电影艺术家的创造性劳动和广大电影工作者的努力。但如果没有夏衍、荒煤的精心培植和对错误的抵制，也难有如此光彩夺目的成果。"[②]

在这段时间的意识形态领域里，蛰居多年的康生开始活跃起来。插手电影界的工作是他一大喜好。这位"反修"理论权威在1958年4月曾经言辞非常激烈地批评电影局1957年的工作。他说："在中南海看了《青春的脚步》印象比较深，那个片子给人的印象是好像使世界倒退了四十年，当时感到很奇怪，建国八年了已经是社会主义社会了，怎么还有这些片子呢?"《三里湾》和《牧人之子》是要"以资产阶级知识分子的思想改造无产阶级思想"。《球场风波》"片子里有罗隆基的思想，比吕班的《未完成的喜剧》高明得多了，吕班的《未完成的喜剧》，只是天然辛石，吃了不过泻泻肚子，毒不死人，而

---

① 周恩来：《在庆祝新片展览月招待会上的讲话》，《人民电影》1978年第2、3期合刊。

② 罗艺军：《荒煤作为电影领导》，《当代电影》1993年3期，第72页。

《球场风波》则是‘化学’药品。……《球场风波》所描写的风波是打球胜利后解决的，依我看是人大代表视察才解决了风波，如果是这样的话，共产党到哪里去了？既然矛盾要人大代表来解决，那么机关中的共产党、共青团哪里去了？”“总之是一阵大风浪来了，头脑不知何处去，渣滓依旧笑东风。”①

陈荒煤这时还非常尊重“康老”，他积极传达康生的讲话精神，并把康生所说的“头脑不知何处去，渣滓依旧笑东风”明确地解释成“我们脱离了无产阶级的领导，资产阶级思想都在得意的笑”。②

但夏衍对“康老”的指手画脚却在一开始就有所防备。1959年他把陶承的回忆录《我的一家》改编成了电影剧本《革命家庭》。当影片刚刚开始拍摄的时候，康生知道夏衍是剧本的改编者，便在一个宴会上用心险恶地问：“听说你们把《我的一家》拍了电影？可是，作者有个人吹嘘的问题，许多情况不符合当时事实呢。”这话简直像是在鸡蛋里挑骨头。夏衍没有搭理他。本来康生想抓住《革命家庭》所反映的历史背景问题，再狠狠做上一番文章，但后来因为毛泽东看了样片，说这是一部好影片，③ 他只

---

① 康生：《在制片厂厂长座谈会上的谈话纪要》，吴迪：《中国电影研究资料1949—1979（中卷）》，北京：文化艺术出版社2006年版，第187—191页。

② 陈荒煤：《在电影跃进会上的发言》，吴迪：《中国电影研究资料1949—1979（中卷）》，北京：文化艺术出版社2006年版，第199页。

③ 毛看了电影，说：这个电影很好，但有一地方不像。就是陶承结婚，花轿抬进去，新娘出来那场戏不像，这是没有生活经验造成的。可参见夏衍《解放思想，勤学苦练》（“夏全8”第524页）。

能悻悻作罢。夏衍从此对这位“康老”颇为警惕。[①]

然而1959年底，由庐山会议批判彭德怀而波及到全党范围的“反右倾”斗争，夏衍却躲不过了。文化部有一帮以“左”自居的人物，他们平时就看不惯夏衍的做法，现在正是难得的机会。从1956年3月给全国青年文学作者作的题为《知识就是力量》[②] 的报告开始清算起，到同时期的杂文《“废名论”质疑》[③] 等等，再到后来支持拍摄所谓“三无”电影

① 夏衍对康生胡乱干政的揭发，可参见其《历史的回顾——在中国文学艺术研究院的讲话》（“夏全7”第261页）。

② 文章批判了文坛流行的公式化概念化趋向，以曹雪芹、施耐庵、托尔斯泰等人为例说明作家需要有多么广阔的知识背景，而这种说法，明显是不符合当时许多人“厚今薄古”的口味的。夏文可参见“夏全8”，第457—463页。

③ 夏衍此文较为辛辣地讽刺了社会管理中的一种过于漠视传统的机械化倾向。当时，一些很有历史渊源的机构纷纷改用数字化的名号。针对这一现象，夏衍调侃说：

这种废名论的理论根据，据说第一是为了整齐，为了“统一”；第二是因为旧时代的名称都有封建性。那么，像河北、安徽这一类省名，宛平、长治这一类县名，也都应该废名排号了吧。我设想若干年后，人们的履历表将如下式：

姓名：王十七。（补标点）

籍贯：第五省、第三十八县、第二二六乡。

学历：第十一省第九十八中学毕业。

职业：第十五省第九市第三副食品商店第七门市部经理。（夏衍：《“废名论”质疑》，“夏全9”第360页。）

这种论调，按照当时流行的思路上纲上线，便是“恶毒攻击社会主义的建设成就”，“反右”时打成“右派”绰绰有余。这篇文章引起过政治局的注意[可参见夏衍1983年6月21日致李子云信（“夏全16”第48页）]。没有最高领导人之一的周恩来为其缓颊，他大概确凿是难逃厄运的。

(即指电影中一不出现政治标语口号；二不要提共产党、毛主席、共青团、人民公社；三不要出现政治性语言）《五朵金花》，到大发“离经叛道”之言、“题材广阔”论，各式各样的批判集中指向了夏衍。对于此类责难，夏衍是很不服气的，只以沉默表示对抗：“我准备挨骂五年，争取电影翻身。”[1] 他担心的是田汉。田汉是个口没遮拦的人，有关“离经叛道”的议论更多。一天，他特地来到剧协三楼会议室看大字报，果不出所料，关于田汉“右倾”罪状的大字报贴满了。他感到无话可说，只能默然走开。[2]

除了文化部内的“左派”，某些越来越“左”的地方力量射来的明枪暗箭不能不防。比如在柯庆施、张春桥的领导下，上海的文化氛围就变得日益“左倾”了。上海的电影人们感到工作的困难，有时会问计于在北京的老领导，这更加激起了张春桥的不满。有知情者回忆了陈荒煤在这一时节的遭遇：

> 张春桥在一次会议上耸人听闻地第一次攻击所谓的“夏陈路线”。柯庆施就找到荒煤尖锐地提出：“是不是现在党内文艺方面，就只能是田汉、阳翰笙这些所谓权威来领导?”当着荒煤的面他还留了几分情面，实际上是在质

① 夏衍：《历史的回顾》，“夏全 7”，第 259 页。

② 凤子：《往事历历忆夏公》，《忆夏公》，第 353 页。

问夏衍和荒煤。在对待创作人员的态度上荒煤和地方党委的矛盾就更加突出了。当他看到长影一些领导动辄扣大帽子整人时就尖锐地提出：对自己的队伍要有一个正确的估计，不能天天搞阶级斗争，人人自危。对待被定为右派分子的沙蒙、海默等人，他又不由自主地为他们说话。他的这些做法让他在1959年受到批判，有些地方党委的领导就提出：荒煤上班是局长，下班是作家。电影方面的大右派在文化部电影局。要不是周扬、夏衍等人对他的信任和保护，或许他早就加入了右派队伍。①

陈荒煤的压力，夏衍同样都得经受。幸运的是，由于周恩来、陈毅的保护，各路“左派”们对夏衍的批判没能进一步进行下去。1959年10月至1960年1月，在文化部开展的反右倾运动中，夏衍两次作了检查。但万幸，他并未为他的离经叛道言论付出太多代价，就过关了。夏衍后来回忆说：“说实话，要是没有恩来和陈毅同志，我是逃不过1957、1959、1964年这些关卡的。”②

从表面上看，在1960年夏衍继续参加了多种社会活动，并有不少兼职：1960年1月22日，中共中央批准夏衍为文化

---

① 严平：《永远的遗憾》，《新文学史料》2003年第4期，第13页。

② “夏全15”，第3页。

部党组成员，并任党组副书记；3 月 2 日，参加纪念“左联”成立三十周年座谈会，并发言；7 月 22 日至 8 月 13 日，参加第三次全国文代会，当选为第三届中国文联副主席（1953 年夏衍是第二届文联理事）；7 月 30 日至 8 月 4 日，中国电影工作者联谊会第二次代表大会在文代会期间召开，作题为《让三面红旗在银幕上迎风招展》的发言，[①] 并当选为常务理事……[②] 但后人检索他发表的文章和工作讲话，就可以发现一度颇为放言无忌的他，在这一年小心了许多。虽然，他仍不忘谈论一点“使各种不同形式和风格的艺术能够自由发展”“向传统艺术学习”的话头，但毕竟他也小心地让这些话头淹没在“政治挂帅”“向工农兵学习”“中国电影队伍和电影创作有几倍或者十几倍的增长，实现跃进、跃进、更大的跃进”这类陈词滥调之中。[③]

夏衍精神上的复苏似乎要到 1960 年底。在《一定要提高电影艺术的质量》中人们又重新看到了夏衍特有的那种精神锋芒。在这篇文章中，夏衍初步涉及了中国电影的“直、露、多、粗”的弊端。

---

① 这篇发言后发表在 1960 年 9 月 4 日的《人民日报》上，1963 年收入《电影论文集》时改名为“在银幕上反映我们的时代”。

② 可参见沈芸《夏衍生平年表（第四稿）》（《新文学史料》2001 年第 1 期），第 189 页。

③ 夏衍：《在银幕上反映我们的时代》，“夏全 6”，第 372—373 页。

作为文化部外事口的主管领导，夏衍这段时间有些出访活动也有必要提上一笔。

对夏衍来说，这些活动，有些纯属公事，有些则给他留下了美好的记忆。但不管怎么说，频繁的出访大大开阔了他的眼界。尽管他的出访对象都是社会主义阵营中的国家及亚非拉各国，但在不经意的对比中，他能够感受到大跃进以及各种不正确的政策给国家生产力造成的巨大破坏。尤其在三年困难时期，这种对比是触目惊心的。或许，这是他在文化部副部长任上越来越敢于直言的一个潜在的原因。作为一个忠诚的共产党人，他当然是愿意与组织保持一致的。在各次整风中，一旦挨批，他就诚恳地挖掘自己思想中各种“不良”因素就是明证。但一旦整风过去，他却往往常态故我，对现实的批评有时还“变本加厉”起来（看起来与“右派”们的言论相去不远）。作为一个忠诚的共产党人，对组织、对人民说真话更是一种内心的道德律令（当然，夏衍自己在理智上也许并没有体察到这种近乎分裂的矛盾痛苦）。

1957 年 3 月赴越南签署中越文化合作协定，给夏衍留下了终身难忘的美好记忆。胡志明是个重感情的人，不忘桂林期间《救亡日报》对他的点滴帮助。时隔二十年，夏衍重新见到了胡志明，胡特地请夏衍到他的办公室叙旧，还送了一张亲笔签名的照片。

1959 年，作为“国庆十周年”纪念的交换项目，他在 9 月赴莫斯科参加电影节（电影局准备了30部故事片参加国庆献映，这是文化部国庆献礼的重头戏）。此次访苏，他同样顺访了东德。

1960年8月，他率团赴捷克斯洛伐克参加捷国的体育节(夏衍时任中捷友好协会会长)，后又参加布加勒斯特会议。12月份又随郭沫若率友好代表团访问古巴。此次访问的行程较长、较复杂：代表团经苏联、瑞士、葡萄牙、佛得角、苏里南、委内瑞拉、科拉索（西印度群岛中荷属安的列斯群岛的主岛），牙买加，才终于抵达古巴。郭沫若、夏衍一行参加古巴国庆活动，并得到了卡斯特罗的接见。回程也较长：经埃及、黎巴嫩、印度、缅甸回国。

顺便值得一提的是，该年7月，在第三次全国文代会上，他当选为第三届中国文联副主席。

第二节　风暴将至

无休止的运动，艰苦的生活条件，再加上长时间旅途的劳累，夏衍的身体再度累垮了（1956年底他曾因十二指肠溃疡出血，住院治病一个多月)。经医生诊断，他的心脏出了毛病，只能卧床静养。1961年初春，他到苏州疗养了一个多月。这是他难得空闲的一段时间，修养后期，他抽空游览了扬州、泰州等地。

夏衍是闲不住的人，身体情况稍好，他就多次抱病接见了《鲁迅传》的摄制组，并直接参与到了编剧的具体事务中去。

《鲁迅传》是在周恩来的直接关怀下提上摄制日程的一部作品。在1960年初决定上马，分上、下集，争取1961年7月之前拿出上集，向中国共产党建党四十周年献礼。时任上海市委文教书记的石西民得知周总理的指示后，就指派上海电影局长张竣祥和上海作协副主席叶以群在1960年1月7日晚上邀请在京的文化部副部长夏衍、中宣部副部长林默涵、中国作协副主席邵荃麟等人开会商量如何落实周总理的指示，拍摄反映鲁迅一生的电影。在这会议上决定成立由叶以群、陈白尘、柯灵、杜宣等人组成的《鲁迅传》创作组，陈白尘担任执笔人。另外按照上海市委的指示决定成立由沈雁冰、周建人、许广平、杨之华、巴金、周扬、夏衍、邵荃麟、阳翰笙、陈荒煤等人组成《鲁迅传》顾问团。周恩来在听取有关人士的汇报后，指定叶以群担任创作组组长，夏衍担任顾问团团长。1月29日，石西民在上海召集会议，宣布了创作电影《鲁迅传》的人员名单，陈白尘、叶以群、柯灵、杜宣、唐弢、陈鲤庭等人负责创作剧本；陈鲤庭、赵丹、蓝马、于蓝、石羽、谢添、于是之等人负责摄制工作，正式启动了《鲁迅传》的创作工作。[①]

《鲁迅传》的拍摄是当时文化工作的一件大事，最高领导阶层对此事也有所关注。[②] 不过，正如夏衍早已指出的那样，“鲁四老爷”太多了，并且都要手把手地教“阿牛”来描红，“阿牛”是很难把这“红”描好的。有些吊诡的是，夏衍作为文化部的直接主管领导，又是鲁迅的同时代人，且是某些重要事件的直接当事人，他也必须成为“鲁四老爷”中的一个，来负责教“阿牛”怎样描红。1960 年 4—6 月，在他的领导下，摄制组完成了《剧本详细提纲》。陈白尘根据这个提纲完成的剧本第二稿于 1961 年 2 月发表在《人民文学》上。这一稿引起了较为热烈的反响，不少人希望此稿做一些调整后，就能够以此为基础进入影片的摄制阶段。

夏衍对这一稿也较为肯定，他说：“剧本基本上是可以了。”不过，在一些比较重大的情节安排上还有自己的保留意见。1961 年 3 月 6 日、8 日、16 日，他多次召集《鲁迅传》创作组和摄制组的主要成员并谈了自己的看法。他主要对影片的历史背景，主人公性格成长，情节的“减头绪、立主脑”，演

---

① 有关《鲁迅传》摄制前后，参与者们有些不尽相同的回忆。本书采用沈鹏年、葛涛的观点。此段表述引自葛涛：《塑造鲁迅银幕形象背后的权力政治——以〈《鲁迅传》座谈会记录〉为中心》，《新文学史料》2010 年第 1 期，第 118 页。

② 夏衍：《塑造性格与历史真实》，“夏全 6”，第 575 页。

员的角色体验，剧本第二章，整部电影的长度等问题提出了自己的修改意见。除了影片长度属于技术问题，他的谈话几乎全部围绕着这样一个中心：如何降低原稿中过高的政治调门，并如何给予历史人物以客观公允的评价。夏衍说：

> 本子里写鲁迅的由进化论者转变为阶级论者的成长，似乎还不够清楚。对鲁迅寻找道路的彷徨苦闷写得不足。……小资产阶级、资产阶级出身的知识分子在走上革命道路的时候，谁都免不了有探索、彷徨、苦闷，甚至颠踬，这是一点也无损于鲁迅的伟大，相反，假如把鲁迅找到革命的道路写得太容易，把思想发展的起点写得太高，把历史人物写得过分革命化，这就会反而显得不真实、不可信了。①

> 从剧本的结构来看，也许还会发现一些可省的枝蔓。……电影里的一个主要人物的思想、性格等等，开头的时候先得定一个调子。这个起点很重要……正如一个歌唱家开始歌唱之前就一定要“定调”一样。开始定得太高了，以后就“上”不去了。举一个例，我看电影《关汉卿》中的性格，也似乎起点的调子定得太高了，影片一开场，他

① 夏衍：《塑造性格与历史真实》，“夏全6”，第573页。

就像是一个地下党，好像随时准备革命似的。他实际上是一个文人，有一点民族主义思想和正义感就是了。这部片子（指《鲁迅传》——引者注）只强调了他反抗的、斗争的一面，忽略了他风趣、冷嘲的一面，这样，一则性格变了，不合时代真实了，二则后面他的性格、思想就没有发展了。[①]

不能把当时的人写得像现在这样地有较清楚的认识。假如当时人就像现在一样地了解十月革命，那么中国革命早就该成功了。中国人民——特别是中国知识分子找到马列主义这条路，是曲折的、艰苦的、困难的，决不是一帆风顺的，把“找到路”写得太容易，把当时的人写得太高明，是不真实的，不符合历史的。[②]

李大钊和鲁迅会见，如果戏能动人，观众欢迎，也许还是需要的，但这里有一个历史真实性的问题、什么时候、什么场合、谈的是什么？假如写了，就必须要有站得住脚的事实根据，决不可“创造”历史。

可以有一个钱玄同，这个人历史上也不怎么坏。写了

① 夏衍：《塑造性格与历史真实》，“夏全6”，第576页。

② 夏衍：《塑造性格与历史真实》，“夏全6”，第578页。

这么一个中间分子，可以省掉几个反面人物，中间人物在戏中也要的，钱玄同在当时也还是进步人物，可以写进去。不一定要避开。[①]

夏衍还谈到了“五四”时期见胡适的观感。以今天的眼光看，他的许多观点自然还是过“左”的。不过在当时的氛围中，他能够这样评价历史人物尤其是胡适、钱玄同等，亦属难能可贵，何况他和胡适之间确实存在“道不同不相为谋”的问题。在谈话中，夏衍强调胡适“是相当高明的反派”，不要把他“写成漫画化的滑稽角色”，强调他的“进步”“博学”，是有所指的（参见第一章第3节引文）。事实上，在当时也就只有像他这般资历的个别人还能谈论这样的话题，许多政治调门起得比夏衍还高的人，有时只因一个观点不合乎主流意识形态的表述，就被打成了或补划成了“右派”。从这个角度说，陈白尘原稿中政治调门起得比较高、甚至过高是很正常的。

但周扬的意见却是否定性的：这一稿还不够成熟，其中几条涉及鲁迅政治态度的情节线索，不一定有确实根据，有编造嫌疑等，必须修改。3月17日，他向剧组谈了自己的看法。于是，在周扬的意见基础上陈白尘又做了一些修改，在5月拿出

① 夏衍：《塑造性格与历史真实》，“夏全6”，第579页。

了第三稿。这被称为“陈三稿”。但周扬仍不满意，于是在5月22日决定让夏衍来修改这个剧本。8月3日，夏衍交出了修改稿的最后部分。他的修改稿后来就被称为“夏四稿”（或称“夏改稿”）。

夏衍接受修改任务之后，“再把剧本仔细看了一遍”，“觉得周扬同志在杭州讲的和默涵同志在北京座谈会上讲的精神，在三稿中似乎还有贯彻的不彻底之处，重大历史事件的分寸掌握上还不够严格。这表现在两方面：一是李鲁几次会面、陈鲁关系、农民运动讲习所、读毛主席的文章等，改得没有和周扬同志在杭州讲的那样坚决，对某些不一定落实的重大历史事件，在三稿中还保留了一些。其实像对胡适之、陈独秀等人的暴露，也似早了一些”。面对这种情况，他的想法是：“要动，恐怕就不止是若干处。不单是有关党的大事件、历史事件和历史人物的真实问题，此外，也还有一个‘年代纪’的问题……现在既然称《鲁迅传》，也有一个‘传’的问题。‘传’总要研究‘纪年、时代’的问题，要力求符合历史真实。”于是，“夏四稿”与“陈三稿”便有了许多不同之处，这里不妨将两稿中的同一部分作个对比：

第四十节珠江轮上

珠江中心的海轮上。船员在敲锣，催送行的人下船了。

鲁迅陪着郭小朋，许广平陪着张棣华走上船舷。郭小朋化装成一个商人模样，张棣华也打扮得像个阔小姐。

郭小朋对鲁迅说："我们今天夜车也去长沙了，希望有机会到上海来看你们。"鲁迅笑道："那时候，我们也敲锣欢迎你们！"郭小朋会意地一笑，低声说："捣毁那个厨房的时候不远了。"他从怀中掏出一张报纸，塞在鲁迅手里："路上看吧。"

张棣华要向鲁迅说什么，但只睁着发亮的眼睛，什么也没说。鲁迅对他们点点头笑着说："别忘记，结婚时候，寄一张照片给我们……"

郭小朋和张棣华坐在小艇上，向着海轮上不断挥手。

鲁迅俯在栏杆上看着小艇远去。许广平向下挥手。

鲁迅俯在栏杆上，许广平站立在他的身旁。

轮船在大海中航行。

鲁迅掏出报纸，一条新闻被红笔圈了起来，那是中国共产党领导湖南、江西农民、工人和一部分北伐军举行秋收起义的消息。

鲁迅目光炯炯地看着海上，只见狂涛怒卷，海鸥飞翔。

鲁迅的声音："中国，又有了新的希望了吧？……"

第四十节是《鲁迅传》剧本的结尾一节。上面"第四十节”引自“陈三稿”，下面“第四十节”引自“夏四稿”：

第四十节珠江轮上

（淡入）

汽笛声。

珠江中心的海轮。这是一条外国轮船，停在江心。船员在敲锣，催送行的人下船了。

徐文滔陪着鲁迅，许广平陪着唐人凤走上船舷。徐文滔化装成一个商人模样，唐人凤也打扮得像个阔小姐。

他们走进了船舱。

徐文滔低声对鲁迅说：“我们今天夜里也走了，希望有机会到上海来看你。”鲁迅笑道：“那时候，我们也敲锣欢迎你们！”徐文滔会意地一笑。他从怀中掏出一张报纸，塞在鲁迅手里：“路上看吧。”

唐人凤要向鲁迅说什么，但只睁着发亮的眼睛，什么也没说。鲁迅对他们点点头笑着说：“有便的时候，写封信吧……”

徐文滔轻轻地把许广平拉到船舱角上，低声说：“茶房叫你‘师母’的时候，不要否认！”

许广平羞了，推开他。

徐和唐下大船。

徐文滔和唐人凤坐在小艇上，向着海轮上不断挥手。

鲁迅俯在栏杆上看着小艇远去。许广平向下挥手。

鲁迅俯在栏杆上，许广平站立在他的身旁。

轮船在大海中航行。

鲁迅掏出报纸，一条新闻被红笔圈了起来，那是中国共产党领导湖南秋收起义的消息。

鲁迅目光炯炯地看着海上，只见狂涛怒卷，海鸥飞翔。

鲁迅的声音："石在，火永远不灭。这就是中国的希望。"

研究者指出：

比较两个《鲁迅传·第四十节》，可以发现二者具有相同的序号、题目和基本相同的情节，不同的是语言和人物——"陈三稿"中为鲁迅和许广平送行的是郭小朋与张棣华，"夏改稿"中则换成了徐文滔和唐人凤，因为郭小朋与张棣华二人已于"白云楼上师生相晤"的"第三十八节"中，在"李大钊英勇就义"之后也血染刑场了。

必须说明的是，"第四十节"是其所在的第四章中文字改动最少的一节；第四章又是全稿中修改较少的一章。……

> “陈三稿”的《鲁迅传》一共四章。第一章包括一至九节，第二章包括十至十九节，第三章包括二十至三十节，第四章包括三十一至四十节。“夏改稿”保留了四章、四十节的结构，但内容却大不相同了。其中第一章之第九节，第二章之第十一、十二、十六、十七、十八、十九节，第三章之第二十三、二十四、二十五、二十六节，第四章之第三十一、三十五节，连题目全都变了，其时间、地点、人物、事件自然也都随之“旧貌换新颜”。总之要把一个“革命家鲁迅”变成一个“文学家鲁迅”，不大改动是不可能的。粗略估算，“夏改稿”中有80%左右的内容出自夏衍之手。严格说来，这已经不是“修改”，而是创作了。①

但陈白尘对夏衍的修改有些拒绝。他表示在“夏改稿”中已经认不出来是自己的“房子”了，要算是定稿，就很为难。得知了陈的态度，夏衍也有不悦，当即表示：改稿仅供参考，他已经勉力完成了中宣部交给他的任务。他又再次声明：由于时间和身体关系，以后不可能再作什么了；说明改稿所以改动

---

① 许建辉：《与夏衍修改〈鲁迅传〉事有关的一封信》，《文艺报》2012年10月17日。书中论及“陈三稿”与“夏四稿”关系时，较多引用了该文的说法，为行文方便，未能一一注明，特此说明并致谢忱。

大了，主要是为了贯彻周扬等所提的若干原则。由于两人都坚持自己的立场，于是“终于不免彼此感觉‘为难’，至于关系紧张”[①] 了。

既然陈白尘是组织决定的主创人员，《鲁迅传》剧本的最终决定权还是在陈白尘手中。于是，1961 年 11 月底，他又交出了第五稿。这一稿被认为是《鲁迅传》电影剧本的定稿本。剧本虽然定稿，导演陈鲤庭却病倒了。这一病还不轻。《鲁迅传》的摄制工作就此被耽搁了下来。《鲁迅传》也就永远地失去了它最好的拍摄时机。

1962 年 8 月，为满足广大观众的期待心理，这一稿经过一定修改，易名为《鲁迅》交由上海文艺出版社出版。这可算是“陈六稿”。

“夏改稿”即《鲁迅传》第四稿的产生与存在，夏衍当年没有向“严格限制”的“必要的范围”之外透露，后来也没有作为自己的著作收入个人文集，而且迄今没有公开发表过。

1964 年，上海市委宣传部长张春桥借口“摄制组腐烂了”，解散了《鲁迅传》摄制组。这一筹划多年、投入了无数精力、时间、费用的巨片终告夭折。这个时候，夏衍、陈荒煤甚至包

① 陈鲤庭语，转引自许建辉：《与夏衍修改〈鲁迅传〉事有关的一封信》，《文艺报》2012 年 10 月 17 日。

括周扬在内，都已处在风雨飘摇之中，难能自保，自然没有力量来对抗张春桥的肆意妄行了。

回顾起来，《鲁迅传》集合了当时国内的人力物力，却连开机这一步都没能迈出，实在令人遗憾。其中原因很多，但根子无疑是因为题材过于敏感，牵涉面太广的关系。表面是中宣部、文化部、上海市委联合主管这件事情，但最终很可能谁都不敢最终拍板——很可能谁都没有拍板的权力。当前某些研究者未能深入了解当时的政治氛围和鲁迅题材的敏感程度，便按照某些西方理论话语模式评论前辈短长，以“夏衍（文化政治管理者）VS陈白尘（未能摆脱历史局限的自由创作者）”的简单对立模式来思考《鲁迅传》夭折的历史教训，是不能令人信服的。有研究者说：

> 因为陈白尘按照夏衍的要求虽然在剧本中通过虚构的情节有意拔高鲁迅，突出鲁迅的革命精神，以及鲁迅和共产党的亲密关系，从而写出共产党对鲁迅的引导这一主线，但是剧本通过虚构的情节所塑造的鲁迅的形象也因此显得不真实。显然，陈白尘未能把夏衍等领导的政治意图和目的通过艺术手法在剧本中较好地表现出来，没能塑造出一个让有关领导和人士满意的既革命又显得比较真实的鲁迅形象，而虚假的、让读者和观众产生怀疑的鲁迅形象

> 不仅无法达到良好的宣传目的，反而可能取得相反的效果。①

论者可能受到当前某些观念的影响，一涉及共产党的领导干部，就在他们身上喷涂“极左”的色彩。但其实在相当多的时候，夏衍谈论“政治”起到的是刹车的作用。就是说，当时一般的文艺创作者在处理敏感题材的时候，已有按照流行宣传口径将对象无限拔高（或妖魔化）的倾向。“反右”之后绝大部分知识分子已经开始适应、顺应这种话语模式。这时，只有像夏衍这类人士，有时还能凭借老资格，略说几句不至于太过脱离现实的话语。夏衍的《塑造性格与历史真实》一文已充分表达了他在此方面较为审慎而全面的思考（论者根据该文的原始谈话记录稿立论，思虑似不够周详）。论者试图在夏衍与周扬的合作关系中找出一条实质性的区分线索（夏比较“左”，而周则比较重视影视作品的艺术要求等），似乎并不符合历史实际。另外，论者似乎完全没有考虑陈白尘稿数次被否的艺术方面的因素。这一点，人们在对比“陈三稿”与“夏四稿”之异同时当能有所体察。

论者可能高估了陈、夏之间矛盾的尖锐程度。实际上，他

---

① 葛涛：《塑造鲁迅银幕形象背后的权力政治——以〈《鲁迅传》座谈会记录〉为中心》，《新文学史料》2010年第1期，第127页。

们在《鲁迅传》的拍摄、修改方面固然有矛盾，但这种矛盾很可能无关乎政治，而只是艺术观念、趣味、个性上的差异而已。君子之谊，和而不同。一旦需要并肩作战时，他们当然还是一对亲密无间的搭档——有信函为证：

白尘同志：

手书敬悉，所述那个差使，当然还是抓住为好，特别有些人跃跃欲试，企图篡改历史的时候。关于我和翰老赴苏州之事，因翰老近来身体不好，连中岛健藏的夫人来访，他也把宴请的任务推给了我，所以我看他四月间是不可能成行的，我对此事也想谈谈我的看法，但独木不成林，是否能把时间推迟一点，等翰老身体健复后再谈呢？乞便告。

问尊夫人好。

夏衍

（一九八四）三·二七[①]

---

① 转引自许建辉：《与夏衍修改〈鲁迅传〉事有关的一封信》，《文艺报》2012年10月17日。“夏全16”第80页收录了这封通信，却无“所述那个差使，当然还是抓住为好，特别有些人跃跃欲试，企图篡改历史的时候”一句，以至于“我对此事也想谈谈我的看法，但独木不成林”变成为“中岛健藏的夫人来访，他也把宴请的任务推给了我”而发了。此种情况，不知编者有意为之还是偶然失误。

将话题转回到我们的传主身上。

持续的经济困难，使国家领导人开始从根本上反思前几年的工作思路，并着手实事求是地制定国家经济发展的方针与政策。意识形态管理和知识分子政策同时都展开了一定的调整。在周恩来总理的主持下，《科研十四条》与《高教六十条》相继出台。从1961年上半年开始，在中央宣传部的主持下，文化部党组和文联党组也开始起草《关于当前文学艺术工作的意见（草案）》，共十条，简称为《文艺十条》（后来又经反复修改，压缩成了八条，1962年4月底以中共中央的名义批发，简称为《文艺八条》）。"新侨会议"在这次调整中具有转折性的地位。

1961年6月初，风和日暖，北京新侨饭店，一片喜气洋洋。中央宣传部在这里举行文艺工作座谈会，全国许多著名的文艺家云集在这里，中心是谈文艺领导和讨论"十条"，史称"新侨会议"（1961年6月8日至7月2日）。开始，由于大家对政策有顾虑，认为，即使制订了很好的条文，中央精神一变，什么都不管用，因此不愿意多谈，会议开得很沉闷。后来，会议与故事片创作会议合起来开，夏衍、齐燕铭（新到任的文化部党组书记）、林默涵、刘白羽、阳翰笙、田汉、韦明等人到会，会议才渐渐地热闹了起来。

在故事片创作会议上，夏衍尖锐地批评了这几年左倾思想给文艺工作造成的巨大损害。他说，毛主席提的六条标准（指

《关于正确处理人民内部矛盾的问题》中提出的六项政治标准），是有一个中间地带的。如“有利于巩固共产党领导，而不是摆脱或者削弱这种领导”，“有利于巩固人民民主专政，而不是破坏或者削弱这个专政”，有的作品既无利但也不是破坏，都应该允许。这就是无害。夏衍还引用日本朋友对他讲的一个看法，说毛主席是个真正的诗人，连写政治报告都经常流露出诗人的情绪，如在《井冈山的斗争》一文中，在充分揭示了左倾冒险主义的危害后写道：“我们深深感觉寂寞，我们时刻盼望这种寂寞生活的终了。”说到这里，夏衍话锋一转：“左倾路线众叛亲离，孤立自己，必然感到寂寞。”在座众人没想到他会从毛主席著作中发出这种议论来，真是闻所未闻，都哈哈地大笑。

6 月 19 日，周恩来向文艺、电影两个会议作了长篇报告，一扫几年来大家心头的沉闷，把会议推向了高潮。在这篇著名的《在文艺工作座谈会和故事片创作会议上的讲话》中，周恩来着重讲了物质生产与精神生产、阶级斗争与统一战线、为谁服务、文艺规律、遗产与创造、领导、话剧等七个方面的问题。其中一个中心思想，就是要尊重知识分子，尊重艺术规律。他特别分析了“人性论”“人道主义”“人类之爱”，批评了这方面的一些简单化观点。

根据周总理的讲话精神，夏衍在故事片创作会议上，将一些问题的讨论进一步推向深化。针对当时颇有市场的民族虚无主义思潮（突出表现在对优秀传统文化不加分析的否定），他说，我们中国的民族传统艺术，除了具有爱国主义之外，还宣传了很多民族最优秀的道德品质，所以受到人民欢迎。而这些道德品质，就是到了共产主义社会，也是需要的。像《十五贯》这个戏，我看到共产主义社会时还可以演，因为它提倡了一种高尚的道德品质。不能因为它是古装戏，就认为它没有教育意义。旧的习惯势力到共产主义社会还会有，如悭吝、贪小、目光短浅、随声附和、说谎吹牛等。通过民族艺术，可以对这些习惯势力起潜移默化的作用，所以文学遗产很重要。

关于“人性论”的问题，夏衍则说，研究“人”这门学问，性质上规定了必须是多方面的。即在同一时代里，同一个阶级里，同一种人，基本上大的方面是有许多共性的，但又存在着各种不同的个性。夏衍还批评了文艺创作中的公式化倾向。他说用公式化概念化装饰出来的就不会是真实的、活的、形象的东西，只有写最熟悉的，最心爱的东西，或最深恶痛绝的东西，才可能写好，而要有这种强烈的感情，就必须用真情实感去观察，去分析，有真的爱和恨，有表现的冲动，通过这个形象去鞭笞哪些人，表扬哪些人。如果没有这样的真情实感，没有这种认真的态度，就很难表现好。

在新侨会议中，夏衍提出最具冲击力的观点，则是“直、露、多、粗”说。“离经叛道”太有刺激性了，不便再提，但他对几年来电影业整体发展的水平又实在不能满意，因此就从创作方法上对各种不良情况展开了严肃批评。毫无疑问，他的这些论调在宣传口径上与“社会主义一天天好起来”是扞格不入的。

> 我讲的可能露骨一些，同志们不要见怪。创作方法上普遍的毛病似乎可以用四个字来概括：这就是“直”、“露”、“多”、“粗”。
>
> “直”，就是平铺直叙。结构直，性格直，语言直，没有波澜，没有起伏，从头到尾门户洞开，一览无余，不能引人人胜。引人入胜就要曲曲折折。……太直，影片就没有节奏感，没有起伏，没有波动，没有高低，一根直线到底。这种情况，在结构、人物、情节方面都很显著。
>
> “露”就是露骨，不含蓄。人物一上场观众就知道了是好人是坏人，不含蓄，就像作报告，一上台就说：我今天讲总路线。我们就是这样惟恐观众不了解，所以什么话都讲出来。含蓄是一个艺术规律，艺术上不能这样露。……小孩看戏才看这是好人还是坏人。全体观众不是小孩，他们有头脑，会自己思考。语言也是露的。谈恋爱是最不能露的，资产阶级说恋爱是两个灵魂的冒险，但是，在我们的影片里也是讲：我爱你的劳动呀等等。戏已经表

现了，观众已经知道了，但是还要让正面人物出来讲一通：这是党的领导的胜利等等。有个话剧演员说：现在的戏没有潜台词，没有戏可挖。我们的电影也没有潜台词。我们是真正做到心口如一，心里想什么，嘴里就说什么。实际生活怎能心口如一？露还表现在不择场地、不择对象上。对上级领导、对老婆、对孩子讲的话都是一个口气，一个腔调，声调也是一样的。对老婆枕头边说的话和对外人说的话一样。这不真实。露在电影中最显著，露了就不留余地，没有余味。《文心雕龙》第八节讲“隐秀”，就是讲不要露，认为隐藏的东西是文章中最重要的东西，漂亮的东西在文章中是隐藏的。

“多”，是指人物多，对话多，场景多，镜头多，结果是用的胶片多，花的钱多。场景多，浪费时间浪费钱。……梅兰芳同志说，演员的表演过程是“少、多、少”。初学戏时上台，会的东西少，演了一些时候，东西多了，等到成熟以后又少了，精练了。……

“粗”，是指粗糙不细致，加工不够：对人物、场景的描写不讲究。……我们对细节的描写粗枝大叶。搞献礼时抓了一下，有些改观。但是在《革命家庭》里仍发现后景上有公私合营第二百货公司的字样。加工不细看来是细节，但影响艺术质量。[①]

在内部讲话中夏衍作了这一番讲演，觉得意犹未尽，于是又在该年夏天正式写了《把我国电影艺术提高到一个更新的水平》一文，发表在《红旗》1961年第19期上。文章直言不讳地谈论了我国电影创作中的“直、露、粗、多”四大弊端（事实上还多出了一个“浅”字）。在后来，这当然也是批判他的一个主要话柄。

在新侨会议中，电影界的一件大事就是通过了“电影32条”。1961年1月，在周扬、夏衍的支持下，陈荒煤开始着手电影界的立法活动，主要目的是要在电影界贯彻“双百”方针，整顿、纠正电影创作生产中严重存在的无视艺术民主、违背艺术规律的种种“左”的错误做法。“新侨会议”通过了陈荒煤起草的“电影22条”（后修改为“电影32条”）。它力图

① 夏衍：《在1961年全国故事片创作会议上的讲话》，“夏全6”第403—404页。在这个讲话中，他还指出“封建主义的东西（指传统文化——引者注）也不全是坏的”（“夏全6”第400页），1957年反右派斗争、1959年反右倾机会主义、1960年反对修正主义都“引起了一定的副作用”（“夏全6”第400页），可是大胆之极，这些话其实已对当时的政治路线提出了根本性的质疑。周扬应当看到过这个讲话。如是，此后他对夏衍《林家铺子》包括《赛金花》无限上纲的批判则确可归入“真包庇，假批判”之列。因为对《林家铺子》等作品的批判再上纲上线，其可以引申的余地都是有限的——我们稍后的分析即可看出这一点。如果拿这篇讲话及前引的一些文章或讲话做文章，对夏衍问题的定性必然会严重许多。

从体制上保障创作人员的创作自由，促进电影创作的繁荣。32条的确立受到了广大电影工作者的热烈欢迎，许多人称它是中国社会主义电影工作的一座光辉的里程碑，是“电影宪法”。导演谢晋就提出应该把“电影32条”刻碑立在电影厂的大门口。①

尽管当时党内“左”的思潮干扰还很严重，比如说，主持中宣部的陆定一在知识分子问题上就很不赞同周恩来的意见，但纠“左”、调整，乃是人心所向。文艺方面迅速地出现了一个繁荣局面，无论小说、散文、诗歌，还是电影、戏剧、音乐、舞蹈、曲艺、美术，都出现了一大批优秀作品。这里，尤其应当指出的是，电影业的繁荣不但为丰富人民的精神文化生活，同时也为国家尽早摆脱经济困难的局面，作出了应有的贡献。

1978年，就在夏衍等人还未能完全平反的情况下，中国电影公司就在一份报告中指出：

> 十七年中……由于贯彻了一条正确的办企业的路线，全国发行放映事业普遍都有盈余。从一九六一年至一九六五年，五年时间，中影公司上缴国库的利润有两亿多元，一年最高上缴利润达七千万元，对我国国民经济的发展作

① 严平：《永远的遗憾》，《新文学史料》2003年第4期，第13页。

出了积极的贡献。"四人帮"形而上学猖獗否定政治和经济的辩证关系。他们有意混淆"票房价值"、"利润挂帅"和按国家计划完成财政上缴任务的界限，动不动就挥舞"业务挂帅"、"唯生产力论"等帽子，使得许多发行放映单位不计成本，不讲核算，造成发行放映事业连年亏损，一九七四年电影公司亏损四百万元。一九七五年亏损五百万元，一九七六年亏损一千多万元。全国半数地区出现亏损现象。有的地区公司连职工的工资也要国家贷款。这哪里还有一星半点办社会主义企业的样子！[①]

对于当年电影人在国民生产中所立下的重要历史功绩，人们现在已经不太容易理解了。这里我们可以再引陈云的一段话来做对比。陈云说："三年困难时期，我们主要抓了两件事：一件是动员城市两千万人下乡；另一件是通过炒肉片、高价糖果等，回笼货币六十亿元。那时粮食很紧张……一九六二年货币流通量达到一百三十亿元，而社会必需流通量只要七十亿元，另外六十亿元怎么办？就是搞了几种高价商品，一下子收

① 中国电影公司批判组：《社会主义的电影发行放映事业不容破坏》，文化部电影系统揭批"四人帮"罪行大会：《"四人帮"是电影事业的死敌》，北京：中国电影出版社1978年版，第174页。

回六十亿元，市场物价就稳定了。”[1] 对比这两段引文中提及的数字，人们不难发现，在当时的生产力条件下，电影业其实在中共中央关乎国计民生的全盘经济计划中，扮演了独当一面的角色。电影业所回笼的货币，几乎完全不涉及物资的供应（物资的极端匮乏，这是当年供需矛盾中最无解的一个问题），这对缓解通货膨胀的压力是何等的福音！——人们因此不难理解为什么在 1962 年电影院突然挂出了所谓“22 大影星”的电影海报，“突出个人”“小资产阶级情调”为什么一时间都没人提起了。因为电影的消费已成为国民经济运作中的一个必要环节！

1962 年 1 月 11 日至 2 月 7 日，为了总结“大跃进”以来的经验教训，纠正工作中的“左”的错误，更好地在党内开展批评与自我批评，中共在北京召开了扩大的工作会议。出席会议的有中央、中央局、省、地、县（包括重要厂矿）五级领导干部，共七千一百多人，史称“七千人大会”。这是我们党执政后召开的一次规模空前的总结经验大会。夏衍参加了这次大会。会上，毛泽东、刘少奇、周恩来的许多说法，深深震动了他。毛泽东在大会上指出：“如果违背了客观规律，就一定要受惩罚，我们就是受惩罚，最近三年受了大惩罚，土地瘦了，

---

[1] 陈云：《工作要抓实》，《陈云文选》第 3 卷，北京：人民出版社 1995 年版，第 376—377 页。

人瘦了，牲畜瘦了，‘三瘦’不是惩罚是什么？这个社会主义谁也没有干过，未有先学会社会主义的具体政策而后搞社会主义的。我们搞了十一年，现在要总结经验。”[①]

大会上，刘少奇、彭真同志的一些说法谅必也给了他不小的刺激。刘少奇说，这几年的连续灾害，是“三分天灾，七分人祸”。彭真说：“我们的错误，首先是中央书记处负责，包括不包括主席、少奇和中央常委的同志？该包括就包括，有多少错误就多少错误。毛主席也不是什么错误都没有。三五年过渡问题和办食堂，都是毛主席批的。”[②]

参加七千人大会对夏衍造成了怎样的思想冲击，由于没有切实的文献材料，后人不便作太多的猜测。不过，根据后来他在“翠明庄会议”的发言，我们可以判断这次大会无疑坚定了他对自我立场的信念，而对“反右”“大跃进”等抱有一种根柢上的怀疑态度。这种自信与怀疑也许为他后来许多书生意气的行动（比如与上海市委的对抗）增添了底气——当然，“文革”时他就得为此吃更多的苦头。

结束了七千人大会，夏衍随茅盾率中国作家代表团赴开罗参加第二届亚非作家会议。茅盾是团长，夏衍副团长，团员则

---

① 薄一波：《若干重大决策与事件的回顾》，北京：中共中央党校出版社1993年版，第1015页。

② 薄一波：《若干重大决策与事件的回顾》，北京：中共中央党校出版社1993年版，第1026页。

有冰心、杜宣、叶君健、杨朔等。这时中苏关系已经决裂，在此次会议上，苏联作家利用中国的困难情况向中国代表团发难。要有理有利有节地回击苏方的攻讦并非易事。夏衍后来回忆说，这是一场“苦斗”。①

3 月初经香港回广州，正赶上了在广州召开的“全国话剧、歌剧创作座谈会”（即后来所谓的“广州会议”）。周恩来同志的讲话（即《论知识分子问题》）如一阵春风一般地拂过了他的心头，“不论是在解放前还是在解放后，我们历来都把知识分子放在革命联盟内，算在人民的队伍当中”。解放以来纠缠在夏衍心灵深处的一个大问题因此总算是有了着落。

遗憾得很，由于文化部还有许多事情要重新抓起来，在广州不能久留，3 月 4 日，他只能随同总理的飞机回北京，陈毅同志的讲话就无法亲耳聆听了。在 3 月 5 日全国科学工作会议上的讲话中，陈毅提出了著名的“脱帽加冕”说，就是要为知识分子脱掉资产阶级知识分子之帽，加上劳动人民知识分子之冕。解放后多年来，夏衍很少感到过这样的轻松自在。

此时，正值纪念毛泽东《在延安文艺座谈会上的讲话》发

① 夏衍：《我的家史》，1975 年 8 月，手稿，第 23 页。出发前，夏衍已经预料到苏方将有所发难，于是向外交部长陈毅请示“反帝、反修的提法”，陈毅的批示是：“通过反帝，揭露苏修不反帝，达到反修效果，不先提反修，也不两者并提。”（夏衍：《1967 年初春笔记》，“夏全 16”第 373 页—374 页。）这大概是“斗而不破”的意思，分寸非常难以把握。

表二十周年，夏衍、陈荒煤邀集了于敏、柯灵、瞿白音、张骏祥等著名电影艺术家，在当时中央组织部翠明庄招待所连续召开了多次座谈会，商议选题，撰写纪念文章——在“文革”中，这次会议就被称为“翠明庄黑会”。自从1959年反右倾以来，电影创作人员“不求艺术有功，但求政治无过”的思想十分严重，作品的公式化概念化倾向始终无法突破。

夏衍在会上多次发言，要大家抛掉思想包袱，要敢于“挽狂澜于既倒”，他鼓励说，几年以内困难会很大，如何面对这种情况？只有出气。气者，有大气、小气之分，大气——对知识分子的看法，小气——对个人批判处理不当的想法，今后要脱掉资产阶级知识分子的帽子。他以自己为例，说“让我继续负责文化部的工作，不就是为我平气吗？”[①] 夏衍还说：“地方也有气，也应该让他出，也伤害了一些同志，特别是挫伤干部的积极性，1957年的反右派较严，1959、1960反右倾扩大化，

---

① 夏衍：《在翠明庄会议第一次座谈的发言》，文化部机关延安红旗总团延安战斗团等：《周扬、夏衍、陈荒煤在电影方面反党反社会主义反毛泽东思想罪行录（第二集）夏衍黑话汇编》，打印稿，第13页。本书还将引用这套资料中的“周扬黑话汇编”、“陈荒煤黑话汇编”等，以下引用时将直接简称“夏衍黑话汇编”、“陈荒煤黑话汇编”或“周扬黑话汇编”。汇编中的错字、病句径改，不出校记。

所谓“出气”，指的是“七千人大会”上，毛泽东针对几年来基层领导代上级受过现象而做的抚慰性说法：“白天出气，晚上看戏。”夏衍引用的就是这个说法。不过，他强调“出气”，到了“文革”就是一条反攻倒算的罪名。

加以工作上的缺点错误，工作上不去。”[①] 至于纪念《讲话》，他要求执笔者抒写真正有切身感受和体会的东西，而不是冷冷地复述《讲话》中人所共知的论点，因为这个阶段应该过去了。上海市电影局副局长瞿白音根据周扬引用韩愈“唯陈言之务去”这句话，谈了自己论述“创新问题”的写作意图。大家表示欢迎，夏衍、陈荒煤也很赞赏，要他较早完成这篇纲领性的文章。

瞿白音回到上海，下了一番苦功夫，不久拿出了《关于电影创新问题的独白》这篇长文。文章详细地讨论了电影界存在的“三神”（即所谓“主题之神”“结构之神”“冲突之神”几种固定的套路）等积弊，批评了电影创作中长期存在着左倾思想，提倡除“陈言”，创“一代之新”。瞿文还探讨了电影生产体制的改革问题。夏衍、司徒慧敏、蔡楚生较早地认识到了我国50年代初照搬苏联电影生产模式所带来的弊端，并草拟过一些具体的建议，瞿文进一步发挥了夏衍等人这方面的思想。

收到《电影艺术》编辑部瞿文的清样，夏衍很满意，但瞿白音有些话过于尖刻，便在清样上删去了一些“俏皮话”，为了切合纪念《讲话》之题，还增加了《讲话》“为中国的当代文艺创作开辟了创新道路”一类语句。瞿白音愉快地接受了夏衍的改正意见，《关于电影创新问题的独白》便在《电影艺术》

① 夏衍：《在翠明庄会议第四次座谈的发言》，“夏衍黑话汇编”，第13页。

1962年第3期发表了。

后来“文化大革命”批《创新独白》的时候，丁学雷在《瞿白音的〈创新独白〉是电影界黑帮的反革命纲领》这篇“名文”中这样说：“瞿白音的《创新独白》，名为‘独白’，实际上是一个‘合唱’。这不是瞿白音一个人的‘新颖构思’，而是电影界一个黑帮的集体创作。他们集体讨论于前，又认真修改于后。”而这个所谓的“电影黑帮”，丁文第一个便点了夏衍的名。

《早春二月》是夏衍这时期在创作上主要抓的一部电影。当时的谢铁骊与夏衍并不太熟悉，他把《早春二月》的文学本送呈夏衍后，不料引起了夏衍的极大重视，夏衍认为“剧本改编得不错。把‘五四’以来的优秀作品搬上银幕，能保持原作精神又加以电影化，而且符合时代的要求和需要”。但剧本也有不足的地方，夏衍随口就指出了几个明显的破绽。谢铁骊虚心接受了批评，写完分镜头剧本再次送呈夏衍。几天后，这个共有四百七十四个镜头的分镜头剧本，夏衍精心批改了一百四十三个镜头。如果再把涉及音响效果的批注算上，大约有一百六十多个镜头。谢铁骊承认，夏衍的修改，许多方面以他当时的水平是难以企及的。

然而世事就是这样地难以预料。夏衍对《早春二月》的修改是如此热忱，而到了“文化大革命”中，却都成了整他的材料。夏衍后来说：“我在文化部待了十年，从来没有游山玩水，我连黄山、庐山也没去过。我就是事情做得太多，‘文化大革命’才整得厉害。一个剧本交给我，本来只要提几条意见，发回就算了，我一定要拿笔改，一改，将来整你的例子就有了。《早春二月》改了二百四十几条，后来都成了罪状。”①

具有讽刺意味的是，江青表面上看起来批《早春二月》批的最多，一提起这个片子就咬牙切齿，但在“文革”后期，当她感到谢铁骊拍《杜鹃山》《龙江颂》等“样板戏”不得力时，就会让谢和摄制组的人看《早春二月》，质问：为什么不能把“样板戏”拍得像《早春二月》那么美？并训斥谢是热衷于“小桥流水”而对“样板戏”缺乏“革命热情”。②

夏衍、陈荒煤这时开始着手清理前几年“反右”和“反右倾”所遗留的许多问题。经过认真的甄别，几年前被禁映的或遭到错误批判的电影纷纷恢复上演，如《新局长到来之前》《青春的脚步》《洞箫横吹》《青春之歌》等。另外，他们还考虑为几年前被打成了右派的沙蒙、吴祖光以及钟惦棐等人恢复名誉，至少是让他们出来工作。

---

① 夏衍：《在1979年电影导演会议上的讲话》，“夏全7”第46页。

夏衍直到90年代还提到了这一点：“我国电影有一个缺点，就是人物对白不讲究。在我管电影时，曾帮助修改过不少电影剧本，改得最多的是《东进序曲》，再就是《早春二月》，改得也很多。电影剧本改得最多的是对白，因为剧本中的对白不符合当时的客观环境，所以需要修改。”［李文斌：《夏衍访谈录（下篇）》，“夏电4”第585页。］

② 谢铁骊：《夏公与〈早春二月〉》，《忆夏公》，第191页。

想到吴祖光，夏衍颇有内疚之情。从 40 年代结识以来，他们就一直保持着非常深厚的私人友情。他始终不渝地认为，吴祖光是一位极有才华的剧作家，是中国共产党的忠实友人。然而，“反右”运动一开始，吴祖光就被定为“右派”了，他也解救不得，而且为了表态，他甚至在公开场合曾经点名批评过吴。虽然吴祖光、新凤霞夫妇从来没把这事往心里去，他自己却一直感到过意不去。新凤霞后来回忆说，1958 年有一天，忽然夏衍一个人到她家，她把他领进吴祖光父亲的房间。这时老公公正病在床上，他们谈起抗战时在四川的往事。那时老人家住在唐家沱，远离重庆市区，很僻静。从事地下工作的夏衍有时为避开特务的跟踪，就到他们家躲上几天。吴老先生当时在国民党政府做官，这层身份无疑使夏衍更加安全。当夏衍与老公公谈话时，新凤霞（她因不肯与吴祖光离婚以“划清界限”，也被戴上右派帽子）有意从房里走开。然而，对夏衍此次来访的真正用意，她心里完全明白：他并没有忘记旧日的老朋友。

现在，形势有所好转了，吴祖光从东北回到北京，他便着手考虑为吴祖光恢复名誉。他曾经亲自找到在《剧本》月刊编辑部工作的凤子，问她是否能够发排吴的新作《三关宴》。然而当时的社会风气，“右派”还是很令人忌讳的。有些事情，夏衍也没有办法。“文革”时有人批判他说，当这些“右派分子”陆续回到北京后，夏衍便利用职权，一个个给他们摘了帽子，安排到文艺界各个岗位上。其实这倒是高估了夏衍的活动能量了。

“新侨会议”后，李克农所谓夏衍身上的“野马”脾气在各方面都有所释放。

为纪念苏联列宁图书馆成立一百周年，文化部要送画表示祝贺，据说其中有一幅画是列宁像，郭沫若在上面题词说：列宁，全世界劳动人民的父亲，你告诉我们帝国主义是战争的祸根，祸根如还存在，全世界就得不到持久和平，我们永远遵循着你的教训，在斗争中前进。夏衍看了很不满意地说：“我们是庆贺去的，不是去争论，不要太刺激了，要讲团结。”虽然郭老是他所尊敬的人，但这不是讲个人交情的时候，他到底还是选了潘天寿的一幅“三荷图”，这后来被指为鼓吹赫鲁晓夫“三和”（和平共处、和平竞争、和平过渡）路线。

1962 年 4 月，《人民日报》文艺副刊的编辑姜德明来约请夏衍为新开辟的杂文专栏《长短录》撰稿。姜德明告诉夏衍，《长短录》的作者，已约到廖沫沙、孟超、吴晗三位。夏衍很爽快地便答应了姜的请求，只是问为什么不请唐弢。他认为唐是一位很优秀的杂文家。姜德明于是便去请唐弢。唐弢这时本有编写文学史的任务，不想参加。姜说，这可是夏公点的名。唐弢笑笑：“你怎么不早说呢，好，我就来凑个数吧。”

在《长短录》上，夏衍以“黄似”为笔名，写了九篇文章。《从点戏说起》是一篇有影响的妙文。夏衍借相声《关公战秦琼》中军阀韩复榘的老太爷，和《红楼梦》中的贵妃贾元春点戏为话题，说了开去：

> 点戏者贾元春，是皇帝的宠妃，地位当然要比韩复渠的老太爷高得多了，贾蔷是戏提调之类，但他也算是贾门子弟，而龄官，却只不过是从苏州“采买”了来的小女伶，论身份，是连人身自由也没有的奴隶，可是，这三个人在这里都表现得很有特点。元春认为龄官的戏演得好，加点两出，但是并不强人之难，只说“再做两出戏，不拘那两出就是了”。贾蔷看来并不内行，而且也还有点主观主义，所以就“命”龄官作《游园》、《惊梦》，而龄官却颇有一点艺术家脾气（当然，也可以解释作是对贾蔷的拿腔作势），坚持不演“非本角之戏”，贾蔷“扭她不过”，也许还有别的原因，但是他并不一朝权在手，便把令来行，总比韩复渠的副官通情达理得多了，龄官很有主见地演了自己的对工戏，而贾妃则不仅“甚喜”，而且还给了“莫难为了这女孩子，好生教习”的鼓励。[1]

本来，夏衍在此只是倡言在文艺工作中应当按艺术规律办事，领导们要尊重文艺家的风格个性而且要有容人的雅量，但

① 黄似：《从点戏说起》，“夏全 3”，第 348—349 页。

不料有人竟然对号入座了。夏衍此文写于 1962 年 5 月，大概就在一年多前，康生、江青在紫光阁文艺工作会议上，点名要北京京剧院为会议演出未经加工改造的《花田错》《马寡妇开店》。[①] 尽管“康老”是“反修战士”、理论权威，江青是“文艺界流动的哨兵”，但此类行径总是难杜众人悠悠之口。作贼心虚，他们以为夏衍是借机讥讽他们。“文革”爆发，他们迫不及待地就说《长短录》大行“借古讽今、指桑骂槐、旁敲侧击、瞒天过海的阴谋诡计，大干其反革命勾当”，还说《长短录》与《燕山夜话》《三家村札记》一道，代表了“两股反革命势力结合起来向党进攻”[②]。

《力与巧》《联想》等，是夏衍这时期颇有影响的文章。在《联想》一文中，借介绍吴其浚的《植物名实图考》，夏衍感慨说道：吴其浚“做学问着重于考证和‘耳治目验’的实际调查研究，所以他记录每一种植物的时候，总要‘出其生平所耳治

① 潘荻：《一条真正的汉子》，王蒙、袁鹰：《忆周扬》，呼和浩特：内蒙古人民出版社 1998 年版，第 507 页。据说康生在云南也大点有色情内容的、早已被查禁的旧戏《胭脂虎》《十八摸》等。当时的青年演员们已经不会演这些戏了，康生居然亲自下场给关肃霜等人说戏，身段该怎么摆、媚眼该如何飞之类。江青在杭州要一位青年演员演《游龙戏凤》。“文革”结束后不少回忆都提及过这些事情，夏衍的回忆可参见其《祝愿——贺〈大地〉创刊三十二周年》（“夏全 9”第 643 页）。

② 转引姜德明：《〈长短录〉的始末与功“罪”》，夏衍等：《长短录》，北京：人民日报出版社 1980 年版。

目验者，以印证古今，辨其形色，别其性味'，一定要'看详论定'之后，才亲自'摹绘成书'，他的这种实事求是的精神，是十分可贵的"。[①] 对一位封建官僚的实事求是这般赞叹不已，不能不说是因为夏衍对社会现实中浮夸成风、教条主义、乱扣帽子等现象心中大有所感，却又不便明说，只得以此来抒胸臆了。

《蓖麻赞》(1961)[②]、《草木鱼虫之类》(1961) 及稍早一些的《花木瓜果之类》(1959) 等散文，是夏衍散文创作中的精品。可能是由于毕业于工科学校的知识背景的关系，夏衍有部分散文可称为"知性散文"。[③] 在这些散文中，他或借助于科学原理来比喻、说明一些社会原理与人生哲理，或者，他就用非常凝练的笔墨介绍发生在人们周围却经常被人忽略的生活知识——这种知识介绍背后有时也包含着人生哲理。《草木鱼虫之类》也把话题转到了"实事求是"上：

① 黄似：《联想》，"夏全 9"，第 417 页。

② 本节与下一节各作品名后的阿拉伯数字皆指其发表年份。

③ 廖沫沙在《凌云健笔意纵横》(《夏衍杂文随笔集代序》，北京：三联书店 1980 年版）中将夏衍这类文章称为"自然科学小品"，说"人们一读之后，便觉意趣盎然，生机无限"。笔者基本同意廖先生的意见，但认为可以将"自然科学"的这一界定略为扩大一些，夏衍还有一些小品文是谈论人文知识话题的，但其知识性趣味的吸引力和"自然科学小品"基本一致，故在此名曰"知性散文"(或"知性小品")。

> 读《色尔彭自然史》和《昆虫记》，除了可以得到许多自然界、生物界的常识之外，对我最有启发的，还是这些书的作者们的那种不泥旧说、不逞臆想，事事都从实际观察出发的实事求是的精神。怀德生于1720年，他的职业是伦敦附近色尔彭教区的一个助理牧师，他凭自己的兴趣，穷年累月地对色尔彭地区的自然现象进行了深入细致的观察，他把观察所得准确地记录下来，偶有所得、或者遇到难以理解的问题，就向远方的两位生物学家报告和讨教……①

夏衍对于创作知性散文是有所偏爱的。建国前，他的不少散文佳作便可归入知性散文之列，如《野草》（1940）、《杀人的与活人的——自然科学的两条战线》（1940）、《从杜鹃想起隋那》（1942）、《从“游走”到“大嚼”》（1942）、《光和热是怎样发出来的——脑力劳动者的道路》（1946）、《超负荷论》（1947）、《坐电车跑野马》（1948）、《论肚子问题》（1948）等。“文革”结束后，他在写作大量回忆故友的散文之余，也写有《甲子谈鼠》（1984）、《让西湖更美》（1985）、《也谈新名词和外来语》（1986）等知性散文。

在1962年到1963年间，夏衍在电影剧作中也有所收获。

---

① 黄似：《草木鱼虫之类》，“夏全9”，第414页。

1962 年，他写出了改编生涯中最好的作品之一《憩园》。

60 年代初，当时兼任中华人民共和国华侨事务委员会委员的夏衍，响应“侨委”主任廖承志的号召，专为香港电影演员夏梦写了这个适合于她扮演的剧本。夏衍的改编一般来说是十分重视忠实于原著的，但这一次的改编则作了较多的“技术性的修改”：删去了用第一人称叙述故事的“我”——即黎先生，把原著中杨梦痴的二少爷寒儿改成了女孩子等。

夏衍的修改大体是非常精彩的。从原著的情节来看，黎先生就多少是一个多余的角色，小说通过他来一步步引出杨梦痴多少有些不合情理（他显得太爱管闲事且有太多优越感了）。剧本中万昭华这个形象刻画得很好，善良、美丽又大方（原著多少有点将她圣母化了，尤其她口中说出“牺牲是最大的幸福”之类的话让人感觉不大可信）。剧本对姚国栋的刻画也是精彩的，这是一个多少有点接近于《上海屋檐下》中赵振宇的角色。当然剧本可能也有一些弱点，即过分突出了阶级斗争的内涵。当顽劣的小虎溺死后，剧中人物评论说：“这叫天老爷有眼睛，做得公道。”[①] 这话未免过分，小虎虽然让人讨厌，但他并没有犯下什么十恶不赦的罪行。他毕竟还是一个孩子。

剧本由朱石麟导演拍成了电影，可能为了适应香港这个特定环境，片名被改为《故园春梦》，未署编剧名。廖承志看了

① 夏衍：《憩园》，“夏全 5”，第 304 页。

片子后很高兴，但夏衍没有看。因为当时已经开始“阶级斗争要年年讲、月月讲、天天讲”了，能够“混”过去对他来说已属侥幸。

在晚年，夏衍也认为《憩园》属于他较好的改编剧本之一。他不无自负地说：“现在有不少人在谈中国电影民族化的问题，我认为‘民族化’不应该单从形式上去花工夫，最主要的还是要写出有中国特色的人物，有中国特色的人与人之间的关系——包括伦理、道德，而《憩园》这部小说中的每一个人物，都具有中国民族的特色。”① 这是对《憩园》小说的高度评价，但其中自然也包含《憩园》的电影剧本。

同年，夏衍开始酝酿《红岩》的改编。② 长篇小说《红岩》出版后，全国有几十个演出团体都纷纷上演了根据这部小说改编的剧目。但从编剧艺术的角度看，这部作品的改编有一些特殊的困难。当时夏衍在一篇讲话中就指出：改编“《红岩》可以江姐夫妇为中心，以江姐为主人公，一条线，把精彩的部分写上去，别的无关的人物可以删去一些。当然，也可以以许云峰为中心，或者以‘双枪老太婆’为中心，全部人物、所有事件都搬上银幕是困难的。”③

---

① 夏衍：《〈憩园〉后记》，“夏全9”，第556页。

② 可参见夏衍《我的家史》(1975年8月，手稿)，第23页。

③ 夏衍：《对改编问题答客问》，“夏全6”，第591页。

1963年，北京电影制片厂决定将小说《红岩》拍成影片，先由小说原作者写了剧本第一稿，后来又由水华写作了第二稿。夏衍写的是第三稿，即现在的《烈火中永生》。影片于1965年上映，这时夏衍已成为众矢之的的文艺界反面人物，已不适合公开署名了，因此电影剧作者的署名是“周皓”。这是夏衍最后的一部改编剧作的电影了。

他基本上是按照自己当时的设想，以江姐和许云峰为中心结构了这个剧本。在江姐和许云峰的身上，他尽情地抒发了对共产党人崇高革命理想和高尚革命情操的热情赞颂。而他长期从事地下革命工作的经验以及抗战时期在重庆的斗争生活，更为剧作增添了厚重的生活质感。

回顾起来，该剧在细节方面值得玩味之处也很多。比如一开头，许云峰和江姐读的一份党内文件居然通报的是这样的内容：“反对党内‘右’的和‘左’的偏向，而主要是‘左’的偏向……”① 又如，剧中有不少描写革命者感情的细节。江姐在牺牲前，“轻轻抱起‘监狱之花’，把深切的爱意尽情灌注在幼小的花朵上：‘娃娃，你看，这是你爸爸妈妈留下来的……’江姐连连亲着‘监狱之花’的脸，又爱怜地凝视着孩子。”② 这些细节，似乎特地在张扬人性论的方面。再比如，剧中的反面

① 夏衍：《烈火中永生》，“夏全5”，第312页。
② 夏衍：《烈火中永生》，“夏全5”，第374页。

人物通常也不是脸谱化的。特务头子徐鹏飞不失为一个有本领的人，在试图劝降许云峰时，居然还能谈点哲理性的问题："我是搞特工的，不喜欢用政治术语。人，不能单凭理想，总得有一点现实的考虑。许先生，对你今天的处境，应该有一个估计。"① 夏衍这些笔触不一定都是有意而为的，但他对自我艺术趣味的坚持以及自信却不能不时时与流行的"假大空"的话语体系发生激烈碰撞。

但文艺界较为宽松的日子实在是太短暂了。1962 年 8 月到 9 月间召开的中共八届十中全会上，毛泽东提出了"千万不要忘记阶级斗争"的口号。全会举行期间，康生向毛泽东诬告习仲勋、贾拓夫等人利用小说《刘志丹》反党。"利用小说进行反党活动，是一大发明"，一时不胫而走，传为名言。毛泽东还严厉地说："近年出现了好些利用文艺作品进行反革命活动的事。用写小说来反党反人民，这是一大发明。凡是要推翻一个政权，总要先造成舆论，总要先做意识形态方面的工作。不论革命、反革命，都是如此。"

文艺界一下子被指定为意识形态斗争、阶级斗争的主战场。一锤定音，文艺界的空气又陡然紧张了起来。

但并非所有的人都能理解这种风向变换所包蕴的真实的残酷内涵。老牌左翼文艺家孟超此时依然对文坛的"古今之争"、

① 夏衍：《烈火中永生》，"夏全 5"，第 338 页。

现代戏与古装剧之争等毫无所感，到处推销他新作的昆曲《李慧娘》。他要夏衍提意见。夏衍很含蓄地问：“这个剧本现在能上演吗?”他把“现在”两个字咬得特别重。不料孟超却高兴了起来，说：“这是康老鼓励我写的。”言下之意，康老是大理论家、老革命家，他的话还有错！

夏衍知道康生是孟超小同乡，与孟超有些私人来往，倒也不足为奇。但他对这位康老翻手为云覆手为雨的手段已很有些领教了，担心孟超这个书生不知政治的利害，便又问了一句：“哦，是康老要写的。写成之后他有没有看过呢?”孟超一脸兴高采烈的样子：“他说很好。”

于是夏衍释然了。《李慧娘》上演后，他也被拉着去看了戏，看完后一位记者问他有什么意见，他就学着“康老”说了一句：“很好。”但他终于还是料不到“康老”的手段。1964 年文联整风的时候，康生便脸孔忽然一变，说《李》剧是“鬼戏”，目的就是反党反社会主义，并从此再不认孟超这个小同乡了。

除了日渐活跃的江青、“康老”，上海市文化宣传的极端“左倾”化的趋向也让文化部、中宣部的一干领导们头痛不已。柯庆施、张春桥这时提出了“大写十三年”的口号。1963 年 1 月，上海市委第一书记、上海市市长柯庆施提出：“今后在创作上，作为领导思想，一定要提倡和坚持‘厚今薄古’，要着重提倡写解放十三年，要写活人，不要写古人、死人。我们要大力提倡写十三年——大写十三年!”对柯庆施来说，这个口号是他摸清毛泽东政治意图之后的一个妙招，是对毛八届十中全会讲话，即“凡是要推翻一个政权，总要先造成舆论，总要先做意识形态方面的工作”等论断的一个有力呼应。而这个口号在具体的文艺实践中是否可行，是否会给中国文艺带来不可逆的破坏等，显然不在他的关心之列。

柯是中央政治局委员，号称“毛主席的好学生”，在政治地位上远远高于周扬、夏衍等人。但由于“大写十三年”这种说法太具有排他性了，如推广这一口号，无异于作茧自缚。他们只能根据自己的理解来为“柯老”打圆场。夏衍在 1963 年 5 月的故事片厂长会议上讲话时说，柯老讲十三年，中央讲主体，十三年加新民主主义革命时期的主体，另外 1840 年—1919 年是旧民主主义革命时期也要写，比例可少些。再推上去二千年历史，可以增长知识，提高人民情操，有休闲娱乐作用，这样的片子也允许要。夏衍甚至直言不讳地重新提出了“白开水”说：

> “有益”与“无害”的界限是很难判断的，《李时珍》是历史题材，但可以增加人民的历史知识，进行爱国主义教育；《屈原》虽然不是主体，但这种题材也还是需要的，给人民知识总是有益的。
>
> 主要抓住了主体，再搞些健康娱乐的，有歌有舞，这

样题材就不单调了。至于反映现代生活的题材比例，各厂根据自身的情况，可以有所不同，如八一厂就应多一此，上海可以少一此，而长春又应比上海多一些。

在戏曲方面，以剧情是否健康、是否有反封建意义为标准，我们提倡过京戏试演现代剧目，但是全搞现代剧目那就又成问题了。

“无害”与“有益”不是绝对分开的，又好吃又有营养最好，有营养也是好的，没有营养但也无害，或可振奋的、有娱乐性的，也应备一格，白开水也容许。不能太绝对。……《欢天喜地》益处不大，是容许的。[①]

周扬、夏衍等人试图尽量缩小柯庆施这一套对全国文艺界的影响，但夏衍不会知道，这时各方力量在文艺上的角力，所针对的问题通常不是文艺作品本身，而是有所“寄托”地指向了某一个政治目的。——从这个角度说，他不以孟超的政治敏感性为然，其实他自己也很有些迟钝的。他们对柯庆施的抵抗因此是非常乏力的。到 1963 年底，他们就发现局势已经失去控制了。1964 年 1 月初在南京召开的故事片厂长、党委书记扩大会议上，许多人理直气壮地与陈荒煤辩论起来：究竟怎么叫

① 夏衍：《在 1963 年厂长会议上的讲话（摘录）》，“夏全 6”第 465—466 页。

“大写十四年”（1949年至1963年，新中国成立是十四年，故简称“十四年”——引者按）?“大写十四年”该占据怎样的主导地位？陈荒煤只得打电报向夏衍等人求援：

文化部夏（衍）、林（默涵）、徐（光霄）部长：会议争论何谓社会主义的文艺，上影发言认为只有反映十四年的才是，因社会主义的文艺主要是反资，反帝、反封建题材则属于新民主主义范畴，不算社会主义的文艺。我们认为社会主义的文艺，应主要是并大量是反映社会主义内容，但以无产阶级观点反映党领导的革命斗争，给人民以社会主义共产主义思想教育者，也应是社会主义的文艺（如《红岩》、《万水千山》）。我个人发言可否如此回答，或不做结论，留待以后北京会议解决，盼即电示。

夏衍接电后，非常欣赏老友的耿直。他在26日的回电中便这样说：

24日电悉，经与林、徐研究，均同意你的看法，但慎重起见，这次会上，可以不做结论，说明这个问题，可以继续讨论。但在讨论选题计划时，除积极安排反映社会主义时代的作品外，对描写革命历史斗争的作品，也要同样重视，这类作品除国内进行忆苦思甜的社会主义教育有作用外，对亚非拉输出，介绍中国革命经验，也十分必要。

虽然柯庆施是红得发紫的政治人物，但该顶的地方，夏、陈诸人还是照顶不误——而且找的理由也很妙："对亚非拉输出!"而写旧民主主义革命时期的题材，写中国二千年的历史题材，此时是提也不能提了。

不过，按照"文革"的说法，夏、陈这种对"柯老"指示的熟视无睹、"反攻倒算"，已属"最后的疯狂"。他们将很快被剥夺在文艺问题上的发言权，并且，他们曾经的各种关于文艺问题的观点，也将成为万众所指的反面典型。

第三节　"文革"前夜

一般认为，对《海瑞罢官》的批判是"文化大革命"的开端。但正如1966年的《林彪同志委托江青同志召开的部队文艺座谈会纪要》、"五一六"通知等文件的出炉，需要有对《海瑞罢官》的批判来作为预热一样，对《海瑞罢官》的批判之所以能够形成巨大的思想冲击波，也有一个预热的过程。而发生在1964年至1965年间（其余波延续至1966年初）的文化部整风，则可视作是"《海瑞罢官》批判模式"形成的一个重要环节。通过这场整风运动，党内的不同意见分子如夏衍、陈荒煤、田汉、阳翰笙、齐燕铭等被清算（组织上的准备），人们开始习惯于上纲上线但千篇一律的空洞的口号式批判的话语方式（舆论宣传上准备），文化界人士大多卷入到了整风批判中，绝大部分人都以各自的方式划清了与“夏衍一伙”的界线（社会动员方面的准备）。最重要的是，通过整风，当事人和批判的参与者以各种方式进行了意识形态的自我检查，自觉、不自觉、半自觉地把自己的思想统一到了主流意识形态的思想体系中，终于做到了被批判者也心悦诚服地检讨自我思想的问题并对自己进行批判。人们容易看到，在 1965 年以前，中宣部、文化部的不少领导在公开半公开的场合偶然还会说一些“脱口而出”的话，对社会生活中不尽如人意之处作一点直率的批评。但到 1965 年后，这些“怪话”“黑话”就较少听到了，这使得一些时刻准备纸笔记录以供日后打小报告、贴大字报用的人士倍感遗憾。这也证明 1964 年的整风确实收到了“成效”。

因是之故，本书对传主这两年的遭遇将多费些许笔墨，因为他是最初被奉献给“文革”的羔羊之一。

夏衍这两年的遭遇大体可分为三个阶段：茫然、被抛出、成为典型。

文化部整风的发端乃是 1963 年 12 月 12 日毛泽东在中宣部 12 月 9 日编印的《文艺情况汇报》第 116 号上写下的批示。这期情况汇报登载了《柯庆施同志抓曲艺工作》一文，介绍了上海抓评弹的长编新书目建设和培养农村故事员的做法。毛泽东写下了一段批语：

> 此件可以一看，各种艺术形式——戏剧、曲艺、音乐、美术、舞蹈、电影、诗和文学等等，问题不少，人数很多，社会主义改造在许多部门中，至今收效甚微。许多部门至今还是"死人"统治着。不能低估电影、新诗、民歌、美术、小说的成绩，但其中的问题也不少。至于戏剧等部门，问题就更大了。社会经济基础已经改变了，为这个基础服务的上层建筑之一的艺术部门，至今还是大问题。这需要从调查研究着手，认真地抓起来。

在《柯庆施同志抓曲艺工作》一文的下面，毛泽东还做了如下批注：

> 许多共产党人热心提倡封建主义和资本主义的艺术，却不热心提倡社会主义的艺术，岂非咄咄怪事。①

这已经是一个月的时间内毛对文化部工作的第三次批评了。1963年11月间他已对《戏剧报》和文化部接连进行了两

---

① 中共中央文献研究室：《毛泽东年谱（一九四九——一九七六）》第5卷，北京：中央文献出版社2003年版，第288页。

次批评，指出：一个时期，《戏剧报》尽宣传牛鬼蛇神。文化部不管文化，封建的、帝王将相的、才子佳人的东西很多，文化部不管。文化方面特别是戏剧大量是封建落后的东西，社会主义的东西很少，在舞台上是帝王将相、才子佳人。文化部是管文化的，应当注意这方面的问题，要好好检查一下，认真改正，如不改变，就改名“帝王将相部”“才子佳人部”，或者“外国死人部”。

如果说 11 月间的批评还有一点点商量的口气，12 月的批示就非常严厉。文化部自当立即贯彻落实他的指示，并提出相应的整改方案。

文化部及所属各部门、协会从 12 月中旬开始就传达毛的这些批评。不过当我们后来者仔细研究这段时间文艺界的相关反应时，却颇可诧异地发现：对于毛的批示，整个文艺界甚至包括政界，反应其实都是颇为怠慢的。

1964 年 1 月 3 日，在刘少奇主持召开的“文艺工作座谈会”上，周扬委婉地抗拒毛对于文艺界工作性质的判定，强调文艺界的“伟大成绩”，只承认自己对封建主义、资本主义艺术的“抵制”“有时候抓得不紧”。刘少奇完全肯定了周扬的发言。

在夏衍和荒煤主管的电影界，对于毛泽东的指示精神同样有类似情况。知情者回忆，在影协传达上级精神时：

> 主席的批示本来就不长，只能照本宣读；刘少奇、邓小平、彭真的讲话较详细；周扬的汇报更具体；这就使传达显得好像有点重点移位。会后，在夏衍的同意下，荒煤主持了在南京提前召开的制片厂厂长会议，首先传达主席的批示，但重点似乎还是没有调整过来。1月下旬，文化部在北京召开了优秀新闻纪录片优秀摄影师颁奖大会，夏衍、荒煤在大会上讲话，表彰优秀颁发奖励，同时还举行了故事片、新闻片、科教片等种类的新片观摩，招待各路记者，大张旗鼓地宣传电影取得的成绩。这些举动在事后看来的确很不合时宜，甚至有些背道而驰——领袖已经在严厉批评了，你这里还在大力宣传成绩。但在当时，他们都做得很真诚、严肃和自然。[①]

按照夏衍、陈荒煤这一代共产党干部的精神成长历史，他们的这些举措，不可能是有意对抗毛泽东的批评。即使“七千人大会”对一些问题揭了盖子，他们一般也不可能思及这方面的问题。因此，对于夏衍、陈荒煤等人“怠慢”的事实，笔者个人估计，或有可能是其茫然所至。他们不能理解毛如此严厉

① 严平：《夏衍的1964》，《收获》2014年第1期，第74页。本节在描写夏衍1964年的活动时，参考该文甚多，为行文方便，未能一一注明，特此说明并致谢忱。

的批判话语，但能够理解在国际“反修”战略大背景中这种批判话语所指的对象，因此，毛主席的批评是指向那可能犯错误的方面，但应当不是自己。所以他们有意无意要强调“也不要把我们估计过低”。当然，此间还有一种可能性是：他们或许有点怀疑毛主席受到了某些不正确的消息误导，因此有必要自辩。这中间的具体缘由，已非后人所能猜度的了。

1964 年 3 月，文化部党组连续七次召开会议，传达和学习毛主席批示，作出了《对几年来文化艺术工作检查报告》，这个报告既肯定成绩也检查问题。党组还决定在全国文联和各协会全体干部中进行整风。

夏衍这种茫然的情绪一直延续了到 6 月初。在“1964 年京剧现代戏观摩演出大会”的前夕，6 月 4 日他接受了香港《文汇报》的采访。而在这次访谈中，他以一贯的直言不讳触及了许多敏感话题：

> 夏衍接着说，那么，提倡京剧演现代戏，是否就会抛弃了京剧的丰富的传统呢？不！绝不是这样。我们一向主张“两条腿走路”，就是既大力提倡演现代戏，又要整理、加工传统戏和新编历史剧。全国解放前后，京剧已经整理出不少比较好的传统剧目，创作了一批像《逼上梁山》、《三打祝家庄》，和从别的地方戏移植加工了一批像《望江亭》、《三关排宴》、《杨门女将》那样历史题材的好戏，因

此，我们京剧舞台上，不仅在演这些加工整理过的历史剧和新编的历史剧，原来的传统剧目如《空城计》、《二进宫》、《三岔口》，也在经常上演。即使在大力提倡演现代戏的今天，照我们的若干大城市的统计，目前各地京剧团演出的现代剧的剧目和场次，只不过占总剧目中的百分之三十左右。加上了这些现代剧并没有脱离京剧艺术原有的基础，还是有唱做念打，还是有锣鼓点子，尽量运用了京剧艺术的传统表演技巧。可以说，凡是传统中好的东西，我们都要继承并加以发扬。……

夏衍还说，京剧演现代戏，似乎是一件新事儿，但是，只要回头一看，京剧演现代戏很久以前就已经有了。在四五十年之前，很多人看过京剧《三本铁公鸡》，这是一出很坏的"现代戏"，内容是诬蔑太平天国的起义。辛亥革命前后，也有不少京剧演员大胆地演出过反映当时社会现实的"时装新戏"，这次积极地参加了观摩演出大会的京剧表演艺术家周信芳，已故的梅兰芳，三十年前，也曾突破陈规，演出过不少当时的"时装戏"。……

夏衍最后说，京剧演现代戏，现在还是尝试、探索、实验阶段。为了反映社会主义革命和社会主义建设。表现当代的人物，必然要革新原来的表演程式，创造新的表现手法和技巧，需要艺人们付出很大的劳动，经过各方面的实验，逐步总结经验，才能使现代题材的京剧和历史题材的京剧并驾齐驱，真正地做到百花齐放。[①]

对于江青及其身后的高层领导来说，夏衍这番话完全是逆毛泽东的批评精神而言。毛强调要演现代戏，反对帝王将相占领舞台，他偏说“两条腿走路”，而且“绝不”放弃传统的帝王将相、才子佳人。其列举传统剧目《逼上梁山》《三打祝家庄》《望江亭》《三关排宴》《杨门女将》《空城计》《二进宫》《三岔口》等等，一个个如数家珍，言及现代戏就一个典型个案都没有。按照宣传口径，现代戏明明已经取得极高成就，乃至已经可以摆脱传统老戏的阴影了，他却要强调“京剧演现代戏”还要“经过各方面的实验，逐步总结经验”，才能“和历史题材的京剧并驾齐驱”——这就是说江青同志主抓的现代戏和“历史题材的京剧”水平相去甚远喽？尤其会让江青等人感觉恼怒的是，夏衍还要特别提到《三本铁公鸡》这样的很坏的“现代戏”。这就是说强行在舞台上突出“现代戏”从本质来说就没有什么意义喽？

夏衍的好日子已经到头了。就是在这次演出大会上，江青显露出了在文艺界的威势。在演出中，她枪毙了中国戏剧研究院、实验京剧团创作演出的《红旗谱》等剧目，指责戏曲舞台为“牛鬼蛇神”所统治，“破坏”了社会主义经济基础，并和

① 夏衍：《谈京剧现代戏》，“夏全 3”，第 369—370 页。

康生联手在总结大会上点名批判了《早春二月》《舞台姐妹》《北国江南》《逆风千里》等影片。国内各媒体报刊的舆论霎时风起云涌。而这些影片的拍摄、上映，夏衍全都脱不了干系。

此时的江青确实有了颐指气使的底气。1964 年 5 月 8 日，根据文化部整风情况，中央宣传部写出了《关于全国文联和各协会整风情况的报告》。这个报告还未定稿，江青抢先把它送给了毛泽东，狠狠地告了一状。她对毛的态度是知根知底的。果不其然，6 月 27 日，毛泽东在中宣部的报告上又写下如下批示：

> 这些协会和他们所掌握的刊物的大多数（据说有少数几个好的），十五年来，基本上（不是一切人）不执行党的政策，做官当老爷，不去接近工农兵，不去反映社会主义的革命和建设。最近几年，竟然跌到了修正主义的边缘。如不认真改造，势必在将来的某一天，要变成匈牙利裴多菲俱乐部那样的团体。[①]

“修正主义的边缘”、“变成匈牙利裴多菲俱乐部那样的团体”在当时来说，是极为严厉的指摘。1956 年的匈牙利事件，

---

① 中共中央文献研究室：《毛泽东年谱（一九四九——一九七六）》第 5 卷，北京：中央文献出版社 2003 年版，第 368 页。

其幕后的主要推动力量就是匈牙利知识分子团体“裴多菲俱乐部”。因此，毛的批示已经明示：全国文联和它所属的各协会可能成为反党、反社会主义的组织，这样，它们的问题性质，就不是人民内部矛盾而是敌我矛盾。“胡风反党集团”就是前车之鉴。

过来人都知道这份批示的分量。夏衍立即给在新疆审片《天山上的红花》的陈荒煤打去电报：“立即回京。”——事实上，在这批示传出之前，中宣部、文化部的空气已经开始紧张起来，种种迹象都表明大的风暴即将到来。夏衍、陈荒煤策划的百花奖评奖（这是周恩来直接指示的）本来定在 6 月 12 日向全国发布消息、6 月 23 日举行颁奖典礼，却被临时叫停了。

中宣部、周扬这时也雷厉风行地展开了一系列的动作。7 月 2 日至 10 月 21 日中宣部召开文联各协会和文化部党组负责人会议，周扬传达了毛泽东的第二个批示，布置文化部和文联各协会党组作整风检查。到 9 月中旬为止，文化部党组在连续举行了 38 次党组会或党组扩大会进行检查的基础上，草拟了一份《文化部党组工作错误的综合材料》上报中宣部。[①] 也就是说：大约 70 天的时间里，文化部召开了 38 次党组会议，平均不到两天一次，参与者们还得坚守日常的工作岗位。像夏衍

① 见陈播、国家广播电影电视总局电影事业管理局党史资料征集工作领导小组：《中国电影编年纪事》，北京：中央文献出版社 2005 年版。

这样的重点整风对象所承担的精神压力和工作压力可以想见。

时任文化部艺术局长的周巍峙回忆说：

> 整风一开始，好像就是对夏衍同志来的。有位党组成员就向我讲过，叫我心中有数。后来听七月二十日燕铭同志、光霄同志的动员报告也是讲电影问题较多，其它方面谈的很不具体。使我想起这几年来文化部整风有个经验，就是仅仅对某个人进行了批判，而对整个党组问题通常就是滑过去了，好像就是那个人有错误，别人都没有份似的。结果整风以后依然故我，整个文化部的问题还是解决不了。①

7月16日，夏衍在文化部党组做了长篇检查，他自以为一再"碰到自己最痛的地方"："近来我一直在想，为什么对京剧演革命的现代戏有那么多的顾虑？为什么柯老提出写十三年就条件反射想到民主革命时期的题材还要不要写？为什么电影题材比例中革命历史题材少了一些的时候会那样的忧心忡忡？为什么对五八、五九年的作品只看到缺点而不积极地肯定它的方向？这都是人生活在社会主义社会而思想感情还停留在民主革命时期的具体反

① 陈徒手：《夏衍在文化部》，《读书》2014年第10期，第124—125页。

映。”[①] 这么多的设问句，显然包含着很多自我辩解的内容。这样程度的检查自然是得不到中宣部领导认可的。

整风期间，文化部出了多期“检查工作简报”。毛泽东还亲自阅读了其中的五期：7 月 21 日印发的第 9 号《关于大肆宣传三十年代电影的情况和问题》、8 月 5 日印发的第 18 号《音乐界盲目崇拜西洋的一些情况》、8 月 7 日印发的第 21 号《文联一部分负责干部吹捧阳翰笙及相互吹捧的情况》、8 月 10 日印发的第 25 号《音协检查执行党的方针政策中的问题》和第 26 号《阳翰笙同志宣扬三十年代戏剧电影的情况》。[②] 毛泽东对文化部这段时间的工作还是满意的。因此，当中宣部 8 月 14 日给中央书记处呈送了关于公开放映和批判影片《北国江南》《二月》（公开放映时改名为《早春二月》）的请示报告后，他于 8 月 18 日即作了批复。

中宣部在报告中说：《北国江南》《二月》是两部思想内容有严重错误的影片。其共同特点是：宣扬资产阶级的人性论和人道主义、温情主义，抹杀和歪曲阶级斗争，着重表现中间状态的人物并以这种人物作为时代的英雄。从这两部影片，可以看出某些人所极力提倡和鼓吹的所谓“三十年代的传统”的一

---

① 转引自陈徒手：《夏衍在文化部》，《读书》2014 年第 10 期，第 125 页。

② 中共中央文献研究室：《毛泽东年谱（一九四九——一九七六）》第 2 卷，北京：人民出版社 2013 年版，第 380 页。

个标本。为清除电影界、文艺界的错误观点，提高文艺工作者和广大观众的思想认识和辨别能力，拟在北京、上海等大城市公开放映这两部影片，并在报刊上展开讨论会。毛泽东阅后批示："不但在几个大城市放映，而且应在几十个至一百多个中等城市放映，使这些修正主义材料公之于众。可能不只这两部影片，还有些别的，都需要批判。"

邓小平8月17日对报告的批示是："拟同意。主席、周、彭、康核阅，退宣传部。"康生在报告上批写："《北国江南》不仅是有所谓'三十年代的传统'问题，而更严重的是有现代修正主义思想。现在的一些坏电影，用'三十年代传统'还概括不了。某些没有改造的资产阶级知识分子和文艺工作者，的确是'今不如昔'。"8月20日，陆定一批示："周扬、默涵同志：请照主席批语，布置放映，还有一些坏片子，也挑出来，分期分批上映（有的要重新上映），同时组织批判文章。"①

这个打击简直超过了夏衍能够忍受的极限。除了上级领导众口一辞批判的惶恐，还有被朋友背叛、被组织"抛弃"的愤怒与凄凉。一天他见到陈荒煤终于忍不住破口大骂："我真恨

① 中共中央文献研究室：《毛泽东年谱（一九四九——一九七六）》第5卷，北京：人民出版社2013年版，第390页。

周扬这个王八蛋，他打了报告却不和我们打招呼。”[①]——他这是为难周扬了。岂有抛弃之前而先征求牺牲者意见的事呢？

针对夏衍、陈荒煤批判的调门立即高了起来。

先是中共上海市委书记处候补书记张春桥 8 月在上海传达全国京剧现代戏观摩演出大会的情况报告中说：“电影系统，在北京有一条反动的资产阶级‘夏、陈路线’，上海基本上没有执行毛主席的革命文艺路线，执行的是这条资产阶级路线。”[②]

在 9 月的党组会上，一位副部长发言说：文化部的错误“肯定是路线错误，主要指导思想方向错了，特别是六一、六二年”。“电影比较集中、系统、完整。理论：瞿白音、夏衍；作品：《早春二月》等；代表人物：电影界有代表性的老头子，

---

① 严平：《夏衍的 1964》，《收获》2014 年第 1 期，第 82 页。

② 严平：《夏衍的 1964》，《收获》2014 年第 1 期，第 77 页。另可参见程季华《夏公和〈中国电影发展史〉》（《忆夏公》第 261 页）。

“夏陈路线”尽管名称骇人，但夏衍内心深处一直并不以此为意。他的孙女沈芸回忆说：“他认为‘根本就没有所谓的‘夏陈路线’，‘这是批判我的不实之词，我执行的是周总理的文艺政策……’他跟我私下说过不止一次，而且对李子云也讲过……”（沈芸：《我所知道的夏衍与荒煤》，《当代电影》2013 年第 12 期，第 43 页。）不过夏衍“文革”后倒很喜欢用“夏陈路线”这说法，这大概是对自己与陈荒煤间友谊的调侃性说法。

祖师爷……[①]事实上，是有一帮人，夏陈说话比党说话容易听、影响人。”此时，夏衍俨然已是和党对立的代表人物，而且具有组织性系统性。

1964 年 9 月上旬，周恩来在接见《红色宣传员》剧组时谈到：文化部在社会主义时期热心宣传封建主义的东西就是反党反社会主义。很明显，在最高领袖作出批示后，周恩来需要表态而且表态了。这对夏衍、陈荒煤又是一个非常沉重的打击。他们确实该思考自己是否站到了党的对立面这个问题了。

知情者写到：“震惊之余，他们变得更加焦虑和茫然。之后的一次党组会上，夏衍在发言中提出一个百思不得其解的问题：文化部为什么分兵把口不谋而合，形成了错误路线，而且各部门有很大的共同点？荒煤更是困惑不解：这种不约而同不谋而合是什么原因，什么性质的问题？是不是一个反党集团?!没有想到这些话立刻就在党组内部引起了一片恐慌混乱。部长们纷纷发言，反对这种说法。一位副部长说，戏曲与电影不同，戏曲上有中央下有地方管着，而电影更集中、系统、完整，有三十年代传统有理论有纲领有作品有代表人物有老头

① 大概从这时开始，“祖师爷”成了 30 年代各行各业“反动权威”“头面人物”的“恶谥”。夏衍被称为 30 年代电影界的“祖师爷”，而田汉则是 30 年代戏剧界的“祖师爷”，黄洛峰则是 30 年代出版界的“祖师爷”等。（龚育之：《从党史看洛峰》，龚育之：《党史札记・末编》，北京：人民出版社 2014 年版，第 156 页。）

子……总而言之，电影的问题不能和其他等同而论。一位一向意见不同的副部长，还特别指出，电影可以直接指挥到地方，自成系统，错误是全面系统完整的，不谋而合的说法非常有害，是试图给大家戴上反党帽子搅成一团浑水！”①

9月18日的一次会议上，夏衍辩解说，路线何时开始？是否全面？电影如说15年一贯，有的片子有成绩不好解释。戏曲1962年有好的，电影难道没有？夏衍最后说，敌我矛盾？杀了我也不能承认。

周扬在这次会上发言说：

> 夏衍同志向来是右的。自由主义自己都承认。右倾是真的，自由主义是假面具。最大资本是卅年代的电影。（彭真插话，对卅年代文艺，毛主席有足够的估计，但不可估计过分，在反动统治下是有限制的。卅年代前一段是王明路线，到遵义会议以后才是毛主席的领导。对其估计是反对敌人的革命的，但非马列主义的。）
>
> ……卅年代写赛金花，汉奸、妓女，你写此要表扬什么，日本占东北要亡国了，究竟是提倡汉奸还是提倡什么？（夏衍此时辩解说，想讽刺国民党。）
>
> 哪里有讽刺之意，你想抢在蒋介石前面当汉奸。（康

---

① 严平：《夏衍的1964》，《收获》2014年第1期，第82—83页。

生插话说，当时反对的只有鲁迅与艾思奇。）

文艺，革命反革命都可以用。文艺战线党强调是革命的武器，实际常常做违反革命的武器。文艺战线非毛主席的，是资修的。（彭真插话，关键是这个，根本是这个问题。）

代表人是党员负责人。（彭真插话，基本上是党员负责人，不是路线是什么？不过没用路线的字眼。）①

打击接踵而至。9 月末，在彭真家举行的一次会上，彭真明确地说："文艺界近年乌烟瘴气，健康力量第一是解放军，第二是地方现代京剧会演，中央单位最落后，本来应该是领导，现在是盖子，一个改造一个打倒，否则亡党、亡国。"谈到出现的一些"坏片子"时他说："这是有计划有准备有组织地搞。前面是陈（荒煤）、袁（文殊），背后是夏（衍）、蔡（楚生）。"他还进一步指出："有人总是企图以自己的面貌改变（党）"，② "有少数人自我批评诚恳——文化部不够，夏是顽强抵抗，但被人捧为国宝。……夏从来就是右，自由主义是假面具，右是真的。主张离经叛道，有个资本——三十年代电影。六三年《早春二月》，就是大捧三十年代。""老头子（陈荒煤

---

① 转引自孟醒：《夏衍的苦痛与自省》，《同舟共进》2013 年第 2 期，第 62—63 页。

② 很凑巧，后来毛泽东指责彭真的一个重要罪名也是"企图以自己的面貌改变党"。

对夏衍的昵称——引者注）根本问题是两条路线斗争。”[1]

此种氛围给当事者带来了极大的精神痛苦。陈荒煤回忆说：

> 有一天，文化部党组务虚，研究究竟为什么犯错误，犯了什么错误，有的同志有不同意见，另一位同志则侃侃而谈，说他早已预料到会犯严重错误……燕铭突然站了起来，说了一句，“文化部搞得这个样子……”就失声哭了起来，夏衍接着紧紧把一双手捂着脸，低下头来。我也再不能睁着眼睛去看别人了，也觉得眼前一片模糊。……[2]

齐燕铭刚到文化部工作的时候，反右倾，整风，态度是很严厉的。但经过一段时间的工作接触后，思想渐渐地被夏、陈给“同化”了，以至在“文化大革命”风暴袭来之前就被绑到了一处挨批。陈荒煤很惋惜他的遭遇：“我觉得燕铭到文化部来挨整，有点冤枉，是自投罗网，他在国务院做秘书长多好，才来两年多，就整上了。”[3] 不过齐燕铭本人倒很坦然，对陈荒

---

① 彭真这段谈话引自陈荒煤笔记，转引自严平：《夏衍的1964》，《收获》2014年第1期，第77页。

② 陈荒煤：《不能忘却的纪念——怀念齐燕铭同志》，陈荒煤：《荒煤散文选》，人民文学出版社1983年版，第200页。

③ 陈荒煤：《不能忘却的纪念——怀念齐燕铭同志》，陈荒煤：《荒煤散文选》，人民文学出版社1983年版，第200页。

煤这番议论，只是笑笑，说了一句："我是党组书记嘛。"

夏衍甚至开始检讨：建国以来他收藏书画、集邮的爱好是"革命意志衰退"的表现。[①]

知情者认为，"文化部党组一干人的混乱也随即引起上面的恐慌"[②]。第二天，彭真就在家里召集党组成员开会谈整风问题。齐燕铭开头刚说了一句"我有罪……"接着又痛哭起来。彭真温和地带着安慰的口气批评他："一个老干部，不能这样。不能说有什么罪！谁能在工作中不犯错误，认识了改了就好嘛。文化部的工作是有成绩的，有目共睹嘛。有缺点错误主要是认识问题。"彭真还用一个形象的说法，说大家都还要搞社会主义文化的，都是要向天安门那个方向走的。不过有的人认为这条路近，有人认为那条路近，也有的走了些弯路，但最后还是走到天安门这个方向来了。虽然是老党员，但搞社会主义还是新战士，都是朝一个方向走的，有人走岔了路，喊一声转回来就对了。不能像王明那样一打打一批人……

从10月21日起，夏、齐、陈荒煤等六位副部长，在党员干部会上检查，党员干部数十人发言进行批判，共召开十一次批判会。也就是在这时候，中国青年艺术剧院接到上级指示，

---

① 李子云：《人、风格和兴趣——观"夏衍捐赠字画展"所感》，李子云：《我经历的那些人和事》，上海：文汇出版社2005年版，第52页。

② 严平：《夏衍的1964》，《收获》2014年第1期，第83页。

夏衍的《上海屋檐下》连续进行三场批判演出……10 月 27 日，周扬通知文化部党组停止工作。

10 月 28 日，夏衍、陈荒煤终于参加了半年来难得的一次舒心的工作活动：陪同周恩来总理接见荷兰著名电影艺术家伊文思。周恩来的安排当然是有意的，在当时，能够参加外事活动无疑是政治身份、政治地位的一种保证。很难说是否与周恩来的介入有关，总之，进入 11 月之后，文化部整风的调门明显有些降低，像是进入了收官阶段。

11 月 24 日，终于要对 4 个月以来的整风作总结了。周扬又作了一个长篇报告。他讲了 4 点：一、四个月来运动的估计；二、文艺战线上两条路线的斗争；三、我们的责任；四、几点意见。

就第二点，周扬说："文艺战线上存在两条路线斗争……文化部、协会有的领导同志执行的不是党的毛主席文艺路线，是资产阶级、修正主义的路线，如文化部夏、齐，协会阳、田、邵，[①] 当然程度有不同。现代修正主义直接攻击毛主席，国内当然没有直接攻击的，而是未重视、歪曲……这次批评《二月》效果不错。孙道临做了好事，将记录全部拿出来了……作家对资产阶级无恨，对帝、对蒋介石有点恨。恨多少也难说，夏的《赛金花》对帝国主义无恨……有的似乎写社会

① 指阳翰笙、田汉、邵荃麟。

主义，实际否定社会主义，如《北国江南》。文化部、协会实际执行了一条资产阶级的路线。提倡封、资、修，不提社会主义、工农兵……1959年，夏提过许多建议，如写阮玲玉等人……对《早春二月》，夏、陈花了那么多的劳动，连小的镜头都参加设计。对《李双双》《槐树庄》《昆仑山上一棵草》却不热心。”①

周扬的这个讲话的调门看起来比整风初期已经低了一些。

夏衍后来经常强调：“说实话，要是没有恩来和陈毅同志，我是逃不过1957、1959、1964年这些关卡的。”② 他提到“1964”这个年份有些令人费解，根据现在公开的材料，很难说他已经逃过了这一年的关卡。或许，当年对夏衍有更严厉的处分计划，但因为周恩来的干预停止了。但不管怎么说，在一片“世人皆欲杀”的呼喊中，周恩来作出“我意独怜才”的表示，也给夏衍带来了巨大温暖。

陈荒煤也给夏衍带来了巨大的友情的温暖。周扬曾暗示陈荒煤做一个对文化部党组的批判发言，实际就是批夏衍，划清界线。周扬这是从工作考虑：夏衍被抛出已成定局，可以把事情都推到他身上，这样可以多挽救几个边缘人物。不过陈荒煤

---

① 转引自孟醒：《夏衍的苦痛与自省》，《同舟共进》2013年第2期，第63页。

② “夏全15”，第3页。

拒绝了。他并没有那种预料到在一年半后“横扫一切牛鬼蛇神”的风暴中大家都要落马的远见，“只是觉得自己错误很多，不能揭发别人。他和老头子是脱不了干系的，他认了”[①]。

1965年1月，陈荒煤即被周扬约谈免职了。

1965年1月19日，夏衍在文化部全体党员和直属单位负责干部大会上作检查。这是他最后一次做整风检查。在检查的一开头，夏衍就承认：“我的错误十分严重。我犯的错误不是某一时期、某个问题上犯的迷失了方向性质的错误，而是根本性的、系统的、背离了毛主席文艺方向的路线错误。”他承认在整风中自己“是党组成员中态度最不端正的一个”。

他的检查分四个部分，一、路线错误问题；二、三十年代电影戏剧问题；三、组织路线问题；四、犯错误的原因，也就是世界观问题——他主要检查了自己思想观念中的人性论、人道主义因素。这其中，第一部分又分为三点，夏衍分别检讨了自己不赞成单一的工农兵题材、强调艺术品质量以及强调使用内行干部反对外行领导内行三方面的“错误”。很不可思议，这三点在那个时代是确确实实的“错误”，夏衍也愿意承认这

① 严平：《夏衍的1964》，《收获》2014年第1期，第84页。陈荒煤1965年1月22日在文化部全体党员和直属单位负责干部大会上作的检查很有参考价值，我们从中可以看出这位忠诚的共产党员如何试图在坚持信仰的情况下尽力维护朋友。可参见沈芸《我所知道的夏衍与荒煤》（《当代电影》2013年第12期，第43页）。

是错误：尽管这与常理实在不吻合。因此，夏衍在检查中的自我批判就不免显得混乱而缠绕不清。比如说他一方面批判自己对国产影片“直、露、粗、多”的批评，另一方面却又把这些粗糙的作品和工农兵、革命的需要结合起来，似乎工农兵不需要那些在艺术上更完美的作品一样。这样一种对自我“错误”充满矛盾的检讨模式还要纠缠夏衍相当长的一段时间。

尽管直到4月7日中央才正式免去夏衍文化部副部长的职务，但实际上，他从做完最后一次检查后就在家赋闲（2月22日，陆定一找夏衍谈话，说：希望“能写出好作品来，有一个好的晚年”。[①] 这就是要他养老了）。是年8月，周恩来、廖承志曾试图调夏衍到对外文委亚非拉研究所任研究员（保留副部级待遇），但未到任。也许是心情恶劣的关系吧，1965年初，他染上了一种很奇怪的病，叫神经性皮炎，全身剧痒无比。广延名医，却都束手无策。后来一个偶然的机会，得到了一位名中医施今墨传人的相助，才治愈了这怪疾。

1965年2月，中共中央宣传部通知中国影协：在文艺大批判中，只“还两笔账：夏衍《电影论文集》一笔，《中国电影发展史》一笔”，不涉及其它。就电影作品而言，主要批判《不夜城》和《林家铺子》。本来1964年12月间，江青向陆定一、周扬的提议是批《林家铺子》《不夜城》《逆风千里》《红日》

---

① 沈芸：《夏衍年表》，“夏全16”，第447页。

《革命家庭》《球迷》《两家人》《兵临城下》《聂耳》等十来部片子，但周扬等经过考虑，还是决心控制影响面，只许批判两部。

4月10日，中宣部文艺处召集社会科学院文学研究所和《电影艺术》编辑部开会，传达周扬关于文艺批判的意见，说文艺处只抓四篇文章：批判《林家铺子》和《不夜城》的各一篇，批判夏衍《电影论文集》和田汉戏剧主张的各一篇，但提出“要有历史观点”“要一分为二”“政治与学术分开”、只谈解放后的公开议论等。这是周扬的意见。

从此以后，《人民日报》《光明日报》《北京日报》《中国青年报》《工人日报》等报纸纷纷以全版或大半版的篇幅，发表重头文章批判《林家铺子》《上海屋檐下》以及《电影论文集》《赛金花》等夏衍的作品。《电影艺术》《文学评论》等学术期刊也发表了批判夏衍的专题论文——对于《电影艺术》来说，这实在是无可奈何的事情。夏衍是中国电影行业的主管，他的《电影论文集》中有不少论文就首发在《电影艺术》上。该书出版后不久，《电影艺术》又发表了书评对它高度评价，说它“把党对电影事业的坚强领导和毛泽东文艺思想对电影事业的伟大指导意义，作了十分明确而又深刻的阐述”，“是很好的指针”。现在风暴来袭，它只能首当其冲地来进行“批评与自我批评”了。《电影艺术》的批判文章最后这样写道：“通过这一次批判，也使我们对本刊过去的错误有了进一步的认识。我们希望夏衍同志和我们一道在党的领导下积极改正错误，回到党的正确的文艺路线上来。”①

1965年各报纸期刊对夏衍的批判集中在5月底、6月初，不到一个月的时间，各大媒体就发表了一系列的大批判稿，如:《〈林家铺子〉是一部美化资产阶级的影片》（苏南沅著，《人民日报》1965年5月29日）、《电影〈林家铺子〉是一株美化资产阶级的毒草》（谢建松著，《中国青年报》1965年5月29日）、《美化资本家，丑化工人阶级——批判影片〈林家铺子〉》（关山、巴雨著，1965年5月29日）、《影片〈林家铺子〉必须批判》（钟闻著，《光明日报》1965年5月29日）、《在资产阶级“两面性”的幌子下》（林志浩著，《工人日报》1965年6月2日）、《林老板是什么人》（林明虹著，《工人日报》1965年6月2日）、《为谁喊‘冤’诉‘苦’》（田耕著，《工人日报》1965年6月4日）、《寿生形象说明了什么》（北文著，《北京日报》1965年6月4日）、《改编〈林家铺子〉的真正意图何在》（郑择魁、蒋守谦著，《光明日报》1965年6月9日）、《评〈林家铺子〉的改编》（张天翼著，《光明日报》1965年6月11日）等等。这些文章一般都是通栏的大稿，有些甚至占了全版。

此后这样排炮式的攻击场面就比较少见了。但各媒体仍然

① 本刊编辑部:《批判夏衍同志的资产阶级文艺路线——夏衍同志的〈电影论文集〉剖析》，《电影艺术》1966年第3期，第16页。

陆续发表了一些批判夏衍的文章。批判有时自发地超越了批《林家铺子》和《电影论文集》这两部作品的限制，自然地将批判的锋芒导向了《上海屋檐下》《赛金花》等作品。可能与江青召开的部队系统文艺座谈会相呼应，这种批判在 1966 年 3 月又迎来了一个小高潮，各大媒体又连续发表了王春元《评夏衍同志的〈电影论文集〉》(《文艺报》1966 年第 3 期，《光明日报》1966 年 3 月 11 日转载)、穆欣《评〈赛金花〉剧本的反动思想》(《光明日报》1966 年 3 月 12 日)、何其芳《夏衍同志作品中的资产阶级倾向》(《人民日报》1966 年 4 月 1 日）等重头文章。这可以说是文化部 1964 年整风的最后尾声。[①]《人民日报》《光明日报》几个月之后还将有大块的批判夏衍的文章问世，不过到那时候，夏衍已再无资格被称为“同志”，批判者也对他的迷途知返、“和我们一道在党的领导下积极改正错误，回到党的正确的文艺路线上来”不再抱有希望。

在将近一年的批判中，全国公开发表的批判夏衍的论文据不完全统计有 150 多篇。

不过，批判文章虽然多，但大家所讨论的问题重点都基本相仿（问的差不多都是同样几个问题，如“这部影片是真实地

---

① 差不多在同时，各大报刊还发表了一批批判田汉的文章，如丁学雷《为谁请命？向谁请命？——评田汉的〈谢瑶环〉》（《光明日报》1966 年 4 月 19 日）等。这一轮文章也许是为《林彪同志委托江青同志召开的部队文艺工作座谈会纪要》的发布而造势。

反映了中国民族资产阶级的面貌和当时的阶级关系？还是美化了资产阶级，掩盖了阶级剥削和阶级矛盾？这部影片是为社会主义经济基础服务、有利于社会主义革命的？还是不利于社会主义经济基础、同社会主义革命唱反调的？”① 等，最多加上对夏衍人性论思想的指责），所引用的论据也基本相仿，结论自然也就都差不多了：由于夏衍在建国后还在塑造林老板这种资本家的角色（而不是工农兵形象），而林老板的形象又和毛主席（及其他马克思主义经典作家）关于资本家本质的经典论断不相吻合——或者说，夏衍没有有意识地在林老板身上凸显毛主席有关资本家阶级本质的论断，因此，他在阶级立场上就是有意无意地站在剥削阶级这一边，这种情形，往轻处说，是老革命跟不上革命形势的新发展，往重处说，就是有意对抗新形势的需要，已成为社会主义新文艺的绊脚石。各篇文章，总的说来就是这样一片陈词滥调。

由于论点、论据、结论事先都已被设定，而这种设定本来就有些不合情理之处，各篇文章也就都有一些深文周纳、强词夺理，甚至改变原著之意以强就己意的地方，“文革”时期大批判文章的各种弊端在此时已初露端倪了。比如《〈林家铺子〉是一部美化资产阶级的影片》这样谴责夏衍缺乏阶级分析的

① 苏南沅：《〈林家铺子〉是一部美化资产阶级的影片》，《人民日报》1965年5月29日。

意识：

夏衍同志自认为他是用了“阶级分析”的观点来改编《林家铺子》的。他的“阶级分析”是什么呢？那就是他的所谓“大鱼吃小鱼，小鱼吃虾米”的说法。在影片片头字幕上写道：“这是一个人吃人的社会。作家描写了一幕大鱼吃小鱼，小鱼吃虾米的社会情景”。“大鱼吃小鱼，小鱼吃虾米”，这句谚语，固然在某种角度上反映了人剥削人的社会的现象，但它决不是马克思主义分析资本主义社会阶级对立和阶级剥削的科学观点。在资本主义社会里，“大鱼”吃“小鱼”、大资本家排挤和吞并小资本家是常见的现象；大资本家同大资本家之间你死我活的斗争也是常见的现象。第一次世界大战，就是垄断资本集团相互之间的斗争。第二次世界大战，开始也是帝国主义同帝国主义之间的战争。这种竞争的结果，加剧了阶级矛盾和阶级斗争，引起了革命的爆发。如果站在无产阶级立场上，来描写和暴露资产阶级的内部倾轧和互相吞噬，也不是没有意义的。但是，这毕竟不是社会矛盾的最本质的方面。在资本主义社会里，并不是“大鱼”只吃“小鱼”，也不是“小鱼”才吃“虾米”，而是不管“大鱼”也好，“小鱼”也好，它们统统都吃“虾米”，都是依靠吮吸无产阶级的血汗为生。它们的矛盾，只是分占无产阶级所创造的剩余价值多少的矛盾。因此，在资本主义社会里，最主要的矛盾，是资产阶级（包括所有“大鱼”和“小鱼”）同被剥削被压榨的无产阶级之间的矛盾。影片在某种程度上揭露了“大鱼”吃“小鱼”的现象，却回避了最本质的问题，没有真实地表现无产阶级受“大鱼”和“小鱼”的共同剥削，这是根本违背马克思主义的阶级分析观点的。[①]

人们只要真正看过《林家铺子》，对这种批判就根本不会信服。苏文大谈“资产阶级同无产阶级之间的矛盾”，但作品描写的是中国乡镇社会，那有什么典型的无产阶级可言。苏文大谈大鱼、小鱼都吃虾米，本来“大鱼吃小鱼，小鱼吃虾米”这句谚语就没有大鱼不吃虾米的意思。并且，电影多处已表现了这样一个事实：在社会动荡中，底层劳动人民遭受了最大的痛苦。再说，如果所有的艺术作品都只能反映“最本质的问题”，即使仅反映了一些“也不是没有意义”的事情也要遭受批判，那还要艺术创作干什么呢？人手一册《资本论》和《毛主席语录》岂不是就可以解决所有问题？

王春元的《评夏衍同志的〈电影论文集〉》有一个部分专

① 苏南沅：《〈林家铺子〉是一部美化资产阶级的影片》，《人民日报》1965年5月29日。

门批评夏衍的《从点戏说起》。王文说：

> 夏衍同志可以解释说，那仅仅指我们少数干部对文艺工作的粗暴态度和瞎指挥，并不影射党的领导，那么他正面提倡的所谓元春的“气度”和龄官的“风格”，总可以说是他对于我们应该怎样领导文艺工作和艺术家应该怎样对待党的领导的主张了吧？……但是，贾元春看戏是排遣无聊，当然可以叫演员随便演哪两出都行，而且反正那些剧目都是长年累月经过封建地主阶级审定了的，决不会演出农民暴动的戏来。夏衍同志自己倒应该“深思”一下，我们的文艺并不是为贾元春之辈服务的，而是为工农兵服务的，是为社会主义服务的，是要以无产阶级的思想教育千百万人民的，怎么可以让党放弃领导，提倡文艺工作者不顾革命的利益，不管工农兵的要求而放任自流呢？夏衍同志在文艺方面排斥党的领导提倡实行资产阶级自由化的主张，在这里不是暴露得一清二楚吗？所以，他真正提倡的是在文艺领域实行资产阶级自由主义的主张，以代替党的领导，亦即以资产阶级自由化的文艺取消无产阶级革命化的文艺。①

---

① 王春元：《评夏衍同志的〈电影论文集〉》，吉林师大、吉林大学中文系资料室：《批判夏衍的文艺观和创作资料汇编》，1966 年 3 月，打印稿，第 10—11 页。

王文这段演绎就是较为典型的深文周纳和无限上纲。夏衍谈论元春的风度，仅仅只是一个比方而已，哪里涉及元春可能点的是什么戏的问题呢？按照王文的逻辑，人们简直没有办法谈论一般的人生经验问题了。

苏文与王文都是批判文章中的上等之作，其他文章的水平可以想见。

大批判文章中有时也会产生些能够令后来者莞尔一笑的作品。《工人日报》发表了一篇题为《没有规矩的资本家》的批判文章。文章批判电影《林家铺子》的林老板形象美化了资本家。写作者以亲身经历告诉读者：不要指望资本家守规矩，他们有的是以次充好的办法，写作者列举了重要的两种后，接着说：

> 再有一种剥削手段，就是改头换面，像《林家铺子》中把日本货贴上国货标签一样。如他看到有些大路货利润少，就要厂商生产一些不贴商标的产品，拿回来贴上自己字号的商标。盛炳记贴的是“盛”字商标，这样他可以随意标售价，赚更多的钱。对进口商品也是如此。他可以把价格较低的51型玻璃丝袜涂改成价格较高的66型或81型商标，以牟取更大利润。
>
> 《林家铺子》通过林老板做“一元货”大减价的生意，

> 把他描绘成一个规规矩矩、甘心做亏本生意的人。这样的资本家是没有的，是编导者捏造的。[①]

估计写作者急于控诉资本家的不守规矩，却忘记了批判文章的宗旨。于是，它不经意道出了一个事实：电影刻画了林老板形象的丰富侧面，而不是在无原则地美化资本家。电影《林家铺子》诚然凸显了林老板部分恪守生意人本分的一面，但不是也刻画了他不是一个“规规矩矩、甘心做亏本生意的人”的一面吗？他不是经常干一些把日本货贴上国货标签的勾当吗？电影如果充分刻画了林老板的这个形象层面，而作者又是从电影的这个细节描写引发出对资本家剥削手段的进一步认识，那么《没有规矩的资本家》一文到底在表达些什么呢？这不是反过来在给《林家铺子》唱赞歌吗？该文的作者、《工人日报》的编辑在无意识中犯的这个错误殊堪玩味。

在所有批判文章中，最有分量的，当属何其芳的《夏衍同志作品中的资产阶级思想》。何文一下子抓住了重点，他指出，夏衍及其作品为什么需要受到批判，是因为夏衍思想中一直有“对资产阶级民主的醉心和鼓吹”。

何文从《芳草天涯》说起，考察了夏衍作品中宣扬资产阶级民主的一条思想线索。何文的梳理非常具有学理性，确可看

---

① 樊永禄：《没有规矩的资本家》，《工人日报》1965 年 6 月 4 日。

作是对夏衍思想探索部分轨迹的总结：

在一篇题作《谈自己》的杂文里，夏衍同志说他不喜欢在会议上作讲演，不喜欢看话剧预演或招待演出后提意见，常常因此引起朋友们的误会。于是他就很感叹“我们这一时代的人”实在太“不够民主”，并且进而对资产阶级民主大加歌颂了：

在中国乡间来了一个衣装稍稍不同一点的人就要论足评头，追随不散，而在伦敦则不论你黄人黑人，不论你穿十八世纪的古装或者霍莱坞的时装，谁也不来对你给以特殊的一瞥，这大概是——尽管是资产阶级民主，总也是有了几世纪民主思想之积蓄的原故吧。

这真是一唱三叹，余音袅袅不绝。“尽管是资产阶级民主”，到底是多么好啊！夏衍同志完全忘记了这个“有了几世纪民主思想之积蓄”的老大帝国主义国家，它的基础是建筑在多么残酷的对国内和殖民地人民的压迫和剥削之上了。

在《人·演员·剧团》和《论“戏德”》这两篇论文里，夏衍同志公然主张用表现“英国民主主义精神”的所谓“运动员道”来解决抗日战争时期国民党统治区的革命戏剧运动中的问题。在前一篇里他说：

假如我们承认做一个好的工作者是做一个好演员的先

行条件，那么我深深觉得数千年的专制政治和一百年的帝国主义的政治文化侵略，已经深深的斫伤了我们民族文化的优秀的传统，而使我们这一辈的灵魂深处缺少了一种关心他人，体谅他人的精神。时人论英国的民主政治，说最能代表英国人为人态度的是玩牌乃至踢球时候表现出来的“运动员道”（Sportsmanship），那么我想，及时地在我们戏剧工作者之间建立一种良好的“演员道”（Playership）似乎已经是切要的事了。构成运动员道（或者说运动精神）的特质是：对内合作，对人体谅，对事公正。而这三者正是矫正我们当前弊害的特效良剂。

在后一篇里他同样提倡这种“运动员道”，不过把它又译作“运动员道德”。他说：“人们论英国的民主精神，每每归功于英国人引以自豪的‘运动员道德’”。这两篇论文写于一九四三年九月和十一月，已经是毛泽东同志在延安文艺座谈会上发表了讲话之后。要推动当时在国民党统治区的革命戏剧运动的发展，为什么不以毛泽东文艺思想为指南，从政治上思想上来探讨并解决它的一些根本问题，却把资产阶级民主精神提出来作为“特效良剂”呢？

夏衍同志也许说，他这只是在生活态度上提倡资产阶级民主精神，并不是在政治上主张实行资产阶级民主制。一个共产党员作家，在生活态度问题上提倡资产阶级民主、资产阶级道德，也是十分错误的。……夏衍同志这样迷信“英国的民主精神”，正是说明他对资产阶级民主政治并不认识它的实质。所以，在《忆聂耳》和《携起手来，更勇敢地前进!》这样两篇文章里，他就把当时还在创造中的新中国设想为是一个“民有民享民治的民主国”，“自由平等幸福的中国”。“民有民享民治”，这不是美国资产阶级的政治家林肯的话吗？他所说的“民”还不实际上就是资产阶级吗？“自由平等幸福”，这不是同法国资产阶级革命时期的口号基本上一样，只是把“博爱”改作了“幸福”吗？……

夏衍同志对资产阶级的事物的醉心实在是令人吃惊的。再读一读他这一段文字吧：

我合上书望着天边。天的那方是一块富饶的乐土，是一个自由的乡邦。胶片、电波和印刷机一直给我们报导着这一块乐土的消息。我们一提起这地方的名字就联想到自由、欢悦和丰饶。是丰饶吗？怎样不。那儿不仅有榨得出油一般肥沃的土地，而且是彻底电气化了的，用机器来耕种收割的地方……

读者同志们，你们猜他这是讲的什么地方？原来是美国。原来是他读了一本美国作家写的暴露美国的黑暗的作品，他为这个作家打破了他的美好的想象而感到怅惘……

夏衍同志这篇文章写于一九四三年。那时美国还是反法西斯的同盟国之一。我们并不要求夏衍同志那时就预见到美国将代替德、意、日三个法西斯国家而成为全世界人民最凶恶的敌人。而且那时国民党统治区的进步人士中间，是有一些人对美国抱有幻想的。但是，作为共产党员作家的夏衍同志怎么会把一个帝国主义国家想象得那样美好呢？夏衍同志的美梦被戳破以后也还是这样说：美国仍然是“黄金之盾”，黑暗不过是她的“另外一面”，不过是证明了还没有“尽变”“天堂”。是的，美国既有“胶片、电波和印刷机”，又有“彻底电气化”，既有“肥沃的土地”，又有“用机器来耕种和收割”。……

夏衍同志在抗日战争中关于戏剧运动的文章，曾强调“新的时代要求有新的剧团经营人，新的演出人”，“有科学头脑的事业家”。但他心目中的事业家是什么样的人物呢？他说：“我们要有史丹尼斯拉夫斯基，要有丹钦科——但退一步说，假如客观条件不具备的话，那么恕我娇激，我甚至以为我们不妨有一个齐格菲，有一个兹纳克。”齐格菲和兹纳克又是什么人呢？原来一个是美国一家滑稽歌舞团的老板，一个是美国好莱坞八大垄断制片公司之一的二十世纪福克斯制片公司的副总经理，都是道道地地的资产阶级的事业家！……

在《杨译〈我的爸爸〉序》这篇文章里，他称赞杨潮“从来不知道逃避消极，丝毫不懂世故权诈，从来就不肯自欺欺人”。他说，“这种性格，在有一点民主的现代文明国家，实在算不得稀奇，也许，这也只是父母教孩子做人的起码的常道吧”。这不是照样在宣传欧美资产阶级的“民主”、资产阶级的“现代文明”和超阶级的“做人的基本道理”吗？在这篇文章里，他还称赞杨潮翻译的克拉伦斯·戴的《我的爸爸》这本书，说它是什么“美国家庭里的一本必读书，改编了的剧本一直在上演”，“清洗着每一个为名利所锈损了的灵魂”。他说：为什么这本书“有这么多的读者和观众”？ “理由只有一句话，它真!”而“真”，在他看来，“应该是常道”，“应该是做人的起码的道德标准”。最后，夏衍同志还说这本书“将为着中国的人民个性解放，自由平等，而继续服务下去”。读过克拉伦斯·戴的那本书的人，如果是有进步观点的人，都会感到那是一本津津有味地描写美国资产阶级的琐碎无聊的家庭生活的书，那是一本用欣赏的态度来描写资产阶级的平庸人物的平庸的书，哪里值得夏衍同志那样去捧场呵！而且，在阶级社会的人和人之间，哪里又有什么超阶级的“真”，超阶级的“常道”和“做人的起码的道德标准”？这不是照样在用人性论的观点来鼓吹资产阶级的作品，同时也借资产阶级的作品来鼓吹人性论吗？①

① 何其芳：《夏衍同志作品中的资产阶级思想》，《人民日报》1966 年 4 月 1 日。为节约篇幅起见，征引该文时笔者删掉了原文中的注文。

何其芳指出，夏衍正是对资产阶级民主抱有很多不切实际的幻想，所以他就不能不是一个人道主义者。因而，他自然就是一个超阶级的人性论者和“良心”论者。因此，他思想中就不可避免的有很多极为深刻的资产阶级的文化价值观念。尽管在《旧家的火葬》中他宣布告别了以往的自我，但“思想情感的改造远不象放一把火烧掉房子那样简单”。他的根深蒂固的亲欧美式民主的思想，使他不但难以接受思想改造（何其芳公允地指出，不一定是他拒绝改造，而是本性难移），而且使得他对于阶级斗争学说总是有些格格不入。何其芳感叹说：

> 如果他负责一个部门的工作，不努力贯彻党的方针政策，仍然要顽强地表现自己，宣传和推行自己的主张，要求人们按自己的面貌来改造世界，那就必然会形成一条同党的路线对立的路线。不管这种行为的自觉的程度如何，总是说明了他的灵魂深处有一个资产阶级的王国。在一定的条件和气候之下，这个王国就要大喊大叫地出来宣布它的存在，宣布它的改造世界的纲领。阶级斗争的规律就是如此。[①]

① 何其芳：《夏衍同志作品中的资产阶级思想》，《人民日报》1966 年 4 月 1 日。

如果去掉这些论述中明显受历史环境局限的成分，比如一说到民主、人性论就要冠以“资产阶级”的名号，好像它们与社会主义是完全对立似的，我们得承认，何其芳在相当程度上已道出了夏衍解放后不断遭到批判的核心关键之一。夏衍根本性的人生价值观念，乃是建立在“五四”时期的科学、民主理论上的，因此，建国后，当阶级斗争学说成为一种压倒性的主导思潮之后，他无论做怎样的调整，并且无论做多么深刻的自我反省，他都难以和这种思潮完全合拍，因此他也就不能不经常性地与主导思潮发生价值碰撞——如何其芳说的那样，阶级斗争的规律就是如此。在“文革”后，夏衍将成百上千次地回到社会主义的民主制度建设这个问题上来。

顺便值得一提的是，同时期对程季华《中国电影发展史》的批判，一定程度上也是在批夏衍。1966 年 4 月 19 日《人民日报》发表了署名“田星”的批判文章《破除对三十年代电影的迷信——评〈中国电影发展史〉》。文中最终结论意见即是：“电影史宣传夏衍等人是民国电影运动的祖师爷、红旗手，庸俗地夸大和吹捧他们个人的作用，这实际上就是要取消党对电影事业的领导，而代之以夏衍等人个人的领导，就是要取消毛泽东文艺思想的领导，而代之以夏衍等人的资产阶级文艺思想的领导。”[①]

周扬抛出夏衍等人，固然有一定自保的目的，但也并非没有从工作考虑的因素。因此夏衍、陈荒煤对他的人性的弱点并没有完全不能谅解。[②]

1965年4月15日，周扬在文化部做整风总结报告，说齐燕铭、夏衍主要是认识不清，对错误的路线一个时侯不能辨别，不能抵制。要大家对齐、夏等人的检查表示欢迎，进行热情的帮助。

9月10日至27日，文化部召开文化局（厅）长会议，陆定一、周扬仍把夏衍等请上主席台。

要言之，周扬的人格构成是比较复杂的，他和夏衍的关系也比较复杂。夏衍气极了可能会骂他王八蛋，但很难说他们在1964、1965年的关系已“滋生裂隙，逐渐酝成了不念旧情的局面”[③]。而对夏衍在“文革”前的受难，有论者说：“八十年代之后，论者多是笼统地说夏衍受尽‘四人帮’的残酷迫害。公平而论，这次文化部整风运动，与‘四人帮’没有多少关

① 田星：《破除对三十年代电影的迷信——评〈中国电影发展史〉》，吴迪：《中国电影研究资料1949—1979（下卷）》，北京：文化艺术出版社2006年版，第62页。

② 严平：《夏衍的1964》，《收获》2014年第1期，第82、84页。

③ 陈徒手：《夏衍在文化部》，《读书》2014年第10期，第130页。

联。”[①] 但如果没有康生、江青、张春桥以及姚文元（他是鼓吹“大写十三年”的干将）等人强力推动，文化部会有整风这一档事情吗？即使有，它会发展到这么激烈的地步吗？这种论调让人难以理解。

① 陈徒手：《夏衍在文化部》，《读书》2014年第10期，第132页。

第十一章

“文革”岁月（1966—1977）

第一节　“洗心革面”

从1965年初开始，夏衍实际已在家赋闲。在家赋闲也自有其好处，这样，他倒能够脱离越演越烈的轰轰烈烈的文艺斗争了，不然，他势必也要卷入到围绕着《海瑞罢官》展开的一系列论争中去，到了“文革”又是一大罪过。他还好心地劝朋友袁水拍（著名的《马凡陀山歌》的作者）不要跟政治形势跟得太紧，回本行“写他的山歌”最好。不料袁“不仅听不进去，而且面有愠色，以为我反对他‘当官’，他不懂得在那个时刻‘积极’一番，从此就当上了过河卒子”[①]。后来袁水拍果然“悔不当初”。

① 夏衍：1987年6月29日致姜德明信，“夏全16”，第148页。

1966年2月，夏衍病体稍愈，遵照组织安排，赴山西介休参加农村"四清"（清理账目、清理仓库、清理财务、清理工分之简称）运动。①

对夏衍来说，参加"四清运动"的真正目的，是改造自己的思想。他试图通过与贫下中农紧密的生活联系和工作联系，对自己灵魂深处那些"非无产阶级的因素"——当然是历次运动、批判中革命群众所指出的那些思想，做一番彻底的改造。这是夏衍自觉自愿的精神要求。

来到介休后不久，他就在自己的日记里写下了心得体会："改造是艰难的。思想方法、工作方法的改，还比较容易些，面对改造思想中的'带着阶级感情'这一点，对非无产阶级出身的人来说，都是艰难、长期而曲折的。"② 作为一个曾经的启蒙思想者，转变自我一贯的认知，承认在农民群众身上存在着一些根本的力量，而这种力量能够神奇地解决像自己这样一些"非无产阶级出身的人"的阶级倾向等一系列原则问题并不容易。但夏衍尝试着一步步地规训那野马似的自己，倾空自我，

---

① 有一种说法，在夏衍赴晋之前，由于周恩来的安排，夏衍还得以出席一个接待印尼代表团的外事活动。毛泽东、周恩来亦出席了这个活动。但笔者遍查1966年1、2月《人民日报》的报道，未见此消息，恐不确。沈芸《史料·回忆与研究——从"夏衍生平年表"（第四稿）谈起》（《新文学史料》2000年第4期）提到这事时，用了"据说"的说法，态度是审慎的。

② 夏衍：《四清日记》1966年3月10日，"夏全16"，第326页。

让自我臣服于劳动群众，让自我成其为劳动群众。

这种努力是艰难的，因为自我原有的惯性时不时就会露头，夏衍这时就要捕捉在这旧的自我中露头的各种苗子，严格并且严肃地加以清算。3 月 12 日，他在日记中写下：

> 农民群众中蕴藏着无穷无尽的要求改变现状，走向社会主义的积极性。但同时，他们又有顽强的习惯势力，这是农民的两重性。应该看到，后者是现象，随时可以看到，察觉到。而前者是本质，往往不容易看到，察觉到。我们这种人，特别容易看到，甚至敏感地察觉到他们落后保守的一面，而看不到他们进步的、积极的一面。每次有这种苗头的时候，就要再读一次毛选一卷最初的两篇。①

3 月 24 日，他又在日记中记下了一段“笑什么?”的自我修养（也涉及工作组其他成员）检查笔记：

> 一位贫下中农在学毛著时讲话，说到这么一句话“张思德同志学习了《为人民服务》之后”，大家都在静静地听，可是一位工作组同志大声笑了出来，而且打断了他，说：“张思德怎么能学习追悼他自己的文章呢?”讲者很

① 夏衍：《四清日记》1966 年 3 月 12 日，“夏全 16”，第 327 页。

> 窘，满头大汗地翻笔记本，原来把孙乐义和张思德搅错了。
>
> 这一笑的思想深处是什么，打断他的话，这种工作方法又如何呢？
>
> 要改造客观世界，首先还是非改造主观世界不可，这一笑，这一批评（实际上是嘲笑）之后，贫下中农还会和你讲真心话么？①

后人能够看得清楚，经过一段时间的整风与学习，夏衍对自我思想的“改造”已获得了很大“进步”，诸如“要带着问题学，活学活用，学用结合，急用先学”以及“狠斗私字一闪念”等思想方法，已经了然于心且颇能化用了。

经过一段时间的学习与改造，夏衍的“收获”开始越来越多。就是说，他越来越觉“今是而昨非”，在阶级斗争学说的指引下，他开始“明白”自己原来坚持的那些事情到底“错”在哪儿了。比如人情、人性，自己原来总觉得待人温和没错，对动辄“斗争”感觉难以接受，但现在则意识到：

> 情与理，都是抽象的，都有它们的阶级性，这个阶级的人认为合乎情理者，和这个阶级敌对阶级的人就一定认

① 夏衍：《四清日记》1966年3月24日，“夏全16”，第331页。

为不合情理。这就是“在阶级地位中生活，各种思想无不打上阶级的烙印”。

我常常欢喜讲情理，强调处理事情要合情合理，描写人物要合情合理等等。也有一些人称赞我是一个“通情达理”的人，——而自己听到这些话不用脑筋去想一想，称赞我通情理的是什么人？我办了哪件事使他感到通情达理？假如想了，仔细想了，而且记住了“各种思想无不打上阶级的烙印”这句话，那么，听到这种称赞的时候，该高兴呢还是该警惕，就容易分辨了。

重新细读《被敌人反对是好事而不是坏事》，有感书此。这是不仅工作没做好的问题，而是和敌对阶级没有划清界线的问题。

这个问题过去我常常想不通。难道共产党人就可以不讲情理么？可以蛮不讲理么？主席在讲对顽固派斗争时，不是讲有“理”、有利、有节么？在讲思想斗争时，不是常讲“说理斗争”么？问题还在于“理”和“情”的阶级性，看你站在什么立场来对待、看待情理的问题。

再想，为什么对这个问题长期以来想不通？看来是“我”的问题，因为“通情达理”、“人缘好”，一直自认为是一个优点。因此舍不得抛弃。[①]

---

① 夏衍：《四清日记》1966年4月16日，“夏全16”，第341—342页。

经过不断学习，夏衍愕然发现自己一贯坚持的“内行领导外行”也是“错”的，并且“大错特错”：

《政治与业务》录《人民日报》社论（二）

“必须了解，政治和业务这一对矛盾中，政治是矛盾的主要方面。政治是统帅，是灵魂，决定业务方向和性质，这是一方面。另一方面，政治又要落实到业务上，通过一定的业务来实现。我们必须注意把业务和政治结合起来。”

矛盾的对立，统一。

矛盾的主要方面。

我们过去常常讲“政治挂帅要挂在业务上”，这句话本身并不错，但对我来说，讲的时候重点是“要”字上，唯恐不重视业务，要力争业务的地位。

甚至常常讲，“我是业务干部”，“管业务还可以”。

其实，方向和性质错了，就走向非无产阶级的业务，即反无产阶级的业务。①

夏衍后来对自己“文革”时期的思想变化有一段痛彻肺腑的自我反省：

---

① 夏衍：《四清日记》1966年4月18日，“夏全16”，第342—343页。

> 任何人都有主观，任何人都会不自觉地替自己辩护，1966年夏天被关在文化部附近的大庙，“革命小将”用鞭子逼着我唱那首“我有罪，我有罪”的歌，我无论如何也唱不出口，可是经过了两年多的“游斗”、拳打脚踢、无休止的疲劳审讯，我倒真的觉得自己的过去百无一是，真的是应该“低头认罪”了，这不单是对淫威的屈服，也还有一种思想上的压力，这就是对无上权威的迷信。①

后人可以对夏衍这段自省略加补充。第一，对于夏衍来说，此种巨大的思想压力不是从“文革”才开始，早的话可以上溯至1964年下半年。在这种压力下，夏衍的自我改造在1966年上半年已“初见成效”。第二，夏衍个人自我的“屈服”，也不尽是因为“对无上权威的迷信”。事实上，如果认真研究夏衍各时期的著作，人们会发现他对毛泽东个人的迷信始终有限。这是他和解放区作家一个根本的不同。对他来说，那一种迫使从根本对自我作出调整的思想压力，有相当一部分可能来源于外界环境的塑造。就是说，当他身处的世界、当围绕在他身边的各种人际关系都表现出对毛的无上崇拜，而且这种情形持续时间很长并越演越烈，这就会极大地促使他对既定的

---

① “夏全15”，第2页。

自我产生犹豫和深刻的怀疑。第三，在现实中，信仰越纯真，个体所感到的思想压力就可能越大，对自我的反省、扬弃或许就越激烈。——而当历史揭开它的面纱，这些人就将发现，他们这种最纯真的自我反省扑向的却是虚无的对象。没有比这更让他们感觉痛苦的了。这是夏衍这一代人生命遭遇真正的悲剧性内涵所在。

形势的发展总是超乎人们的想象。1966 年上半年政局的变化，很快就容不得夏衍再呆在介休作个人的自我反省了。1966 年 5 月 16 日，中共中央下达“五一六”通知。该通知宣布撤销 1966 年 2 月的《文化革命五人小组关于当前学术讨论的汇报提纲》，点名批判了彭真。夏衍在介休见到了这个“通知”。其中有一段简直就可以说是针对自己这一批人来的：“他们对于一切牛鬼蛇神却放手让其出笼，多年来塞满了我们的报纸、广播、刊物、书籍、教科书、讲演、文艺作品、电影、戏剧、曲艺、美术、音乐、舞蹈等等，从不提倡要受无产阶级的领导，从来也不要批准。”到了这地步，任何分辩都是多余的了。夏衍于是打点行装，5 月 20 日回京，用他后来的话说是“主动投案”。

6 月 7 日，《光明日报》以整版的篇幅发表了《〈舞台姐妹〉是夏衍“离经叛道”论的艺术标本》一文（以下简称“舞文”）。文章是一个明确的信号：夏衍从此已成为无产阶级专政的对象。

4 月 10 日下发至全党的《林彪同志委托江青同志召开的部队文艺工作座谈会纪要》有一段话与夏衍紧密相关：

文艺界在建国后……被一条与毛主席思想相对立的反党反社会主义的黑线专了我们的政，这条黑线就是资产阶级的文艺思想、现代修正主义的文艺思想和所谓三十年代文艺的结合。“写真实”论、“现实主义广阔的道路”论、“现实主义的深化”论、反“题材决定”论、“中间人物”论、反“火药味”论、“时代精神汇合”论，等等，就是他们的代表性论点，而这些论点，都是毛主席《在延安文艺座谈会上的讲话》中早已批判过的。电影界还有人提出所谓“离经叛道”论，就是离马克思列宁义、毛泽东思想之经，叛人民革命战争之道。在这股资产阶级、现代修正主义文艺思想逆流的影响或控制下，十几年来，真歌颂工农兵的英雄人物，为工农兵服务的好的或者基本上好的作品也有，但是不多；不少是中间状态的作品；还有一批是反社会主义的毒草。我们一定要根据党中央的指示，坚决进行一场文化战线上的社会主义大革命，彻底搞掉这条黑线。搞掉这条黑线之后，还会有将来的黑线，还得再斗争。所以，这是一场艰巨、复杂、长期的斗争，要经过几十年甚至几百年的努力，这是关系到我国革命前途的大事，也是关系到世界革命前途的大事。

看，对夏衍及其“离经叛道”论的批判，已成了这一场

“文化战线上的社会主义大革命”的主要内容之一。对它的批判，其影响所及，居然将和几百年内“世界革命前途”有关。

“舞文”对“纪要”精神进行了发挥。文章指出，夏衍从30年代开始，就是那一条文艺黑线的头面人物、“祖师爷”。论文说，“离经叛道”论何以在1959年提出呢？因为这是“夏衍一伙”在祖国三年大自然灾害的困难时期，国外呼应“三尼一铁”[①]，国内呼应“三自一包”[②]，文艺界和“三家村”[③]合流的结果。《舞台姐妹》就是在这大背景下由夏衍、陈荒煤等人树的“黑样本”。文章虽然很长，但主要的论据是两个。一是《舞台姐妹》脱离了时代，故事反映的时代背景，是一个革命斗争如火如荼的时代，但电影居然没有表现“和阶级敌人进行殊死搏斗的工农兵群众，也不是其他革命人民，而是两个年轻的越剧演员”，这就包含了修正主义的政治阴谋，是“为胡适、吴晗之流塑造了理想的艺术形象”，沿着他们的道路为“美蒋反动派”

---

① 指“尼基塔·赫鲁晓夫、肯尼迪、尼赫鲁和铁托”，在当时被认为是修正主义、帝国主义和国内外反动派的代表人物。

② 指“自负盈亏、自由市场、自留地和包产到户”。60年代初，为摆脱极端的困难，中共党内的务实力量推行了这一套经济措施。“文革”开始后被认为是走修正主义道路。

③ 吴晗、邓拓、廖沫沙在1961年至1964年曾在《前线》杂志开了“三家村札记”的杂文专栏，对时弊有所针砭。“文革”开始后，被指责成是“有指挥、有组织、有计划有目的地为复辟资本主义、推翻无产阶级专政作舆论准备”。是“文革”时期文字狱最典型的代表之一。

“争夺青年一代”。二是电影所着力刻画的竺春花等形象，完全是“一个以个人第一、个人奋斗为唯一理想的典型的资产阶级个人主义代表人物”。因为她的努力、奋斗都不依靠人民、党组织（或是说“在当时唯一能找到未来的真正的人的地方”）就获得了成功，这就是对当时社会、对资产阶级统治的巨大肯定。论者别有所指地指出：这是一种什么样的个人主义？在性质上不是很等同于胡风的主观战斗精神吗（尽管“胡风”这个名字未点名）？有基于此，论者说：“资产阶级在文艺上的复辟，必然导致资产阶级在政治上的复辟。而《舞台姐妹》的编导者们正是利用电影这一有力的宣传工具，用《舞台姐妹》这样的糖衣炮弹，来进行瓦解社会主义、复辟资本主义的罪恶勾当的，他们在为自己所属的阶级斗争争夺思想阵地、争夺接班人。这不是无产阶级与资产阶级你死我活的严重的阶级斗争又是什么呢？”①

以前的大批判文章，不管态度多么激烈，但最后一般都会说上一句：希望夏衍同志改正错误，回到正确的道路上来。而这篇文章在最后则鼓动人们要“提高阶级觉悟，分清敌我，明辨是非，捣毁电影界的各种黑店，夺回党对电影事业的领导权”。这已把夏衍视作敌人。过去的大批判文章，一般地说来还要摆一些事实，讲一点逻辑，“舞文”则只剩下宣判与批判：

① 赵素行、王仲源：《〈舞台姐妹〉是夏衍“离经叛道”论的艺术标本》，《光明日报》1966 年 6 月 7 日。

一般是引毛泽东的一段讲话，再说一段夏衍、《舞台姐妹》所作所为与此不符，论证即告结束。最后需要指出的是，“舞文”为将“离经叛道”论与“三尼一铁”等三年困难时期的反华浪潮联系在一起，实际上将夏衍提出这一观点的时间延后了。篡改事实以就己说的做法，也是“文革”时期大批判文章的一贯作风。这种指鹿为马的作风则是对“纪要”文风的忠实继承与发展(比如“纪要”中说“现实主义广阔的道路”论、“中间人物”论等“都是毛主席《在延安文艺座谈会上的讲话》中早已批判过的”就是典型的时空倒错)。

6月16日，夏衍与其他被称为中宣部“阎王殿”的大小“阎王”们一起，被集中到了社会主义学院。事实上，他们已经失去了人身自由。

8月5日，毛泽东公开发表《炮打司令部》大字报，将“文化大革命”运动的矛头直接对准了刘少奇。8月8日，中共中央通过了《中国共产党中央委员会关于无产阶级文化大革命的决定》。“文化大革命”之火被愈点愈旺了。

8月12日，在北京工人体育馆召开了第一次对“阎王殿”的万人批斗大会。造反派点着名，把夏衍他们一个个揪上台去。夏衍挂着沉重的胸牌，那上面写着“反革命文艺黑线大头目、电影界祖师爷”的罪名。为了羞辱他，还在名字上用红色打了叉。红卫兵小将显然已不满足于口诛笔伐，进一步发展到了“喷气式”，拳打脚踢，皮带抽打。对这一切，夏衍保持了一种平静的心态。某次当造反派命令他们低头弯腰时，一颗纽扣从夏衍的衣服上掉了下来，他从容地捡起来放进了口袋里。在喧嚣的批斗声中，他仍是沉着和从容的。当“革命小将”批判他的黑话时，有时他还有回嘴的心情：某某话是马克思说的。小将们自然又是一阵喧嚣并报以拳脚。[①]

这一代老革命家在面对加诸自我个人残酷命运时的那种平

---

① 由于周扬、夏衍、阳翰笙等人在事后都不愿意对曾经经历过的法西斯暴行做太多细节上的回忆，我们的相关描写也只能暂付阙如。这一代人忍辱负重的情怀令人感佩。不过，他们所经历的苦难，后人不应当忘记！这是我们民族历史的一个瘢痕。因此，本书还是要违背夏衍的意愿对他在“文革”中遭受的暴政略作考据。以下是对周扬夫人苏灵扬在“文革”初年受难的一段回忆，人们或许可以藉此推想这些斗争中的“主角们”也就是“四条汉子”等人可能的际遇：

她（苏灵扬——引者注）被成立不久的中国音乐学院的造反派从天津揪到北京斗争。那天是8月25日，她一进学院的门，造反派便把她按倒在地，用剪刀剪去了她的头发，然后强迫她从人工制造的泥塘中爬过去，再把她架在桌子上让她跪下，铁丝捆着石头吊在她的脖子上，皮带抽，木棍打，再用从肮脏的下水道里取出一桶恶臭的脏水从她头顶浇下来，只一天的时间，她就被打得遍体鳞伤，折磨得不像人样儿了。斗争她的问题，无非是问周扬藏在哪里，他们的子女在哪里。在生死线上，她用妻子和母亲的胸膛顶住了这些中世纪的刑罚。苏灵扬本来身体不好（胃切除过），此时生命处在危急关头。当时担任中宣部部长的陶铸和中宣部“文革小组”人员得知情况严重，便用“中宣部要批斗苏灵扬”为理由将苏灵扬要回。……音乐学院的造反派让苏灵扬手举黑牌子，跪在卡车上，边喊着“我是周扬的黑老婆”，回到了中宣部。（露菲：《生无所息为人民》，王蒙、袁鹰：《忆周扬》，呼和浩特：内蒙古人民出版社1998年版，第550—551页。）

这一段中有关夏衍在批斗会上表现的描写，则来自王仿子《言传身教半世纪》（《忆夏公》第453页）等文的回忆。

静心态，的确是后人难以想象也是难以理解的。据说，齐燕铭在参加完万人批判会后，曾对陈荒煤谈过自己的感想。他没对荒煤说自己遭受到了什么样的折磨，反而评说“这个会开得不好，秩序很乱，发言听不清”。齐还讲到有位比他更大的“黑帮分子”在散会后，居然对造反派头头们埋怨了一句，“你们怎么搞的，这个会开得乱七八糟的！”结果马上被人揍了一顿。①

8 月 14 日，夏衍、齐燕铭、陈荒煤、林默涵等人被关押到了文化部机关旁边的“大庙”内，名曰办“学习班”。各式各样的群众揪斗、批判、示众、检查……层出不穷地接踵而来。每个“黑帮分子”的头发都剃得光光的，红卫兵小将们还要求他们，每逢批斗大会，都要跪在地上，默默地忍受铜头皮带横空而至的痛打，嘴里还要唱：“我有罪，我们是牛鬼蛇神；我们是牛鬼蛇神，我有罪。”夏衍不愿意唱，挨打的机会就更多些。

夏衍与林默涵同处一室，默涵被仓促抓来，只带了件衬衫，到夜里，坐在阴森森的破庙里感到了阵阵寒意，缩成一团。夏衍平时怕冷，来时蔡夫人给他多带了些衣服，还特地给了他一件丝棉背心晚上御寒。他脱下身上的背心，给默涵穿上

---

① 李子云：《书生荒煤》，李子云：《我经历的那些人和事》，上海：文汇出版社 2005 年版，第 173 页。

了。出狱后，林默涵特地将这件丝棉背心送到夏宅，屡屡提及夏衍在患难中仍不忘关心照顾他人。[①]

在这段时间，“黑帮”们每周六晚上还可以回家一次，星期天晚上再回学习班。家里很为他担心，每次回来，总是不住地向他打听学习班上的事，妻子特别关心他是不是挨了打。夏衍不肯多说，每次都只淡淡地说：“没什么，办学习班，背背语录。”那时“黑帮”们每日要定时拉出去“示众”，有人为此睡不着觉，有的人喊冤。夏衍却不无风趣地说：“比较起来，‘示众’最简单，比回答那些逼供信的问题好多了。”看见父亲头上剃得光光的，沈宁心里很难受，夏衍却笑笑说：“没关系，洗头方便。”

有一次造反派带着夏衍回来抄家，把正房都贴上封条。在这乱哄哄的时刻，夏衍不慌不忙，亲自搬出了一张桌子和几把椅子到院子里，对孩子们说：“你们可以吃饭用。”

沈宁有时候可以去看他，给他送点东西，主要是送香烟。这时是夏衍一生中烟瘾最大的时候，写那么多交代材料，也只好靠抽烟来提神了。他抽惯了“中华”牌，抽不惯劣质烟。然而“大黑帮”要抽“中华”，“革命群众”自然是不答应的。沈

---

① 在改革开放年代，因为意识形态的观念相左，林默涵和周扬的关系相当紧张（他们原来有很好的工作关系）。他和夏衍的立场当然也相去甚远，不过两人似乎还保持着过得去的私交。

宁于是只好改送“恒大”牌——用“恒大”烟的壳子装上中华牌烟。

第二节　身陷囹圄

周恩来向毛泽东竭力争取，希望“反革命修正主义分子”不要成为彭真等人的定论。就在事情有所缓和之际，江青、戚本禹等策动了一场揪人的行动。

1966 年 12 月 3 日是夏衍回家的日子。就在 4 日凌晨，一大群红卫兵忽然闯上门来，猛按门铃，把夏衍从床上拖起来，叫他跟他们走。夏衍知道事不可免，找个借口进卫生间，低声问沈宁：“你身上有钱吗?”沈宁将身上仅有的五元钱塞给了他。事后夏衍常说：“这五元钱可真派用场，我用它来买牙刷、牙膏、毛巾、香烟……”直到这帮人把夏衍押上汽车，带走了，沈宁才忽然明白过来，不能让他们就这样不明不白地把人给带走，至少得留个“收条”之类的吧。但等她追出门去，汽车已经开走了。天很黑，沈宁也没来得及看清汽车的号码。从此以后，她养成了一个老要记汽车号码的习惯。第二天一早，大街上刷起了“热烈欢呼揪出彭罗陆杨和‘四条汉子’”的大字标语，沈宁、沈旦华才知道他们的父亲是被造反派抓走了。

夏衍被抓走后，开始由造反派监管。但各造反派之间为了显示自己“革命”，纷纷抢夺“黑帮”来批斗，极尽侮辱之能事。夏衍后来回忆说：被抓起来后，他和彭真关在一起。第二天上午彭真只问了一句：“唉，同志们，你们究竟打算怎么样？”“啪！”立刻就招来了一记耳光。[①] 最横暴的法西斯分子也不过如此了。

周恩来得知此事后，立即指出：不能开这个先例，不能随便把人抓走。他指示北京卫戍区、公安部立即把人找回来。[②] 12月7日，夏衍被送交解放军“监护”。从此，夏衍失去了人身自由。他在大红门卫戍区被关了两年。

当然，所谓“保护措施”只是一种相对的说法。在大红门卫戍区某连队度过的日子，是夏衍一生中最屈辱、最痛苦的岁月。接下来他面对的就是各种专案组的残酷审问，有他自己的专案组，也有别的专案组时常来提审他。这其中，“周扬专案组”和“章汉夫专案组”最坏最凶。[③] 而这些专案组的总头目则是夏衍的老熟人江青。江青是文化系统专案组的组长，周扬、夏衍、阳翰笙等的逮捕报告、监护报告都是她批的。[④]

---

① 陆一：《夏公访谈录》，《世界经济导报》1988年6月20日。

② 可参见中共中央文献研究室编《周恩来年谱（1949—1976）》（下卷）（北京：中央文献出版社1997年版）对周恩来1966年11月28日、12月4日两日活动的记述。

③ 夏衍：《〈章汉夫文集〉代序》，“夏全9”，第633页。

④ 吴德、朱元石等：《吴德口述：十年风雨纪事——我在北京工作的一些经历》，北京：当代中国出版社2004年版，第185页。

这时，夏衍的“中国赫鲁晓夫刘少奇安插在电影部门的总代理人”“电影艺术反党黑纲领的炮制者”“炮制大批毒草影片的大老板”“地地道道的反革命修正主义分子”身份已基本定性。[①] 江青、张春桥等人从鲁迅作品中所找到的“四条汉子”这个名词，已经“不可动摇”地安在他与周扬、田汉、阳翰笙四人身上。一段时间内，“四条汉子”几乎成了全国上下妇孺皆知的专有名词。夏衍一贯的反党反革命的“历史罪行”似乎不容置辩了。“离经叛道”论[②]和“写真实”论、“现实主义广阔的道路”论、“现实主义深化”论、反“题材决定”论、“中间人物”论、反“火药味”论、“时代精神汇合”论一起，被称为“黑八论”。

1966 年 5 月，江青在全军创作会议上作了一个关于电影问题的讲话。江青评点了建国以来的 68 部国产军事题材类电影。按照江青的说法，好的只有 7 部，另外除了一部《狼牙山五壮士》“改改还可用”，其他的基本都是“毒草”或有“严重错

---

① 广州红代会华师红旗“鲁迅公社”等单位：《黑文艺家罪恶史》（上），1968 年 5 月。

② 周扬在 1965 年 11 月 29 日的《高举毛泽东思想红旗，做又会劳动又会创作的文艺战士——在全国青年业余文学创作积极分子大会上的讲话》中已经把“离经叛道论”当作开国以后文艺界五次姓“无”姓“资”“大辩论、大批判”的反面典型。［吴迪：《中国电影研究资料 1949—1979（中卷）》，北京：文化艺术出版社 2006 年版，第 503—505 页。］虽然没有点名，但纲线已经上得足够高了。当然，抛出老朋友也没能挽救周扬的命运。

误”。这其中有关夏衍的作品，《祝福》与《林家铺子》与军事实在挨不上边，江青没谈，她对《人民的巨掌》的批评是：“歪曲党的肃反政策是宽大无边。为反革命杨帆翻案。把地下党写的比老八路高明得多。解放后上海似乎还由敌人控制（敌人的电台等）。改造特务不是群众，而是家庭、大学生。”对《革命家庭》的批评是：“歪曲历史事实，歌颂王明路线。不写武装斗争、农村保卫城市，只写地下工作者，把地下工作者生活写得很豪华，机关越大越阔，生活越豪华，脱离群众。影片充满了人情味儿。”对《烈火中永生》的批评则是：“严重的问题是为重庆市委书记（叛徒）翻案。小说里许云峰是工委书记，而在影片里成了市委书记，这是根本不同的。歪曲白区工作，市委书记在饭馆谈工作，江姐一被捕就承认自己是党员。地下办《挺进报》是盲动主义。把华蓥山游击队写成重庆市委领导的，而重庆市委又受上海局领导，是城市领导农村斗争，既违背主席思想，又不符合历史事实。当时不是上海局，而是党中央直接领导的。许云峰、江姐两个形象不好，许像旧知识分子，江有些娇气，华子良为疯子。有些台词不好，如特务头子沈醉对江姐说：‘我可以把你全身扒光。’① 一面写生死斗争，一面写天安门联欢，把天安门联欢写在这个场合不好。”

---

① 这是江青误记。这句话是电影人物徐鹏飞所说，沈醉仅是徐鹏飞原型之一。据沈醉回忆，这句话也不是沈醉说的。

江青的所谓“批判”完全是信马由缰，有时干脆就信口雌黄。比如她说《战上海》“是写国民党的戏，我们没有一个英雄人物塑造出来，都是面条”；说《林海雪原》“有严重缺点，……影片没写土改”；《大李、小李和老李》“低级、庸俗，把故事安排在屠场，是别有用心的，影射我们像猪一样被宰。写干部不是胖猪就是瘦猴，把车间主任关在冷藏室，把干部写得跟猪一样”；《冰山上的来客》的“作者是伪满人员。没有党的领导，夸大个人作用，整个影片没有政治工作，排长凭吹笛子指挥战斗，凭歌曲判别特务。音乐从头到尾是靡靡之音，情歌都是伪满歌曲翻版”等等，都极可笑。这些评论说明她的“审美”感知能力的确与众不同。

根据江青的这种逻辑，电影界的造反派最终拼凑出了四百部被称为“毒草”或有“严重错误”的电影（包括译制片）。而建国以来，国产故事片的总产量不过300多部。在这个排名榜上一些较为优秀的科教片和纪录片也在劫难逃。

这份拼凑出来的“毒草电影”的罪名往往是非常荒谬的。比如它加在《杨门女将》上的罪名是：“由彭真电话指示拍摄，影片借古喻今，含沙射影地攻击三面红旗，宣扬战争残酷，攻击毛主席的人民战争思想。打仗打得连一个男人都没有了，只剩下十二个寡妇征西。”这真是欲加之罪，何患无辞了。

在这份榜单上，夏衍的作品自然是一部不落地榜上有名（《憩园》因为未署编剧名倒是逃过了一劫）。编者给《祝福》

的罪名是："夏衍改编。企图借此片在电影上打开所谓'三十年代名著'改编的缺口，以达到三十年代文艺黑线更进一步统治银幕的罪恶目的。"《林家铺子》的罪名是："以所谓'大鱼吃小鱼，小鱼吃虾米'的谬论，为资产阶级诉苦伸冤，阶级矛盾和民族矛盾就此都合二为一了。千方百计为资本家涂脂抹粉，鼓吹'阶级合作'，贩卖阶级投降主义，为复辟资本主义鸣锣开道。"令人惊异的倒是：编者们居然没给这两部作品再发明一些新的罪名。可能是先前的批判已耗尽了他们的热情。[①]

四百部电影被打成"毒草及有严重错误"，这等于否定了主管电影的夏衍等人的全部工作。

对于夏衍这样"罪证确凿"的"黑帮分子"，专案组的人员通常是横逆由心，一不如意就拳脚相加。1967 年 5 月，专案组令夏衍写自传，要重新审查历史。夏衍的习惯是从右至左，竖写文章的。一位青年看不惯，就打他，说："要改过来，横写。"夏衍一时犟劲上来，不改。这位造反派大怒，狠狠地打他，狂暴地说："要打得你改过来。"但夏衍这次偏顶上了，就不改。这位造反派打得累了，最后只得悻悻作罢。

7 月份之后，一连几个月的猛打，到 9 月 29 日到达了高

① 以上所引批判文字均来自于《毒草及有严重错误的影片四百部》一文。该文网上常见。亦可参见吴迪《中国电影研究资料 1949—1979（下卷）》（北京：文化艺术出版社 2006 年版），第 167—183 页。

潮。辱骂、殴打的次数越来越多。1968 年 3 月起，更是“猛打”。[1] 夏衍的胃本来就不好，还让他吃橡子面[2]、粗杂粮。这么一来，消化不良，胃炎、十二指肠溃疡等新老毛病便一起发作了，身体一下子垮了下来，浮肿病也出来了。

夏衍对自己遭受的法西斯迫害后来有一段简略的回忆：

> （一）在“文革”时期，邱玉祥是我的专案组的主要负责人之一，和他一起主持这个专案组的，还有杨开友（现在中央公安部）等人，据我回忆，邱负责这个专案的时期，是一九六七年初到一九六八年，这是“批斗”、“游斗”和搞“逼供信”最猛烈的时期，当时我们（包括陆定一、彭真、万里、薄一波、周扬等）被关在北京郊区小湾大红门的一所小军医院内。
>
> （二）邱玉祥不仅直接参加了对我的“调查和审讯”，而且直接参加残酷的逼供信，邱和杨开友是这个专案的主要负责人。“刑讯”（包括殴打、罚跪、“喷气式飞机”、疲劳审讯等），也都是他和杨开友指使红卫兵和解放军执行

---

① 沈芸：《夏衍年表》，“夏全 16”，第 448 页。

② 橡子面，即橡子树果实研磨的粉，苦涩难咽，极难消化。过来人回忆：日本侵华时期，为掠夺粮食常逼迫中国人吃橡子面，不少人胀得睡不了觉，整夜折腾得惨叫、喊娘。还有人因为吃了橡子面解不出大便而被活活胀死。

的。除刑讯和逼供信外，还有种种非人的虐待，如晚间睡觉不准翻身（一翻身即让解放军闯进乱打一阵），罚吃“橡子面”等等。

（三）我的右腿被踢断，是在一九六七年冬，[①] 当时天气严寒，一个解放军押着我去小便时，因我双脚患了冻疮，走路不便，这个解放军（山东口音的士兵）从后面猛踢了我一脚，我倒地不能起来，又加踢了一脚，以致骨折。踢断我的右腿的是一个士兵，但踢断右腿后我一再要求治疗，邱、杨等人都不“批准”，以致终身残疾，这一点邱玉祥应负责任。[②]

夏衍这次受难，是右腿齐腿根处被踢断，股骨胫骨折。

受伤之后，他是再也站不起来了，只得让他在床上躺了些日子；并未及时给予应有的治疗。这段时间里，肉体上的疼

---

① 应为1968年12月22日前后。（沈芸：《夏衍年表》，“夏全16”第448页。）

② 夏衍：1985年5月29日致苏州公安局政治处信，“夏全16”第200页。薄一波对专案组的法西斯暴行也有所回忆：“回忆当时（1967年下半年到1968年）那里确有几个（不止一个）坏人，坏得很！其中也确有一个山东口音的人，身材同信中所说差不多，但面貌已相当模糊了。他们几人对我毒打过一次，经常苛待斥责，并使用恶毒办法，例如我白天出去受审、挨斗，他们经常把一些毛毛虫、蜡蛄之类的毒虫放在我的枕头下和被子中……”（薄一波：1985年12月9日致夏衍信，“夏全16”第194页。）

痛，生活上的种种不便是不难设想的。最为难堪的是每次上厕所，几乎是拖着一条受伤的腿，慢慢地爬上那便池的台阶。对这种野蛮的折磨，他一声不吭，默默地承受了下来。

被踢断腿后，夏衍即被转移到卫戍区交通干校。1969 年 2 月初，夏衍多年的老毛病十二指肠溃疡再次急性发作，大出血，生命垂危。他被急送至空军医院抢救。医生说，胃和腿只能保一样，不能兼顾。当然先得保胃，腿只能由它去了。断腿因此一直得不到治疗，只能是自行愈合，后来右腿比左腿短了一寸半，给夏衍晚年生活带来了很大的痛苦与不便。——这里值得一提的是，夏衍始终不恨这位“满怀阶级义愤”踢断他腿的解放军战士。他极其憎恶那些胡作非为的“专案组”成员，但他一直说这位小战士也是受欺骗的。“文革”后曾有人向夏衍调查到底是谁踢断了他的腿，他始终没有说，甚至连这个人长什么样都没有形容过。[①] 这就是夏衍的恕道。

---

① 据夏衍晚年秘书林缦回忆。（刘忠：《丹青难绘是精神——夏衍诞辰百年纪念活动巡礼》，《浙江文艺报》2000 年 11 月 28 日。）

夏衍认为年轻人在社会剧烈变动期间犯下一些过激的错误基本上是可以原谅的。他说：“我是在‘文革’期间和彭真、刘仁同志一起最早被抓的，在监狱里关的时间也最长，吃的苦头也不少。假如我从红卫兵上街算起，把谁打过我、谁吐过我口水、谁写文章批判过我，一直到打倒‘四人帮’以后谁还骂过‘四条汉子’，一一记在心上，我这个人就活不下去了。……小孩子嘛，可以原谅。”（夏衍：《在中国电影工作者协会第三次代表大会上的讲话》，“夏全 7”第 57 页。）他身体力行地实践着这一立场。亦可参见夏衍《1979 年在全国故事片厂厂长会议上的讲话中》（“夏全 7”第 28 页）。

在这所空军医院，夏衍先后两次接受输血，直到 2 月底，才逐渐恢复了意识。从该年 6 月开始，专案组便在医院中继续审讯。“住在医院一年多，‘逼供信’依然。”[①] 躺了一年有余，才算是勉强痊愈，1970 年 3 月，夏衍回交通干校接受“监护”，继续受审。专案组考虑到他年事已高，再经不起几番折腾，对他的态度有了一点好转，不再随心所欲地殴打他了。每当夜晚，夏衍静静地睡在床上，常常能听到周围传来的审问时的训斥声、拷打声和呻吟声。这时，他的视力大大减退，但耳朵却特别灵敏。有一次他听到隔壁有人说话，像是周扬；又有一次听到有人惨叫，像是田汉在挨打。[②] 还有一次，他居然分辨出隔壁痛苦呻唤着的是薄一波（后来这件事得到了薄的证实）。

虽然身处逆境，受着肉体和精神的双重折磨，夏衍内心深处却是坦然的。后来出狱不久他在给友人的信中说过：“在‘招待所’八年有半，备经艰险，但我自信清白，对横逆之来一直以止水明镜之心，坦然处之。”[③]

所谓“对横逆之来一直以止水明镜之心，坦然处之”，绝非夏衍出狱后的自夸，他的确是以这种精神姿态来迎接苦难的。夏衍这时留下的一份《1967 初春笔记》和《“文革”日记》

---

① 沈芸：《夏衍年表》，“夏全 16”，第 448 页。

② 露菲：《夏公是一本大书》，《忆夏公》，第 124 页。

③ 夏衍：1977 年 9 月 25 日致李灏信，“夏全 16”第 16—17 页。《夏衍全集》未注明此信写作年份，当写于 1977 年。

(1967年11月至1969年1月）充分可以说明这一点。这也是后人阅读这些珍贵的第一手文献时倍感心酸之处。

早在1966年6月，夏衍就已经开始遭受各种精神与肉体的凌辱与折磨，但他在精神自省中想的是些什么呢？他重点关注了两方面的问题，一是如何正确对待“无产阶级文化大革命”；二是通过“文化大革命”来检查自己的“错误”。经过长期的思考，他终于明白“文化大革命”的一切都是合理的，而自己以往的所作所为果然都是大有问题的。尽管还有些问题想不通或存疑，但他坚信终究是能够想通的。而对涉及个人命运的问题，他则几乎未着一字。

他花了很多力气来思考“资产阶级法权”与“公私之辩”的问题。这涉及到“无产阶级文化大革命”发动的法理问题和终极目标问题。夏衍很敏感地抓住了这一个核心问题，并且通过对这一个问题的思考，基本厘清了自己的思想矛盾和对“文革”不能理解的思想障碍。不能否认，毛发动“文革”确实部分地包含有解决社会不平等、铲除权力阶层习惯性腐败的目的，他的这种设想因此对某些理想之士就还有一定的吸引力。夏衍几乎是以一种殉道的热情来理解毛的这种设计。在毛的设计中，他在第一批就要被清除的“黑线人物”之列（毛认为他们是造成社会不平等事实的意识形态吹鼓手）。“纪要”对这点已说得很清楚了（尽管夏衍此时并不知道“纪要”中关于“三十年代以来的文艺黑线”这一表述即来自毛泽东的亲笔修改）。

夏衍几乎是抱着“朝闻道，夕死可矣”的热情在学习毛泽东式的“法权理论”：

> 资产阶级法权，是剥削阶级社会留在苏维埃这个新生胎儿身上的斑痕，在意识形态领域，是一个徘徊不去的鬼魂。
>
> 名位、等级，由宗教、种姓、门阀、职业……一切旧习惯，不成文法，留下来的差别，等级观念等等，和从所有制而来的“私”字一样顽强地占领着人们的灵魂。
>
> △根源，在于三个差别。
>
> 五十年前，列宁创建苏维埃这种国家机器的时候，无疑是清醒地、有意识地考虑了这些问题（从经济基础的农村大片自留地，城市的某些个体经营的小商贩等，一直到思想领域的资产阶级法权问题等等）。作为一个革命转变论者，有意识地暂时不解决，留待将来时机成熟时再解决的一种过渡形式而采用了这种形式的，这一点也不奇怪，而且是完全正确的。毛主席在《湖南农民运动考察报告》中说：“菩萨是农民立起来的，到了一定时期农民会用他们自己的双手丢开这些菩萨，无须旁人过早地代庖丢菩萨。共产党对于这些东西的宣传政策该是‘引而不发，跃如也’。”
>
> “资产阶级法权”是比菩萨还隐蔽的菩萨。而毛主席

却把问题讲得很清楚，一是不宜“过早”代庖，二是相信农民总有一天会丢弃这些菩萨，而三，共产党人却要宣传，而其是“引而不发”！过早，并不等于将来也不，宣传，当然不是肯定菩萨而是破除迷信。清醒与不清醒，意识到这个问题和不意识到这个间题，差别就很大了。……

总之，不抓思想，不抓人的思想革命化，不突出政治，最最根本是忘记了在社会主义社会还有剧烈的阶级斗争，在社会主义社会，资产阶级法权、“四旧”还有很大很大的影响。

人的思想停滞了（不谈阶级斗争），体制凝固了，国家机器内部的矛盾性发展了，不是无产阶级革命路线占优势，相反的资产阶级反动路线占优势，终于逐步地官僚化了，衙门化了，这就替“赫秃”的篡党篡政……准备了条件。①

谈及资产阶级法权，不可避免地就要涉及私有制问题。“无产阶级文化大革命”即试图通过对“私有”的意识形态的破除来从根上破除资产阶级法权意识的存在前提。夏衍几乎为这种高瞻远瞩的思想斗争设计欢喜雀跃：

---

① 夏衍：《1967初春笔记》，“夏全16”，第357页。

夺权斗争中，革命闯将提出了要夺自己头脑里的“私”字的权。

“私”就是为“我”，为“个人”，这无疑是一种剥削阶级的社会意识。我想，人类社会自从有了阶级，有了剥削之后——也就是发生了所有制问题之后，这个（私）字就在人们头脑里生了根，而到了资本主义社会，为“我”，为“一口”，“一家”，就成了天经地义，就成了冠冕堂皇的东西。

“公”和“私”是一对矛盾，这矛盾存在了几千年，尽管人们有过“大同”的理想，有“天下为公”的号召，可是只要在阶级社会，有阶级，有剥削，人与人之间不平等，有差别，这个“私”字是无法根绝的。……

要消灭“私”的基础，最后将是使社会主义高度发展，逐步消灭三个差别，与此同时，一方面要大大进行人的思想革命化，破私立公，使这种先进阶级的正确思想，为广大群众所掌握，变成改造社会的物质力量，同时，另一方面，要逐步地、有计划地、谨慎地进行一系列的改革，使“私”的基础逐步削弱，以至趋于消灭，——但，看来这时期将不是很短暂的。

“私”的基础“私有制”已经大大缩小了，但还有残余，即还有一小块“自留地”。在意识思想里“私”字冒出来，总有一定的土壤和气候条件。土壤，就是私有制的残余。气候条件就是外来影响（国际、国内的各种形式的媒介物、政治的、经济的、文化的）。对前者，在上篇文章中有意识地逐步削弱、缩小，最后消灭之，对后者，加强宣传、教育（正面、反面），种牛痘、打防疫针，增强体质，使之不受传染，双管齐下，庶几有效。……

这里也有一个宣传、教育……在社会主义时期搞臭“私”字这个任务，和现阶段的具体纲领区别开来的问题。两篇文章、上篇和下篇，必须先把社会主义这一上篇做好，在做这上篇的时候，就意识到下篇，为下篇作有必要的准备，使下篇顺理成章，思想上、制度上都有充分的准备。苏联的问题，不仅在于不能有意识地把上篇和下篇衔接，而且上篇写到中间就离了题，走上了邪路，这样，就根本没有下篇，他们的下篇就是资本主义复辟。

当然，为毛主席的指示，把宣传、教育、学习的任务和当前实行的实践这“二者混为一谈，无疑是不适当的”。①

当然，按照夏衍一贯的做法，他的理解不自觉地又掺入了一些个人的理解。他所强调的对“私”的观念的废除所要花费的时间“将不是很短暂的”、不能把当前就当作是一个“私”

① 夏衍：《1967初春笔记》，“夏全16”，第381—383页。

问题已解决的历史阶段（即把“两篇文章、上篇和下篇”“混为一谈”）等观点，肯定是和各位“无产阶级闯将”的雄心壮志大相径庭的。

搞清楚了这一个基本问题，尽管对“文革”实践的某些具体做法尚不能理解，[①] 但在大的方向上，包括个人遭遇方面，那些难以理解或是难以忍受的事情，一下子就变得豁然开朗了。比如对那么多干部被打倒，他开始认识到这是“合理”的现象：

> 例如说，一个省、一个市的第一把手，第一书记或者省长，谁监察他？谁监督他？谁罢免他？整风，运动，他按常规是“领导者”，一是得风气之先，及早知道运动性质、政策……二是事情由他来领导，他能否真正的引火烧身？前几年，干部在下面有人说“怪话”，“这运动，那运

① 比如他听到山东“夺权”的消息后，就想：“山东具体情况，我一无所知，但，当青岛市夺权时，报上曾点了省委的名，所以不能说一点预感也没有。有预感，觉得山东省委有问题，但我总以为是路线斗争，可能是省委执行了‘资反’路线。而今日报载，则是省委和人大内一小撮反革命修正主义分子。这正如我对上海夺权时所深感不解的一样。根本想不到谭启龙、杨得志等领导的省委，会是反革命修正主义分子的！……凭历史、凭过去的功劳、凭平常接触中的印象，即凭“现象”是根本上不能设想这些老干部还变成修正主义者的。说实话，尽管我和谭启龙也不过一般的认识，从没有深谈过，但我的‘印象’中，对‘小谭政委’是颇有好感的。”（夏衍：《1967初春笔记》，“夏全16”第362—363页。）

> 动，运动后期整群众！”人们凭“经验”知道。整领导是走过场，整群众则似乎是必不可少。实际的例子，假如没有这次“文化大革命”，没有大鸣大放、大字报、大辩论、大串连、大民主……①

本着这一认识，他觉得自己在运动中所吃的苦头都含有历史必然的合理性：

> 在这次无产阶级文化大革命中，充分体会到毛主席的最最坚定的群众路线，和超凡人的领导艺术。……
>
> 二是：抓大方向，看主流，看本质的东西。
>
> 三是：不怕乱！同时，不忽略各非主流、非本质的曲折。这样那样的“过火”的、缺点、错误，在肯定大方向的前提下，因势利导，在适当的时期，适当的情况下，予以“逐一”地解决。……
>
> ×“大联合”这个口号，在群众性的革命组织纷纷起来的时候，是不宜提出的，但现在，非提不可了，现在提，顺理成章。
>
> ×“文斗、武斗”的问题，8月初提了，但不作为重点，“不许乱砸”到去年年底才提，“节约闹革命”，也在

① 夏衍：《1967初春笔记》，“夏全16”，第359页。

> 今年年初才强调，因为这些如提早了，就会起束缚作用。
>
> ×又如“反对小团体主义”、“山头主义”、“绝对平均主义”、“无政府主义”等等，能在去年运动兴起时提出来么？当然不能。[1]

根据这种逻辑，“文革”以来所有的混乱都可以得到合理的解释。想必夏衍此时“对大破才能大立”这一说法是有着“异常深刻”的理解的。

夏衍还发自肺腑地开始忏悔起自己的外事工作来，并在笔记中郑重地写下了“外事忏悔录”这一个专题。[2] 他自我忏悔，枚举自己在外事工作中的一桩桩“错误”。他认识到自己所以犯下的各种错误，归根到底，“就是‘私’字当头的个人主义”。没有这个“私”字，“你怕，怕什么！怕犯错误，犯修正主义错误就不怕么?”“灵魂深处，是另一个怕字，即‘怕刺激’、‘怕斗争’。”[3]

顺着这一思路，夏衍感到世界无产阶级革命的道路猛然间也变得无比开阔起来。1967 年 3 月印度国大党大选失败后，他即兴奋地作出了一系列预测：

---

① 夏衍：《1967 初春笔记》，“夏全 16”，第 361—362 页。

② 夏衍：《1967 初春笔记》，“夏全 16”，第 368 页。

③ 夏衍：《1967 初春笔记》，“夏全 16”，第 371 页。

列宁曾说过，只要苏联、中国、印度这三个国家革命胜利了，那么世界革命就快了（大意）。现在苏联，修了，资本主义复辟了，中国成了马列主义和世界革命的中心，而印度则一天天地在烂下去，甘地二次内阁实际上是一个美苏共同豢养的走狗班子，四亿印度人民的苦难，是可以想象的，但只要冬深，春天就不会远。……①

我所到过的地方，世界上没有一个国家贫富悬殊有如印度之强烈。这个国家如不发生革命，那时唯物辩证法就失效了，而广大的印度人民，肯定是要揭竿而起的，特别是南印度、加尔各答……问题在于“问苍茫大地，谁主沉浮”?②

在日记中，他也不大记载各种“横逆之来”加诸于身的痛苦与愤懑，倒是常常评点国内外大事。比如1968年1月20日，他即对珠穆朗玛峰科学综合考察的消息表示关注；2月3日，他欢呼越共在南越战场的胜利；3月17日，他关注到西方出现抢购黄金潮，认为这好比1929年大萧条即将到来的前奏；5月18日，他注意到了法国学生大规模罢课的消息，欢呼说：“资

① 夏衍：《1967初春笔记》，“夏全16”，第377页。

② 夏衍：《1967初春笔记》，“夏全16”，第380页。

本主义的老巢开始‘地震’了。”[1] 7 月 29 日，他呆坐狱中无事，居然神游天外，开始幻想：“我预想：文化大革命后，科学方面将有大飞跃，将有大革命，——此即中国工农业大跃进，大革命的前景。从此之后，中国将把所谓‘先进的西欧’文明、西欧科学远远地抛在后面。”[2]

在日记中，他主要记载的是写各种材料的信息。周扬、潘汉年被提及最多，其他则上追溯至戴季陶[3]，下及早已冤死在苏联的朱穰丞[4]、根本想不起来了的人物“吴学云”[5] 等等。——顺便说一句，夏衍写的材料虽然多，[6] 但多是对于事实的陈述，始终“顶住了‘造反派’的逼迫，不说一句伤害战友的话”。这和潘汉年案后，他始终不发一言是一样的。革命老人黄秋耘后来因而赞美说：“‘临大节时终定脚’，是最难能可贵的高风亮节。”[7] 日记中，夏衍偶然涉及自我，也总是坦坦荡荡，把自己全部交给组织、交给革命事业。2 月 22 日，他在

---

① 夏衍：《文革日记》1968 年 5 月 18 日，“夏全 16”，第 408 页。

② 夏衍：《文革日记》1968 年 7 月 29 日，“夏全 16”，第 416 页。

③ 夏衍：《文革日记》1968 年 2 月 13 日，“夏全 16”，第 396 页。

④ 夏衍：《文革日记》1968 年 7 月 6 日，“夏全 16”，第 413 页。

⑤ 夏衍：《文革日记》1968 年 7 月 10 日，“夏全 16”，第 408 页。

⑥ 这些材料惟一的作用，就在于“逼使”夏衍“比较系统地回忆了过去走过来的足迹”，对他日后写回忆录略有作用（“夏全 15”第 1 页）。这确是颇具黑色幽默意味的一件事情。

⑦ 黄秋耘：《临大节时终定脚》，《忆夏公》，第 77 页。

“北影”路口看见了庆祝革委会成立的标语，便在日记中衷心祝福说：“这是大好事，希望真正拍出好片子来，赎我们过去的罪。”①

只有一件事情夏衍始终无法放弃“自我”，这就是专案组逼他承认与日本人有勾结，还要他招供其他可能潜在的“日本特务”：

> 7日，上午、下午，专案组。
>
> 日本问题，这真是一个要命的问题，问心无愧，我和日寇绝无往来，在这一庄严的审问中，我又如何能无中生有地胡说呢？②
>
> 12日（星期日），想问题。关于“日本问题的要害”。真是不知何从说起，既不能无中生有地编造，又不能想起一点影子，真是难啊，下一次不知如何交代才好。③
>
> 2月6日（二）上午问话，交出材料十二份。下午想日本问题，甚苦。“天也命也”。这是唯心主义的话，但我

---

① 夏衍：《文革日记》1968年2月22日，“夏全16”，第397页。

② 夏衍：《文革日记》1967年11月7日，“夏全16”，第387页。

③ 夏衍：《文革日记》1967年11月12日，“夏全16”，第388页。

还能说什么呢？作最坏的打算。内心苦痛者，对不起党之外，对不起妻子儿女也。

有的事，不管罪多大，我一定承担，但没有的事，如与日领馆勾结，为日帝服务，则做梦也没有，如我胡编一套，以图过关，则一、不一定对得上口径（材料），二、这也是欺骗，也是不老实。因此，事至此，已如棋局已到了“死棋”，已经没有办法了也。①

19日（二）下午专案组，继续问有关日本问题。提了几个问题，我实在答不出来。因为我觉得这些事我的确没有。“无语问苍天”，奈何奈何!!②

20日（三）材料写了三份，肯定是不会使人满意的。特别是那个书记官的名字，实在记不起来，真是毫无办法。真觉得走投无路了。③

4月7日（日）3月22日以来，又已有半个月未提问了，终日苦思，也想不出新的问题。如介绍日本人认识钱

① 夏衍：《文革日记》1968年2月6日，“夏全16”，第396页。
② 夏衍：《文革日记》1968年3月19日，“夏全16”，第400页。
③ 夏衍：《文革日记》1968年3月20日，“夏全16”，第400页。

俊瑞等事，真是记忆中毫无影子。也没有必要和可能做这种事，真是困难，不知如何回答才好。[①]

11 月 5 日起，日本问题。[②]

11 月 26 日、29 日高潮。
两晚。腰背剧痛。
不知如何才好。[③]

在专案组横暴而又荒谬的逼迫中，夏衍脑海中浮现最多的字眼，只能是“不知如何才好”“已经没有办法了也”了。偶然，他也能够收获一些在后人看来很有一些黑色幽默意味的“顿悟”。就是说，经过专案组不断地灌输以及不断地自我暗示，夏衍偶然会认为：专案组那一套话语逻辑也有讲得通的时候。有一天他忽然“想明白”了一件事：“假文委的形成，我现在才比较清楚地看出来，章汉夫、胡乔木的突然出现，和周扬联系上，肯定是刘少奇派到上海来的。”[④] 不过，根据专案组的逻辑，这种能够“比较清楚地看出来”的事情实在太少。大

① 夏衍：《文革日记》1968 年 4 月 7 日，“夏全 16”，第 404 页。
② 夏衍：《文革日记》1968 年 11 月 5 日起，“夏全 16”，第 421 页。
③ 夏衍：《文革日记》1968 年 11 月 26、29 日，“夏全 16”，第 422 页。
④ 夏衍：《文革日记》1968 年 6 月 30 日，“夏全 16”，第 412 页。

量的事情，千思百虑、“激动与痛苦”之后，仍然只能“无语问苍天”![1] 比如说，即便章汉夫、胡乔木是刘少奇派到上海来的，这是否能够证明这两个人就是内奸呢?[2] 能否证明“文委”所做的一切都是有悖于无产阶级利益的呢？夏衍对这类事情不能不保留大量的疑惑。

这种情况下，夏衍偶然会想到死：

> 心脏病是一种“直升飞机式”的病，可能很快结束生命，前几年陈总和我说，这是一种“很好的”病，盖言其死时无痛苦也。
>
> △在这种时刻，难免常常会想到“死”字，人生近七十，死也不算短命矣。像我这一辈人，二十年代参加革命时，连自己能否看到民主革命胜利，也是没有把握的，而现在，不仅看到了民主革命胜利，社会主义革命胜利，社会主义建设成功，中国成了社会主义强国，成了世界革命基地，国家如此突飞猛进，个人问题就更显得渺小，自己身败名裂而死也可以无憾。
>
> 只是，不知还能见到家人否？能和儿女一叙否？这就

---

① 夏衍：《文革日记》1968 年 4 月 24 日，“夏全 16”，第 406 页。

② 如果上级是内奸，他派出的人就一定是内奸，那么“文委”一干人等就都是内奸，那么夏衍自己也就是内奸。但夏衍很清楚地知道自己不是，因此他就必然对专案组这一套推理模式保持着理性的怀疑。

是所谓一个人的“执着”。为了防万一，几次动念想写几句遗嘱，但握管就觉得难以下笔。今日又动此念。[①]

尽管夏衍在精神上扛住了死亡的诱惑，但专案组长期的非人道的肉体与精神的双重迫害，却已渐渐拖垮了他的身体。1968 年 11 月底，他在日记里已留下“腰背剧痛”的记录。这是他的身体向他发出的严重警告。但专案组对“黑帮”的病痛当然是置之不理的。1969 年 1 月 5 日，夏衍在日记中再次留下记录：“因咳嗽引起腰背剧痛。腿坏了，是否遗传?”[②] 专案组主管人员的法西斯铁石心肠对这一切仍然熟视无睹，2 月初，夏衍终于因为十二指肠溃疡引发的大出血倒下。他珍贵的《文革日记》就此中断。

狱中无日月，时间过去得很快。夏衍 1970 年 3 月回到干校受审，继续过着与世隔绝的生活。而监狱外政坛风云的激烈动荡依旧，对他、对“四条汉子”、对“周扬一伙”、对“文艺黑线”的批判依旧——只不过在这些批判中，他不但早已失去了自我辩护的权利，甚至连参与被批判的权利都没有了。

夏衍失去自由后，较为严厉的一个批判是 1967 年 12 月 13 日发表在《人民日报》上整版的《粉碎中国的裴多菲俱乐部

---

① 夏衍：《文革日记》1967 年 2 月 11 日，“夏全 16”，第 390—391 页。

② 夏衍：《文革日记》1969 年 1 月 5 日，“夏全 16”，第 422 页。

“二流堂”》。

该文的核心要义是较为直露明显的，即要将夏衍及周扬一伙的主要活动与中国“赫鲁晓夫”（刘少奇此时还没有完全被公开点名）从思想上到组织上彻底的贯联起来：“‘二流堂’是中国赫鲁晓夫复辟资本主义的一个唢呐队。多年以来，它为了颠覆无产阶级专政，实现资本主义复辟，干尽了反革命勾当，犯下了滔天罪行。这是一个地地道道的裴多菲俱乐部式的反革命集团。”

文章从“‘二流堂’是王明和中国赫鲁晓夫投降主义路线的产物”“‘二流堂’的政治纲领是颠覆无产阶级专政”“‘二流堂’对党和社会主义发动的三次猖狂进攻”“反革命修正主义分子夏衍是‘二流堂’的黑主帅”四个板块控诉“二流堂”及夏衍的罪行。文中枚举的许多罪名是非常可笑的。该文揭发说，一位“二流堂”分了曾公开说：“眼看我自已所依附的阶级集团要垮台了，我不甘心这个阶级的垮台，我决心要维护这个阶级和集团的既得利益。”——“这类反革命自供状”一望即知是出于捏造或是经过截头去尾的加工改造。

不过文中有些段落不失具有史料价值。该文列举了夏衍、周扬“一伙”许多“包庇”“二流堂”分子的“罪行”：

> 当轰轰烈烈的反右斗争开始之后，有着反革命阶级“敏感”的夏衍连忙伪装起来，指挥着“二流堂”的骨干

们赶快退却。他自己却以反右英雄的姿态出现，利用窃取的党政大权，对“二流堂”千方百计进行包庇，演出了一场牺牲车马，保存将帅的丑剧。他忍痛割爱抛出来“二流堂”的第二代“小家族”，并搭陪上了几个“二流堂”的显眼分子，却把他自己和“二流堂”的实力保存起来，以图重振旗鼓，东山再起。在“批判”吴祖光的会上，他说什么“这两年来，来往少了，有事也很少和我来商量了”，说他因为“温情主义和过分的爱护”，被吴祖光“蒙蔽”了，这真是天大的谎话！头子滑过去以后，他又伙同陆定一、周扬、田汉，让那些未被揪出的“二流堂”成员与密友以“左派”面目出现，在批判会上出头露面，假批判一番，演了一场周瑜打黄盖的丑剧。在批判右派分子吴祖光的前一天晚上，田汉用轿车把吴祖光接到家中，早在那里等候的周扬对其百般抚慰，说什么“明天……就要开你的大会，你过去没有参加什么政治斗争，缺少政治斗争的经验，所以约你来谈谈。”“你应当有精神准备，多么难听的话都要听下去”等等。谈完之后，周扬亲自用小汽车送吴祖光回到家中，才放心地离去。看，周扬、夏衍之流的爱憎是何等的强烈，他们的反动立场又是何等鲜明！

反右斗争之后，“二流堂”被揪出的右派分子大都劳动改造去了。反革命修正主义分子夏衍对他们仍然一往情深，耿耿于怀。当这些右派分子陆续回到北京后，夏衍便

> 利用职权，一个个给他们摘了帽子，安排到文艺界各个岗位上，同他们恢复了过去的交往。一九六二年，当被罢了官的“海瑞”在舞台上复活，全国刮起了一股翻案风的时候，夏衍又和“二流堂”的骨干一起，开始反攻倒算了。“二流堂”中那些被揪出的右派分子闹着要翻案，夏衍就为他们出谋划策，叫他们“写一写材料”。直到这场史无前例的无产阶级文化大革命的前夕，他们还疯狂地诋毁江青同志亲自领导的具有划时代意义的京剧革命，死命地对抗毛主席关于文学艺术的两个极其重要的批示，做一番最后的挣扎。①

通过该文的揭发，我们倒能知道一些夏衍、周扬在“反右”运动中一些不为人所知的面相。《人民日报》1966年7月29日的著名“檄文”《高举毛泽东思想伟大红旗愤怒声讨文艺界黑帮头子周扬》以及姚文元的《评反革命两面派周扬》等文，从这个角度说也还有它们的史料价值。

夏衍复出后，曾对“二流堂”文字狱大惑不解。在他看来，这个说法不过是一时的游戏之语，即使是“欲加之罪，何患无辞”，似乎也应该找一个更合适一点的罪名。笔者对这个

---

① 南卫东：《粉碎中国的裴多菲俱乐部“二流堂”》，《人民日报》1967年12月13日。

现象也感觉难以理解。笔者私意揣测：“二流堂”一案所以引发了一场集体性的迫害事件，是否是因为围绕着夏衍、唐瑜等人事实上形成了一个松散的、但具有共同文艺趣味的同人群体。这个群体尽管没有任何组织意义上的活动，但较之他人，他们相互之间的确具有更高的认同性和人际往来。[①] 而这一事实对某些人来说，就已经形成了一种与组织对抗的可能。他们既然自诩为是“组织”的代表，就要将任何可能性的苗头扼杀在萌芽状态，并认为自己有权力以任何方式实现这一点，

整个“文革”期间，始终贯穿着对夏衍谩骂式的“批判”。《文汇报》发表于1970年6月13日的《夏衍反革命一生的自供状——评“离经叛道”论》，1970年6月18日的《是艺术真实，还是政治欺骗？——评夏衍推行“离经叛道”的一种反革命手法》等文比较有名。这些文章虽然都是整版的大批判，但除了试图“敲定”夏衍“一伙”长期以来和刘少奇“叛徒集团”在思想、组织上的关系以外，其他实在乏“善”可陈。它们的文章通常只是简单地重复前人已有的谩骂式“批判”，甚至直接使用污言秽语，连作反面史料的价值都欠奉。

1971年9月13日，林彪事件爆发，“文化大革命”终于迎来了自己的拐点。此后，由于周恩来的努力，“文革”初被打

① 关于“二流堂”的人员组成和相互关系，可参见郭语《“二流堂”研究》（华东师范大学2007年硕士论文，打印稿）。

倒的一批老干部纷纷得以复出，夏衍这些仍然不得自由的“黑帮分子”的境遇稍稍有所改善。

和许多人一样，“林彪事件”是夏衍改变立场的转折点。一个写入党章的接班人，居然叛逃了，这场“无产阶级文化大革命”发动的合理性、合法性很大程度上不攻自破了。长期以来报刊媒体中的相关宣传也只能被证明是欺骗性的宣传。这对夏衍自文化部整风以来的“自我调整”应当也是一个非常沉重的打击。由于《文革日记》过早中断，夏衍出狱后又极少谈论他的狱中遭遇，我们很难知道这一段时间他的具体思想历程了，不过，但有人生阅历的人都能推想他的痛苦。他再一次痛省自我：“真正能静下心来追寻一下半个多世纪走过来的足迹，反思一下自己所作所为的是非功过，那是在 1971 年‘林彪事件’之后。从 1973 年 3 月到 1975 年 7 月，我有了两年多的独房静思的机会，不是说‘吃一堑，长一智’么，我就利用这一‘安静’的时期，对我前半生的历史，进行了初步的回顾。这像是一团乱麻，要把它解开和理顺，是不容易的……”[①] 他晚年的“自反求索，九死无悔”的精神历程应当起步于此，当然，真正作出决断估计是在五、六年之后了。

林彪事件后，沈家时隔数年终于再次得到了夏衍的消息。

① “夏全 15”，第 2 页。

不准见面，但准许家属送衣物食品。[1] 夏衍失去自由后，在1967至1968年间，家里还时常给他送零钱、粮票、衣物、烟、茶、药品等。[2] 但夏衍病倒后就失联了。

1972年9月7日，夏衍迎来了失去自由后最高兴的一天，他终于可以会见家属了。这一天上午，夫人蔡淑馨带着女儿沈宁、儿子旦华、儿媳丁嘉露以及外孙赵欣、孙女沈芸等六人看他来了。会见的地点是公安部设在府学胡同卫戍区的接待室。夏衍与其他几名“要犯”是被一辆面包车接来的。当他拄着双拐走进接待室时，夫人及儿女们都一下惊呆了。隔了整整六年，沈宁再见到的父亲，已成了一个脸色苍白、瘦骨嶙峋、衰弱而又伤残的老人，禁不住泪流满面。

夏衍以一种平静的语调安慰家人：“不要紧的，我的腿是扭了筋，过些时候会好的。”夏衍原来最为担心的是旦华娶不到媳妇——真的，有谁愿意嫁给“大黑帮”的儿子呢？虽然他并没有传宗接代的老观念，但那样就太对不住儿子了。因此刚一见面，他就问起这件事。

旦华立即指着妻子，对他说：“这就是你的儿媳妇，叫丁嘉露，是苏州人。”

---

① 沈芸：《夏衍年表》，“夏全16”，第449页。

② 可参见夏衍《文革日记》1967年12月23日，1968年3月1日、1968年4月5日、1968年5月14日、5月28日、6月8日、7月19日等日的记载（“夏全16”第395、398、403、408、409、410、415页）。

蔡淑馨在一旁安慰他说："多少人，家都没有了。我们家却增添了人口。你牵挂的两件事都解决了，旦华 1968 年结婚了，沈宁也已经有了孩子。我们该知足了。"夏衍微微笑着表示同意。

赵欣和沈芸这时年纪还小，不懂事，两人还争着抢爷爷的拐棍玩。沈宁待要制止他们，夏衍摆了摆手，示意不要去干预。

会面的时间很快就过去了。送别家人的时候，夏衍趁看守人员不注意，偷偷地递给沈宁一张叠起来的手纸。上面用烧焦的火柴棍写了四个字："不白之冤！"[①]

"不白之冤"——多少年来夏衍心中郁结的痛苦、愤怒、委屈、抗议，全在这四个字中，也只能以这四个字向家人倾诉了。

此后，1972 年 12 月，由于毛泽东、周恩来为羁押中的干部作出了"不准有法西斯行为"的批示，夏衍的住宿条件与伙食有所改善。

1973 年，专案组还在徒劳地逼问夏衍所谓的"叛特"问题，尽管审了这么多年，但他们拿不出一件证据。而估计在 1972 年、1973 年前后夏衍已对自己"文革"的思想有所反思，对这场运动的荒谬性质开始产生一定程度的认识。他不肯再像

① 沈宁、沈旦华：《我们的爸爸》，《忆夏公》，第 638 页。

以前那样，总是用“不知如何回答才好”来回应专案组那些莫名其妙的问题了。他向专案组反问道：你们拿不出证据，我可以提出一些反证。他提出了对韩练成的策反以及联系钱昌照、上海海关起义的事情。如是“内奸”，他做这些事情又是为谁服务呢？哪有这样愚蠢的内奸呢？但专案组对此却完全置之不理。这让夏衍更认清了专案组的本质。

1974 年 12 月，专案组大约已觉得无可再审了，便令夏衍写“综合性检查”。由于夏衍认识“不够深刻”，三易其稿，才勉强过关。

1975 年 2 月 9 日，夏衍第五次会见家属。家里给他带来了许多好吃的东西，让他意外的是，有一个菜是用冬笋做的——这是北方不易吃到的冬令时鲜菜。沈旦华告诉他，这是他杭州的侄孙沈之雄夫妇，还有他在上海的二姐沈云轩带来的。久未见面的沈之雄是个有心人，他还带来了茶叶、火腿、年糕等许多浙江的土特产。

夏衍忽然沉默下来，过了半晌，才用一种悠悠的神情说：“我真想回老家看一看。”

2 月 15 日，专案组令夏衍写所谓的“总结交代”。

6 月 3 日，夏衍被送至秦城监狱。直到这一天，夏衍才算正式入狱！夏衍预感到关于自己的问题，组织上快要做结论了。

第三节　乍暖还寒

到1975年年中，距“无产阶级文化大革命”爆发已经过去了九年。7月2日，毛泽东将林默涵写给他的一封信批转给中央，称“周扬一案，似可从轻处理，分配工作，有病的养起来。久关不是办法”。7月14日晚，他和江青谈文艺政策调整时指出：“鲁迅在的话，不会赞成把周扬这些人长期关起来，脱离群众。”7月16日，他又将周扬一案报告中将周扬等人定性为“问题性质严重”的几个字圈掉，改为“人民内部问题”。10月16日，他在《关于学部老知识分子出席国庆招待会的反映》简报上写下了这样的批语：“打破‘金要足赤’，‘人要完人’的形而上学错误思想，可惜未请周扬、梁漱溟。”① 在晚年，毛泽东这么密集地提到一个人的问题，是不多见的。

自1975年4月以来，在周恩来、邓小平的努力下，先后已有300多位高级领导干部被“解脱”。周扬一案比较敏感，难以推动，而今有了毛泽东的意见，因此很快就进入了程序。

7月12日清晨，专案组和监狱负责人前来通知夏衍：即日

① 可参见荣天屿《金无足赤 人无完人——毛泽东与周扬的交往》（《新文学史料》2009年第3期）。

起解除“监护”，可以出狱。多少年的苦熬与等待，不就是为了这一天的到来么？然而这一天真的到来了的时候，夏衍显得异常地平静，他不紧不慢地问：“关了八年半，批斗了几年，总得给一个审查的结论吧？”

虽然他的语气是平淡冷静的，听的人却极其不舒服。那个专案组的小头目态度强硬地警告说：“你是敌我矛盾作人民内部矛盾处理，已经够宽大的了，还要什么结论不结论的。”

夏衍觉得这人不可理喻，不过这也正是时代特色，便不再分辩什么，收拾完东西，当天中午就拄着双拐离开了秦城。很明显，这时他已经恢复到1964年整风前的个性了。

周扬也在同一天接到了出狱通知，但他说，给毛主席他老人家的一份检查材料还没有写完，写完了再走，于是便在秦城又多住了一个星期。

从1966年底开始算起，夏衍失去人身自由的时间长达8年另7个月。在艰苦卓绝的地下斗争时期，夏衍因为机警、也因为运气，并没有坐过一天的牢。潘汉年因此常称夏衍是“福将”。① 而在“文革”中，他的运气已经用完：肩上锁骨被打断、眼睛落下严重的损伤、右腿被打断。

8年另7个月是一段很长的时间。回到南小街南竹竿胡同

① 潘汉年应当多次说过类似的话。可参见林林《夏公，他……》（《忆夏公》第37页）、胡希明《天南海北忆夏公》（《忆夏公》第475页）等文。

家中，家里的一切已面目全非。小四合院里，已搬进了七户人家，留给夏衍家的，只是原来的客厅加北边两间平房。院子里他亲手培植的花草不见了，客厅的墙上，除了没有刮净的“文革”标语，现已四壁空空，家具除一张破旧的三人沙发外，其他已没有了踪影。

夏衍默默地站在显得有些过分萧索的客厅中，一时有些认不出来这儿是自己的家！

沈宁哭了起来。她悲痛的是自己家在这十年里所遭受的无尽的折磨与白眼，还有父亲的惨痛遭遇。她的父亲，曾是多么健朗的人啊！他身材不高，走起路来，却迅疾矫健，连二十多岁的小伙子往往都赶不上他。可是现在……他架着双拐蹒跚着吃力挪移的神情，不能不让人感觉到心酸。

夏衍安慰她，也同时安慰家里人：“哭什么，都这么大的人了。能够回来，就很不错啦！我抗战的时候，见到你们，不就说过杜甫的一首诗吗？‘世乱遭飘荡，生还偶然遂’。这‘偶然’的事情竟被我们给碰上了，还不值得高兴？”

一番话，说得大家都破颜一笑。一家人正在说着话，谁都没有注意到，夏衍的脚边，悄悄地多了一只老黄猫。它已老病不堪，再无气力，但见主人没有注意到它，只得费力地叫了两声，声音很轻，但夏衍听到了。沈宁叫了起来：“是博博。您被抓走以后，它就到处流浪，不大回家了。好多年没有看到它了。今天它怎么就晓得赶回来接您呢？真是怪事。”

博博第二天就死了。一家人都很悲痛，夏衍更是唏嘘不已。老人要儿子把它埋到庭院的葡萄架下，并尊它为“义猫”。[①] 从此以后，夏衍养猫就更为人格化。他要给它们“自由”，让它们上屋顶，“自由恋爱”，不许阉猫。[②] 要是春天屋顶上猫儿闹春，他的猫有时还通宵不归，他就真的着急起来，叫孩子们上屋顶去找。猫回来了，全家才都安下心来。夏衍还会和它对上几句话：“你们昨天晚上是开会了吗，开得这么晚?”“你们是在屋顶上开舞会吧，这么大声。”

---

① 在夏衍的朋友圈里，博博的故事非常有名，因此也流传有多个不同的版本。此处我们采用的是沈宁、沈旦华《我们的爸爸》中的说法(《忆夏公》第640页)。不过，夏衍的哲嗣沈旦华教授后来有一个回忆在细节上略有不同，现录以备考：

猫是我家的成员，养过的好猫太多了，只讲一只叫“博博”的大黄猫(1962—1975)，坊间对它的传闻有几个版本，先是吴祖光，后是袁鹰，都不太准确。“博博”是1962年来我家，它的母亲是一只粮店里有口粮的猫，生下几只小猫，困难时期，没有奶水，由熟人老石师傅送来，来时不到一个月大，特别瘦弱，我们用牛奶把它养大，到了发育期，身上大片脱毛，南方人称“剥皮猫”，故取名叫“博博”，这是父亲最用心养的猫……“博博”小时侯怕冷、经常钻进老头被里睡觉，大猫有时很脏，被子和床上也弄得很脏，可父亲很高兴，愿意和“博博”同一被里睡，还说“人猫友谊万岁”。

1967年，老头被抓进卫戍区后，别人介绍“博博”不见了，实际上我们一直养着它，它很聪明，有外人来它就上房。1975年6月底，“博博”病了，十几天不吃不喝，7月12日中午，老头回来，“博博”已经站不起来，后腿不能动了，靠两只前爪，爬到老头坐的藤椅下，望着老头，父亲也十分难过，到了半夜“博博”就去世了。(沈旦华:《回忆老头》，杭州市江干区夏衍研究会、江干区夏衍旧居管理办公室:《夏衍研究文集》2007年编，第82页。)

② 夏衍有明确的“猫道主义”论。可参见李子云《淡泊明志 宁静致远——冰心印象》(李子云:《我经历的那些人和事》，上海：文汇出版社2005年版)，第50页。

“博博”死后，夏衍又养了两只小黄猫，长毛的叫“松松”，短毛的却起名叫“老鼠”。夏衍化了很大的心血喂养这两只“文革”的第一代黄猫。两个小生灵的成长滋润着老人苦寂的心灵，为他增添了很多生活情趣。他甚至以很大的热情观察两只小猫学会抓老鼠的历程。10 月 26 日，他在一本专用来记录家庭支出的笔记本上记下：“10 月 26 晚‘鼠’初捕鼠。”接着是“10 月 31 日晚，‘松’初捕鼠”。他还津津有味地在凌晨时分陪伴小猫守候老鼠们落网：“11 月 23 日晨 2 时 20 分，‘鼠’捕第四只鼠。11 月 24 日晨 4 时半，‘鼠’捕第五只鼠。”①

夏衍后来告诉孙女，他喜欢的猫的颜色顺序是：黄、黑、花、白。古人说，不可居无竹，食无肉，对他来说，则不可一日无猫。

回家后，夏衍就住在原来的客厅里，这间原本宽敞明亮的屋子，由于年久失修，又加上家具物品的堆放，显得四壁黯然，杂乱无章，一张吃饭用的四方桌放在中间，冬天再生上个大炉子，一家三代住在一起，活动空间非常有限。他的单人床紧挨着客厅西边的墙，床头放个茶几，床尾摆把藤椅。从那时起，他还养成个习惯，把被子放在床中间靠墙当靠垫，人坐在床上与别人谈话，尽管后来搬过两次家，居住条件得到了很大

① 可参见夏衍《1976 年 7 月至 12 月月支出记录》（手稿）第 52、55、64 页等处。

的改善，但他的这一坐卧习惯和家什摆放却保留了下来。[①]

渐渐地，夏衍回家的消息传了出来，此时他还是“大黑帮”“四条汉子”，还是“批倒批臭”的一类人物。监视并未解除，家门口常有鬼鬼祟祟的人影巡视。——这可能是胡同“革命组织”的群众接上级通知而进行的监控。夏衍的行动依然受到限制。譬如说，他的外甥女和女婿离乡几十年，从美国回来探亲，沈宁、沈旦华能够带着下一辈去华侨大厦看望，但夏衍却不能与他们见面，而且据说这还是身居外交部要职、夏衍多年的老朋友下的指示。

但许多老朋友仍然按捺不住思念之情，冒着很大的干系，悄悄地跑过来看他。

廖承志、李一氓是第一批来看他的老朋友。许多年不见，廖承志这位“胖仔”已瘦了不少。“文革”中，他也吃了不少苦头。但他也还是那么乐观，见面了，用双手按住夏衍的肩膀，依旧用他洪亮的声音笑着说：“居然还活着，这就好！人间永远不会是冬天。”他们谈了很多，但话题主要还是国家和党的命运。廖承志的消息当然比夏衍要灵通得多，有些事他不便明说，但有些事他又憋不住。像总理带病坚持工作，“第一夫人”等人老是无理取闹，邓小平与江青、张春桥等人闹得很

① 沈芸：《爷爷的四合院——记夏衍在北京的三处住宅》，《档案春秋》2011年第9期，第13页。

僵等等……大家都为周总理的身体担心。在这个时候，周恩来几乎成了许多善良的中国人心中的希望所系。

还有一些老部下，如姜椿芳、丁波、程季华等人偷偷地跑过来探望他。程季华是《中国电影发展史》的主编，1965年在中宣部牵头的大批判中，这本书是和《林家铺子》一起被点名需要文化部“还的两笔账”之一。程季华此时虽然被解除了“监护”，处境仍然不好。他是冒了一些风险来看夏衍的。见了面，夏衍就说：“你受苦了，我连累了你们。”

程季华赶忙说：“不，不，是我给您增添了麻烦。他们硬说是您授意，向我交待了任务，我才研究中国电影史的。我实事求是地写了材料拒绝承认莫须有的事。”

夏衍只能保持缄默。他能说些什么呢？赞成程季华的说法？这不成了“恶毒攻击无产阶级文化大革命了”么？

送别的时候，夏衍握着程季华的手说：“你人未亡，家未破，不少胳膊不少腿。今天看到你很高兴。现在这样的局面，迟早会过去的，你应该积极把病治好，你还年轻，还有机会为党为人民工作。”①

听到消息，唐弢也想过来探望他。夏衍知道他身体不好，又怕给他带来“麻烦”，便让沈宁去晤访唐弢。见了面，沈宁

① 可参见程季华《夏公和〈中国电影发展史〉》（《忆夏公》第263—265页）。

劈头第一句话是：“爸爸说，关于《长短录》的事，对你很抱歉。”

听了这话，唐弢心中浮起了一种难言的滋味。“文革”十年来，他还是第一次听到有人向他表示抱歉的话，而第一个说这话的，却偏偏是并不需要对他表示抱歉的夏公；而这个抱歉，又是为《长短录》而发。他连忙说：“夏公这话从何说起呢！当年蒙他抬爱，参加写作《长短录》就够滥竽充数的了。我只写了两篇，数量最少，如果真要抱歉的话，应当是我向他，向《长短录》表示抱歉。”

1975年8月25日，专案组终于就夏衍问题做了结论。结论要点为“犯有路线错误，属于人民内部矛盾，恢复组织生活，补发监护、审查时期停发的工资，由外交部养”①。在许多问题上，这结论说得含含糊糊，还留有“尾巴”，夏衍很不满意，拒绝在结论上签字，后来廖承志劝他，留得青山在，不怕没柴烧。夏衍一想这说法却也有理，便在这份极不公正的结论上签了字。

签字后，有些人却把结论扣住不发，因此，夏衍最重视的组织关系并未得到恢复，无法参加许多重要的活动。但大体上，生活条件还是好转了。10月份以后，抄查冻结的个人物品

① 沈芸：《夏衍年表》，“夏全16”，第449页。

也被陆续退还，抄查走的藏画书籍，也退还了部分。[①]

1976 年元旦刚过不久，传来了一条举国同悲的消息：1 月 8 日，中国人民敬爱的周恩来总理，与世长辞了。对夏衍来说，这是莫大的刺激。多少年来，周恩来就是夏衍心中的擎天柱和指路明灯。由于邓颖超同志的关照，夏衍有幸得以去北京医院向周恩来的遗体告别。这是一种特殊的优容，按照当时规定，像夏衍这样还未做最后组织结论的人士本来是没有资格参与遗体告别活动的。

这瞻仰遗容的最后一天中午，工作人员已在收拾灵堂，准备下午 4 时将遗体送八宝山火化。这时邓大姐想到了夏衍，应该让这位老战友最后看一眼遗容。但她非常谨慎，把这个想法告知了王洪文。王很乖巧，知道此刻已不会有什么人来了，不如卖个人情，于是就点了头。

夏衍拄着拐杖，由旦华搀扶，颤巍巍地走进小小的灵堂。这样一位功勋彪炳，为世人敬仰的历史伟人，竟然在这样狭窄的地方停灵！凝视着那张熟悉亲切的面容，夏衍哽咽着，尽力克制着内心的巨大哀伤。然而走出灵堂，回到车里，汩汩的泪水便禁不住喷涌而出！“文革”中，他无论受到多么残酷的拷

---

① 夏衍 1975 年 10 月 25 日致李灏信中说：“近日正在点收运动初期抄搜去的存款、书画等物，但藏书、藏画，已只存少数，而我的集邮则幸得保存，但我已再无玩赏这类东西的兴趣了。”（“夏全 16”第 15 页。）

打，从没流下过一滴眼泪，可现在不行了。回到家里，他又放声大哭了一场。夏衍总是说：周总理对他的一生影响最大。他还说过，他一辈子只哭过三次：1937年母亲的去世、1976年总理逝世、1983年廖承志的突然逝世。夏衍的孙女沈芸回忆说：“‘浩劫’过后，爷爷是从来不主动提及‘抄家’一类的话题的，但有一次他却忿忿地说：‘我和总理的照片是很多的，红卫兵抄家时，我亲眼看着他们在院子里当众把这些照片撕碎、烧掉。’”①

周恩来的逝世是中国1976年这一个混乱与动荡、又充满戏剧性色彩年份的开端。他去世后不久，北京在清明前后爆发了举世震惊的“天安门事件”。成千上万的人自发地涌向天安门广场，用各种方式，寄托自己对总理的哀思，同时也直接将难耐的愤怒掷向了“四人帮”。然而，4月5日，这次事件被宣布为“反革命暴乱”。4月7日，邓小平再度被解除了一切职务。在当时略有独立思考能力和有忧国忧民意识的中国人心中，周恩来总理逝世后，邓小平就是最后的希望所在！7月初，德高望重的朱德委员长逝世。三个星期后，唐山发生大地震，死亡人数达二十四万，重伤十六万。这是20世纪下半叶伤亡

① 可参见“夏全15”第3页，沈芸《史料·回忆与研究》（《新文学史料》2000年第4期，第12页）、《爷爷的四合院——记夏衍在北京的三处住宅》（《档案春秋》2011年第9期，第13—14页）等处。

人数最多的一次地震。唐山大地震余波所及，直接影响到了北京地区。夏衍的家中也因此撑起了木架。同年9月9日，中国人民的领袖毛泽东逝世。

在当时的政治气候条件下，以他的身份，绝对不能有任何“碍眼”的举动，否则后果就是灾难性的。他只得闭门不出，一段时间里，连与廖承志等老友都少了往来。除了辅导孙女、外孙写字和做算题之外，便是静静地阅读和思考了。他的老同事齐燕铭给他弄到了一张内部书刊购书证，他买来了不少有关中国革命历史的书，甚至还买了一些过去不想看、不敢看的书，如变节者写的回忆录之类。他再一次陷入了沉思。

这是一次系统的、结构性的自我反思。夏衍一直具有较强的独立思考能力，并且，因为这种独立思考在党内常被一些人指责为“右”。但就是这么“右”的一个人物，在“文革”时居然差不多“脱胎换骨”，也成了“左翼”阵营中当然的一员。夏衍不能不对自己1965年以来的“自我思想改造”做一个彻底反思。究竟是什么样的力量、什么样的心理会让他这样的人也对“文革”初期的“打砸抢”行为抱持同情甚至赞许的态度？——更具讽刺意味的是：他本人还是极为严重的受害者！这种异乎寻常的吊诡现象显然不能从夏衍个人的思想、性格中去寻找答案，因为许多和夏衍气质、际遇相近的共产党人都遭遇了惊人相似的命运，也有着惊人相似的精神困惑。而夏衍通过对中共党史、苏联党史的阅读，发现他的命运、困惑在多年前已曾为人体验——尽管每个人对这一现象作出的回答是完全不同的。夏衍经过痛苦的思考，得出了一些根本性的结论：

从“天安门事件”之后到1976年秋，我一直闭户读书，从实出发，又回到虚，从看史书出发，又回到了哲学。为了解决一些长期以来想不通的问题，我又读了遍恩格斯的《自然辩证法》。这本书我20年代就读过，后来又不止读过一次，可是现在再读，感受就很不一样了。这本书开始照亮了我的心，从辩证的认识论来回忆自己走过的道路，才惊觉到我们这些一直以唯物主义者自居的人，原来已经走到了唯物主义的对立面！这就是公式主义、本本主义、教条主义，也就是唯心主义。……

恩格斯不止一次严厉地批评过教条主义者，他说：“对德国的许多青年作家来说，唯物主义这个词只是一个套语，他们把这个套语当作标签贴到各种事物上去，不再作进一步的研究，就是说，他们把这一标签贴上去，以为问题就已经解决了……他们只是用历史唯物主义的套语，来把自己相当贫乏的历史知识尽快地构成体系，于是，就自以为非常了不起了。”——这是何等辛辣的批判啊！从这些名言回想起我们30年代的那一段历史，这些话不也正是对着我们的批评么？就在《自然辩证法》这本书中恩格斯还说过：“的确，蔑视辩证法，是不能不受到惩罚

> 的。”我们这些人受到了惩罚，我想，我们民族、党也受到了程度不同的惩罚。①

在此，夏衍尝试着从自我个人精神发展的历程来反思民族、党这个世纪以来集体精神发展历程中所走过的弯路和所付出的巨大历史代价。从此之后，他越来越坚持个人在价值问题上的选择与判断，并不惜为坚持这种个人判断而被某些权力人士冷淡、边缘化。但同时，他对共产主义纯洁的信仰和甘于奉献的人格精神却没有丝毫褪色。他并没有因为反思过往就一步退向虚无主义。他的心灵自我搏斗、自我解剖，永远不是为了个人的享受或小团体组织的利益而是为了国家与民族的前途。从少年时代就点燃的这份热爱祖国的火焰，依然是如此热烈。这也使得他晚年诸多的思考显得异常具有分量。——这也是他的晚年反思和某些名人所谓“反思”质的差距所在。在“反思”成为时髦后，一段时间里（直到现在），不少人都对中国共产党的发展历史做出了反思，某些反思（数量不多）虽然立场、角度和夏衍有所不同，但同样抱着高尚的承担意识，因而显得具有精神的高度。但有些反思却只是抱怨个人在历史过程中吃了多少亏而已。当然，还有所谓的“反思”，只是反思别人如何整自己，自己如何整别人则一概不谈，又或是为了谋取

① “夏全15”，第3—4页。

名望而故作惊人之语等等，这就更加等而下之，不值一提了。

1976 年 10 月，扰乱中国政坛多年的“四人帮”集团被华国锋、叶剑英一举控制。同亿万人民一样，夏衍和他的全家充满了胜利的欢乐和喜悦。

多年不见的老友开始有了音讯，他们纷纷前来探望这位十年浩劫中苦难深重、备受摧残的老人。杜宣乍一见到他所敬重的夏公瘦成了这个样子，还断了一条腿，心头一阵颤栗，话都说不出来了。夏衍却很坦然：“一条腿断了，医生说可以开刀，香港还有朋友为我特地买来接骨的不锈钢材料，不过，听说动这手术风险很大，我还没有拿定主意。现在行走还便当。只是眼睛不好，视力太差了，电视几乎都看不见。”后来传来消息说，罗瑞卿大将就是因为动同样的手术，死在手术台上。夏衍到底没动这个手术，直至他逝世。他残废的腿，便成了“文革”苦难的一座活动的纪念碑。分手的时候，夏衍没忘记提醒杜宣一句：“陈紫秋的问题，听说还挂在那里，你是否帮他去做点工作。”陈紫秋曾是《救亡日报》的记者、华侨。因为夏衍的关系，又因为说不清的海外关系，“文革”时吃尽了苦头，夏衍一想到他的问题尚未解决心里就很不安。

杜宣是与夏衍感情很深的老朋友。他和金山是 1965 年夏衍落难时少数几个敢于登门拜访的朋友之一。不过，他有些文人的清高之气，所谓“君乘车，我戴笠，他日相逢下车揖”，夏衍真正复出后他与夏衍的往来倒少了。[①]

前来北京上访的老朋友多了起来。顺便，当然也要来看看夏衍。劫后重逢，别有异样的亲切，这自是不消说了。但有时，却又实在让人心痛和焦急。一天，恽逸群突然来访。这位昔年有“鬼才”之称的中国新闻事业的前驱，这时已被牢狱生活折磨得不成样子了。解放后，恽逸群曾任《解放日报》社社长，不久即因一起寻常的责任事故被撤职，[②] 开除党籍。潘汉年案发，[③] 又深受牵连，蹲了十来年班房。好不容易等到“四人帮”粉碎，“文革”结束，他的问题却始终得不到解决。恽逸群深感自己来日无多，想在有生之年得到一个不计名利但能为国家作贡献的机会，他几乎是讨乞要饭地来到北京上访。

夏衍自己的处境也不太好，加上恽逸群问题又牵涉到“潘案”，实在帮不上什么大忙。他力所能及的是帮助恽逸群找找落脚的地点，招待他吃顿饭，再有，陪他聊聊天，解解闷而已。受尽了数十年的冤屈，恽逸群仍是那样才华横溢。一天，两个老人都夸起自己的记忆力来。夏衍的记忆力一向很好，他

---

① 杜宣：《二十世纪伟大的儿子》，《忆夏公》，第47—48页。

② 恽逸群所犯“政治错误”的细节及其遭到迫害的原因，可参见刘小清《〈解放日报〉的“政治错误”与恽逸群的厄运》（《炎黄春秋》2000年第1期）。

③ 恽逸群与潘汉年情报系统的关系，可参见劳开准、洪小夏《解读潘汉年系统》（《档案春秋》2014年第7期），鲁南《中共地下党主持日特机关“岩井公馆”始末》（《春秋》2011年第5期）等文。

担心恽逸群在下面待久了，脑子长久不用“生锈”了，上访时有些关键问题的细节记不清楚可不太妙。恽逸群可不服气，为了证明自己，他当场把梁山泊好汉一百单八将的绰号连名字一口气背了出来，乐得夏衍只说：“好，好。”①

然而，恽逸群这样的大才子，竟要靠背梁山泊好汉的名字来证明自己的才华，这事情又是多么可悲！

尽管“四人帮”已经粉碎，但夏衍、恽逸群们的春天却迟迟没有来到。从大的政治环境说，只要“凡是派”当权，夏衍等人就很难真正复出。如果“凡是毛主席作出的决策，我们都坚决维护，凡是毛主席的指示，我们都始终不渝地遵循”，那么所谓“刘少奇一伙”、所谓“文艺黑线专政”、所谓“四条汉子”等，都是很难被平反的。因为有关的决定、批示，可不仅仅只是林彪、“四人帮”集团的“决策”和“指示”而已！为周扬、夏衍等人平反，影响太大，几乎要触及“文化大革命”的整体评价问题。当时的党内最高领导还没有勇气触及这样的问题，或者说他们还不愿意触及这样的问题。

1977年初，当破冬的第一缕阳光已经开始照耀大地的时候，夏衍及其朋友们却还毋宁说在经历着一场“倒春寒”。1977年1月12日《人民日报》署名“杨志杰、朱兵”的一篇文章揭露江青的一个重要罪行就是她试图饰演赛金花一角：

① 顾雪雍：《访夏公忆恽老》，《新闻记者》1992年第8期。

“当年争演《赛金花》、向独夫民贼蒋介石献机祝寿的，不就是这个江青吗?!”① 这是当时一种习惯性的批判思路：周扬批胡风，周扬倒霉了，江青给他按的一个重要罪名就是“包庇胡风，实质与胡风沆瀣一气”；江青倒台了，继起者给她按的一个重要罪名便成了“包庇胡风、周扬等，实质与胡风、周扬沆瀣一气”。江青争演作为“周扬集团”的骨干、“四条汉子”之一的夏衍的《赛金花》，自然就是他们之间素有勾结的一个铁证了。——直到该年 5 月马德波的《评“新纪元”论》(《人民电影》1977 年第 5—6 期)，相当程度上还在肯定毛泽东对文化部的两个批示。1976 年 11 月至 1977 年 10 月间国务院逐步批准恢复上映的“十七年”电影中，夏衍等主导的电影一部也没有解禁。②

1977 年春，何其芳不幸逝世，他没有等到春天的真正来临就撒手人寰了。对老友的故去，夏衍感到十分悲痛。他拖着病腿，拄着双拐，艰难出席了何其芳的追悼会。这是他“文革”后第一次在公开场合露面。因为他的“问题”还没有“结论”，许多熟人还不敢和他打招呼。夏衍虽豁达，此时也难免有世态

① 杨志杰、朱兵：《反革命狂想曲的幻灭》，吴迪：《中国电影研究资料 1949—1979（下卷）》，北京：文化艺术出版社 2006 年版，第 390 页。

② 可参见 1977 年 11 月 28 日《文化部关于请各厂复审文化大革命以前摄制的影片工作的通知》及其附件［吴迪《中国电影研究资料 1949—1979（下卷）》，北京：文化艺术出版社 2006 年版，第 438—440 页］。

炎凉之感。只有李健吾从人群中挤了出来，紧紧握住夏衍的手，凝视了一会之后，说了一句：“见到你，太高兴了。”在这个场境中，李健吾其实是他交情不算深厚的一位。夏衍感到鼻子有点发酸，这种友谊委实是太可贵了。[①]

不过，迟迟不得复出也许还有点夏衍独特的个人际遇。夏衍的组织关系1965年已离开文化部转到了“对外文委”，尽管他没有到任。而在“文革”期间，“对外文委”已被撤销只剩下了一个留守处。这样，夏衍就无法回到“对外文委”。这大约是1975年8月25日专案组所做结论中“由外交部养”的由来。但外交部并不愿意接受这么一个“臭名昭著”的黑帮分子，拒绝接受夏衍。[②]——必须指出，此时正值夏衍那位著名的老朋友在外交部全面当政的时期！事情就这样拖了下来。夏衍在“整风”“文革”时被文化部伤透了心，也不愿再回文化部。[③] 夏衍在整整两年中便处于一种非常尴尬的状态。

当然，一些人尽管想把事情的解决拖得更久一些，但拖究竟是改变不了事情本来的进程的。1977年7月25日，经华国锋、叶剑英批准，夏衍按原结论终于恢复了组织生活。这距他

---

① 夏衍：《忆健吾》，“夏全3”，第418页。

② 夏衍：1977年8月15致邓小平信，《忆夏公》，第11页。

③ 当然他是否回得去还是个问题。粉碎“四人帮”前他自然回不去，粉碎“四人帮”后，文化部作为江青乱政的重灾区，正忙着“斗批改”之类，也不可能有闲暇处理历史遗留问题。

加入中国共产党已经五十年过去了。虽然这个消息来得那么晚，还留有许多不公正的尾巴，但夏衍还是喜不自胜。恰好《救亡日报》的老部下王仿子这时给他寄来了新一期的《文物》，他便欣然提笔回信，并要他把这消息转达给其他朋友。在信中，他对王仿子说：

> 我的问题，于 1975 年 8 月我在专案组的结论上签字后，又被“四人帮”扣压了整两年，至 8 月 8 日，对外文委才正式通知，这个结论已经华主席、叶主席指示，正式恢复了组织关系。今年是我入党满五十年，终于重归党的怀抱，不仅对我个人，对一直关心我的同志，都是一个好消息，因此尽快向您报告，并请在便时转告敏思、高汾等《救亡日报》诸同志。①

恢复组织生活的这几天，对夏衍来说可谓是“漫卷诗书喜欲狂”。他几乎给所有的亲友至交都写信报告了这一消息（这时还与他保持私人通信的，当然都是至交了）。夏衍一生中对有关自己的“好消息”如此在意的情形，几乎是绝无仅有的。老党员对于组织的感情，由此可见一斑。

在夏衍恢复组织生活的前夕，中共中央于 1977 年 7 月 16

---

① 夏衍：1977 年 8 月 10 日致王仿子信，“夏全 16”，第 10 页。

日至21日召开的十届三中全会做出决定：邓小平复出，并恢复了他的中共中央副主席、政治局常委、中央军委副主席、副总理和中国人民解放军总参谋长的职务。邓小平的复出意味着中国的社会主义建设开始翻向新的历史一页。它意味着毛泽东之后的中国政坛正在发生一些缓慢的、但却是剧烈的变革。

8月15日，经过廖承志等人的帮助，夏衍经万里转交，上书邓小平。在邓小平的过问下，夏衍恢复了“工作关系”①。

9月，夏衍赴上海看望二姊沈云轩。她是母亲之外对夏衍最为亲厚的亲人了。她无私地照拂了童年时代的夏衍。在夏衍从事地下工作的时候，仍然给予无私地照顾：这是需要冒巨大风险的，而她很可能根本不知道夏衍所从事的革命工作意义何在。她只是在帮助自己的弟弟，事情就这么简单。——人们因此不难发现，大量“五四”作家激烈声讨了家族关系对于作品主人公的束缚，而在夏衍笔下，情况却往往大为不同。在夏衍背负“四条汉子”等骂名的时候，沈云轩和她的一家同样默默地站在了夏衍背后。② 1988年，沈云轩在上海逝世，享年101岁。夏衍母亲的血脉中或许果真存在着所谓的长寿基因。

9月30日，夏衍参加了当年度的国庆招待会。从此

① 此说来自沈芸，“夏全16”，第450页。

② 可参见“夏全16”中夏衍与袁家（沈云轩的夫家）的通信。另还可参见“夏全16”中夏衍与蔡家（蔡淑馨小妹妹蔡淑静家）的通信。

复出。①

夏衍复出的消息很快就在文艺界传开了。他也开始参加各种文艺活动。1977年冬季的某一天，白桦、吴雪和欧阳山尊来到夏宅，邀请他去看白桦新作话剧《曙光》的内部演出。出于对后辈的提携之情，也出于一位老文艺工作者对浩劫后中国文艺的关切，夏衍去了。幕间休息的时候，白桦等人聚在他的身边，聆听老人家的高见。不料院子里有一位锅炉工大声嚷嚷起来，抗议剧院敌我不分，居然把“文艺黑线头子”、“四条汉子”之一的夏衍请来剧院看戏，并且待若上宾，公然坐在休息室的沙发上下指示！他从锅炉房里奔出来，要去驱逐这个“黑帮分子”。

吴雪、欧阳山尊和一些演员拦住他，向他解释，告诉他，“四条汉子”反党一案是莫须有的，是“四人帮”栽赃陷害等等。这位敌情观念特强的锅炉工硬是不听，说前天的报上还提到以“四条汉子”为首的一条文艺黑线，你们说他是冤案，拿出“红头文件”来。好说歹说，才勉强把他劝住。

院子里的大声吵嚷，全都都传到了夏衍耳中。白桦等人很惶恐，他们本是一片好意，不料却让他受辱。然而夏衍却处之泰然，好像什么都没听到，什么都没发生过一样，仍然是平静

① 此说来自沈芸，“夏全16”，第450页。

地谈自己的观感与意见。①

经过了“文革”的风浪，夏衍的心胸早已达到了一个宠辱不惊、俯仰自如的境界。他知道，这位锅炉工本身也是一位受害者。完全没有动气的必要。

恰如廖承志早就说过的那样，“人间永远不会是冬天”，春天的到来毕竟是无可阻挡的。

① 白桦：《我还是流了泪》，《忆夏公》，第111页。

1987 年 10 月，夏衍以特邀代表身份出席党的第 13 次代表大会/自藏

1980 年 9 月，夏衍率中日友好代表团访问日本时，在箱根市穿上和服留影/自藏

1984 年国庆节，夏衍在天安门城楼/自藏

1980 年 9 月访日时，与孙平华一起会见日本创价学会池田大作先生（中）/自藏

在京都向岚山周恩来诗碑献花 /自藏

与老朋友尾崎秀树（左）会面 /自藏

在作家井上靖（右）家作客/自藏

1988年10月，夏衍80年代以来第4次访日。10月18日，日本国际交流基金会鉴于高度评价夏衍独特的文学成就对加强中日两国之间文化交流所作出的杰出贡献，在东京向他授予“国际交流基金奖”/自藏

在九州工大作专场纪念讲演/自藏

1987 年 9 月夏衍会见原美国电影艺术与科学院主席、著名电影表演艺术家格雷戈里·派克/自藏

与胡愈之合影/自藏

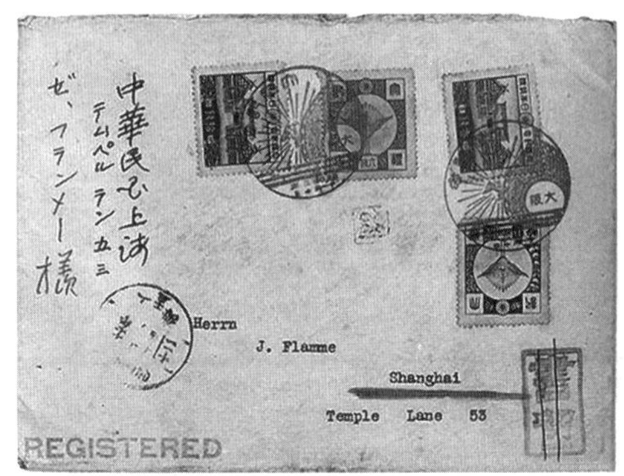

夏衍旧藏日本《昭和大礼首日封纪念实寄封》盖销日期：1928. 11. 10（夏衍曾在日本留学7年，他的藏品中有不少日本邮票和古封片，日本集邮家水原明窗提出用一队丰田车换取的，就是夏老收藏的古封片。在捐赠给上博的这套日本古封片集里，第一张是明治七年（1874年）实寄日本邮政明信片，年代之久远，价值之珍贵可见一斑。）

夏衍藏红印花邮票

夏衍藏大龙邮票

夏衍致陈坚书信手迹

第十二章

自反而索，九死无悔（1978—1995）

第一节　思想解放的前驱

一

1978年2月，在新召开的全国政协第五届委员会上，夏衍当选为政协常委。4月，经廖承志、李一氓等人的奔走，他出任对外友协副会长，党组副书记。一系列的人事安排，意味着周扬、夏衍所遭受的不白之冤已开始得到纠正。① 夏衍这位已届七十八岁高龄的老人，将以新的面貌，驰骋在中国的外交与文化战线上。

说到主持对外友协的工作，夏衍考虑到自己身体不好，目损腿残，起初有点踌躇，想向中央推辞这个任命。他把这心思向李一氓谈起，李一氓却竭力劝他担当起来，并口吟了一副对

① 其彻底平反，则要待到来年。1979年2月28日，中宣部批准文化部党组的决定，对所谓“旧文化部”“帝王将相部”“才子佳人部”“外国死人部”彻底平反，为所谓十七年中有一条文艺黑线彻底平反，为以周扬、夏衍、田汉、阳翰笙为代表的“黑线代表人物”彻底平反。田汉没能看到这一天。齐燕铭虽然熬到了1978年10月，但很可惜地没有等到彻底平反的这一天。

联送他："从前往事都休，懒寻旧梦；肯把壮怀销了，做个闲人？"（此联乃集宋词而成，李一氓后来又把它写成条幅送给了夏衍）。夏衍感激老朋友温婉的鼓励，答应出任新职。

从此，夏衍步入了他的晚年创造时期。

对于一般的公众人物来说，七十八岁的高龄已是一个和光同尘、颐养天年的年岁了。事实上，这也确是人之常情。但夏衍在晚年却进入到了一个不一样的再创造的阶段。由于体力所限，这时他已不可能像以前那样创作戏剧、电影剧本了，但他却通过大量的散文写作、访谈及理论总结，传达他最新的思想成果。他通过这些思想成果，捍卫他热爱祖国、热爱中国文化、热爱共产主义的人生信仰，倡导中国走向现代民主政治的必由之路，分析、揭露现行体制中与现代民主道路相违背的各种痼疾，歌颂赞美甘于奉献的光明典范（他尤其把笔墨集中到了各个曾与他同行却因不同原因已先于他倒下了的前贤战友身上）。当然，他也坚定不移地向外界传达他富有个人气质的审美理念和趣味。

"文革"以前（准确地说，是文化部整风以前），夏衍就是党内较有独立个性的一位人士，如李克农曾经评论过的那样，有点野马习气。但这时他个性中的不羁成分，毋宁说是一种本能。而"文革"之后，夏衍在自我、组织及个人的精神思考等问题之间，则无疑有了一种界线分明、态度清晰的决断立场。作为一名坚定的共产党员，他当然在任何时候都会遵守组织的纪律以及决定。但他不会再把现行的政策当作个人行动的指南，相反，他更多地会以老同志的身份审视这些政策，努力为它们查漏补缺。与此同时，他更加重视对马列经典作家原典的阅读，尝试把二十世纪以来人类知识的发展与马克思主义理论结合起来，考虑中华民族更为长远的发展问题。他对自己的行动也更加自信，更加洒脱，不自矜尊贵，不为外界的人事关系而束缚自我精神思考的意志向度。他的思想因此更加地具有开放性。

晚年夏衍反复说："自反而索，我是九死无悔的，因为我讲的都是真话。"① 真话大部分时候并不容易入耳，并且，什么

---

① 夏衍：《夏衍论创作・自序》，"夏全 8" 第 558 页。

"自反而索，九死无悔" 这句话需要略加说明。"自反" 当来自 "自反而缩"。这句话出自《孟子・公孙丑上》："自反而不缩，虽褐宽博吾不惴焉；自反而缩，虽千万人吾往矣"。"缩"，《礼记・檀弓》曰："古者冠缩缝，今也衡缝。" 孔颖达《正义》云："缩，直也。" 就是说，"缩" 和 "衡" 相对，缩就是 "直"，衡就是 "横"。因此，"缩" 字有 "直" 的意思，在孟子的话里，可以解释为 "理直"，也就是 "正义" 的意思。孟子这句话的意思大致是：如果反躬自省，觉得我不是理直的一方，那么，即使对方是一个卑贱的人，我也不会去恐吓他。如果反躬自省，觉得正义的确在我这一边，那么，对方纵然有千军万马，我也会勇往直前。夏衍在此引用这句话时，则又糅合了屈原所说的 "路漫漫其修远兮，吾将上下而求索" 与 "亦余心之所好兮，虽九死其犹未悔" 的意思，形成了一种颇有 "截搭" 风格的表达。

夏衍在晚年经常以这句话自况。可参见夏衍 1977 年 10 月 31 日致李子云信（"夏全 16" 第 26 页）、《懒寻旧梦录》的最后结语（当写于 1984 年冬，"夏 15" 第 339 页）、《文艺漫谈》（"夏全 8" 第 615 页）、1987 年 6 月 29 日致姜德明信（"夏全 16" 第 148 页）、《我与外国文学》（该文作于 1990 年 2 月，"夏全 8" 第 644 页）等处。不过，越到后来，他似乎就越强调：这种执着的探索精神是他们这 "一代文人" 的 "悲喜剧"。可参见其《我与外国文学》、《〈武训传〉事件始末》（"夏 15" 第 355 页）等文。

是真话，有时还有一个立场与视角的问题，因此晚年夏衍的真话，也有引起争议的时候。

复出的后夏衍以一种巨大的激情投入到了思想解放运动中。他深信，经过了“文革”十年和“文革”前若干年的“左倾”思想熏陶，摆在中国人面前的第一要务是解放思想。不把“文革”强加给中国人的各种条条框框框去掉，一切都无从谈起。他指出：“党中央号召全党和全国人民‘要思想再解放一点，胆子再大一点，办法再多一点，步子再快一点。’我认为，这四句话的关键在于第一句，即解放思想。因为，思想不解放，胆子就不会大；思想不解放，办法就不会多；思想不解放，步子就不会快。”①

我们甚至可以说，他在复出之后头三年的文章（中共十二大之前），除了个别的例外，几乎全然与思想解放问题有关。而他的核心观点，几乎都被十一届三中全会之后中国社会的发展变革所印证。他的一些想法，即使现在看来也具有相当的前沿性，这是他的思想精神走在时代前列最重要的印证。

1978 年 5 月，夏衍参加了中国文联第三届全委会第三次扩

① 夏衍：《杂谈思想解放》，“夏全 9”，第 453 页。

大会议。会上，他作了题为《生活 知识 技巧》[1] 的发言。这是一篇表现夏衍思想水平的讲话。夏衍针对当时不少人眷恋阶级斗争的话语模式（这些人往往还是阶级斗争理论的受害者），离开阶级斗争就不会讲话、写文章的现象，痛切地指出：

> 我们现在正处身于一个沸腾的时代，也就是工业、农业、科学和人民生活大变革、大飞跃的时期。从六十年代到七十年代恰好是世界上生产斗争、科学实验和技术革新空前发展的时期。过去是美国超过了英国，这十多年是西德、日本正在赶超美国。工农业生产、组织管理，以至人民生活都发生了使人不能想像的变化。可是我们——包括我们这些上了年纪的人，在三大革命斗争中，对于阶级斗争也许还有一定的生活，但在生产斗争、科学实验方面，我们的知识和生活，除少数人之外，几乎可以说知道得不多，或者很少，也就是说我们缺少这方面的生活体验。……最近我在一本外国画报上看到日本的几个纺织中心正在大批地拆毁、砸烂在我们这里还在广泛使用的纺织机器，因为他们已经发明了电子计算机控制的新型织布机，

---

① 这篇文章的题目即有一定战斗意味。夏衍曾有一篇重要的创作谈《生活 题材 创作——和几位青年剧作家的谈话》发表在《剧本》1962 年第 6 期上，“文革”期间自然成了批判他“资产阶级文艺观”的重要证据。复出后他第一篇谈论创作问题的文章题目即延续前文，其锋芒所指是很明显的。

> 就是说中国旧式的织布机，英国贾考特式的织布机已经快被淘汰了。又如在六十年代初，在炼钢方面，氧气顶吹技术我们并不落后，可是不久美国改用了氧气底吹转炉，接着日本再进一步，用了氧气底吹加废气冷却的技术，使炉龄大大延长，生产迅速增加。这些不过是技术创新使工业生产发生巨变的几个例子，更不必说微观世界的开拓、信息科学的发展，以及与此有关的电子计算机和集成电路等方面的日新月异的变化了。工业方面如此。农业技术也在起巨大的变化。外国已经跨过了机械化、电气化时代，把重点集中到良种培育、新型肥料、无污染农药等方面。由于这些方面的变革，美国一个农业劳动力，平均一年可以生产粮食十一万两千斤。四十年代，美国一个农业劳动力生产的农产品，能供养十一个人，到七十年代中，一个农业劳动力就能供养六十个人了。①

要知道，1978 年还是一个提倡“以粮为纲、以钢为纲”的时代。夏衍所述，在很多人看来，简直是科幻小说才有的场景！② 夏衍的这些讲话，以雄辩的力量将人们强行带入了一个

① 夏衍：《生活 知识 技巧——在中国文联第三届全委会第三次扩大会议的发言》，“夏全 8”，第 502—503 页。

② 当时流行的《小灵通漫游未来》确实是把这些当作科学幻想来写，读者也将这些当作科学幻想来接受的。

必须睁开眼看世界的语境中。夏衍再次谈论的电子化、[①] 信息化、组织管理等问题，至少超出社会平均水平四五年以上。这其中特别值得指出的是，夏衍把“组织管理”当作西方现代化发展水平的一个重要标志，可谓别具只眼。中国文化界普遍接受这一观念恐怕要到80年代后期，而对这一点有较为深刻的理解，恐怕更要到90年代“现代化转型”大讨论之后了。而人们如果知晓、理解这一系列事实，自然就不会再把阶级斗争当作万应良药了。空洞的阶级斗争说既不能解决“氧气底吹加废气冷却”之类的技术问题，也不能预测“一个农业劳动力就能供养六十个人了”之后人的思想感情的变化——社会的思想感情结构必然会因之发生重大的变化，但很难把这些变化的根源归结到一句阶级斗争的口号上去。

在这篇讲话中，他还非常直接地指出此时新出的电影，比“文革”前还多了一个毛病：原来是“直、露、多、粗”，现在是“直、露、多、粗、假”。“假”就是不真实，不真实就不能使人相信，就不能感动观众。[②] 这种不留情面的批评将招致某

---

① 陈伯达可能在1970年谈论过中国的现代化需要实现“电子化”一类问题。这一史实不可忘却。

② 夏衍：《生活 知识 技巧——在中国文联第三届全委会第三次扩大会议的发言》，“夏全8”第506页。夏衍后来在《祝愿——〈电影剧作〉复刊代复刊词》（《电影剧作》1982年第1期，“夏全3”第79页）中重复了这个颇为严厉的批评。

些人的忌恨几乎是必然的。

在《从广州会议谈起——在全国戏剧创作座谈会上的发言》一文中，他较早提出要全面检讨中国建国以来知识分子政策的问题。中国如果只是把知识分子看成需要改造的对象，看作异己的阶级力量，那么中国是没有希望实现“四个现代化”的。他反复征引了周恩来、陈毅的讲话精神：“谈到广州会议，我想参加过那次会议的人都会想起陈毅同志的讲话。他对建国十三年间特别是三年困难时期，中国知识分子、戏剧工作者在党的领导下所取得的成就、所作出的贡献作了很高的评价，表示经过了十三年——特别是三年困难时期的考验，可以摘掉‘资产阶级知识分子’的帽子。”① ——在当时即使重复这样的话也是需要勇气的。他还特别大胆地指出了党内流行的外行领导内行作风的根源：

> 我认为这个问题，关键在于对民主集中制的认识不足。我们这个国家经历了两千年的封建统治和一百多年的殖民主义的影响。我们这个社会主义国家，是从半殖民地半封建社会脱胎出来的，我们身上在思想作风等方面都还包藏着许多封建主义的东西，这种封建残余的思想一有机

① 夏衍：《从广州会议谈起——在全国戏剧创作座谈会上的发言》，“夏全3”，第376页。

会就会如鲁迅所说的“沉渣泛起”。林彪、“四人帮”所用的手法就是封建主义和法西斯主义的结合，因此我认为在文艺界大力宣传和发扬民主作风，肃清封建流毒，依旧是当前的重要任务。①

这应当是中共高级干部在公开讲话中触及“民主集中制”问题最早的文献之一。

夏衍在讲话中还提及了知识分子需要抛弃历史的恩怨、团结起来的问题。这也是相当有预见性的。

在“真理标准”的讨论中，夏衍旗帜鲜明站在“实事求是”“实践是检验真理的唯一标准”营垒的一边。他颇有些激烈地说：“最奇怪的是还有另一种人，他们本读得很多，背得很熟，但是，对于马列主义、毛泽东思想中再三阐述过的原理偏偏视而不见，听而不闻。例如对于‘实践是检验真理的唯一标准’这样一个马克思主义的基本常识，也要挑起争论。这些人，说得轻一点，是思想僵化；说得重一点，是用马列主义、毛泽东思想之名来反对马列主义、毛泽东思想之实。”夏衍还说：“世界在不断变化，新的事物层出不穷，马克思主义要根据新的情况变化而发展，毛泽东思想也要根据新的情况变化而

① 夏衍：《从广州会议谈起——在全国戏剧创作座谈会上的发言》，“夏全3”，第378页。

发展。”[①] 在当时，赞成“实事求是”乃是大势所趋，本无需多说，但夏衍立场之明确、坚定以及锋芒毕露、无所顾忌，却又成了这场讨论的一道风景。

夏衍对“左倾”思潮对中国共产党体制建设的影响力度较早地展开了历史性的反思。粉碎“四人帮”后，中国社会颇有一些人鼓吹这样的说法：党的一切本来都是好，所以有“文革”动乱，主要是林彪、“四人帮”一伙祸国殃民。换言之，这实际是用古话本小说“忠奸斗争”的模式把“文革”的发生简单化了，把它当成了一种偶然。如果“文革”灾难仅是一拨奸臣兴风作浪的结果，对许多忠诚的党员来说，无疑是心理的巨大安慰，但夏衍很有些“不解风情”地指出，对我党来说，“文革”的发生也许有一种历史的惯性因素：

> 回顾解放后近三十年的历史，我觉得，有来自右的干扰，但更严重的是来自极“左”的干扰。打倒“四人帮”以后，大家都说电影阵地是一个重灾区。但是我想，电影事业的受灾可以说在1966年以前就开始了。例如，从1958年起，一个后来当了林彪、“四人帮”两个反革命司

① 夏衍：《杂谈思想解放》，“夏全9”，第454页。

> 令部的总顾问[1]的人，看了长影、北影、上影的一些影片之后，在文化部作报告，点名把《梁山伯与祝英台》、《青春的脚步》、《花好月圆》、《牧人之子》、《地下尖兵》、《球场风波》等影片说成是银幕上的白旗，而予以批判。这不仅造成了文化部和省市制片厂之间、中央和省市委之间的矛盾，而且迫使一批反映所有制改革和人民内部矛盾的剧本下马和改作……后天失调，还有其他原因。1951 年对于电影《武训传》的批判，以及对《我们夫妇之间》、《关连长》的批评……[2]

套用一句俗话：夏衍是最早揭了康生，对《武训传》的批判，以及对《我们夫妇之间》《关连长》的批判这些问题“盖子”的人之一。

夏衍还提出了文艺的健康发展与法制建设不可分割的观点：

> 问题主要是发扬民主和法制问题。文艺方面还没有法。别的法都有了，连森林法都有了。出版法过去国民党

---

① 指康生。中共中央当时对他的罪行还未作结论，夏衍只能比较委婉地点出这个问题。

② 夏衍：《前事不忘 后事之师——祝〈电影艺术〉复刊并从中国电影的过去展望未来》，“夏全 7”，第 9 页。

> 还有，不过它是国民党专制的法。我们现无出版、著作权法，谁都管，谁都要管。某一个人讲一句话往往就决定了一个戏的命运，最近的例子是上海关于《“炮兵司令”的儿子》的争论，听说本来意见很分歧，有人认为是毒草，后来一位领导同志讲了一句话，认为可以，这才开了禁，这个戏又演了。文艺作品是香花还是毒草，一定要经过群众审定，而不能由少数人决定。……我们应该尽快制定出版法和著作权法。总要有一个法律可循，现在没有一个法律，只要有人一讲好就好，甚至于干涉到无理的程度，连反面人物姓什么也会受到无理指责。[①]

夏衍还较早提出了全面学习外国文化、继承传统的问题。夏衍对继承古典文化的问题说得尤其坦率直接：

> 我还主张读点古书，我中学时学过一点古文，背得出几十篇《古文观止》及不少唐诗，但在十九岁时赶上五四运动，那时搞全盘西化，我扔掉了古文又去学西欧的文学。我所认识的梅兰芳、程砚秋、荀慧生等这些名演员都

① 夏衍：《文艺上也要搞点法律》，“夏全 8”第 517 页。夏衍同时期对社会主义法制的呼吁，还可参见其《解放思想，改革体制》（“夏全 8”第 546—548 页）。

是读了很多书的，周信芳读书是出名的，他的房子里全摆着书，各种书都念。……我感到，现在二三十岁的青年人比我们二三十岁时，在政治、思想上要高明得多，但在学问上，在文化底子上是要差一些的。有一次，我们请演员念陈白尘同志写的《大风歌》，演员有许多词念不下去，因为是文言文，念了也不懂。这很值得我们深思，作为一个中国人，对中国古代的文艺不懂是不行的。我年轻时读过一些外国的东西，戏剧理论方面拉辛的《汉堡剧评》之类的书我都读过。但是，解放后读了李渔、焦循的戏曲理论后，觉得他们的理论比外国的理论亲切得多，使我得益匪浅。这一点我希望年轻的同志注意。新文化是从旧文化来的，我们不能割断民族传统。我国 30 年代一些电影演员动作很别扭，是因为他们是从外国电影中模仿来的，不符合中国的人情。总之，我们要学传统是为了使我们的戏剧更繁荣发展，水平更高。①

在一系列讲话中，夏衍也反思了自己过往一些头脑发热的事情。的确，在历史的大浪中每个人都不可能没有过失。只有真诚地检讨了自己，对历史发展轨迹的检讨才具有生命体验的

① 夏衍：《我的期望——在中国剧协第三次会议代表大会上的讲话》，“夏全 3”，第 390 页。

厚度。一个人是否睿智，通常不是看他会不会犯错误，而是看他犯了错误后对自我检查的深刻程度以及改正错误的速度。夏衍对自己在“省有制片厂”等问题上所犯的错误“供认不讳”：

> 大跃进的时候我们提了个口号，叫做“省有制片厂，县有电影院，公社有电影放映队”。我为这个事情，1958年秋天到1958年的年底跑了八个省市，天津、山东、江苏、安徽、江西、广西、云南、四川八个省市。各省市都很积极地搞起来了，到了后来就不行了。我没有办法啊，这个事情是文化部提的，是我提的。碰上三年困难，没有办法了……弄到后来，我没有办法了，我向总理做了检讨，说：这个事情是我出的主意，现在看起来不行，没有人，没有剧本，没有导演，没有专业的演员，搞个厂有困难。①

从1978年至1982年初，夏衍还有一些文章，如《新春答客问——答〈人民电影〉编者的提问》（《人民电影》1978年2—3期合刊）、《“文革”结束两年后中国文学艺术界的现状》(日本《中国研究》1979年第4期，原文为日文)、《解放思想，

① 夏衍：《在1979年全国故事片厂厂长会议上的讲话》，“夏全7”第22页。

勤学苦练——在北京市文联业余作者座谈会上的讲话》(《北京文艺》1979 年第 4 期)、《在中国电影工作者协会第三次代表大会上的讲话》(《电影艺术》1980 年第 1 期)、《在 1979 年电影导演会议上的讲话》(《电影艺术》1980 年第 3 期)、《在 1980 年电影导演会议上的讲话》(《劫后影坛》，北京：中国电影出版社 1980 年版)、《关于文艺创作的几次谈话》(《戏文》1981 年 6 月创刊号）等等，在当时也发挥了重要的思想解放前驱的作用。

在当时，思想解放的一个重要工作，就是帮助知识分子、被“四人帮”肆意诋毁的干部队伍重新恢复工作、恢复名誉。夏衍处境稍有好转，就力所能及地帮助了一些人，如陈荒煤。陈荒煤当时在重庆市图书馆历史资料部书库，也没有职务名称，是叫“书库员”还是“资料员”谁也说不清，工作就是抄卡片，清理书籍：

> 到了 1978 年冬天[①]，大概是春节前，夏衍同志给我去了封信，寄了点花生米，还有香肠，那封信很简短，就是这么几句话：“不晓得你的情况，如果你收到了东西，回信。”我当即给他写了回信。不久，他又来信，要我把情况赶快写个材料。后来我写了个稿子给他看了，他提了些

① 当为“1977 年冬，1978 年初”的意思。

> 意见。我修改后寄了一份给他，他转给了小平同志，小平同志批给了一办。一办是汪东兴手下的，有的人说是审查文教系统干部的，也有人说是周扬专案。后中央一办去了两个人给我看材料，小平同志在上面批："应该复查"，华国锋划了个圈，交汪东兴办。①

1978 年春节过后，陈荒煤的问题即得到了解决。

更多的时候，夏衍是以他的笔作为武器，通过一个个鲜活的、对人民有大爱的人物形象的塑造，洗刷"四人帮"及其大小爪牙们泼在中国知识分子身上的污水。一段时间里，他简直成了悼文、纪念文章的"专业户"。《巨星永放光芒——纪念周恩来同志诞辰八十周年》《知公此去无遗恨——痛悼郭沫若同志》《杨度同志二三事》《从心底里怀念我们的好市长——纪念上海解放三十周年》《忆谷柳》《忆阿英同志》《悼念应云卫同志》《重读〈创新独白〉——纪念瞿白音同志逝世一周年》《"左联"杂忆》《一位被遗忘了的先行者——怀念"左联"发起人之一童长荣同志》《关于左翼剧联的几个特点》《赞颂我的"老大姐"》《回忆杨贤江同志》《不能忘却的纪念》等文章，不

① 陈荒煤：《陈荒煤文集》第 10 卷，北京：中国电影出版社 2013 年版，第 209 页。陈荒煤的平反经过及夏衍给予的帮助，可参见严平《荒煤在劫后重生的日子里（1978—1980）》（《新文学史料》2011 年第 4 期，第 15—17 页）。

但真挚地抒发了夏衍对亡友们的怀念之情，更重要的是，他以历史见证人的身份，如实地向人们讲述了这些杰出人物崇高的人格、不凡的业绩，将被“四人帮”们诬写的历史又改写了回来。这一类回忆散文也是夏衍晚年创作最重要的一种文体。

改革开放初期，尤其在十一届三中全会之前，思想禁区是很多的。有些问题非常重要，但一时间难以正面谈论，夏衍也有意识地用一些迂回的技巧接近目的。复出后，他写的最早的回忆性文章之一即是《周总理对演剧队的关怀——关于演剧队的一些史实》。他在文章最后指出：

> 从救亡演剧队到抗敌演剧队一直是在周恩来同志直接领导和亲切关怀下成长起来和战斗过来的。他们是在国民党反动派控制的地区内坚持战斗，宣传党的团结、抗日、进步的方针的轻骑队，是党在国统区的一支重要的战斗队伍，而绝不是“四人帮”诬蔑的所谓“反革命别动队”。我对演剧队的工作做过一段时期的联系工作（主要是在东南地区），因此，在深揭狠批“四人帮”的时候，对这个问题，深感到根据亲身经历的史实，说明事实真相，把“四人帮”颠倒了的历史再颠倒过来，是我政治上和道义

上的责任。[①]

他写这篇文章的目的，一方面固然是为了缅怀周恩来的丰功伟绩，但另一方面，则试图借机为抗战演剧队性质的平反打入一个楔子。抗战演剧队中有马彦祥、宋之的、崔嵬、洪深、金山、郑君里、陈鲤庭、瞿白音、应云卫、赵丹、刘斐章、于伶、石凌鹤等等，名人特别多。如果能够翻转“四人帮”对演剧队的污蔑，就意味着能够一下子解脱许多人（尽管这其中有不少人已经离开了人世）。此举有“四两拨千斤”之妙。

1979 年 10 月 30 日，对中国广大的作家、艺术家们来说，是一个不平凡的日子。第四次全国文艺工作者代表大会在北京召开。邓小平代表党中央致祝词。他在讲话中充分肯定了“文革”前十七年文艺战线的工作成绩：“文化大革命前的十七年，我们的文艺路线基本上是正确的，文艺工作的成绩是显著的。所谓‘黑线专政’，完全是林彪、‘四人帮’的诬蔑。”[②]

11 月 16 日，夏衍拖着在“文革”中被打断的一条腿，蹒跚地上台致了闭幕词。夏衍不无伤感地说：“过了 10 月，我已经是八十岁的人了，这次代表大会，可能是我所能参加的最后

---

① 夏衍：《周总理对演剧队的关怀——关于演剧队的一些史实》，《人民戏剧》1978 年第 3 期，“夏全 3”，第 371 页。

② 邓小平：《在中国文学艺术工作者第四次代表大会上的祝词》，《邓小平文选》第 2 卷，北京：人民出版社 1994 年 10 月第 2 版，第 207 页。

一次代表大会。”在这闭幕词中，他就思想解放、封建传统等一系列敏感问题，作了切中肯綮而又旗帜鲜明、锋芒犀利的发言，引起了很大的震动。对于文艺界要不要坚持思想解放，夏衍说：

> 在文艺界，思想解放不是过了头，而只是露了一点头，离真正的思想解放和文艺民主还有一段距离……中国经历了两千多年的封建统治，五四运动虽然也反对孔孟礼教，提倡个性解放，但并没有把整个盘根错节的封建思想体系彻底摧毁。实践证明，由于封建主义的思想文化在中国还有广泛的影响，加上林彪、康生、“四人帮”一伙长期推行的那条极左路线，和新旧教条主义的束缚，中国文艺界要真正解放思想，决不是一个短时期所能解决的事情。

不消说，在这儿，“教条主义”前加了“新旧”一词，夏衍是有所指的。把这个重大问题在这个重大的场合挑开来说，既充分表明了这位老人无畏的态度，也说明，到晚年，他看待问题，是真正抓住了“一切从实际出发”的现实主义法则，而不像早年那样，对某些事情有时还带有些玫瑰色彩的幻想情调。根据自己的经历，夏衍尤为沉痛地指出：

> 全国解放后，我们常说我国已经彻底地完成了反帝反封建的新民主主义革命，因此，三十年来，在文艺领域中很少强调反封建的任务。过去我们往往把“百家争鸣”实际只归结为无产阶级和资产阶级两家的争鸣。但三十年的实践证明，这两家之外的封建主义这一家，却一直在顽固地妨碍着我国社会的前进。因此，为实现四个现代化扫清道路，我认为，反对一切形式的封建主义，如家长制、特殊化、一言堂、裙带风、官僚主义等等，同反对资产阶级个人主义、无政府主义和形形色色的派性一样，都应该归入我们文艺创作的重要任务之列。

作为社会主义文艺战线的一位成熟的领导人，夏衍同样也洞察到了时代挑战所带来的另一个重大问题，即在强调思想解放的前提下，表明文艺的意识形态性和作家的社会责任感在一定历史条件下还是必要的。无视这一点也会犯很大的错误。他指出：

> 在文艺创作和理论研究方面，不应该有任何禁区。但是，我相信，一个爱国作家、进步作家，特别是共产党员作家，在对他感到兴趣的题材、事件、人物进行创作之前，必然会考虑到怎样使之有益于振奋人们的革命精神，提高人们的道德和审美水平，必然会感到自己对祖国和人

民肩负的重大责任。[①]

夏衍掷地有声的讲话，得到了全场雷鸣般的掌声。大会宣告闭幕时，在少先队的鼓号声中，数十名红领巾分几路登台，向党和国家领导人以及主席团成员献上鲜花。薄一波同志特地走到夏衍面前把自己的一束花转献给了夏衍，以表示对他发言的高度评价。在随后举行的茶话会上，胡耀邦对几位青年作家说："我刚刚讲的是些空话（这是他的自谦之词——引者注），夏衍同志的讲话很有质量，你们应该好好学习。"

夏衍在讲话中，还点了康生这个阴谋家和野心家的名。当时对康生问题中央还没有正式作结论，因此有人据此对夏衍的讲话提出了异议。[②] 胡耀邦安慰夏衍说，公开发表《闭幕词》时先把康生的名字删去好了，反正康生的问题中央很快就要作结论了。因此，11 月 17 日发表在《人民日报》上署名夏衍的《中国文学艺术工作者第四次代表大会闭幕词》，在这个问题上略有技术改动。

---

① 夏衍：《中国文学艺术工作者第四次代表大会闭幕词》，"夏全 8"，第 534、536 页。

② 夏衍告诉钱辛波：就在闭幕当天中午，周扬找到夏衍，说林默涵反映，有几位政治局委员建议夏衍压缩闭幕词，或者干脆不讲。夏衍干脆地拒绝了。周扬也没有说什么就走了。可参见钱辛波《七访夏公——〈白头记者忆当年〉写作前后》（《忆夏公》第 518 页）。

第四次文代会上，夏衍再度当选为中国文联副主席。在随后举行的全国电影家协会代表大会上，夏衍又当选为中国电影家协会主席。

经过十年浩劫，百花凋零，文艺园地一片荒芜，电影亦不例外。夏衍对此很焦急，他又提起了改剧的笔，像《李四光》《南昌起义》《廖仲恺》《孙中山伦敦蒙难记》《梅岭星火》等优秀的电影戏剧作品，或得到过他热切的帮助，或得到过他亲笔的修改。尽管他曾“自我检讨”说，自己在文化部十年唯一的“罪过”就是事情做得太多，喜欢改剧本，“一改，将来整你的例子就有了”，尽管教训是如此“惨痛”，但他似乎还是没有什么“悔改”的意思。

话剧《孙中山伦敦蒙难记》是李培健写的，他于 1980 年 12 月将刚刚写好的剧本初稿寄给了夏衍。夏衍看了一遍，觉得基础不错，作为纪念辛亥革命七十周年的剧目，推荐给了中央实验话剧院。同时他又觉得剧本不够成熟，于是便亲自加以修改，在原来的剧本上圈圈点点，密密麻麻地加上了批注，逐字逐句推敲，连错别字都作了改正，甚至还为剧本新添写了一场戏。这一场戏里，增添了英国外交部的汤姆逊、苏格兰警长马凯尼以及伦敦各报社记者。记者们对马凯尼非法绑架孙中山的行为义愤填膺，提出质问，马凯尼极力狡辩。此时汤姆逊奉英国外交大使萨里斯倍之命，向马凯尼递交了照会，要求立即释放孙文。

夏衍作如此修改，如他给剧院的信中所说："一要忠于历史，二是大体符合当时的时代气氛。"① 而作者原来对英国政府在此事件中的作用不愿多写，是担心英国作为老牌帝国主义，如果写了他们对孙中山的援助，会不会有美化帝国主义之嫌？因而有意回避了这个问题。李培健手捧着改本，感动得流泪了。

《廖仲恺》是一部革命历史题材的故事片，剧本由鲁彦周执笔。当剧作手稿本送到夏衍手上时，他不顾视力迅速减退的痛苦，每天静坐书房，逐字逐句反复研读，并作批注，在十万字的长剧中，仅只三页没有他的笔迹，增加的内容有四百六十处之多，删去的也有五十处。有些他打了问号，要求作者去查证资料，力求准确无误地反映历史真实。

电影剧本《梅岭星火》起初由唐弢推荐给夏衍，他看完剧本后便立即写信给作者会林、绍武，信中既有热情的鼓励，又有中肯的批评。当作者将修改后的剧本送到夏衍手中时，正是盛夏酷暑，老人在一架老式电扇下苦干了一周，用红、蓝两种颜色的粗笔一页页地修改，蓝色是改定的，红字则供作参考。这洒满夏衍点点汗水的剧本，赶在 1982 年陈毅逝世十周年时由珠江电影制片厂摄制完成。

年届八十，却以这样的姿态搏击在思想解放的第一线，夏

① 李培健：《夏公帮我修改〈孙中山伦敦蒙难记〉》，《忆夏公》，第 405 页。

衍理所当然地赢得了人们的极大敬意。不过，他的工作也并非完全没有争议。

比如他对文艺界批评与宽容之间张力问题的强调。夏衍这时期的讲话、文章一直在强调一个问题：在艺术品的趣味、观念之间，不同的人有不同的立场很正常，每个人都有坚持自己观点的自由，但也要有宽容不同意见的心胸。他坚决反对用行政命令干涉作家的创作，但也反对一些艺术家一触即跳，一旦有批评自己的声音就认为是扼杀所谓的新生力量：

> 《骗子》、《在社会的档案里》和《女贼》……这三个剧本，……我曾说过，拍《在社会的档案里》这个戏要慎重……后来听说《在社会的档案里》没有拍，不知道和我的讲话有没有关系。……有的人就跟我讲，你以后讲话当心一点，你一讲，人家很紧张，就躲起来了。……作者有发表作品的自由，读者有批评的自由，这有什么可怕呢？我想推荐参加会的同志看一篇文章，就是最近这期《读书》杂志上王蒙同志的一篇文章，题为《“费厄泼赖”应该实行》。鲁迅写过《论“费厄泼赖”应该缓行》。王蒙说，鲁迅当时的时代应该缓行，而现在我们“百花齐放，百家争鸣”，解决人民内部矛盾的时候，应该实行“费厄泼赖”。“费厄泼赖”的意思就是公正、宽容、心平气和地讨论。要实行“费厄泼赖”，实行同志间的讨论，听听别

人的意见，听听不同的意见，互相间应该有点宽容。我因为宽容这个问题也挨过批评，但我仍认为人民内部应该宽容，特别是现在安定团结的时候。①

夏衍这番意见其实有些“两面不讨好”的意味。对某些想以惯用的行政手段直接把《骗子》《在社会的档案里》和《女贼》禁掉的人来说，夏衍这些话简直像是在束缚他们的手脚，近乎多余。② 而对“自由派”人士来说，夏衍的话也像是在束缚他们的手脚，在干涉他们最最宝贵的“自由”。尤其夏衍还说什么题材、理论没有禁区但“不等于作家心里没有禁区，

① 夏衍：《在剧本创作座谈会上的讲话》，“夏全 7”第 61 页。此篇“夏全 3”重复收录。由于此处谈论的实际上是电影剧本的问题，故该篇当收入“夏全 7”，但“夏全 3”所做题注有参考价值。

② 黎之的一些回忆可作旁证。他说：“务虚会是 1979 年召开的，从 1979 年到 1981 年经历了文代会、剧本创作会、讨论《骗子》等多件文艺界大事。特别是剧本创作座谈会涉及到很多文艺理论和文艺创作问题，会上意见很不一致……”（李世涛：《我接触过的周扬、林默涵和胡乔木——黎之先生访谈录》，《新文学史料》2011 年第 1 期，第 94 页。）

……特别是党员作家”[①]，这就更是束缚中的束缚了。在思想解放的初期，夏衍这种“左右为难”的观念引发的反弹还不算十分突出，但随着时间的推移，他为此遭受的攻讦将会越来越多。这是他的“自反求索”精神必须付出的代价。

---

① 夏衍：《在剧本创作座谈会上的讲话》，“夏全 7”第 62 页。

这个态度实际涉及作家如何表现“文革”遭遇的问题。夏衍还说：“许多人劝我把‘四人帮’虐待我的情况写点东西出来。我不写，因为这样写出来，对我们的社会、中华民族，对党、对人民没什么好处。苏联写这类东西的人很多，写作品反对斯大林，或者反对其他人。包括赫鲁晓夫，他的回忆录也是拿到外国发表。对苏联人民，俄罗斯民族并不光荣。……我认为真正的作家，爱国的作家，共产党员，不搞这些事情为好。‘四人帮’的残暴、权势之争人人都知道，中国十亿人口都已经吃尽了他们的苦头了。不要搞这个东西。我讲作者心里要有禁区，这句话当时就有人不同意。如果没有这个禁区，凡是社会上有的都可以写，那么能说恋爱的禁区打破了，我们就可以提倡写《金瓶梅》中诲淫的东西了？这不行。这个问题还是围绕着作家的世界观。作家提起笔要写时，有写作冲动的时候，想想这个作品出去对社会有些什么反映，有什么好效果，有什么坏效果，对人民有什么影响。我想每个诚实的、正直的、爱国的、希望我们国家好的作者，都应该有这样的考虑。现在的青年人没有吃过帝国主义的亏，不知道做亡国奴的苦。”（夏衍：《在剧本创作座谈会上的讲话》，“夏全 7”第 62—63 页。）

这是他出狱后基本不谈自己“文革”期间遭遇的根本理由。

应当指出的是，他的这种“禁区”说适用的范围是有限的：这需要当事者有异乎寻常的克制力和对共产主义有异乎寻常的热烈信仰。这种非常高的道德自我约束很难对一般作家形成真正的精神制约力，事实上也不该形成这种精神制约力。夏衍还多次与人说过：他不写“文革”，不是没材料，不是不会写，而是不想写。因为这是中国人的耻辱，写出来有损中国人的自尊。（钱辛波：《七访夏公——〈白头记者忆当年〉写作前后》，《忆夏公》第 518 页。）另可参见李子云《在医院与夏公聊天》（《忆夏公》第 109 页）、露菲《夏公是一本大书》（《忆夏公》第 125 页）等文。

最引起争议的，还是他对冯雪峰、丁玲[①]等人的态度。这其中核心的问题是他对冯雪峰的态度和他那篇《一些早该忘却而未能忘却的往事》（以下简称“往事”）。林默涵对此回忆说：

> 前几年，在为冯雪峰同志平反时发生了一段插曲。人民文学出版社为冯雪峰写了悼词，其中提到：对于鲁迅靠拢党，冯雪峰作了大量工作，冯是最早沟通鲁迅同党的关系的，比瞿秋白还要早，在这方面，冯雪峰是有功的。……然而，夏衍同志不同意悼词的上述提法，仍说冯在鲁迅与上海地下党之间起了挑拨作用，坚持他1957年对冯的批判发言。由于夏衍反对悼词的提法，追悼会拖了很久才开得成。后来，夏衍又把他的观点写成文章发表在《文学评论》上。这件事引起了很强烈的反应。[②]

林默涵回忆的倾向性是明显的。不过他的态度也许代表了一般中立者的观点。

---

① 因为丁玲曾和叛变了的爱人冯达同居并在狱中育有一女，夏衍等坚持要在丁玲的平反文件上写上“曾有被捕变节行为”一句，客观上造成了丁玲问题被拖延解决的情况。

② 林默涵：《十七年文艺战线的一些大事》，朱元石：《共和国要事口述史》，长沙：湖南人民出版社1999年版，第89—90页。

夏冯之间的矛盾，我们前已多次谈到，此处不必赘述。本来，经过“文革”，当事的双方冷静下来（冯雪峰此时虽已过世，但他在文坛自有不少故旧好友，“文革”结束后，他们和冯雪峰的后人一起，以非常大的热情投入到了冯雪峰的平反工作中），各自反省，围绕着这件事情的恩恩怨怨或许能够得到一个较好的解决。然而《新文学史料》1979 年第 2 期发表的冯雪峰《有关一九三六年周扬等人的行动以及鲁迅提出“民族革命战争的大众文学”口号的经过》一文却极大地激怒了夏衍。于是他不顾一些好友的劝阻（当然还有不少好友是鼓励他作出回应的），写下了“往事”。

“往事”的核心要义是批评冯雪峰 1936 年作为中共中央特派员来到上海，并没有完成中央托付的任务——甚至是背离了中央托付的任务。

①由于他对胡风的偏听偏信，人为地激化了左翼文艺界内部的

---

① 中共中央交付的任务，冯雪峰强调有四点："一、在上海建立一个电台与中央联络；二、同上海各界'救亡运动'的领袖们取得联系，传达党中央对于建立抗日统一战线的政策；三、尽力和上海地下党组织取得联系，为重新建立党组织做好准备；四、对文艺界的工作附带管一下，首先传达中央的政策。"夏衍则引用了周恩来的一个谈话精神："周恩来同志1960年春节约我们几个文艺界同志在西华厅便餐时（有齐燕铭、孙维世、袁雪芬等同志在座），我问过他关于冯1936年从瓦窑堡出发到上海的事。总理说，那是4月20日，他甚至连那天是星期几都记得，交给冯的任务有四：一、筹建一个电台；二、找沈钧儒、章乃器等救国会的领导人取得联系，传达中央的方针政策；三、找到鲁迅，传达中央的统一战线政策；四、自从1935年江苏省委被破坏以后，中央与上海党组织失去联系，冯熟人多，可以了解一下情况，首先冯要找到周扬、夏衍等人了解情况，团结起来，开展活动，配合新的统一战线活动。说完，总理举起酒杯说：'今天是春节，忘掉过去，咸与更新。'此情此景，我是永远不会忘记的。"夏衍还指出，张闻天的回忆大体与周恩来相仿。

这其中，周的说法（据夏衍的回忆）与冯的回忆在任务一、二上几乎一样。而在任务三、四则有不小的出入。这集中在：冯雪峰有没有向鲁迅传达中共中央政策的变化？中央当时是否就把周扬、夏衍等人当作上海地下党的主要代表？

夏衍还说："我为什么要把这四个任务提出来呢？因为冯到上海约一个多月以后，我千方百计才找到了他，他根本没有同我提到这些任务，连一个字也没有提。他的1966年材料中所说，当时所有中央的政策、指示他都通过王学文同志向我们传达。我问过王学文和周扬同志，并无这种传达。"（夏衍：《一些早该忘却而未能忘却的往事》，"夏全9"第473—474页。）

王学文1978年8月16日、9月9日两次接受唐天然的采访谈话，基本可以印证夏衍的回忆。王的谈话可参见唐天然整理的《王学文谈1936年冯雪峰到上海后解散文委的一些情况》（《上海鲁迅研究》1996年刊，第106—110页）。王接受采访的时间很早，又是直接的当事人，他的说法对印证夏、冯间的争议应当是很重要的。

袁雪芬在《痛悼"四条汉子"的哀伤》中，指出了夏衍被某些人刻意"冷淡"的问题，并对此表示"悲哀与遗憾"（《忆夏公》第419页）。其未竟之言殊可玩味。

矛盾以致造成了亲者痛、仇者快的“口号之争”。夏衍还特别指出了鲁迅《答徐懋庸并关于抗日统一战线》一文中某些在他看来明显与事实不符的地方，并且还批评了冯雪峰个别在私德上不够修敛的地方。最后夏衍说：

> 就我个人所知解放前他的活动而论，我认为他有功也有过，而总其一生，功大于过。……总之，对冯雪峰这样的同志，我认为应该一分为二，而我们之间的分歧，也是青年时期同志间的问题——虽然在当时，在1936年前后，“两个口号”论争前后，他所做的事几乎要把人民内部矛盾引向敌我矛盾去了。更严重的是，他借用了鲁迅的话，而鲁迅的话当时不仅在上海，就在全国都有极大的影响。①

不能不承认，夏衍此文从观点到具体的表述，看起来确实带有不小的刺激性。夏衍的回忆可能有助于厘清某些史实，但问题在于，这时的当务之急是推翻建国以来“左倾”路线强加在冯雪峰头上的不实之词，并对“左倾路线”给冯雪峰（及其家人）造成的伤害加以补偿。尤其值得指出的是，在“左倾路线”给冯雪峰（及其家人）造成的伤害中，夏衍并非全无责任。也许夏衍认为1957年他的发言只是在陈述事实而已，但

① 夏衍：《一些早该忘却而未能忘却的往事》，“夏全9”，第484页。

他的事实陈述本来就是夹杂在一种不够正当的批判浪潮中出现的：此处且不说当年对丁玲、陈企霞的批判是否占了一点道理（至于将他们打成“反党集团”则肯定是左倾思潮下的扩大化），将冯雪峰莫名其妙地牵扯进来最后形成了一个所谓的“丁陈冯反党集团”，肯定是一个重大的“左倾”错误。因此，夏衍这时再强调“史实”问题，一定程度上就有为当年施加在冯雪峰身上过“左”政策辩护的意味了——至少在冯雪峰的故旧好友及后人看来，容易引起这方面的联想。这是问题的关键所在，也是夏衍在这个时代氛围谈论这个话题的不合时宜之处。

当然，夏衍文中对胡风、彭柏山等人的许多批评也是成问题的。不过这是时代的局限。① 文中对鲁迅的某些评论意见同样很激起了一些人的不快：比如他总是强调“两个口号”中

---

① 对于这种局限，夏衍后来是有认识并有所补正的。他曾在《文学评论》1981 年第 1 期发表过一篇《关于〈往事〉的一点说明》，其中说道：“从 1966 年起，我与世隔绝了十多年。1978 年我因病入院，在《新文学史料》上看到了冯雪峰同志的文章，一时激动，写了那篇《往事》。……当时我在医院，没有查阅有关资料，更重要的是我并不了解 1956 年上海市委对柏山同志所作的决定是冤案。……从四川人民出版社即将付印的《夏衍近作》中抽掉了《往事》这篇文章。”（“夏全 9”第 506 页。）有人指责夏衍对《往事》中明显的错误也不作修改，这并不符合事实。

另外需要说明的是，前面经常提到的《新文学史料》“1979 年第 2 期”其实是该刊的总第 2 期，也就是 1979 年的第 1 期。故而夏衍在 1978 年底提前看到这一期的样刊或抽印稿是可能的。

“国防文学”口号事实上的优越性。

夏衍的文章激怒了不少人。楼适夷随后就写了一篇《为了忘却 为了团结——读夏衍同志〈一些早该忘却而未能忘却的往事〉》来激烈反驳夏衍。该文首先发表在《鲁迅研究动态》1980 年第 2 期，后又被《延河》杂志转载。一段时间里，《鲁迅研究动态》简直成了批评夏衍“动态”，很短的时间里，它就发表了《一件总想否定而又否定不了的事实——就鲁迅〈答徐懋庸并关于抗日统一战线问题〉手稿驳夏衍同志》（赵英著，《鲁迅研究动态》1980 年第 2 期）、《一条早该填平而尚未填平的鸿沟》（刘国盈著，《鲁迅研究动态》1980 年第 2 期）、《一些不想说而又不能不说的事——夏衍同志文章读后》（荣太之著，《鲁迅研究动态》1980 年第 3 期）、《一件不容歪曲的事实——对夏衍同志文章的一点意见》（叶淑穗著，《鲁迅研究动态》1980 年第 3 期）、《读夏衍同志文后》（王得后著，《鲁迅研究动态》1980 年第 3 期）等文章。这些文章大多态度激烈，用语比较尖刻。此外，余开伟的《千秋功过 自有历史评说——读夏衍同志〈一些早该忘却而未能忘却的往事〉的感想》（《文学评论》1980 年第 4 期）、包子衍的《一件早已肯定而又被否定的往事——关于冯雪峰同志一九三六年到达上海的时间问题》（《文学评论》1980 年第 4 期）、胡秉之的《“忘掉过去 咸与更新”——对〈一些早该忘却而未能忘却的往事〉一文的意见》（《西藏民族学院学报》1980 年第 6 期）也是较有代表性的反驳文章。[①]

此后，间隔一段时间总有一些研究者会将目光转回到这个问题上，对夏衍的"往事"展开批驳，直到21世纪第二个十年，情况依然如此。李何林的《为鲁迅冯雪峰答辩——读夏衍《懒寻旧梦录》，纪念鲁迅逝世五十周年雪峰逝世十周年》(《鲁迅研究动态》1986年第7期)、陈漱渝的《挑战经典——新时期关于鲁迅的几次论争》(《文学评论》2001年第5期)、《楼适夷在一次作家座谈会上的发言》[②]（《新文学史料》2002年第3期)、李新宇的《1978："拨乱反正"中围绕鲁迅的纷争》(《东岳论丛》2010年第10期)、《我接触过的周扬、林默涵和胡乔木——黎之先生访谈录》(李世涛整理，《新文学史料》2011年第1期）等文都直接或间接回应了夏衍"往事"一文中的一些说法。其中一些评论是较为尖刻的。

对于上述这些文章以及夏衍"往事"的具体论点，本书都不拟作详细讨论了。一些细节问题，恰如鲁迅生前说过的那

---

① 当然，对夏衍的这篇文章也不都是反对意见。张光年1980年2月17日日记就说："下午看了《文学评论》上夏衍同志一篇回忆录，涉及'四条汉子'等问题，澄清多年制造的迷雾。"(张光年：《文坛回春纪事》，深圳：海天出版社1998年版，第156页。)

② 这是楼适夷1981年5月8日的一个发言稿。20年后发表在《新文学史料》的"楼适夷纪念专辑"上也算是别具意味了。[据楼适夷1981年5月7日致黄源信，其发言日期则当为5月7日。(巴一熔、黄炜：《黄源楼适夷通信集（下)》，杭州：浙江人民出版社2006年版，第215页。)]

样：有些事即使弄到“对嘴”[1]，恐怕也说不清。笔者在此只是就大而论粗浅地谈一些看法。我们已经讨论了一些“往事”的未尽妥当之处，此外，我们对某些事情也抱有一定的疑惑：

其一，在当时的社会氛围中，《新文学史料》发表冯雪峰写于“文革”的交代材料是否合适？即使茅盾要求发，是否也应在这个材料前加一个说明？因为这篇文章客观上给人的印象是：从“纪要”到“四人帮”批“四条汉子”都是很有法理依据的。

巴金曾直言不讳地批评过这一点：“前些时候刊物上发表了雪峰的遗作，我找来一看，原来是他作为《交代》写下的什么东西。我读了十分难过。再没有比这更不尊重作者的了。”[2]

其二，《新文学史料》发表了冯雪峰的“交代材料”，却拒

① 鲁迅：《致徐懋庸》，鲁迅：《鲁迅全集》第14卷，北京：人民文学出版社2005年版，第85页。

② 巴金：《纪念雪峰》，巴金：《随想录》，北京：作家出版社2009年版，第116页。

绝发表夏衍的反驳文章，似未尽妥当。①

① 笔者看到过楼适夷与黎之的相关解释，觉得都很难令人信服。

楼适夷说："文章（指冯雪峰的'交代'——引者注）发表之后引起了很大的反应。首先就是夏衍同志。……后来果然写了一篇《应该忘却而未能忘却的往事》。……这篇文章准备继续在《史料》上发表。这时我又提出来，关于此事不要再写文章了，因为《史料》是个资料性刊物，不是论争性刊物。所以我主张不发表夏衍同志的文章。同时，请示了上级，上级同意了我们的意见。但是，夏衍同志坚决要求发表，终于在1980年第1期的《文学评论》上发表了。《文学评论》是社会科学院文学研究所领导下的月销××份的大型公开刊物，而《新文学史料》当时是内部刊物。在公开刊物上可以发表的文章，为什么在内部刊物上竟不能发表？是哪位领导根据哪条原则批准放行的呢？（楼老的意思大概是在责问：为什么在内部不能发表的文章竟然可以公开发表？但这似乎不是一个明确的规定。另，《新文学史料》何时又有此等鉴别'内部'、'公开'的绝对权威了呢？笔者奉读这段文字良久，始终不得要领，难以理解。——引者注。）我至今认为夏衍同志的文章是不适当的，是错误的。……夏衍同志这时仍不顾党的结论，还重复了1957年批判时的旧话……现在，既然中央已经给冯雪峰同志平反昭雪，就证明夏衍同志所说的这些材料是不确实的。（尽管夏衍对冯雪峰的批评不一定正确，但说中央做出了平反决定就能自动证明夏衍的材料'是不确实'的，则似乎于理未安。——引者注。）"

为什么楼适夷拒绝发表夏衍的反驳文章呢？也许他在心里觉得冯雪峰在"交代材料"中对夏衍等人的批评一点错也没有，正是对事实的描述，因此发夏衍的文章会冲淡冯文的效果。[在1992年1月26日致王元化信中他还这样说："××此人，鲁迅比对周还讨厌，说'元帅还好，可怕的是背后那军师'。乃超对我私下说：'这个人是要说谎的，他的话你莫信。'"（楼适夷：《致王元化信十封》，《新文学史料》2002年第3期。）他对夏衍的情绪简直是不加掩饰的。——当然，这仅是笔者的推测之词了。]

黎之则说："再如雪峰在'文革'中的交代材料发表以后，夏衍后来也写了文章，那时我参与《新文学史料》的工作，把他的稿子退了，不仅是因为雪峰已蒙冤去世，夏衍不该说三道四，而是因为觉得夏衍讲得太琐碎了，并没有把理论问题说清楚。对所有受冤屈的人我们都应该给予极大的同情，但是，不能因为同情心，影响了你的理论追求。"（李世涛：《我接触过的周扬、林默涵和胡乔木——黎之先生访谈录》，《新文学史料》2011年第1期，第71页。）这种说法也很难令人信服。冯雪峰的"交代"又有什么理论追求呢？莫非其中对"文艺黑线论"的印证是一种理论追求的表现？如果是，那夏衍"往事"对"四条汉子"说的解构也可算是一种理论追求了。关键还是一个机会对等的问题。

其三，夏衍的反应诚然有些过激。不过，放到1979年初那个特定的历史背景中，我们对他的这种反应似也可抱一定的同情态度。因为在这时，“周扬一案”的当事人还是对“文革”伤害记忆犹新的时候，也是“文艺黑线论”远未破除甚至还有些市场的时候。夏衍高估了这一材料可能隐含的政治意味，也不是完全不能理解的事情。

黄源与夏衍的私交远远谈不上深厚，但在这个问题上却表现出相当的通达明睿。他经常规劝挚友楼适夷：“我……看了些《红旗》、《人民日报》上毒骂周、夏等汉奸、叛徒，出于义愤，为他们辩护了，我觉得这是做得对的。你也再把那些混蛋文章看看，必有此感。看与不看，是不同的。”[①] 针对楼适夷的《为了忘却 为了团结》一文，黄源还说：“你的义愤，是正义的，可佩的……这是夏公挑起，不得不发的。……你的文章中，摆事实讲道理，很好，但其中有些讽刺、刺激话，出于义愤，我完全理解，但这些话，使彼此不能靠近。……所以邓小平同志的话，对过去的事，宜粗不宜细，是非常精辟的指示……我和你的交情，已是直言无忌，谅你能原谅的。”[②]

---

① 黄源：1978年4月29日致楼适夷信，巴一熔、黄炜：《黄源楼适夷通信集（下）》，杭州：浙江人民出版社2006年版，第51—52页。

② 黄源：1989年5月14日致楼适夷信，巴一熔、黄炜：《黄源楼适夷通信集（下）》，杭州：浙江人民出版社2006年版，第190—191页。

第二节　思想解放的斗士

1982年8月，夏衍率中朝友好代表团访问朝鲜前夕，一个期待已久的消息终于传来：中央决定正式为潘汉年冤案平反了！1982年8月23日，中共中央正式发出《关于为潘汉年同志平反昭雪恢复名誉的通知》，郑重向全党宣布："把潘汉年定为'内奸'，并将其逮捕、判刑、开除党籍，都是错误的……"

潘汉年蒙冤入狱后，1963年，最高人民法院作出终审判决，认定潘汉年是"长期隐蔽在中国共产党和国家机关内部的内奸分子"，判处有期徒刑15年，剥夺政治权利终身。1972年，他被以原来的罪名，报经当时的中央批准：永远开除党籍，改判无期徒刑。1975年5月，潘汉年与董慧又被"下放"到了湖南省茶陵县的洣江茶场。"四人帮"被逮捕后，他直觉地感到自己的问题有解决的可能，曾赋诗致爱妻董慧。其最后几句是："倘有千般罪，当有风先闻；堪叹莫须有，一脉贯古今！沉冤二十载，欣闻'四害'平；翘首望云天，何日见清明?"[①] 但令人惋惜的是，他的身体没有让他等到这一天。1977年4月14日，因患多种疾病，潘汉年在湖南长沙去世。在医院中，他的化名是"萧淑安"——这是他当年战斗在隐蔽战线时所常用的化名之一，而今则用作遮掩他"罪恶"的名字了。

潘汉年去世后，由于巨大的悲痛，董慧已略有精神崩溃之征兆。但即便是在这种情况下，她仍强撑病体（此时她已患癌症），先后向中共中央和陈丕显、廖承志、夏衍、谭震林、李先念、邓颖超、宋庆龄等写信，为潘汉年申冤。[②] 十一届三中全会后，她时任香港道亨银行董事长的哥哥专程到农场接她回香港，但她不为所动，她说："现在文革结束了，中央拨乱反正，党的政策走向正轨。我是中共党员，一定要为汉年申冤。当年他临终前曾有遗言：阿慧，如有哪一天可以说话，你可找小廖和夏公，向他们申诉，他们是了解我的。我要去北京，向陈云同志反映。我要还汉年的清白于人间，我和汉年生死都在一起，永不分离。"事实上，潘汉年蒙冤入狱后，周恩来就曾派人向她示意：如果她离开潘汉年，可以让她回香港。但她断

---

① 转引自胡立教：《潘汉年同志的光辉形象永存人间》，《上海市新四军暨华中抗日根据地历史研究会第六届会员代表大会纪念特刊》，2002年12月，第129页。"当有风先闻"，谭元亨《潘汉年狱中遗诗》（《书城》1996年第3期，第5页）作"当有见先闻"。

② 邓俊生：《潘汉年夫妇的最后日子》，《文史精华》1998年第11期，第16页。

然拒绝了，情愿入狱也要陪伴潘汉年。就这样，这位大银行家的女儿陪伴她的丈夫度过了 20 多年的牢狱生活。这是一位伟大的女性！但同样令人惋惜不已的是，因为受彭德怀案与陶铸案平反的鼓励，她连续给老同志、老领导写信，过度的精神兴奋导致突发脑溢血，经抢救无效，1979 年 2 月 24 日，她在洣江茶场医院逝世，终年 60 岁。①

潘汉年、董慧虽已离开人世，而且也没有子女，但他的战友们不会让他的冤案继续下去。这其中，在三中全会后复出，担任中共中央纪律检查委员会第一书记的陈云发挥了极为重要的作用。根据现有的材料，我们可以推测：他很可能在接手纪委工作的一开始，就考虑“潘案”的平反问题了。他是中共早期情报战线的主要领导之一，对潘汉年是否可能是“叛徒”、“内奸”当然会有一种直观的判断。② 由于潘汉年长期活动在隐蔽战线，其工作书证、物证、人证都很少，复查难度很大。陈云委托当年与潘汉年在上海从事过地下工作的刘晓③收集有关潘案的材料，为复查作准备。1979 年底，陈云被查出患有结肠

---

① 黄禹康：《潘汉年夫妇在洣江茶场》，《党史纵横》2012 年第 11 期，第 22 页。

② 陈云与潘汉年的工作交集处，可参见尹骐《潘汉年冤案的形成与平反》（《炎黄春秋》1998 年第 2 期）。

③ 刘晓与潘汉年的关系及其为“潘案”平反所做的贡献，可参见何炎牛、马福龙、沈忆琴《潘汉年和刘晓》（《上海党史与党建》2001 年 1 月号）。

癌。手术前，时任中央副秘书长兼中央办公厅主任的姚依林问他有什么交代，他没有说别的事，只就“潘案”给时任中央秘书长、中纪委第三书记的胡耀邦写了封信说，“潘汉年一案要重新审理”。[①]

“潘案”复查从启动到结束，期间经历的时间可能三年有半（1979 年初至 1982 年 8 月）。[②] 这是在中纪委第一书记一力推动情况下的平反速度！“潘案”复查过程中所遭受的压力、阻碍可以想见。后人可以说：如果没有陈云在每一个重大环节上的坚持、把握，“潘案”也许不可能像今天解决得这么彻底、明了。1981 年 11 月 18 日，陈云在人民大会堂接见特科工作者的座谈会上说：“中央特科的工作是有成绩的，潘汉年起了很大作用。在特科，他不是普通角色，后期的日常工作，实际是他负责，中央纪律检查委员会正在为潘汉年平反。我必信，他将恢复名誉！”[③] 这等于是提前将近一年将因“潘案”而遭受牵连的人士解脱了。为此他是需要承担政治责任的！

廖承志对推动“潘案”复查也作出了巨大贡献。1979 年

① 据《陈云年谱》1979 年 10 月 24 日记载（中共中央文献研究室：《陈云年谱》（下），北京：中央文献出版社 2000 年版，第 254 页）。亦可参见吕春《陈云与潘汉年冤案的平反》（《福建党史月刊》2005 年第 11 期）。

② 最高人民法院于 1982 年 1 月撤销了原来的刑事判决。

③ 刘人寿：《一代英才——陈云、李克农等领导人与潘汉年平反》，《人才开发》1998 年第 1 期，第 17 页。本文作者刘人寿是潘汉年情报系统的重要人员，曾因受“潘案”牵连入狱 18 年。

初，他就对张建良（即传奇人物华克之，曾主持刺杀过汪精卫、宋子文等）说："潘汉年是个好同志。"① 他还与邓颖超积极沟通，了解邓颖超对"潘案"平反的态度。潘长期在周恩来的领导下工作，但此时周总理已去世，该邓颖超出来说话了。邓颖超在一次谈话中说：潘汉年已死多年，妻子也死了，没有孩子，没有拖累，倒来去空空，干净利落。廖承志明白邓颖超话中所包含的巨大同情态度。

1980 年 11 月 3 日，在中央讨论《关于建国以来党的若干历史问题的决议（讨论稿)》时，廖承志公开对潘案表示疑问。他认为，纠正党内历史上的冤假错案，就必须彻底。潘汉年的冤案若能平反，其内含的意义，远远超过还一个党员以公正，这是对战争年代在白区从事革命工作的广大地下党员的特殊经历、特殊斗争方式的实事求是的承认和肯定，能安抚一大批"白区党员"多年来受怀疑、受审查、受委屈、受伤害的痛楚的心。在会上，一向谦和的廖承志显得十分激动，他声音不大，却很坚定地说："我认为应当给潘汉年平反！"廖承志讲到他对潘案的怀疑。他说：

> 我记得，1946 年我从南京返回延安后，曾问过康生关

① 何炎牛、马福龙：《廖承志与潘汉年》，《上海党史与党建》2002 年 1 月号，第 44 页。

于潘汉年所说中央批准了要情报工作打入敌伪的方针。此事，我记忆得很清楚，康生是强有力地肯定了的。因此，我后来一贯怀疑这件公案。如果潘汉年亲自在上海搞对日伪情报，那么他不免同日伪人员有接触，否则情报哪里来？因此，说他是汉奸之云，我是不相信的。如果潘是汉奸，他在太平洋战争爆发前后，完全可以将上海、香港的组织出卖干净。但是，直到全国解放，我所了解的，潘所知道的，香港电台、组织，一概毫无损失。如果潘汉年同志所进行的"打入敌伪取得情报"这方针，是毛主席、康生所批准的话，那么执行这方针的潘汉年不能说是"汉奸"，应予平反。而且，潘汉年一案有关人员已差不多全部平反了，可见潘汉年不会是"汉奸"。如果潘汉年是当了"汉奸"，哪有不出卖自己部下来染红帽顶子的"汉奸"？因此更不能成立。潘汉年据说见过汪精卫，这详情我不知道，我也不曾听潘亲自给我讲过。……这事如有，也无非是一个错误，够不上带上"汉奸、叛徒"的帽子，何况有一连串事实证明上海、香港组织纹丝不动，则哪来"叛徒"罪名？

廖承志还说：

是的，潘汉年已经死了多年，妻子也死了，没有孩子，没有顾累，倒也来去空空，干净利落。但是，我认为潘汉年同志一生是忠于党的，忠于马列主义的，忠于毛泽东同志的，他嫉恶王明如同蛇蝎，他是有革命贡献的！我建议重审潘汉年一案，我不相信潘汉年同志会变成“汉奸、叛徒”的，建议查明之后，予以平反，并宣布此事。

会后，廖承志便把自己在会上的发言，整理成文字，给陈云写了一封信，再次重申给潘汉年平反的意见。

胡立教同样对潘汉年“内奸”问题提出反证，他在材料中写道：潘熟知我们党通讯密码的规律和方法，如果他是“内奸”，就不可能不向敌人透露，而确凿的事实是直到全国解放，无论国民党和日伪系统，始终不知道我们的这一机密。[①]

廖承志、胡立教等人的公开表态，很大地推动了“潘案”复查的进程。从现有材料看，廖承志发言后，“潘案”复查进程明显提速。到 1981 年 3 月 1 日，陈云已经能够就掌握的情况致信邓小平、李先念、胡耀邦、赵紫阳四位（他还把廖承志给他的信一并附上），在信中他建议中共中央对潘汉年一案正式予以复查。邓小平很快地在传阅件上划圈后写道：“赞成。”

---

① 武在平：《为潘汉年平反》，《山西老年》1998 年第 2 期。本书关于廖承志、胡立教为“潘案”平反的资料，主要参考了该文，特致谢忱。我们还参考了吴永胜《潘汉年冤案平反前后》（《文史精华》2000 年第 2 期）的个别说法。

李先念、胡耀邦、赵紫阳也纷纷表示同意。

“潘案”由此才走上了平反解决的大道。

步入1990年代后，随着思想的进一步解放以及大量资料的公开，潘汉年为中华民族、中国共产党立下的功勋渐渐地为社会所了解，他的英名已为人所熟知。

在各类冤案中，人们都能感受到人性被摧残的一面。不过在“潘案”中，我们则意外地还能看到个别人性闪光的因素。这是笔者所以在这一冤案从形成到解决的过程略略多花费了一些笔墨的原因。

董慧、廖承志的事迹前已有述。这里还有几个人的事迹值得一说。

其一是李克农。潘汉年下狱后，李克农顶着巨大压力质疑潘汉年“内奸、叛徒”罪名成立的可能性，并提出了五条反证。这五条反证为日后平反“潘案”起到了巨大作用。罗青长的《潘汉年冤案的历史教训》、刘人寿的《一代英才——陈云、李克农等领导人与潘汉年平反》等于此有详述，不赘。另外值得一提的是，《永不消逝的电波》中的原型李白实际是潘汉年系统中的情报人员。该片的拍摄恰是1955年。李克农顶着压力支持文艺界将这个作品完成了。[①]

其二是韩练成。韩练成与潘汉年似乎没有太多交集，但他

① 陈邦本：《侯德华在“潘汉年系统”》，《世纪》2004年第3期，第25页。

在内心中大概从来没有相信过那些强加在潘汉年头上的罪名。1970 年 2 月他写过一首《怀友人》的诗作："十年生死两茫茫，谁知'小开'在何方。如此'特务'堪罕见，犹记当年过香港。"[①] 在"文革"高潮之际，韩练成却写下了这样意思非常直露的诗篇，其胆魄令人尊敬。

其三即是我们的传主了。1955 年，潘汉年被加上"内奸""反革命"的罪名后，尹骐指出："按照统一部署，在党内外发动了一个揭发批判的热潮。上海更是重点，在潘被捕后的几个月内，各种所谓检举、揭发和交代的材料数以百计地转到了专案机构。但这里面竟没有见到过去和潘汉年的关系最久最深的夏衍所写的揭发和交代文字。"在潘汉年被捕后的 20 多年中，夏衍保持了一种有尊严的缄默的态度。而这位据说看过潘汉年入狱后全部档案文字的研究者还指出，"文革"中因为潘汉年特殊的地位，找夏衍的专案组特别多：

> 其中，夏衍专案组的人员当然更清楚潘汉年和夏衍之间的长期交往，过从甚密的历史。他们几次以中央专案办的名义提审潘汉年，要潘交代和揭发夏衍的"罪行"。潘汉年不得不一次又一次地回忆他和夏衍的交往经过以及他所知道夏衍的全部情况。为应付专案人员的外调与追逼。

① 韩兢：《隐形将军》，北京：群众出版社 2008 年版，第 138 页。

> 潘汉年用了一整段时间写了一份长达数万字的关于夏衍情况的材料。由于这份材料的重要，有关部门还特地打印出来归档长期保存。20年之后，笔者读到这份材料时，深感这份材料是能够经得起历史检验的。除了在当时的政治背景下不可能没有的一些空词的政治帽子和流行的行文习惯用语外，就事实本身而言，可以说是没有任何虚构杜撰以及捕风捉影、蓄意夸大成分的。这既反映了潘汉年的政治品质，又反映了他对老战友夏衍的一片真诚负责态度。①

见惯了“文革”和各种政治斗争中的叛卖甚至夫妻、父子、兄弟间的相互揭发，我们不能不对这种经受了最严酷人性考验的人间真情表示最大的敬意。潘、夏都是十分正统的中国共产党党员，他们这种实际上的“拒绝揭发”的姿态，当然不是因为什么朋友义气，而是在心灵深处对于对方的信任感。这种具有巨大厚度的信任之情，使友情经受住了艰难时世的考验，也让人们在最绝望的时候对于人性中善良、温柔的一面有所希冀。

由于夏衍的政治地位及其工作性质，在“潘案”的平反过程中他能发挥的实际作用大概是有限的（当然能够想象的是，

① 尹骐：《夏衍与潘汉年的挚友情》，《炎黄春秋》1995年第6期，第45页。

在这过程中他一定写过不少旁证材料)。[①] 夏衍但“潘案”平反后，为潘汉年恢复名誉、介绍这位伟大革命者的丰功伟绩与崇高人格，则成了他责无旁贷的义务和使命。这里需要指出的是，由于潘汉年工作的特殊性质，有些事情是不宜讲得太直接、太透彻的；某些事情夏衍可能是亲身的参与者或直接的见证者，但又要在书写潘汉年功绩的时候尽量地避开自己（这是夏衍的精神洁癖)，其实这一类文章并不好写。

为肃清长期以来加诸于潘汉年身上的不实之词及各种没有根据的传言，潘案正式平反之后，陈云亲自致信夏衍，让他写一篇纪念潘汉年的文章。[②] 欣然从命。他的《纪念潘汉年同志》于1982年11月23日在《人民日报》上发表，在全国上下产生了广泛的影响。在介绍了潘汉年非凡的战斗业绩之后，夏衍怀着无限深情回忆说：

---

① 有论者指出，为促进拨乱反正、平反冤案以及落实政策，夏衍在80年代初期写过的各种旁证材料总在200—300份以上，按每份300字、共200份记，此类材料的字数也不会下于6万字。编辑《夏衍全集》应当注意这类材料的搜集，“这恐怕是当代史家以及文体家所感兴趣的事”。(高汾：《有关夏公“写作”的几件事》，《忆夏公》第505页。）这是一个很有创意的见解。

根据许多人的回忆，“文革”时期个人的交代材料有关部分似也发还给了本人。至少部分人士如此。夏衍在“文革”时写的各种交代材料不知下落如何。如有可能，至少可作部分选摘。

② 陈云为潘汉年平反事曾于1982年11月9日“致信夏衍，请他写一篇纪念潘汉年的文章”。[中共中央文献研究室：《陈云年谱》(下)，北京：中央文献出版社2000年版，第310页。]

> 现在，真相大白，本来面目得以恢复，我们和他一起工作过的人可以负责地说，他是一个对党忠诚，勇于负责，平易近人，而且是严守纪律、不自居功的优秀共产党员。……我说他见过大场面，如参加长征，遵义会议后去过莫斯科，1936年到南京谈判住在宋子文公馆，蒋介石在西安被扣后宋美龄找他谈话……这一类“可资谈助”的事，连对我这样的“老搭档”也是严守秘密的。我知道这些事，还是1951年陈毅同志和汉年同志约宋之的和我谈文艺工作那一次，经过宋之的的“穷追”才透露了一点的。我记得清楚，当我们要他多讲一点的时候，他用上海话说：“吹捧自己的人顶着底。”①

他在其他一些忆旧散文中也不时迸发出对这位冤死了的战友无限痛悼的情愫。在一篇写给于伶的序文中，他忽然从于伶（他深受“潘案”牵连）转到了潘汉年身上：

> 潘汉年是一个20年代入党，出生入死地为党工作了一辈子的老党员，可是由于康生之流的诬陷，② 就在他以

① 夏衍：《纪念潘汉年同志》，“夏全9”，第531—532页。

② 这一说法不一定确实。

中共华东区代表的身份，参加 1955 年全国党代表会议的时候，以“内奸”的罪名被捕了。危言耸听地说是“挖出了埋藏最深的反革命集团”。这件事震惊了上海（他当时是上海市委第三书记和第一副市长）……

再说一遍，往者已矣，不多说了……可喜的是，我们的党毕竟是正确而伟大的，潘汉年死了，董慧死了，他们没有子女，可是，“四人帮”一倒台，就有不少过去和潘汉年同志共过事的同志给中央写了信，希望对这桩冤案重新予以审查。死者是不能讲话了，可是档案还在，来往的电文还在，和他一起工作过——特别是在最危难、最机密的情况下共过生死的人还没有死尽，于是，冤案终于平反了。[1]

文章所压抑着的巨大的悲恸之情令人动容。

据说，夏衍在生前曾打算写一篇与潘汉年交往的回忆录。[2]但非常令人遗憾的是，因为健康以及其他各方面因素的掣肘，他的这一构想终未能如愿。1992 年他又会同几位老同志向中央建议摄制《潘汉年》的电视剧。几经周折，在罗青长、胡立教

① 夏衍：《老骥不伏枥，余热可传人——〈于伶戏剧散论〉代序》，“夏全 3”，第 410—411 页。

② 刘人寿：《为潘汉年等同志和自己辩诬——驳周而复同志》，《新文学史料》1995 年第 3 期，第 211 页。

等的努力下，这个电视剧才解决了编导与经费问题。[①] 1997年，28集电视剧《潘汉年》在中央台播出，反响非常好，不过这时夏衍已经去世两年多了。

1982年9月1日至11日，中国共产党第十二次全国大表大会在北京召开。邓小平致开幕词，胡耀邦作《全面开创社会主义现代化建设的新局面》的报告。邓小平在开幕词中提出了“走自己的道路，建设有中国特色的社会主义”的重要思想。大会选举胡耀邦为党的总书记，邓小平为中共中央军委主席、中央顾问委员会主任，陈云为中共中央纪律检查委员会第一书记。

这次大会的召开，标志着粉碎“四人帮”之后长达六年的政治路线上的“拨乱反正”时期已基本结束。中国共产党将在进一步肃清十年内乱所遗留消极后果的前提下，将主要精力投入到社会主义现代化建设中去。

夏衍作为文艺界的特邀代表列席参加了本次大会。在这次大会上，夏衍当选为中共中央顾问委员会委员。

他完全赞成“十二大”的路线方针与政策，竭诚拥护胡耀邦及新一届的中央领导班子。“十二大”结束后，他在《电影工作者要加强学习——在电影界学习“十二大”文件座谈会上

① 严秀：《士林师表 艺术良心》，《忆夏公》，第58页。

的发言（摘要）》[①]《给中国电影表演艺术研讨会的贺信》[②]《在全国剧协第四次代表大会上的讲话》[③] 等一系列讲话发言及文艺散论中，都真诚地号召文艺界人士认真学习“十二大”以来中央领导班子对文艺界的指导精神。夏衍虽然长期担任文艺界领导人的职务，但他的公开发言及文章其实并不经常直接引述中央文件的原文。除了周恩来，他也并不太直接在文中冠以“××中央领导的指示精神”云云。但一段时间以来，他对“十二大”精神、对胡耀邦的文艺指导思想，则有着较多的直接宣扬。

夏衍所以重视“十二大”路线对于文艺界的指导作用，可能是因为他认同其中的基本观念：坚持改革开放，坚持解放思想，坚持清算“左倾”思想的重大危害。自 1982 年至 1986 年这一段时间，夏衍的精神工作主要集中在两个方面：一，呼吁进一步解放思想；二，揭露、反思“左倾”思想的巨大危害。在这两个问题上，他讲得非常多，并且通常是非常尖锐的。我们以下仅略略摘引几条：

> 文艺界拨乱反正的一个很重要的问题，是对于“文艺

① 见《大众电影》1982 年第 11 期。

② 见《大众电影》1985 年第 3 期。

③ 这个发言作于 1985 年 4 月。

为政治服务”这一口号的改变。“文艺为政治服务”这个口号，是在革命和战争的时期开始的，郭老在20年代末就说过文艺是革命的留声机。因此，它已有很久的历史。但是，到了社会主义建设时期，凡是清醒的人，都会感到这个口号的不科学，不完善了。所以，第四次文代会之后，不再提“文艺从属于政治”、“文艺为政治服务”等口号，而改提“文艺为人民服务，为社会主义服务”。……

关于口号的改变，是今年文联全委会上争论最多的一个问题。有的同志慷慨激昂地说：“把‘文艺为政治服务’改为‘文艺为人民服务，为社会主义服务’，是对资产阶级自由化的妥协。”我感到很奇怪，不是大家都讲要与党中央保持一致吗？为什么在这个问题上不深刻领会中央的精神，不与中央保持一致呢？（对很多人来说，“与中央保持一致”的前提是中央与他先保持一致。一些喜欢教训人的“唯我独革”的人们，这一特征尤其明显。——引者谨按）……你也不能用这个标准（指“文艺为政治服务”标准——引者注）要求一切作家，也不能说没有政治性的作品就不是文艺。加上时代变了，形势也变了，现在，阶级斗争的疾风暴雨的时代已经过去了，为了适应新的形势，为了“把文艺搞活”，就会感到“文艺从属于政治”、“文艺为政治服务”这个口号是不完善、不科学了。①

我一直有一个想法，长期以来的中国的不民主、主观独断、个人崇拜等等都是和“愚昧”有直接关系的。要建设一个有高度文明、高度民主的社会主义国家，没有文化、看不起“精神财富”是不行的。……②

我们也应该看到，文艺工作者的积极性，还没有充分发挥出来，在我们前进道路上还有一些阻碍。这有两方面的原因：一是要改善党对文艺工作的领导，给文艺工作者以应有的创作自由；二是文艺工作者要解放思想，自我松绑。近年来，没有搞过运动，也没有打过棍子，但是，念紧箍咒，“鸣鞭”吓人，制造山雨欲来的紧张空气，乃至攻其一点不及其余的现象，还是屡见不鲜的。文艺界要大团结、大繁荣，上述的这些“文革遗风”就必须及早清除。长期的经验告诉我们，一种定义或者概念，是框不住文艺创作的。堵塞不如疏导。文艺工作者希望的是善意的帮助，自由的讨论。

---

① 夏衍：《在全国电影家协会四届二次全国理事会上的讲话（摘要）》，中国电影家协会编：《电影艺术参考资料》1982年第12期，“夏全7”，第93页。

② 夏衍：《答友人书——漫谈当前文艺工作》，“夏全8”，第578页。

我们这些人饱经忧患。不论是老年、中年和青年，在“文革”中都受过苦难，“心有余悸”是不难理解的。加上中国的无产阶级文艺诞生于三十年代初的“左”倾路线时期，在革命和战争中成长，片面地把文艺看作是教育和宣传的工具。这也已经有了半个世纪的历史，可以说“左”的教条主义思想影响和习惯势力，是根深蒂固的。今天，我们面临着历史性的大转折的时代，要解放思想，真实地反映这个沸腾时代的新人新事，文艺工作者自身就面临着一个紧迫而严峻的学习任务。①

我认为现在的青年人不管他自我奋斗也好，集体奋斗也好，他肯奋斗还是好的。现在怕消沉，不奋斗，这就麻烦了。一方面反对个人奋斗，一方面又鼓励自学成才，这到底怎么讲法？这自学成才不是个人奋斗吗？自学成才你没人帮助啊……②

最大的问题是什么？我个人的看法是十一届三中全会以来，戏剧界没有认真地彻底否定“文化大革命”，没有

① 夏衍：《在中国作家协会第四次代表大会上的祝词》，“夏全 8”第 592 页。

② 夏衍：《在“新中国三十五周年电影回顾学术讨论会”上的讲话》，“夏全 7”，第 106 页。

清除“左”的思想影响，一种无形的绳索捆绑着戏剧工作者手脚，戏剧工作者的积极性不能充分发挥……这里有一个长期以来一直没解决好的问题：由内行来管，还是由外行来管？管的人是以“阶级斗争的哨兵身份，一发现敌情就予以消灭”的态度来管，还是从与人为善的愿望出发，用疏导和帮助的方法来管的问题。文艺创作有它独自的规律，要用一个固定的框框来框，是框不住的。文艺事业要百花齐放……作家可能会比一般人敏感一些，“先天下之忧而忧”……只要这些作家是爱国的、诚实的、以天下为己任的，那么他们提供的“信息”是可贵的，也是管不住的。①

现在看来，反映这些形象（指“勇于创新、积极改革的社会主义先进人物形象”——引者注）的影片还太少。造成这个现象的原因很值得大家深思。有人说，从1983年到1984年，作家们“下笔如有‘绳’”，电影界似乎也为此感到困惑。②

最近胡耀邦同志在省长会议上提到干部的素质问题。

---

① 夏衍：《新年献词》，“夏全3”，第420—421页。

② 夏衍：《1985年新春寄语》，“夏全7”，第231页。

他肯定了我们的干部大多数是好的，工作是有成绩的。概括起来说，我们一些干部的问题是一左、二缺、三不严。一左："左"倾思想没有清除。文艺界在整党中彻底否定"文化大革命"的教育做得不够好，因此"左"倾思想还不断干扰。二缺：缺知识——缺马列主义的知识、缺历史知识、缺科学知识、缺专业知识。三不严：对自己要求不严，组织性纪律性不严，个人东西太多，全局观点太少，当前问题考虑太多，长远问题考虑太少，对于世界大事、国家大事关心不够。……这些问题我认为电影界也都存在。①

对于当时引起许多争论的西方现代派文艺，以及一些明显具有赶时髦意味的西化的审美趋向，夏衍则多次在不同的场合发表了自己的观点：

对外国的东西，怕，没有用，堵，只会引起反拨。你可能还记得，1979 年和你谈起意识流时，我欣赏过《春之声》，后来我还讲过，对朦胧诗也不必大惊小怪。②

① 夏衍：《我说几句心里话——在全国故事片编导创作会议上的讲话》，"夏全 7"，第 235 页。

② 夏衍：《我说几句心里话——在全国故事片编导创作会议上的讲话》，"夏全 7"，第 235 页。

北京差不多每天有一万外国人来往，我们不可能不受外国的某些影响。一些青年人蓄长发，穿喇叭裤，我们可以劝说他们，帮助他们树立艰苦奋斗的思想，懂得什么是真正的美。但是，我也不相信穿喇叭裤就会亡国，青年人穿着觉得不好看，自己会换掉的。蓄长发觉得孤立了，也会自动剪短。①

不要迷信外国，我们在文艺方面一定要实行开放政策，要吸收外国好的东西。但是在吸收的时候有个立场问题，思想问题，政治问题。《8 又 1/2》我看不懂；《印度之歌》只能勉强看懂，但是看不出有什么妙处。我们这些人还不太顽固，我们看意大利新现实主义影片，能学习、吸收一些好的手法。最近听一位访苏回来的同志说。他们的电影和欧洲那些国家比较起来还是比较正派，也是在现实主义基础上进行创作的。②

对青年电影工作者，探索是好的，创新是好的，也要

① 夏衍：《在全国电影家协会四届二次全国理事会上的讲话（摘要）》，“夏全 7”，第 93 页。

② 夏衍：《在全国高等院校电影课教师进修班开幕式上的讲话》，“夏全 7”，第 119 页。

> 允许他们探索中出差错、出次品，但出了次品就得反思一下为什么群众不能接受、为什么多数人看不懂的问题。而电影则是最富群众性的艺术，除了要考虑到群众的欣赏问题之外，还要考虑到电影作品的经济效益问题，因为它是一种商品。不考虑大多数人，不考虑中国人民的欣赏习惯，不考虑广大人民的喜闻乐见，是不行的。[①]

> 乔伊斯、皮蓝德娄都是大作家，他们的作品都值得我们借鉴，可以得到启发。但产生这些作品都有它的历史和社会背景，80年代的中国，究竟不同于本世纪初的爱尔兰和意大利。我不赞成随便地责备人家"食洋不化"。在开放改革中，为了开阔眼界，增长知识，"食洋"是必要的，也是很难避免的，问题在一个"化"字，这有一个过程，即选择、咀嚼、消化、吸收和排泄。我又想起了鲁迅先生讲过的话……《拿来主义》这篇文章，现在再细读一下，还是有益处的。[②]

夏衍从"现实主义"美学原则出发来赞扬苏联电影"比较

---

① 夏衍：《扩大知识面，打好专业基础——在北京电影学院"培养专业电影剧作者座谈会"上的讲话》，"夏全7"，第141页。

② 夏衍：《要大力提高电影质量——在中国电影协会主席团委员座谈会上的讲话》，"夏全7"，第249页。

正派”，这种趣味显然过于保守了些，从某种意义上说，再也没有比苏联电影更不“现实主义”的了（如著名的“列宁三部曲”中对托洛茨基、布哈林的污蔑和对斯大林的吹捧）。但正是这些现在看起来已略有些观念滞后的评论衬托出了夏衍思想中最可宝贵的一面：宽容与开放。尽管这些西方“现代派”艺术是多么地不合他个人口味，但他永远强调“开放”“学习”“探索”，不可“盲目排斥”“随便地责备人家‘食洋不化’”，不要用行政手段干涉青年们的审美趣味。“不相信穿喇叭裤就会亡国”在当时是非常有分量的一种表态。从那个时代过来的人还可以清楚地记得：直到90年代初朦胧诗都还是一个有争议的话题。①

而对遭受较为严厉批判的电影《太阳和人》（电影文学剧本名为《苦恋》），夏衍尽管也给予了较为严肃的批评，但总的态度是保护性的、与人为善的。作为忠诚的共产党员，夏衍不会赞成《苦恋》所渲染的“共产主义信仰破灭”的主题负面情绪。其实，他最初看到这剧本时就发现了这一点。但他坚持不

---

① 笔者一直好奇：为什么在80年代，如何看待所谓的“现代派”艺术竟然是一个如此严重的政治问题？私下测度：这种思维模式除了苏联文艺观念的影响，是否还可能继承了某些“文革”思维？江青在1966年11月2日那场著名的揪斗大会上不就是这样说的吗？她说：资本主义的“经典”，大量不就是“阿飞舞、爵士乐、脱衣舞、印象派、象征派、抽象派、野兽派、现代派等等”吗？（江青：《在文艺界大会上的讲话（1966年11月28日）》，吴迪：《中国电影研究资料1949—1979（下卷）》，北京：文化艺术出版社2006年版，第90页。）

以行政命令的方式查禁这个作品，他更反对用大批判的方式批判这个作品。[①] 他说：

> 《苦恋》是有缺点的，对它也可以进行批评。这部影片目前正在修改，中央对它既没有禁止发行，作者白桦也没有像外电所说的那样被整治，他还在写新的剧本，而且在最近举行的全国优秀中篇小说、诗歌、报告文学的评奖中，他的诗《春潮在望》还得了奖。总之，我们的文艺政策、“双百”方针不会变，而且我们今后也不会再用“大批判”的方式来进行像某些外国人所说的“整肃”。[②]

在1983年年底所谓“清除精神污染运动”的高潮时期，夏衍在影协作了《对精神污染决不能安之若素》的发言。发言中他也批评了《苦恋》。但他指出对于《太阳和人》这样的作品，剧作者的责任还在其次，责任更在将类似作品摄制成片的

---

① 张光年在1981年2月23日的日记中写道：“上午到周家开会，着重谈了白桦的电影《太阳和人》修改问题，取得一致意见。但白羽、默涵咄咄逼人，碰得夏衍老头气恼不止。”（张光年：《文坛回春纪事》，深圳：海天出版社1998年版，第223—224页。）各方围绕着《苦恋》（《太阳与人》）展开的角力（准确地说，有人有意将之当作了角力的场所），在张光年这部日记中能够看得非常清楚，夏衍等人承担的沉重压力也是容易体会的。

② 夏衍：《与香港中国电影观摩旅行团的谈话》，“夏全7”，第310页。

厂长身上、在“我们”这些没有把好关的领导身上。[①]

这一阶段夏衍最重要的思想成果，当然是其回忆录《懒寻旧梦录》。

1985 年 7 月，夏衍的自传体回忆录《懒寻旧梦录》由三联书店出版。这是当年度中国思想文化界的一件大事。夏衍以参与者以及直接见证者的身份，以自己的生平经历作为经纬，对中国 20 世纪以来戏剧、电影、新闻、文学、翻译、统战、外交、出版乃至隐蔽战线等领域的若干重大事件作了详实而足可征信的回忆。该书披露了大量第一手的资料，引起读书界和研究界的广泛重视。回忆录虽然以 1949 年进入上海参加文化接管工作为终结，但它涵盖的精神思考的广度则远远超出了二十世纪上半叶这一时间阶段。在书中他通过对自我的真诚剖析，提出了几个极具关联性的问题：一个在漫长时间阶段里都葆有“五四”精神的革命者，为什么在建国之后总是跟不上步伐而经常被批为“右”呢？这位革命者为什么有时也加入到批判别人、“左”得轻率的潮流中去了呢？为什么这位革命者在经历了一段时间批判后会真心“反省”自我而觉“今是昨非”了呢？这些疑问和这位革命者前半生天马行空一般的人生轨迹相

① 夏衍：《对精神污染决不能安之若素——在中国影协常务理事扩大会议上的发言（摘要）》，“夏全 7”第 249 页。由于电影界明显是“精神污染”的“重灾区”，作为影协主席的夏衍在 1983 年 11 月 11 日作了这个发言。

对照显得如此沉痛而具有反讽意味。在回忆录中，夏衍得出的最后结论是：

> 我又想起了五四时期就提过的“科学与民主”这个口号。为什么在新中国成立后十七年，还会遭遇到比法西斯更野蛮、更残暴的浩劫；为什么这场内乱竟会持续十年之久？我从苦痛中得到了回答：科学是社会发展的推动力这种思想没有在中国人民的心中扎根。两千多年的封建宗法思想阻碍了民主革命的深入。解放后十七年，先是笼统地反对资本主义，连资本主义上升时期进步的东西也要反掉，60年代又提出了“兴无灭资”、“斗资批修”这样不科学的口号。十七年中没有认真地批判过封建主义，我们也认为封建这座大山早已经被推倒了，其结果呢，封建宗法势力，却“我自岿然不动”！1957年以后，人权、人格、人性都成了忌讳的、资产阶级的专有名词，于是，“无法无天”，戴高帽游街，罚站罚跪，私设公堂，搞逼供信，都成了“革命行动”。反思是痛苦的，我们这些受过“五四”洗礼的人。竟随波逐流，逐渐成了“驯服的工具”，而丧失了独立思考的勇气。①

① “夏全15”，第339页。

抗战岁月，夏衍已经多次呼喊：“科学与民主不可分。”①时间过去了40多年，夏衍认为事情的原点仍然必须回到这一点上来，并且只能回到这一点上来。

在往后的岁月里，这份沉甸甸的论断成为了激励中国文化界保持独立自由精神的重要思想火炬之一。读罢夏衍的自传，张光年说：

> 他的真挚的情感，并不轻易流露于笔锋，可是我读的时候，几次不禁热泪盈眶。这因为书中写到的好几位业已与世长辞的文化战士，曾是我的忘年交，他们的不幸遭际引起我痛切的回忆。还因为，我从中感受到当代的一位忠诚的革命者、一位杰出的文化战士的成长过程，他的理想与抱负，他的感奋与苦恼，他那充满艰险患难的坎坷经历，他那追求真理的至诚和随时准备为真理献身的意志，他在回顾与反思中勇于解剖自己的彻底唯物主义精神，是我们这一代的许多革命者、革命的文艺工作者可以充分理解的，可以深切体会的，甚至他那含蓄于字里行间的未尽之言，未了之意，也可以充分理解和体会，因而受到深切

① 可参见其《科学与民主不可分》（《新华日报》1942年10月7日）、《尊重这第一章第一页》（《新华日报》1943年2月6日）等文。

感动，引起深长的思考。[1]

夏衍往日的秘书李子云描述过，经过了“文革”，人的变化大致有三种情况，其中第一种就是“本来就不驯的人变得更加无所顾忌慷慨激昂，思想也更犀利深刻了”。[2] 夏衍正可谓这一类人中的一个典型。有一种说法用在夏衍身上是特别合适的：“这是一种老年的认真和激烈，一种面临生命终端时的不愿作一点违心之论的良知。”[3]

夏衍的自我反省和宽以待人感动过很多人。

晚年夏衍是医院的常客，冠心病、慢性支气管炎、肺气肿、十二指肠球部溃疡，再加上那条被打断了的右腿，都让他备受折磨。照他个人达观的说法，说不定什么时候马克思一纸请帖，就无忧无虑地走了。因此，医院里的消息他比较灵通，谁生病了，谁住院了，他都清楚。一次，他得知吉林省委原来的宣传部长宋振庭住院开刀，就顺便一晤。在他来说，这是问候一位文艺战线的老工作者，是正常不过的事情。不料，这事却在宋振庭心中引起了极大的震动。因为“文革”之前，他算

---

① 张光年：《夏衍不老》，张光年：《张光年文集》第4卷，北京：人民出版社2002年版，第93页。

② 李子云：《良知的痛苦，艰难的挣扎》，《文汇报》1988年8月31日。

③ 汪晖：《“火湖”在前——记唐弢先生》，汪晖：《旧影与新知》，沈阳：辽宁教育出版社1996年版。

是周扬、夏衍的对立面，做了不少与夏衍对着干的事情，他想，夏衍心中一定是芥蒂难消的——情况确实也常常如此，虽说浩劫过后大家都讲“相逢一笑泯恩仇”，但“恩”既难去，“仇”亦难消。

宋振庭感慨难已，遂抱病亲笔致函夏衍：

> 1957年反右，庭在吉林省委宣传部工作，分管文教、电影。在长影反右，庭实主其事，整了人，伤了朋友，嗣后历次运动，伤人更多，实为平生一大憾事。三中全会之后，痛定思痛，顿然彻悟。对此往事，庭逢人即讲，逢文即写，我整人，人亦整我，结果是整得两败俱伤，真是一场惨痛教训。对所谓“四条汉子”，庭本不知实情，但以人言喁喁，乃轻率应和，盲目放矢。“文革”前庭对周扬同志及我公，亦因浮言障日，轻率行文，伤及长者，午夜思之，怅恨不已。……我公高龄八十有四，庭亦六十三矣，病废之余，黄泉在望，惟此一念在怀，吐之而后快，此信上达，庭之心事毕矣。……①

收到这信，夏衍心中很感动。有人说，中国人不知“忏悔”，这话有时不无道理。夏衍不赞成人云亦云地学西方人来

① 宋振庭：1984年9月15日致夏衍信，“夏全16”，第119—120页。

谈什么“忏悔”，但他赞成人们要反思，要总结。浩劫过后，真心诚意地来总结问题的人，似乎也不多。很多人津津乐道于自己失去了什么，却很少想自己可亦曾使别人失去了什么。不懂反躬自问到了这等地步，夏衍亦颇觉无话可说。宋振庭与自己交谊非深，也不算是伤害自己最厉害的人，却每每自责不已，这怎能不让他感慨难已呢？关于对“文革”的反思问题，人际之间的恩怨问题，他也是有许多话要说的。

1985年12月16日，为纪念夏衍从事革命文艺工作五十五周年，中国电影艺术研究中心、中国电影家协会和北京电影学院在京联合举办了“夏衍电影创作与理论讨论会”。夏衍本人一向不赞成给自己举办类似性质的会议与活动。但这回在王蒙、周巍峙以及曹禺等人的联合推动下，他感到盛情难却，也只得应允了。但这一次电影界内部的讨论会，居然有一百一十多人与会，四十多人赶写了专题论文；习仲勋、邓颖超、李一氓、巴金、阳翰笙、冯牧等人也通过各种方式向他表示祝贺。领导的关怀，战友的爱护，晚辈们的诚挚的敬仰之情，让夏衍很受感动。当一个人在垂暮之年回望往事的时候，他竟然发现，他走过来的道路居然得到了这么多人的认同，对他来说，还有什么比这更幸福的呢？晚年的夏衍，有意识地使自己的思想跟上时代发展的脚步，有的时候，他有意地挑起某些问题的讨论，从不考虑自己的身份地位要有点架子，或者说，应该作居高持重状，明明有一大堆意见亦要强忍着不说。这是夏衍晚年最大的思想性格特色，也是他迥然大异于常人的地方。

当然，像夏衍这样的无所畏惧的思想解放斗士是不可能没有思想对立面的。他和他的战友们一直以来都遭受着多方面的压力。而他最重要的思想战友周扬在遭受了一次重大打击后突然倒下了。

很多人曾经议论过周扬和夏衍的关系和感情。1964 年至 1965 年那次有名的“一条汉子斗三条汉子”的文化部整风经常被人提起。不过，知晓两人关系的人都知道，夏衍虽然在气头上骂过周扬“王八蛋”，但这不影响两人的交情。周扬早年的秘书露菲有一次曾向他提出过 1965 年整风的问题，夏衍开始没有说什么话，后来，才缓缓地说：“搞革命没有现成的经验，难免出一些问题，走一些弯路，这不是哪个人的问题。‘文革’前十七年‘左’的东西不少，如果那十七年不是周扬领导文艺工作，而是张扬、李扬，恐怕江青早就插手文艺界了，那么，挨整的人就会更多。处在那种情况下周扬也难啊。”[①]

露菲回忆，周扬平时感情不外露，但惟独对待夏衍的时候会有突然性的感情不能自抑的情况。1978 年的冬天，应刚刚复出担任广东省委书记的习仲勋的邀请，周扬、苏灵扬、夏衍、张光年、李季、林默涵、露菲等人出席了广东省文联成立大会，并游玩了广州附近的七峰、六湖、三洞等风景名胜。大家都很尽兴。到了临近年关的一天，夏衍忽然对露菲说：“我想回去，回北京去。”露菲很奇怪：“怎么刚来几天，就要回去呢？”夏衍笑了笑，似乎有些不好意思地说：“我想我的猫。”

露菲于是向周扬汇报夏衍想回北京的事，周扬不明白夏衍为什么要急着回去。露菲说：“夏衍想他的猫。”不料听了这话，周扬忽然非常激动，热泪盈眶，过了好久才平静下来——露菲回忆这件小事时说：“这事为什么使周扬同志如此动容，至今我也不明白。”然后周扬亲自出马劝说夏衍多留几日。夏衍却情不过，终于留了下来。[②]

从首届金鸡奖颁奖之后，电影创作更加活跃了起来。条条框框少了，扣帽子、打棍子的情况也少了，但奇怪的是，电影界并未因此多产出几部十分过硬的佳作，而更奇怪的是，对这种情况，报刊杂志却极少有批评文章，反而是一片庸俗的叫好

① 露菲：《夏公是一本大书》，《忆夏公》，第 130 页。

② 可参见露菲《夏公是一本大书》（《忆夏公》第 127、130 页）。

之声。夏衍对此极不满意。他也搞不清楚，为什么30年代的争鸣、批评与反批评乃至“笔仗”，那样的频繁自然；而现在，大家修养却那么“好”，都那么“温良恭俭让”呢？看来还是庸俗关系学的思想在作祟。批评不得罪人又怎么能叫“批评”呢？

夏衍只得自己动手，算是“倚老卖老”了。

他首先呼吁电影界多听听“逆耳之言”，下决心进行“综合治理”。他尖锐地说：“空口讲白话，已经没有用了。”[①] 对《新兵马强》《幽谷恋歌》《车水马龙》等质量粗俗甚至荒唐可笑的影片，他毫不留情地点名批评。夏衍很直率地说：

> 讲到虚假，演员有个演技问题，如“装腔作势”，故意卖弄之类，但导演和剧本首先规定了演员的表演。张瑜在《庐山恋》中换了多少套衣服，是她自己要换的？她在《巴山夜雨》、《小街》中的表演不是很好吗？但是要她演小凤仙，就难为她了。李仁堂演农民、干部都演得不错，可要他在《子夜》里演资本家，我看就不能算出色行当。张金玲、刘晓庆都是很有前途的演员，但张金玲在《黄英

① 夏衍：《期望》，“夏全7”，第203页。

姑》中，刘晓庆在《神秘的大佛》中就演得不好。[①]

不但故事片，对新闻片与科教片的拍摄工作夏衍同样重视和关注。80年代初期，科教片《访日见闻记——它山之石可以攻玉》制作完成后，有人说，这部片子是“当前资产阶级自由化的典范，是卖国主义的”，并将之与《苦恋》相提并论。影片制作者张清只能向夏衍求救了。夏衍看完了长达两个半小时的影片后，立即同意此片公开放映：“国内放映没有问题，是奋斗目标。说明词写得很好，不像有些片子那么多。音乐多了一点，思考的时间都没有了。生活好一点这是真的。”他安慰还有些忐忑不安的张清等人说：“你们要不放心的话，还可以请谷牧、姚依林、方毅、万里（这几位均时任国务院副总理——引者注）等管经济的同志看看，我来联系。影片可以，不仅好，而且很好。”

要请这么多中央领导来审查一部科教片，即使是夏衍，也不能轻易办到。但为了使一部优秀影片不致湮没无闻，他亲自写信给谷牧、万里等，首先根据他自己看片时的记忆，对影片的内容做了详细的介绍，最后恳切地说：“我认为目前生产关系变革时期，（这部影片）对广大干部很有教育意义”；“我认

① 《提高电影质量 要有电影批评——记夏衍同志一席谈》，《戏剧电影报》1982年3月14日，“夏电4”，第481页。

为影片所反映的并无浮夸，都是实际情况”，“日本的经营管理，确有他们独特的一套，连美国企业家也大批派人到日本去学习”；“此片稍长，需两个半小时，但内容新颖，画面也拍得很美，您们很忙，也许可以有公余消遣的作用，为此，希望能抽出一点时间，审阅一下，并为是否公开放映，作出指示。”①

很久以后，张清才在一个偶然的机会，读到了夏衍此信的原稿。在幕后，夏衍悄悄地做了这么多工作，这是他没有想到的。

1983 年 6 月 10 日，中央政治局委员、人大副委员长、中日友好协会会长廖承志突然病逝。此后夏衍被指定主持中日友好协会的工作。1983 年 7 月 6 日，第一次中日友好交流会议在北京召开。日方总团长为宇都宫德马，各界代表 60 人参加了会议。中方以夏衍名誉团长、孙平化团长为首的 24 人出席了会议。1983 年 7 月 11 日，夏衍就任中日友好协会会长，王震任名誉会长。

廖承志病逝是夏衍晚年最为伤心的事情之一。夏衍和他平时志趣相投，价值观接近，甚至习惯开玩笑的脾性都很接近。不少人都曾瞥见两位老人私下里甚至动手动脚打闹的情形。②

---

① 张清：《夏公：科教片的精神支柱》，《忆夏公》第 244—245 页。夏衍原信可参见“夏全 16”，第 105 页。

② 刘厚生：《夏公在戏剧战线的雪泥鸿爪》，《忆夏公》，第 373 页。

“夏公和廖公一见面，当然就有说不完的话，他们从过去在香港的一起活动，从抗战到解放后一直谈到当前的文艺工作……从他俩的表情手势完全可看出他们中间的默契和相互理解。他们像一般人一样大笑、感叹和愤懑……这两位，一个文艺界宗师，一个国家领导人，都是那么纯真、朴素、普通，有时还像孩子一样天真。”[①] 夏衍对廖承志在中国政坛能够发挥的作用曾抱以非常大的期望，他甚至希望廖能够对促进祖国的和平统一事业有所作用。但廖的突然离去，不但让他于公丧失了一位老领导、老战友，于私，则让他永别了一位相交近60年的异姓兄弟。夏衍茫然若失地在《哭承志同志》中说：

> 十年浩劫中，我没有流过眼泪，可是6月10日晚上彻夜失眠，终于禁不住流了眼泪，为了党和国家的难以弥补的损失，为了我和他历时半个世纪的友谊——我永远不能忘记，1975年7月我从秦城回到家里，第一个来看我的是他，在那夜气如磐的日子里，第一个对我说“这种局面不会太长”的也是他。但是死者不能复生。哭又有什么用呢？哀哉！[②]

① 鲁彦周：《夏公和廖公》，《忆夏公》，第536页。

② 夏衍：《哭承志同志》，“夏全9”第551页。该文作于1983年6月12日。

这是夏衍生平的第三次痛哭。

晚年夏衍怀旧的思绪经常回到廖承志的身上。1988 年 6 月 3 日，在廖承志逝世五周年之际，他又写下了《忆老友承志》。在这篇文章中他有意点出这位爱开玩笑的“胖子”不开玩笑、严肃认真的一面：

> 自从改革开放以来，国内卷起了一阵“出国热”，官员、干部、专家、学者、企业家、文化文艺工作者……想出国的人太多了，出国成了“美差”，成了“政治待遇”。成千上万人挤在一条窄路上，就免不了有争抢和推挤。在这股热浪中，高干子女当然是近水楼台先得月了。可是，直到他去世那一年，承志的儿女一个也没有出过国，不仅是他的儿女，连梦醒的女儿李湄，乃至李湄的儿女，也没有一个例外。他长期分管外事和侨务，他有权，他的权还相当大，他又平易宽厚，助人为乐，可是在原则问题上，他是极其严格的——甚至可以说严格到了难以令人置信。[①]

只有心头怀着大爱，对祖国人民无限负责的心情，才能做到这点吧？夏衍最后引韩愈《祭十二郎》文中的名言“言有穷而情不可终，汝其知也耶，其不知也耶”，再次告别了老友。

---

① 夏衍：《忆老友承志》，“夏全 9”，第 649 页。

1983年的9月，一个消息辗转传到了夏衍耳中：乔冠华病重，恐已不久于人世。夏衍一般不去探望病人，以免见了面大家都难过。但乔冠华的最后一面还是要见的。

夏衍赶到北京医院的时候，乔冠华刚与一位领导人谈过话，心情不好，正闭目养神，不愿见客，但夫人章含之听说夏公赶来了，立刻请他进去。乔冠华见到夏衍，神情仿佛陡然一震。他抚着夏衍的手，不等夏衍开口就说："两次，1958年我就说过'留取丹心照汗青'。1968年，你进去了。我没有更多要说，还是这两句话，'人生自古谁无死，留取丹心照汗青'。"乔所说的"两次"，一次是1958年他去外交部，被批判犯了右倾错误；另一次是1976年后在复杂政治背景下受到冷遇。[①]

乔冠华在"文革"后期的一些行为很有争议。"文革"后他遭到审查，根本原因恐怕并不是因为在联合国大会上什么说错了"照过去方针办"抑或是"按既定方针办"话的问题。而是他后来追随江青太紧密了，还是"天安门事件"后极少几位理直气壮地积极遵照"四人帮"的旨意、带头上街进行反游行的部长之一。这种举动，甚至连外国外交官们都认为转向得未免太快。[②] 夏衍1975年出狱后，他也明显没有给过什么应有的

① 章含之：《风雨情》，香港：天地图书公司1997年版，第107页。

② 魏克德：《1976—1980年我在中国当大使》，北京：中国华侨出版公司1989年版，第112页。详可参见张颖《故友二人行——怀念龚澎并忆乔冠华（下）》（《百年潮》2004年第6期）。

帮助。这一点从我们之前的介绍中就可以看得很清楚。不过，夏衍对这位老朋友还是保持着宽恕之道的。即使在他对“四人帮”最为愤恨的岁月，他提到乔冠华（包括袁水拍）都是抱着一种深深的惋惜之情。[①] 乔冠华病故后夏衍没有写悼文，但他在《懒寻旧梦录》中还是一再提及了乔的才情。不管怎么说，乔都是一位“才子”嘛，曾经的友谊也是夏衍生命中最美好的记忆之一。

1984 年 10 月 1 日，夏衍应邀登上天安门出席国庆三十五周年典礼。中午，他回到朝内北小街的家中，才知道夫人蔡淑馨已于睡梦中安详地去世了。

蔡淑馨于建国以后，曾一度参加过社会工作，当过中学校长，但由于身体不好，也不善于应付纷杂的社会人事，便辞了工作在家照料子女。有空时即拾起早年的爱好，拿起画笔练习绘油画。60 年代初又改学国画，花鸟画、仕女画均颇见功力，偶尔还在美术作品展览会上参展过。她平日很少接触外界，只与中学时代的朋友沈兹九（胡愈之夫人）、胡子婴（章乃器夫人）、陈宣昭（吴觉农夫人）及上海同济大学教员钱青等时相往还。

“文革”风浪骤起，丈夫被揪斗、入狱，家里被查抄，书

① 可参见夏衍 1977 年月 23 日、1977 年 8 月 22 日致李灏信。“夏全 16”，第 17—18 页。

画被掠走，无尽的担心、惊恐，对她的健康造成了很大的损害，精神上蒙受了极大的痛苦和刺激。久而久之，就变得喜怒无常，[①] 不时出现幻听幻视，80 年代以后更明显地呈现精神病症状，整日神情呆滞。妻子的身心变化给夏衍晚年的生活以沉重的打击，内心不能不感到难受和不宁，却又无可奈何。这次病亡是意料之中的，只是她得病后，并未多受病痛困扰，这是夏衍唯一感到心安的地方。

回顾与淑馨相识、恋爱、结婚这五十余年的生涯，两人有过欢乐，有过伤悲，也有过夫妻间常见的争执，而更多的，是相濡以沫，相依为命，同赴患难，共尝艰辛。现在，她离开了这个世界，不再相陪于他了，夏衍不能不感到深深的悲凉和寂寞。

他在后来给淑馨好友钱青的复函中写道：

> 钱青同志：
>
> 未通音问近六十年，忽接手札，真有恍如隔世之感。淑馨已于 1984 年 10 月去世，时年八十。她受“文革”刺激，1982 年以后即神志失常，时有幻听幻觉，去世前已成

---

① 夏衍晚年似颇为此苦恼。在一封致袁星华（夏衍外甥，二姐沈云轩之子）、姚芳瑜（袁星华之妻）的信中他无奈地说：“我入夏以来身体甚好，只是淑馨自己不小心，又闪了腰，躺着不能起来，又吵又不听劝告，这是麻烦而又无可奈何之事。”（“夏全 16”第 161 页。）

植物人，所以临终前没有什么苦痛。我是 1955 年从上海调到北京的，匆匆也已三十年了。获悉近况，甚以为慰。祝健康长寿，合家康吉。

夏衍　十一、二十[①]

第三节　良知的选择

从 1986 年下半年开始，[②] 夏衍的思想探索出现了一些新的特点。

一方面，夏衍仍然坚持思想解放的旗帜，检讨“文革”给国家、民族带来的巨大伤害，检讨民主、法制建设中存在的缺陷与不足。不过，在这时期他的思考还出现了一些新的内容方面。

他对思想解放过程中他认为一些过激的现象也越来越明确地提出了自己的批评意见。这种意见包括政治、文化、艺术趣味等方面。尽管夏衍仍然坚决地反对以行政命令的方式干预思

① 夏衍：1989 年 11 月 20 日致钱青信，“夏全 16”，第 172 页。

② 以 1986 年下作为一个界限，是一种粗略的划分，仅仅出于笔者个人的观察。以 1986 年下为界，越往后，他客观上就似乎越处于一种“左右为难”的境地，而越往前，他思想解放斗士的面目就似乎更得到公认些。

想文化界的精神探索，并且，他的批评也总是温和的、说理的，但是，他的这些批评意见仍然让许多激进的人士感到失望，夏衍开始趋向于保守了、为既得利益团体说话了等批评之声不时隐约传出。

但夏衍仍然按照自己理性思考后得出的意见直道而行，所谓“左右为难”的问题并未给他造成什么真正的困惑。

我们在前面已经提到，忆旧类散文是夏衍后期（从其复出到逝世）散文创作一个非常重要的构成方面。而其中，他晚年的思念之情，大部分献给了在“文革”中逝世、或因“文革”而提前折损了的战友们，诸如《老骥不伏枥，余热可传人——〈于伶戏剧散论〉代序》《忆孟超》《风雨故人情——〈廖沫沙的风雨岁月〉代序》《悼秦似》《光明磊落 坦荡无私》[①]《〈章汉夫文集〉代序》《祝愿——贺〈大地〉创刊三十二周年》《上海解放前夕的一些回忆——答〈上海滩〉记者问》《长江的道路》《“左联”六十年祭》《〈邓文钊传〉代序》《蔡楚生同志之碑》《忆君里》《缅怀我们的先驱者》《怀念应云卫》等等。通过这些作品，夏衍揭露了“文革”极端荒谬而又法西斯主义的本质。一定程度上，人们可以将他的这些作品当作是对巴金建立“文革博物馆”的回应。他在怀念章汉夫的时候有这样剖析的感慨：

① 该文为“田汉研究 1986 年学术讨论会”上的书面发言。

这些造反派有一个现成的公式：凡是被捕过的人一定是叛徒，没有被捕的人则一定是内奸！我还记得，有一次一个专案组提问我时说漏了嘴，居然说：1957年反右派斗争中是谁保护了他？在外事口，有什么人能保护他，这是谁都能想到的。项庄舞剑，目标是什么，一切都清楚了。

汉夫比我小五岁，他却在十四年前就被迫害去世了。他只留下了这么一本文集。今天，还有多少事要他这样的人来做，有多少文章要他这样的人来写啊，我写不下去了，仰天长叹，呜呼！①

夏衍开始总结“文革”以及“左祸”的一些基本思维特征。夏衍的这些分析往往还不是泛论，他经常联系现实，指出现实实践中有哪些方面可能是“极左”思维模式的残余。当然，这些批评对于某些当政者来说恐怕是极难入耳的：

回顾建国三十多年的历史，我们吃尽了求快的苦头，也吃尽了求纯的苦头。1958年大跃进，要多快好省，要超英赶美，要在几年内建成共产主义，要快、要赶、要飞跃，其结果，大家都有经验，不必多说。快了一阵子，但

① 夏衍：《〈章汉夫文集〉代序》，“夏全9”，第636页。

是既不多，又不省，更不好。默默地把苦果吞了下去，还不让别人讲不同的意见，这教训是够沉痛的了。但这种求快的心理直到现在还没有消除，这种求快心理反映在基建投资上，反映在对外引进上，也反映在人才培养上、文艺创作上，……其次，还有一个求纯，也就是求统一，求一律，政治上是定于一尊，非我族类，其心必异。到“文革”前后，不单对知识分子，连对农民、工人甚至对党内有不同意见的人，也要专政，也要“横扫”了。①

夏衍还从历史的角度思考了中国“左祸”的国际背景，这是更为彻底地从根基上来思考党内民主制度出发点的一种精神探索。他指出党内某些思维方式及制度规定来自于苏联，苏联自身的制度建设本身就未必见得高明，中国共产党的某些思路因此可能存在着一开始就错了的问题：

我们中国党写党史，过去受到联共党史的影响，联共党史是斯大林制定的，里面问题不少。我们学了这一套来编党史，有些问题也未弄清楚。我总认为中国党有些也曾受过斯大林的影响，对此我们这些老人感受最深。“文革”中搞“残酷斗争、无情打击”那些东西都是从斯大林那里

① 夏衍：《对当前文艺形势的随想》，“夏全8”，第605页。

> 学来的。……西安事变一爆发，上海老百姓知道把蒋介石抓起来了，高兴得要命。我记得正在高兴的第二天，即12月13日晚上，塔斯社发表一电文，说西安事变是日本帝国主义通过汪精卫发动张学良搞的，我们几个人一听气得要死，我带头向塔斯社提抗议，塔斯社说我们是奉命照发莫斯科的电报，当然不回答我们。到抗战胜利后的1946年，马歇尔来华调停，王震同志到上海来，苏联驻上海商务代办处安德列波夫请他吃饭，酒后王震很激动地说：我们抗战八年，你们一点没有给我们援助，却支援蒋介石，我有意见……我同安德列波夫很熟，结果我劝开了。后来我看到朱可夫（当为“崔可夫”——引者按）回忆录，当时他是驻重庆大使馆的武官，他写到曾向斯大林请示，斯大林回答说：对国民党我们给武器支持，对共产党我们给精神支持。①

1987年底，夏衍还曾非常直截了当地指出：“我个人的感觉，今年是文艺界比较沉闷的一年。”而其原因和“反对资产阶级自由化”有关：“这次的确没有搞运动，但三、四月间还是有了一次‘倒春寒’，颇有一点风雨欲来的气势。你知道，知识分子很敏感，折腾多了，不免还有一点余悸。‘弱不禁风’

① 夏衍：《实事求是地编好电影党史》，“夏全7”，第339页。

的人也不是没有。”[①]

但夏衍这时期令人“不悦”的还不仅是上述这一类呼唤思想解放、清算“左祸”的文章。他对思想开放过程中一些过激的观点——至少他认为是“过激”的观点，也较多地直言不讳地发表了批评意见。尽管这些论点在他说来，差不多算是“吾道一以贯之”，他一直以来就是这么说、也是这么做的，比如关于思想解放、引进外国“新观念”的问题，他从一开始就坚持有所保留、有所批判的态度：“在实行对外开放政策，把关闭了几十年的闸门一下子打开的时候，在文艺界出现一些资产阶级自由化的现象，是不足为奇的，特别对于缺乏经验、以为一切‘新’的都好，一切‘旧’的都坏的青年。正因为如此，我在1978年说了‘题材无禁区，但作为党的作家，心里却要有一个禁区’的逆耳之言。讲这句话的意思，是希望在开放时期要有一点敌情观念。”[②] 这些话在1986年以后再讲，对一些人来说就过于保守、简直是一种限制了。而夏衍偏偏开始全方位地对文化激进主义展开了批评，并且批评的次数还很多。

夏衍最为反对的是“中国文化否定论”。当时不少人按照流行的“文化”理论，认定中国文化从根上就是腐朽的，中国

---

① 夏衍：《续“天南海北谈”——答〈大地〉周刊记者问》，“夏全11”，第551页。

② 夏衍：《答友人书——漫谈当前文艺工作》，“夏全8”第570页。该文作于1982年12月。

近代以至“文革”所有的负面问题，均因中国文化造成。夏衍在许多场合都专门指出：“对盲目崇拜西方的民族虚无主义，还是应该批评的。”① 他说：

> 我在一次讲话中说过，中国文学传统的主流都是入世的，是关心时政和人民生活的，中国知识分子从古以来都是忧国忧民的，都是“先天下之忧而忧，后天下之乐而乐”，都是以“天下兴亡，匹夫有责”来要求自己的，看来这是好传统而不是坏传统。所以我认为对于传统——不论是本国传统还是外国传统，都要作具体分析，该继承的继承，该扬弃的扬弃，而不能“一刀切”。②

夏衍以过来人的身份指出，这种否定中国一切传统文化的思想源头，实际可能是来源于“五四”运动自身的局限。“‘五四’是一场伟大的思想解放运动，参加这场运动的每一个青年人，都或多或少地受到过‘全盘西化’的影响。”③ 他说：

> 有人说，爱国主义是一种“图腾”。这就未免走得太

---

① 夏衍：《培养一支过硬的电影编剧队伍——在北京电影学院文学系座谈会上的讲话》，“夏全7”，第153—154页。

② 夏衍：《对当前文艺形势的随想》，“夏全8”，第606页。

③ 夏衍：《光明磊落 坦荡无私》，“夏全3”，第457页。

远了。

民族文化传统，以及民族文化和外国文化的引进和融合，也是一个很复杂的学术性问题。既然是学术性问题，各家之间就会有不同的看法，因为每个人的实践不同，世界观不同，学术素质不同，所以有不同意见，有争论，是难免的。不过，这种争鸣一定要实事求是，与实际相结合，又必须掌握充分可靠的材料，凭意念，动肝火，乃至造声势压人，是有害于学术讨论的。谈中国民族文化传统，就免不了要碰上孔夫子，涉及到儒家乃至儒家和法家与释家的关系问题。其实，对于儒学，国内国外就有各种不同的看法，一时也难以做出大家可以公认的结论。“五四”时期提出了“打倒孔家店”的口号，好像这个口号也是浙江人钱玄同先生提出的。这个口号很果断，也很彻底，但是缺乏具体分析，所以其结果不仅没有打倒，反而因为树敌太多，引起了一股“尊孔”的逆流。我认为研究中国文化传统，对儒学要用历史唯物主义的观点来分析。中国如此之大，历史如此之久，人口如此之多，孔子学说能够在这样一个国家（其实不只是中国，还在日本、朝鲜、越南、新加坡）延续两千年之久，假如它全是糟粕，没有一点精华，那是不可想象的。中华民族之所以能够以“勤劳、勇敢、智慧”自傲，看来儒学是起了一定的作用的。[①]

他还几乎是针锋相对地开始赞美中国文化自身具有的特性和优点——这方面的见解他过去较少发表：“我们中国人又是宽宏大量、聪明智慧，既乐于接纳，又善于承受、消化和融合、改造。”他以当时“文化研究”[②]的流行方式举例说：“所以许多外来语到了中国不久就会安家落户，或者经过中国化而约定俗成，这样的例子也是多不胜举的。”[③]他充满自豪感地指出：

> 京剧是世界上独一无二的艺术品种，它的特点一是唱、做、念、打四者俱全，二是它用最简练的程式，来表达最复杂丰富的感情。西洋歌剧既无道白，又无舞蹈，演

---

① 夏衍：《适应时代 面向未来——会见杭州大学中文系师生时的讲话》，“夏全9”第603页。夏衍在《我观中国的“根”》（“夏全9”）一文中，更认为“儒学复兴论”等也有认真研究的必要。这对一个80年代的老中国共产党人来说，是一种非常大胆的观点了。——另，《夏衍全集》断此文作于90年代初，不知何据。该文提到了“不久前”的费景汉的《企业与社会发展》。文中还提到“最近一位青年作家为了反传统、反封建而竟发展出‘人种’问题，认为中国的人种也不如别人”等。这似乎是指刘晓波1988年接受香港《解放月报》（见该报1988年12月号）提出“人种”说一事。因此该文当作于1989年初。

② 这里需要指出的是，夏衍并不反对“文化分析”这种研究方法。他对本尼迪克特的研究及其作用就相当推崇。可参见夏衍《最重要的是相互理解》（“夏全9”第675页）。

③ 夏衍：《也谈新名词和外来语》，“夏全9”，第612页。

员在台上只是放开嗓子干唱，几乎连表情也没有，芭蕾舞那只是音乐加舞蹈，话剧则只有做、念而无音乐和舞蹈。说它举世无双，这不是艺术上的沙文主义；20年代，苏联的梅耶荷德、斯坦尼斯拉夫斯基，后来德国的布莱希德（现通常译作“布莱希特”——引者注），总该算是权威了吧，他们都把京剧说成是人类艺术的珍宝。去年京剧《三打陶三春》到英国演出，英国报刊上也出现了一片赞叹之声。京剧这种精彩的艺术，连外国人都能欣赏，在中国倒反而会消亡？……真的京剧没有观众了么？我有一个信念，只要剧本好，演员好，京剧是肯定会有观众的。

四年前，我在杭州也和戏剧界谈过京剧危机的问题。经过一场辩论之后，我冒叫一声，讲了一句过头话，我说：“我相信，到本世纪末，当中国成为一个有高度物质文明和高度精神文明的社会主义强国的时候，洋人会学京戏，唱京戏的。”①

80年代中后期的中国，乃是所谓“文化决定”论最为流行的时代，像《丑陋的中国人》《河殇》这类激进到不着边际的“文化分析”作品，都拥有大量的拥趸，因此，夏衍上述的议论在很多人那里，自然会被打上“文化保守主义”“落后于时

① 夏衍：《看洋人演京戏而大悦》，“夏全3”，第455页。

代”的标签。夏衍还把“文化决定论”斥为“文化虚无主义”，又将其源头上溯至“五四”时期的“全盘西化”思潮，激起了某些人更深的不快。

夏衍还反对艺术家们尤其是青年艺术家们惟“新”是尚。他认为，出现这种现象很大程度上是青年艺术家们艺术基础太过薄弱的缘故：“现在二三十岁的青年人，无一例外的都是极‘左’思潮的受害者，他们的青春年华，是在‘十年动乱’中度过的，他们不乏探索、创新的勇气，但他们的弱点是缺乏作为一个文艺工作者所必备的学术功底，从政治思想到业务知识——语文、外语、历史、科学直到哲学、逻辑、心理、民俗等等，搞创作、写评论都离不开这些，而他们对这些方面的知识却是东一点西一点地‘拣’来的，未经过系统的学习，是支离破碎的。”① 他说：

> 这两年大家都在讲尼采，讲弗洛伊德，讲萨特的存在主义。这些东西在青年人眼中很新鲜，在他们看来都是“新”事物、“新”思想，但在我们看来却并不是新事物了。我们在20年代就看过尼采的书。他的强力意志论，他的超人哲学，我们年轻时就看过，尼采死于1900年，是上个世纪的人。弗洛伊德学说，在西方世界学术界始终有争论，

① 夏衍、李子云：《文艺漫谈》，“夏全8”，第623页。

连他的入门弟子荣格也对他的学说提了不同的意见……由于我们过去闭关自守，对这些学术的问题缺乏系统地介绍和研究，所以现在门户一开，青年人又缺乏阅读外文原著的能力，单凭报刊上零星的介绍，就一拥而上，把它们当作可以随手应用的“法宝”，这样的例子实在不少。比如“现代”派文学，如意识流、荒诞派、电影界的先锋派等等，在西方的确风行过一阵，早在二三十年代，中国文学界也有人介绍过，也有人学过，对我们来说，作为创作方法，有可供借鉴之处，但那都不是新思想，在欧美也已经不处于显著的地位了。外国的东西，既不该盲目排斥，也不能囫囵吞枣。西方文学界产生这些思潮，是有它的历史和社会背景，主要是二次世界大战之后，知识界不满现状而又找不到出路，他们有失落感，又有孤独感，这些都是在特定历史环境中产生的。可是在我们中国就不一样了。……中国电影界“言必巴赞”者不乏其人。我问过欧美的一些电影理论家，其中包括美国的、意大利的、法国的专家。我问，先锋派、法国新小说究竟在你们那儿占怎样的地位？他们说，还有人在搞，但没有太大的影响了。①

① 夏衍：《培养一支过硬的电影编剧队伍——在北京电影学院文学系座谈会上的讲话》，“夏全7”，第153—154页。

> 最近作家协会开理事会，作家陆文夫讲了一个故事：有一批人爬山，第一个爬到山顶的人觉得没有什么好看的，只有一座破庙，便下山了：碰到登山的人他便说山顶没有什么好看的，而登山者都不相信，非要往上爬，直到他上了山顶发现果真没有风景才肯却步。现在有些人搞些奇奇怪怪的东西，你不让他搞不行，让他搞，搞不成，第二次他就不搞了。[①]

在电影艺术上，夏衍尽管已经认识到，他一直强调中国电影节奏需要放慢，在现时代可能确实是偏慢了，[②] 但他仍然强调情节，“有头有尾”、顺时叙述；[③] 强调“第一本决定”，强调

---

① 李文斌：《夏衍与刘晓庆谈话录（一）》，“夏电 4”，第 515 页。

② 夏衍：《在 1979 年电影导演会议上的讲话》，“夏全 7”，第 42—43 页。

③ 夏衍的这类观点很多，较有代表性的有：“反对有情节，就是过去说过的‘无冲突论’。有人写信给我，批评我那本《写电影剧本的几个问题》中过分强调了‘有头有尾，交代清楚’，是‘束缚创作的模式’，我回答他说：‘过分强调’也许不好，但不强调还是不行，因为‘没头没尾’、‘不交代清楚’，观众就看不懂。”（夏衍：《培养一支过硬的电影编剧队伍——在北京电影学院文学系座谈会上的讲话》，“夏全 7”第 157 页。）

中国观众的特殊欣赏习惯。[①] 他说：

> 最近，张暖忻又拍了一部《青春祭》，她征求我的意见，我说电影拍抒情诗可以，但你探索的是朦胧诗啊！我看她是受了李陀的影响。一个女知识青年"文革"中到西双版纳插队，后来又回城上学，她的思想状况究竟怎样？

---

① 夏衍的这类观点很多，较有代表性的有："第一本写得不好，不动人，不能引人人胜，或者拖沓、冗长讲大道理，观众就会如坠五里雾中，茫然不知所措。最近，电影理论刊物上也发表过许多讲电影文学创作的文章，都是用了功的，花了工夫的；但讲句不客气的话，这些理论是空对空的，讲了一通理论，不联系中国实际，有什么用呢？……中国美学也是源远流长的。一部作品要让人民群众喜闻乐见，就必须了解中国人民的心理，了解当代中国人民的心理，就是说，首先要让群众看懂……"（夏衍：《扩大知识面，打好专业基础——在北京电影学院"培养专业电影剧作者座谈会"上的讲话》，"夏全 7"第 142 页。）

需要指出的是，夏衍虽强调"有头有尾"等问题，但绝不意味着他认为这是中国电影美学唯一的、甚至是主要的形式。他早就指出："谈到中国民族形式，常听人说故事情节要有头有尾，要交代清楚，要大团圆等等，我看片面地强调这些恐怕是一种保守的想法。过去中国小说常用的是章回体，这种叙述法在五四以后不就逐渐消失了么？茅盾、巴金、老舍的小说都没有用章回体……再说京戏是典型的民族形式的艺术，过去京剧一开场就有定场诗、自报家门等等；可是田汉的新编历史剧并没有走这条老路，观众看了《谢瑶环》不是同样感到叙述很顺畅，同样能享受到艺术的美感么？我认为电影民族化，最根本的一条是用电影这种'成套'引进的外国形式，来塑造出具有中国特色（包括特定的时代、特定的环境）的人物性格。"（夏衍：《关于中国电影问题》，"夏全 7"第 301 页。）

不过，夏衍强调"有头有尾"的场合确实要更多一些。

她对插队，对“文革”究竟怎么看？电影没有讲，就是客观反映，没有鲜明的主题。电影究竟是大众性的艺术，花了几十万元的本钱去拍，必须让广大群众所接受，才能收到它的社会效果。

《黄土地》这个片子是好的，导演陈凯歌的确花了功夫，摄影取得了一定成绩，获得这一届金鸡奖最佳摄影奖。但我认为它的方向不对。[①]

今年2月份在深圳搞百花奖评奖时，有人就认为《黄土地》是最佳电影，我提了不同的意见，发表在电影研究资料上。我讲一个电影工作者，关心黄土高原，关心我们西北落后的地方，这是好的。但是这个西北陕甘宁一带的落后，的确是事实。但你真要写这个东西，就要使人看到，这个落后的东西必将过去，新的东西必将起来，这是我们一个革命的文艺工作者所必须具备的。你去欣赏它的落后，用一种猎奇的眼光去看这种落后，特别是最后一幕“求雨”，几千人围成波浪式的摄影很好。我说这个东西外国人会喜欢，在外国得了奖。因为中国过去不把这种落后的东西给人看，你现在第一次把这种落后的东西给人看，

① 夏衍：《在中国电影家协会各期刊负责人会议上的讲话》，“夏全7”，第221页。

当然会引起人家的兴趣。[①]

用后来人的眼光看，夏衍关于“现代派艺术”的评论，其中知识性问题并不少。比如他强调中国情况与西方“不一样”，因此似乎就不必在创作中触及“失落感”“孤独感”的问题，这种说法明显有一些未完全脱离“左”的思想笼罩的痕迹。比如他断言尼采、弗洛伊德、意识流、荒诞派、电影界的先锋派等等在西方已“没有太大的影响了”，这恐怕也是上了西方某些不很靠谱的所谓“电影理论家”的当。又比如他同意陆文夫的看法，认为现代派艺术不过尔尔，看到了真面目人们自然就会“不搞”，可能有点武断了。再比如，他认为电影如果没头没尾观众就不爱看、就看不懂，趣味似乎又过于保守了些。

他的老朋友司徒慧敏曾说过：

> 过去的影片比较冗长，我看现在也还有。前几年有的影片为什么非要两部呢？特别长的片子，这恐怕由来已久。《渔光曲》就有很长的场次比如说理发店下来有一大场扫地的滑稽的镜头，我看就大可不必。反正从前那个片子是很长的，有的镜头搞得很拖拉，理由是中国的观众看

---

① 夏衍：《在全国话剧文学学术会议闭幕上的讲话》，“夏全3”，第446页。

京戏连夜连夜看都不厌，中国人就喜欢看长的。后来又有人讲："有头有尾，层次分明。"是不是"有头有尾，层次分明"这才是真正的民族特色？周总理讲过这个话。周总理很关心我们的事业，看到那些乱七八糟，接都接不拢的东西，便说应该有头有尾，层次分明。在这个意义上，我很同意这个讲法。但是不是所有的东西都是有头有尾，层次分明？我认为观众的水平也逐渐有所进步，形象的理解也有所进步，不能认为非看长东西不可。日本有句话叫"明快"，正是冗长的反义语。①

司徒慧敏这段话当然不是针对夏衍而来的。夏衍也是极其反对冗长、动辄将一部片子拍成上下集的。不过从司徒这段话

① 司徒慧敏：《左翼电影的经验与教训》，中国电影资料馆等：《百年司徒慧敏》，北京：中国电影出版社 2010 年版，第 282 页。本文根据他 1983 年 9 月在"20—40 年代中国电影回顾展"学术讨论会上的讲话录音整理。

中我们不难看出他们两人的电影美学观念确实有些不同。[①]

不过需要指出的是，尽管夏衍出于个人趣味不喜欢某些实验性过强的艺术作品，但他坚定地支持艺术探索本身，坚决反对行政对艺术探索的干涉：

> 还有一个问题，就是创新问题。最近有些新的话剧作品《小井胡同》不算创新了。创新的有《野人》、《W M》，这事情我想不值得大惊小怪。我们对年轻人的创新不要干涉。年轻人是要创新的，他们没有包袱，敢于创新。不要去干涉。但处于领导地位的，像剧协党组、书记处就应有一个正确的看法。不要用行政的手段不让他演出，那样他就更不服气。让他去演，让他去发表文章，不要禁止。让时间来得出最后的考验。……凡是年轻作家，有了试探性

---

① 需要指出的是，司徒这种可能暗含着的对夏衍电影观的批评，是老艺术家们在艺术探寻道路上“和而不同”的直率之言，不能以世俗的“选边站队”来考虑他们之间的关系。虽然司徒常以“春秋责备贤者”的态度对待夏衍［可参见司徒慧敏《风雨同舟六十年——学习夏衍同志的创作道路》（《忆夏公》第161—162页）］，但他们之间保持着最真挚的友情。1987年3月，在司徒去世前，夏衍特地来看他。夏衍到来时，“他把守在身边的儿女都轰出屋，他想把自己一段珍贵的最后时光全部献给挚友夏公一个人。谁也不知道他们怎么度过这段时光的，最后他们俩互相搀扶着走出房门。所有的人都凝神屏气地看着他们，到了楼梯口，他们一如往常似的淡淡地告别，他们知道，从此永别了”。（沙林：《司徒慧敏最后的日子》，中国电影资料馆等：《百年司徒慧敏》，北京：中国电影出版社2010年版，第127页。）

> 的作品，不管有何争议，还是让演出后再评价。这个话是对的。但是有人认为要彻底与中国传统决裂，究竟好不好，《野人》等我没看，也无发言权。但我还是讲一条不要用行政手段去干涉他们演出，让群众来提意见……①

需要再一次强调指出的是，夏衍对一些实验性较强的电影、戏剧作品的批评，除了一定的意识形态立场因素外，主要还是从组织管理者的角度为这类作品的市场效应以及全国一窝蜂似的上马此类作品的市场效果有所担心。他和某些习惯带"有色眼镜"的人士在根本立场上是不同的。事实上，在艺术方面，他通常不吝夸赞之词，指出这些作品的重要地位。他这样写道：

> 1979 年以后，是中国电影医治创伤、重新振兴的第五个时期。……中国影坛出现了崭新风貌，创作出一批与现实联系紧密、思想内容深刻、艺术上有所创新的电影作品，如《小花》、《归心似箭》、《巴山夜雨》、《天云山传奇》、《西安事变》、《人到中年》、《沙鸥》、《野山》、《黑炮事件》、《原野》、《芙蓉镇》、《黄土地》、《老井》、《红高

① 夏衍：《在全国话剧文学学术会议闭幕上的讲话》，"夏全 3"，第 446—447 页。

> 粱》、《血战台儿庄》、《孙中山》等优秀影片，不论从思想上、艺术上都达到前所未有的质量水平。特别是近年来，相当一批中青年电影工作者在实践中成长起来，脱颖而出，挑起了振兴中国民族电影事业的大梁……从郑正秋的《孤儿救祖记》到张艺谋的《红高粱》，中国电影史上家喻户晓、历映不衰的佳作，无一不是采用电影这种“成套”引进的外国艺术形式，来塑造出具有中国特色（包括特定的时代、特定的环境）的人物性格……[①]

夏衍对当时一些过于激进的体制改革也抱反对或保留态度。比如80年代把电影系统全建制的领导关系从文化部转入广播电视部、合并成立广播电影电视部的决定。这个事情是陈荒煤一力推动的，他的本意是以这两者的结合，既发挥电视在媒介业态上的优势，又发挥电影在创作上的优势底蕴，形成强强联合。但夏衍却不看好，多次劝荒煤“不要一厢情愿，不要跟着太起劲”。这是“夏陈路线”在晚年一个不小的分歧。他一再地向上提意见，直到胡耀邦说：“老同志就服从大局吧，不要多讲了……”他才沉默。[②] 进入90年代后，陈荒煤非常后

---

① 夏衍：《〈中国大百科全书·电影卷〉导言》，“夏全7”第354—356页。

② 沈芸：《我所知道的夏衍与荒煤》，《当代电影》2013年第12期，第43页。

悔这一次合并。

关于日本的研究，则是夏衍在人生后期又一个特别关注的问题。

长久以来，夏衍就有从事日本史研究的强烈愿望，一直未得其便。① 1965 年被撤职后，他就颇有兴味地开始从事这项工作。然而还是未能如愿。1979 年，他复出后不久，就写过《〈忠臣藏〉想起黄遵宪》一文。此后，他又写下了《无题的对话——〈一盘没有下完的棋〉观后》《无题的对话——答〈文汇报〉记者问》②《庄严的历史使命》《最重要的是相互理解（〈懒寻旧梦录〉日译本序文一）》《为〈记者生涯〉作序（〈懒寻旧梦录〉日译本序文二）》等一系列文字。而在行文中旁及日本问题的文章如《永远难忘的教诲》《夏衍纵谈全民文化素质》等，篇目就更多了，在此不能一一枚举。

夏衍关注日本问题，主要集中在两个方面：一，中国应该

---

① 夏衍在“文革”前就有不少的散文、时评、影评触及日本文化的各方面。他的影评《〈不，我们要活下去!〉观感》（写于 1954 年 8 月）、《“日本电影周”观感》（写于 1956 年 6 月）、《〈浮草日记〉观感》（写于 1958 年）等尤其显示了他作为一位电影艺术家的远见卓识。他在评点中予以特殊评价的《二十只眼睛》、《没有太阳的街》等，都已成为日本电影史上无可争议的经典作品。再如《文艺工作和汉语规范化》（《人民日报》1955 年 12 月 14 日，“夏全 8”第 456 页）对汉语中掺杂着的所谓“协和语”的分析，也见出他的日语修养。

② 见《文汇报》1984 年 8 月 29 日，主要回忆《一盘没有下完的棋》与《法西斯细菌》的相关情况。

从日本那里学习什么；二，中日如何才能友好相处。

1985年2月，夏衍接到来自日本他的母校——九州工业大学（原明治专门学校）的邀请，请他赴日参加母校七十五周年校庆活动。虽然才遭丧偶之痛，但作为中日友好协会会长，作为中日友好关系的热心推动者，又是母校相召，夏衍还是克服了种种困难，再渡扶桑。在庆祝会上，夏衍诚恳地指出，他认为日本民族精神最宝贵的一点就是："作为一个青年时期在日本学习、生活过的中国人，我认识到，日本民族的伟大之处，就在于他不仅善于吸收一切外国的先进的东西，把它'嚼碎、吞下、消化掉'，而且能够进一步融会贯通，青出于蓝，把它改造创新，成为有日本特色的文化、艺术和生活方式。"①

而重视教育，夏衍认为这是日本近代化历程中最值得中国借鉴的经验。他说："日本是一个国土小、资源少的国家，为什么1945年战败后很快富强起来，成了经济大国？有报道说，日本的人均年收入是二万多美元，超过美国（美国是一万八千美元）。凭什么？靠的就是1868年明治维新之后就狠抓了教育。……即使他们开始走资本主义—军国主义的道路，但是明治时期用于教育事业的经费比用于工业建设的还要多。我是1920年到日本念书的，那个时候，不论你走到哪一个穷乡僻

① 夏衍：《庄严的历史使命》，"夏全8"第587页。此篇"夏全9"重复收录。

壤，凡是这个地方的最好的建筑物，就一定是小学校或中学校。他们办义务教育是动真格的，及龄儿童不上学，家长就得吃官司。由于他们打下了这个基础，所以很快就成了亚洲强国。"

二次世界大战结束，日本被打败了，不仅广岛、长崎，连东京、大阪、名古屋，都被美国飞机炸成了一片废墟。为什么不到二十年，日本就又变成了经济大国呢？夏衍分析说，原因当然是很多的，一是他们“托”了朝鲜战争和越南战争的“福”，成为美军的后勤基地，发了一笔“战争财”；二是得到了美国的经济援助和技术援助；三是按宪法规定，军费不得超过 CNP 的 1%，钱可以放手用在发展工农业上。但是尽管如此，假如他们还有不少文盲，人民的文化素质低，那么，即使得到了美国的经济和技术援助，也不可能变化得这么快的。钢铁、汽车、电子工业都不是日本自己创造发明的，许多高科技都是从欧美引进的，他们引进了就能用，就能消化和改进，这是日本致富之道，靠的是国民的科学文化水平。①

但夏衍对日本与中国国家关系的未来，却抱有相当的隐忧。即便是在中日关系最为友好的 80 年代，他预感到中国作为大国、日本作为强国同处在东亚一隅，不可能不发生矛盾碰撞。而如果两国文化界不能尽到各自的责任，这种碰撞就可能

---

① 夏衍：《纵谈全民文化素质》，“夏全 11”，第 556 页。

显得更激烈、更加不可避免。他指出：

> 我们对近邻日本的研究实在是太落后了。在明治维新之后，特别是甲午战争之后，日本成为世界强国，中国则成了任人摆布的“东亚病夫”。可以说，那时候日本的一举一动，都会影响到中国的存亡。可是，除了清末黄遵宪的《日本国志》和不久前才出全的王芸生的《六十年来中国与日本》之外，我们比较全面系统地研究日本的著作实在太少，更不用说用历史唯物主义的立场，从文化人类学来研究日本了……中日两国人民由于互不理解而都付出了惨重的代价，而直到今天，我认为这种互不理解的情况还依然存在。我在日本念书的时候，日本人一直把中国看成是一个难解的“谜”。战后四十年，……日本人眼中的这个谜是否已经解开了呢？对这半个多世纪的血泪史是否已经有了明确的认识了呢？我接触过不少日本的有识之士，但近年来从日本报刊上看到，似乎也还有一些人对这四十年前那一场浩劫，还有一点“天亡我，非战之罪也”的心理。反过来看，我们对日本的民族性格，对日本国运的大起大落，对日本人的既谦恭又自大、既性急又从容，一方面可以争分夺秒地拼命工作，一方面又舍得花时间慢吞吞地玩茶道下围棋的这种矛盾心态，是否有了认真的探索了

呢？我看也差得很远。[①]

夏衍是一位最真诚的爱国者。但他对日本人民也抱有无可争议的友善感情。[②] 因此他呼吁中日两国文化界需要推进两国人民的相互理解的事业，这样，两国人民才能真切地认识到“中日两国合作则互利，对立则两伤”[③]。但遗憾的是，在今天哲人已逝，而他的教诲似乎也离人们越来越远了。

---

① 夏衍：《最重要的是相互理解（〈懒寻旧梦录〉日译本序文一）》，“夏全9”第675—676页。

以上是夏衍公开的说法，较为委婉。私下夏衍对中日间互不理解的批评是非常严厉的，且保持了长期的关注。他曾这样说：“我是外行，但认为中日两国虽是一衣带水（的）国家，有上千年的文化交流，但尽管有了半个多世纪的相互厮杀，现在又提出了‘子子孙孙友好下去’的口号，但直到今天，中国人不理解日本人，日本人也不理解中国人，日本人研究中国人的书多如牛毛，但偏见甚深，不是强调中国的儒教传统，就是用旧中国的眼光来看待新中国，而中国研究日本的除了清末的黄遵宪和当代的王芸生之外，很少有人研究日本民族的特点。本世纪初，日本人用‘同文同种’来麻痹中国，作为‘建设大东亚共荣圈’的前奏，中国人也随声附和，其实，中日两国既不同文又不同种，日本有特殊的民族特点……”（夏衍：1990年10月23日致王元化信，“夏全16”第7页。）

② 即使在最为痛恨日本侵略者的年代，夏衍一般也都能做到将日本军国主义分子与一般劳动人民区别对待。尤其在战后清算日本留华人员时，夏衍还指出，即使抗战期间的来华日本人，也不可一律对待。他曾提醒人们，萧红之墓赖以保存，需要感谢《朝日新闻》的香港特派员小掠广以及《读卖新闻》的记者及夫人。可参见其《访萧红墓》（《新民晚报》1946年10月22日，“夏全9”第262页）。

③ 夏衍：《庄严的历史使命》，“夏全8”，第587页。

1988年11月15日，中国文联第五次代表大会在京举行。夏衍代表大会致开幕词。而在此之前，如“顽固僵化”等议论已向他袭来。尽管他襟怀坦荡，做好了“九死无悔”的精神准备，但仍感到伤心。文代会召开前夕，《瞭望》杂志社的记者殷金娣采访他，请他谈谈对当前文艺问题的看法，他还颇有余怒地说：“今天不谈文艺。”[①] 沉闷了一会儿，夏衍觉得殷金娣面有窘色，便宽慰地对她说：“我给你谈谈提高国民的文化素质问题吧，这可是当前的一个大问题噢。”（此即前引《纵谈全民文化素质》一文。）

夏衍的这篇开幕词，重点阐释了文学与政治的关系问题，而在此间，他赋予了中国传统文化一种特殊的地位：他认为中国传统文化能够为真正意义上的创作自由提供精神滋养，且应该援引它去对抗20世纪以来过“左”的文艺思潮：

> 就是建国以来，或者应该说从1930年“左联”成立以来，文艺界有一个重要的问题始终没有得到完善的解决，这就是文艺与政治的关系问题。中国知识分子有一个古老的忧国忧民的传统，就是先天下之忧而忧，后天下之乐而乐，就是国家兴亡匹夫有责。所以从古以来，中国文

① 殷金娣：《夏衍的文章与精神》，《记者观察》1995年第9期，第15页。

艺的主流始终是入世的而不是出世的，由于有了这种“诗言志”的传统，所以一旦民生疾苦、国难当头的时候，就会自觉或不自觉地接受文艺为政治服务这个口号。但是，我个人的体会，“诗言志”和“文以载道”这个传统还是比较宽容的，它并没有排斥山水诗和风景画，直到五四前后，也没有排斥过怀古诗词和恋情小说。到二十年代末三十年代初，我们才从苏联、西欧和日本引进了一种新的理论，这就是“文艺是宣传鼓动的工具”，“一切文艺都是宣传”，片面地强调了文艺从属于政治。……新中国成立之后，……变本加厉，从为政治服务到为政策服务，到文艺要写中心、唱中心、画中心，一切都要为当前的中心任务服务，那就违背了文艺创作的规律，束缚了文艺工作者的创造性和积极性。这也就是走到了“双百”方针的反面去了。这是一场惨痛的教训。值得庆幸的是这场噩梦已经过去，我们已经从惨痛的经验中获得了教训。……那种认为文艺比政治经济更为重要的看法是不科学的，那种用行政命令来管理文艺的方法是不明智的。文艺创作是一项极其细致而又复杂的最富有个性色彩的精神劳动，创作自由是尊重艺术规律的表现。创作自由和尊重艺术个性，又是建立在文学家艺术家的良知的基础上的。文艺不能从属于政治，但又不能超脱于政治之外。那种脱离生活、游离现实、淡化矛盾的倾向是偏颇的；那种片面强调民族性而泥

> 古不化，反对吸收借鉴外来文化的观念是偏狭的；当然，那种主张全盘西化、生吞活剥、东施效颦的做法是有害的。①

夏衍的上述观点是比较特异的，此前少见他人谈论，此后也少见他人追随，是一种个性之言，也代表了他“自反求索”的重要结论。其实，此后夏衍还多次回到了类似的话题上，但都没有这一篇谈得如此高屋建瓴、思考细密。这篇文章理应引起夏衍研究者的高度重视。

这次文代会上，夏衍辞去了多年担任的文联副主席一职，将工作移交给了年富力强的同志。不管他的精神状态多么健朗，毕竟他已经是年届八十九岁的老人了。至此，夏衍基本上辞去了一切社会职务，只挂了一个电影家协会主席的名。1985年第五次影代会上他本想辞去此职，请陈荒煤接任，但没有辞成。

1987年10月，中国共产党第十三次全国代表大会在北京

---

① 夏衍：《振奋精神，繁荣文艺——在全国文联第五次代表大会上的开幕词》，“夏全8”第631—632页。

此前一个较长的阶段，和他的同时代人一样，夏衍主要将传统文化看成是旧的、“黑暗”的遗产。可参见其《中国文化》（《华商报》1941年10月6日，“夏全10”第224—225页）、《改造与转变》（《野草》1947年10月新5号，“夏全9”第276页）等文。

召开，夏衍作为特邀代表参加了这次大会。可能是由于年龄的原因，他未被选入本届的中央顾问委员会。

他就这样悄无声息地退出了战斗多年的领导全国文艺活动的舞台。

第四节　最后光华

1986 年秋，夏衍由北京朝阳门内北小街 46 号，迁到了西城区大六部口街 14 号。六部口，顾名思义是明清两代吏、户、礼、兵、刑、工六个大部所在，而 14 号是个四合院，刚好处在这条街的居中位置。夏衍就在这里度过了生命的最后时光。

他仍然住在里院正北房的西屋，除了换了张新床和多了一个老式香樟木画柜、两个小书架外，一切照旧，日常起居也规律依旧。这时候的夏衍，已经到了真正的风烛残年，生理上的年老体衰和内心的倔强、执拗常常会打起架来，凡是在为生活中的小事和社会上的大事“较起真来”时，他总是用一句话来概括自己：“我就是顽固分子！”①

退下来的夏衍，在卧室中继续写作，“顽固”地坚持他的那些“九死无悔”的主张：思想解放；坚持马克思主义的领导

① 沈芸：《爷爷的四合院——记夏衍在北京的三处住宅》，《档案春秋》2011 年第 9 期，第 15 页。

地位；坚持法制与民主制度的建设；弘扬中国传统文化的精华，探索以中国文化调和、回应现代文明精神问题的道路。

1989 年 3 月，北京大学《学术理论副刊》为纪念“五四”运动七十周年，前来向老人约稿和采访。夏衍坐在一张矮矮的旧藤椅上（他就是坐在这把椅子上写作的），旁边倚着一枝木手杖。他诙谐地对记者说：“我八十九岁了，眼前这篇文章还没写完，又逼我再写，可不人道啊！”接着，他便就记者所提问题，滔滔不绝地讲了起来。他说，五四时期，中国青年担心的是国亡无日。现在亡国的危机已经没有了，没有谁能把中国吞下去，但还有开除“球籍”的危险。这是一个高度发展的地球，没有现代人的素质，你就不配做“地球村”的一员，没有现代化的社会体制，根本就无法立足于世界。

他说：“反帝爱国与民主科学两大主题，前一个已基本完成，民主科学还在试步。所以现在重心应该转移一下，没有民主科学，国家仍然要亡——至少是名存实亡。我们只完成了两个使命的一半，两个阶段的第一步。”

“有了自由要善于使用。信口雌黄，大言炎炎，随风倒，满地转，这样能产生大作品吗？”① 退职赋闲后，夏衍出语更加

① 顾建平：《夏衍先生访谈录》，《北京大学学术理论副刊》1989 年第 10 期。夏衍相关的思想还可参见其《科学、文化与民主》（“夏全 9”第 669—671 页）。

尖锐不留情面。五次文代会后，一位作协的朋友预言，“现在正是中国产生大作品的时候”，夏衍对这种空谈甚是不屑，便顺带批上了一句。但不管夏衍个人感情与那些夸夸其谈的“理论家”“作家”们存在着多大的差异，他始终坚持一点，要采用平等的争鸣的方法来讨论问题，而决不能采用行政上打棍子、扣帽子的办法。当时很走红的《河殇》一片，夏衍其实腹诽极多，认为它反思我们民族历史文化的论断太过表面化，缺乏科学的分析。其实传统是不能割断的。中国人有封闭的一面，也有开放的一面，秦始皇时代就派人到日本去了，不能一笔抹杀，一棍子打死啊。

有人不解，问他，既然他有这么多意见，为什么不写成文章发表呢？

夏衍解释说：“本来对这类片子完全可以开展一场正常的讨论，有人却把这部电视片说得一无是处，抡起打人的棍子。你要打人，我只好一言不发了。”

又一次，在与一位青年学者谈话的时候，夏衍指出：“当时（指五四时期——引者注）的主义很多，一个是无政府主义，一个是空想社会主义。空想社会主义又有几种，有欧洲的，有日本的新村主义。后来毛泽东的‘十月革命一声炮响，给我们送来了马克思主义’，实际不是马克思主义，实际上是列宁主义和斯大林主义。”正因为有这么一条很粗的斯大林主义的根子在起作用，“左”的一套在我们党内为何始终能够大行其道就容易理解了——列宁思想中也有“左”的成分，夏衍说，列宁有两点是错误的，一是提出“垂死的资本主义”，把革命胜利估计得太快太容易；二是把社会民主党当做“最凶恶的敌人”。

为什么说在中国盛行的是列宁主义与斯大林主义呢？夏衍说：“毛主席在延安看的书，最重要的是斯大林的《联共（布）党史》。中国共产党那个时候是‘第三国际’的一个支部，一直在其影响之下：包括党成立马林参加，以后历次都有人。1930年李夫带王明来到上海，搞的完全是斯大林的东西。《党史研究》刊登了中共在莫斯科召开的第六次代表大会的全部文件，布哈林致‘开幕词’讲1927年转入革命低潮要组织群众；斯大林致‘闭幕词’，讲革命是高潮要发动群众暴动，中共接受的是斯大林的指示。”① 因此李立三路线、王明路线一次比一次“左”。

正因为对社会主义国家如何建设现代化的整体观念进行了反思、调整，夏衍毫不含糊地提出，社会主义国家在有些功能机构的设置上，可以向西方发达资本主义国家学习，这些是人类共同的财富，没有姓资、姓社之别，而且要特别注意资本主义国家近年来的发展。和普通的老人不一样，夏衍越到晚年，

① 《站在今天谈话——夏衍、秦晓鹰关于“五四”对话》，《经济学周报》1989年4月30日。

就愈不太讲四平八稳式的官话。对于他来说，略带片面性的尖锐与深刻，似乎更能启迪思想，激发生命热情。

在精神求索的最后阶段，夏衍更加关注中国传统文化在现代化进程中的作用、地位。他当然知道，在现代化进程中，需要大量地借鉴来自西方的文明成果——甚至在一段时间里，主要是借鉴来自西方的文明成果。对此他并无太多异议。但是，现代化是否就等于是西化呢？或者说，经过了一个必要的阶段，“全盘西化”是否仍然是一个无可争议的命题呢？中国传统文化在现代化进程中是否就没有可能发挥其独到的价值作用呢？夏衍对于80年代激进的反传统的思潮表示了很大的质疑。因此，越到晚年，他越对简单放弃民族文化传统的做法表示担忧：“最近看到一些新编历史剧，大都采用庞大布景，这不免对我们传统戏曲早已突破的时空概念造成了限制，并且影响了演员虚拟和象征性驰骋自由表演的天地。”[①] 他也越来越多地思考自己在成长历程中与传统文化不可分割的关系：“我写的作品主要是话剧和电影剧本，因此主体上受元曲和明清传奇的影响，创作方法上受元人乔梦符和清人李笠翁的影响，也是无法

① 夏衍：《他爱人民，人民也爱他的艺术》，“夏全3”，第464页。

否认的。”[1] 这其中，最重要的一篇文献是1989年发表在《求是》第8期上的《一个过来人的回忆与反思——五四运动七十周年答〈求是〉记者问》。在文中他阐明了他判断中国传统文化的基本出发点，人们从中也可以看出夏衍某些具有个人特点的思想的由来。夏衍说：

> 中国有二千多年的文化传统，这种传统又是金玉和糟粕并存，从文化人类学的观点来看，要完全彻底地与民族传统决裂，也是不可能的。加上中国是一个文盲众多、国民文化素质很低的大国，不经过“由农渐化为工”，由自给自足的小农经济经过工业化、现代化，逐渐提高人民群众的生活水平和文化素质，真正的新文化是建立不起来的。“五四”时期对我们这些人影响最大的是陈独秀的“欧化论”和胡适的“全盘西化论”——后来改为“充分

---

① 夏衍：《我与外国文学》，“夏全8”第643页。

他还把相关的思考扩展到对整个现代文学艺术特征的反思上。他说：“中国话剧界不论从南到北，从海到京，从欧阳予倩、洪深、田汉到曹禺、焦菊隐、熊佛西、马彦祥、陈白尘、于伶、吴祖光，直到现在，中国话剧界不仅没有‘和传统彻底决裂’，而且一直和京剧和地方戏曲工作者团结合作，互相借鉴，为传统戏曲的推陈出新做了很多的工作。我认为这也是中国话剧史上的一个值得自豪、值得铭记的优良传统。”（夏衍：《〈中国现代话剧史略〉代序》，“夏全3”第467页。）可能有些话剧研究者并不同意夏衍这个观点，但这的确是夏衍自我反思后的一个基本结论。夏衍后期类似的观点很多，不再一一枚举。

世界化”。……胡适也说只有“一心一意的西化”，才能打破文化折衷论。这之后，青年人不仅不看线装书了，连清末民初关于文化问题的论著，如梁启超的《清代学术概论》这样的著作也不看了。直到30年代中叶，上海文化界猛烈批评国民党御用文人“十大教授”提出的《中国本位的文化建设宣言》的时候，我才读了梁启超的《欧游心影录》和他的另一些著作，他的“文化互补论”给了我很大的启发。梁启超是一位杰出的思想家，他从欧洲回来之后，察觉到了西方资本主义文化的弱点，对他过去推崇过的西欧文明感到了失望，于是提出了“拿西洋的文明来扩充我的文明，又拿我的文明去补助西洋的文明，叫他化合起来成一种新的文明”。他主张“张灯置酒，迓轮伫门”，让“彼西方美人”，“为我家育宁馨儿”。这种“互补论”也可以说是“嫁接论”或“杂交论”，尽管也还有一点中国本位的味道，但是他既不泥古，也不崇洋，他主张对中国传统文化要“语长道短”，有所取舍。他说“语其长，则爱国之言也，道其短，则救时之言也”。在近代学术史上，梁启超是最早也是最勇敢地提倡“思想解放”的学者，他说：“思想解放只有好处，并无坏处”，“任凭青年纵极他的思想力，对于中外古今学说随意发生疑问。就是闹得过火，有些非尧舜薄汤武，也不要紧”。他鼓励青年人不要怕离经叛道，他说：“若使不是‘经’，不是‘道’，离他叛他不是应该吗？若使果是‘经’，果是‘道’，那么，俗语说得好，真金不怕红炉火……经一番刮垢磨光，越发显出他真价。”[①]

夏衍崇尚梁启超、本尼迪克特式文化研究的治学态度和方法。他非常善意地批评当时流行的文化研究是“严肃探讨与信口雌黄齐飞，扎实学问共自我兜售一道”[②]。

当然，在任何情况下，夏衍对电影总是有一种特殊的关心。退下来后，虽然他一再表示不再对电影发表意见，不过，“积习之也难改”，直到1994年，他还接受了《文汇电影时报》的采访。

徐桑楚筹拍电影《三国演义》，他闻讯便去函特别强调指出：“关于《三国》的《情况简介》收到，这是一件大事，也是一件难事，不仅要花大本钱，而且要对《三国》作认认真真的研究，看《简介》，似乎你们把这件事看得太容易了！”“除去人物评价之外——如对曹操、孙权、刘备、关羽、阿斗等等，也还有一个更困难的问题，如语言、服装、背景和当时打仗如何打法（照京戏的打法当然是不行的），总之，我的意见

① 夏衍：《一个过来人的回忆与反思——五四运动七十周年答〈求是〉记者问》，“夏全11”，第568—569页。

② 结合文章写作那个年份的特殊历史处境，人们当更能够品读出夏衍批评中所包含的善意。

是开拍之前一定要认认真真地研究，多找一些专家谈谈，匆促上马是不行的。”“我还是要讲不中听的话，就是一要认真，二要考虑原作的局限性，就是要有见解，三是要全力以赴。”①

台湾著名导演李行 1991 年回大陆探祖的时候，提出要看望夏衍。夏衍对宝岛来的同胞向来青眼有加，欣然同意。李行是台北金马国际影展执行主席，有二十余部作品曾获多种电影奖项，对夏衍则执礼甚恭。他感慨地说：“夏公真是我们的前辈，1932 年你开始电影创作时，我才两岁。”在台湾，很少能看到夏衍的作品，直到 1991 年初举办 30 年代影星龚稼农先生电影回顾展时，才有机会看到夏衍编剧的一些影片。

夏衍点头：“哦，那还是默片时期。”

沈宁插话说：“我爸爸常说，那时的电影不能看，就像现代人看自己穿开裆裤一样。”

大家于是又聊起了被夏衍自嘲为“跑江湖”的年代。夏衍向李行回忆起三四十年代的同行：田汉、曹禺、郑君里、赵丹、胡蝶……记忆力的准确和反应的敏捷，令人啧啧称奇。

李行赞叹说：“夏公的脑子像电脑一样，经常有信息跳出来。”

夏衍很开心：“现在记忆力还好，脑子也好用。脑子主要是要用，不用就退化了。”但他转而又说：“记忆、判断，电脑

① 夏衍：《关于筹拍〈三国志〉的两封信》，“夏全 7”，第 209—210 页。

都能和人一样，但有一点不同，电脑没有感情，没有感情的人不能从事艺术创作。”

香港著名电影导演李翰祥 1992 年回国筹拍《李香兰》的时候，夏衍也亲切会见了他。

谈起李香兰，夏衍颇为兴奋。早在 1945 年抗战胜利后，李香兰从大明星变成了“拘留民”，他就和袁殊一起去看望过她。几十年后，李香兰回到她一直称之为“故国”的中国，还特来看望夏衍，并将自己的自传《在中国的日子——我的前半生》念给夏衍听。她很坦率，没有掩饰她过去被日本军国主义者利用所作的许多错事、坏事，对这一切都表现了诚恳的忏悔态度。夏衍轻轻握着李翰祥的手，说：“这个电影应该写，很有意义，值得写。”

夏衍认为在眼下低俗影片泛滥之时，李翰祥能注目于历史中的“人”，难能可贵。他说，中日关系问题，中国早有定论，批判谴责战争，是为了两国的世代友好；对日本军国主义，中国人民恨极了。但对具体的人，我们应该实事求是。尤其像李香兰这样对自己的过去真诚忏悔的人更要区别对待。

对国内的某些文艺现象，夏衍则以他一贯的坦率发表自己的意见。至于人家听不听，他当然没有闲暇去操这份心了。李文斌回忆说，1991 年为向党的七十周年生日献礼拍了一批故事片，夏衍不仅把几部重点献礼片看了，而且两次长谈了他的观感。对《大决战》和《周恩来》不只有热情的颂扬，更有切中要害的批评。他说："我觉得《焦裕禄》还嫌干巴了一点，艺术上也粗了一点。"又说："《淮海战役》与《辽沈战役》相比较，我觉得《辽沈战役》好一些，《淮海战役》有些乱、散。《辽沈战役》有个提纲挈领、脉络清楚的优点。"[①] 这些批评在当时一片的叫好声中可谓空谷足音。

夏衍直到最后时刻，还在坚持着他的电影之道。

在接受《文汇电影时报》采访时，他批评说："这几年电影理论上有不少奇谈怪论，说要淡化故事、淡化情节，什么淡出淡入，电影没有情节，没有人物要拍电影干什么。探索是需要的，但不要离开电影本体么。一部影片，一般片长 90 分钟左右，这就是规律，有头、有尾、有情节、有生动的人物这也是规律。中国电影要找出路，还是要研究电影本体的规律。"[②] 对电影《周恩来》的批评也是基于这种观念。总的说来，他对这部电影评价是相当高的。但是，"我还想说说这部影片里的闪回。现在看来，闪回用得多了些，分散了观众的注意力，也使影片的节奏不很协调。闪回要在真正需要又没有别的办法可用时用一下，不能过多过滥。"[③]

夏衍晚年最重要的作品，当然应该包括《新的跋涉》（《精

① 李文斌：《夏衍访谈录（上篇）》，"夏电 4"，第 572 页。

② 李文斌：《夏衍访谈录（下篇）》，"夏电 4"，第 582 页。

③ 罗君：《夏衍：关心的还是电影》，"夏电 4"，第 589 页。

品》1993年11月创刊号)、《〈武训传〉事件始末》(《文汇电影时报》1994年7月16日)。

《懒寻旧梦录》回忆的内容终结于1949年，从回忆录的自然结构来看，它应当有一个下篇。事实也是如此。关于回忆录的下篇，夏衍本来已有一个较为成熟的写作计划，他想放弃《懒寻旧梦录》中按时间发展来记叙回忆内容的结构方式，而以人或事件为中心展开回忆。这样，问题可以更集中，他的写作可以更自由。这种写作的方式对已届鲐背之年的夏衍，无疑是较为合适的。

但身体和其他方面的一些原因耽搁了他的写作计划。《懒寻旧梦录》出版后，虽然得到了许多赞扬，但也引起了一些争议。争议主要集中在冯雪峰①、“四条汉子”和“两个口号”的论战这几个老话题上。本来，大家各抒己见，有观点谈观点，

① 不过夏衍对冯雪峰问题确实是保持了一种异乎寻常的坚持态度。1991年底，他与周健强合作了访谈录《夏衍谈“左联”后期》，基本坚持原来的观点，自然又引发了一场争论。这篇访谈有两点值得注意。一，他强调冯雪峰材料在“文革”时期的负面作用。“最有名的是他1966年6月（经查对应为8月）10日的交待，那里面骂我和周扬，主要是骂周扬，把我也骂了一顿。那个成为‘文化革命’中整我们的最主要的材料嘛。”“就是啊，这个厉害呀！”（《新文学史料》1991年第4期，第134页。）这个说法与学界流传的说法有很大差异。关于冯雪峰这个材料的作用，学界一般采用的是周扬的说法。二，在这次访谈中他指出冯雪峰1957年被划为“右派”是“上面”的意思。“当时主要批冯雪峰，也不是周扬一个人的意思，还是上面的意思，究竟是什么人不知道。因为周扬没有那么大权利。”（《新文学史料》1991年第4期，第136页。）

有考据谈考据，夏衍并不回避这些已有预料的论争。他在《懒寻旧梦录》的前言中已引前人的话“秽史者所以自秽，谤书者所以自谤”来自我警戒。然而，自传发表后，一些人充满恶意的攻击仍然出乎了他的意料。思想反思的前提如果是选边站队，那就无可理喻了。

在一次私人通信中他曾向笔者透露出他有些懊丧的心情：“在目前的情况下，盖棺尚不可能定论，给活人写传，当然是一种出力不讨好的事情，所以并没有反对或阻止别人‘写作自由’的意思，黄会林写了一本‘传’，不能说她不付出了气力，但是我看了觉得过誉，而有人还在指指点点，我自己写的‘寻梦’，李何林就怒不可遏，一连写两篇文章，写传记文学之难也如此！孔孟是讲中庸的，但在现在的中国，却是反其道而行之，就是‘走极端’也，就是人只有两类，不是好人就是坏人。常言说，追悼会上无坏人，批判会上无好人，这是一时难改的风气。外国人写传记是写人，中国人写传记是写事。”①

当然还可能有其他原因。《〈武训传〉事件始末》写于1991年秋，《新的跋涉》不知写于何时（《夏衍全集》未作说明，应

① 夏衍：1987年7月20日致沈祖安（并转达罗东、陈坚）信，“夏全16”，第102页。

当写于同时[①]）。但这两篇文章都拖了非常久才得以问世。《〈武训传〉事件始末》一文未提及胡风、《文艺报》当时对他的批判，也未提及《武训传》批判与日后文艺界整风的关系等，坦率地说，其思想锋芒是不及他之前的那些回忆文章的。但根据夏衍孙女沈芸的回忆，《〈武训传〉事件始末》的发表简直像是经历了一场“地下工作”一般，甚至连李子云在前都不能与闻，不然风声传出，文章的发表就可能有变数（当然不是指李子云会阻挠文章的发表）。沈芸说：“我承认，此事的经过只限于我们爷孙俩，的确是在某些人的眼皮子底下完成的，因为我知道，我爷爷后半部回忆录夭折的内部原因。所以在这一非常时期，为了保证这篇稿子的顺利发表，范围要越小越好……”[②]

我们因此也就无法看到他对周恩来（他关于周恩来的事迹虽然写了不少单篇的散文，但如有一篇大文章，肯定会更加全面深刻）、陈毅、潘汉年、周扬、1964 年文化部整风、“文革”、思想解放运动等重大人物与事件的精彩回顾了。这是非常遗憾的事情。

---

① 夏衍 1991 年 12 月 25 日致李子云信中说：“回忆录刚写了一万多字，又搁下了，这些回忆都是现在不能发表的，既骂人也骂自己，但能写还是写下来好，留个证据。”（“夏全 16”第 65 页。）据此而推论，《新的跋涉》、《〈武训传〉事件始末》两节可能是连续写成的。

② 沈芸：《两代人的“战争”与和平——回忆李子云阿姨》，《上海采风》2012 年第 2 期，第 70 页。

夏衍的生活兴趣一向非常广泛。他喜欢看杂书，喜欢收集字画，喜欢集邮，喜欢种树养花，特别喜爱体育。[①] 爱猫是自不待言了。抽烟也是一贯的嗜好。不过，随着岁月的流逝，这些爱好，他渐渐都需要放弃了。他也不大写得动文章了。[②] 他甚至可以嗅到死神迫近的气息。不过他对这一切都是乐观、潇洒并随意的。1992 年 4 月的《无题》颇可作他笑看人生大限到来的自白：

> 静下来想想，我这样一个出身贫寒，经历坎坷的人，居然能活到 92 岁，实在有点奇怪。

---

① 1986 年初在接受《瞭望》杂志采访时，他就说 1985 年令他最高兴的有两件事：一是中国女排获得四连冠，一是中日围棋擂台赛上，聂卫平战胜日本终身棋圣藤泽秀行。当一位体育记者问他为什么对这两件事特别感到高兴，他说："这两件事使我最高兴，因为它大长了中国人的志气。贺老总生前说过，三大球不翻身，死不瞑目。陈老总期望我国围棋能早日赶上和超过日本。现在，女排和围棋是打了翻身仗。这两件事发生在同一天，怎不令人高兴呢!"（夏衍：《天南海北谈——答〈瞭望〉记者问》，"夏全 11" 第 537 页。）80 年代后期至 90 年代初他发表过不少体育方面的评论与散文，如《还是要狠抓三大项——"冲出亚洲，走向世界"之后》（写于 1984 年 8 月）、《给郎平的一封信》（写于 1986 年 6 月）、《日记一则》（写于 1987 年 5 月）、《从世界杯谈到中国足球》（写于 1990 年 7 月）等。

② 进入到 1992 年后，他写作的文章数量有一个陡然的下降。以后每况愈下。1994 年 9 月为纪念应云卫诞辰九十周年而作的《怀念应云卫》（该文发表于《解放日报》1994 年 9 月 7 日，或写于是年 8 月）是可考的他最晚写作的文章了。

过了80岁，经常有人问我，有什么养生之道。我不仅不懂得养生，而且还有一些不好的习惯。

我性急图快，走路快，下笔快，吃饭更快，简直是狼吞虎咽，因此，得了胃病、十二指肠溃疡。医生治好了我的病，但没有治好我的习惯。

我偏食。“史无前例”的那十年之前，我不吃瓜，很少吃蔬菜和水果。70年代进了秦城监狱，天天窝窝头，顿顿萝卜白菜，这样才勉强改造过来，但一旦出狱，依旧我行我素，少吃菜果如故。

我不喝酒，但从30岁那年开始抽烟，先是偶尔为之，后来上了瘾。在文化部工作那十年，每天两包（40枝），连手指也熏黄了，到晚上唇干舌燥，也毫无戒意。当然，这中间也有曲折。进秦城之后，被强制戒了，但回家后，第一件事就是向家人要烟；80年代初，为了检验自己的意志力，主动戒了几个月，没有事，又抽上了。有人在报刊上写文章讲吸烟有害，我认为，这是危言耸听，有逆反心理。歪道理的理由是，我烟龄几十年还活到这把年纪。奇怪的是，两年前的一个早上，点上第一枝烟，觉得不是滋味，掐灭了，从此，不戒自戒。在我的吸烟史上画了一个句号。……

我能活到现在，大概是总结了过去几十年的经验教训，卸下了思想包袱，不生气、不悲观。我这个人还有一

> 个好处，就是求知欲强，趣味广泛。上至天下大事，小至草木鱼虫，我都有兴趣爱好。我养过鸟，养过狗，现在还养猫；集邮、搜集书画我都着过迷；看电视、听广播，除新闻之外，主要是看球，特别是足球。意大利甲级联赛的录像，我每场必看，只是我好胜心强，中国队在国际比赛中受挫，我就生气。
>
> 近年来，朋友写信和来访总要说“祝你健康长寿”。我说：寿不能太长，有生有死，这是常道，人人长寿，生而不死，试想，孔老夫子、秦始皇、袁世凯、蒋介石都还活着，这将是怎样一个世界！①

他就是这样的洒脱。

夏衍是中国20世纪文化界的丰碑之一，有些人或许并不同意他的个别观点、态度，却情不自禁地折服于他的人格魅

---

① 夏衍：《无题》，“夏全9”第706—707页。

本文较多地强调了夏衍生活中随性的一面。不过，他得以健康长寿，也还有其他一些养生之道：“夏公很注意保持有规律的日常生活，他每天早晨5：30～6：30在床上叩齿，做按摩。此后开始收听中央人民广播电台的‘科学知识’节目和‘新闻和报纸摘要’节目。7：00整，他开始在院内活动。……夏衍直到晚年仍坚持脑力劳动，堪称因脑健而体健、长寿的范例。夏公在总结自己的长寿之道时，谈了如下四点：一是思想乐观，二是兴趣广泛，三是生活规律，四是适当锻炼。”（唐文一、秦时月：《中华文坛不老松——巴金、冰心、夏衍、艾青、常书鸿侧影》，《炎黄春秋》1991年第3期，第48—49页。）

力。李辉的说法很有代表性：

当我面对他时，我便深切感觉到他身上流溢出的性格力量。一个九旬老人，身躯那么瘦小，瘦小得几乎让人难以相信就是这样一个身躯里，还活跃着思想，还有敏感的神经感应着现实生活的脉搏。

从人们的介绍，从他的文字，从他的谈话，我发现这是一个不会轻易改变自己观点的老人。他好像很少人云亦云。许多时候，他愿意保持个性的独立性，不喜欢附和他人的意见，除非他自己有这样的认识。不妨比喻一下，他不习惯自己是一个别人手中的风筝，由别人决定何时放和决定线的长短。他不。他永远是他自己。无论政治、艺术方面的宗旨，或者个人间恩恩怨怨的细枝末节，他要么不置一词，要么就直抒己见，且不管别人如何看待，会招致何种议论。……

不管如何，这是一个很有个性的老头。你可以不解，可以疑惑，或者可以不赞同，但你却不能不惊叹他的精神的丰富，不能不感慨于一个独特个性的存在，并为这样一个存在而更加敬重他。①

① 李辉：《风景已远去》，《收获》1995年第5期，第98页。

尾　声

魂归钱塘

每一个中国人内心最柔软的部分都有一份拂拭不去的乡愁，一份对故乡深深的眷恋之情。

自1927年参加革命以后，在很长一段时间里，夏衍只为母亲奔丧而回过一次故乡。绝大多数的场合，故乡对他而言都是一个过于奢侈的名词，乃至是一种不舒适的“牵制”[①]，但偶然，故乡之忆也如潮水一般地汹涌袭来，令他不能不“忆江南”了。

1942年初，太平洋战争爆发后，夏衍一行历经千辛万苦，逃离了香港。途经柳州，有了一天的耽搁。他有意摆脱了同难的朋友，独自去江边思考一些事情。在广州沦陷的战乱中，他也曾凄惶地到过这个地方。这一夜月黑无星，灯光黄淡。渡浮桥，中途索然思返，路远天长，更令人陡然感到凄苦。国战情势的险峻，国内政治形势的动荡，不能不让他有心力憔悴之

---

① 夏衍：《旧家的火葬》，“夏全9”，第104页。

感："这几年来像孩子似的想把瓦石搭起一座宝塔，不是一次又一次的在他人的一蹴之下就粉碎了么？"① 夜静无声，更像是独行旷野。至桥堍，他听到随风传来了一阵琐碎的男女絮语的声音："你想也想不到的，嫂嫂他们过的是怎样的生活。"

夏衍憬然耸耳，因为这正是百分之百地保存了杭州上城人语调的乡音。暗淡中看不清面目，他估想说话的是一个十五六岁的少女。同行的少年怕冷似的竖起了衣领，垂头不答。两个人都沉浸在凄哀的乡愁中，那是从他们怨诉一般的声调和拖着淡影的脚步也可以看得到的。李白的那句名作不禁涌上了心头："此夜曲中闻折柳，何人不起故园情？"正是这种故乡情，推动他写下了《水乡吟》一剧。

但这种思乡之情在更多的时候被他压在了心底。这种压抑如此的深沉、自然，以至于一段时间里他仿佛都忘记了自己杭州人的身份。1949 年 5 月后，他曾长期在上海工作，但也只回去过一次。那是 1954 年，他随谭震林到浙江视察，住了一个多星期。这期间，他曾到杭州艮山门外严家弄去探视过故居，但这所房子已在抗日战争时被烧毁，解放后成为浙江大学农学院的农场。他还曾到市内和湖滨去寻找过青年时期的旧游之地，但除了大街上的石板路变了柏油马路之外，相隔三十余

---

① 夏衍：《忆江南》，"夏全 1"第 545 页。此处有关夏衍途次柳州的描写，多直接引自该文。特此说明。

年，几乎没有什么变化。

1960年夏衍再次来到杭州，那时从市容到工业建设都有了很大的变化，甚至连“方裕和”“孔凤春”之类的百年老店的招牌也已经看不到了。他想，所谓的故乡之忆大概不过就是这样了。

然而到了“文革”期间，夏衍长时间地被单独囚禁。除了写材料、挨打、自我反省，其他就无事可做了。而令他甚为惊愕的是，这期间大量出现在他梦境中的，不是凶神恶煞的“专案组”人员，也不是日日被逼问要求交待的“材料”，而是故乡、童年中的诸般场境：“‘文化大革命’中被‘监护’的时期，我常常梦见我出生的旧屋，不仅房子结构和陈设，连某一块地板已经朽折，某一处墙壁已经剥落，甚至我幼年在后院的一棵橘子树上捉金龟子的情景也历历如在目前。”① 而在遭到横暴的对待或生病的时候，他则总是反复地做同一个梦，就是穿

① 夏衍：《故乡之忆》，“夏全9”第500—501页。夏衍在另一处则这样说：“在这之前，我从来不失眠，也很少做梦；可是也就在这个时期，一入睡就会做梦，奇怪的是梦见的都是童年时期的旧事，梦见我的母亲，我的姊姊，梦见和我一起在后园捉金龟子的赤脚朋友。每次梦醒之后，总使我感到惊奇，事隔半个多世纪，为什么梦境中的人、事、细节，竟会那样地清晰，那样地详细！我二十岁那一年离开杭州，久矣乎听不到故乡的乡音了，而梦境中听到的，却是纯粹的杭州上城口音。”（“夏全15”第1页。）

着那双湿透了的钉鞋在泥泞里走路。[①]

出狱后故乡亲人的问候，使他感觉到“寒冷冬夜”（尽管他被释放的季节乃是盛夏）的温暖。

劫后余生的夏衍承认：“尽管离乡日久，故园之情恐怕是终生难以切断的。”[②]

复出之后的他，开始将目光频频投向故乡。愈到后期，他的思乡之情就愈加炽烈，直至表现出这样的精神姿态：他希望褪去一切的物质性的外壳，以一种纯然的自由状态，重新复归到故乡的母体中。

1981年5月23日，夏衍赴杭主持中国电影第一届金鸡奖、第四届百花奖的授奖大会。忙完杂事，他就专程回到了严家弄。自然，严家弄已经面目全非了，叫他“太公”的已有十多人。[③] 正是物非人亦非。

夏衍要带领儿子沈旦华、侄孙沈之雄夫妇等人到南山公墓为父母亲扫墓。到了南山公墓，他拒绝旁人的搀扶，策杖独自

---

① “夏全15”第17页。夏衍原文只说是“到老年（到‘十年浩劫’时）”生病的时候，未说“遭到横暴的对待”的问题。不过夏衍此种梦境是典型的创伤性记忆的表现，他强调“十年浩劫”这个时间段本身就是一种强烈的暗示了。我们在此故作了这番推测，仅供参考。这个观点受到马元龙教授的启发，特致谢忱。

② 夏衍：《故乡之忆》，“夏全9”，第501页。

③ 夏衍：1981年5月23日致沈宁信，“夏全16”第94—95页。《夏衍全集》未断该信写作月份，当为5月。

缓缓上山。山路虽然坡度不大，但对一位跛足老人来说，却显得崎岖难行。夏衍一边走在棘草丛生的路上，一边念念有词："渐趋平坦，渐趋平坦……"一瘸一拐地走了十多分钟，终于来到了他父母、兄嫂的墓前。"文革"中，他父母的墓碑早为"革命小将"们打碎。沈之雄后来花了很大的力气才将它们拼接起来。夏衍抚摸着这再也不能平坦光滑的碑面，默默地站立了好几分钟。直到旦华提醒他山风太冷，他才忽然清醒过来，让沈旦华和一名记者分别为自己照了相。

也是在这次回乡过程中，他和当年几位一起玩耍的"和尚"朋友六十年后再相逢，别有一番唏嘘。

继 1981 年回乡之后，1982 年 4 月，他又再度回到了杭州。也是在这次杭州之行中，他与浙江的戏曲工作者座谈了戏曲改革，并接受了浙江省创办的戏曲杂志《戏文》的约稿。在文中夏衍直言不讳地批评了现代戏改革。他说：

> 现在一谈京剧改革，开口就是演现代戏，我认为这个问题值得慎重而仔细地讨论。我赞成京剧可以实验演现代戏，但是艺术上不能简单化、绝对化，不能掉以轻心，更不能走极端——改革是必要的，但改革千万不能改掉他的本色和特点。这里也有一个"扬长避短"的问题。每一种艺术形式都有它的长，也都有它的短，唱做念打，用最简单的程式来表达最复杂的剧情。

> 这些都是京剧之“长”，该“扬”而不该“避”。……从政治上说，我不反对——甚至赞成你们演一些现代戏，但是我不赞成你们“改”掉京剧的主要特性、个性——这也就是在“扬长避短”之间的一个抉择的问题。……京剧不像京剧，评弹不像评弹，这才是真正的危机。[①]

对一些人来说，“戏改”是一个完全不能触碰的禁区，哪怕是充分肯定前提下的一点修正意见也不行。于是，以夏衍之声望，文章也必须删节才能发表。夏衍非常生气，写了一份致编辑部的公开信以示抗议。于是，他的文章才得以全文发表。

1986 年 5 月，在上海为二姐沈云轩做完百岁生日后，受到故乡人民的邀请，夏衍第三次回到杭州。这次被安排在玉皇山下的汪庄西子宾馆。这里原是早年安徽一位茶叶商人建造的别墅，濒临西湖，廊亭、曲桥、怪石、水榭，错落有致，挺秀幽静。以前常年对外关闭，现在才开放不久。夏衍显得异常活跃，仿佛活到今天才算是真正开了眼界，不时做出一些天真的动作，或者说出一些令人发笑的话来。服务员领着大家走进了当年毛泽东在此的住处，里面的摆设、桌椅、沙发，一件件大得不成比例。夏衍坐在沙发上乐呵呵地对大家说：“你们瞧，我们是到大人国里来了！”

---

① 夏衍：《答〈戏文〉编者问》，“夏全 3”，第 406—407 页。

初夏的阳光已经有点燥人了，可他还是让女儿和秘书林缦推着轮椅在园子里活动，当沈宁将一顶粉红色的凉帽递给他时，他便干脆往头上一戴，笔者在旁说了声“这是女式的”，而他毫不在意地笑笑：“没关系，没关系。”

在饭厅里，端上来的菜并不多，但做得相当精致，西湖醋鱼、笋片、肉丝、炸响铃，这些该可以称得上是家乡风味了；然而老人更中意的却是杭大中文系一位研究生孙嘉萍带来的一饭盒豌豆香肠蒸糯米饭，津津有味地吃了一大半，然后伸开手连声说饱了饱了。

当笔者与他在会客室开始晤谈时，他劈头就问了一句：“今天是什么日子？”

“5月16日。”笔者脱口回答。

“二十年前的《五一六通知》，忘了？就是在这里制定的啊！”他说得很轻，似乎不带一点感情，然而眉宇间还是传递出内心难以掩饰的激动和深思。

夏衍到杭州的消息，杭州大学的学生马上就知道了。从小受他文章启蒙的大学生都想见见他，或者按照他们自己的说法，“碰一碰”老头子的思想。夏衍来到杭大想探望一下故乡的父老兄弟，了解一点情况，一再告诉组织的人规模要小一点，随便谈谈。

座谈会安排在杭大东一教学楼一楼会议室，中间几张桌子，桌子外两圈沙发。这范围，确实是小而又小了。

夏衍说："建国三十七年来，教育方面有了很大进步，也有过不少失误。主要是照抄苏联模式，不考虑到中国的实际，没有花大气力抓教育，特别是轻视乃至歧视知识分子。缺乏智力资源比缺乏物质资源是更可怕的。"

在谈到照抄苏联模式时，他进一步发挥说：

> 现在回过头来看，我们学的只有一本《联共党史》，这中间有许多地方写得很好，例如谈唯物辩证法、历史唯物主义等等，但也应该看到，这本书也不是没有缺点，其中既有个人迷信，又有大国沙文主义，特别是几次清党，我们都把这些错误的东西也学过来了。……列宁死得太早，对于在苏联这样一个幅员广阔的落后国家，怎样建设社会主义，他还来不及找出规律性的方案。列宁是讲民主的，党内有不同意见，他的主张遭到挑战的时候，他就是号召全党辩论，甚至推迟党代会，让大家讲话。列宁死后就不同了，党内民主渐渐地消失了，办法是一次又一次地清党。①

夏衍对文科大学生们提出了殷切的期望。他说："我们这

① 夏衍：《适应时代 面向未来——会见杭州大学中文系师生时的讲话》，"夏全 9"，第 601 页。

一代人，在学术素质、知识积累，比我们上一代人，如鲁迅、郭沫若、茅盾等相比就差了一大截。现在上了年纪要填补就很困难了，因此，希望就在于今天的年轻人，特别是今天在学的大学生。现在有了一个很好的学习环境，有安定团结的政治局面，有宽松和谐的气氛，就有可能认认真真地在年轻的时候，把基础打扎实啊！”他的目光注视着这一代将要跨世纪的年轻人，不断地重复着这样一句话：“你们是面向21世纪的人啊！”

夏衍在杭大中文系的讲话，后来由笔者整理成稿，并由他作了仔细修改。杭大学报的编辑拿到了他的讲话稿，由于涉及到批评苏联模式的内容，吃不准，便给夏衍去了一封信，信中说到学报是国内外公开发行的刊物，根据“内外有别”的原则，对涉外稿件比较慎重，按照宣传部门有关文件精神，当前，我国报刊对苏联及东欧国家的内部事务一般不作公开评论，不要点名批评。为慎重起见“希望您对讲话稿中涉及苏联模式和斯大林问题的文字作些斟酌”。

夏衍接到信后颇觉意外，随即就在来信的稿纸上用红笔写道：

来示拜悉，已作了一些修改，如认为仍有不妥，则可加注“文责自负”字样，或退回，不打算再改了。关于苏联模式的事，虽则未见诸“红头文件”，但报刊上已不止一次有人提过，其实，对于斯大林，早在苏共“二十大”

后，我们在“关于无产阶级专政的历史经验”中，就已经提到过了，所以我认为年轻人知道一点，也有好处。[①]

夏衍并不认为在历史的错误面前，可以小心翼翼地保持缄默。他多次表示，一个国家、民族的气质和习俗一旦形成了模式，要改是很困难的。对于这些失误，不让我们的后代知道，不仅要受到良知的谴责，还要受到历史的惩罚。这篇《适应时代 面向未来——会见杭州大学中文系部分师生时的讲话》总算正式发表了。

1988年10月，夏衍与国际著名音乐指挥家小泽征尔一起，分别获得了该年度由日本“国际交流基金”设立的“国际交流大奖”。该奖设立于1973年，每年对在国际文化交流中作出突出贡献的团体或个人颁奖。此前获奖的都是国际上有声望的专家、学者，或学术研究团体，如美国的日本问题专家赖肖尔，著名电演导演黑泽明，日中文化交流协会，日本非洲协会等等。夏衍是获此殊荣的第一位中国人。获得了这笔多少有些意外的奖金后，夏衍征得家人的同意，连续两次写信给时任浙江省委宣传部长的罗东，商议向浙江省捐赠教育基金。在后一封信中他诚恳地说：

---

① 夏衍：1986年10月7日致杭州大学学报编辑部信，“夏全16”第202页。

嘱沈旦华送上人民币五万元[①]，作为农村中小学——也可以包括学龄前的幼托教师的资助，千里鹅毛，聊表心意。我幼年家贫失学，后来能受到中学、大学的正规教育，完全得力于浙江省人民的资助，十四岁入省立甲种工业学校，学费是德清县政府支付的，二十岁赴日本，经费是“甲工”供给的，考取了“九州工大”，用的也是浙江省的公费，所以这一点钱不能说是奉献，而只能说是还债。中国当前最紧迫的问题是人民文化素质，而要提高全民文化素质，最重要的还在于加强广大农村的中小学的教育工作。目前国家财政还有困难，对教育事业还不可能有更大的投入，我看还是国家、企业（社团）、个人三管齐下为好。近年来北京提倡学校办企业，听说苏州办得很出色，但我认为这只是一种可以试行的办法，而不应一哄而上，因为各地情况不同，环境相差很大，加上中国知识分子不一定懂得“经营”，秀才办厂，只会分散力量，甚至还会误入歧途，“弃教从商”。听广播说浙江省许多乡镇企业正在集资支持学校办厂，这当然是好事，但似也要有一套妥善的章程，即提供资金外还要提供办厂人才，否则会分散校长的精力。我和“民盟”、“民进”的朋友们谈过，

① 读者当能明鉴5万元在1988年那个时期的购买力。

鼓励他们搞民办学校，据说有些地方已初见成效，他们很热心，有人才，也有企业家，看来这是一条可行的途径。①

这是一位老共产党人的真正心语——他从不忘记自己是人民的儿子，他所有的一切都是人民给的，因此，他所做的一切，无非是向人民“还债”而已！

这时，夏衍还想起了他的文物收藏。

夏衍晚年多病，各种痼疾时常侵扰他，常常头昏，数度几乎晕倒。作为一位达观的唯物主义者，他开始平心静气地考虑后事了。沈芸回忆说：“尽管爷爷从被关监狱时起就写下过不止一份遗嘱，但最终使他考虑着手身后之事的，却是从捐献开始。”②

首先让他不能放心的是稀世珍宝《纳兰性德手卷》。夏衍任职文化部后，对文物、书画渐渐发生了兴趣，时常到北京琉璃厂一带“觅宝”。《纳兰性德手卷》即是他 1960 年在琉璃厂偶然发现的。纳兰性德，原名成德，字容若，清初大学士明珠长子，卓越的大词家，有《饮水词》行世。这手卷共集得他致

---

① 夏衍：1988 年 11 月 30 日致罗东信，“夏全 16” 第 123—124 页。夏衍在这封信中甚至还提出了可以引入教会学校的想法。且不论此种设想的可行性，他在推动教育发展问题上的激进姿态由此可见一斑。

② 刘忠：《丹青难绘是精神——夏衍诞辰百年纪念活动巡礼》，《浙江文艺报》2000 年 11 月 28 日。

挚友张纯修书简二十八通，所述内容包括请平子刻草堂章、借看黄子久手卷、请张子由画像及他赠以手书的厅联等等。以史料论弥足珍贵，可作为增补纳兰的传记、年谱的重要资料，更不用说，它还是一份罕见的极有收藏价值的文化藏品。

夏衍看到后，即有购买之意。但当时卖方索价 2000 元，实在大大超出了他的购买能力，只得作罢。数日后有人告诉夏衍，有位港商愿加价求购此卷。夏衍闻讯，正在为难之时，适逢他的一部电影剧本稿酬 2000 元送到，便毫不迟疑将长卷买下。“文革”中，手卷和夏衍其他所藏书画一道被抄走，落实政策发还物品时，这手卷竟然“失踪”。夏衍非常痛心，说：“其他文物不见无所谓，但纳兰性德一定要追回。”后来在举办林彪罪行展览时，从成批的文物中发现了此卷。原来陈伯达曾在夏衍处“鉴赏”过，而后掠去献给林彪了。这样，又费了些许周折，手卷才物归原主。

1989 年 4 月，夏衍亲自致信上海市文物管理委员会方行，提出：

> 我收藏的纳兰性德书简卷，打算捐赠上海博物馆。因此公书简，除我的二十几道外，国内只有上博尚有数道也。……这是海内孤本，还是让国家保护为好也。①

① 李俊杰：《夏衍与纳兰性德手卷》，《上海滩》1996 年第 3 期，第 33 页。

“上海博物馆”当然极表欢迎。1989 年 8 月，方行亲自带领上海博物馆工作人员前去接受。夏衍说：“把这东西交出，总算了却一件心事。”同时还欣然邀请李一氓、赵朴初等观赏。李一氓兴奋之余，当即挥毫：“共观夏衍大兄赠上海博物馆纳兰手札长卷不胜欣忭。”

捐了纳兰手卷，夏衍又考虑将他的书画全部捐赠浙江省博物馆。这件事情其实早在 1988 年冬就已经提起了。夏衍主动写信给罗东说：

> 50 年代我在文化部时，忽然对文物发生了兴趣，当时运动频繁，我为了“苦中作乐”，迷上了“扬州八怪”和齐白石的作品，当然，说得好听一点，也有防止若干文物外流的意思，于是我把稿费、版税乃至工资都用到这方面去了……这些书画在“文革”中全被抄走。三中全会后几经周折，总算收回了百分之八十，点了一下，还有齐白石二三十幅，“扬州八怪”的字画二十九幅——金冬心、郑板桥、李方膺的多些，高翔的只有一幅；国内收齐了“八怪”作品者不多——这些东西我的子女都没有兴趣，留给他们不仅没有用处，而且可能会流失，所以我也决定捐献给浙江博物馆。①

① 夏衍：1988 年 11 月 30 日致罗东信，“夏全 16”，第 124 页。

在这之后，夏衍在给笔者手札中又一次提及：

> 我收藏的一些书画——主要是扬州八怪和齐白石等，约五十幅（册），曾向罗东同志提过，打算捐给浙江博物馆，请你代为打听一下（或托沈祖安同志代为了解），假如他们有兴趣，请他们国庆后和我联系。[①]

50年代后期，夏衍与齐白石老人过往甚密。每当夏衍带着崭新的钞票向老人买画时（夏衍知道齐白石喜欢现金交易，而且尤喜新钞票），白石老人便笑得合不拢嘴。许多书画，白石老人当场泼墨并题以“夏衍老弟”上款。这样，夏衍收集到了不少齐白石老人晚年的精心之作，如《贝叶秋蝉图》《鼠子闹山馆图》（白石老人很少画老鼠）等等。当浙江博物馆的同志于1989年10月前往夏宅，为他的书画清点造册时，不禁深深惊叹于他的收藏之丰。对自己的藏品，夏衍自己有时也颇为自傲。他曾对叶浅予说：要把扬州八怪收齐，而且必须件件精品，才算心满意足。[②] 但史无前例的“文革”差点断送了他的

---

① 夏衍：1989年9月5日致陈坚信，“夏全16”，第75页。

② 叶浅予：《〈夏衍珍藏书画选集〉序》，浙江省博物馆：《夏衍珍藏书画选集》，杭州：浙江人民美术出版社1991年版。

这一番心血："收藏扬州八家的人不少，但收齐了的不多（其中特别是高翔，传世的很少，但我居然有二幅，罗聘的也有五六幅）。我这次把五十年代以来苦心收藏的东西全部献出去了，其中扬州八家二十五六幅，齐白石三十幅，[①] 其中也颇有一些罕见的、他六十岁左右画的珍品。郑板桥的我本来也有十来幅，但在'文革'中散失了许多，所以这次捐出的就只两三幅了。"[②] 说到高翔（凤翰），夏衍还别有一些痛心之处："文革"前他曾集有高翔的一件珍品（苍松图），康生知道后，就来"借"，说是看看这位山东同乡的杰作，结果，这幅画就有去无回了。

夏衍这次捐赠的书画作品共九十四件，"扬州八怪"三十三幅，齐白石十二幅，此外，还有近代吴昌硕、陈衡恪、黄宾虹、张大千等名家的珍品。[③]

夏衍所捐的这些书画还有一些幕后故事：其中高翔的《行书诗翰册》是浙江耆老陈叔通知道了夏衍在苦苦搜求而割爱送给他的。在三十三幅"扬州八怪"的作品中，比较而言，夏衍最喜欢的是李方膺的两幅钟馗，罗两峰的《达摩》。八家之中，

---

① 此说不确，可能是误写。

② 夏衍：1990年致陈诏信，"夏全16"第76页。原信即无写信月、日。

③ 平林：《爱的收藏与奉献——介绍〈夏衍珍藏书画选集〉》，《杭州日报》1991年11月1日。夏衍的邮品收藏情况，还可参见赵人龙《邮情留人间》（《忆夏公》第578—579页）。

李鱓的作品存世者最多，但是他画花卉、山水，人物是少见的，夏衍捐赠的那本册页中有他的一幅仕女图，这是罕见的珍品，至于汪士慎的《墨梅长卷》，似乎可以说是夏衍收藏中的“白眉”，连徐森玉老先生看了之后也说夏衍运气太好了。当时，琉璃厂也有赝品，夏衍也买过假画，就当作付学费了，但是这次捐献的字画都是经过文物局专家鉴定的。①

如此慷慨向国家捐赠的夏衍，一再声明，一不要奖金，二不要奖状。只有一个小小的要求：希望在收藏过的作品上盖一方“仁和沈氏曾藏”印章。这印章是齐燕铭1976年去世前的绝作，原设计的印文是“仁和沈氏珍藏”，夏衍请他将“珍”字改为“曾”字。这个“曾”字，是说这些珍品曾在自己的画柜收藏过，但并非为自己所有，可见，早就有捐赠之意了。

1990年底，夏衍经过深思熟虑后决定，将一批陪伴了他多年的珍邮捐给上海博物馆。夏衍集邮的时间开始得很早。在日本留学时代，他就收集大龙邮票。以后即使在最为颠沛流离的日子里，他也没有放弃这一嗜好。他不少老部下都能清楚的回忆起紧张的工作之余，夏衍邀集他们共赏邮品那忙中偷闲的乐趣。解放初进上海，他也曾与邵洵美等人组织的“新光邮票会”打过交道。1955年得到了原燕京大学教授陆志韦（也是浙

① 李子云：《人、风格和兴趣——观“夏衍捐赠字画展”所感》，李子云：《我经历的那些人和事》，上海：文汇出版社2005年版，第50页。

江人）的全部大龙邮票后，夏衍更成了全国有名的大龙邮票收集专家（但可惜的是，“文革”期间，夏衍的邮品散失了不少，大龙票也不全了）。1988 年纪念大龙邮票一百一十周年的邮展中，他的藏品展出时受到了极高的评价。这一次，他捐出了清代邮票三百三十二枚，日本邮品一百零六件，不少是稀世珍品。其中有发行于 1878 年（清光绪四年）的红、黄、绿三枚大龙邮票。这是中国第一套邮票。又有一套紫、绿、黄三张大龙邮票，发行于 1885 年，国内外亦甚为罕见。夏衍捐赠的邮品中，还有俗称红印花的邮票。印花，原是税票的一种，我国清代，邮政附设于海关，1897 年海关邮政改为国家邮政后，也有拿白地红纹的税票加盖“大清邮政”的黑色文字后，以代替邮票的。“红印花”虽存世不少，但大为收藏者所珍爱，价值很高。①

夏衍这次捐献的邮品，还有一件特别值得一提。那是抗战结束后他在虹口被遣返的日本人摆的地摊上收到的。沈旦华说：“他发现一个日本老太太出售的邮集是日本最早期邮票，而且是实寄封，反映了最早上海和日本通商的情况，他用日文问价，老太太要 5000 元，真是一笔巨款，按习惯日本人是不会讨价还价的，他想了想，约定明日再来，回去后问我外公借

① 李子云记得 1952 年他在上海花 300 元买下了“红印花加盖小四分”四方连。

了钱，买了这邮册。1985年日本集邮权威来我家看邮票，见到这邮册，开玩笑讲：‘这是日本的国宝，我用500辆丰田小轿车和你交换，还是让它回日本吧’，老头立即说：‘那么在日本的中国国宝是否也可以归还中国。’当即两人哈哈大笑。可见它的珍贵，最后这邮册捐给了上海博物馆。”①

上海集邮协会的负责人说：拥有如此丰富、珍贵的邮票的，恐怕在中国也找不出第二人了。有人曾问上海市集邮协会副会长刘广实，按照邮市的时价，夏公捐赠的邮票价值大约是多少？刘先生想了想说，按1990年的国际邮市行情，夏公所捐的邮品总价值至少在人民币100万元以上。②

夏衍将这批相伴多年的邮品赠出，态度一样地平淡：不要报酬，也不要名誉奖。不过他又特别叮咛了一句：唯求妥为保存，不要散失。

1994年8月，夏衍另将其珍贵的2800本藏书捐给了中国

---

① 沈旦华：《回忆老头》，杭州市江干区夏衍研究会、江干区夏衍旧居管理办公室：《夏衍研究文集》2007年编，第79页。

② 徐洁人：《稀世珍邮 无私捐赠——夏衍向上博捐邮先睹记》，《文汇报》1991年2月22日。需要指出，刘广实这个估价大概是按照国家排价来估算的，但这种价格根本是有价无市的。有一种说法，夏衍当时捐出的书画与邮票，估价大约在人民币6000万左右——这似乎又太高了，因为那时市场上中国书画的价值并没有得到充分认可。但不管怎么说，夏衍捐献文物的价值是一个值得研究的问题，其价值的长期被低估对夏衍及其家庭来讲都很不公平。

现代文学馆。[①]

夏衍的同事、朋友中，也有不少人有文物收藏的爱好。像李初梨、李一氓、周培源、孙大光等人已将他们所藏的陶瓷、书画、善本捐给了各自故乡的博物馆。还有些人的收藏可能比夏衍更成系统，后来却散佚了。[②] 诚然，用物质来衡量一个人的精神高度是一件相当愚蠢的事情，但离这件事情越远，我们越能够感受到夏衍精神世界中那种纯粹、坦荡的气质。

1992 年，夏衍最后一次回到故乡，住在汪庄。这一次是为向浙江博物馆捐赠他收藏的字画之事顺便在杭州小住的。这时的他已只能靠轮椅行动了。这一年恰好巴金先生也在住汪庄。这两位同样爱国爱党和忧国忧民的世纪老人难得在一起相聚，他们常让人推了轮椅，在西子湖畔，在明媚的湖光山色中畅谈彼此关切的国事、家事和世事。但是他们绝不让别人在旁，最多和家人和身边的人合张影，就摒弃左右，相对默然。外人很难知道两位老人最后交谈了一些什么，沈宁、李小林和工作人

---

① 据报道，这是他捐赠的“第一批藏书”。但后续的情况如何，笔者及友人数次赴现代文学馆探访，未得其详。

据李子云的回忆：夏衍原有的藏书已基本毁于“文革”。

② 夏衍曾和人提起：“当时有不少人和我一起跑琉璃厂，邓拓、田家英、阿英、徐平羽等，各人兴趣不同，收藏的目的也各有不同，徐平羽主要是收藏八大山人一派，比我高一档。但他去世后，这批文物不知如何处理，流散了可惜，所以我认为还是在生前处理掉为好。”（夏衍：1990 年致陈诏信，“夏全 16”第 76 页。）

员都知之甚少。[①]

中共中央非常重视夏衍等健在的老同志。

1991 年 3 月，和多位老同志一起，夏衍应党中央的邀请，出席了文艺界知名人士共商繁荣文艺事业大计座谈会。在这次座谈会上，夏衍受到了中共中央总书记江泽民的亲切接见，并合影留念。

1992 年 10 月，夏衍以特邀代表身份出席中国共产党第十四次全国代表大会。

1994 年 10 月 30 日是夏衍的九五华诞。29 日一大早，北京电影制片厂的六位美工师赶到了夏衍病房旁边的会客厅，主动提出为次日将在此举行的夏衍九五华诞庆祝活动布置会场。巨大的金色“寿”字，长达三四米的对联：“投身报国近一个世纪，握笔为民将七十周年”，“六十五年日日夜夜做民众烛火是革命文艺先驱者，九十五载风风雨雨为后辈良师乃世纪同龄不老松”，都是他们亲手赶制出来的。

赵朴初送来“文雄千古众，年高九五尊”的贺词，老舍夫人胡絜青写来“福寿”两字。从突发脑血管病“死里逃生”的白杨则送来贺联：“心追艺趣春长绿，笔涌书香寿自高”。由全国各大电影制片厂送来的花篮组成了两道“花墙”，分列在客

① 沈祖安：《沉默是金——夏衍散论》，沈祖安：《大江东去——沈祖安人物论集》，北京：中国戏剧出版社 2005 年版，第 82 页。

厅两旁。巴金和王元化送来的两只精美花篮放在最注目的地方。

10月30日，夏衍生日这一天，北京医院破例免去了复杂的探访手续，上百人接踵前来参加庆典仪式。广电部部长孙家正主持了仪式。国务委员、国家教委主任李铁映代表江泽民总书记、李鹏总理等人向夏衍表示衷心问候，称赞夏衍将毕生精力、全部心血奉献给了我国的革命文化事业和电影事业，是中国革命文化事业和电影事业的开拓者和先驱者。李铁映宣布了党和国家的重要决定：授予夏衍同志“国家有杰出贡献的电影艺术家”称号，并号召年轻一代学习夏衍的奉献精神和敬业精神。这是继钱学森之后，国家将第二个“有杰出贡献的”的桂冠授予一位文化名人。直到2015年，“国家有杰出贡献的”专家的目录仍然只有这两位。——值得顺便一提的是，这两位都是杭州人。

在一片雷动的掌声中，大家要求老寿星夏衍在这双喜临门的日子里说几句话。夏衍穿着一件深红桔色的衬衫，深灰色厚呢西装，神清气朗地坐在轮椅上。他微微笑着，谦虚地表示：“不敢当，我还有许多事没做好。”讲了这句话后，他握着话筒沉思了一会儿，仿佛在回顾自己的一生，然后缓缓地说道：

> 我的一生是与祖国命运、人民利益紧密联系在一起的。年轻时，我即把国家昌盛、人民幸福当做理想来追

求。回首走过的路，无怨无悔。尽管我年纪大了，但我仍要奋斗到最后时刻。这是我青年时代时就树立的理想：要一生报效祖国和人民。①

在热烈的掌声中，一只直径 0.9 米，高 0.5 米的三层特大蛋糕出现在夏衍面前，请他切下第一刀。这时，身穿病号服的赵朴初先生喜气洋洋地走进会场，自告奋勇和夏衍、沈宁一起切开了这只重达十四公斤的大蛋糕，分赠给来宾共享。

夏衍九十四岁生日之后，身体每况愈下。向来不大抱怨什么的夏衍，也忍不住常向家人发牢骚，自嘲是“古董、出土文物、活化石”，他还说：“连总理都讲我这个人能干，可现在成了这个样子，整天在医院里，连玩猫的资格都没有。”可说也奇怪，九五大寿过后的两个月时间里，他身体看上去比前一阵有了明显的好转。刚从北京电影学院毕业的孙女沈芸，一次很得意地拉着他的手说：“谁能像我这样有个九十五岁的老爷爷呢！”

然而，夏衍本人却仿佛有着一种奇异的预感，他有时会看到，天堂那边的另一个“我”已向他招手了。就在身体尚好的 12 月 9 日，他深夜里忽然被一阵心悸惊醒。小保姆小方也被惊醒了，问：爷爷有什么事吗？夏衍却又平静了下来，只是淡淡

---

① 据《“我仍要奋斗到最后时刻”》（《文汇报》1994 年 10 月 31 日）、《长风为夏公送行》（《文学报》1995 年 2 月 23 日）。

地说："小方，爷爷要回杭州去了。"

小方没有反应过来，以为这不过是老人一贯的幽默罢了，因此有一句没有一句的搭讪着："爷爷，你一个人去，还是舅舅、姑姑①一起去？"

夏衍："这次谁也不要陪，我一个人去。"

"爷爷这次一个人回去。"

小方："是坐飞机，还是坐火车呢？"

夏衍："坐飞机吧。不过，听说机票挺难买的。"

直到夏衍大去之后，小方才品味出这段对话的别样含义。

快到年底了，王蒙去医院看他。这天他显得十分疲劳，静卧在床上。王蒙见状稍事问候便起身告辞。夏衍平躺着说："我有一个担心……"

王蒙连忙凑过去，以为他要有什么要事相告。

他继续说："现在从计划经济转变成为市场经济，而我们的青年作家太不熟悉市场经济。他们懂得市场吗？如果不懂，他们又怎么能写出反映现实的好作品来呢？"

一位九十五岁的老人，生命快要到尽头，他所关心和忧虑的仍然是中国和文学事业！这不能不使王蒙感到惊讶并为之深深感动。

元旦过后，夏衍的身体状况明显地恶化起来。1995 年 1 月

---

① 舅舅，指夏衍之子沈旦华；姑姑，指夏衍之女沈宁。

9 日，感冒引发肺炎，发烧五天不退。1 月 20 日上午，北京医院为夏衍做了膀胱手术，很顺利。一时间，夏衍精神尚好。趁沈宁、旦华都在病房，他要求立遗嘱。遗嘱的主要内容为：不搞土葬，不留骨灰，不举行遗体告别。老人以往日平静的语调从容地说："我活得够长了，该回杭州老家了。骨灰就撒在钱塘江吧。"接着，他甚至还为自己选择了一张用作遗像的照片。

下午，刚从台湾返京的吴祖光前来探望。

夏衍问吴："台湾怎样？"

吴祖光笑着说，感觉台北和北京差不多，中国人都是这样子。只觉得台湾人比大陆人文明些，在台湾十来天，没见到街上有吵架的，也没见找人要钱要饭的穷人。

夏衍又问他："卜少夫还好不好，在台湾，我可只有这个老朋友了。"①

吴祖光说："他身体还很不错，我在台北、香港都见到了他，他问夏公安好。"

两人接着又聊了一会儿闲天，还谈到香港影星成龙之类。

---

① 卜少夫，30 年代曾就读于上海中华艺大，抗战后期在重庆主办《新闻天地》，反共老手，夏衍与他有过思想交锋，但也有私人关系上的交往；1949 年后在香港定居，亦曾任台湾的"立法委员"。卜少夫的弟弟即著名作家卜乃夫（笔名"无名氏"）。1949 年后，卜乃夫长期寓居杭州拱宸桥一带，直至 1982 年离开大陆。这位中国现代文学史上屈指可数的杰出作家虽然和夏衍没有过什么交集，不过他与杭州这一段因缘际会的关系在此还是值得略提一笔的（尽管这段关系未必令卜乃夫感觉愉快）。

谈着谈着，夏衍精神就支持不住了，几次闭上了眼睛。吴祖光便起身告辞。

孰料，这就是他们之间最后一次见面，这也成了夏衍最后一次会见客人了。

1 月 21 日下午 5 点，因痰导致呼吸衰竭，经抢救后夏衍仍昏迷不醒，从此后再也没有醒来。

2 月 6 日凌晨 4 点 30 分，他的血压降至零。4 点 55 分，他胸腔中那颗已太过疲惫的心脏，终于停止了跳动。

夏衍逝世的消息震惊了全国，江泽民、乔石、李瑞环、朱镕基等党和国家领导人先后打电话向家属致哀慰问。在他病重期间，李鹏、李瑞环、丁关根、李铁映、王兆国等领导同志曾亲赴医院探望。

巴金闻讯后立即向沈宁打来唁电："病中惊悉夏公逝世，不胜哀悼，这是中国文艺界不可弥补的损失。夏公是 20 世纪的同龄人，20 世纪即将过去，夏公的精神长留人间。特电吊唁，务祈节哀。"

全国各大报纸纷纷发表了关于夏衍逝世的讣闻。台湾、香港的不少报纸也发表了有关消息。台湾《世界日报》这样报道说："高龄九十五岁的中国名作家夏衍昨日凌晨 4 时 55 分病逝北京医院，遗体送别仪式将于本月中在八宝山举行，家人稍后将遵其遗愿把其骨灰撒落于他家乡浙江杭州钱塘江。夏衍毕生以为人清廉正派受文化界尊崇，他离世前已将自己的所有藏书藏画捐赠给中国现代文学馆和家乡浙江省博物馆，所获奖金捐给家乡教育事业，两袖清风地与世长辞。而其名作如《包身工》以及晚年回忆录《懒寻旧梦录》等将长存世间。"①

夏衍过世后，他的朋友、战友、部下、学生，以及许多接受过或间接接受过他的关怀教育的人纷纷撰写纪念文章，痛悼他的逝世。

张光年痛切地说：

> 一棵饱经二十世纪风雷雨电的古松倒下了。一位充满革命智慧的文化巨人远逝了。他在的时候不觉得，他一走，陡然感到我们文艺界的损失之大！我感到后悔。我有多少事情还不曾向他请教啊！……我手捧着他的《懒寻旧梦录》，目光停留在最后一页——十年浩劫后他经过痛苦反思对世人的寄语——而心绪不宁。②

郁风以《夏公——一棵永生的树》为题，动情地写道：

> 无数的冬去春来，他在无数的心田中播种了智慧、正

① 《名作家夏衍病逝北京》，《世界日报》1995年2月7日。

② 张光年：《送夏公远逝》，张光年：《张光年文集》第4卷，北京：人民文学出版社2002年版，第150页。

气、勇敢、无私，也播种幽默、乐观、自信和宽容。他是有良知的革命者的旗帜，我们知道在他背后有一个伟大的力量。无数的风风雨雨，无数的闪电雷击，把他的枝桠折断了，绿叶焦黄了，然而瘦骨的树皮里包裹湿润的蕊，他从地下深深埋藏的根须吸取营养，他的长长的枯枝如伸向天空的手臂，拨开云雾，洒下一点阳光。他在凛冽的寒冬，吃力地营造着春天。……①

柯灵说道：

夏公身上，有许多中国士大夫的传统色彩，却又是坚定的马克思主义者，在泛滥的信仰危机中岿然不动。

柯灵从夏衍谢世前几年从容捐献文物，立遗嘱从简料理后事，联想起也曾是浙江文人的李叔同。他剃度出家前离开执教的学校时，把书籍衣物都分给朋友、学生和校工。后来他作为弘一法师在福建泉州圆寂，事先预留二偈，其一是“问余何适，廓尔亡言，华枝春满，天心月圆”。柯灵说：“夏衍是革命艺术家，弘一是艺术家而演化为佛教徒，人生趋向，如南北极，而异途同归，生命的完成达到如此圆满华妙、无私忘我的

① 郁风：《夏公——一棵永生的树》，《光明日报》1995年2月18日。

境界，真是太令人萦思向往了。”①

2月17日，北京天气阴沉、寒冽，夏衍的送别仪式在八宝山第一告别室举行。胡锦涛、丁关根、李铁映、宋平以及数千名社会各界人士前来为他送行。在亨德尔《广板》凝重而飘逸的旋律中，三人一排的送别队伍缓缓前行，络绎不绝走了近两小时。

按中国传统的说法，夏衍的丧事属于喜丧。

1995年10月31日，杭州风和日丽，是一个秋风送爽、金桂飘香的日子。浩瀚的钱塘江风平浪静，显得格外温柔。下午2时，灵船缓缓驶离了“浙江第一码头”。夏衍的骨灰撒放仪式在钱塘江的江面上进行。沈宁、沈旦华哭泣着，将夏衍的骨灰撒入江中。陪伴着夏衍的，有红色的玫瑰花瓣和他老伴蔡淑馨的骨灰。他们曾共同走过了五十多年的风雨人生路，而今又终于走回到一起来，融化到了江水中。

他就这样回到了哺育他成长的钱塘江的怀抱中。

近代以来，钱塘江水哺育、抚养了无数的文化名人：黄宾虹、蔡元培、鲁迅、马寅初、马一浮、夏丏尊、竺可桢、陈建功、范文澜、胡愈之、郁达夫、吴觉农、冯雪峰、戴望舒、艾青、钱三强，等等。现在，夏衍将和这些伟大的前辈或同辈们一起，以他们的精气血脉使得这条文化大江更加汹涌奔腾，成为滋润后来者成长的不尽的源泉。

---

① 柯灵：《送夏公返钱塘》，《文汇报》1995年2月25日。

初版后记[①]

现实人生的轨迹总是波折不平的，面对种种可能的选择，作出准确无误的判断——现实证明这种正确的选择往往是唯一的，尤为艰难。初涉人生者体验不到这份选择的困惑与艰辛。以事后诸葛亮的心态回首以往，一切似乎都是理所当然的，但事实上，这一切的理所当然的获得，该付出了多大的代价！

体验夏衍（还有他的同龄人们）的世纪心灵历程，很长一段时间里，成为了我们精神生活的主要内容，也是灵魂深处的一种重负。只有真正进入他和他们这一代人为之奋斗与奉献的心灵挣扎与痛苦中，我们才真切感受到他们为国为民诚挚奉献的伟大信念的力量。许许多多尘封已久的小事，各种各样原本不经意间就被忽略过去的点点滴滴，在如此这般的心灵观照中，自然便焕发出了异彩，有时，甚至会映射出一幅完整的时代景观。只是碍于我们平庸的表达能力，常常无法将这些已被

---

① 此为《夏衍传》初版（北京：北京十月文艺出版社 1998 年 8 月版）的后记，收入本书时对原作个别有语病之处做了修订，其余仍旧。

感应到的东西生动地表现出来。

我们日常从事的都是中国现代与当代文学的研究与评论，强求如诗如画的笔触之类，似乎有点强己所难，因此，笔者商量的结果，决定多采用史传的笔法来写这本《夏衍传》。作为传记，即使文学性质的传记，态度公正、史料翔实、立论可信还是基本的要求吧。我们不敢妄求其他，但愿读者读完我们这本书，能够在心中勾勒出一个大致合乎历史真实面目的夏衍的形象。也许有人根据西方阐释学的观点，会说“所谓历史真实仅仅是个人视界中看到的真实而已”，但对此我们并不敢苟同。只要人类还存有客观真理，客观的真实便总还是存在的。虽然绝对“真实”可望不可即，但从事人文研究工作的人们总应抱着“虽不能至，心向往之”的态度去对待它。

在写作过程中，为取得这份真实，花去了我们大量的心血与时间，书中写的具体事件，大体都可以说是信而有证的，只是限于写作体裁的格式要求，不便一一注明。书中个别场面也有虚构成分，但我们也抱着这样的态度来写它：这些事于史实虽无证明，但于情于理却可能有，必然有。这里，我们要特别感谢林默涵、钱青、王元化、谢和赓、杜宣、黄宗江、冯亦代、李子云、沈祖安、罗东诸先生，日本学者阿部幸夫先生和不久前去世的陈荒煤、于伶、凤子、李天济、汪静之诸先生，他们的回忆以及所提供的材料，在某些章节的写作过程中，起了关键作用。

夏公本人已有一部文采斑斓、脍炙人口的回忆录《懒寻旧梦录》，我们这部《夏衍传》追随其后，感到压力很大。超越的念头是不敢有的，但完全按《懒寻旧梦录》的格局来写作，恐怕更加不行。我们商定的结论是，以夏衍先生的思想、性格的生成、发展、成熟为主线来叙写他多彩多姿的一生，兼及他的婚姻、交游和其他。这样，既可以最大限度地吸收《懒寻旧梦录》的精华所在，又可以照顾到最近十多年来夏衍研究的一些最新成果。夏公特别不愿提及他的个人生活与个人功绩，他多次引用潘汉年的一句名言自警："吹捧自己的人顶着底"，因此，有关他这方面的材料就出奇的少，像"文革"对他残酷折磨的情形他几乎是始终不置一辞。但让我们这一本以反映他个人生平为目的的传记对这些完全避而不谈是不可能的。有些事情，《懒寻旧梦录》和他晚年回忆都有意回避了，我们则根据已有的材料，在文中作了一些披露和增补。这虽有悖于夏公的原意，但他在天之灵或当能原谅我们吧。

揭示夏衍的思想、性格发展，是本书目的所在。我们希望通过这个典型的心灵发展史的描绘，揭示出本世纪中国知识分子一种有意味的灵魂境界的构成方式。我们以历史进程的线索为"经"，试图描写出夏衍从生到死思想性格的发展史。夏衍一生经过许多阶段的思想变化，起初他是一个实业救国论者，后来接受了一定的社会主义思想和无政府主义思想；在日本时期，他树立起对共产主义的信仰，初步成为马克思主义信徒，然后在白色恐怖最严重的时刻，毅然决然地加入了中国共产党；然而30年代的左倾盲动主义特别是教条主义，又一直给他以束缚和影响，为此他困惑、挣扎、抗争……而经过了五十多年的风风雨雨，直到“文革”结束，他终于大彻大悟，走出历史笼罩在自己身上的阴影。一方面对共产主义信念赤诚不变，不改初衷，一方面，则对党内一些不良积习提出了前所未有的反思和严厉的批评。到这一时期，他的人格犹如华枝春满，挺拔照人，再没有外物可以拘役他了。梳理出这一条夏衍的“性格史”，我们感到，夏衍以他漫长崎岖的人生历程证明了，中国知识分子可以有的、应该有的是怎样一种人格境界。

具体的时代背景之展现可说是本书写作之“纬”，夏衍的人生境界之不同凡响在于，他总是在他生存的时代尽量汲取更多的养分，从不怨天尤人，他总能跟上历史的脚步，而到晚年，更是达到了一种超越历史水平的思想境界。我们想，那种在严酷现实条件下不屈不挠的战斗意志与严谨切实的现实主义精神，也许是我们后代文化人最应在他这儿汲取的东西。

在本书的献辞中，我们写到：“他们承担了中华民族五千年最沉重的一页，他们托举起了中国20世纪的辉煌。”我们不敢说《夏衍传》已经写出了夏衍一代人这样一种精神力量，但希望它多少能透射出这样一些精神内涵吧。

当然，人无完人，作为一个有血有肉的现实中的人，夏衍一生固然大节无亏，但个别引起争议的地方还是有的，比如对鲁迅的态度，对冯雪峰、胡风的态度等。对这些问题，我们一概采取了秉笔直书的态度。过去的事情既然已经过去，对我们今人来说，问题的关键在于该吸取怎样的教训，为贤者讳是没有必要的。有些事情，主要错在某一方或与事的各方都有错，我们尽量审慎地表达了我们的立场。这不是“各打五十大板”，而是尊重历史真实。学术问题，太过意气用事显然没有什么好处。

这里，我们特别感激樊骏先生。他不仅自始至终关注着这本书的写作，且一再提醒作者要有客观公正的态度，实事求是地记述传主的功过得失。这使我们深受教益和启迪。

两年多来，我们将大部分的精力投入到了本书的写作中，但俟书完稿，却发现只能写成这个样子，遗憾之情是无须多加言说了。但现实条件不允许我们在这本书上再作过多的勾留了，希望在未来听取各方面的意见后，能有机会对这本书再作一次大的修改。杭州大学人文学院中流基金会对于本书写作曾给予部分资助，特致谢忱。

作　者

1997年6月17日

修订版后记

时间总是过得太快。不知不觉间，《夏衍传》初版（北京：北京十月文艺出版社 1998 年 8 月版）问世已经有 18 年了。这些年发生的事情太多。2005 年《夏衍全集》的出版是夏衍研究领域的一件大事。这套由浙江文艺出版社牵头编辑、出版发行的大书彻底改变了以往夏衍研究中异常困难的资料收集问题，为研究者、爱好者全面信实地进入夏衍的精神世界提供了一个基础平台。与此同时，其他的资料也日渐丰富起来。当年我们在初版“后记”中曾说：“希望在未来听取各方面的意见后，能有机会对这本书再作一次大的修改”，现在从许多方面来看，确实有必要对旧作做一个较大的修改了。

本次修订主要集中在以下几个方面：

一，考信史实，订正讹误。

当年由于资料所限或限于笔者水平，不少事件细节描写、事件之间因果关系的判断等存在一定的讹误，这次尽量作了订正。

二，增写新发现的史料。

这些资料如和《懒寻旧梦录》能够相互印证（或有所冲突），尽量予以保留（或在注释中作相关提示），供读者对照参考。

大大扩写了建国后夏衍生平活动的部分，改易了不少事件的判断立场。

三，修订版以夏衍精神探索为主要线索，兼及他的工作、生活和其他个人性的志趣方面。

因此，修订过程中我们对初版中的相关部分尽量做了保留，同时也尽可能地删削了初版中虚构性的段落场景描写。对于某些可能出于附会或过于琐细的事件描写，本着求实的原则做了压缩或删除。

四，尽量删削初版中“左”“右”分际过于明显的，或一些已明显不合时宜的议论。

五，试图以夏衍自身的写作为本，使夏衍作品与他一生的行迹构成互证关系。

修订版的各种描写乃至细节描写，都力求有所出处。对那些未能确认出处或未有信实考据的记叙回忆，一般都舍弃不用(尽管有些传言确实是非常生动有趣的)。对有些真伪难辨但确有参考价值的资料，运用时则加以必要的说明。

六，强调修订版的专业性，增加了某些研究性考证的内容。

根据以上几条总的原则，我们以夏衍一生大事活动为纲，对旧作作了较大改动，删削了十万余字，又另增写了三十余万字。我们希望通过这番修订，能够较好地凸显传主的精神风骨与个性气质，同时，也希望能够借此传达我们对近现代中国文艺和思想文化问题的一点心得与体会。

夏衍一生交游广阔，涉猎方面极多，在戏剧、电影、文学、新闻、翻译、统战、外交、出版、收藏乃至隐蔽战线等领域都有很大成就。他的工作尤其对中国现代话剧及电影这两个行业产生了深刻的结构性的影响。不消说，以我们的能力，是很难把握这样一个很有些达到“逍遥游”境界的人物的精神特性的。我们在行文过程中也没有妄想能够面面俱到地展现他的不同凡响。我们在此需要承认，在写作过程中，当我们随着夏衍的精神历程一起漫游的时候，最令我们感动的，其实并不是他的多专多能，不是他的博闻强记和挥洒自如的文字天赋，不是他的机警和对新生事物超强的嗅觉，甚至也不是他的达观与潇洒。最令我们感动乃至热泪盈眶的，是他的纯洁的信仰和无私的奉献精神——当然，这其中最核心的一点则是对中华民族无尽的爱。

准确说来，这份感动并不全由夏衍而起，我们还常常动容于夏衍和他的战友们以及他们那一代精英知识分子几乎惊人一致的精神气质。潘汉年、廖承志、吴觉农、胡愈之、邹韬奋、田汉、周扬、冯雪峰、钱杏邨、应云卫、朱穰丞、聂耳、洪深、阳翰笙、蔡楚生、司徒慧敏、姚溱、蔡叔厚、廖沫沙……

等等几乎全部都拥有这样的精神气质。他们可能各有弱点，他们各人之间可能还有些人际上的恩怨，但他们全都以一种至为热烈的姿态为中华民族的复兴事业献出了生命的全部。

在这一片星河中，夏衍无疑是甚为璀璨的一颗。他的星光融入在这一片星河中，则显得更加耀眼。因此，我们还试图以他为中心，间或叙写与他同游的先贤们的光辉足迹（也不避讳他们的某些失误）。

由于我们笔力的软弱、识见的局限以及掌握资料的不足，挂一漏万之处一定很多。在具体的写作过程中，以上的构想很多时候仅停留在构想而已，并没有得到充分的表达。期待各位方家的批评指正！

修订工作临近结束的时候，蓦然回首，发现已经修订的部分仍然留下了很多遗憾。我们在此也只能重复许多年前说过的那句话："现实条件不能允许我们在这本书上再作过多的勾留了，希望在未来听取各方面的意见后，能有机会对这本书再作一次大的修改。"

尽管残留着许多遗憾，但有些感谢必须专门表达：

感谢沈宁女士授权本书采用了夏公部分自藏的照片。

感谢黄会林教授，由于她和绍武先生的热情关照和引见，笔者得以面见夏公，亲聆謦欬。他们所编、著的《夏衍戏剧研究资料》、《夏衍传》等，是国内最早的、完整系统的夏衍研究资料汇集，于我们的研究和传记写作多有裨益。感谢日本东京实践女子大学阿部幸夫教授多次为我们查找资料，书中有关夏衍在日本求学的第一手史料即由他所提供。感谢沈芸、严平、沈祖安和其他许多的研究者，他们的工作为我们的写作提供了重要参考。

感谢孙郁教授为本书写作所提供的帮助。

感谢樊国宾兄的帮助与支持。中国戏剧出版社为本书的出版提供了重要的资金扶持，我们在此必须表达谢意。

和陈高华教授、杨慧林教授、刘小枫教授、沈亢先生在党史方面有趣的交流是我们写作的精神动力之一。陈高华教授通读了书稿，为我们在史料运用上把了关；刘小枫教授还欣然赐序，我们尤为感谢。

张洁宇教授校读了书稿，提出了多处重要的修改意见，郭娟编审亦为本书写作提供了帮助，在此并致谢意。

罗璇远在德国，学业繁重之际仍抽空精校了全稿，特致谢忱。

陈楚湘、郭梦露、肖悦扬、刘天彤、王帅、陈亚茹、袁雪飞、李重蓉、章凡等多位友人帮助笔者校对文稿、录入文字以及核校参考文献等，其中繁琐耗时费事之处甚多，亦致谢忱。

本书出版受到中国人民大学“985 工程”的支持，特此说明。

还有三点情况需要说明。一，由于本次修订和旧作相隔时间已颇为久远，旧作中个别注释的出处已难以一一复按，行文中的注释体例也偶有不一致。这些缺点敬请读者谅解。二，本书参考文献甚多，直接关联者已随文注明，书后不另作“参考文献”部分。三，作者之一的陈奇佳在初版中署名为“陈抗”，现恢复原名。

但愿本书能够作为纪念夏公逝世二十周年的一份微薄的祭奠。

陈坚　陈奇佳

2015 年 2 月 22 日（修订版初稿）

2015 年 5 月 13 日（修订版定稿）

常引书全、简称对照表

为节约篇幅，本书常引的三种书均作简称，引用时不再注明书的作者（编者）、出版社及出版年份等信息。现将此三书各卷的全称、简称对照表说明如下：

全称	简称

一、《夏衍全集》

（《夏衍全集》编辑委员会:《夏衍全集》，杭州：浙江文艺出版社 2005 年版。

本书所引夏衍著作版本悉从该书，如该书漏收，则从原文。）

全称	简称
1.《夏衍全集》第一卷，《戏剧剧本》（上） 编者：刘厚生、陈坚	“夏全 1”
2.《夏衍全集》第二卷，《戏剧剧本》（下） 编者：刘厚生、陈坚	“夏全 2”
3.《夏衍全集》第三卷，《戏剧评论》 编者：陈坚、刘厚生	“夏全 3”

4.《夏衍全集》第四卷,《电影剧本》(上)　　“夏全 4”
编者:程季华、朱天纬、张建勇

5.《夏衍全集》第五卷,《电影剧本》(下)　　“夏全 5”
编者:程季华、朱天纬、张建勇

6.《夏衍全集》第六卷,《电影评论》(上)　　“夏全 6”
编者:程季华、朱天纬、张建勇

7.《夏衍全集》第七卷,《电影评论》(下)　　“夏全 7”
编者:程季华、朱天纬、张建勇

8.《夏衍全集》第八卷,《文学》(上)　　“夏全 8”
编者:袁鹰、姜德明

9.《夏衍全集》第九卷,《文学》(下)　　“夏全 9”
编者:袁鹰、姜德明

10.《夏衍全集》第十卷,《新闻时评》(上)　　“夏全 10”
编者:姜德明、袁鹰

11.《夏衍全集》第十一卷,《新闻时评》(下)　　“夏全 11”
编者:姜德明、袁鹰

12.《夏衍全集》第十二卷,《译著》(上)　　“夏全 12”
编者:陈坚、吴笛

13.《夏衍全集》第十三卷,《译著》(中)　　“夏全 13”
编者:陈坚、吴笛

14.《夏衍全集》第十四卷,《译著》(下)　　“夏全 14”
编者:陈坚、吴笛

15.《夏衍全集》第十五卷，《懒寻旧梦录》 “夏全15”
著者：夏衍

16.《夏衍全集》第十六卷，《书信日记》 “夏全16”
编者：沈宁、沈旦华、沈芸

二、《夏衍电影文集》

（程季华主编：《夏衍电影文集》，北京：中国电影出版社2000年版。）

1. 第三卷 “夏电3”
“电影剧作上编”
（本卷收入夏衍电影剧本15部。）

2. 第四卷 “夏电4”
“电影剧作下编、译文和访谈”
（本卷收入夏衍剧本6部、电影译文3篇、翻译剧本1个、访谈录22篇。）

三、《忆夏公》

（《忆夏公》编辑委员会：《忆夏公》，北京：文化艺术出版社1996年版。） 《忆夏公》

另：

1. 夏衍一生所用笔名甚多。本书中凡引自《夏衍全集》

而署名非“夏衍”的文章，均为夏衍发表该文时所用笔名。此类情况本书正文不另作说明。

2. 如《夏衍全集》漏收而有必要征引的夏衍作品，则根据第一次发表或权威版本的文本。出版信息届时另加说明。

图书在版编目(CIP)数据

夏衍传 / 陈坚，陈奇佳著. —杭州：浙江大学出版社，2018.12

（若水轩文存）

ISBN 978-7-308-17819-8

Ⅰ.①夏… Ⅱ.①陈… ②陈… Ⅲ.①夏衍(1900—1995)—传记 Ⅳ.①K825.6

中国版本图书馆 CIP 数据核字（2018）第 008473 号

夏衍传

陈　坚　陈奇佳　著

封面题字　任　平

责任编辑　宋旭华

责任校对　胡　畔

封面设计　刘依群

出版发行　浙江大学出版社

（杭州市天目山路 148 号　邮政编码 310007）

（网址：http://www.zjupress.com）

排　　版　杭州林智广告有限公司

印　　刷　绍兴市越生彩印有限公司

开　　本　889mm×1194mm　1/32

印　　张　37

插　　页　8

字　　数　704 千

版 印 次　2018 年 12 月第 1 版　2018 年 12 月第 1 次印刷

书　　号　ISBN 978-7-308-17819-8

定　　价　98.00 元(上、下册)

浙江大学出版社市场运营中心联系方式：(0571) 88925591;http://zjdxcbs.tmall.com